RAU

Johannes Weberling

Für Freiheit und Menschenrechte

...entschieden demokratisch
RCDS

Der Ring Christlich-Demokratischer Studenten (RCDS) 1945 – 1986

WALTER RAU VERLAG

1. Auflage 1990

Umschlaggestaltung: Edgar Lorig
Gesamtherstellung: Ueberreuter, Wien
ISBN 3-7919-0333-0

Inhaltsverzeichnis:

Für
Georg Wrazidlo
** 3. Juli 1919 in Gleiwitz*
† 3. August 1959 in West-Berlin

I. Einleitung

Auf seiner 39. ordentlichen Bundesdelegiertenversammlung im März 1986 konnte der Ring Christlich-Demokratischer Studenten (RCDS) den 35. Jahrestag der Gründung seines Bundesverbandes feiern. Doch der RCDS hat ältere Wurzeln. Denn schon im Oktober 1945, kurz nach der Wiedereröffnung der Friedrich-Schiller-Universität zu Jena, richtete der CDU-Landesverband Thüringen ein Referat „Akademische Jugend“ ein, um Arbeitsmöglichkeiten für Studenten in der CDU zu schaffen[1]). In den folgenden Monaten wurden an vielen Hochschulen der sowjetischen Besatzungszone Hochschulgruppen der CDU gegründet, ebenso wie an manchen Hochschulen in den drei westlichen Besatzungszonen.

Im Zuge der Gleichschaltung der Universitäten in der sowjetischen Besatzungszone, die kurz nach deren Wiedereröffnung begann, gerieten die für echte Freiheit und wirkliche Demokratie eintretenden Hochschulgruppen der CDU schon bald in den Konflikt mit der Besatzungsmacht und ihren Helfershelfern. Mit Verhaftungen, Relegationen und immer schärferen Zulassungsbestimmungen wurden die CDU-Hochschulgruppen in Mitteldeutschland bis Anfang der fünfziger Jahre zerschlagen.

Nach Westdeutschland und West-Berlin geflüchtete Mitglieder der CDU-Hochschulgruppen fanden ihre politische Heimat in den dortigen CDU-Studentengruppen oder gründeten sie neu. Diese Hochschulgruppen schlossen sich dann 1951 zum Ring Christlich-Demokratischer Studenten (RCDS) zusammen[2]).

Der Ring Christlich-Demokratischer Studenten ist damit der älteste und traditionsreichste politische Studentenverband Deutschlands.

Obwohl insbesondere seit der Mitte der sechziger Jahre eine fast unüberschaubare Zahl von Arbeiten verschiedenster Art zur Studentenbewegung allgemein sowie zur studentischen Politik veröffentlicht wurde, geht keine Ausarbeitung näher auf den RCDS ein. Ein Teil der Studien beschränkt sich auf allgemein gehaltene Darstellungen aus verschiedensten Blickwinkeln im überregionalen, regionalen oder lokalen Rahmen. Der RCDS wird dabei jedoch als ein „etablierter“ Faktor in der Hochschulpolitik lediglich zur Kenntnis genommen. Ein zweiter Teil der Arbeiten behandelt Geschichte, Arbeit und Zielsetzungen einzelner linker Hochschulgruppen oder des Gesamtspektrums linker politischer Studentengruppen. Auf den RCDS nehmen die Autoren – wenn überhaupt – nur dort Bezug, wo sich diese Gruppen vom RCDS abgrenzen oder in Konkurrenz zu ihm treten. Den dritten Teil stellen Publikationen dar, die für die politische Auseinandersetzung in den Hochschulen verfaßt wurden. In ihnen

---

[1]) RCDS-Bundesvorstand (1961), S. 11; CIVIS 67-68/Juli 1960, S. 48.

[2]) Zu den Einzelheiten siehe insbesondere Kapitel II.

werden die Positionen des RCDS lediglich attackiert, auf den RCDS selber wird aber nicht eingegangen.
Ebenso wird der RCDS in Veröffentlichungen zur Geschichte der CDU oder der Jungen Union nur marginal erwähnt. In mehreren Veröffentlichungen der jüngeren Zeit erscheint er nicht einmal. Selbst in Publikationen des RCDS wurde die Geschichte des Verbandes bisher nur kursorisch und unvollständig dargestellt.
Außerdem muß untersucht werden, ob die vorhandenen Kurzbeschreibungen und sonstigen Erwähnungen des RCDS zutreffend sind[3]).

---

[3]) Einen Überblick über die wichtigsten Arbeiten bietet Kraushaar, Wolfgang: Student und Politik, Hamburg 1979.
Wichtigere allgemeine Studien sind die Veröffentlichungen von Allerbeck, Klaus R.: Soziologie radikaler Studentenbewegungen, München-Wien 1973; Baier, Horst (Hrsg.): Studenten in Opposition, Bielefeld 1968; Berthold, Sabine/Hirschfeld, Ronald (Red.): Politische Sozialisation an Hochschulen, Bonn 1985; Fuchs, Werner: Expressive und instrumentale Aktion, Düsseldorf 1971; Huber, Joseph: Wer soll das alles ändern, 2./Berlin 1981, der sich insbesondere mit der aus der Studentenbewegung resultierenden sog. „Alternativbewegung" beschäftigt; Institut für Begabtenförderung der Konrad-Adenauer-Stiftung (Hrsg.): Die studentische Protestbewegung, Mainz 1971; Jarausch, Konrad H.: Deutsche Studenten 1800–1970, Frankfurt am Main 1984; Kuhn, Helmut: Jugend im Aufbruch, München 1970; Kurzrock, Ruprecht (Hrsg.): Jugend in der offenen Gesellschaft, Berlin 1982, und Langguth, Gerd: Jugend ist anders, Freiburg im Breisgau 1983 a, bei denen auf die Studentenbewegung im Rahmen der allgemeinen Jugendbewegungen eingegangen wird; Rieser, Daniel: Die Studentenbewegung an der Ruhr-Universität Bochum vom Wintersemester 1965/66 bis zum Sommersemester 1971, Bochum 1973 (Dissertation); Schallwig, Ulrich: Die Studentenbewegung der 60er Jahre in den USA und der BRD, Duisburg 1983; Schlicht, Uwe: Vom Burschenschafter bis zum Sponti, Berlin 1980; Schoeps, Hans Julius/ Dannenmann, Christopher (Hrsg.): Die rebellischen Studenten, 2./München-Esslingen 1968; Weiss, Hildegard: Ideologieentwicklung in der deutschen Studentenbewegung, München-Wien 1985. – Empirische Untersuchungen zur Studentenbewegung, auch als Teilbereich des sog. „Jugendprotestes" veröffentlichten Glotz, Peter/Malanowski, Wolfgang: Student heute, Reinbek bei Hamburg 1982; Infratest-Wirtschaftsforschung GmbH: Politischer Protest in der Bundesrepublik Deutschland, Stuttgart 1980; Krause, Christian/Lehnert, Detlef/Scherer, Klaus-Jürgen: Zwischen Revolution und Resignation?, Bonn 1980, mit einer Kurzfassung für die Erwachsenenbildung von Mayer, Ulrich: Zwischen Anpassung und Alternativkultur oder das politische Bewußtsein und Handeln der Studenten, Bonn 1981; Noelle-Neumann, Elisabeth/Ring, Erp: Das Extremismus-Potential unter jungen Leuten in der Bundesrepublik Deutschland 1984, Bonn 1984; Wildenmann, Rudolf/Bürklin, Wilhelm P.: Studenten „79, Bonn 1980.
Geschichte, Arbeit und Zielsetzungen linker Hochschulgruppen beschreiben Fichter, Tilman/Lönnendonker Siegward: Kleine Geschichte des SDS, 2./Berlin 1979, die allerdings von Kraushaar als aus dem Blickwinkel des Erst-Autors geschriebene „nachträgliche Rechtfertigungsschrift" charakterisiert wird (Kraushaar, Wolfgang (1979), S. 46); Fichter, Tilman: SDS und SPD, Opladen 1988; Fritsch, Rüdiger von: Marxistische Gruppe (MG), Bonn 1979; Langguth, Gerd: Protestbewegung. Entwicklung, Niedergang, Renaissance, Köln 1983 b; Schröder, Ulrich: Vom SHB/SPD zum SHB/DKP. Die Politik des Sozialistischen Hochschulbundes (SHB), Bonn 1974; Sprogies, Wolfgang: MSB Spartakus, Bonn 1979; Weberling, Johannes: Die Basisgruppen. Harmlose Alternative oder Gefährdung unserer Demokratie?, Erlangen 1984.
Als Beispiele der Publikationen für die politische Auseinandersetzung seien hier Arbeiten zur Frage des allgemeinpolitischen Mandates der Organe der Studentenschaften herausgegriffen: Adam, Heribert: Studentenschaft und Hochschule, Frankfurt am

Eine fundierte Gesamtbeschreibung der Geschichte des RCDS fehlt bis heute, insbesondere auch eine ausführliche Beschreibung des Schicksals der CDU-Hochschulgruppen in der sowjetischen Besatzungszone. Diese Lücke soll mit der vorliegenden Arbeit geschlossen werden.
Mangels einer verwertbaren Verbandsgeschichte des RCDS war es notwendig, zunächst die allgemeine Verbandsarbeit in den Jahren 1945 bis 1986 darzustellen, um eine verläßliche Grundlage für die Beantwortung weiterführender Fragen zu erhalten.
Darauf aufbauend wird in gesonderten Kapiteln untersucht, wie es zu der heutigen Organisationsstruktur des Verbandes gekommen ist und ob es bei den Formen seiner politischen Arbeit Veränderungen gab. Weiterhin stellte sich die Frage, ob der Verband seit seiner Gründung ständige Arbeitsschwerpunkte hatte und ob er bei den Schwerpunkten sowie im allgemeinen von dauerhaften Grundpositionen ausging. Zur Vervollständigung des Bildes über den RCDS mußte ferner herausgefunden werden, ob man von einem eigenständigen Publikationswesen des Verbandes sprechen kann, inwieweit es eine Bedeutung

---

Main 1965; Bartsch, Hellmuth: Die Studentenschaften der Bundesrepublik Deutschland, 2./Bonn 1971; Preuß, Ulrich K.: Das politische Mandat der Studentenschaft, Frankfurt am Main 1969; Ridder, Helmut/Ladeur, Karl-Heinz: Das sogenannte Politische Mandat von Universität und Studentenschaft, 2./Köln 1976; Verband Deutscher Studentenschaften: Zum politischen Mandat der Verfassten Studentenschaft, Bonn o. J. (ca. 1973).
Veröffentlichungen zur Geschichte von CDU und Junger Union sind: Becker, Winfried: CDU und CSU 1945–1950, Mainz 1987; Bloch, Peter: Zwischen Hoffnung und Resignation, Köln 1986; Buchhaas, Dorothee: Die Volkspartei. Programmatische Entwicklung der CDU 1950–1973, Düsseldorf 1981; Buchstab, Günter/Gotto, Klaus: Die Gründung der Union, München-Wien 1981; Dumann, Manfred: 25 Jahre Junge Union Deutschlands, Bonn 1972; Gradl, Johann Baptist: Anfang unter der Sowjetstern. Die CDU 1945–1948 in der sowjetischen Besatzungszone, Köln 1981; Grotz, Claus-Peter: Die Junge Union, Kehl-Straßburg 1983; Junge Union Deutschlands (Hrsg.): Die Junge Union Deutschlands, Hamburg 1954; Kohl, Helmut: Die CDU. Portrait einer Volkspartei, Schwieberdingen 1981; Olzog, Günter/Liese, Hans-J.: Die politischen Parteien, 11./München-Wien 1979; Politische Akademie Eichholz der Konrad-Adenauer-Stiftung für politische Bildung und Studienförderung e. V. (Hrsg.): Handbücher der Politischen Akademie Eichholz Band 1 („Politische Bewegungen in Deutschland", 2./Eichholz 1967), Band 2 („Dokumente zur Christlichen Demokratie", Eichholz 1969) und Band 3 („Verbände und Herrschaft", Bonn 1970); Pütz, Helmuth: Die CDU, 4./Düsseldorf 1985; Rüther, Günther (Hrsg.): Geschichte der christlich-demokratischen und christlich-sozialen Bewegungen in Deutschland (2 Teile), Bonn 1984; Schönbohm, Wulf: Die CDU wird moderne Volkspartei, Stuttgart 1985; Schwarz, Heinz (Hrsg.): Junge Union Deutschlands. Handbuch 1957, Hamburg 1957; Weinacht, Paul-Ludwig (Hrsg.): Die CDU in Baden-Württemberg und ihre Geschichte, Stuttgart 1978; Wieck, Hans-Georg: Die Entstehung der CDU und die Wiederbegründung des Zentrums im Jahre 1945, Düsseldorf 1953; Wolf, Werner (Hrsg.): Die CDU Hessen 1945–1985, Köln 1986. – In den Arbeiten von Bloch, Peter (1986), Rüther, Günther (1984), Weinacht, Paul-Ludwig (1978), und Wolf, Werner (1986), werden CDU-Hochschulgruppen oder der RCDS nicht einmal namentlich erwähnt.
Publikationen des RCDS zur Verbandsgeschichte sind unter anderem: RCDS-Bundesvorstand (Hrsg.): Kennen Sie den RCDS. 1951–1961, Bonn 1961; Kirsch, Wolfgang (Red.): RCDS – entschieden demokratisch. Geschichte, Programm und Politik, Bonn 1971; RCDS-Bundesvorstand (Hrsg.): 25 Jahre RCDS, Bonn 1976; RCDS-Bundesvorstand (Hrsg.): 30 Jahre RCDS, Bonn 1981.

für seine Arbeit hatte, wie sich der RCDS finanzierte und welche Nebenorganisationen in seinem Auftrag oder für ihn tätig wurden. Vor dem Hintergrund der nur marginalen Erwähnung des RCDS in Arbeiten über die Studentenbewegung, einzelne studentische Organisationen und die Geschichte von CDU/CSU oder Junger Union erschien es ferner notwendig, sein Verhältnis zur CDU/CSU und zu anderen Organisationen zu untersuchen.
Trotz der Fülle des Materials lagen über die Arbeit der Verbandsuntergliederungen im Berichtszeitraum keine zusammenhängenden und vollständigen Unterlagen vor. Deshalb war es unmöglich, bei der Beschreibung der allgemeinen Verbandsarbeit auf jede Einzelheit regionaler und lokaler RCDS-Gliederungen einzugehen. Ob eine aussagekräftige Gesamtdarstellung der Geschichte und Arbeit des RCDS trotzdem möglich ist, war daher ebenfalls zu beantworten. Dazu stellte sich außerdem die Frage, inwieweit es überhaupt zulässig ist, die Wurzeln des heutigen RCDS auch in den CDU-Hochschulgruppen an den mitteldeutschen Universitäten zu suchen.
Neben umfangreichen Sammlungen des Verfassers wurden für diese Arbeit der Bestand der RCDS-Akten und einige andere Faszikel des Archivs für Christlich-Demokratische Politik der Konrad-Adenauer-Stiftung e. V.[4]) und die Bestände des vom Verfasser selbst initiierten Archivs der RCDS-Bundesgeschäftsstelle ausgewertet. Daneben stellte der frühere RCDS-Bundesvorsitzende Dieter Ibielski dem Verfasser umfangreiches Material aus seiner privaten Sammlung zur Verfügung.
Naturgemäß lag über die Zeit vor der Gründung des RCDS-Bundesverbandes 1951 im allgemeinen und im besonderen zur Arbeit der CDU-Hochschulgruppen in der sowjetischen Besatzungszone nur wenig Material vor. Vor allem hier mußte der Verfasser auf Sekundärquellen und auf eigens für den Verfasser schriftlich niedergelegte Erinnerungen ehemaliger RCDS-Mitglieder zurückgreifen. Besonders hilfreich erwiesen sich für diese Zeit die Privatarchivalien von Dr. Georg Dambowy und Dr. Peter Scholz.
Beim Verfasser eingehendes Material konnte bis zum 31.12.1986 in den Text und bis zum 20.03.1987 in die Anmerkungen vollständig eingearbeitet werden. Nach diesen Terminen erschienene Literatur bzw. beim Verfasser eingegangenes Material konnte nur noch in Einzelfällem berücksichtigt werden.
Nicht immer stimmten persönliche Erinnerungen und schriftliche Materialien überein. Sofern schriftliche Primärquellen vorlagen, wurde diesen, falls sie im streitigen Punkt nicht anderweitig nachweislich Fehler enthielten, der Vorzug vor persönlichen Erinnerungen gegeben. Stimmten verschiedene persönliche Erinnerungen überein, wurden sie anderslautenden Sekundärquellen vorgezogen. Unterschiede in persönlichen Erinnerungen wurden jeweils aufgezeigt.
Der Verfasser hat diese Arbeit dem ersten Vorsitzenden der CDU-Hochschulgruppe in Berlin, Georg Wrazidlo, gewidmet.
Wrazidlo wurde am 3. Juli 1919 in Gleiwitz geboren[5]) und besuchte in Neisse das Internat der Steyler Missionare[6]). In der Zeit des Dritten Reiches stieß Wrazidlo zur Widerstandsbewegung und war an den Vorbereitungen zum 20. Juli 1944 aktiv beteiligt. Zu dieser Zeit studierte er als Oberleutnant der Reserve in Breslau Medizin und war gleichzeitig Mitglied und Offizier vom Dienst der Stu-

---

[4]) ACDP IV-006-lfd. Nr. (RCDS) und I-188-lfd. Nr. (Dr. Karl Buchheim).
[5]) Verband Deutscher Studentenschaften (1962), S. 162; CIVIS 7/ Juli 1962, S. 6.
[6]) Vermerk über das Telefonat mit Dr. Reinhard Praus am 18.08. 1986.

dentenkompanie in Breslau. Als solcher denunziert, wurde er am 3. September 1944 mit fünf anderen Studenten (überwiegend ebenfalls Mitglieder der Studentenkompanie) durch die Breslauer Gestapo verhaftet. Die Wehrmachtsangehörigen wurden noch in der gleichen Nacht vom Standortkommandanten von Breslau aus der Wehrmacht ausgestoßen und der Gestapo überstellt, die sie vom Polizeigefängnis Breslau zunächst in das KZ Groß-Rosen und dann, als die Rote Armee näher rückte, in das KZ Buchenwald brachte. Dort wurde Wrazidlo am 8. April 1945 von amerikanischen Truppen befreit[7]).
Wrazidlo ging nach dem Kriegsende zunächst nach Gleiwitz zurück, erfuhr aber vom dortigen Pfarrer von der Ermordung seiner Mutter und einer seiner Schwestern durch einen Major der Roten Armee. Wrazidlo zog daraufhin nach Berlin[8]).
Dort gehörte er 1945 zu den Gründern der Jungen Union und der CDU und wurde erster Vorsitzender der CDU-Hochschulgruppe an der wiedereröffneten Humboldt-Universität in Berlin[9]). Als anerkanntes „Opfer des Faschismus" wurde er zum ersten (kommissarischen) Vorsitzenden der Studentischen Arbeitsgemeinschaft ernannt, eines Vorläufers des gewählten Studentenrates[10]).
Als er am 1. Mai 1946 gemeinsam mit 30 anderen Mitgliedern der Arbeitsgemeinschaft, ebenfalls anerkannte „Opfer des Faschismus", beim Rektor der Universität öffentlich gegen die Ausschmückung der Universität mit kommunistischen Emblemen protestierte, wurde er als Vorsitzender zwangsweise abgesetzt [11]).
Als einer der ersten Studenten wurde Wrazidlo, nachdem er gerade als Vorsitzender der Berliner Hochschulgruppe am ersten gesamtdeutschen Treffen der christlich-demokratischen Studenten vom 7. – 10. März 1947 in Marburg teilgenommen hatte[12]), am 13. März 1947 von einem Spitzel ins Café Kranzler gelockt und dort von den Sowjets verhaftet[13]). Mit ihm wurden bei dieser ersten Ver-

---

[7]) Bestätigte Vermerke über die Telefonate mit Dr. Georg Dambowy am 29.07.1986 und am 11.08.1986; bestätigter Vermerk über das Gespräch mit Hans Beitz am 25.07.1986, S. 3; Vermerk über das Telefonat mit Dr. Reinhard Praus am 18.08. 1986; Colloquium 10/1948, S. 4, und 1/1957, S. 3; Klein, Manfred (1968), S. 39.

[8]) Bestätigter Vermerk über das Telefonat mit Dr. Georg Dambowy am 29.07.1986; Colloqium 1/1957, S. 3.

[9]) Bestätigter Vermerk über das Telefonat mit Alfred Sagner am 06.07.1986; Schwarz, Heinz (1957), S. 23 und 26; Gradl, Johann Baptist (1981), S. 204 (das hier angegebene Geburtsjahr von Wrazidlo ist falsch; dieses Buch ist auch in weiteren Punkten ungenau und daher nur bedingt verwertbar); Klein, Manfred (1968), S. 39; Fricke, Karl Wilhelm (1966), S. 72.

[10]) Schwarz, Heinz (1957), S. 26; Müller, Marianne und Egon Erwin (1953), S. 92; Colloqium 10/1948, S. 4, und 1/1957, S. 3; CIVIS 7/ Juli 1962, S. 6. Der Bericht von Schlicht, Uwe (1980), S. 41, über eine Wahl des Vorsitzenden der Arbeitsgemeinschaft ist falsch.

[11]) Müller, Marianne und Egon Erwin (1953), S. 92; Schwarz, Heinz (1957), S. 26; Otto, Detlev E. (1959), S. 9; Klein, Manfred (1968), S. 46 f.; Schlicht, Uwe (1980), S. 41, der allerdings ungenau von einem allgemeinen Protest der Studentischen Arbeitsgemeinschaft schreibt; Colloquium 10/ 1948, S. 4, und 1/1957, S. 3; CIVIS 7/1962, S. 6. Fichter, Tilman (1988), S. 48, übersieht Wrazidlo und seine Rolle bei diesem Ereignis vollständig. Siehe auch den Dokumentationsteil.

[12]) Schwarz, Heinz (1957), S. 26; Hans Beitz in CIVIS 28/April 1957, S. 231 f.; DNZB vom 29.03.1947 (PAD). Siehe auch Kapitel II. 2. und II. 3. a).

[13]) Bestätigter Vermerk über das Telefonat mit Dr. Georg Dambowy am 29.07.1986; Brief

haftungswelle im Umfeld christlich-demokratischer Jugendorganisationen in der ganzen sowjetischen Besatzungszone viele Jugendliche verhaftet und am 13. Dezember 1948 durch das sowjetische Militärtribunal Berlin-Lichtenberg wegen angeblicher Spionage zu 25 Jahren Zwangsarbeitslager verurteilt[14]). Mit seiner starken Persönlichkeit war Wrazidlo dafür verantwortlich, daß unter diesen zufällig zusammengekommenen Jugendlichen so etwas wie Gruppensolidarität entstand[15]).

Zunächst kam er ins Gefängnis nach Bautzen. Dort als Häftlingsarzt eingesetzt, ist es ihm zu verdanken, daß die hohen Todesziffern in diesem Gefängnis später im Westen bekannt wurden. Denn er und seine Mitgefangenen hatten sich die Namen der Verstorbenen in das Futter ihrer Zivilkleidung geschrieben[16]).

Am 13. Oktober 1956 wurde Wrazidlo entlassen und ging wieder nach West-Berlin zurück. Er beendete dort sein Medizinstudium und arbeitet anschließend als Assistenzarzt in einem Berliner Krankenhaus[17]). In dieser Zeit wurde er auch vom Bundesreferat für Gesamtdeutsche Fragen des RCDS betreut. Man entwickelte Pläne, die Erfahrungen und Erlebnisse von ihm und anderen wieder in Freiheit befindlichen Angehörigen von CDU-Hochschulgruppen schriftlich zu fixieren[18]). Doch dazu kam es nicht mehr. Georg Wrazidlo kam bei einem Autounfall am 03. August 1959 ums Leben[19]).

Georg Wrazidlo ist eine der zentralen Figuren des RCDS. Er stellte sich seinen Aufgaben aus christlicher Verantwortung heraus und kämpfte mit höchstem Einsatz für Freiheit in ganz Deutschland[20]). Der RCDS ehrte ihn auf einer Gedenkfeier im Rahmen seiner zwölften ordentlichen Bundesdelegiertenversammlung am 21. November 1962 in West-Berlin[21]). Bei den nachfolgenden Mitgliedergenerationen des RCDS geriet sein Leben und sein Schicksal in Vergessenheit[22]).

---

von Dr. Reinhard Praus vom 17. 08.1986 und Vermerk über das Telefonat mit Dr. Reinhard Praus am 18.08.1986; DNZB vom 29.03.1947 (PAD); Otto, Detlev E. (1959), S. 69; Klein, Manfred (1968), S. 88 f.; CIVIS 7/Juli 1962, S. 6.

[14]) Verband Deutscher Studentenschaften (1962), S. 162 f.; Finn, Gerhard (1960), S. 211; Fricke, Karl Wilhelm (1966), S. 73; bestätigter Vermerk über das Telefonat mit Ewald Ernst am 06.07.1986; Colloquium 10/1948, S. 5; CIVIS 7/Juli 1962, S. 6.

[15]) Bestätigter Vermerk über das Telefonat mit Ewald Ernst am 06.07.1986.

[16]) Bestätigter Vermerk über das Gespräch mit Hans Beitz am 25.07.1986, S. 3; bestätigter Vermerk über das Telefonat mit Ewald Ernst am 06.07.1986; CIVIS 7/Juli 1962, S. 6.

[17]) Schreiben vom Otto H. Heß vom 14.07.1986; bestätigter Vermerk über das Gespräch mit Hans Beitz am 25.07.1986, S. 3; Otto, Detlev E. (1959), S. 69; Verband Deutscher Studentenschaften (1962), S. 163; CIVIS 7/Juli 1962, S. 6.

[18]) Briefe und Vermerke des Bundesreferates vom 18.11.1956, 09. 12.1956, 16.12.1956 und 08.01.1957 und Brief von Georg Wrazidlo vom 21.12.1956 (alles: ACDP IV-006-034/3).

[19]) Bestätigter Vermerk über das Gespräch mit Hans Beitz am 25. 07.1986, S. 3; Protokoll der 9. Bundesdelegiertenversammlung des RCDS vom 05. – 07.08.1959 in München, S. 30; CIVIS 7/Juli 1962, S. 6.

[20]) Colloquium 3/1953, Sparte „Vergeßt sie nicht".

[21]) Programmvorschläge der 12. Bundesdelegiertenversammlung des RCDS 1962 in Berlin (ACDP IV-006-005/1 und IV-006-030/3); CIVIS 7/Juli 1962, S. 6; Argus Januar 1963, S. 6; siehe auch Werbefaltblatt des RCDS-Bundesvorstandes 1962 (ACDP IV-006-001/2).

[22]) Siehe zum Beispiel RCDS-Bundesvorstand (1981), wo Wrazidlo überhaupt nicht erwähnt wird.

Diese Arbeit wäre nicht möglich gewesen, wenn dem Verfasser nicht vielfältige Hilfe zuteil geworden wäre. So ist den Mitarbeitern des Archivs für christlich-demokratische Politik der Konrad-Adenauer-Stiftung in St. Augustin Marlies Roosen, Dr. Günther Buchstab, Stefan Toplak und Michael Richter für ihre großzügige Hilfe bei der Durchsicht und Auswertung des Archivbestandes an RCDS-Akten vielmals zu danken. Zu danken hat der Verfasser auch den ehemaligen RCDS-Mitgliedern und „Zeitzeugen", die ihm bereitwillig Fragen beantworteten, Materialien zur Verfügung stellten und manchen guten „Tip" gaben, unter ihnen insbesondere Elsbeth Popp, Hans Beitz, Prof. Dr. Ernst Benda, Dr. Hartwig Bernitt, Roland Bude, Dr. Georg Dambowy, Friedrich-Walter Ebener, Dr. Stefan Eisel, Ewald Ernst, Wilfried Göpel, Dr. Bruno Heck (†), Otto H. Heß, Dieter Ibielski, Dr. Konrad Kraske, Dr. Peter Lorenz (†), Dr. Albrecht Magen, Dr. Ernst Majonica, Hermann Marx, Prof. Dr. Klaus Matzel, Dr. Bernhard Ohse, Dr. Gerhard Popp, Dr. Reinhard Praus, Dr. Alois Rummel, Alfred Sagner, Karl-Heinz Schollbach (†), Dr. Peter Scholz, Wolfgang Wiehle und Dr. Wolfgang Seibert. Zu Dank verpflichtet ist der Verfasser auch Norbert Kühne, Jürgen Clausius und Uwe Uibel für manche Hilfe beim Start der Arbeit und seinem Schwager Georg Molinari für die großzügige Leihe des Textverarbeitungssystems.
Besonderer Dank gilt Prof. Dr. Ulrich Kluge, der die Arbeit als Dissertation an den Philosophischen Fakultäten der Universität Freiburg betreute. Auch dem Walter Rau Verlag in Düsseldorf, der sich zur Veröffentlichung der Dissertation bereitfand, sowie dem Institut für Begabtenförderung der Konrad-Adenauer-Stiftung für die Förderung der Promotion sei an dieser Stelle gedankt.
Herzlichen Dank möchte der Verfasser nicht zuletzt seinen Eltern und seiner geliebten Frau für vielfältige Hilfe, Verständnis und die Bereitstellung der „Infrastruktur" sagen, ohne die er seine Arbeit nie abgeschlossen hätte. Leider durfte seine Mutter die Fertigstellung der Dissertation nicht mehr erleben.

Die sich des Vergangenen nicht erinnern,
sind dazu verurteilt,
es selbst noch einmal zu erleben.
(George Santayana 1863-1952)

II. Die Geschichte der christlich-demokratischen Hochschulgruppen vor der Gründung des RCDS-Bundesverbandes 1951

1. Entwicklung bis zum Marburger Treffen

Der durch die Potsdamer Konferenz im Juni 1945 eingesetzte Alliierte Kontrollrat fiel wegen der nur selten erreichbaren notwendigen Einstimmigkeit für Beschlüsse als „gesamtdeutsches" Koordinierungsinstrument praktisch aus. Die vier Besatzungszonen entwickelten sich daher zunächst voneinander isoliert[23]). Die Gründung und der Aufbau christlich-demokratischer Hochschulgruppen nach dem Zusammenbruch war deshalb wesentlich von den Rahmenbedingungen abhängig, welche die jeweilige Besatzungsmacht in ihrer Zone für die politische Betätigung an den Universitäten stellte.

a) Entwicklung in der sowjetischen Besatzungszone und in Berlin

In der sowjetischen Besatzungszone und in Berlin war die Bildung politischer Hochschulgruppen verboten. Eine politische Tätigkeit konnte sich für Studenten nur im Rahmen der Gliederungen der zugelassenen Parteien ergeben. Die Satzung der CDU sah als Untergliederungen jedoch zunächst nur Orts-, Kreis- und Landesverbände vor[24]). Als erster Schritt zur Einrichtung von CDU-Universitätsbetriebsgruppen bzw. CDU-Hochschulgruppen war deshalb eine Satzungsänderung notwendig. Diese wurde zwar bald vorgenommen, mußte aber von der Sowjetischen Militäradministration (SMA) erst genehmigt werden. Dies stieß auf ähnliche Schwierigkeiten wie bei der Gründung der Jungen Union[25]). So behalf man sich zunächst mit der Einrichtung von Ausschüssen und Referaten, in deren Rahmen sich die CDU-Studenten (und andere CDU-Hochschulangehörige) treffen und ihre Arbeit organisieren konnten. Intern verwendeten diese Kreise allerdings schon vor der offiziellen Zulassung häufig die Bezeichnung „CDU-Hochschulgruppe" oder „CDU-Betriebsgruppe Universität"[26]).

---

[23]) Kistler, Helmut (1985), S. 31; Morsey, Rudolf (1987), S. 5.

[24]) Brief von Dr. Wolfgang Seibert vom 11.06.1986; Brief von Karl-Heinz Schollbach vom 17.08.1986; Brief von Dr. Albrecht Magen vom 26.08.1986; Becker, Winfried (1987), S. 190.

[25]) Brief des Jugendreferates der CDU Thüringen an Peter Scholz vom 24.10.1946 (PAS); Schwarz, Heinz (1957), S. 23; Becker, Winfried (1987), S. 234.

[26]) Bestätigter Vermerk über das Gespräch mit Dr. Peter Scholz am 05.08.1986; Wintersemester (WS) 1946/47-Bericht von Peter Scholz für die CDU Thüringen vom 10.02.1947 (PAS); Brief von Karl-Heinz Schollbach vom 17.08.1986. Müller, Marianne

Betreut und unterstützt wurde deren Arbeit durch die Jugendreferenten der CDU-Landesgeschäftsstellen und der CDU-Reichsgeschäftsstelle in Berlin bzw. durch die gewählten Jugendvertreter in den CDU-Verbänden auf Landes- und Zonenebene, welche in diesen Ausschüssen und Referaten häufig auch selber mitarbeiteten. Dieselben Stellen oder Personen waren natürlich auch für die Junge Union zuständig und arbeiteten in deren Gliederungen – ebenso wie viele „Hochschulgruppen"-Angehörige – aktiv mit. Eine organisatorische Trennung gab es in dieser Zeit nicht. Entscheidend war lediglich die CDU-Mitgliedschaft[27]).

In der Reichsgeschäftsstelle der CDU bekleidete in den ersten Jahren nach dem Zusammenbruch Rudi Franzkowiak das Amt des Jugendsekretärs[28]). Franzkowiak wurde im August 1946 während des sächsischen Landtagswahlkampfes in Dresden auf offener Straße verhaftet[29]) und erst nach nachdrücklichen Protesten – auch der britischen Besatzungsmacht, da er im britischen Sektor von Berlin zu Hause war – am 4. November 1946 wieder freigelassen[30]). Ab dem 1. November 1946 trat Wolfgang Seibert an seine Stelle[31]). Jugendvertreter im Zonenvorstand der CDU waren in diesen Jahren Ewald Ernst und Alfred Sagner[32]), Jugendreferenten des CDU-Landesverbandes Thüringen in Weimar Walther Rücker und (bis zum 31. Oktober 1946) Wolfgang Seibert[33]), des CDU-Landesverbandes Sachsen-Anhalt in Halle Ewald Ernst[34]) und schließlich des CDU-Landesverbandes Sachsen in Dresden Hans-Bernhard Alpermann[35]).

Als erste Universität in der sowjetischen Besatzungszone eröffnete die Friedrich-Schiller-Universität in **Jena** am 16. Oktober 1945 wieder ihren Vorlesungsbetrieb[36]). Kurze Zeit darauf richtete der CDU-Landesverband Thüringen in

---

und Egon Erwin (1953), S. 111 ff., gehen auf diese Details ebenso wie RCDS-Bundesvorstand (1981), S. 1 f., nicht ein.

27) Bestätigter Vermerk über das Gespräch mit Dr. Peter Scholz am 05.08.1986; bestätigter Vermerk über das Telefonat mit Alfred Sagner am 06.07.1986; Brief von Dr. Wolfgang Seibert vom 11.06.1986.

28) Klein, Manfred (1968), S. 38: Franzkowiak war auch schon von den Nationalsozialisten verfolgt worden; Becker, Winfried (1987), S. 206.

29) Klein, Manfred (1968), S. 72.

30) Brief von Alfred Sagner an Peter Scholz vom 05.11.1946 (PAS); Klein, Manfred (1968), S. 74 f..

31) Bestätigter Vermerk über das Telefonat mit Dr. Wolfgang Seibert am 06.07.1986; Vermerk über das Telefonat mit Dr. Wolfgang Seibert am 30.08.1986; bestätigter Vermerk über das Telefonat mit Alfred Sagner am 06.07.1986.

32) Bestätigter Vermerk über das Telefonat mit Alfred Sagner am 06.07.1986; Becker, Winfried (1987), S. 206.

33) Briefe des Jugendreferates („Abteilung Jugend") der CDU Thüringen an Werner Neumann und Peter Scholz vom 05.09. 1946, 09.10.1946, 24.10.1946 und 06.12.1946 (alles PAS); Vermerk über das Telefonat mit Dr. Wolfgang Seibert am 30. 08.1986. Die Beschreibung von Becker, Winfried (1987), S. 206, ist insoweit ungenau.

34) Bestätigter Vermerk über das Telefonat mit Alfred Sagner am 06.07.1986; Schreiben von Ewald Ernst vom 08.06.1986. Die Passage in Schwarz, Heinz (1957), S. 23, die Ernst in Dresden ansiedelt ist falsch.

35) Brief von Dr. Wolfgang Seibert vom 11.07.1986. Becker, Winfried (1987), S. 206, führt darüberhinaus als Repräsentanten der Parteijugend noch Ferdinand Treimer für die Provinz Sachsen, Hermann Gerigk für den Landesverband Brandenburg und Wilfried Parge für den Landesverband Mecklenburg-Vorpommern auf.

36) Müller, Marianne und Egon Erwin (1953), S. 35; RCDS-Bundesvorstand (1961), S. 11; Kirsch, Wolfgang (1971), S. 26.

Jena eine „Verbindungsstelle Akademische Jugend" ein, die Ende 1946 in das Referat „Akademische Jugend" umbenannt wurde und zumindestens anfangs dem Jugendreferat der Thüringer CDU-Landesgeschäftsstelle nachgeordnet war[37]). Erster Leiter dieser Verbindungsstelle wurde Herr Häfele und kurz darauf der Jurastudent Werner Neumann[38]). Bis Anfang 1947 bildete diese Verbindungsstelle den offiziellen Rahmen für die Tätigkeit der CDU-Betriebsgruppe „Universtät". Der Vorsitzende der Betriebsgruppe war daher mit dem Leiter der Verbindungsstelle bzw. des Referats identisch[39]). Denn die Zulassung der Betriebsgruppe wurde, obwohl die satzungsmäßigen Voraussetzungen dafür spätestens seit dem 24. Oktober 1946 bestanden, von der SMA verweigert und Versammlungen der Betriebsgruppe daher nicht genehmigt[40]).

Im Wintersemester 1945/46 wurde von der SMA ein Studentenausschuß ernannt, der sich aus je zwei Vertretern der Kommunistischen Partei Deutschlands (KPD), der Sozialdemokratischen Partei Deutschlands (SPD), der Christlich-Demokratischen Union (CDU) und der Liberaldemokratischen Partei Deutschlands (LDP) sowie einem Vertreter der Freien Deutschen Jugend (FDJ) als Vorsitzendem zusammensetzte. Ein CDU-Student wurde zum zweiten Vorsitzenden und ein weiterer in die Zulassungskommission gewählt[41]). Zu Beginn des Sommersemesters 1946 wählten die CDU-Studenten drei Vertreter (darunter Werner Neumann und Peter Scholz), die dann von der SMA ernannt wurden. Zusammen mit sieben Studenten der Sozialistischen Einheitspartei Deutschlands (SED), drei LDP-Studenten und drei Parteilosen – auf die gleiche Weise ausgewählt – bildeten sie die neue studentische Vertretung[42]). Vorsitzender der Studentenvertretung wurde Willy Wehner (SED, früher SPD). Peter

---

[37]) Briefe des Jugendreferates („Abteilung Jugend") der CDU Thüringen an Werner Neumann und Peter Scholz vom 05.09. 1946, 09.10.1946, 24.10.1946 und 06.12.1946 (alles PAS).

[38]) Briefe des Referates Akademische Jugend an die Studentenführungen vom München, Heidelberg, Erlangen und Freiburg vom 27.03.1946 und des Jugendreferates („Abteilung Jugend") der CDU Thüringen an Werner Neumann vom 05.09.1946 und Bericht über die Arbeit im WS 1946/47 für die CDU Thüringen von Peter Scholz vom 10.02.1947 (alles PAS); bestätigter Vermerk über das Gespräch mit Hans Beitz am 25.07.1986, S.1.

[39]) Bericht über die Arbeit im WS 1946/47 für die CDU Thüringen von Peter Scholz vom 10.02.1947, Lebenslauf von Peter Scholz vom 15.07.1947 und Briefe des Jugendreferates („Abteilung Jugend") der CDU Thüringen an Peter Scholz vom 05. 10.1946, 24.10.1946 und 06.12.1946 (alles PAS).

[40]) Brief des Jugendreferates („Abteilung Jugend") der CDU Thüringen an Peter Scholz vom 24.10.1946 und Bericht über die Arbeit im WS 1946/47 für die CDU Thüringen von Peter Scholz vom 10.02.1947 (alles PAS).

[41]) Bericht von Peter Scholz vom 08.04.1947 für den Landesparteitag der CDU Thüringen, der von der SMA genehmigt werden mußte (am 12.04.1947) und daher entsprechend vorsichtig formuliert ist (PAS); bestätigter Vermerk über das Gespräch mit Dr Peter Scholz am 05.08.1947. Die Passagen dazu in Colloquium 4/1952, S. 13, sind ungenau.

[42]) Bericht von Peter Scholz vom 08.04.1947 für den Landesparteitag der CDU Thüringen (PAS); bestätigter Vermerk über das Gespräch mit Dr. Peter Scholz am 05.08.1986. Dr. Peter Scholz, Jahrgang 1923, stammt aus Bobrek bei Beuthen/OS und begann schwer kriegsversehrt nach seiner Entlassung aus der Wehrmacht 1944 zunächst in Breslau Jura zu studieren (Lebenslauf vom 15.07.1947; PAS).

Scholz (CDU) wurde auf der ersten Sitzung zum Kulturrreferenten und im Juni 1946 in die Zulassungskommission gewählt[43]).
Schon zu Beginn des Sommersemesters konnte Scholz eine Reise zu den Universitäten München, Heidelberg, Erlangen und Freiburg unternehmen, um offiziell Studienmöglichkeiten für Jenenser Studenten zu erkunden und inoffiziell Kontakt zu den dortigen Studentenvertretungen und und eventuell bestehenden CDU-Hochschulgruppen aufzunehmen[44]). Den ersten schweren Schlag erhielt die CDU-Betriebsgruppe jedoch, als Anfang Oktober die beiden anderen CDU-Studentenvertreter (darunter Neumann) zusammen mit vier anderen CDU-Studenten (alle ehemalige Offiziere) verhaftet wurden[45]). So mußte Scholz als einziger verbleibender CDU-Studentenvertreter die Aufgaben des Beisitzers im Universitätsgerichts, des Aufsichtsratsmitgliedes der Jena Studentenhilfe GmbH, des Mitgliedes des Stipendienausschusses, des Mitgliedes des Organisationskreises der Studentischen Arbeitsgemeinschaft und des Vorstandsmitgliedes der Studentenvertretung wahrnehmen. Dafür war er als einziger vollständig „Unbelasteter" von den CDU-Mitgliedern nominiert und gewählt worden. Dazu hatte er jetzt auch noch die Leitung der Betriebsgruppe und des Referates „Akademische Jugend" zu übernehmen[46]). Daneben verschärften sich die Auseinandersetzungen an der Universität mit der SED und FDJ und in der Studentenvertretung mit einem Teil der SED-Fraktion. Die gemäßigten Teile der Studentenvertretung wurden durch den radikalen Teil der SED-Fraktion mit Rückendeckung des Landesamtes für Volksbildung bei Entscheidungen mehrfach übergangen. Um endlich Wahlen für einen Studentenrat zu erzwingen, beschloß daraufhin die Mehrheit der ernannten Studentenvertretung mit den Stimmen der CDU-, LDP- und einiger SED-Mitglieder am 27. November 1946 die Selbstauflösung. Der Rektor bestellte zur Weiterführung der Geschäfte einen vierköpfigen Interimsausschuß, dem auch Scholz für die CDU angehörte. Die SMA befahl der alten Studentenvertretung allerdings die Wiederaufnahme der Arbeit, da die Ausschaltung der radikalen Teile der SED-Fraktion offensichtlich nicht in ihrem Sinne war[47]).

---

43) Lebenslauf von Peter Scholz vom 15.07.1947 (PAS); bestätigter Vermerk über das Gespräch mit Dr. Peter Scholz am 05. 08.1986.

44) Brief des Referates Akademische Jugend an die Studentenführungen von München, Heidelberg, Erlangen und Freiburg vom 27.03.1946 als Bescheinigung für Peter Scholz (PAS); bestätigter Vermerk über das Gespräch mit Dr. Peter Scholz am 05.08.1986.

45) Bericht von Peter Scholz vom 08.04.1947 für den Landesparteitag der CDU Thüringen, Lebenslauf von Peter Scholz vom 15.07.1947 und Briefe vom Jugendreferat („Abteilung Jugend") der CDU Thüringen an Peter Scholz vom 09.10.1946, 29.10.1946 und 06.12.1946 (alles PAS); bestätigter Vermerk über das Gespräch mit Dr. Peter Scholz am 05.08.1986; bestätigter Vermerk über das Gespräch mit Hans Beitz am 25. 07.1986, S. 1: Unter den Verhafteten, die bald darauf wieder frei gelassen wurden, waren auch Horst Lehmann und Peter Neupert.

46) Bericht von Peter Scholz vom 08.04.1947 für den Landesparteitag der CDU Thüringen und Lebenslauf von Peter Scholz vom 15.07.1947 (beides PAS).

47) Bericht von Peter Scholz vom 08.04.1947 für den Landesparteitag der CDU Thüringen, Bericht über die Arbeit im WS 1946/47 für die CDU Thüringen von Peter Scholz vom 10.02. 1947 und Lebenslauf von Peter Scholz vom 15.07.1947 (alles PAS); bestätigter Vermerk über das Gespräch mit Dr. Peter Scholz am 05.08.1986; Brief von Dr. Albrecht Magen vom 26. 08.1986.

Ein Grund dieser Auseinandersetzungen war der Streit um das Wahlstatut für den ersten allgemein zu wählenden Studentenrat. Vor diesem Hintergrund wurden die inhaltlichen Unterschiede zwischen der LDP- und der CDU-Hochschulgruppe, die zu dieser Zeit beide rund 300 Mitglieder hatten, vernachlässigbar. So entschloß man sich zur engeren Zusammenarbeit, in die auch gemäßigte SED-Vertreter mit einbezogen wurden[48]).

Mit ihren für die geheime Persönlichkeitswahl gemeinsam aufgestellten Kandidaten errangen die LDP- und CDU-Studenten bei den ersten allgemeinen Wahlen zum Studentenrat und den Fakultätswahlen am 06. Februar 1947 einen überzeugenden Sieg. Von den 19 Studentenratsmitgliedern stellte die LPD sieben, die SED sechs und die CDU vier. Zwei waren parteilos[49]).

Nach längeren Auseinandersetzungen wurde das LDP-Mitglied Bernhard Reichenbach gemeinsam von CDU- und LDP-Studenten zum Vorsitzenden gewählt. Die Lage stabilisiert sich damit wieder etwas[50]).

In **Berlin** bemühten sich antifaschistische Studenten schon ab dem Sommer 1945 in einem „Zentralausschuß der Berliner Studentenschaft" um die Wiedereröffnung der Berliner Universität und wollten die Studenten in einem neuen Geist zusammenfassen. Doch noch vor der Wiedereröffnung der Universität geriet dieser Zentralausschuß in einen scharfen Gegensatz zur kommunistisch gelenkten „Zentralverwaltung für Volksbildung" und wurde Ende 1945 aufgelöst[51]).

---

[48]) Bericht über die Arbeit im WS 1946/47 für die CDU Thüringen von Peter Scholz vom 10.02.1947 (PAS); RCDS-Bundesvorstand (1961), S. 11; Kirsch, Wolfgang (1971), S. 26. Zur CDU-Betriebsgruppe gehörten Studenten, Assistenten und sonstige Mitarbeiter, aber im Gegensatz zu anderen Universitäten keine Professoren; auch Prof. Möbus (später Halle) und der Bibliotheksdirektor, Prof. Burr, waren nur Symphatisanten (bestätigter Vermerk über das Gespräch mit Hans Beitz am 25.07.1986, S. 1). Gemäßigter SED-Vertreter war neben anderen der Studentenvertretungsvorsitzende Willy Wehner (früher SPD; nach Vereinigte Deutsche Studentenschaften (1962), S. 154, am 15.03.1948 in Jena verhaftet, von einem Sowjetischen Militärtribunal (SMT) zu 25 Jahren Zwangsarbeitslager verurteilt und am 26.07.1956 freigelassen), der – befreundet mit Scholz – für den Eintritt in die FDGB-Betriebsgruppe warb, damit man eine Ausweichstation habe, und auch für die Wahl von Scholz in den FDGB-Betriebsgruppenvorstand mitverantwortlich war (bestätigter Vermerk über das Gespräch mit Dr. Peter Scholz am 05.08.1986; siehe auch Anm. 106).

[49]) Bericht über die Arbeit im WS 1946/47 für die CDU Thüringen vom 10.02.1947 (PAS); bestätigter Vermerk über das Gespräch mit Dr. Peter Scholz am 05.08.1986: An Stelle von Scholz, der sich seinen anderen Ämtern besser widmen können wollte, kandidierte in der juristischen Fakultät als CDU-Vertreter Albrecht Magen, der auch mit großer Mehrheit gewählt wurde und als im Dritten Reich politisch Verfolgter auch relativ unangreifbar für die SED war (siehe auch Brief von Dr. Albrecht Magen vom 26.08.1986). Vater von Magen war der frühere Oberbürgermeister von Oppeln, spätere Bürgermeister von Bonn und Mitbegründer der CDU Thüringen Karl Magen (siehe dazu auch: Gradl, Johann Baptist (1981), S. 198).

[50]) Beglaubigte Abschrift des Schreibens des thüringischen Ministeriums für Volksbildung an Bernhard Reichenbach vom 25.07.1947 (PAS; siehe auch Dokumentationsteil); Thüringer Tageblatt vom 22.01.1948; Brief von Dr. Albrecht Magen vom 26.08.1986; Bericht über die Ereignisse an der Universität Jena seit den Wahlen vom 06.02.1947 von Peter Scholz vom 06.04.1947 (PAS). Die Passagen hierzu in Colloquium 4/1952, S. 13, sind teilweise ungenau.

[51]) Müller, Marianne und Egon Erwin (1963), S. 92; Colloquium 10/1948, S. 4; Schneider, Ullrich (1985), S. 41 f.: Die russische Besatzungsmacht hatte die Zentralverwaltung

An Stelle des Zentralausschusses wurde im Dezember 1945 eine „Studentische Arbeitsgemeinschaft" gegründet, zu deren kommissarischen Leiter man den CDU-Studenten Wrazidlo ernannte[52]). Zur Eröffnung der Universität Berlin am 29. Januar 1946[53]) wurde Anfang Februar 1946 im Admiralspalast ein Festakt veranstaltet, auf dem Wrazidlo für die Berliner Studentenschaft versprach, alle Kraft für ein neues demokratische Deutschland einzusetzen[54]).
Eine CDU-Hochschulgruppe, der die CDU-Studenten der Humboldt-Universität und der Technischen Universität angehörten, war in diesen Jahren auch in Berlin nicht offiziell anerkannt. Die Arbeit mußte daher unter ihrem ersten Vorsitzenden Wrazidlo im Rahmen der bestehenden Parteigliederungen der CDU stattfinden. Dort trafen sich die CDU-Studenten unter anderem zu Diskussionsabenden[55]).
Wrazidlo, den man haupsächlich wegen seiner untadeligen Vergangenheit als „Aushängeschild" der Studentischen Arbeitsgemeinschaft vorgesehen hatte, geriet schnell in einen Gegensatz zu den kommunistischen Mitgliedern der Arbeitsgemeinschaft und zur Verwaltung. Trotzdem konnte er die oppositionellen Kräfte in der Arbeitsgemeinschaft zusammenfassen und auch für die Zulassung nicht kommunistisch gesonnener Studenten sorgen[56]). Zwar wurde er nach seinem Protest gegen die Ausschmückung der Universität mit kommunistischen Emblemen am 01. Mai 1946 seines Postens enthoben, doch die Mitglieder der Arbeitsgemeinschaft protestierten erfolgreich gegen die erneute Ernennung eines, diesmal kommunistischen kommissarischen Leiters und wählten den Sozialdemokraten Otto H. Heß zu ihrem Vorsitzenden. Daraufhin erkannte die die Verwaltung die Studentische Arbeitsgemeinschaft nicht mehr als Ansprechpartner der Studenten an[57]). Doch die ersten allgemeinen geheimen Wahlen zur Studentischen Vertretung der Universität Berlin am 06. Februar 1947 brachten erneut eine starke Mehrheit für die freiheitlichen Gruppen innerhalb der Studentenschaft[58]). Mit Manfred Klein und Franz Amrehn wurden dabei auch Mitglieder der CDU-Hochschulgruppe Studentenräte[59]).

---

für ihre Zone gegründet und ihr im Oktober 1945 den Auftrag zur Wiedereröffnung der Berliner Universität erteilt. Fichter, Tilman (1988), S. 46, nennt als Ursache für den Streit unterschiedliche Ansichten über die Zulassungskriterien für ein Studium an der Humboldt-Universität.

52) Müller, Marianne und Egon Erwin (1953), S. 92; Colloquium 10/1948, S. 4, und 1/1957, S. 3; Schneider, Ullrich (1985), S. 55.

53) Müller, Marianne und Egon Erwin (1953), S. 35.

54) Zeitungsausschnitt vom Februar 1946 (PAD); Colloquium 2/1949, S. 1, und 3/1953, Sparte „Vergeßt sie nicht!". Siehe auch Dokumentationsteil.

55) Brief von Dr. Wolfgang Seibert vom 11.06.1986; Schwarz, Heinz (1957), S. 26; Klein, Manfred (1968), S. 39. Die CDU- Hochschulgruppe war, ebenso wie die der SPD und der LDP, bis zum Oktober 1947 noch nicht offiziell anerkannt. Studenten der Technischen Universität gehörten ihr zunächst nur wenige an (Colloquium 6/1947, S. 11; Schreiben von Prof. Dr. Ernst Benda vom 18.07.1986).

56) Colloquium 10/1948, S. 4, und 1/1957, S. 3; Vermerk über das Telefonat mit Dr. Reinhard Praus am 18.08.1986; Müller, Marianne und Egon Erwin (1953), S. 92; Schneider, Ullrich (1985), S. 55.

57) Müller, Marianne und Egon Erwin (1953), S. 93 f.; Colloquium 10/1948, S. 4 f.. Siehe auch Anm. 11.

58) Die SED-Kandidaten erhielten nur 3 der 28 Studentenratssitze (Colloquium 8/1947, S. 13; Schneider, Ullrich (1985), S. 56 f.).

59) Klein, Manfred (1968), S. 70. Franz Amrehn, 1912-1981, war von 1949-1951 Sprecher

Angehörige der CDU-Hochschulgruppe kandidierten in diesen Monaten auch zur Studentenvertretung der Technischen Universität[60]).
An der Universität **Halle,** die am 01. Februar 1946 den Vorlesungsbetrieb wieder eröffnete[61]), wurde der Studentenrat ebenfalls im Wintersemester 1946/47 zum ersten Mal in allgemeiner, gleicher und geheimer Persönlichkeitswahl bestimmt. Inwieweit die CDU-Hochschulgruppe, die sich zumindest seit Anfang 1947 im Aufbau befand, daran beteiligt war, konnte nicht ermittelt werden[62]).
An der Universität **Leipzig** konstituierte sich nach deren Wiedereröffnung am 06. Februar 1946[63]) ähnlich wie in Berlin eine „Arbeitsgemeinschaft Demokratischer Studenten", die sich als überparteiliche Gemeinschaft verstand und der Selbstverwaltung sowie der Selbstgestaltung studentischen Lebens dienen und an der demokratischen Erziehung der Studentenschaft mitwirken sollte. Vorsitzender wurde das SED-Mitglied Gerhard Stiller[64]).
Die CDU in Leipzig gründete Anfang 1946 als Unterausschuß des Kulturausschusses beim Kreisverband den Universitätsausschuß, der zunächst unter dem Vorsitz von Hermann Mau den offiziellen Rahmen für die Tätigkeit der „CDU-Hochschulgruppe" bzw. „CDU-Betriebsgruppe Universität" bot und jeden Samstag in der Kreisgeschäftsstelle der CDU – offen für alle Interessenten – tagte[65]).
Die CDU-Hochschulgruppe stellte mit Helmut Ranft auch den stellvertretenden Vorsitzenden der Arbeitsgemeinschaft Demokratischer Studenten und arbeitete dort – ebenso wie die LDP-Hochschulgruppe – in der Hoffnung mit, die Vorarbeiten für die erste allgemeine Studentenwahl vorantreiben zu können. Als jedoch der Vorsitzende der Arbeitsgemeinschaft im Sommer 1946 versuchte, den Dekan der wirtschaftwissenschaftlichen Fakultät zu stürzen, und

---

der Jungen Union Berlin, von 1955- 1963 Bürgermeister Berlins und von 1961-1969 Landesvorsitzender der CDU Berlin (Kürschners Volkshandbuch Deutscher Bundestag (1983), S. 47).

60) Brief von Wilfried Göpel vom 01.08.1986.

61) Müller, Marianne und Egon Erwin (1953), S. 35.

62) Bestätigter Vermerk über das Telefonat mit Ewald Ernst am 06.07.1986. Auf dem Marburger Treffen war von Aktivitäten Hallenser CDU-Studenten noch nichts bekannt (Notizen vom Marburger Treffen 1947; PAS). Die ersten Wahlen zu den Studentenräten, die erst im November /Dezember 1946 von den Landesregierungen aufgrund des erst im Dezember 1946 in Kraft getretenen Vorläufigen Studentenstatuts für die Hochschulen der sowjetischen Besatzungszone der Zentralverwaltung für Volksbildung genehmigt worden waren, ergaben aber an allen Universitäten mehr oder weniger starke „bürgerliche" Mehrheiten (Müller, Marianne und Egon Erwin (1953), S. 95 ff.). Von Anfang an müssen jedoch in Halle die Zulassungsbestimmungen restriktiv gegenüber Studienbewerbern, die nicht der SED angehörten, gehandhabt worden sein. So wurde Ludwig Auerbach, Jahrgang 1926 aus Beuthen/OS und anerkanntes Opfer des Faschismus, 1946 wegen seiner CDU- Mitgliedschaft nicht zugelassen, am 06.08.1946 in Halle verhaftet, vom SMT Potsdam am 13.12.1946 wegen angeblicher Spionage zu 15 Jahren Zwangsarbeitslager verurteilt und am 29.12.1955 wieder freigelassen (Colloquium 10/1951, S. 8, und Vereinigte Deutsche Studentenschaften (1962), S. 11).

63) Müller, Marianne und Egon Erwin (1953), S. 35.

64) Berger, Gottfried (1951), S. 5; Müller, Marianne und Egon Erwin (1953), S. 93 f..

65) Brief von Karl-Heinz Schollbach vom 17.08.1986; bestätigter Vermerk über das Telefonat mit Alfred Sagner am 06.07.1986. Die Schreibweise „Rau" in Gradl, Johann Baptist (1981), S. 147 und 208, ist falsch.

sich dazu unter Vorspiegelung falscher Tatsachen die Unterschrift seines Stellvertreters erschlich, zog die CDU-Hochschulgruppe ihre Vertreter aus der Arbeitsgemeinschaft zurück[66]).
Nach dem Erlaß der Wahlordnung für den Studentenrat durch die Landesregierung im November 1946 erbrachten die ersten allgemeinen Wahlen am 08. Dezember 1946 bei acht Sitzen für Kandidaten der SED, je sechs Sitzen für Kandidaten der CDU und LDP und einem für parteilose Kandidaten eine klare „bürgerliche" Mehrheit. Gegen die Stimmmen der SED wurde der LDP-Student Wolfgang Natonek zum Studentenratsvorsitzenden gewählt, die SED übernahm nach wochenlangen Verhandlungen den zweiten Vorsitz und die Kasse. Zum Schriftführer wurde Ranft (CDU) gewählt[67]).
Auch in **Rostock** übernahm nach der Wiedereröffnung der Universität am 25. Februar 1946[68]) zunächst ein ernannter „Antifaschistischer Studentenausschuß" (später umbenannt in "Studentische Arbeitsgemeinschaft") die Aufgaben der studentischen Selbstverwaltung. Nach den ersten allgemeinen Wahlen zum Studentenrat, die nur eine knappe nicht kommunistische Mehrheit erbrachten, wurde ein parteiloser Student und nach dessen sofortigen Rücktritt Wolfgang Hildebrandt, SED (vorher SPD), zum Vorsitzenden gewählt[69]). Über die Existenz einer CDU-Hochschulgruppe zu dieser Zeit ist nichts bekannt[70]).
Auch die Wahlen an der am 15. Februar 1946 wieder eröffneten Universität **Greifswald**[71]) und der Technischen Hochschule **Dresden** erbrachten im Wintersemester 1946/47 nichtkommunistische Mehrheiten. Ob an diesen Hochschulen in jener Zeit bereits eine CDU-Hochschulgruppe bestand oder im Aufbau war, konnte nicht in Erfahrung gebracht werden[72]). Ebenso liegen über die Verhältnisse an der Bergakademie in Freiberg und den anderen Hochschulen (für Musik oder Kunst) keine verwertbaren Materialien vor.
Die allgmeine Arbeit aller Studentenvertretungen und damit auch ihrer CDU-Mitglieder wurde durch das im Dezember 1946 in Kraft getretene Vorläufige Studentenstatut[73]) festgelegt. Danach hatten die Studentenschaften der Universitäten das Recht und Pflicht zur Unterstützung des Rektors „bei der Bekämpfung militaristischen und faschistischen Ungeistes und bei der Förderung

---

[66]) Berger, Gottfried (1951), S. 5; Müller, Marianne und Egon Erwin (1953), S. 94.

[67]) Berger, Gottfried (1951), S. 5 f. und 37; Colloquium 10/ 1952, S. 9; Müller, Marianne und Egon Erwin (1953), S. 97; Marx, Hermann (1959), S. 28: Der zweite Vorsitzende des Studentenrates, Heinz Zastrow, trat später aus der SED aus und floh in den Westen. Ebenso trat der Kassierer, Karl-Heinz Rüfer, später aus der SED aus.

[68]) Müller, Marianne und Egon Erwin (1953), S. 35.

[69]) Ammer, Thomas (1969), S. 33 f.: Die „bürgerliche" Mehrheit betrug nur 57%; zweiter Vorsitzender wurde Günther Eingrieber (LDP). Hildebrandt, Jahrgang 1924, wurde am 03.04. 1949 verhaftet, vom SMT Schwerin wegen angeblicher Spionage zu 25 Jahren Zwangsarbeitslager verurteilt, in die UdSSR, Lager Taischet, deportiert und 1955 freigelassen (Verband Deutscher Studentenschaften (1962), S. 63).

[70]) Notizen vom Marburger Treffen 1947 (PAS): Auch dort war von Aktivitäten Rostocker CDU-Studenten noch nichts bekannt. Ammer, Thomas (1969), S. 31 f.: In Rostock war die erst am 21.10.1947 offiziell zugelassene LDP-Hochschulgruppe bzw. -Betriebsgruppe die mit Abstand stärkste Kraft des „bürgerlichen" Lagers.).

[71]) Müller, Marianne und Egon Erwin (1953), S. 35.

[72]) Colloquium 2/1949, S. 10; Müller. Marianne und Egon Erwin (1953), S. 97. Notizen vom Marburger Treffen 1947 (PAS): Dort war über Aktivitäten von Greifswalder oder Dresdener CDU-Studenten nichts bekannt.

[73]) Siehe Anm. 62.

fortschrittlichen, demokratischen Denkens und Handelns", zur Förderung des Studiums, zur Mithilfe bei der Verbesserung der materiellen Lage der Studentenschaft und zur Pflege des kulturellen und gesellschaftlichen Lebens in der Studentenschaft. Der Studentenrat hatte nach diesem Statut die Aufgaben der Mitarbeit bei der Bildung wissenschaftlicher Arbeitsgemeinschaften, der Fachberatung von jüngeren Semestern, der Herstellung einer engen Verbindung zwischen Dozenten- und Studentenschaft, der Teilnahme an der Arbeit der Zulassungskommissionen und der Bildung von Studentenchören, Musikkreisen usw. Dazu kam die in diesen Jahren besonders wichtige Vertretung der sozialen Belange der Studentenschaft[74]).
Insbesondere in den Zulassungsausschüssen prallten die Gegensätze schon bald offen aufeinander, weil die SED-Vertreter durch eine entsprechende Auslese der Studenten für eine Instrumentalisierung der Hochschulen im Sinne ihrer ideologischen Vorstellungen sorgen wollten. Wegen des nachhaltigen Widerstandes aller nichtkommunistischen Vertreter gelang dies zumindestens zu Anfang nicht[75]). Ähnlich war die Situation in den Stipendienausschüssen, die ebenfalls schon bald zu einem Auslesemechanismus im Sinne der SED umfunktioniert werden sollten[76]). Politisch heikel wurde nach kurzer Zeit auch die Mitarbeit an den Universitätsgerichten bzw. Reinigungsausschüssen, die über

---

[74]) Nach: Müller, Marianne und Egon Erwin (1953), S. 95 f..

[75]) In der ersten Zeit war grundsätzlich die Leistung des Bewerbers für die Entscheidung über seine Zulassung ausschlaggebend. Bevorzugt wurden Verfolgte und Benachteiligte des Naziregimes. Nur ausnahmsweise zugelassen wurden NSDAP- Mitglieder, höhere HJ-Führer, Mitglieder von SA und SS, aktive Offiziere von Wehrmacht und Polizei, Reserveoffiziere vom Oberleutnant an aufwärts und noch beeinflußte Kinder namhafter NSDAP-Mitglieder. Die Zulassungskommissionen wurden von den Volksbildungsministerien berufen und setzten sich aus drei Vertretern des öffentlichen Lebens (mindestens einer davon mit einem akademischen Grad) und einem vom Rektor berufenen Mitglied der jeweiligen Fakultät zusammen. Die von den Kommissionen befürworteten Gesuche wurden zur nochmaligen Überprüfung an das zuständige Volksbildungsministerium und von dort an den sowjetischen Universitätsoffizier weitergereicht. Zu Beginn des WS 1946/47 wurde erstmals auch die „demokratische Verantwortlichkeit" und die „gegenwärtige demokratische Haltung und Tat" mit ausschlaggebend. Ab 1947 richtete man besondere Landeskommissionen zur Förderung des Arbeiter- und Bauernstudiums ein. Im Laufe des Jahres 1947 wurden die Bedingungen noch stärker parteipolitisch ausgerichtet und die Kommissionen noch stärker im SED-Sinne besetzt (Vermerk über das Gespräch mit Roland Bude am 26.06.1986, S. 1; Brief von Dr. Gerhard Popp vom 07.08.1986; Müller, Marianne und Egon Erwin (1953), S. 75 ff.; Ammer, Thomas (1969), S. 30 f.; Schneider, Ullrich (1985), S. 48 ff.; Schlicht, Uwe (1980), S. 41; siehe dazu auch Heck, Bruno (1977), S. 215 f., Morsey, Rudolf (1987), S. 6, und Anm. 56).

[76]) Vermerk über das Gespräch mit Roland Bude am 26.06.1986, S. 1; Müller, Marianne und Egon Erwin (1953), S. 87 ff.: Nach der Wiedereröffnung der Universitäten waren die Stipendien in der sowjetischen Besatzungszone im Vergleich zu den Westzonen zahlreicher und höher. Das resultierte aus der dortigen Ablehnung des Werkstudententums. Allerdings zeigte sich bald, daß die Landesregierungen als Stipendiengeber die Stipendienvergabe von politischem Wohlverhalten abhängig machte und die Stipendienvergabe für ihre Ziele instrumentalisierten. Ab 1947 wurde die soziale Herkunft alleiniges Vergabekriterium. 75% der Stipendienmittel wurden für Studenten aus Arbeiter- und Bauernkreisen gezahlt. Politische Organisationen wie der FDGB machten zusätzliche Unterstützungen außerdem von der Mitgliedschaft in ihren Hochschul-Betriebsgruppen abhängig.

Strafen bis hin zur Exmatrikulation bei Vergehen der Studenten zu entscheiden hatten und mit einer zunehmenden Menge von Verfahren wegen politischer Vergehen konfrontiert wurden[77]).

Vor diesem Hintergrund ist es verständlich, daß die inhaltlichen Unterschiede zwischen den demokratischen (bürgerlichen) Vertretern der CDU und der LDP zurücktraten und man sich gemeinsam mit Parteilosen auf allen Gebieten um eine Durchsetzung freiheitlicher Vorstellungen bemühte. Dabei konnten sie auch auf das Verständnis und die Mitarbeit gemäßigter SED-Vertreter (meist frühere SPD-Mitglieder) bauen[78]).

Obwohl es in diesen Aufbaumonaten nur wenige regelmäßige Möglichkeiten des Kontaktes der CDU-Hochschulgruppen untereinander sowohl in der sowjetischen Besatzungszone als auch zu denen in den drei westlichen Besatzungszonen gab[79]), ergriff der Universitätsausschuß (die CDU-Hochschulgruppe) der CDU in Leipzig schon Anfang 1947 die Initiative zu einem gesamtdeutschen Treffen aller CDU-Hochschulgruppen. Um auf dieser Ebene zu einem Zusammenschluß zu kommen, lud er für den 07. – 10. März 1947 zu einem Treffen nach Marburg ein[80]).

b) Entwicklung in den drei westlichen Besatzungszonen

Ähnlich wie in der sowjetischen Besatzungszone und in Berlin war in der **französischen Zone** die Bildung studentischer Organisationen an den Universitäten überhaupt verboten. Eine Ausnahme stellte die Studentenseelsorge in der Evangelischen Studentengemeinde (ESG) und der Katholischen Hochschulgemeinde (KHG) dar[81]). Christlich-Demokratische Hochschulgruppen konnten daher erst nach der Gründung der Bundesrepublik Deutschland 1949 entstehen. Bis dahin war eine politische Betätigung nur in den zugelassenen Parteiorganisationen möglich[82]). Um ein Ventil zu schaffen, ließ die französische Besatzungsmacht lediglich die Durchführung eines Studententages für die französisch besetzte Zone im Frühjahr 1946 in Tübingen zu. Hier waren politische Diskussionen möglich und hierher kamen auch Vertreter aus anderen Besatzungszonen. Der Tübinger AStA-Vorsitzende, Bruno Heck, hielt eine vielbeach-

---

[77]) Verschiedenes Material des PAS; bestätigter Vermerk über das Gespräch mit Dr. Peter Scholz am 05.08.1986.

[78]) Brief von Dr. Bernhard Ohse vom 01.07.1986; bestätigter Vermerk über das Gespräch mit Dr. Peter Scholz am 05.08. 1986; Berger, Gottfried (1951), S. 30; Müller, Marianne und Egon Erwin (1953), S. 112 f.; Marx, Hermann (1959), S. 8 f.; Ammer, Thomas (1969), S. 34.

[79]) Müller, Marianne und Egon Erwin (1953), S. 100 f.: Ein studentischer Zonenkongreß, der einen „Studentischen Zonenrat" für die sowjetische Besatzungszone" wählte, tagte erst im Juni 1947 in Halle.

[80]) RCDS-Bundesvorstand (1961), S. 12; Kirsch, Wolfgang (1971), S. 27. Siehe auch Kapitel II.2.

[81]) Bestätigter Vermerk über das Gespräch mit Dr. Bruno Heck am 02.07.1986: In Tübingen existierte auch noch ein Bund freier Studenten. Fichter, Tilman/Lönnendonker, Siegward (1979), S. 16, sprechen darüberhinaus von in einer Art Halb-Legalität existierenden SDS-Hochschulgruppen in Freiburg und Tübingen.

[82]) Notizen vom Marburger Treffen 1947 (PAS); bestätigter Vermerk über das Gespräch mit Dr. Peter Scholz am 05.08.1986; RCDS-Bundesvorstand (1961), S. 12; Kirsch, Wolfgang (1971), S. 26 f.; RCDS-Bundesvorstand (1981), S. 1.

tete Rede[83]), aufgrund derer er zum gesamtdeutschen Studententag im Oktober 1947 in Hannover eingeladen wurde[84]).
In der **britischen Zone** war dagegen die politische Tätigkeit von Hochschulgruppen möglich. Allerdings bestand die britische Militärregierung auf der parteipolitischen Unabhängigkeit dieser Gruppen[85]). Bis Anfang 1947 konnten sich dennoch zumindestens an den Universitäten Bonn, Göttingen, Kiel, Köln und Münster sowie an der Technischen Hochschule Aachen Christlich-Demokratische Hochschulgruppen konstituieren[86]). Allerdings war dies zum Teil nur im organisatorischen Rahmen der Jungen Union möglich[87]). Die britische Militärregierung ließ auch in ihrer Zone die Organisation von zwei Studententagen vom 03. – 05. Juli 1946 in Göttingen und vom 22. – 25. Februar 1947 in Hamburg zu, auf denen ausführliche Diskussionen mit Studentenvertretern der amerikanischen und sowjetischen Besatzungszonen über eine künftige gemeinsame Arbeit und ein Erfahrungsaustausch möglich war[88]).
In der **amerikanischen Zone** waren die Ausgangsbedingungen am liberalsten[89]). Schon 1946 konnten sich in Bayern in den Städten München, Würzburg, Erlangen und Eichstätt christlich-demokratische Studentengruppen – wenn auch zum Teil nur unter Tarnnnamen – konstituieren. Bis Anfang 1947 folgte die Gründung weitere Gruppen an den Universitäten Heidelberg und Marburg[90]). Auch die amerikanische Militärregierung ließ die Organisation eines Studententages vom 06. – 08. März 1947 in Heidelberg zu, auf dem sich für diese Zone ein Studentenrat mit einem Zonenrat als Zonenstudentenvertretung bildete. Dieser sollte künftig regelmäßig tagen[91]).

2. Das Marburger Treffen der CDU-Hochschulgruppen im März 1947

Kaum waren die ersten CDU-Hochschulgruppen an wiedereröffneten deutschen Universitäten gegründet und hatten mit ihrer Arbeit im Rahmen des

---

[83]) Heck, Bruno (1977), S. 27 ff..

[84]) Bestätigter Vermerk über das Gespräch mit Dr. Bruno Heck am 02.07.1986; Otto, Detlev E. (1959), S. 10 f.. Auf den gesamtdeutschen Studententag im Oktober 1947 in Hannover wird weiter unten kurz eingegangen.

[85]) RCDS-Bundesvorstand (1961), S. 12; Kirsch, Wolfgang (1971), S. 27; RCDS-Bundesvorstand (1981), S. 1.

[86]) Notizen vom Marburger Treffen 1947 (PAS); Brief an den RCDS-Bundesvorstand vom 22.01.1961 (ACDP IV-006-023/1). Die Gruppe Aachen muß in den folgenden Jahren allerdings inaktiv gewesen sein (siehe Anm. 211 und 212). Die Darstellung von Uwe-Rainer Simon in Politische Akademie Eichholz der Konrad-Adenauer-Stiftung für politische Bildung und Studienförderung e. V. (1970), S. 397, daß sich Christlich-Demokratische Hochschulgruppen in den westlichen Besatzungszonen erst nach ihrem Verbot in der sowjetischen Besatzungszone bildeten, ist daher falsch.

[87]) Notizen vom Marburger Treffen 1947 (PAS).

[88]) Müller, Marianne und Egon Erwin (1953), S. 195 f.; Otto, Detlev E. (1959), S. 7 f..

[89]) RCDS-Bundesvorstand (1961), S. 12; Kirsch, Wolfgang (1971), S. 27; RCDS-Bundesvorstand (1981), S. 1.

[90]) RCDS in Bayern (1978), S. 19; RCDS-Uni-Würzburg (1981), „Gründung des RCDS-Würzburg"; Notizen vom Marburger Treffen 1947 (PAS): Die Hochschularbeit in Heidelberg wurde von der Jungen Union organisiert.

[91]) Otto, Detlev E. (1959), S. 10; RCDS-Bundesvorstand (1981), S. 2 ff..

Möglichen angefangen, begann auf Initiative der CDU-Hochschulgruppe (des Universitätsausschusses der CDU) in Leipzig mit der Einladung zum Studententreffen vom 7. – 10. März 1947 der erste und einzige Versuch, zu einem „gesamtdeutschen" Zusammenschluß der CDU-Hochschulgruppen zu kommen[92]).
Vielfältige Schwierigkeiten begleiteten die Teilnehmer schon auf ihrem Weg nach Marburg. Konnten die Vertreter aus der amerikanischen und der britischen Besatzungszone ebenso wie die CDU-Hochschulgruppen-Vorsitzenden von Berlin, Wrazidlo (er kam zusammen mit Amrehn), und Leipzig, Mau, noch relativ reibungslos nach Marburg kommen, mußten die Vertreter der CDU-Hochschulgruppe Jena, Beitz und Scholz, mangels bewilligter Interzonenpässe „schwarz" über die Grenze gehen. Studentische CDU-Mitglieder aus der französischen Zone bekamen ebenfalls keine Interzonenpässe und waren daher überhaupt nicht anwesend[93]).
Neben Referaten von Konrad Adenauer, Johann Baptist Gradl und Prof. Emil Dovifat über die geistige, politische und wirtschaftlich-soziale Situation Deutschlands[94]) stand die gegenseitige Information über den Stand der CDU-Arbeit an den Hochschulen auf dem Programm. Die anwesenden ca. 60 Vertreter konnten die Existenz von CDU-Hochschulgruppen zumindestens in München, Erlangen, Würzburg, Heidelberg, Marburg, Köln, Kiel, Göttingen, Münster, Leipzig, Jena und Berlin feststellen, die teilweise als selbstständige Gruppen und teilweise im Rahmen der zugelassenen Parteigliederungen der CDU bzw. der Jungen Union arbeiteten. Sowohl über die Situation der Universitäten der französischen Besatzungszone als auch über die der Universitäten Rostock, Halle und Greifswald lagen keine Informationen vor[95]).
Über die Grundsätze christlich-demokratischer Politik war man sich in Marburg

---

[92]) Siehe Anm. 80. Die Junge Union hatte sich am 20.01.1947 in Königstein/Taunus auf gesamtdeutscher Ebene zusammengeschlossen und dort festgestellt, daß die Studenten lieber einen eigenen Dachverband anstrebten. In der Diskussion darüber tauchte erstmals der Name „Ring Christlich-Demokratischer Studenten (RCDS)" auf (RCDS-Bundesvorstand (1961), S. 13; Kirsch, Wolfgang (1971), S. 27 f.; zur Gründung der Jungen Union siehe auch Becker, Winfried (1987), S. 232 ff., und Grotz, Claus-Peter (1983), S. 58 f.).

[93]) Notizen vom Marburger Treffen 1947 (PAS); DNZB-Meldung vom 29.03.1947 (PAD): Von einer Teilnahme Manfred Kleins ist hier ebenso wie in Klein, Manfred (1968), nichts erwähnt, so daß die Passage in Schwarz, Heinz (1957), S. 26, unzutreffend ist. Siehe ferner: Bestätigter Vermerk über das Gespräch mit Hans Beitz am 25.07.1986, S. 2; bestätigter Vermerk über das Gespräch mit Dr. Peter Scholz am 05.08. 1986; Beitz, Hans in CIVIS 28/April 1957, S. 231 f..

[94]) Hans Beitz in CIVIS 28/April 1957, S. 232; RCDS-Bundesvorstand (1961), S. 12; Kirsch, Wolfgang (1971), S. 27. Konrad Adenauer, 1876-1967, war von 1917-1933 Oberbürgermeister von Köln, von 1921-1933 Präsident des Preußischen Staatsrates, von 1949-1963 Bundeskanzler und von 1950-1966 Bundesvorsitzender der CDU (Buchstab, Günter/Gotto, Klaus (1981), S. 248 ff.; Rüther, Günther (1984), S. 361; Kohl, Helmut (1981), S. 131 ff.). Johann Baptist Gradl, 1904-1988, war Mitbegründer der CDU in Berlin und in der sowjetischen Zone, 1965/66 Bundesminister für Vertriebene und Gesamtdeutsche Fragen und langjähriger Vorsitzender der Exil-CDU (Gradl, Johann Baptist (1981), S. 194). Emil Dovifat, 1890- 1969, war Mitbegründer der CDU in Berlin und in der sowjetischen Zone, von Juli-September 1945 Chefredakteur der CDU-Tageszeitung „Neue Zeit" und von 1948-1959 Direktor des Instituts für Publizistik an der Freien Universität Berlin (Gradl, Johann Baptist (1981), S. 193).

[95]) Notizen vom Marburger Treffen 1947 (PAS); Hans Beitz in CIVIS 28/April 1957, S. 232.

noch „gesamtdeutsch“ einig. Ebenso war man zur Zusammenarbeit über die Zonengrenze hinweg bereit. Als besonderes Anliegen schlugen die Jenenser Vertreter der Versammlung Freundschaftsverhältnisse zwischen westdeutschen und mitteldeutschen CDU-Hochschulgruppen vor, um auf diese Weise mitteldeutschen CDU-Studenten doch noch Stipendien zahlen zu können und ihnen im Falle einer Flucht aus der sowjetischen Besatzungszonen bei der Immatrikulation im Westen an der jeweiligen (Freundschafts-) Universität helfen zu können[96]). Über die Form einer „gesamtdeutscher“ Organisation gingen die Meinungen allerdings auseinander. Zu unterschiedlich waren die Voraussetzungen der CDU-Hochschulgruppen in den einzelnen Besatzungszonen und ihre dort gemachten Erfahrungen[97]).
So bestimmte man unter dem Vorsitz des Leipziger CDU-Hochschulgruppen Vorsitzenden, Mau, nur einen Vorbereitenden Ausschuß mit 13 Vertretern (wahrscheinlich für Folgetagungen) und betraute die Leipziger Gruppe auch noch mit der Nachorganisation. Als Empfehlung wurde den Vertretern mitgegeben, die Frage der Freundschaftsverhältnisse ebenso wie einen Zeitungsaustausch in bilateralen Verhandlungen zu klären[98]).

3. Entwicklung nach dem Marburger Treffen

Zu einem weiteren „gesamtdeutschen“ Treffen, welches Mau spätestens für das Frühjahr 1948 vorgesehen hatte, kam es allerdings nicht mehr. Die allgemeine Entwicklung in der sowjetischen Besatzungszone ging über alle diese Pläne hinweg.
Denn eine weitere Außenministerkonferenz der vier Siegermächte scheiterte im März/April 1947 in Moskau an unüberbrückbaren Gegensätzen in den Fragen der künftigen staatlichen Neuordnung Deutschlands, der Reparationen und der Kontrolle über das Ruhrgebiet. Die USA starteten kurz darauf das Wiederaufbauprogramm des Marshall-Planes in Europa unter Einbeziehung der drei westlichen Besatzungszonen Deutschlands. Da die Sowjetunion und die von ihr dominierten Staaten die Einbeziehung in die Marshall-Plan-Hilfe ablehnten, vertiefte sich die Teilung Deutschlands weiter. Die Initiative des bayerischen Ministerpräsidenten Ehard einer Ministerpräsidentenkonferenz aller vier Zonen vom 05. – 07. Juni 1947 in München scheiterte. Eine weitere Außen-

---

96) Resolutionsentwurf der Jenenser Vertreter auf der Marburger Konferenz und Notizen vom Marburger Treffen 1947 (beides PAS); Hans Beitz in CIVIS 28/April 1957, S. 232.

97) Hans Beitz in CIVIS 28/April 1957, S. 232; RCDS-Bundesvorstand (1961), S. 12; Kirsch, Wolfgang (1971), S. 27; RCDS-Bundesvorstand (1981), S. 2.

98) Notizen vom Marburger Treffen 1947 (PAS): Als Vertreter der einzelnen Länder wurden Wilhelm Treffot (Marburg) für Hessen, Gregor Plettner (Mainz) für Rheinland-Pfalz, Joachim Schwarz (Berlin) für Berlin, Wolfgang Jahn (Heidelberg) für Nordbaden, Elmar Gramlich (Stuttgart) für Württemberg, Gert Lemmer (Göttingen) für Niedersachsen, Karl Bergmann (Eschenau) für Bayern, Werner Hastenrath (Bonn) für Nordrhein-Westfalen, Hanns Mauser (Hamburg) für Hamburg und Georg Vollmar Graf Zedtwitz (Preetz) für Schleswig-Holstein neben Hermann Mau notiert. Einige Länder blieben vakant. Als weiterer Teilnehmer ist noch aufgeführt Rudolf Birkl (Eichstätt). Siehe auch RCDS-Bundesvorstand (1961), S. 12, und Kirsch, Wolfgang (1971), S. 27: Hier wird allerdings von einem Arbeitsausschuß gesprochen.

ministerkonferenz im Dezember 1947 in London führte zum endgültigen Bruch zwischen den drei Westmächten und der Sowjetunion. Der „Ost-West-Gegensatz" war in den „Kalten Krieg" übergegangen[99]).
Unmittelbar nach dem Marburger Treffen der Unionsstudenten Anfang März 1947 begann deshalb die Auseinanderentwicklung der Hochschulen der sowjetischen Besatzungszone und des Ostsektors von Berlin einerseits und den Hochschulen der drei westlichen Besatzungszonen und der Westsektoren von Berlin andererseits unumkehrbar zu werden. Eine „gesamtdeutsche" Organisation der christlich-demokratischen Hochschulgruppen wurde dadurch unmöglich.

a) Entwicklung in der sowjetischen Besatzungszone und im Ostsektor Berlins

Spätestens nach dem Debakel der SED-Vertreter bei den ersten allgemeinen Studentenratswahlen in der sowjetischen Besatzungszone und in Berlin im Wintersemester 1946/47 dürfte der SED und der sowjetischen Besatzungsmacht klar gewesen sein, daß sie die Hochschulen auf dem demokratischen Weg der allgemeinen Wahlen auf studentischer Ebene nicht in den Griff bekommen würden. Um den Zufluß „bürgerlicher" Studenten zu verhindern, begann man daher, die Zulassungsbestimmungen und die Besetzung der Zulassungskommissionen zu verändern. Durch Stipendienvergabe „beeinflußbare" Studenten sollten gefügig gemacht werden. Die Wahlordnungen wurden manipuliert, um die Aufstellung „bürgerlicher" Kandidaten zu erschweren[100]). Wo

---

[99]) Zum geplanten Folgetreffen siehe: Schreiben von Ernst Benda an Peter Scholz vom 17.10.1947 (PAS). Zur allgemeinen historischen Entwicklung siehe: Kistler, Helmut (1985), S. 79 ff.; Kleßmann, Christoph (1982), S. 177 ff.; Morsey, Rudolf (1987), S. 8 f.; Weber, Hermann (1985), S. 144 ff..

[100]) Siehe Anm. 75 und 76 sowie Müller, Marianne und Egon Erwin (1953), S. 103 ff., 144, 146 ff., 165 ff. und 179 ff., und Schlicht, Uwe (1980), S. 40: Im Vorfeld der Studentenratswahlen im WS 1947/48 versuchte man, nichtkommunistische Studentenräte durch Angriffe der SED-Presse einzuschüchtern und die Aufstellung von SED-Kandidaten durch Vorabstimmungen, die neu in die Wahlordnungen aufgenommen worden waren, zu begünstigen. Die Wahlergebnisse veränderten sich dennoch nur wenig zugunsten der SED. Durch den 1948 erfolgten Zusammenschluß der politischen Hochschulgruppen in „Demokratische Block' s" konnte die Handlungsfähigkeit der CDU- und LDP-Hochschulgruppen weiter eingeengt werden. Außerdem wurden die Wahlordnungen zu den Studentenratswahlen im WS 1948/49 durch die Zusammenlegung von Wahlkreisen und Manipulationen bei der Kandidatenaufstellung weiter zuungunsten der CDU- und LDP-Hochschulgruppen verändert. Mit dem Beginn des WS 1949/50 gliederte man die bisherigen Vorstudienanstalten als Arbeiter- und Bauernfakultäten den Universitäten an. Zu den vierten Studentenratswahlen erließ das Ministerium für Volksbildung der gerade gegründeten DDR im Dezember 1949 eine neue Wahlordnung, die in den Einheitslisten der Nationalen Front der DDR ihr Vorbild hatte. Nach dieser Wahlordnung durften Kandidaten nur noch auf Mitgliederversammlungen der an den Universitäten zugelassenen Massenorganisationen FDJ, FDGB, „Gesellschaft für Deutsch-Sowjetische Freundschaft" und „Kulturbund zur demokratischen Erneuerung Deutschlands" nominiert werden. Dadurch sollte das für Wissenschaft und Demokratie im vergangenen Jahr an den Universitäten sich schädlich auswirkende „Parteiengezänk" ausgeschaltet werden, wie es in der Begründung der Anordnung lautete.
Die Behauptung von Heribert Adam (1965, S. 5), die Masse der Studenten habe sich kaum für die politischen Ideen einer Selbstverwaltung interessiert und sich auch

das nicht ausreichte, setzte man mißliebige Studenten unter Druck oder relegierte bzw. verhaftete sie unter fadenscheinigen Begründungen. Dennoch sollte es fast vier Jahre dauern, bis der letzte organisierte Widerstand der CDU-Hochschulgruppen (und natürlich auch der LDP-Hochschulgruppen und vieler Parteiloser) gegen die Instrumentalisierung der mitteldeutschen Hochschulen für die Parteiideologie der SED gebrochen war.
Anfang 1947 gründete man in **Jena** zusätzlich zu dem Referat Akademische Jugend des Landesverbandes einen Universitätsausschuß der CDU Jena, um die Rahmenbedingungen für die Arbeit der CDU-Hochschulgruppe bzw. -Betriebsgruppe „Universität" zu verbessern. Vorsitzender dieses Universitätsausschusses wurde (zwangsläufig) Scholz[101]). Neuer Jugendreferent des CDU-Landesverbandes Thüringen in Weimar wurde Hellweg[102]). Die CDU-Hochschulgruppe hatte mittlerweile einen eigenen Schaukasten vor der Mensa der Universität[103]).
Im Frühjahr 1947 kam es in der Universität zu schärferen Auseinandersetzungen um die Zulassung von ehemaligen Offizieren. Von den Zulassungskommissionen, in denen die CDU-, LDP-Vertreter und Parteilose weiterhin gut zusammenarbeiteten, zugelassene ehemalige Offiziere wurden durch einen Überprüfungsausschuß, in dem die SED das Übergewicht hatte, exmatrikuliert. Nur durch Eingreifen der SMA, die sich den Argumenten der CDU-Vertreter anschloß, konnte die Wiederzulassung von 60 ehemaligen Offizieren doch noch erreicht werden[104]).
Trotz aller Bemühungen blieb der CDU-Betriebsgruppe „Universität" im November 1947, als neben der schon länger bestehenden SED-Betriebsgruppe auch eine LDP-Betriebsgruppe an der Universität genehmigt wurde, die Anerkennung weiter versagt[105]). Um bedürftigen CDU-Studenten, die keine Stipendien erhielten, das Weiterstudium zu ermöglichen, warb die CDU-Hochschulgruppe zu dieser Zeit im ganzen Landesverband um Spenden[106]). Durch die veränderten Zulassungsbestimmunngen betrug der Anteil der CDU-Mitglieder

nicht nach einer eigenen Interessenvertretung gedrängt, ist zumindestens für die mitteldeutschen Hochschulen in dieser Zeit völlig abwegig.

101) Protokoll der Tagung der Kreisjugendreferenten am 29.11. 1947, undatiertes Schreiben der CDU-Ortsgruppe Jena 1947, Brief von Peter Scholz vom 11.04.1947 und Einladung zur Schulungstagung der Kreisreferenten der Jungen Union am 29./30.11.1947 (alles PAS).

102) Protokoll der Sitzung des engeren Jugendausschusses am 06.06.1947 (PAS).

103) Bestätigter Vermerk über das Gespräch mit Hans Beitz am 25.07.1986, S. 2.

104) Bericht über die Sitzung des „Politischen Ausschusses zur Überprüfung der immatrikulierten Studenten" am 09.04.1947, Besprechungsprotokoll vom 16.04.1947 (an dieser Besprechung nahm General Kolosnitschenko von der SMA Thüringen teil) und Protokoll der Tagung der Kreisjugendreferenten der Jungen Union am 29.11.1947 (alles PAS); bestätigter Vermerk über das Telefonat mit Dr. Georg Dambowy am 29.07.1986.

105) Protokoll der Tagung der Kreisjugendreferenten der Jungen Union am 29.11.1947 (PAS).

106) Undatiertes Schreiben des Universitätsausschusses an der Universität Jena an die Orts- und Kreisverbände der CDU Thüringen, Protokoll über die 4. Sitzung des CDU-Studentenausschusses am 22.07.1947 (hier wurde auch eine stärkere Beteiligung an den Wahlen in der FDGB-Studentengruppe beschlossen; Schriftführer der CDU-Hochschulgruppe (siehe auch das Protokoll der Sitzung vom 24.06.1947) war zu dieser Zeit Helmut Werneburg) und Protokoll der Tagung der Kreisjugendreferenten der Jungen Union am 29.11.1947 (alles PAS). Siehe auch Anm. 76.

unter den Studienanfängern des Wintersemesters 1947/48 zwar nur noch einen Bruchteil gegenüber den Mitgliedern der SED[107]). Doch versuchte man durch eine Aktivierung aller eigenen und einer Werbung von CDU-Mitgliedern aus der Arbeiter- und Bauernschaft für das Studium an der Vorstudienabteilung[108]), die der Universität zu Beginn des Wintersemesters 1947/48 angegliedert worden war[109]), dieser ungünstigen Entwicklung entgegenzuwirken.
Diese Anstrengungen waren zunächst auch erfolgreich. Denn trotz aller Behinderungen bei der Aufstellung „bürgerlicher" Kandidaten, Manipulationen bei der Einteilung der Wahlkreise und der erstmaligen Stimmberechtigung der Vorstudienabteilung ergaben die Studentenratswahlen am 16. Dezember 1947 mit sieben Sitzen für Kandidaten der SED, je sechs Sitzen für Kandidaten der CDU und der LDP und einem Sitz für einen parteilosen erneut eine klare nichtkommunistische Mehrheit. Der SED-Forderung nach dem Vorsitz im neugewählten Studentenrat für sich als stärkster Gruppe entsprach der Studentenrat nicht, sondern wählte den bisherigen Vorsitzenden Bernhard Reichenbach mit allen nichtkommunistischen Stimmen wieder zu seinem Vorsitzenden[110]).
Doch nun griffen das Thüringische Volksbildungsministerium und die SMA ein. Die Wahl Reichenbachs wurde nicht bestätigt und die Studentenratsmitglieder solange unter Druck gesetzt, bis eine Mehrheit für den SED-Kandidaten zustande kam. Den vier Mitgliedern des Studentenrats, die dennoch standhaft geblieben waren (unter ihnen Magen), kündigte man die Relegation an. Als

---

[107]) Protokoll über die Tagung der Kreisjugendreferenten der Jungen Union am 29.11.1947 (PAS): Unter den neuzugelassenen Studenten waren 310 SED-Mitglieder, 83 LDP-Mitglieder, 44 CDU-Mitglieder und 408 Parteilose. Siehe auch Anm. 75 und Colloquium 4/1952, S. 13.

[108]) Nach Müller, Marianne und Egon Erwin (1953), S. 52 ff., sollte mit der allgemein begrüßten Gründung von Vorstudienanstalten im Frühjahr 1946 begabten jungen Menschen aus Arbeiter- und Bauernschaft sowie rassisch oder politisch Verfolgten die Möglichkeit zur Ablegung der Reifeprüfung gegeben werden. Die SED sah die Vorstudienanstalten aber als Mittel, das Klassenbewußtsein der Arbeiterstudenten zu stärken, um diese klassenbewußten Studenten als Träger der revolutionären Umgestaltung der Universitäten von unten einsetzen zu können. Als Besonderheit gab es in Jena auch eine CDU-Gruppe an der Vorstudienanstalt (der späteren Arbeiter- und Bauernfakultät „Fred Oelssner") im Rahmen der CDU-Betriebsgruppe, die man in den Semesterferien durch die Werbung von Studenten u. a. über katholische Pfarrämter zum Beispiel im Eichsfeld zu verstärken versuchte (Protokoll der Tagung der Kreisjugendreferenten der Jungen Union am 29.11.1947 (PAS); bestätigter Vermerk über das Gespräch mit Hans Beitz am 25.07.1986). Siehe hierzu auch Otto, Detlev E. (1959), S. 10, Schlicht, Uwe (1980), S. 40 f., Weber, Hermann (1985), S. 172, und Schneider, Ullrich (1985), S. 47 f..

[109]) Müller, Marianne und Egon Erwin (1953), S. 101; bestätigter Vermerk über das Gespräch mit Dr. Peter Scholz am 05. 08.1986.

[110]) Brief von Hans-Adolf Hilgenfeld an den Hauptwahlausschuß vom 09.12.1947 (wegen der Unterschlagung einer Kandidatenliste für die Studentenratswahl durch SED-Vertreter) und Protokolle des Hauptwahlausschusses der Universität (alles PAS): So wählte zum Beispiel der sichere „bürgerliche" Wahlkreis X (Math.-Naturw.-Fakultät) bei 331 Wahlberechtigten zwei Studentenratsvertreter, während der sichere SED-Wahlkreis XI (Pädagogische Fakultät) bei 367 Wahlberechtigten drei Studentenratsvertreter bestimmte. Artikel von Peter Scholz im Thüringer Tageblatt vom 22.01.1948 (PAS); Colloquium 2/1948, S. 15, und 4/1948, S. 12; Müller, Marianne und Egon Erwin (1953), S. 106.

auch noch bekannt wurde, daß die sowjetische Geheimpolizei NKWD belastendes Material über Magen sammelte, mußte dieser fliehen[111]). Wenig später folgte auch Scholz, nachdem sein enger Freund Wehner schon verhaftet worden war[112]).
Auch nach dem Verlust der „Bastion Studentenrat" gaben die Mitglieder der CDU-Hochschulgruppe (und natürlich auch der LDP) nicht auf. Beitz wurde Vorsitzender[113]) und man versuchte, mit der Verteilung von verbotenen Broschüren, Zeitungen und Flugblättern der SED-Propaganda zu begegnen und Parteimitglieder, Kommilitonen und Bevölkerung zum Beispiel über die wahren Hintergründe der Absetzung von Jakob Kaiser als Vorsitzenden der Zonen-CDU aufzuklären[114]).
Der Versuch, das manipulierte Nominierungsverfahren im Mai 1949 nachhaltig zu durchbrechen, scheiterte knapp. Doch konnten sowohl in den Studentenrat als auch in die Fakultätsräte noch einzelne CDU-Studenten einziehen[115]). Auch bei den Studentenratswahlen am 08. und 09. Februar 1950 erhielt die offizielle Einheitsliste nach offiziellen Angaben immerhin noch knapp 30% ungültige Stimmen[116]).
Doch der sowjetische Geheimdienst MWD entschloß sich nun, ein Exempel zu statuieren. Er verhaftete am 31. Oktober 1950 Beitz und Helga Kämpfe, Vorsitzende der CDU-Fakultätsgruppe Philosophie. Kurz darauf, in der Nacht zum 24. November 1950, inhaftierte er mit Unterstützung des Staatssicherheitsdienstes eine weitere Anzahl von Studenten und anderen Bewohnern Jenas. Einige von ihnen wurden zwar kurz darauf wieder freigelassen, aber zehn Personen dieser „Gruppe" wurden am 18. Januar 1951 vom Sowjetischen Militärtribunal (SMT) in Weimar wegen antisowjetischer Hetze und zum Teil auch wegen „illegaler Gruppenbildung" zu 25 Jahren Zwangsarbeitslager (in einem Fall zehn Jahre) verurteilt[117]). Die CDU-Hochschulgruppe Jena hatte damit de facto aufgehört zu existieren.

---

[111]) Brief von Dr. Albrecht Magen vom 26.08.1986 mit Anlagen; Colloquium 4/1948, S. 12, und 4/1952, S. 13 f.; Müller, Marianne und Egon Erwin (1953), S. 106 f..

[112]) Bestätigter Vermerk über das Gespräch mit Dr. Peter Scholz am 05.08.1986; siehe auch Anm. 48. Scholz war mittlerweile auch Landesjugendreferent der CDU Thüringen geworden (Delegiertenausweis von Peter Scholz zum 2. Deutschen Volkskongreß des Landes Thüringen am 05.03.1948; aus: PAS).

[113]) Brief von Dr. Albrecht Magen vom 26.08.1986; bestätigter Vermerk über das Gespräch mit Hans Beitz am 25.07.1986, S. 1; Verband Deutscher Studentenschaften (1962), S. 16 f.: Hans Beitz, Jahrgang 1917, stammt aus Breslau (seine Mutter, eine überzeugte Katholikin, wurde von den Nationalsozialisten mehrere Jahre im KZ Majdanek inhaftiert) und arbeitete im dortigen Widerstand mit. Colloquium 1/1951, S. 15; CIVIS 25/Januar 1957, S. 172.

[114]) Bestätigter Vermerk über das Gespräch mit Hans Beitz am 25.07.1986, S. 1 f.; Vermerk von Klaus Matzel („Der Fall der Jenaer Studenten 1950") von 1954.

[115]) Müller, Marianne und Egon Erwin (1953), S. 171 f., und Anm. 114. Siehe auch Anm. 100.

[116]) Müller, Marianne und Egon Erwin (1953), S. 185 f..

[117]) Colloquium 1/1951, S. 15; bestätigter Vermerk über das Gespräch mit Hans Beitz am 25.07.1986, S. 2 f.; Vermerke von Klaus Matzel („Der Fall der Jenaer CDU-Studenten 1950" und „Vorstellung meiner Untersuchungshaft bis zum Abschluß des Falles durch den Untersuchungsoffizier") von 1954: Interessant ist, daß das SMT verurteilte, da am 07.10.1949 die DDR gegründet worden war (Morsey, Rudolf (1987), S. 21). Verurteilt wurden am 18.01.1951: Hans Beitz, am 05. 09.1956 freigelassen (Vereinigte

Noch während des Marburger Treffens führte die SMA in **Berlin** ihren ersten großen Schlag gegen Aktivisten der CDU-Hochschulgruppe (gleichzeitig zumeist auch führend in der Jungen Union tätig) im Rahmen einer – wie sich bald herausstellte – zonenweiten Verhaftungsaktion. Zwischen dem 08. und dem 19. März 1947 wurden durch die sowjetische Geheimpolizei NKWD die Studentin Gerda Roesch, Mitglied im Zulassungsausschuß, und der CDU-Studentenrat Manfred Klein, der vermutlich auch im Zulassungsausschuß tätig war, verhaftet. Ebenfalls festgenommen wurden die CDU-Studenten Wolfgang Schipke und Joachim Wolf und, kurz nach seiner Rückkehr aus Marburg am 13. März 1947, auch noch der Vorsitzende der CDU-Hochschulgruppe, Wrazidlo, und mit ihm der parteilose Student Reinhard Praus[118]).
Nachdrückliche Proteste der SPD-Hochschulgruppe, des gesamten Studentenrats, der Stadtverordnetenversammlung, der CDU, der Jungen Union und anderer CDU-Hochschulgruppen blieben erfolglos. Der sowjetischen Universitätsoffizier erklärte dem Studentenrat lediglich, man habe Beweise, daß die Verhafteten einer faschistischen Untergrundbewegung angehört hätten, was angesichts der Verhaftung von Georg Wrazidlo als anerkanntem „Opfer des Faschismus" widersinnig wirkte[119]). Außerdem, so meinte der Universitätsoffizier, sollten sich die Studenten so verhalten, daß Verhaftungen nicht nötig wären[120]).
Auch ein Brief des Studentenrats an die Alliierte Kontrollkommission bewirkte

Deutsche Studentenschaften (VDS; 1962), S. 17; die zu Beitz anderslautenden Passagen in Gradl, Johann Baptist (1981), S. 155 und 191, und in Schwarz, Heinz (1957), S. 15, sind falsch); Helga Kämpfe, am 17.01.1954 freigelassen (VDS (1962), S. 70); Oskar Stück, Fakultätsrat der LDP in der Philosophischen Fakultät, am 09.08.1956 entlassen (VDS (1962), S. 142); Walter Peter, CDU-Mitglied, am 18.01.1954 entlassen (VDS (1962), S. 106); Johannes Schumann, offensichtlich nach Beitz' s Verhaftung als Vorsitzender der CDU-Hochschulgruppe nachgewählt, am 16.01.1954 freigelassen (VDS (1962), S. 132); Michael Hertz-Eichenrode, CDU-Mitglied, aus Oppeln und am 17.01.1954 entlassen (VDS (1962), S. 61 f.); Horst Ludwig, CDU-Studentenrat, am 17.01.1954 entlassen (VDS (1962), S. 91); Rolf Stapel, im Januar 1954 freigelassen (VDS (1962), S. 138); Gerhart Seyfart, Wirt von Kämpfe; Klaus Matzel, CDU-Mitglied, am 17.01.1954 entlassen (VDS (1962), S. 94).

118) DNZB-Artikel vom 29.03.1947 (PAD); Gradl, Johann Baptist (1981), S. 82; Dumann, ; Manfred (1972), S. 23; Schwarz, Heinz (1957), S. 25 f.; Fricke, Karl Wilhelm (1966), S. 72 f., und (1984), S. 60 f.; Schneider, Ullrich (1985), S. 57: Gerda Roesch, Pharmaziestudentin wurde am 16.06.1948 vom SMT Berlin-Lichtenberg zu 25 Jahren Zwangsarbeit verurteilt und am 05.09.1956 entlassen (Verband Deutscher Studentenschaften (VDS; 1962), S. 115); Manfred Klein, Germanistikstudent, wurde am 13.12.1948 vom SMT Berlin zu 25 Jahren Zwangsarbeitslager verurteilt und am 19.10.1956 entlassen (VDS (1962), S. 74; siehe auch Klein, Manfred (1968), S. 90); Wolfgang Schipke war Student; Joachim Wolf, Leiter der „Jungen Union" Schönweide und Student, wurde vom SMT Berlin-Lichtenberg zu 25 Jahren Zwangsarbeitslager verurteilt und verstarb in der Strafvollzugsanstalt Bautzen am 18.02.1950 (VDS (1962), S. 161); zu Wrazidlo siehe Kapitel I.; Reinhard Praus, Medizinstudent und ursprünglich aus Neisse, wurde, da er nur zufällig mit Wrazidlo zusammen war, wenige Stunden nach der Verhaftung wieder freigelassen (Brief von Dr. Reinhard Praus vom 17. 08.1986; Vermerk über das Telefonat mit Dr. Reinhard Praus am 18.08.1986).

119) DNZB-Artikel vom 29.03., 01.04. und 05.04.1947, NEZ-Artikel vom 28.03.1947, KUR-Artikel vom 26.03. und 01.04. 1947 und TAS-Artikel vom 28.03.1947 (alle PAD); Schwarz, Heinz (1957), S. 26; Protokoll über die 4. Sitzung des CDU-Studentenausschusses in Jena am 22.07.1947, TOP 4. (PAS).

120) Müller, Marianne und Egon Erwin (1953), S. 99 (mit Quellenhinweis in Anm. 69).

nichts. Die Verhafteten blieben verschwunden[121]). Man konnte ohnehin nicht feststellen, daß sich die Westmächte sonderlich um verhaftete Kommilitonen kümmerten, obwohl sie über die Situation an der Humboldt-Universität genau informiert waren[122]).
Die CDU-Hochschulgruppe setzte ihre Arbeit jedoch fort. Nachfolger im Vorsitz wurde zunächst Amrehn. Auf ihn folgte kurz darauf Ernst Benda, der vorher schon als Hochschulreferent im Landesjugendsekretariat („Landesjugendseketariat der Jungen Union Berlin") die Hochschulgruppe betreut hatte[123]). Stellvertretender Vorsitzender war in dieser Zeit der Jurastudent Horst Selle[124]). Gemeinsam mit den Hochschulgruppen der SPD und der LDP beantragte man im Herbst 1947 die offizielle Zulassung der Parteihochschulgruppen an der Universität, um die Arbeitsmöglichkeiten zu verbessern[125]).
Obwohl sich die Gegensätze zwischen dem Studentenrat und der Zentralverwaltung für Volksbildung weiter verschärften, der Vorsitzende des Studentenrats, Heß (SPD), aus Protest gegen die fortwährenden Eingriffe der Zentralverwaltung in die Hochschulautonomie im Herbst 1947 von seinem Amt zurücktrat[126]) und man die Zulassung „bürgerlicher" Studenten erschwerte[127]), bewiesen die Neuwahlen zum Studentenrat der Universität Berlin am 11. Dezember 1947 erneut die weiterhin eindeutig freiheitliche Orientierung der Berliner Studentschaft. Von den 30 Sitzen entfielen drei auf Kandidaten der SED, drei auf Kandidaten der CDU (unter ihnen Benda), zwei auf Kandidaten der SPD, ein Sitz auf einen LDP- und 21 Sitze auf parteilose Kandidaten[128]).
Dessen ungeachtet nahm der Druck auf die freiheitlichen Studentengruppen zu. Am 07. Januar 1948 wurde der CDU-Student Franz Giersch verhaftet[129]). Am 16. April 1948 relegierte die Zentralverwaltung, ohne sich um die disziplinarrechtliche Zuständigkeit der Universität zu kümmern oder Betroffene überhaupt zu hören, den Vorsitzenden der SPD-Hochschulgruppe, Otto Stolz, und die Herausgeber der Studentenzeitschrift „Colloquium", Heß (SPD) und Joachim Schwarz (CDU)[130]).
Mit dieser vollständigen Mißachtung der geltenden Bestimmungen hatte die

[121]) DNZB-Artikel vom 29.03. und 01.04.1947 (PAD); Colloquium 1/1957, S. 3; Klein, Manfred (1968), S. 93: Erst Ende 1949 durfte Klein seinen Angehörigen zum ersten Mal schreiben.

[122]) Brief von Dr. Reinhard Praus vom 17.08.1986; Vermerk über das Telefonat mit Dr. Reinhard Praus am 18.08.1986; Klein, Manfred (1968), S. 39.

[123]) Schreiben von Ernst Benda an Peter Scholz vom 17.10.1947 (PAS); Brief von Prof. Dr. Ernst Benda vom 18.07.1986; Brief von Dr. Peter Lorenz vom 03.07.1986.

[124]) Colloquium 5/September 1947, S. 8 f..

[125]) Colloquium 6/Oktober 1947, S. 11.

[126]) Fricke, Karl Wilhelm (1966), S. 75, und (1984), S. 62.

[127]) Brief von Dr. Wolfgang Seibert vom 11.06.1986.

[128]) Colloquium 8/Dezember 1947, S. 13: Die Wahlbeteiligung betrug 75,1%. Die SED-Vertreter wurden alle in der Pädagogischen Fakultät gewählt. Die Vorstudienanstalt stimmte hier nicht mit ab (Colloquium 1/1948, S. 13).

[129]) Vermerk über das Telefonat mit Dr. Reinhard Praus am 18. 08.1986; Verband Deutscher Studentenschaften (1962), S. 47: Franz Giersch, Jahrgang 1920, wurde am 29.01.1949 vom SMT Potsdam zu 25 Jahren Zwangsarbeitslager wegen angeblicher Spionage und illegaler Gruppenbildung verurteilt und am 25.07.1956 entlassen.

[130]) Colloquium Sondernummer April 1948, S. 1; Otto, Detlev E. (1959), S. 15 f.; Fricke, Karl Wilhelm (1966), S. 75, und (1984), S. 62; Schlicht, Uwe (1980), S. 41 f.; Schneider, Ullrich (1985), S. 64 f..

Zentralverwaltung den Bogen allerdings überspannt. 2000 Studenten nahmen an einer Protestveranstaltung in dem im britischen Sektor an der Sektorengrenze gelegenen Hotel Esplanade teil. Auf einer Sondersitzung am 21. April 1948 verabschiedete man auf Antrag von Benda mit 18 gegen drei Stimmen eine Resolution, in der man sich gegen die Maßnahmen der Zentralverwaltung aussprach und von dieser eine Überprüfung der Angelegenheit forderte[131]). Als diese und andere Resolutionen keine Änderung der Haltung der Zentralverwaltung erbrachten, trat der Studentenrat aus Protest zurück. Denn eine Fortführung seiner Arbeit war vor diesem Hintergrund unmöglich geworden[132]).
Aufgerüttelt durch diese Auseinandersetzung beschloß die demokratische Mehrheit der Berliner Stadtverordnetenversammlung die Gründung einer freien Universität, nachdem auch eigene Verhandlungen mit der Zentralverwaltung über eine Unterstellung der Humboldt-Universität unter die Aufsicht des Berliner Magistrats erfolglos geblieben waren. Nachhaltig von der freiheitlich gesonnenen Mehrheit der Berliner Studentenschaft unterstützt, begannen die Gründungsvorbereitungen trotz der mittlerweile durch die sowjetische Besatzungsmacht begonnenen Blockade Berlins. Am 22. September 1948 verlieh der Magistrat der Freien Universität Berlin den Rechtstitel und erteilte die Genehmigung zur Aufnahme des Unterrichtsbetriebes. Am 04. November 1948 wurde die Satzung der Freien Universität durch die Stadtverordnetenversammlung gebilligt und damit rechtskräftig[133]).
Obwohl die Mehrheit der politisch Aktiven (nur fünf von 30 Studentenräten waren an der Humboldt-Universität geblieben)[134]) an die Freie Universität gewechselt waren, scheute man sich, an der Humboldt-Universität eine Neuwahl durchzuführen. Trotz erheblichen Terrors gegenüber Andersdenkenden entfielen auf die Einheitslisten der Massenorganisationen bei der Neuwahl des Studentenrates im Februar 1950 nach offiziellen Angaben nur 58,5% gültige Stimmen. Eine organisierte Gruppe von CDU-Hochschulangehörigen an der Humboldt-Universität gab es zu dieser Zeit allerdings nicht mehr[135]).
Durch die Verhaftung des Jugendreferenten der CDU Sachsen-Anhalt, Ewald Ernst, und mehrerer CDU-Studenten am 16. März 1947 im Rahmen der ersten großen zonenweiten Verhaftungsaktion der sowjetischen Besatzungsmacht wurde an der Universität **Halle** die erst im Aufbau befindliche CDU-Hochschulgruppe schwer erschüttert[136]).

---

131) Colloquium Sondernummer April 1948, S. 12 ff.; Otto, Detlev E. (1959), S. 17; Schlicht, Uwe (1980), S. 43; Schneider, Ullrich (1985), S. 65. Siehe auch Dokumentationsteil.

132) Colloquium 10/1948, S. 5; Müller, Marianne und Egon Erwin (1953), S. 118.

133) Colloquium 10/1948, S. 5 f.; Müller, Marianne und Egon Erwin (1953), S. 116 ff.; Otto, Detlev E. (1959), S. 17; Fricke, Karl Wilhelm (1966), S. 75 f.; Schlicht, Uwe (1980), S. 43 ff.; Schneider, Ullrich (1985), S. 66 f.; Morsey, Rudolf (1987), S. 17. Während der Blockade wurde am 15.01.1949 in West-Berlin ebenfalls die Deutsche Hochschule für Politik wiedereröffnet (Jäckh, Ernst/Suhr, Otto (1952), S. 35).

134) Müller, Marianne und Egon Erwin (1953), S. 121.

135) Colloquium 3/1950, S. 7; Vereinigte Deutsche Studentenschaften (1962), S. 110, und Finn, Gerhard (1960), S. 217: Ende September wurde der Student der Hochschule für Politik, Peter Püschel (CDU), Jahrgang 1927, verhaftet und Ende Dezember 1950 vom SMT zum Tode verurteilt. Sein weiteres Schicksal ist unbekannt. Siehe auch Anm. 100.

136) Brief von Ewald Ernst vom 08.06.1986; bestätigter Vermerk über das Telefonat mit

Ohnehin hatten „bürgerliche" Studenten an dieser Universität wohl den schwersten Stand, da der dortige „Kurator"[137]), Elchlepp, die Zulassungsbestimmungen am radikalsten im Sinne der Förderung eines Arbeiter- und Bauernstudiums auslegte und dies nicht nur auf interzonalen Tagungen vertrat[138]), sondern darüberhinaus auch oppositionelle Tendenzen in der Studentenschaft nachhaltig bekämpfte[139]). Dennoch konnte die CDU-Hochschulgruppe bei Wahlen zum zweiten Studentenrat im Wintersemester 1947/48 zusammen mit der LDP und parteilosen Studenten immerhin elf von 23 Sitzen erlangen. Da fünf der zwölf SED-Vertreter ebenfalls den „bürgerlichen" Gruppen zuneigten, war eine sichere SED-Studentenratsmehrheit noch nicht vorhanden[140]). Doch die CDU-Hochschulgruppe geriet weiter unter Druck. Im Juni 1948 wurde Günter Abramowski, Vorsitzender der CDU-Fakultätsgruppe Pädagogik, verhaftet[141]). Bei den im Herbst 1948 fälligen, aber bis Anfang April 1949 herausgezögerten Wahlen zum dritten Studentenrat konnte eine Einheitsliste von SED, FDJ und FDGB eine Mehrheit erhalten, nachdem man zuvor die Aufstellung von Gegenkandidaten der CDU und der LDP mit administrativen Manipulationen fast vollständig verhindert und außerdem für beide Gruppen den Wahlkampf praktisch unmöglich gemacht hatte[142]).
Zwar war die CDU-Hochschulgruppe mit Horst Neumayer als Vorsitzendem auch in der Folgezeit noch aktiv[143]). Doch die mit 20,6% niedrigste Zahl ungültiger Stimmen im Vergleich aller mitteldeutschen Universitäten für die Einheitsliste der „Kandidaten der nationalen Front" bei den vierten Studentenratswahlen am 08. und 09. Februar 1950[144]) und die Zustimmung des aus der CDU-Hochschulgruppe der Universität Halle stammenden Vertreters der CDU auf der Konferenz der FDJ am 01. Februar 1950, Gerald Götting, zum neuen Statut für diese Wahlen[145]) zeigte deutlich, daß von einer wirkungsvollen studentischen

---

Ewald Ernst am 06.07.1984; Schwarz, Heinz (1957), S. 25 f.. An Stelle von Ewald Ernst wurde später Josef Bock, Dresden, in den Zonenvorstand der CDU gewählt (bestätigter Vermerk über das Telefonat mit Alfred Sagner am 06.07.1986; Brief von Dr. Wolfgang Seibert vom 11.07.1986; Gradl, Johann Baptist (1981), S. 121; siehe auch Anm. 32).

137) Müller, Marianne und Egon Erwin (1953), S. 44: Spätestens ab dem Herbst 1948 übernahmen eingesetzte „Kuratoren" de facto die Verantwortung für die Universitäten, da dem Rektor und dem Senat nur noch die wissenschaftliche Leitung der Universität vorbehalten blieb. Weil die alte Universitätsfassade mit Senat und Rektor nach außen hin erhalten blieb, konnte die Verwaltung der Universitäten von der Öffentlichkeit weitgehend unbemerkt „gleichgeschaltet" werden.

138) Otto, Detlev. E. (1959), S. 10; Heck, Bruno (1977), S. 215 f.; RCDS-Bundesvorstand (1981), S. 5; siehe auch Anm. 62 am Ende.

139) Colloquium 1/1948, S. 15, und 4/1948, S. 16 f..

140) Colloquium 1/1948, S. 15, und 4/1948, S. 16 f.. Zur CDU- Hochschulgruppe gehörte zu dieser Zeit auch der Neutestamentler Prof. Erich Fascher (bestätigter Vermerk über das Gespräch mit Hans Beitz am 25.07.1986, S. 1; Bloch, Ernst (1986), S. 146).

141) Günter Abramowski, Jahrgang 1928, wurde am 07.06.1948 verhaftet, durch ein SMT zu 25 Jahren Zwangsarbeitslager verurteilt und am 18.01.1954 entlassen (Verband Deutscher Studentenschaften (1962), S. 7).

142) Colloquium 4/1949, S. 6; Müller, Marianne und Egon Erwin (1953), S. 168 ff..

143) Brief von Dr. Buchheim an Horst Neumayer vom 03.08.1949 (ACDP I-188-002/2).

144) Müller, Marianne und Egon Erwin (1953), S. 186.

145) Bestätigter Vermerk über das Gespräch mit Hans Beitz am 25.07.1986, S. 4; Berger, Gottfried (1951), S. 22; Müller, Marianne und Egon Erwin (1953), S. 181. Offensicht-

Opposition in Halle spätestens zu dieser Zeit nicht mehr die Rede sein konnte[146]). Noch vorhandene Oppositionsreste wurden in der Folgezeit trotzdem verhaftet[147]).

An der Universität **Leipzig** brachte das Sommmersemester 1947 für die „bürgerlichen" Studenten im Studentenrat unter dem Vorsitz von Natonek (LDP) und für die Hochschulgruppen der CDU und der LDP zwar heftige Auseinandersetzungen mit Vertretern der SED insbesondere um die Frage des „Arbeiter- und Bauernstudiums" und die Zulassungen von Studienbewerbern. Die nichtkommunistischen Studenten mußten aber keine wesentlichen Positionen aufgeben[148]).

Durch die erste Verhaftungswelle im September 1947, welcher der CDU-Hochschulgruppenvorsitzende, Mau, der Zulassungsreferent im Studentenrat, Wolfgang Weinoldt (CDU), und die CDU-Studenten Werner Ihmels und Luise Langendorf zum Opfer fielen, wurde die Leipziger CDU-Hochschulgruppe völlig überrascht. Mau wurde zwar kurz darauf wieder entlassen, mußte dann aber in den Westen fliehen. Den Vorsitz der CDU-Hochschulgruppe übernahm danach Karl-Heinz Schollbach[149]).

Trotz dieser Ereignisse und des massiven Drucks von seiten der SED-gelenkten Presse sowie einer Veränderung des Wahlstatuts durch die sächsische Landesregierung erlitt die SED bei den zweiten Studentenratswahlen im November 1947 eine noch empfindlichere Niederlage. Sie verfehlte mit acht von 30 Sitzen sogar die zur Verhinderung der Beschlußfähigkeit des Studentenrats notwendige Sperrminorität von einem Drittel der Sitze. Trotz nachhaltigster Proteste und Drohungen der SED und des FDGB wurde Natonek (LDP) am 15.

---

lich wurde zwischen Gerald Götting und Peter Heilmann (FDJ) vorher ein Abkommen geschlossen, daß eine Vertretung der CDU auch in diesen Studentenräten sicherstellen sollte (Protokoll über die Sitzung des Kulturpolitischen Ausschusses der Zonen-CDU (ACDP I-188-002/2) am 01.02.1950). Siehe auch Anm. 100. Gerald Götting, Jahrgang 1923, war von 1949-1966 Generalsekretär der Ost-CDU und ist seit 1966 deren Vorsitzender (Buch, Günther (1987), S. 89).

146) Ebenso: Colloquium 3/1950, S. 13.

147) Das CDU-Hochschulgruppenmitglied Georg Wolny, Jahrgang 1926 aus Hindenburg/OS, wurde am 29.07.1950 verhaftet, am 01.08.1950 vom SMT Halle wegen angeblicher antisowjetischer Hetze zu 25 Jahren Zwangsarbeitslager verurteilt und am 22.10.1956 entlassen (bestätigter Vermerk über das Gespräch mit Hans Beitz am 25.07.1986, S. 4; Verband Deutscher Studentenschaften (1962), S. 161).

148) Berger, Gottfried (1951), S. 7 f.; Müller, Marianne und Egon Erwin (1953), S. 97 f.. Bei den Fakultätswahlen im März 1947 konnten die nichtkommunistischen Studenten ihre Mehrheit sogar noch ausbauen (Berger, Gottfried (1951), S. 6; Colloquium 10/1952, S. 9).

149) Brief von Karl-Heinz Schollbach an Dr. Buchheim vom 26.07. 1949 (ACDP I-188-002/2); Brief von Karl-Heinz Schollbach vom 17.08.1986; Berger, Gottfried (1951), S. 8; Müller, Marianne und Egon Erwin (1953), S. 98. Wolfgang Weinoldt, Jahrgang 1923, wurde nach seiner Verhaftung am 16.09.1947 vom SMT Dresden wegen angeblicher Spionage und Agententätigkeit zu 15 Jahren Zwangsarbeitslager verurteilt und am 16.01.1954 entlassen (Verband Deutscher Studentenschaften (VDS; 1962), S. 154); Werner Ihmels verstarb nach seiner Verhaftung 1947 am 03.05.1950 in der Strafvollzugsanstalt Bautzen (VDS (1962), S. 67); Luise Langendorf, Jahrgang 1925, wurde am 10.09.1947 verhaftet, im Mai 1948 von einem SMT wegen angeblicher Spionage zu 25 Jahren Zwangsarbeitslager verurteilt und im November 1955 entlassen (VDS (1962), S. 85).

Dezember 1947 als Vorsitzender des Studentenrats wiedergewählt. Zweiter Vorsitzender wurde ein SED-Vertreter. Als Schriftführer bestätigte man Ranft (CDU). Gottfried Berger (CDU) wurde zum Kassenwart gewählt[150]).

Mitte 1948 wurde die CDU-Hochschulgruppe („CDU-Betriebsgruppe Universität") endlich zugelassen, nachdem die Satzungen der CDU schon vorher geändert worden waren. Auch hier war eines ihrer besonderen Anliegen die Unterstützung ihrer Mitglieder in wirtschaftlichen und sozialen Fragen, insbesondere bei den Stipendien. Trotz vielfältiger Angriffe blieb die Lage in der studentischen Selbstverwaltung stabil[151]).

Im Wintersemester 1948/49 setzte die SED dann alles auf eine Karte. Als die beabsichtigte Änderung des Wahlstatuts, die der SED die Mehrheit bei den anstehenden Wahlen sichern sollte, wegen des Verhandlungsgeschicks von Natonek vom gesamten Studentenrat nur erheblich verändert beschlossen wurde, verhaftete man am 11. November 1948 Natonek und viele weitere Mitglieder der LDP, die vorher schon durch die Sperrung der Stipendien für alle LDP-Studenten unter Druck gesetzt worden waren. Wenige Tage später wurde die LDP-Hochschulgruppe ganz verboten[152]).

Die CDU-Hochschulgruppe versuchte zunächst, über die CDU-Fraktion im sächsischen Landtag eine Änderung des nun erlassenen undemokratischen Wahlstatuts zu erreichen. Als diese Bemühungen erfolglos blieben, wollte sie aus Protest erst gar nicht zur Wahl antreten. Doch um das Feld den kommunistischen Organisationen nicht alleine zu überlassen, wurden zusammen mit den wenigen verbliebenen LDP-Studenten eigene Kandidaten aufgestellt. Trotzdem konnte die SED mit 16 Sitzen gegenüber elf Vertretern der „bürgerlichen" Seite bei den Wahlen zum dritten Studentenrat im Dezember 1948 nur aufgrund des neuen Wahlstatuts die Mehrheit erringen. Dem neuen (SED-) Vorsitzenden des Studentenrats wurden Berger (CDU) und Hans-Georg Jahn (CDU) zur Seite gestellt[153]).

Die CDU-Hochschulgruppe wurde nach der Zerschlagung der LDP-Hochschulgruppe neues Zentrum des nichtkommunistischen Lagers an der Universität und wohl auch dadurch mit über 6oo Mitgliedern Ende 1949 die stärkste CDU-Hochschulgruppe an den mitteldeutschen Universitäten. Im Frühjahr 1949

---

[150]) Brief von Karl-Heinz Schollbach vom 17.08.1986; Berger, Gottfried (1951), S. 10 f.; Müller, Marianne und Egon Erwin (1953), S. 107 f.; Marx, Hermann (1959), S. 28 f.; Colloquium 10/1952, S. 10. Die SED hatte mehr Mitglieder, als sie Stimmen erhalten hatte. Das genaue Ergebnis waren 11 Sitze für die LDP, 9 für die CDU, 8 für die SED und 2 für Parteilose (Colloquium 1/1948, S. 13 f.). Um die Sperrminorität zu erhalten, schloß die Landesregierung die Vorstudienanstalt als „Arbeiter- und Bauernfakultät" der Universität an, deren 4 Vertreter die SED-Fraktion verstärkten (Berger, Gottfried (1951), S. 11; siehe auch Anm. 108).

[151]) Brief von Karl-Heinz Schollbach vom 17.08.1986; Berger, Gottfried (1951), S. 15.

[152]) Abschrift des Schreibens von Karl-Heinz Schollbach an die CDU-Landtagsfraktion in Dresden vom 02.02.1949 (ACDP I- 188-002/2); Colloquium 10/1952, S. 10; Berger, Gottfried (1951), S. 14 f.; Müller, Marianne und Egon Erwin (1953), S. 106 f.; Marx, Hermann (1959), S. 30; Fricke, Karl Wilhelm (1966), S. 73, und (1984), S. 61. Adam, Heribert (1965), S. 100; Wolfgang Natonek, Jahrgang 1919, wurde nach seiner Verhaftung am 11.11.1948 von einem SMT zu 25 Jahren Zwangsarbeitslager wegen angeblicher Widerstandsarbeit verurteilt und im Juni 1956 entlassen (Verband Deutscher Studentenschaften (1962), S. 100).

[153]) Berger, Gottfried (1951), S. 15; Colloquium 10/1952, S. 10; Müller, Marianne und Egon Erwin (1953), S. 167 f..

gründete sich sogar zu den elf „Unterbetriebsgruppen“ der Fakultäten noch eine „Unterbetriebsgruppe Dozenten“. In Zusammenarbeit mit der CDU-Fraktion im sächsischen Landtag und mit dem Unterausschuß für Hochschulfragen beim CDU-Hauptvorstand in Berlin versuchte man, Verschärfungen der Immatrikulationsrichtlinien und der Stipendienvergabe zu Lasten nichtkommunistischer Studenten zu verhindern und im Rahmen von Studentenratsdelegationen oder auch durch eigene Reisen die Kontakte aufrecht zu erhalten[154]). Die Instrumentalisierung der Universität Leipzig für die Zwecke der kommunistischen Machthaber machte allerdings jetzt schnellere Fortschritte. Versuche der beiden CDU-Mitglieder im Studentenratsvorstand, etwas über das Schicksal Natoneks zu erfahren, verliefen ergebnislos. Im Gegenzug wurden sie dafür wegen „antisowjetischer Tendenzen“ beschuldigt. Immerhin unterschrieben aufgrund der Anstrengungen der CDU-Hochschulgruppe mehr als die Hälfte der Leipziger Studenten im Dezember 1949 nicht die Grußadresse der FDJ an Stalin. Die Einheitsliste bei der vierten Wahl zum Studentenrat erhielt Anfang Februar 1950 jedoch schon 73,85% der gültigen Stimmen (das zweitbeste Ergebnis an den mitteldeutschen Universitäten), wobei allerdings auf rund einem Viertel der gültigen Stimmen nur die beiden einzigen nichtkommunistischen Kandidaten angekreuzt worden waren[155]). Mit Alfred Vogtmann als Kassenwart wurde zwar noch einmal ein CDU-Student in den Vorstand des Studentenrats gewählt[156]), doch verschwand in den folgenden Monaten auch die CDU-Hochschulgruppe an der Universität Leipzig als eigenständige politische Kraft.
Auch an der Universität **Rostock** reagierten die sowjetische Besatzungsmacht und die SED trotz der recht knappen „bürgerlichen“ Mehrheit im Studentenrat mit einer Verschärfung des Drucks und ersten Verhaftungen von Studenten ab Mitte 1947[157]). Mittlerweile hatte sich auch in Rostock eine CDU-Hochschulgruppe konstituiert. Sie war wie in den anderen mitteldeutschen Universitätsstädten mit dem CDU-Kreisverband Rostock verknüpft[158]).
Die Wahlen zum zweiten Studentenrat Anfang 1948 erbrachten an der Universität Rostock mit elf Sitzen für SED-Kandidaten, zwei Sitzen für LDP-Kandidaten, einem Sitz für einen CDU-Kandidaten und sieben Sitzen für parteilose bereits eine absolute kommunistische Mehrheit[159]). Ein wesentlicher Grund für dieses Resultat dürfte der Organisationsvorsprung der SED gewesen sein. Doch hinderte dieses Ergebnis die sowjetische Besatzungsmacht und die SED nicht daran, den Druck auf oppositionelle Studenten weiter zu verstärken. Die Ver-

---

[154]) Abschrift des Briefes von Karl-Heinz Schollbach an die Landtagsfraktion der CDU in Dresden vom 02.02.1949, Rundschreiben an die CDU-Dozenten vom 28.04.1949, Brief von Karl-Heinz Schollbach an Dr. Buchheim vom 26.07.1949 und dessen Antwortbrief vom 29.07.1949, Die UNION-Betriebsgruppe-Hochschulgruppen Nr. 2 vom 17.01.1949, S. 2–5 (alles ACDP I-188-002/2); Berger, Gottfried (1951), S. 15; Brief von Karl-Heinz Schollbach vom 17.08.1986. Im Sommer 1949 startete die CDU-Hochschulgruppe den Versuch einer Patenschaft zwischen Leipzig und Göttingen (Die UNION-Betriebsgruppe-Hochschulgruppen Nr. 2 vom 17.01.1950, S. 4 f. (ACDP I-188-002/2); Berger, Gottfried (1951), S. 20 f.; siehe auch Otto, Detlev E. (1959), S. 31 f.).

[155]) Colloquium 5/1949, S. 13; Berger, Gottfried (1951), S. 19 und 22 f.; Müller, Marianne und Egon Erwin (1953), S. 186.

[156]) Berger, Gottfried (1951), S. 38.

[157]) Ammer, Thomas (1969), S. 47.

[158]) Brief von Dr. Gerhard Popp vom 07.08.1986.

[159]) Ammer, Thomas (1969), S. 40.

haftungen wurden fortgesetzt und „reaktionäre" Studentenvertreter zum Rücktritt von ihrem Mandat gezwungen[160]). Vorsitzender der CDU-Hochschulgruppe wurde in dieser Situation im WS 1948/49 Gerhard Popp[161]). Ein Vorstandsmitglied der CDU-Hochschulgruppe, der Jurastudent Lorenz, konnte zur gleichen Zeit noch rechtzeitig nach West-Berlin flüchten[162]).

Zwar konnte die SED nach einer deutlichen Veränderung des Wahlstatuts zu ihren Gunsten bei den dritten Studentenratswahlen am 09. Februar 1949 ihre Mehrheit mit 14 Sitzen gegenüber zwei Sitzen der CDU, einem der LDP und sieben Sitzen parteiloser Studenten ausbauen. Dies bedeutete aber nicht das Ende der Oppositionstätigkeit des freiheitlich eingestellten Teils der Studentenschaft, im Gegenteil. Den Vorsprung der SED in Organisation und Taktik versuchte man mit Erfolg aufzuholen und nutzte das Forum der öffentlichen Sitzung des Studentenrats, um für die eigenen Zielsetzungen zu werben[163]). Angesichts der verschiedenen Versuche der SED, mißliebige Studentenräte der Gegenseite „abzuschießen" (und mit Hilfe der SED-durchsetzten Verwaltung auch gleich zu relegieren) traten die parteilosen Vertreter nun in die LDP-Fraktion ein[164]). Den Erfolgen dieser Oppositionsarbeit entsprechend verschärften sich die Gegenmaßnahmen der Besatzungsmacht und der SED. Sie trafen zunächst besonders die LDP-Hochschulgruppe als stärkster Kraft des „bürgerlichen" Lagers in Rostock. Am 18. Oktober 1949 und an den folgenden Tagen eliminierte man mit der Verhaftung von Arno Esch, Friedrich Franz Wiese und ca. 10 weiteren LDP-Studenten den aktivsten Kern dieser Gruppe, welche kurz darauf auch noch verboten wurde[165]).

Als im Dezember 1949 auch in Rostock eine neue Wahlordnung für den Studentenrat erlassen wurde, die nur noch die Wahl nach Einheitslisten vorsah, und Einsprüche der studentischen Fakultätsvollversammlungen nicht beachtet wurden, änderten die freiheitlich gesonnenen Studenten ihre Strategie. Denn es war absehbar, daß die studentischen Gremien ihre bisherige Bedeutung zugunsten der FDJ verlieren würden. Man beschloß daher, soweit möglich, die FDJ-Hochschulgruppe zu unterwandern. Die entscheidenden Positionen sollten mit „eigenen" Leuten besetzt werden, um der Instrumentalisierung der Universität für die Zwecke der SED entgegenzusteuern[166]).

---

160) Colloquium 4/1948, S. 10; Ammer, Thomas (1969), S. 40 f..

161) Brief von Dr. Gerhard Popp vom 07.08.1986.

162) Brief von Dr. Hartwig Bernitt vom 27.08.1986.

163) Müller, Marianne und Egon Erwin (1953), S. 168; Ammer, Thomas (1969), S. 41 f..

164) Colloquium 6/1949, S. 10, und 1/1950, S. 7.

165) Fricke, Karl Wilhelm (1966), S. 73 f., und (1984), S. 61; Ammer Thomas (1969), S. 46 ff.: Das Verbot der LDP-Hochschulgruppe wurde erst Mitte 1950 aufgehoben. Arno Esch, Jahrgang 1928 aus Memel, wurde nach seiner Verhaftung am 20.07.1950 vom SMT Schwerin zum Tode verurteilt und am 24.07.1951 in Moskau umgebracht (Verband Deutscher Studentenschaften (VDS; 1962), S. 38). Friedrich Franz Wiese, Jahrgang 1929 aus Rostock, wurde am 20.07.1950 vom SMT Schwerin zu 25 Jahren Zwangsarbeitslager und am 23.11.1950 vom SMT Berlin zum Tode verurteilt, vom Obersten Sowjet in Moskau zu 25 Jahren Zwangsarbeitslager begnadigt, in die UdSSR, Lager Omsk und Karaganda, deportiert und am 15.12. 1955 entlassen (VDS (1962), S. 157; Ammer, Thomas (1969), S. 52 f.). Wolfgang Schmitt (CDU) konnte im November 1949 noch rechtzeitig flüchten (Vermerk über das Gespräch mit Roland Bude am 26.06.1986).

166) Ammer, Thomas (1969), S. 54 f. und 71. ff.; Brief von Elsbeth Popp (geb. Wraske) vom 04.06.1986.

Über das Verhalten bei der anstehenden Studentenratswahl am 08. und 09. Februar 1950 konnte man sich allerdings nicht einigen. Während die LDP-Anhänger für einen Wahlboykott eintraten, plädierte die CDU-Hochschulgruppe für eine Teilnahme. Bei einer Wahlbeteiligung von ca. 90% folgten knapp 30% der Studenten dem Boykottaufruf und gaben ungültige Stimmen ab. Von den 71,2 % gültigen Stimmen erhielt der Vorsitzende der CDU-Hochschulgruppe, Popp, noch vor dem SED-Spitzenkandidaten die meisten Stimmen. Neben ihm konnte auch noch der CDU-Student Bernhard Ohse ein Studentenratsmandat erlangen. Popp wurde daraufhin zum zweiten Vorsitzenden des Studentenrats gewählt. Wie erwartet verkümmerte der Studentenrat allerdings rasch zu einem rein repräsentativen Organ, da nun die FDJ schnell an Bedeutung zunahm[167]).
In der FDJ-Hochschulgruppe waren die in zwei Hauptgruppen agierenden „bürgerlichen" Studenten in der Lage, die wichtigsten Positionen zu besetzen, im Zulassungsausschuß, im Stipendienausschuß und anderen Gremien oder Gliederungen die politischen Vorhaben der Kommunisten über längere Zeit zu verhindern und vielen Studenten doch noch die Zulassung oder ein Stipendium zu ermöglichen[168]).
Daneben traten bis Anfang 1951 noch die Fakultätsräte, welche die SED immer noch nicht unter Kontrolle bekommen hatte. So bestand Anfang 1951 mit je einem SED- und LDP-Mitglied, drei CDU-Mitgliedern und einem parteilosen Studenten eine deutliche „bürgerliche" Mehrheit im Fakultätsrat der Pädagogischen Fakultät[169]).
Die beiden CDU-Studentenräte waren über die Schritte der FDJ-/ SED-Mehrheit gut informiert, da sich in deren Fraktionen auch Angehörige der Widerstandsgruppen befanden, und konnten sich entsprechend vorbereiten[170]).
Als sich Ohse jedoch auf einer Vollversammlung der Studentenschaft bei einer Resolution gegen „die angloamerikanischen Monopolkapitalisten und deren Handlanger, die Adenauer, Schumacher und Konsorten" der Stimme enthielt, dieses Verhalten dann im Studentenrat zur Sprache gebracht wurde und nicht auf einhellige Ablehnung stieß, war der Anlaß für eine erste Verhaftungswelle gegeben. Popp und der parteilose Studentenrat Roland Bude wurden am 12. und 13. Juli 1950 als erkannte oder vermutete Widerstandskämpfer verhaftet. Ohse, der Kadersekretär der FDJ, Klepsch, und eine Anzahl weiterer Studenten konnten jedoch noch gewarnt werden und nach West-Berlin flüchten[171]).
Die zwei Widerstandsgruppen arbeiteten trotzdem weiter.

---

[167]) Brief von Dr. Bernhard Ohse vom 01.07.1986; Brief von Dr. Gerhard Popp vom 07.08.1986; Müller, Marianne und Egon Erwin (1953), S. 186; Ammer, Thomas (1969), S. 55 f..

[168]) Vermerk über das Gespräch mit Roland Bude am 26.06.1986; Ammer, Thomas (1969), S. 73 ff..

[169]) Ammer, Thomas (1969), S. 75.

[170]) Brief von Dr. Bernhard Ohse vom 01.07.1986; Ammer, Thomas (1969), S. 72 und 74 f..

[171]) Colloquium 8/1950, S. 14; Hamburger Studentenzeitung vom 23.11.1950, S. 3 f. (ACDP IV-006-005/1); Brief von Dr. Bernhard Ohse v. 01.07.1986. „Roland Bude war vom Verwaltungsdirektor zum Schein zu einer Besprechung über Angelegenheiten der Studentenzeitung bestellt und bei dieser Gelegenheit in Anwesenheit des damaligen Studentendekans, Seemann, festgenommen worden. Einen Tag später versuchte der Staatssicherheitsdienst, auch den zur Widerstandsgruppe gehörenden Kadersekretär der FDJ-Hochschulgruppenleitung, Egon Klepsch, festzunehmen. Dieser

Am 18. Januar 1951 wurde das Vorstandsmitglied der CDU-Hochschulgruppe, Franz Bail, verhaftet[172]). Mitte 1952 wurden beide Widerstandsgruppen endgültig zerschlagen. Doch bewährte sich, wie schon Mitte 1950, erneut das innerhalb der Gruppen aufgebaute Warnsystem, so daß die meisten ihrer Mitglieder noch rechtzeitig fliehen konnten[173]).
Im Gegensatz zu allen anderen Universitäten konnten die „bürgerlichen" Gruppen an der Universität **Greifswald** ihre Mehrheit auch bei den dritten Studentenratswahlen im Wintersemester 1948/49 knapp verteidigen[174]). Bemühungen, den Wahlmodus der Einheitslistenwahl zum vierten Studentenrat zu verhindern, scheiterten an Geschäftsordnungsmanipulationen in der Vollversammlung der Studentenschaft[175]). Mit (offiziell) nur 67,2% gültigen Stimmen für die Einheitsliste, dem zweitschlechtesten Ergebnis aller mitteldeutschen Universitäten, quittierte die dortige Studentenschaft das Verfahren entsprechend[176]).
An der Technischen Hochschule **Dresden** wählte die nichtkommunistische Mehrheit nach den für sie erfolgreichen Wahlen im Wintersemester 1946/47 Karl-Heinz Münch (LDP) zum Studentenratsvorsitzenden[177]). Die SED verfehlte

nahm gerade an einer Sitzung des Sekretariats der Hochschulgruppenleitung in der Mensa teil. Das Festnahmekommando erschien auch dort, wollte Klepsch aber nicht aus der Sitzung heraus verhaften, um jedes Aufsehen zu vermeiden. Der Studentenratsvorsitzende Fensch (SED) und einige andere FDJ-Funktionäre wurden veranlaßt, Klepsch aus der Sitzung herauszurufen. Da ihm das Verschwinden Budes schon aufgefallen war, weigerte er sich zu seinem Glück, die Sitzung zu verlassen, konnte so etwas Zeit gewinnen und der Verhaftung durch sofortige Flucht entgehen" (Ammer, Thomas (1969), S. 86; siehe auch Dokumentationsteil und Dumann, Manfred (1972), S. 88). Roland Bude, Jahrgang 1926 aus Freiwaldau/Sudeten, Angehöriger der Rostocker Katholischen Hochschulgemeinde, wurde am 31.10.1950 vom SMT Schwerin wegen angeblicher Spionage zu 25 Jahren Zwangsarbeitslager verurteilt, in die UdSSR, Lager Workuta, gebracht und am 16.10.1955 freigelassen (Verband Deutscher Studentenschaften (VDS; 1962), S. 28; Colloquium 10/1953, S. 15; Vermerk über das Gespräch mit Roland Bude am 26.06.1986). Gerhard Popp, Jahrgang 1924 aus Schmalsin/Kreis Stolp, wurde wegen angeblicher antisowjetischer Propaganda zu 25 Jahren Zwangsarbeitslager verurteilt und am 17.01.1954 entlassen (VDS (1962), S. 109; Brief von Dr. Gerhard Popp vom 07.08. 1986).

172) Franz Bail, Jahrgang 1927 aus Dux/Sudeten, wurde wegen angeblicher Verbreitung antisowjetischer Hetznachrichten am 22.08.1951 vom Landgericht Greifswald zu 10 Jahren Zuchthaus verurteilt und am 05.09.1956 entlassen (Colloquium 1/ 1954, S. 14; Verband Deutscher Studentenschaften (1962), S. 13; Ammer, Thomas (1969), S. 170).

173) Ammer, Thomas (1969), S. 86 ff.. Karl Alfred Gedowski, Jahrgang 1927 und Leiter der Widerstandsgruppe, wurde am 26.06.1951 verhaftet, am 06.12.1951 vom SMT Schwerin zum Tode verurteilt, in die UdSSR deportiert und dort wahrscheinlich 1952 umgebracht (Verband Deutscher Studentenschaften (1962), S. 45; Ammer, Thomas (1969), S. 88 f.).

174) Müller, Marianne und Egon Erwin (1953), S. 172.

175) Müller, Marianne und Egon Erwin (1953), S. 181 f.: Über die Aktivitäten der Greifswalder CDU-Hochschulgruppe liegen keine näheren Informationen vor, auch wenn Sie relativ lange aktiv gewesen sein muß, wofür ein kritischer Artikel im CDU-Zentralorgan „Neue Zeit" vom 24.12.1949 über die Vollversammlung einen Anhaltspunkt bietet.

176) Müller, Marianne und Egon Erwin (1953), S. 186.

177) Colloquium 4/1952, S. 14. Karl-Heinz Münch, Jahrgang 1927 aus Dresden, wurde am 07.04.1951 ohne Haftbefehl verhaftet, am 26.06.1952 vom Landgericht Mühlhausen freigesprochen und am 10.10.1952 freigelassen (Verband Deutscher Studentenschaften (1962), S. 99; Colloquium 4/1952, S. 14).

bei den Neuwahlen im Wintersemester 1947/48 erneut die Mehrheit. Daraufhin schloß man der Hochschule die Vorstudienanstalten an, deren vier Vertreter der SED die Mehrheit verschafften. Die Studentenräte der CDU und LDP traten aus Protest gegen diese Maßnahme zusammen mit zwei SED-Vertretern von ihrem Amt zurück. Eine von CDU und LDP im Anschluß daran vorbereitete Neuwahl wurde verboten. Dennoch arbeitete die CDU-Hochschulgruppe zumindestens bis Anfang 1952 weiter[178]).

Um zu den alten Universitäten ein „fortschrittliches" Gegengewicht zu schaffen, wurde Anfang 1948 auf Befehl der SMA die Brandenburgische Landeshochschule in **Potsdam** gegründet. Dem ersten „provisorischen" Studentenrat gehörten fünf SED-Studenten, der zu dieser Zeit einzige CDU-Student als zweiter Vorsitzender sowie der einzige LDP-Student an. Doch auch hier gelang es nicht, eine politisch „richtige" Studentenschaft zu bekommen[179]). Anfang 1951 floh der Vorsitzende der CDU-Hochschulgruppe in Potsdam und Hauptreferent im dortigen Studentenrat, Johannes Müller, nach West-Berlin[180]). Daraufhin wurde die gesamte CDU-Hochschulgruppe Potsdam unter Polizeiaufsicht gestellt[181]).

Relativ unkomplizierte Möglichkeiten zur überregionalen Kontaktaufnahme und Zusammenarbeit der CDU-Hochschulgruppen in der sowjetischen Besatzungszone und in Ost-Berlin boten sich erst nach dem ersten studentischen Zonenkongress vom 19. – 22. Juni 1947 in Halle. Dort hatte sich auf Antrag der Berliner Delegierten der „Studentische Zonenrat für die sowjetischen Besatzungszone" konstituiert. Zu seinem Vorsitzenden wurde bei einem knappem Übergewicht der nichtkommunistischen Vertreter Wolfgang Hildebrandt (SED, vorher SPD) aus Rostock und Bernhard Reichenbach (LDP) zu seinem Sekretär gewählt[182]).

Weitere Möglichkeiten für Treffen und Kontakte bestanden natürlich auf Tagungen der Jungen Union und auf CDU-Parteitagen sowie über das Jugendreferat (= Zonen-Junge Union) der CDU-Reichsgeschäftsstelle in Berlin. Das Jugendreferat in Berlin hatte schon 1946 mit der Koordination der CDU-Hochschularbeit begonnen[183]).

---

[178]) Colloquium 9/1948, S. 13, und 2/1949, S. 10; Rundschreiben 1/1952 vom 08.02.1952 des Referates für gesamtdeutsche Fragen des RCDS (ACDP IV-006-034/3).

[179]) Colloquium 6/1952, S. 10 f..

[180]) Colloquium 5/1951, S. 19. Johannes Müller wurde nach der Gründung des RCDS-Landesverbandes Berlin Anfang 1954 dessen erster Landesvorsitzender, ging Mitte 1954 als Bundesgeschäftsführer des RCDS nach Bonn, wurde später als Ostspion enttarnt und wegen Landesverrates rechtskräftig verurteilt (Colloquium 2/1954, S. 23, und 8/1954, S. 23; Protokoll der RCDS-Bundesausschußsitzung am 06./07.06.1959, S. 1 (ACDP IV-006-011/3); Brief von Dr. Konrad Kraske vom 04.08. 1986).

[181]) Colloquium 6/1951, S. 19. Auch für den hier beschriebenen Zeitraum liegen keine verwertbaren Materialien über eine Tätigkeit von CDU-Hochschulgruppen an der Bergakademie Freiberg oder anderen Hochschulen vor.

[182]) Berger, Gottfried (1951), S. 7; Müller, Marianne und Egon Erwin (1953), S. 100 f.; Otto, Detlev E. (1959), S. 10; Vermerk über das Gespräch mit Roland Bude am 26.06.1986. Siehe auch Anm. 69.

[183]) Briefe des Jugendreferates des CDU-Reichsverbandes vom 29. 11.1946 und vom 18.12.1946 (PAS); Brief von Karl-Heinz Schollbach vom 17.08.1986; bestätigter Vermerk über das Gespräch mit Dr. Peter Scholz am 05.08.1986.

Ab 1948 standen diese Institutionen nicht mehr zur Verfügung. Denn die Junge Union hatte Anfang 1948 auf Zonenebene wegen des zunehmenden Gleichschaltungsdrucks von seiten der SMA beschlossen, die Arbeit einzustellen, und war im Februar 1948 von der SMA auch noch verboten worden. Nach dem Sturz Reichenbachs in Jena und dem Rücktritt Hildebrandts wurde auch der Zonenrat ab Ende 1948 endgültig kommunistisch beherrscht. Daher schuf man sich im Unterausschuß für Hochschulfragen des Kulturausschuß beim CDU-Hauptvorstand in Berlin ein neues Gremium zur überregionalen Koordination[184]).

An den monatlichen Sitzungen dieses Unterausschusses in Berlin nahmen alle mitteldeutschen CDU-Hochschulgruppenvorsitzenden teil. Dort wurden Erfahrungen ausgetauscht, Aktionen wie die Werbung von CDU-Anhängern für ein Studium an der „Arbeiter- und Bauernfakultät" in Jena zur Nachahmung empfohlen und gemeinsame Vorgehensweisen beispielsweise bei Zulassungs- und Stipendienfragen besprochen. Mit dem Mitteilungsblatt „DIE UNIONBETRIEBS-GRUPPE-Hochschulgruppen" besaß man 1949 ein zonenweites Informationsblatt, dessen Redaktion ab der zweiten Ausgabe von der CDU-Hochschulgruppe Leipzig als stärkster Gruppe übernommen worden war[185]).

Mit der zunehmenden Gleichschaltung der oberen Parteigremien der CDU in der sowjetischen Besatzungszone wichen die Studenten bei kritischen Fragen offensichtlich ergänzend auf die schon seit 1947 bestehenden direkten Kontakte zwischen den CDU-Hochschulgruppen aus[186]).

Diese überregionalen Kommunikationsebenen versetzten die CDU-Hochschulgruppen wenigstens ansatzweise in die Lage, ihre zunehmende Isolierung vor Ort zu durchbrechen. Dabei halfen natürlich auch noch die Kontaktmöglichkeiten der studentischen Gremien vor Ort.

Westliche Besucher in der CDU-Reichsgeschäftsstelle und Studentendelegationen von westlichen Universitäten auf den Zonentagungen oder in einzelnen mitteldeutschen Universitäten konnten auf diese Weise mit Informationen über die Lage der Studentenschaft, die Verhaftungen und andere Zwangsmaßnahmen versorgt werden. Dadurch wurden auch westliche Medien auf diese Situation aufmerksam, was Hilfe oder Schutz vor Zwangsmaßmahmen bedeuten konnte. Im Gegenzug waren Vertreter der mitteldeutschen Studentenschaft im Westen in der Lage, sich mit Informationen und Materlal über die dortigen Ver-

---

[184]) Offener Brief an die Angehörigen der Jungen Union in der sowjetisch besetzten Zone und Berlin vom 01.02.1948 (PAS); Junge Union Deutschlands (1954), S. 7; Schwarz, Heinz (1957), S. 15 f.; Dumann, Manfred (1972), S. 23 f.. Als Nachfolger Hildebrandts wurde zunächst der parteilose Heinz Gensich (Leipzig) zum Vorsitzenden des Zonenrates gewählt, der wegen dauernder Behinderungen seiner Arbeit durch die SMA Ende 1948 wieder zurücktrat (Berger, Gottfried (1951), S. 13; Müller, Marianne und Egon Erwin (1953), S. 108). Die UNION-Betriebsgruppe-Hochschulgruppen Nr. 2 vom 17.01.1950, S. 2 f., und Protokoll der Sitzung des Kulturpolitischen Ausschusses am 01.02.1950 (ACDP I-188-002/2).

[185]) Brief von Dr. Gerhard Popp vom 07.08.1986; Die UNION-Betriebsgruppe-Hochschulgruppen Nr. 2 vom 17.01.1950, S. 2 f., und Protokoll über die Sitzung des Kulturpolitischen Ausschusses am 01.02.1950 (ACDP I-188-002/2). Siehe auch Anm. 108.

[186]) Bestätigter Vermerk über das Gespräch mit Dr. Peter Scholz am 05.08.1986; Brief von Dr. Albrecht Magen vom 26.08. 1986; Brief von Dr. Lothar Buchheim an die CDU-Hochschulgruppe Halle vom 03.08.1949 (ACDP I-188-002/2); Brief von Dr. Bernhard Ohse vom 27.06.1986. Siehe zur Gleichschaltung auch Colloquium 3/1951, S. 17.

hältnisse auszustatten, welche die zensierte und SED-gelenkte Presse bei ihnen zurückhielt[187]).
Direkte Kontakte untereinander ermöglichten den Angehörigen der CDU-Hochschulgruppen aber nicht nur die Diskussion „heikler" Fragen. Sie konnten sich dabei auch über erkannte oder vermutete Spitzel informieren. Deshalb formulierte man Briefe und Protokolle, zu denen diese Personen Zugriff hatten, rechtzeitig entsprechend und hielt sich hier von vorneherein mit Meinungsäußerungen zurück. Verfolgungsmaßnahmen wurden so erheblich erschwert, da kein Verdacht oder wenigstens kein belastendes Material entstand[188]). Oft teilte man die betreffenden Personen zusätzlich auch noch westlichen Zeitungen oder dem häufig gehörten RIAS mit, um sie durch eine öffentliche Enttarnung als Spitzel „unbrauchbar" zu machen[189]).
Insgesamt konnten diese Aktivitäten die Zerschlagung der CDU-Hochschulgrupppen in der sowjetischen Besatzungszone und in Ost-Berlin und die Instrumentalisierung der dortigen Hochschulen für die Zwecke der SED nur verzögern. Doch die Studenten der CDU und der LDP wollten ebenso wie parteilose Studenten nicht übergangslos von einem totalitärem Regime in das nächste geraten und verteidigten ihre Freiheit mit allen ihnen verfügbaren Mitteln, auch wenn sie dabei aus der heutigen Sicht im Laufe der Zeit manchmal unverständliche Kompromisse eingingen bzw. eingehen mußten[190]).
Damit zwangen sie aber die sowjetische Besatzungsmacht und die SED, ihr wirkliches Verständnis von Freiheit, Demokratie und Gerechtigkeit zu zeigen. Dadurch wurde den Studenten der drei westlichen Besatzungszonen und West-Berlins deutlich gemacht, daß eine Einheit Deutschlands nur in Freiheit erstrebenswert sei, Freiheit aber verteidigt sein wolle[191]).

---

187) Brief von Dr. Albrecht Magen vom 26.08.1986; Brief von Dr. Reinhard Praus vom 17.08.1986; Brief von Dr. Gerhard Popp vom 07.08.1986; Brief von Dr. Wolfgang Seibert vom 11.07. 1986; Vermerk über das Gespräch mit Roland Bude am 26.06. 1986; Brief von Karl-Heinz Schollbach vom 17.08.1986; Die UNION-Betriebsgruppe-Hochschulgruppen Nr. 2 vom 17.01. 1950, S. 4 (ACDP I-188-002/2); Berger, Gottfried (1951), S. 20 f.. Siehe auch Anm. 44.

188) Brief von Dr. Gerhard Popp vom 07.08.1986; bestätigter Vermerk über das Gespräch mit Dr. Peter Scholz am 05.08. 1986; Ammer, Thomas (1969), S. 82.

189) Ammer, Thomas (1969), S. 82; Colloquium 2/1951, S. 15.

190) Bestätigter Vermerk über das Gespräch mit Dr. Peter Scholz am 05.08.1986; Brief von Dr. Albrecht Magen vom 26.08. 1986; Brief von Dr. Gerhard Popp vom 07.08.1986. Siehe dazu auch Wolfgang Natonek (LDP) in Fricke, Karl Wilhelm (1984), S. 61, und Colloquium 10/1948, S. 12. Siehe auch Bloch, Ernst (1986), S. 121 ff., der den Nutzen der Weiterarbeit trotz aller Kompromisse aus der Sicht eines führenden, erst 1950 geflüchteten CDU-Funktionärs beschreibt.

191) Siehe dazu insbesondere Müller, Marianne und Egon Erwin (1953), S. 195 ff., und das folgende Kapitel II.3. b). Über die Initiativen im RCDS-Bundesverband um eine Betreuung wieder freigelassener RCDS-Mitglieder aus diesen Jahren siehe Kapitel V.3..

b) Entwicklung in den drei westlichen Besatzungszonen und in den Westsektoren Berlins

Nachdem die Beschlüsse und Vereinbarungen des Marburger Treffens über eine überregionale Zusammenarbeit durch die Entwicklung in der sowjetischen Besatzungszone und im Ostsektor Berlins undurchführbar geworden waren, stagnierten die in diese Richtung zielenden Bemühungen auch in den drei westlichen Besatzungszonen[192]).
Erst ab dem Mai 1948 entwickelte sich zwischen dem Christlich-Demokratischen Hochschulring (CDH) an der Universität Marburg und dem CDH an der Universität Bonn eine ausführliche Korrespondenz mit dem Ziel, an Stelle des gescheiterten gesamtdeutschen Zusammenschlusses einen Ersatz in kleinerem Rahmen zu bilden[193]). In Bayern kam es im Wintersemester 1948/49 zu einem noch lockeren Zusammenschluß der Christlich-Demokratischen Studentengruppen aus München, Würzburg und Erlangen, welcher sich erst ab dem Wintersemester 1950/51 fester als „Ring Christlich-Demokratischer Studenten in Bayern“ mit Anton Jaumann als erstem Landesvorsitzenden konstituierte[194]).
In den Westsektoren Berlins bildete sich Ende Juni 1948 im Rahmen der Gründungsvorbereitungen für die Freie Universität Berlin ein studentisches Komitee aus gewählten Mitgliedern des alten Studentenrates der Humboldt-Universität. Darunter waren auch die CDU-Studentenräte. Die Arbeit der CDU-Hochschulgruppe an der Humboldt-Universität wurde dadurch lückenlos in West-Berlin weitergeführt und sollte sich sehr schnell zur stärksten RDCS-Gliederung entwickeln[195]).
Inzwischen hatten die Militärgouverneure der drei westlichen Besatzungszonen den elf Ministerpräsidenten der Länder ihrer Zonen am 01. Juli 1948 die sog. „Frankfurter Dokumente“ übergeben, die den Auftrag enthielten, eine Verfassungsgebende Versammlung einzuberufen, die eine demokratische Verfassung ausarbeiten sollte. Die Ministerpräsidenten wollten den provisorischen Charakter des in Aussicht gestellten Staates herausstellen. In Verhandlungen mit den Militärbefehlshabern konnten sie sich als Kompromiß auf die Konstituierung eines Parlamentarischen Rates einigen, der lediglich ein „Grundgesetz“ auszuarbeiten hatte, das durch die Landtage bestätigt werden sollte.
Der Parlamentarische Rat schloß seine Arbeit am 08. Mai 1949 mit der Verabschiedung des „Grundgesetzes“ ab. Nach dessen Ratifikation durch die Länder der westlichen Besatzungszonen trat es am 23. Mai 1949 in Kraft. Mit der Wahl zum ersten Deutschen Bundestag, der Wahl des ersten Bundespräsidenten durch die Bundesversammlung und der Wahl des ersten Bundeskanzlers durch den Bundestag konstituierte sich die Bundesrepublik Deutschland bis zum 15. September 1949.
Der auf Initiative der SED gewählte zweite Deutsche Volkskongreß setzte

---

[192]) RCDS-Bundesvorstand (1961), S. 13; Kirsch, Wolfgang (1971), S. 28. Siehe auch Anm. 98–100 und 149.

[193]) RCDS-Bundesvorstand (1961), S. 12 f.; Kirsch, Wolfgang (1971), S. 27.

[194]) RCDS in Bayern (1978), S. 19 f..

[195]) Bericht des Vorstandsmitgliedes Ernst Platner zur 2. Bundesdelegiertenversammlung des RCDS vom 28.09.-01.10.1952 in Sonthofen (ACDP IV-006-001/4); Müller, Marianne und Egon Erwin (1953), S. 121.

einen Deutschen Volksrat ein, der ab dem März 1948 einen Verfassungsentwurf der SED vom November 1946 für eine „Deutsche Demokratische Republik" beriet, den er am 19. März 1949 verabschiedete. Aus propagandistischen Gründen wurde er jedoch erst am 29. Mai 1949 als Entgegnung auf die Verabschiedung des Grundgesetzes von einem 3. Volkskongreß in Kraft gesetzt, der auch einen 2. Volksrat einsetzte, welcher am 07. Oktober 1949 die „Deutsche Demokratische Republik" proklamierte. Diese „doppelte Staatsgründung" machte die Bestrebungen um eine gesamtdeutsche Studentenvertretung zunichte[196]).

1947 und 1948 gab es auch im Westen auf mehreren Studententagen der einzelnen Zonen sowie auf interzonalen Tagungen Möglichkeiten zum gegenseitigen Gespräch und zur Aufnahme von Kontakten zu den dahin eingeladenen Studentenvertretungen der anderen Zonen.

Bemühungen, die Studentenvertretungen der Hochschulen aller vier Besatzungszonen unter einem Dach zu vereinen, gehörten dort zur Tagesordnung. So konnte man schon auf dem zweiten Studententag der amerikanischen Besatzungszone vom 04. – 10. September 1947 in Seeshaupt im Protokoll feststellen, daß diese Tagung den Charakter eines gesamtdeutschen Studententages gehabt habe, und lud für den 10. – 12. Oktober zu einem gesamtdeutschen Studententag nach Hannover ein. An diesem Studententag nahmen Studentenvertreter aus allen vier Besatzungszonen – aus der französischen allerdings nur zwei aus Tübingen – sowie die Kultusminister der Länder und sonstige Hochschulvertreter teil[197]). Doch spätestens bei einer weiteren interzonalen Tagung der Studentenschaften vom 19. – 22. Januar 1948 in Berlin war die Auseinanderentwicklung der Zonen auch auf dieser Ebene nicht mehr übersehbar. In den folgenden Monaten gab es von westlicher Seite dennoch weitere Versuche, den Kontakt und eine „gesamtdeutsche" Zusammenarbeit aufrecht zu erhalten, indem Gesprächsangebote mitteldeutscher Studentenschaften genutzt wurden. Doch das Bekanntwerden der Verhaftungen und Wahlmanipulationen an den mittteldeutschen Universitäten veranlaßte die westdeutschen Studentenvertreter zwangsläufig zunehmend, unbequeme Fragen zu stellen. Dagegen bot die Anwesenheit von Studentenvertretern der Freien Universität Berlin den östlichen Gesprächspartnern den Vorwand, Einladungen zu Tagungen in den westlichen Besatzungszonen auszuschlagen[198]).

So kam es auf dem Studententag vom 29. – 31. Januar 1949 in Marburg zur Gründung des Verbandes Deutscher Studentenschaften (VDS) ohne die Vertreter der sowjetischen Besatzungszone und Ost-Berlins, die erneut wegen der Teilnahme der Studentenschaft der Freien Universität abgesagt hatten[199]). Trotzdem versuchten die westdeutschen Studentenschaften, den Kontakt über

---

[196]) Kistler, Helmut (1985), S. 90 ff.; Kleßmann, Christoph (1982), S. 193 ff.; Morsey, Rudolf (1987), S. 16 ff.; Weber, Hermann (1985), S. 21 ff..

[197]) Colloquium 7/November 1947; Müller, Marianne und Egon Erwin (1953), S. 196 f.; CIVIS 50/Februar 1959, S. 204 ff.; Otto, Detlev E. (1959), S. 10 ff.; bestätigter Vermerk über das Gespräch mit Dr. Bruno Heck am 02.07.1986.

[198]) Müller, Marianne und Egon Erwin (1953), S. 197 ff.; CIVIS 50/Februar 1959, S. 207 f.; Otto, Detlev E. (1959), S. 13 ff.; Adam, Heribert (1965), S. 95 f.. Siehe auch Schneider, Ullrich (1985), S. 93.

[199]) Müller, Marianne und Egon Erwin (1953), S. 199; CIVIS 50/ Februar 1959, S. 208; Otto, Detlev E. (1959), S. 24 f..

die Zonengrenze weiter aufrecht zu erhalten. Durch das Verhalten der östlichen Gesprächspartner gewannen sie jedoch zunehmend den Eindruck, daß die Gegenseite zu einer wirklichen Einigung auf gesamtdeutscher Ebene unter freiheitlich-demokratischen Vorzeichen nicht bereit war. Außerdem wurden die immer häufigeren Verhaftungen und auch das zweifelhafte Mandat der „gewählten" östlichen Studentenvertreter jetzt auch im Westen bekannt[200]).
Nach ähnlichen Resolutionen auf vorhergehenden Tagungen beschloß man schließlich auf der neunten Delegiertenkonferenz der VDS vom 26. – 28. Februar 1951 in Hamburg, die Beziehungen zu offiziellen studentischen Institutionen der sowjetischen Besatzungszone, nicht jedoch zu deren Studenten abzubrechen, solange dort nicht neben der Freilassung der Verhafteten die Freiheit von Forschung, Lehre und Studium sowie freie und geheime Studentenschaftswahlen wieder gewährleistet seien. Die Kontakte zu mitteldeutschen Studenten sollten künftig ausschließlich über das „Amt für gesamtdeutsche studentische Fragen" des VDS gehalten werden, welches schon 1949 ausdrücklich als nichtpolitische Institution ins Leben gerufen worden war[201]).
Wegen der Weichenstellungen der "großen Politik" waren die Bemühungen der Studentenschaften sicherlich von vorneherein aussichtlos.
Aus den vielfältigen Initiativen der westdeutschen Studentenschaften zur Erhaltung der Einheit der Deutschen Studentenschaft jedoch, wie Schlicht eine Spiegelung der offiziellen Regierungspolitik oder wie Jarausch ein kritikloses „Einschwenken der Studentenschaft auf eine rabiat antikommunistische Linie, das nicht nur die geistige Teilung der Akademiker Deutschlands vertiefte", zu schließen, ist abwegig[202]).
An den gesamtdeutschen Bemühungen der Studentenschaften waren unter anderem christlich-demokratische Studenten in Allgemeinen Studentenausschüssen (AST'en) beteiligt. Mit dem Fortfall der besatzungsrechtlichen Beschränkungen im Rahmen der Gründung der Bundesrepublik Deutschland wurde die Gründung von RCDS-Gruppen auch in der französischen Beatzungszone möglich. Bis Anfang 1951 führte dies zumindestens in Freiburg zur Gründung einer weiteren christlich-demokratischen Hochschulgruppe[203]). Doch eine Bundesorganisation der christlich-demokratischen Hochschulgruppen war nicht zustande gekommen. Am 27./28. Januar 1951 ergriff deshalb die Junge Union die Initiative und beschloß in der Sitzung ihres Bundesvorstandes und Deutschlandrates, die Hochschularbeit zu aktivieren. Da die Gründung eines

---

200) Müller, Marianne und Egon Erwin (1953), S. 199 ff.; Otto, Detlev E. (1959), S. 26 ff.; Adam, Heribert (1965), S. 96 f..

201) Müller, Marianne und Egon Erwin (1953), S. 203 ff.; Colloquium 12/1953, S. 15; Otto, Detley E. (1959), S. 55 f.; Adam, Heribert (1965), S. 97. Siehe auch Dokumentationsteil.
Zum „Amt für gesamtdeutsche studentische Fragen " siehe Müller, Marianne und Egon Erwin (1953), S. 205, und auch Colloquium 2/1950, S. 2, und 12/1953, S. 15, sowie Otto, Detlev E. (1959), S. 48. Nach Schneider, Ullrich (1985), S. 96, knüpfte diese Institution an die Arbeit des Gesamtdeutschen Referats des AStA der FU Berlin an.

202) Schlicht, Uwe (1980), S. 46; Jarausch, Konrad H. (1984), S. 222.

203) So zum Beispiel in Würzburg (RCDS-Uni-Würzburg (1981), „Gründung des RCDS-Würzburg").
Zu den Gruppenneugründungen in der französischen Besatzungszone siehe Anm. 211. Eine Gründungsinitiative in Karlsruhe führte offensichtlich nicht zum Erfolg (Anm. 212).

„Ringes Freier und Politischer Studentengruppen und Gemeinschaften Deutschlands“ am 24. Februar 1951 bevorstand, über den dann Mittel aus dem Bundesjugendplan an Studentengruppen verteilt werden sollten, regte sie schon für den 23. Februar 1951 eine „Konferenz christlich-demokratischer Studenten“ in Bonn an. Ziel war die Gründung einer Bundesorganisation[204]).

[204]) Bericht der Jungen Union vom Sommersemester (SS) 1951 (RCDS-A 385); Schwarz, Heinz (1957), S. 19; RCDS-Bundesvorstand (1961), S. 13; Kirsch, Wolfgang (1971), S. 28; RCDS-Bundesvorstand (1981), S. 5; RCDS in Bayern (1978), S. 19; Kluge, Hans-Georg/Pflüger, Friedbert (1976), S. 14. Siehe auch Anm. 92.
Der Sozialistische Deutsche Studentenbund (SDS) hatte sich schon Anfang September 1946 auf Bundesebene konstituiert (Fichter, Tilman/Lönnendonker, Siegward (1979), S. 13; Fichter, Tilman (1988), S, 49).

III. Geschichte des Ring Christlich-Demokratischer Studenten (RCDS) 1951–1986

1. 1951–1961

a) 1951: Die Gründung des RCDS-Bundesverbandes

Auf Initiative der Jungen Union tagte ab dem 23. Februar 1951 eine „Konferenz christlich-demokratischer Studenten" in Bonn[205]). Am Vormittag des 24. Februar 1951 schlossen sich die Vertreter der christlich-demokratischen Hochschulringe und der Studentengruppen der Jungen Union zu einem „Bund Christlich-Demokratischer Studenten" (BCDS) zusammen. Man beschloß für den Anfang des Sommersemesters 1951 den Zusammentritt einer weiteren Konferenz christlich-demokratischer Studenten aus dem Bundesgebiet einschließlich West-Berlins zur Beratung eines Organisationstatuts. Dieses Statut sollte örtliche Verschiedenheiten weitgehend berücksichtigen[206]). Aus der gescheiterten Gründung eines Gesamtverbandes 1947 in Marburg hatte man offenbar gelernt[207]).
Bis zu dieser Konferenz sollte ein vorläufiger Ausschuß[208]) und später auch noch ein vorläufiger Bundesvorstand mit dem ersten Bundesvorsitzenden Fritz Flick, der zweiten Bundesvorsitzenden Ilse Gräfin von Rittberg und dem Generalsekretär Helmut Ziegler, gleichzeitig auch Bundessekretär der Jungen Union, die Geschäftsführung übernehmen[209]).
Vertreter des BCDS beteiligten sich ab dem Nachmittag des 24. Februars 1951 an der Gründung des „Ring Freier und Politischer Studentengruppen und Gemeinschaften", zu dem sich am 25. Februar 1951 14 Verbände und freie Gruppen westdeutscher oder Berliner Hochschulen zusammenschlossen[210]).

---

205) Teilweise wird angegeben, daß die Gründung des Bundesverbandes schon am 23.02.1951 erfolgte (RCDS-Bundesvorstand (1961), S. 13; Kirsch, Wolfgang (1971), S. 28; Kluge, Hans-Georg/Pflüger, Friedbert (1976), S. 14; RCDS in Bayern (1978), S. 19; RCDS-Bundesvorstand (1981), S. 5 f.; Fichter, Tilman (1988), S. 60, der zudem offensichtlich die Gründung und die 1. Bundesarbeitstagung des RCDS durcheinander bringt). Die Protokolle (siehe Anm. 206) widerlegen dies jedoch eindeutig.

206) Protokoll über die Konferenz christlich-demokratischer Studenten am 24.02.1951 in Bonn; Protokoll der 1. Bundesarbeitstagung des RCDS vom 25.-27.08.1951 in Bonn, S. 1 (ACDP IV-006-001/4); Artikel des General-Anzeigers Bonn vom 24.02.1961; Bericht der Jungen Union vom SS 1951 (RCDS-A 385).

207) Siehe dazu Anm. 97.

208) Der vorläufige Ausschuß bestand aus Fritz Flick, Helmut Ziegler, Peter Paul Schautes, Dr. Josef Deutz und cand. phil. Schmidtheuer (Protokoll über die Konferenz christlich-demokratischer Studenten am 24.02.1951 in Bonn).

209) Papier der RCDS-Bundesgeschäftsstelle vom 29.06.1951; Protokoll der 1. Bundesarbeitstagung des RCDS vom 25.-27.08. 1951 in Bonn, S. 1 f. (ACDP IV-006-001/4); Dumann, Manfred (1972), S. 37.

210) Protokoll der 1. Bundesarbeitstagung des RCDS vom 25.-27. 08.1986 in Bonn (ACDP IV-006-001/4); Colloquium 4/1951, S. 20; RCDS-Bundesvorstand (1961), S. 13; Kirsch, Wolfgang (1971), S. 28; Fichter, Tilman (1988), S. 188. Siehe auch Dokumentationsteil.

In den folgenden Monaten nahm der vorläufige Vorstand Kontakt zu weiteren noch bestehenden Gruppen auf, regte Neugründungen an und arbeitete am Aufbau einer Organisationsstruktur. Nachdem Anfang Mai 1951 im gesamten Bundesgebiet und in West-Berlin nur sechs Gruppen bestanden hatten[211]), waren es am 10. August immerhin schon 20 Gruppen bzw. Gründungsinitiativen[212]). Der BCDS wurde als Dachorganisation aller christlich-demokratischen Studenten, wie und wo sie auch ihren Zusammenschluß suchten, definiert. Dies ermöglichte sowohl den eigenständigen Christlich-Demokratischen Hochschulringen (CDH' s) als auch den Studentengruppen innerhalb der Jungen Union und den Arbeitsgemeinschaften für christlich-demokratische Politik, welche sich aus Korporationsmitgliedern zusammensetzten, die Mitarbeit. Denn sie traten als Gruppen bei und konnten in ihrer Organisationsform den örtlichen Begebenheiten angepaßt bleiben[213]). Spätestens seit dieser Zeit firmierte der BCDS unter dem Namen „Ring Christlich-Demokratischer Studenten“ (RCDS) offensichtlich, um den Charakter eines verhältnismäßig lockeren Zusammenschlusses relativ eigenständiger Gruppen deutlich zu machen[214]).
Über den Ring Freier und Politischer Studentengruppen und Gemeinschaften erlangte der Bundesverband Finanzmittel aus dem Bundesjugendplan. Man versuchte Material zur Unterstützung der Gruppen zu sammeln und zu versenden, kümmerte sich intensiv um Werkstudentenfragen und knüpfte erste Auslandskontakte an[215]).

---

[211]) Protokoll der 1. Bundesarbeitstagung des RCDS vom 25.-27. 08.1951 in Bonn, S. 1 (ACDP IV-006-001/4); RCDS-Bundesvor stand (1961), S. 14; Kirsch, Wolfgang (1971), S. 28. Die sechs Gruppen waren Bonn, Berlin (FU), Marburg, München, Heidelberg und Freiburg (1. Teil des Protokolls der 2. Bundesdelegiertenversammlung des RCDS vom 28.09.-01.10. 1952 in Sonthofen (ACDP IV-006-001/4), S. 18).

[212]) Protokoll der 1. Bundesarbeitstagung des RCDS vom 25.-27. 08.1951 in Bonn, S. 1 (ACDP IV-006-001/4). Neben den in Anm. 211 genannten Gruppen waren dies Berlin (TU), Berlin (DHfP), Braunschweig, Clausthal-Zellerfeld, Erlangen, Frankfurt, Göttingen, Hamburg, Karlsruhe, Köln, Mainz, Münster, Stuttgart und Würzburg, wobei die Gründungsinitiativen in Braunschweig, Clausthal-Zellerfeld, Hamburg, Karlsruhe und Stuttgart zunächst ganz scheiterten, die Gründung in Frankfurt erst 1952 erfolgte und an der TU- Berlin zwar nicht diese, dafür aber eine andere Initiative 1952 zum Erfolg führte (RCDS-Bundesvorstand (1961), S. 14; Kirsch, Wolfgang (1971), S. 28; 1. Teil des Protokolls der 2. Bundesdelegiertenversammlung des RCDS vom 28.09.-01.10. 1952 in Sonthofen (ACDP IV-006-001/4), Delegiertenliste und S. 1 f. und 3 f.; Colloquium 8/1952, S. 17; Freundes- und Fördererkreis des RCDS-Frankfurt am Main (1982), S. 12).

[213]) Papier der RCDS-Bundesgeschäftsstelle vom 29.06.1951; Bericht der Jungen Union vom SS 1951 (RCDS-A 385); Protokoll der 1. Bundesarbeitstagung des RCDS vom 25.-27.08.1951 in Bonn, S. 2 (ACDP IV -006-001/4).

[214]) Siehe den Bericht der Jungen Union vom SS 1951 (RCDS-A 385) und den gedruckten Briefkopf beim Papier der RCDS-Bundesgeschäftsstelle vom 29.06.1951. Die Auffassung (RCDS-Bundesvorstand (1961), S. 14; Kirsch, Wolfgang (1971), S. 28; Kluge, Hans-Georg/Pflüger, Friedbert (1976), S. 14; Buchstab, Günther (1986), S. 65 mit Anm. 28), der Namen RCDS statt BCDS sei erst bei der 1. Bundesdelegiertenversammlung der RCDS gewählt worden, ist deshalb falsch. Im Protokoll der 1. Bundesarbeitstagung des RCDS vom 25.-27.08.1951 in Bonn (ACDP IV-006-001/4) ist dazu auch nichts vermerkt.

[215]) Papier der RCDS-Bundesgeschäftsstelle vom 29.06.1951; Protokoll der 1. Bundesarbeitstagung des RCDS vom 25.-27.08. 1951 in Bonn, S. 1 f. (ACDP IV-006-001/4).

Um die Kontinuität der Verbandsarbeit zu sichern, strebte man die Bildung eines Kuratoriums an, das dem Bundesvorstand beratend zur Seite stehen sollte. Zur Unterstützung seiner Arbeit bildete der Vorstand einen Fachausschuß aus elf Referaten und wollte durch eine klare Abgrenzung der Arbeitsfelder Kompetenzstreitigkeiten zwischen dem RCDS, der CDU/CSU und der Jungen Union von Anfang an vermeiden[216]).
Vom 25. – 27. August 1951 tagte dann im Bundeshaus die erste Bundesarbeitstagung des RCDS (in der späteren Zählung die erste ordentliche Bundesdelegiertenversammlung des RCDS)[217]). 16 Gruppen oder Gründungsinitiativen waren mit je einem stimmberechtigten Delegierten vertreten, die rund 300 Mitglieder repräsentierten[218]).
Nach dem Bericht des ersten Vorsitzenden, Flick, über die bisherige Aufbauarbeit traten der vorläufige Vorstand und der vorbereitende Ausschuß des RCDS zurück. Unter der Diskussionsleitung Flicks berichteten zunächst die anwesenden Delegierten über ihre örtliche Arbeit und örtlichen Verhältnisse. In einer sich daran anschließenden Generaldebatte lehnte man die Bildung von Exilhochschulgruppen des RCDS ab und befürwortete zur Sicherung der Kontinuität der Verbandsarbeit die Bildung eines Bundeskuratoriums, dem maßgebliche Personen der Hochschulen und des öffentlichen Lebens angehören sollten. Eine Stellungnahme zu den Korporationen wurde zum gegenwärtigen Zeitpunkt abgelehnt. Das Verhältnis zu den Korporationen sollte von den Gruppen örtlich geregelt werden[219]).
Mit großer Mehrheit wurde eine erste Satzung des RCDS angenommen, die einen siebenköpfigen Bundesvorstand mit einem Vorsitzenden, einem Stellver-

---

[216]) Dem Fachausschuß gehörten Frl. Wilke (Referate Ausland und Studentinnen), Bruno Schneider (Referat Publizistik), Dr. Barzel (Referat Jungakademiker), Hr. Rohner (Referat Gesamtdeutsche Fragen), Peter Paul Schautes (Referat Gruppen) und Norbert Schütz (Referat Werkstudenten) an, während die Referate Wirtschaft, Recht, Kultur und Verbindungen noch unbesetzt waren (Papier der RCDS-Bundesgeschäftsstelle vom 29.06.1951). Ob dieser Ausschuß seine Arbeit überhaupt aufgenommen hat, ist allerdings unklar.

[217]) Protokoll der 1. Bundesarbeitstagung des RCDS vom 25.-27. 08.1951 in Bonn (ACDP IV-006-001/4); Sitzungsbericht der ersten Bundesarbeitstagung des RCDS in Bonn vom 25.-27.08. 1951; Brief von Dr. Ernst Majonica vom 20.08.1986; RCDS-Bundesvorstand (1961), S. 13; Kirsch, Wolfgang (1971), S. 28; Kluge, Hans-Georg/Pflüger, Friedbert (1976), S. 14; RCDS-Bundesvorstand (1981), S. 7.

[218]) Anwesend waren die Delegierten Benda (FU-Berlin), Laue (TU-Berlin), Friedrich (DHfP-Berlin), Flick (Bonn), Scheffel (Erlangen), Hoferer (Freiburg), Grun (Göttingen), Schmitt-Wittmack (Hamburg), Kimmel (Heidelberg), Boberach (Köln), Neuss (Mainz), Platner (Marburg), Englberger (München), Lorsbach (Münster), Barthelme (Stuttgart) und Gerstner (Stuttgart) (nach: Protokoll der 1. Bundesarbeitstagung des RCDS vom 25.-27.08.1951 in Bonn (ACDP IV-006-001/ 4), S. 3). 1. Teil des Protokolls der 2. Bundesdelegiertenversammlung des RCDS vom 28.09.-01.10.1952 in Sonthofen, S. 2, und Bericht des Vorstandsmitgliedes Ernst Platner zur 2. Delegiertenversammlung (beides ACDP IV-006-001/ 4); Sitzungsbericht der ersten Bundestagung des RCDS vom 25.-27.08.1951 (die hier angegebenen Zahlen sind falsch); RCDS-Bundesvorstand (1961), S. 14; Kirsch, Wolfgang (1971), S. 28.

[219]) Protokoll der 1. Bundesarbeitstagung des RCDS vom 25.-27. 08.1951 in Bonn, S. 1 f. (ACDP IV-006-001/4); RCDS-Bundesvorstand (1961), S. 15; siehe auch Colloquium 12/1951, S. 17. Zur weiteren Entwicklung siehe Anm. 266 und 272 sowie Kapitel VIII.2..

treter, einem Schatzmeister und vier weiteren Mitgliedern sowie einen angestellten Bundesgeschäftsführer vorsah, und die Erstellung einer Geschäftsordnung beschlossen. Unter der Wahlleitung des Bundesvorsitzenden der Jungen Union, Ernst Majonica (MdB), wurde Flick mit sechs Stimmen gegen Benda mit fünf Stimmen bei fünf Enthaltungen zum Bundesvorsitzenden des RCDS gewählt[220]).

Dieser knappe Wahlausgang deutet auf erhebliche Meinungsverschiedenheiten zwischen den Delegierten hin. Obwohl gegen Flick offensichtlich einige Vorbehalte bestanden hatten, konnten sich die bayerischen und die Berliner Delegierten nicht auf einen gemeinsamen Kandidaten einigen, so daß Benda als Vorsitzender der mit Abstand größten RCDS-Gliederung keine Mehrheit bekam[221]). Starke Vorbehalte einiger Delegierten vor einer zu starken Anbindung an die Junge Union bewogen den ebenfalls vorgeschlagenen Majonica seine Kandidatur wieder zurückzuziehen[222]). Im weiteren Wahlverlauf wurde Benda einstimmig bei zwei Enthaltungen zum stellvertretenden Bundesvorsitzenden gewählt. Gräfin von Rittberg bestimmte man zur Schatzmeisterin und die Studenten Hans Scheffel, Franz Gerstner, Manfred Hättich und Ernst Platner zu weiteren Vorstandsmitgliedern. Zum RCDS-Bundesgeschäftsführer wurde Alfred Kohler gewählt. Das Bundeskuratorium setzte sich aus Majonica als Vorsitzenden und Kurt-Georg Kiesinger, Professor von der Heydte und dem Bundeschatzmeister der CDU, dem Siegener Oberbürgermeister Ernst Bach, als weiteren Mitgliedern zusammen[223]).

Aus finanziellen Gründen und wegen noch mangelnder inhaltlicher Festigung des Bundesverbandes lehnte man den Ausbau des Organs des CDH Berlin, „Die Mitte", zum Bundesorgan des RCDS mit knapper Mehrheit ab. Die Delegierten beschlossen aber zum Abschluß der Tagung die Einrichtung eines Ostbüros des RCDS in Berlin unter der Leitung des stellvertretenden RCDS-Bundesvorsitzenden Benda[224]).

Mit dem Beschlüssen dieser ersten Bundesdelegiertenversammlung hatte der RCDS endlich das lange angestrebte Fundament für eine bundesweite Arbeit

---

220) Protokoll der 1. Bundesarbeitstagung des RCDS vom 25.-27. 08.1951, S. 3 f. (ACDP IV-006-001/4); Brief von Dr. Ernst Majonica vom 20.08.1986; Sitzungsbericht der ersten Bundestagung des RCDS vom 25.-27.08.1951 in Bonn.

221) Sitzungsbericht der ersten Bundestagung des RCDS vom 25.- 27.08.1951 in Bonn. Der CDH Berlin hatte am 29.07.1951 schon seine erste Landestagung abgehalten (Colloquium 9- 10/1951, S. 23).

222) Sitzungsbericht der ersten Bundestagung des RCDS vom 25.– 27.08.1951 in Bonn; Protokoll der 1. Bundesarbeitstagung des RCDS vom 25.-27.08.1951 in Bonn, S. 3 (ACDP IV-006 001/4).

223) Protokoll der 1. Bundesarbeitstagung des RCDS vom 25.- 27.08.1951 in Bonn, S. 3 f. (ACDP IV-006-001/4); Sitzungsbericht der ersten Bundestagung des RCDS vom 25.-27.08. 1951 in Bonn; 2. Teil des Protokolls der 2. Bundesdelegiertenversammlung des RCDS vom 28.09.-01.10.1952 in Sonthofen (ACDP IV-006-001/4); RCDS-Bundesvorstand (1961), S. 14; Kirsch, Wolfgang (1971), S. 29. Kurt Georg Kiesinger, 1904-1986, war von 1958-1966 Ministerpräsident von Baden-Württemberg, von 1966-1969 Bundeskanzler und von 1967-1971 Bundesvorsitzender der CDU (Weinacht, Paul-Ludwig (1978), S. 347). Zur Ernst Bach siehe Becker, Winfried (1987), S. 348 mit Anm. 107.

224) Protokoll der 1. Bundesarbeitstagung des RCDS vom 25.-27. 08.1951 in Bonn, S. 4 (ACDP IV-006-001/4); RCDS-Bundesvorstand (1961), S. 14 f.. Der nicht offizielle Sitzungsbericht der ersten Bundestagung des RCDS ist an dieser Stelle falsch.

in der Zukunft erhalten, was nicht zuletzt Konrad Adenauer als Bundeskanzler der Bundesrepublik Deutschland begrüßte[225]).

Seine Bundesgeschäftsstelle konnte der RCDS in den Räumen der Bundesgeschäftsstelle der Jungen Union einrichten. Trotz dieser administrativen Hilfe hatte der Verband in den verbleibenden Monaten dieses Jahres zunächst mit organisatorischen Schwierigkeiten zu kämpfen. Denn der gerade gewählte Bundesgeschäftsführer des RCDS befand sich ab dem 01. Oktober für den Rest des Jahres im Ausland und mußte vertreten werden[226]).

b) 1952/1953: Turbulente Aufbaujahre

Zu Beginn des neuen Jahres bemühte sich der RCDS-Bundesvorstand um eine endgültige Behebung der organisatorischen Probleme. Nach seiner Rückkehr aus dem Ausland erklärte der Bundesgeschäftsführer seinen Rücktritt. Vorbehaltlich der Zustimmung der nächsten Bundesdelegiertenversammlung berief man Ursel Flick, die den bisherigen Bundesgeschäftsführer schon während seiner Abwesenheit vertreten hatte, zur neuen Bundesgeschäftsführerin des RCDS[227]). Vom Vorstand wurde die von der ersten Delegiertenversammlung geforderte Geschäftsordnung erarbeitet und von den Gruppen im Umlaufverfahren angenommen. Ebenso entwarf man eine Spesenordnung des RCDS. Mit der Zusendung von Material, der Vermittlung von Referenten und der Organisation von Arbeitsstellen in den Semesterferien versuchte der Vorstand, die Gruppen zu unterstützen. Er begann eine Öffentlichkeitsarbeit und versandte zur Gruppeninformation Rundbriefe und die Bundesvorstandsprotokolle. Das Echo darauf war allerdings nur sehr gering[228]). Ebenso scheiterten Bemühungen des Referates für Jungakademikerfragen und des Hochschulreferates, eine Arbeit zu ihren Themen in Gang zu bringen, an der mangelnden Resonanz der Verbandsbasis[229]).

Trotz des Rücktritts der Schatzmeisterin, Gräfin Rittberg, Anfang April 1952, die von Franz Gerstner ersetzt wurde, konnte der Bundesvorstand die Arbeit des Gesamtverbandes finanziell sicherstellen. So wurden neben der Finanzle-

---

[225]) Brief von Bundeskanzler Dr. Konrad Adenauer an die RCDS-Bundesgeschäftsstelle vom 27.08.1951.

[226]) Sitzungsbericht der ersten Bundestagung des RCDS vom 25.- 27.08.1951 in Bonn; Protokoll der 3. RCDS-Bundesvorstandssitzung am 08.10.1951, S. 2 f. (RCDS-A 385); 1. Teil des Protokolls der 2. Bundesdelegiertenversammlung des RCDS vom 28.09.-01.10.1952 in Sonthofen, S. 14, und Bericht des Vorstandsmitgliedes Ernst Platner zur 2. Delegiertenversammlung (beides ACDP IV-006-001/4).

[227]) Bericht des Vorstandsmitgliedes Platner zur 2. Delegiertenversammlung des RCDS vom 28.09.-01.10.1952 in Sonthofen (ACDP IV-006-001/4). Ursel Flick wurde von der 2. Bundesdelegiertenversammlung nahezu einstimmig bestätigt und entlastet (1. Teil des Protokolls der 2. Bundesdelegiertenversammlung des RCDS vom 28.09.-01.10.1952 in Sonthofen (ACDP IV-006-001/4), S. 19 und 21).

[228]) Protokoll der 3. RCDS-Bundesvorstandssitzung am 08.10. 1951, S. 1 (RCDS-A 385); Bericht des Vorstandsmitgliedes Platner zur 2. Delegiertentagung und 1. Teil des Protokolls der 2. Bundesdelegiertenversammlung des RCDS vom 28. 09 -01 10.1952 in Sonthofen, S. 8 (beides ACDP IV-006-001/ 4); Entwurf einer Spesenordnung für den RCDS vom 01.04. 1952 (ACDP IV-006-055/1).

[229]) Berichte der Vorstandsmitglieder Scheffel und Hättich zur 2. Delegiertenversammlung des RCDS vom 28.09.-01.10.1952 in Sonthofen (ACDP IV-006-001/4).

rung der Arbeit der Bundesgeschäftsstelle und des Ostbüros neuen Gruppen finanzielle Starthilfen gegeben und Tagungen „zur politischen Bildung und zur Weckung eines Gemeinsamkeitsbewußtseins im RCDS", wie sie von der ersten Bundesdelegiertenversammlung gefordert worden waren, durchgeführt[230]).
Im Januar 1952 konnten sich die Mitglieder des RCDS auf einem einwöchigen Seminar im Haus Schwalbach im Taunus über Grundbegriffe der Politik und des studentischen Gemeinschaftslebens informieren. Das erste Bundesseminar des RCDS im April 1952 in Würzburg gab den RCDS-Gruppen untereinander die Gelegenheit zum Kennenlernen und zum Meinungsaustausch über die weitere Arbeit. Ein Wahleinsatzseminar anläßlich der Bundestagsnachwahl im April 1952 bot den RCDS-Mitgliedern die Möglichkeit, das politische Wissen und Können praktisch anzuwenden.
Zwei internationale „Mettmann-Treffen" des RCDS im Januar und im Juli 1952, an denen neben RCDS-Mitgliedern Studenten aus Belgien, Frankreich und Italien teilnahmen, waren vielversprechender Auftakt einer Auslandsarbeit des RCDS.
Mit den Schwerpunkten der innenpolitischen Diskussion dieser Monate, den Verhandlungen der Bundesregierung mit den drei Westmächten über den Deutschlandvertrag und den Stalin-Noten vom März und April 1952 mit Vorschlägen zur Herbeiführung der deutschen Wiedervereinigung beschäftigte sich der noch junge Verband nicht, da er mit seinem eigenen Aufbau beschäftigt war[231]).
So versammelten sich nach einem bewegten Amtsjahr die Vertreter der RCDS-Gruppen vom 28. September bis zum 01. Oktober 1952 in Sonthofen zur zweiten ordentlichen Bundesdelegiertenversammlung des RCDS, um über den weiteren Weg des Bundesverbandes, dem nach der endgültigen Aufnahme sechs neuer RCDS-Gruppen auf der Versammlung jetzt 19 Gruppen mit rund 850 Mitgliedern angehörten, zu beraten[232]).

---

230) Protokoll der 6. RCDS-Bundesvorstandssitzung am 05./07.04. 1952, S. 2 ff. (RCDS-A 385); Bericht des Vorstandsmitgliedes Platner zur 2. Delegiertentagung des RCDS und 1. Teil des Protokolls der 2. Bundesdelegiertenversammlung des RCDS vom 28.09.-01.10.1952 in Sonthofen, S. 4 ff. (ACDP IV-006-001/4).

231) Protokoll der Ausschußsitzungen des 1. Bundesseminares des RCDS in Würzburg (ACDP IV-006-046/5); 1. Teil des Protokolls der 2. Bundesdelegiertenversammlung des RCDS vom 28. 09.-01.10.1952 in Sonthofen, S. 5 ff., und Bericht des Vorstandsmitgliedes Platner zur 2. Delegiertenversammlung (ACDP IV-006-001/4); RCDS-Bundesvorstand (1961), S. 15; Kirsch, Wolfgang (1971), S. 29.
Kistler, Helmut (1985), S. 130 ff.; Morsey, Rudolf (1987), S. 30 ff.: Der Deutschlandvertrag (oder Generalvertrag) wurde zwar am 26.05.1952 unterzeichnet, trat wegen den Debatten um eine Europäische Verteidigungsgemeinschaft (EVG) in abgeänderter Form erst am 05.05.1955 als Teil der „Pariser Verträge" in Kraft.

232) Die neuen Gruppen waren Lettehaus-Berlin, TU-Berlin (nach Colloquium 8/1952, S. 17, Ende Juni 1952 gegründet), Bethel, Frankfurt (nach Freundes- und Fördererkreis des RCDS-Frankfurt am Main (1982), S. 12, Mitte Juni gegründet), Kiel und Tübingen (1. Teil des Protokolls der 2. Bundesdelegiertenversammlung des RCDS vom 28.09.-01.10. 1952 in Sonthofen (ACDP IV-006-001/4), S. 3 f. und 8). RCDS-Bundesvorstand (1961), S. 15; Kirsch, Wolfgang (1971), S. 29.
Die Bundesdelegiertenversammlungen wurden bis in die Mitte der sechziger Jahre noch als „Delegiertenversammlungen (DV' s)" bezeichnet (siehe Titelblätter der Protokolle der Bundesdelegiertenversammlungen). Zur Vereinfachung wird im Text und in den Anmerkungen durchgängig die Bezeichnung „Bundesdelegiertenversammlung" verwandt.

In seinem Rechenschaftsbericht zog der Bundesvorsitzende Flick zwar ebenso wie die Vorstandsreferenten in ihren Berichten eine insgesamt positive Bilanz der Arbeit im vergangenen Amtsjahr. Dennoch kritisierten viele Delegierten die organisatorischen Unzulänglichkeiten in der Geschäftsführung und eine mangelhafte Buchführung der Kasse. Ebenso konnte man sich über die Bandbreite der Aufgaben des Bundesvorstandes nicht einigen und diskutierte lange, ob das Verhältnis zur Jungen Union gestört sei. Trotz aller Kritik wurde der Bundesvorstand schließlich mit großer Mehrheit entlassen[233]).
Nachdem man einen Antrag auf Verkleinerung des Bundesvorstandes mit großer Mehrheit abgelehnt hatte[234]), konnte sich Flick bei den daran anschließenden Neuwahlen zum RCDS-Bundesvorstand nach längerer Personaldebatte nicht wieder durchsetzen. Neuer Bundesvorsitzender wurde Wolfgang Brüggemann aus Münster, auf den zwölf Stimmen gegenüber sieben Stimmen für Flick entfielen. Im weiteren Verlauf der Wahlnacht setzte sich bei der Wahl zum stellvertretenden Bundesvorsitzenden Manfred Hättich mit neun Stimmen gegen Eberhard Amelung aus Bethel mit acht Stimmen bei drei Enthaltungen durch. Zum Schatzmeister bestimmte man Franz Gerstner und zu weiteren Vorstandsmitgliedern Eberhard Amelung, Hans Rühmland, Albert Englberger und Johannes Dyba. Ursel Flick wurde erneut zur Bundesgeschäftsführerin gewählt[235]).
Angesichts des knappen Wahlausganges im Vorjahr mag es nicht verwundern, daß Flick nicht wieder gewählt wurde, zumal in dem jungen Verband die Meinungen über die Verbandsarbeit an sich weit auseinandergingen. So plädierten manche Gruppen für die politische Weiterbildung allein der eigenen Mitglieder, andere wiederum für ein breite politische Meinungsbildungsarbeit an der Universität insgesamt[236]). Wie man an den aus heutiger Sicht endlos langen Satzungs- und Geschäftsordnungsdebatten sehen kann, war man außerdem relativ „ungeübt" in der Praxis demokratischer Abläufe. Dabei müssen die Diskussionen sehr schnell ins Persönliche abgerutscht sein und damit die Weiterarbeit erheblich erschwert haben. Auseinandersetzungen aus der Gründungsphase einzelner Gruppen und den sich konstituierenden Landesverbände spielten in die Debatten auf Bundesebene zusätzlich mit hinein[237]).
So ist es zu erklären, daß der neue Bundesvorsitzende Wolfgang Brüggemann am Morgen nach der Wahlnacht den Rücktritt der Vorstandsmitglieder Hättich und Gerstner und der Bundesgeschäftsführerin Flick bekanntgeben mußte, die wegen der persönlichen Vorwürfe auf ihre Ämter verzichtet hatten[238]).

---

[233]) 1. Teil des Protokolls der 2. Bundesdelegiertenversammlung des RCDS vom 28.09.-01.10.1952 in Sonthofen, S. 4 ff. (ACDP IV-006-001/4).

[234]) 1. Teil des Protokolls der 2. Bundesdelegiertenversammlung des RCDS vom 28.09.-01.10.1952 in Sonthofen, S. 19 (ACDP IV-006-001/4).

[235]) 1. Teil des Protokolls der 2. Bundesdelegiertenversammlung des RCDS vom 28.09.-01.10.1952 in Sonthofen, S. 21 ff. (ACDP IV-006-001/4).

[236]) Bericht des Vorstandsmitgliedes Platner zur 2. Delegiertentagung und 1. Teil des Protokolls der 2. Bundesdelegiertenversammlung des RCDS vom 28.09.-01.10.1952 in Sonthofen, S. 11 f. (ACDP IV-006-001/4); RCDS-Bundesvorstand (1961), S. 15.

[237]) 1. Teil des Protokolls der 2. Bundesdelegiertenversammlung des RCDS vom 28.09.-01.10.1952 in Sonthofen, S. 1 ff. (ACDP IV-006-001/4); siehe Anm. 241 und 242.

[238]) 2. Teil des Protokolls der 2. Bundesdelegiertenversammlung des RCDS vom 28.09.-01.10.1952 in Sonthofen und Protokoll der 3. Bundesdelegiertenversammlung des RCDS vom 29.10.- 01.11.1953 in Königstein/Taunus, S. 5 (ACDP IV-006-001/4).

Bei der Nachwahl zum Stellvertreter setzte sich Amelung mit zehn zu neun Stimmen bei einer Enthaltung gegen Helmut Kumpf durch. Eberhard Roesch wurde neuer Schatzmeister und Helmut Kumpf als neues weiteres Vorstandsmitglied sowie Wolfgang Vogt als neuer Bundesgeschäftsführer nachgewählt. Zum neuen Vorsitzenden des nun zwanzig Personen umfassenden Bundeskuratoriums bestimmte die Versammlung Professor von der Heydte[239]).

Trotz aller Differenzen war man noch in der Lage, in Ausschüssen inhaltliche Fragen wie z. B. „Die Gruppe in der Universität" und „Der christlich-demokratische Student und die CDU/CSU" zu diskutieren und dem Plenum Berichte vorzuschlagen, welche mit großer Mehrheit angenommen wurden. Sie sollten erste Grundsteine für die Festlegung eigener Grundsatzpositionen bilden[240]).

Die Diskussion über die weitere Arbeit des Ostreferates in Berlin wurde jedoch von Differenzen zwischen den Berliner Vertretern, die sich gegenseitig ihre Legitimation absprachen, so stark belastet, daß die Versammlung den Schlichtungsausschuß mit der Klärung der Angelegenheit beauftragte. Vor diesem Hintergrund erscheint es nicht verwunderlich, daß man den neuerlichen Antrag, das Organ des CDH Berlin, „Die Mitte", zum Bundesorgan auszubauen, ablehnte. Ohne über die Arbeit im kommenden Semester diskutiert zu haben, ging die Bundesdelegiertenversammlung mit diesem Mißklang auseinander[241]).

Aufgrund der Streitigkeiten dieser Delegiertenversammlung befaßte sich der Finanzprüfungsausschuß mit den Vorwürfen, die gegen das Finanzgebahren des alten Vorstandes erhoben worden waren, und der Schlichtungsausschuß mit dem Streit zwischen den beiden „legitimen Vorständen des CDH Berlin". Als Ergebnis seiner Prüfung stellte der Finanzprüfungsausschuß nur fahrlässiges Handeln fest. Der Schlichtungsausschuß konnte Ende Oktober zur Kenntnis nehmen, daß sich die Berliner Gruppen geeinigt hatten, und auch alle anderen Vorwürfe klären[242]). Das in „Referat für gesamtdeutsche Fragen" umbenannte Ostbüro konnte daher seine Arbeit fortsetzen und auch der Bundesverband sich wieder seinen eigentlichen Aufgaben zuwenden[243]).

Offenbar hatte der Vorstand während seiner gesamten Amtszeit mit starken Finanzproblemen zu kämpfen, die seine Arbeit erheblich behinderten[244]). So konnte er nur auf einer Vorsitzendenkonferenz im April 1953 in Bonn die Mög-

---

[239]) 2. Teil des Protokolls der 2. Bundesdelegiertenversammlung des RCDS vom 28.09.-01.10.1952 in Sonthofen (ACDP IV-006- 001/4); RCDS-Bundesvorstand (1961), S. 15; Kirsch, Wolfgang (1971), S. 29.

[240]) 2. Teil des Protokolls der 2. Bundesdelegiertenversammlung des RCDS vom 28.09.-01.10.1952 in Sonthofen (ACDP IV-006- 001/4).

[241]) 2. Teil des Protokolls der 2. Bundesdelegiertenversammlung des RCDS vom 28.09.-01.10.1952 in Sonthofen (ACDP IV-006- 001/4).

[242]) Ergebnis der Untersuchungen des Finanzprüfungsausschusses des RCDS vom 28.10.1952 und Bericht des Schlichtungsausschusses vor dem Vorstand des RCDS am 21./22.10.1952 (ACDP IV-006-001/4). Siehe auch Colloquium 4/1953, S. 18, über die Neuwahl des Vorsitzenden des CDH Berlin.

[243]) Geschäftsverteilungsplan des Vorstandes vom 30.10.1952 (ACDP IV-006-058/4); Rundschreiben 3/1952 vom November 1952 des Referenten für gesamtdeutsche Fragen; Protokoll der 3. Bundesdelegiertenversammlung des RCDS vom 29.10.-01.11.1953 in Königstein/Taunus, S. 11 (ACDP IV-006-001/4).

[244]) Protokoll der RCDS-Bundesvorstandssitzung am 09.04.1953, S. 1 ff. (RCDS-A 385); Bericht über die Vorsitzendenkonferenz des RCDS vom 10.-14.04.1953 in Bonn, S. 2 (ACDP IV- 006-046/1).

lichkeit zum breiteren Meinungsaustausch zwischen den Gruppen und zur Diskussion und von Grundsatzfragen bieten. Trotz aller Unterschiede in den Ansichten über die Art und Weise der Gruppenarbeit bestand dort eine verhältnismäßig große Einigkeit über die Notwendigkeit, das theoretisch erlernte jetzt in der praktischen Arbeit anzuwenden. Die Aktivitäten des Sommersemesters 1953 standen daher ganz im Zeichen des Bundestagswahlkampfes, der mit einem großen Wahlerfolg der CDU/CSU bei der Bundestagswahl am 06. September endete[245]).
Es überrascht daher nicht, daß der Bundesvorsitzende des RCDS das Verhältnis zwischen seinem Verband und den Unionsparteien bzw. der Jungen Union ganz in den Mittelpunkt seines Rechenschaftsberichtes vor der dritten ordentlichen Bundesdelegiertenversammlung des RCDS vom 29. Oktober bis zum 01. November 1953 in Königstein/Taunus stellte[246]). Erfreut wurde ein Ausbau der innerverbandlichen Kontakte und eine weitere Vergrößerung des Verbandes registriert. Auf dieser Bundesdelegiertenversammlung nahm man acht neue Gruppen endgültig in den Bundesverband auf[247]). Doch darüber sowie den Einsatz von weit über 100 RCDS-Mitgliedern als Wahlhelfer im Bundestagswahlkampf hinaus stagnierten andere Arbeitsfelder oder waren nicht fortgeführt worden, wie z. B. das Hochschulreferat oder das Pressereferat. Dies stieß auf eine entsprechend deutliche Kritik der Versammlung.
Wesentliche Hintergründe für diese Inaktivität waren einerseits die Probleme bei der Finanzierung der allgemeinen Bundesverbandsarbeit und erneut auch persönliche Streitigkeiten, andererseits aber die Konstruktion des Bundesvorstandes, welche sich in diesem Umfang als unpraktikabel erwiesen hatte[248]).
Die Delegierten zogen daraus jetzt die Konsequenzen. Nach ausführlicher Diskussion verabschiedeten sie eine neue Satzung, die einen dreiköpfigen Bundesvorstand mit einem angestellten Geschäftsführer und zusätzlich die Bildung von Landesverbänden vorsah, die zur besseren Koordination und Kooperation mit den Landesbehörden und den Landesverbänden der CDU gedacht waren. Sie hatten sich allerdings weitgehend schon vorher gebildet[249]).

---

[245]) Bericht über die Vorsitzendenkonferenz des RCDS vom 10.- 14.04.1953 in Bonn, S. 2 ff. (ACDP IV-006-046/1); RCDS in Bayern (1978), S. 15; Kistler, Helmut (1985), S. 119; Morsey, Rudolf (1987), S. 35.

[246]) Protokoll der 3. Bundesdelegiertenversammlung des RCDS vom 29.10.-01.11.1953 in Königstein/Taunus, S. 6 ff. (ACDP IV-006-001/4); Siehe auch Kapitel VIII.1..

[247]) Die neuen Gruppen waren Bamberg, Ingenieurschule für Bauwesen-Berlin (nach Colloquium 2/1953, S. 19, im Februar 1953 gegründet), Germersheim, Hamburg (nach Stubbeda Luz, Helmut, CIVIS 1/1984, S. 91, im April 1953 gegründet), Nürnberg, Regensburg, Stuttgart und Wilhelmshaven (Protokoll der 3. Bundesdelegiertenversammlung des RCDS vom 29. 10.-01.11.1953 in Königstein/Taunus (ACDP IV-006-001/4), S. 15 ff.).

[248]) Protokoll der 3. Bundesdelegiertenversammlung des RCDS vom 29.10.-01.11.1953 in Königstein/Taunus, S. 11 ff., 20 und 29 (ACDP IV-006-001/4); Brief von Dr. Konrad Kraske vom 09.07.1986. Siehe auch Bericht über die Vorsitzendenkonferenz des RCDS vom 10.-14.04.1953 in Bonn, S. 3 (ACDP IV-006-046/1); Protokoll der RCDS-Bundesvorstandssitzung am 09.04.1953, S. 1 ff. (RCDS-A 385).

[249]) Protokolle der 3. Bundesdelegiertenversammlung des RCDS vom 29.10.-01.11.1953 in Königstein/Taunus, S. 7, 9, 21 ff. und 36, und der 4. Bundesdelegiertenversammlung des RCDS vom 27.-30.09.1954 in Wilhelmshaven, S. 2 (ACDP IV- 006-001/4).

Nach der Entlastung des alten Vorstandes wählte man Konrad Kraske aus Bonn einstimmig bei zwei Enthaltungen zum neuen Bundesvorsitzenden des RCDS. Obwohl Kraske als stellvertretender CDU-Bundesgeschäftsführer eigentlich kein Student mehr war, erschien er als der geeignete Mann, da er in die innerverbandlichen Auseinandersetzungen nicht verwickelt war und auch aufgrund seines Alters (28 Jahre) den für die Konsolidierung des Verbandes notwendigen Abstand mitbrachte[250]). Stellvertretende Vorsitzende wurden Dietrich Funcke aus Bonn und erneut Amelung, die sich gegen Matthes und Albert Englberger durchsetzen konnten[251]). Erneut stand auf dieser Bundesdelegiertenversammlung das Verhältnis des RCDS zu den studentischen Korporationen zur Debatte. Die RCDS-Vertreter einigten sich – wie schon auf der Vorsitzendenkonferenz im April 1953 – immer noch nicht auf eine einheitliche Verbandslinie, so daß dessen Klärung weiterhin den einzelnen Gruppen überlassen blieb[252]). Zur konkreten Vorbereitung eines eigenen Bundesorganes des RCDS setzte die Versammlung nach Vorarbeiten des alten Bundesvorstandes einen Vorbereitungsausschuß ein und zog damit den Schlußstrich unter die Turbulenzen der Aufbaujahre[253]).
Die letzten Monate dieses Jahres brachten die konstituierende Sitzung des neuen Bundesvorstandes in Bonn mit Geschäfts- und Amtsübergabe. Die Aufgaben des Geschäftsführers übernahm vorläufig der stellvertretende Bundesvorsitzende Funcke[254]).
Nach den Landesverbänden Bayern, Südwest, Mitte und Nordrhein-Westfalen konstituierte sich nach der neuen Verbandssatzung am 24. November 1953 auch noch der RCDS-Landesverband Berlin[255]).

Siehe auch Anm. 194, Freundes- und Fördererkreis des RCDS-Frankfurt am Main (1982), S. 14, und Ring-Nachrichten Nr. 3/WS 53-54 vom 15.01.1954, S. 3 (ACDP IV-006-044/2).

[250]) Protokoll der 3. Bundesdelegiertenversammlung des RCDS vom 29.10.-01.11.1953 in Königstein/Taunus, S. 29 f. (ACDP IV- 006-001/4); Brief von Dr. Konrad Kraske vom 09.07.1986.

[251]) Protokoll der 3. Bundesdelegiertenversammlung des RCDS vom 29.10.-01.11.1953 in Königstein/Taunus, S. 30 (ACDP IV- 006-001/4).

[252]) Protokoll der 3. Bundesdelegiertenversammlung des RCDS vom 29.10.-01.11.1953 in Königstein/Taunus, S. 37 (ACDP IV- 006-001/4); Bericht über die Vorsitzendenkonferenz des RCDS vom 10.-14.04.1953 in Bonn, S. 3 (ACDP IV-006-046/1). Siehe hierzu auch Anm. 266 und 272 sowie Kapitel VIII.2..

[253]) Protokoll der 3. Bundesdelegiertenversammlung des RCDS vom 29.10.-01.11.1953 in Königstein/Taunus, S. 33 (ACDP IV- 006-001/4): Das Bundeskuratorium wurde in der neuen Satzung in einen „Verein zur Förderung des christlich-demokratischen Gedankens an den deutschen Hochschulen" umgewandelt (Protokoll, S. 25 und 28), der allerdings nie in Erscheinung trat (RCDS-Bundesvorstand (1961), S. 16).

[254]) Ring-Nachrichten Nr. 3/WS 1953-54 vom 15.01.1954, S. 1 (ACDP IV-006-044/2); Geschäftsverteilungsplan des RCDS-Bundesvorstandes vom 28.11.1953 (ACDP IV-006-058/4).

[255]) Ring-Nachrichten Nr. 3/WS 53-54 vom 15.01.1954, S. 3 (ACDP IV-006-044/2), und Colloquium 2/1954, S. 23: Landesvorsitzender von Berlin wurde Johannes Müller (siehe auch Anm. 180); Landesvorsitzende waren zu dieser Zeit bereits von Bayern Winfried Freiherr von Egloffstein, von Südwest Hr. Dannecker, von Mitte Helmut Lenz und von Nordrhein-Westfalen Karl-Friedrich Hürten. Der Landesverband Nord muß kurz darauf gegründet worden sein (Kurzprotokoll der 1. Sitzung des RCDS-Bundesausschuß am 04.05.1954 (ACDP IV-006-011/3) in München).

c) 1954: Erfolgreiche Konsolidierung

Gemeinsam mit den Vorsitzenden der neuen Landesverbände begann der neue Bundesvorstand nun tatkräftig, die Verbandsstruktur nachhaltig zu stärken, um die Voraussetzungen für eine kontinuierliche und engagiertere Arbeit des gesamten RCDS zu schaffen.

Auf der ersten Bundesausschußsitzung Anfang Mai in München konnte der Bundesvorstand den versammelten Landesvorsitzenden die sich abzeichnende Besserung der finanziellen Lage des Verbandes mitteilen und über die großen Fortschritte informieren, die man zusammen mit der RCDS-Gruppe Marburg bei der Vorbereitung des neuen Bundesorgans „CIVIS" gemacht hatte[256]). Die am 06. Mai 1954 in München stattfindende Vorsitzendenkonferenz, zu der man den veranstaltungsfreien letzten Tag des seit dem 02. Mai in München tagenden dritten Deutschen Studententages nutzte, stand ebenfalls ganz im Zeichen der Stärkung der innerverbandlichen Strukturen und der Zusammenarbeit zwischen den Gliederungen des RCDS[257]).

Am 15. Mai 1954 schlug die Geburtsstunde des seit langem angestrebten Bundesorgans des RCDS, der „Zeitschrift für christlich-demokratische Politik – „CIVIS'". Mit diesem vom stellvertretenden RCDS-Bundesvorsitzenden Amelung und den Marburgern Johannes Gross und Peter Fränz redigierten und vom RCDS-Bundesvorstand herausgegebenen Blatt stand dem RCDS endlich das Medium zur Verfügung, mit dem er als Verband erheblich besser in den politischen Meinungswettstreit an den Hochschulen eintreten konnte. Bundeskanzler Adenauer begrüßte dies nachdrücklich im Geleitwort für die erste CIVIS-Ausgabe. Neben dem verbandsinternen Rundbrief „Ring-Nachrichten" stand den Gruppen des RCDS mit dem CIVIS darüberhinaus eine weitere Möglichkeit zur Information über eigene Aktivitäten zur Verfügung[258]).

Mehrere verbandsinterne Fortbildungsseminare und die Einstellung des ersten hauptamtlichen Bundesgeschäftsführers des RCDS waren weitere Ergebnisse der Bemühungen des Bundesvorstandes[259]).

So konnte der Bundesvorsitzende Kraske in seinem Rechenschaftsbericht auf der vierten ordentlichen Bundesdelegiertenversammlung des RCDS vom 27. bis 30. September 1954 in Wilhelmshaven feststellen, daß die Bemühungen um eine organisatorische und finanzielle Konsolidierung und einen besseren Zusammenhalt des Verbandes erfolgreich gewesen seien. In diesem Zusammenhang definierte er als Aufgabe des RCDS die gedankliche und werbende Arbelt der Gruppen in den Hochschulen und keine Verbandsbetriebsamkeit. Gegenüber der CDU habe der RCDS nicht die Aufgabe, seinen Mitgliedern dort zu

---

256) Kurzprotokoll der 1. RCDS-Bundesausschußsitzung am 04.05. 1954 in München, S. 1 ff. (ACDP IV-006-011/3).

257) Protokoll der Vorsitzendenkonferenz des RCDS am 06.05.1954 in München, S. 1 ff. (ACDP IV-006-046/1); CIVIS 1/Mai 1954, S. 14 f..

258) Protokoll der Vorsitzendenkonferenz des RCDS am 06.05.1954 in München, S. 3 (ACDP IV-006-046/1); CIVIS 1/Mai 1954, S. 1 ff.; Colloquium 7/1954, S. 20. Siehe auch Dokumentationsteil und zur Kommunikation z. B. Ring-Nachrichten Nr. 3/ WS 53-54 vom 15.01.1954 (ACDP IV-006-044/2). Die anderslautenden Passagen in RCDS-Bundesvorstand (1961), S. 15, sind falsch.

259) Brief von Dr. Konrad Kraske vom 04.08.1986; CIVIS 3/Juli 1954, S. 48; Colloquium 8/ 1954, S. 23, Ring-Nachrichten Nr. 4/WS 53-54 vom 22.02.1954 und SS 1954 vom 21.07.1954 (ACDP IV-006-044/4). Siehe Anm. 180.

politischen Startpositionen zu verhelfen, sondern sie für eine spätere politische Verantwortung vorzubereiten und darüberhinaus zu einer Fundierung der christlich-demokratischen Idee beizutragen. Ständiger Auftrag des RCDS sei außerdem ein starkes Engagement für die deutsche Wiedervereinigung[260]).

Erstmals konnte auf dieser Tagung auch eine größere Anzahl Gäste von anderen Studentenverbänden und von befreundeten ausländischen Studenten- und Jugendorganisationen begrüßt werden[261]). Mit der Aufnahme sieben neuer RCDS-Gruppen in den Bundesverband bestand der RCDS nun aus 34 Gruppen und hatte sich damit nach nur dreieinhalbjährigem Bestehen zum größten politischen Studentenverband vor dem Sozialistischen Deutschen Studentenbund (SDS) mit 32 und dem Liberalen Studentenbund Deutschlands (LSD) mit 29 Gruppen entwickelt[262]). Nach der Verabschiedung einer neuen Geschäftsordnung entlasteten die Delegierten den Bundesvorstand mit besonderem Dank[263]). Kraske wurde einstimmig bei vier Enthaltungen und einer ungültigen Stimme als RCDS-Bundesvorsitzender wiedergewählt. Gottfried Pöhnlein aus München konnte sich bei den Stellvertreterwahlen gegen Willi Vorndran aus Erlangen und Amelung knapp gegen Funcke durchsetzen[264]).

Höhepunkt der inhaltlichen Diskussionen dieser Delegiertenversammlung war ein Referat von Amelung zum Thema „Braucht unsere Politik eine neue Orientierung?". In diesem Referat unterstützte er und, wie sich bei der nachfolgenden Diskussion zeigte, auch der gesamte Verband die grundsätzliche Linie der Politik der Bundesregierung. Er forderte aber eine stärkere Hinwendung zur Innenpolitik mit der Notwendigkeit, die Grundlagen christlich-demokratischer Politik der Bevölkerung immer wieder zu verdeutlichen[265]).

---

260) Protokoll der 4. Bundesdelegiertenversammlung des RCDS vom 27.-30.09.1954 in Wilhelmshaven, S. 3 ff. (ACDP IV-006- 001/4); Colloquium 11/1954, S. 19; CIVIS 4/ November 1954, S. 63; RCDS-Bundesvorstand (1961), S. 16, und (1981), S. 14.

261) Protokoll der 4. Bundesdelegiertenversammlung des RCDS vom 27.-30.09.1954 in Wilhelmshaven, S. 3 ff. (ACDP IV-006- 001/4); Colloquium 11/1954, S. 19; CIVIS 4/ November 1954, S. 63; RCDS-Bundesvorstand (1961), S. 16, und (1981), S. 14.

262) Die neuen Gruppen waren Aachen (der CDH Aachen war allerdings schon 1953 und 1954 auf den Vorsitzendenkonferenzen vertreten und seit längerem mit eigenen Veranstaltungen aktiv gewesen (Bericht über die Vorsitzendenkonferenz des RCDS 1953 in Bonn, S. 1, und Protokoll der Vorsitzendenkonferenz des RCDS 1954 in München (ACDP IV-006-046/1); Ring-Nachrichten 3/WS 53-54 vom 15.01.1954 (ACDP IV-006-044/2) und SS 54 vom 21.07.1954 (ACDP IV-006-044/4), S. 2); siehe auch Anm. 86), PH-Berlin, Braunschweig, Hannover, Jugenheim, TH-München und PH-Münster (Protokoll der 4. Bundesdelegiertenversammlung des RCDS vom 27.-30.09. 1954 in Wilhelmshaven (ACDP IV-006-001/4), S. 11 f.). Die Gruppe Lettehaus-Berlin hatte sich in „CDS an den Berliner Kunsthochschulen" umbenannt (Protokoll der 4. Bundesdelegiertenversammlung, S. 12); siehe hierzu auch Protokoll der 3. Bundesdelegiertenversammlung des RCDS vom 29.10.– 01.11.1953 in Königstein/Taunus (ACDP IV-006-001/4).

263) Protokoll der 4. Bundesdelegiertenversammlung des RCDS vom 27.-30.09.1954 in Wilhelmshaven, S. 7 f. und 11 (ACDP IV- 006-001/4).

264) Protokoll der 4. Bundesdelegiertenversammlung des RCDS vom 27.-30.09.1954 in Wilhelmshaven, S. 13 (ACDP IV-006-001/ 4); CIVIS 4/November 1954, S. 63.

265) Protokoll der 4. Bundesdelegiertenversammlung des RCDS vom 27.-30.09.1954 in Wilhelmshaven, S. 18 ff. (ACDP IV-006- 001/4); CIVIS 4/November 1954, S. 63; Colloquium 11/1954, S. 19; RCDS-Bundesvorstand (1961), S. 17.

Einmal mehr befaßten sich die Delegierten mit dem Verhältnis des RCDS zu den studentischen Verbindungen. Nachdem sich Bundestagspräsident Hermann Ehlers in einem Grußwort dafür ausgesprochen hatte, gerade unter den Korporationen für eine Mitarbeit am Aufbau des neuen Staates zu werben, da in der Weimarer Zeit Korporationen und freie Studenten politisch versagt hätten, bestätigten die Delegierten den bisherigen Kurs. Sie wollten weiterhin für eine Mitarbeit von Korporierten in demokratischen Institutionen werben, nationalistische Exzesse jedoch grundsätzlich ablehnen[266]).
An den innenpolitischen Debatten um den Vertrag über eine Europäische Verteidigungsgemeinschaft (EVG) hatte sich der RCDS nicht beteiligt. Eine erste Resolution zur sozialen Lage der Studentenschaft deutete aber an, daß sich der RCDS nach dem Abschluß des „inneren" Aufbaus nunmehr verstärkt „externen" Fragen zuwandte[267]).

d) 1955/1956: Verstärkte hochschulpolitische Aktivität

Nach dem Scheitern der EVG waren die Verhandlungen über einen deutschen Verteidigungsbeitrag Ende September 1954 in London wiederaufgenommen worden. Sie führten durch das Inkrafttreten der Pariser Verträge am 05. Mai 1955 sowohl zur Wiedererlangung der Souveränität für die Bundesrepublik Deutschland, als auch zu ihrem Beitritt in die NATO und die Westeuropäische Union (WEU) und daran anschließend zur Aufstellung der Bundeswehr und waren von harten innenpolitischen Auseinandersetzungen begleitet. In diesem Zusammenhang brachte das neue Jahr für den RCDS gleich zu Anfang eine Auseinandersetzung mit dem SDS. Die letzte Delegiertenversammlung des VDS Ende Juli 1954 in Hamburg, hatte die Debatte über die politische Grundsatzfrage nach dem Ob eines deutschen Wehrbeitrages abgelehnt, da sie nicht in die Zuständigkeit des VDS, sondern in die der parlamentarischen Körperschaften gehöre. Der SDS hatte dies als „Knebelung der Meinungsfreiheit" attackiert. Demgegenüber betonte der Bundesvorstand des RCDS ausdrücklich, daß die Studentenschaft ihre politischen Entscheidungen nicht über den VDS,

---

266) Protokoll der 4. Bundesdelegiertenversammlung des RCDS vom 27.-30.09.1954 in Wilhelmshaven, S. 17 und 34 f. (ACDP IV- 006-001/4); RCDS-Bundesvorstand (1961), S. 17. Der Hintergrund dieser Debatte war die Ablehnung des Korporationsstudententums durch Teile der öffentlichen Meinung wegen ihres überkommenen Auftretens (Farben, Mützen und Mensuren). Außerdem sah man ihren nationalen Ansatz wegen der Rolle vieler Verbindungen bei der Machtergreifung der NSDAP als diskreditiert an. So faßte die SPD z. B. 1954 einen Unvereinbarkeitsbeschluß zu den Korporationen (Adam, Heribert (1965), S. 87 ff.; Jarausch, Konrad H. (1984), S. 218 ff.; Fichter, Tilman/Lönnendonker, Siegward (1979), S. 30; Schlicht, Uwe (1980), S. 55, Stubbeda Luz, Helmut, CIVIS 1/1984, S. 93 f.; Fichter, Tilman (1988), S. 161 f.; siehe auch Protokoll der 4. Bundesdelegiertenversammlung, a. a. O.).
Hermann Ehlers, 1904-1954, war von 1950-1954 Bundestagspräsident und von 1952-1954 stellvertretender Bundesvorsitzender der CDU (Konrad-Adenauer-Stiftung für politische Bildung und Studienförderung e. V. (1966), S. 105 ff.; Bernhardt, Walter (1985), S. 72 f.).

267) Protokoll der 4. Bundesdelegiertenversammlung des RCDS vom 27.-30.09.1954 in Wilhelmshaven, S. 15 (ACDP IV-006-001/ 4); Kistler, Helmut (1985), S. 131 f.; Morsey, Rudolf (1987), S. 35 f.: Der EVG-Vertrag scheiterte, weil die französische Nationalversammlung am 30.08.1954 seine Ratifikation ablehnte.

sondern in Ausübung ihrer allgemeinen staatsbürgerlichen Rechte zu treffen und geltend zu machen hätten[268]).
Daneben aktivierte der RCDS ganz im Sinne der Beschlüsse und Diskussionen der letzten Bundesdelegiertenversammlung und im Kontext zum Aktionsprogramm zur gesamtdeutschen Arbeit des VDS vom Februar 1955 seine gesamtdeutsche Arbeit. Sein Bundesreferat für gesamtdeutsche Fragen organisierte mehrere zentrale Bildungsveranstaltungen in Berlin. An vielen Hochschulen führten RCDS-Gruppen zum Teil gemeinsam mit anderen Verbänden lokale Diskussionsabende durch. Erster Höhepunkt war eine Ferienbetreuungsaktion für mitteldeutsche Oberschüler in Berlin. In Zusammenarbeit mit CDU- und CSU-Kreisverbänden konnten Bundesreferat und RCDS-Hochschulgruppen für 300 mitteldeutsche Oberschüler zu Pfingsten Ferienplätze in Westdeutschland vermitteln[269]).
Eng damit verknüpft, intensivierte der RCDS auch seine Kontakte zu befreundeten ausländischen Studentenverbänden, mit denen man sich auf Seminaren – zum Teil vom Referat für gesamtdeutsche Fragen organisiert – traf[270]). Die Vorsitzendenkonferenz Ende April 1955 in Bad Honnef diente zwar in erster Linie der Diskussion der Arbeit und Grundlagen des RCDS, erhielt aber durch die Anwesenheit größerer Gruppen von christlich-demokratischen Studenten aus Belgien und den Niederlanden einen besonderen Akzent[271]).
Völlig überraschend für den RCDS löste sich Mitte Juli 1955 der „Ring politischer und freier Studentenverbände" auf. SDS und LSD machten dafür den RCDS wegen seiner angeblich abweichenden Haltung zur gemeinsamen Wehrdenkschrift und wegen seiner zu korporationsfreundlichen Haltung verantwortlich. Der RCDS wies dies energisch zurück[272]).

---

[268]) Kistler, Helmut (1985), S. 138 ff.; Morsey, Rudolf (1987), S. 36 ff.; Fichter, Tilman (1988), S. 230 ff.. Zur VDS-Auseinandersetzung siehe CIVIS 7/Februar 1955, S. 109 ff..

[269]) Protokoll der 5. Bundesdelegiertenversammlung des RCDS vom 01.-04.08.1955 in Würzburg, S. 6 und 23 ff. (ACDP IV-006- 001/4); gemeinsames Schreiben der RCDS- und CDU-Bundesgeschäftsstelle an die Kreisverbände von CDU und CSU vom 13. 04.1955 (ACDP IV-006-034/3); CIVIS 8/Mai 1955, S. 16, 9/ Juni 1955, S. 32, 10/Juli 1955, S. 51 f., und 11/November 1955, S. 72.
Der VDS hatte auf seiner 25. Delegiertenkonferenz am 10. 02.1955 in Freiburg ein gesamtdeutsches Aktionsprogramm beschlossen, welches u. a. die Veranstaltung von regelmäßigen gesamtdeutschen Studienwochen in Berlin, die Einladung von mitteldeutschen Kommilitonen zu Ferienaufenthalten an Universitäten der Bundesrepublik und lokale Aktivitäten vorsah (Otto, Detlev E. (1959), S. 65 und 108 ff.). Die Darstellung von Schlicht, Uwe (1980), S. 49, daß Mitte der fünfziger Jahre „von den Burschenschaften und Corps bis zum CDU-nahen RCDS" alle gesamtdeutsche Tagungen in Berlin veranstalteten, ist daher nicht haltbar.

[270]) CIVIS 7/Februar 1955, S. 111 f., und 10/Juli 1955, S. 51.

[271]) CIVIS 8/Mai 1955, S. 15.

[272]) Brief an Amelung und Pöhnlein vom 12.07.1955 (RCDS-A 385); RCDS-Rundschreiben 9/1955 vom 20.07.1955, S. 1 ff. (ACDP IV-006-060/3); RCDS-Bundesvorstand (1961), S. 18. Der RCDS hatte sich am 11.06.1955 in Heidelberg mit dem CDK zu einem Meinungsaustausch getroffen, nachdem der CDK vorher ein Bekenntnis zur parlamentarischen Demokratie und zum 20. Juli 1944 abgegeben hatte (CIVIS 9/Juni 1955, S. 32, und 11/November 1955, S. 69). Zum Abschluß eines Stillhalteabkommen zwischen RCDS und CDK auf Druck der Union ist es nie gekommen, auch wenn es Fichter, Tilman (1988), S. 291 f., als Ursache für das Scheitern des Rings anführt. Siehe auch Kapitel VIII.2..

Verständlicherweise bestimmte diese Auseinandersetzung zunächst die hochschulpolitische Diskussion auf der fünften ordentlichen Bundesdelegiertenversammlung des RCDS vom 01. bis 04. August 1955 in Würzburg. In Anwesenheit von Vertretern des SDS, des LSD und des Convents Deutscher Korporationen (CDK) sowie vielen ausländischen Gästen erklärte der Bundesvorsitzende Kraske dazu in seinem Einleitungsreferat, daß man innerhalb des CDK gefährliche Strömungen erkenne, aber nicht in Abrede stellen könne, daß es dort auch Gruppen gebe, die zur parlamentarischen Demokratie ständen und sich ernsthaft bemühten, eine fruchtbare politische Arbeit zu leisten. Durch eine pauschale Diffamierung treibe man diese Gruppen in die Isolierung und leiste der Demokratie keinen Dienst. Wenn diese studentischen Lebensformen heute wieder anziehend wären, sollten sich die politischen Studentenverbände lieber fragen, ob ihre Arbeit selber vielleicht zu wenig attraktiv sei[273]). Die Versammlung unterstützte diese Position und die grundsätzlich positive Haltung des RCDS zu einem deutschen Wehrbeitrag in einer einstimmig verabschiedeten Entschließung[274]).

Die organisatorischen Notwendigkeiten wurden zügig abgewickelt. Nach der Aufnahme vier neuer Gruppen zählte der Verband 37 Hochschulgruppen[275]). Die Teilung des bisherigen Landesverbandes Nord in die Landesverbände Niedersachsen/Bremen und Schleswig-Holstein/Hamburg wurde beschlossen und der Bundesvorstand mit Dank und Anerkennung entlastet[276]). Die Delegierten bestätigten Dr. Kraske in seinem Amt als RCDS-Bundesvorsitzenden. Hans-Joachim Moldenhauer aus Hamburg und Willfried Gaddum aus Bonn konnten sich bei den Stellvertreterwahlen gegen Klaus Schwank, Martin Stiewe und H. H. von Sandrart durchsetzen[277]).

Zur studentischen Sozialpolitik lagen der Versammlung als Ergebnis vorheriger verbandsinterner Beratungen drei Resolutionsentwürfe vor. Nach längerer Diskussion entschlossen sich die Delegierten jedoch nicht zur Verabschiedung einer Resolution, sondern beauftragten einen Ausschuß mit der Erarbeitung einer sozialpolitischen Grundsatzerklärung[278]).

Erstmals vom RCDS im November in Berlin durchgeführte christlich-demokratische Studententage boten die Gelegenheit zur Fortsetzung der Diskussionen hochschulpolitischer und allgemeinpolitischer Fragen. Themen waren dort un-

---

[273]) Protokoll der 5. Bundesdelegiertenversammlung des RCDS vom 01.-04.08.1955 in Würzburg, S. 3 und 9 f. (ACDP IV-006- 001/4); CIVIS 11/November 1955, S. 68 f..

[274]) Protokoll der 5. Bundesdelegiertenversammlung des RCDS vom 01.-04.08.1955 in Würzburg, S. 38 (ACDP IV-006-001/4); CIVIS 11/November 1955, S. 68 f.; siehe auch Dokumentationsteil. Während die Auseinandersetzung mit dem SDS weiterging, näherte sich der LSD der RCDS-Position kurz darauf an (Colloquium 12/1955, S. 22).

[275]) Die neuen Gruppen waren Alfeld/Leine, AfG-Hamburg, PHG-Wilhelmshaven und PHL-Wilhelmshaven; die Gruppe Bethel existierte nicht mehr (Protokoll der 5. Bundesdelegiertenversammlung des RCDS vom 01.-04.08.1955 in Würzburg, S. 1. f. und 30 (ACDP IV-006-001/4); RCDS-Bundesvorstand (1961), S. 18).

[276]) Protokoll der 5. Bundesdelegiertenversammlung des RCDS vom 01.-04.08.1955 in Würzburg, S. 28 und 30 (ACDP IV-006-001/ 4); CIVIS 12/Dezember 1955, U 3.

[277]) Protokoll der 5. Bundesdelegiertenversammlung des RCDS vom 01.-04.08.1955 in Würzburg, S. 31 f. (ACDP IV-006 001/4); CIVIS 11/Dezember 1955, S. 68.

[278]) Protokoll der 5. Bundesdelegiertenversammlung des RCDS vom 01.-04.08.1955 in Würzburg, S. 16 und 35 ff. (ACDP IV-006- 001/4); CIVIS 11/November 1955, S. 68.

ter anderem die Hochschulreformen und angesichts neuer rechtsextremer Tendenzen die Gefahren für die deutsche Demokratie[279]).
Der Bundesparteitag der CDU im April 1956 in Stuttgart wurde vom RCDS, der parallel dazu eine Sitzung seines Bundesausschusses durchführte, zu einer hochschulpolitischen Initiative genutzt. Auf Antrag des RCDS beschloß der Parteitag einstimmig einen Appell an Bundestag, Bundesregierung und Bundesländer, die vernachlässigten geisteswissenschaftlichen Fakultäten weiter auszubauen[280]).
Als der VDS Anfang Juni 1956 in einer Presseerklärung die Notwendigkeit einer Wiederbewaffnung und einer allgemeinen Wehrpflicht in Frage stellte, obwohl die achte ordentliche VDS-Mitgliederversammlung Anfang Mai in Grömitz eine Diskussion darüber abgelehnt hatte, führte das zu einer scharfen Reaktion des RCDS und entsprechenden Initiativen seiner Hochschulgruppen in der örtlichen Studentenvertretungen. Er bestritt dem VDS das Recht, über Fragen, die den Status der Studentenschaft selbst und als solchen betreffen, hinaus politische Stellungnahmen abzugeben. Schließlich seien alle Staatsbürger und nicht nur die Studenten von der Wehrpflicht betroffen[281]).
„Freiheit als politische Aufgabe" hatte der scheidende RCDS-Bundesvorsitzende Kraske als Motto über die sechste ordentliche Bundesdelegiertenversammlung des RCDS vom 23. bis 26. Oktober 1956 in Essen gestellt. Er erklärte dazu in seinem Einleitungsreferat, daß Freiheit auch zu verantwortungsvollem Dienst im Staat verpflichte[282]). Die Bundesdelegiertenversammlung diskutierte zwar noch zwei weitere Referate („Freiheit und Sicherheit" und „Soziale Freiheit und Verfassung") zum Tagungsthema, beschäftigte sich aber mehr mit dem Leben des Verbandes in Form einer ausführlichen Satzungsdebatte[283]). Nur zwei Gruppen wurden dieses Mal neu in den Bundesverband aufgenommen und der Bundesvorstand mit besonderem Dank an Kraske für seine dreijährige Arbeit einstimmig entlastet[284]).
Zum neuen RCDS-Bundesvorsitzenden wählten die Delegierten Willfried Gaddum. Die Wahlen zu den beiden Stellvertreterpositionen gewannen Stiewe aus Göttingen und Hermann von Loewenich aus Erlangen gegen Klaus Dieter Friedrich und Kurt Zwingenberger[285]).
Die Versammlung beschloß keine neuen Leitsätze zur Hochschulreform. Man einigte sich aber auf eine Entschließung, in der das Honnefer Modell zur Studentenförderung nachdrücklich als Weg zu einer ausreichenden Förderung

---

[279]) CIVIS 12/Dezember 1955, S. 92; Colloquium 12/1955, S. 23; RCDS-Bundesvorstand (1961), S. 18 f..

[280]) CIVIS 18/Juni 1956, S. 40; RCDS-Bundesvorstand (1961), S. 19.

[281]) RCDS-Rundschreiben 7/1956 vom 13.06.1956, S. 1 ff. (ACDP IV-006-043/1); CIVIS 19/Juli 1956, S. 54 f.; Adam, Heribert (1965), S. 107..

[282]) Protokoll der 6. Bundesdelegiertenversammlung des RCDS vom 23.-26.10.1956 in Essen, S. 5 f. (ACDP IV-006-001/5); CIVIS 23/November 1956, S. 131.

[283]) Protokoll der 6. Bundesdelegiertenversammlung des RCDS vom 23.-26.10.1956 in Essen, S. 14 ff. (ACDP IV-006-001/5); CIVIS 23/November 1956, S. 131.

[284]) Protokoll der 6. Bundesdelegiertenversammlung des RCDS vom 23.-26.10.1956 in Essen, S. 6 und 12 (ACDP IV-006-001/5): Die neuen Gruppen waren Karlsruhe (Umdruck 3 zur 6. Bundesdelegiertenversammlung (ACDP IV-006-001/5): gegründet am 23.01.1956) und Weilburg/Lahn (Umdruck 3 zur 6. Bundesdelegiertenversammlung (ACDP IV-006-001/5): gegründet am 21.02.1956).

[285]) Protokoll der 6. Bundesdelegiertenversammlung des RCDS vom 23.-26.10.1956 in Essen. S. 13 (ACDP IVI-006-001/5).

des akademischen Nachwuchses unter Wahrung der Grundsätze von Selbstverantwortung und Selbsthilfe unterstützt wurde[286]). Weitere Entschließungen forderten die Stärkung einer staatsbürgerlichen Erziehung an den Schulen und unterstützten vor dem Hintergrund der Aufstände in Polen und Ungarn den Freiheitskampf dieser Völker[287]).
Mit einer großen Weihnachtsaktion des RCDS-Referates für gesamtdeutsche Fragen zur Unterstützung mitteldeutscher Studenten und zur Vermittlung von Weihnachtsaufenthalten für Studenten und Abiturienten aus Mitteldeutschland schloß der RCDS die Aktivitäten dieses Jahres ab[288]).

e) 1957: Erstes hochschulpolitisches Programm des RCDS

Bei der Delegiertenversammlung des RCDS in Essen mußte sich der Bundesvorstand noch Kritik wegen mangelnder Unterstützung der Arbeit der RCDS-Gruppen vor Ort gefallen lassen[289]). In seinem Jahresbericht für die siebte ordentliche Bundesdelegiertenversammlung des RCDS vom 28. bis 30. Oktober 1957 in Göttingen konnte der RCDS-Bundesvorsitzende Gaddum hierzu jetzt eine eindrucksvolle Bilanz vorweisen. Mehr als 35 Großveranstaltungen waren von den RCDS-Gruppen an den Hochschulen mit Hilfe des Bundesvorstandes durchgeführt worden. Über 550 RCDS-Mitglieder hatten allein an den Tagungen und Seminaren teilgenommen, die der RCDS-Bundesvorstand und insbesondere sein Bundesreferat für gesamtdeutsche Fragen organisiert hatten[290]).
Diese starken Verbandsaktivitäten deuteten auch auf ein größer gewordenes Verbandsbewußtsein hin. So erscheint es als konsequent, daß auf dieser Bundesdelegiertenversammlung ein Antrag der Gruppe Frankfurt angenommen wurde, der den Gruppen des RCDS die Annahme der Bezeichnung „RCDS" als örtlichem Gruppennamen nahelegte[291]).
Auch in inhaltlicher Hinsicht bedeutete die Göttinger Delegiertenversammlung den Beginn eines neuen Abschnittes in der Verbandsarbeit. Nach langen internen Beratungen und intensiven Diskussionen eines Arbeitskreises während der Göttinger Versammlung verabschiedeten die Delegierten mit großer Mehrheit das erste hochschulpolitische Programm des RCDS, die Göttinger „Leitsätze des RCDS zur Hochschulreform und Studienförderung". Sie waren unter anderem als Positionsbeschreibung des RCDS für die auf dem Deutschen Stu-

---

286) Protokoll der 6. Bundesdelegiertenversammlung des RCDS vom 23.-26.10.1956 in Essen, S. 19 f. (ACDP IV-006-001/5); CIVIS 23/November 1956, S. 131; RCDS-Bundesvorstand (1961), S. 20.

287) Protokoll der 6. Bundesdelegiertenversammlung des RCDS vom 23.-26.10.1956 in Essen, S. 20 f. (ACDP IV-006-001/5); CIVIS 23/November 1956, S. 131; Kistler, Helmut (1985), S. 177 f.; Morsey, Rudolf (1987), S. 53.

288) Schreiben des RCDS-Bundesreferates für gesamtdeutsche Fragen im Dezember 1956 an die Kreis- und Landesverbände der CDU/CSU und Rundschreiben 3/1956 des Referates vom 02. 12.1956 (ACDP IV-006-034/2).

289) Protokoll der 6. Bundesdelegiertenversammlung des RCDS vom 23.-26.10.1956 in Essen, S. 9 f. (ACDP IV-006-001/5).

290) Jahresbericht des Bundesvorstandes 1956/57, S. 1, und Drucksachen 9 und 10 zur 7. Bundesdelegiertenversammlung des RCDS (alles ACDP IV-006-002/1); CIVIS 35-36/ November-Dezember 1957, S. 155.

291) Protokoll der 7. Bundesdelegiertenversammlung des RCDS vom 28.-30.10.1957 in Göttingen, S. 14 ff. (ACDP IV-006-002/ 1); CIVIS 35-36/November-Dezember 1957, S. 153; hochschul-echo berlin 1/1960, S. 2.

dententag 1958 erwarteten Diskussionen gedacht, mit denen der VDS die Hochschulreformdiskussion wieder in Gang setzen wollte[292]). In diesen Leitsätzen stellte der RCDS fest, daß die deutsche Universität im wesentlichen unversehrt aus den Umwälzungen der ersten Hälfte des 20. Jahrhunderts hervorgegangen sei. Sie sei weithin auch heute noch in der Lage, das ihr gesetzte Ziel – der Erkenntnis und Vermittlung von Wahrheit zu dienen – in Forschung und Lehre zu verwirklichen. Hochschulreform bedeute daher nicht die Zerschlagung aller bestehenden Formen, sondern bei Erhaltung des Bewährten die Anpassung an die heutigen Erfordernisse. In diesem Sinne setzte sich der RCDS für die Beibehaltung der Hochschulautonomie und, als Voraussetzung für die erhöhte Selbständigkeit der Hochschulen, für eine Mitwirkung aller ihrer Glieder an der Willensbildung der Hochschule ein. Der Wert des Abiturs als alleiniger Hochschulzugangsberechtigung wurde betont und eine Erweiterung der Möglichkeiten im Rahmen des zweiten Bildungsweges gefordert. Der RCDS begrüßte das Honnefer Modell als Bemühung, zu einer hochschulgerechten Studienförderung zu gelangen. Er verlangte aber, daß der subsidiäre Charakter staatlicher Hilfe auch weiterhin gewährleistet bleibe[293]).
Ebenfalls nach längeren Arbeitskreisberatungen wurden mehrere Resolutionen zur Ost-West-Problematik beschlossen. So forderten die Delegierten in einer gesamtdeutschen Entschließung unter anderem die Freilassung aller inhaftierten Studenten und Professoren, die Verstärkung persönlicher Kontakte und verbesserte Eingliederungshilfen für Flüchtlinge. Zur Frage des Verhältnisses zu Polen bejahten die RCDS-Vertreter persönliche Kontakte zwischen Deutschen und freiheitlich-demokratischen Polen und forderten den Aufbau einer Stiftung zur Förderung von Kontakten auf studentischer Ebene. Kontakte zwischen dem sowjetischen Staatsjugendverband Komsomol und der deutschen Studentenschaft lehnte die Delegiertenversammlung ab[294]).
Im Gegensatz zu Essen wurden die Regularien in Göttingen schnell abgewik-

---

[292]) Protokoll der 7. Bundesdelegiertenversammlung des RCDS vom 28.-30.10.1957 in Göttingen, S. 18 ff. (ACDP IV-006-002/ 1); CIVIS 35-36/November-Dezember 1957, S. 153; hochschul-echo berlin 1/1960, S. 2; Jarausch, Konrad H. (1984), S. 221.

[293]) Protokoll der 7. Bundesdelegiertenversammlung des RCDS vom 28.-30.10.1957 in Göttingen, Anlage 1 (ACDP IV-006-002/1); CIVIS 35-36/November-Dezember 1957, S. 153 f.; hochschul-echo berlin 1/1960, S. 2; RCDS-Bundesvorstand (1961), S. 20 f..

[294]) Protokoll der 7. Bundesdelegiertenversammlung des RCDS vom 28.-30.10.1957 in Göttingen, S. 6 f. und Anlage 2 (ACDP IV-006-002/1); CIVIS 35-36/November-Dezember 1957, S. 152 f. und 155.
Die Hintergrund der Entschließung zu Polen war die Teilnahme mehrerer RCDS-Mitglieder an einer Studentenschaftsreise 1957 nach Posen, wo sie festgestellt hatten, daß innerhalb großer Teile der polnischen Studentenschaft eine echte Bereitschaft zu wirklicher Versöhnung zwischen Deutschen und Polen auf der Basis historischer Fakten bestand (Vermerk vom 29.08.1957 und Brief vom Gaddum an Dietrich Nemitz vom 01.10.1957 (beides ACDP IV-006-035/1), S. 1). Siehe dazu auch das Protokoll der RCDS-Bundesausschußsitzung am 07./08.11.1959, S. 7 f., und den Brief des RCDS-Bundesvorstandes an den RCDS-Bundesausschuß vom 04.12.1959 mit einem Erfahrungsbericht über eine weitere Reise nach Posen (beides ACDP IV-006-011/3).
Die Zustimmung des VDS-Vorstandes im September 1957 zu einem Delegetationsaustausch mit dem sowjetischen Staatsjugendverband Komsomol, der Ende Februar 1957 mit dem Besuch der Komsomol-Delegation in der Bundesrepublik begann, war Ursache der Resolution zu diesem Thema (Hochschul-Dienst 5/März 1958, S. 2 f.).

kelt, da es hier keine Satzungsdebatte gab. Man nahm zwei neue Gruppen auf. Nach fast einstimmiger Entlastung wurde der Bundesvorsitzende Gaddum wiedergewählt. Eckhard Pfannkuche aus Göttingen und Robert Fischer aus München konnten sich gegen Gerhard Hust und Frank Müller-Römer bei den Stellvertreterwahlen durchsetzen[295]).

Durch das Zusammenwirken der Sowjetunion und der USA in der Suez-Krise Ende 1956 waren Veränderungen in der internationalen Situation deutlich geworden.

Bundeskanzler Adenauer hatte darauf mit einer Doppelstrategie reagiert: Einerseits plädierte er für eine Ausrüstung der Bundeswehr mit atomaren Trägerwaffen, um die Gleichberechtigung der Bundesrepublik in der NATO und eine Verstärkung ihres Gewichtes im Bündnis zu erreichen. Andererseits versuchte er, durch Kontakte mit Moskau die Stagnation in der Deutschlandpolitik zu überwinden.

Der erstmalige Gewinn der absoluten Mehrheit durch die CDU/CSU bei den Bundestagswahlen im September 1957 hatte seine Politik zusaätzlich gestärkt. Die NATO beschloß im Dezember 1957 die atomare Ausrüstung der NATO-Streitkräfte unter amerikanischer Kontrolle. Die sicherheitspolitische Bemühungen der Bundesregierung waren damit erfolgreich gewesen. Sie hatten aber zu harten, noch andauernden innenpolitischen Auseinandersetzungen geführt, in deren Zusammenhang eine außerparlamentarische Aktion „Kampf dem Atomtod" politisch linksstehender Gruppen ein entmilitarisiertes und neutralisiertes Gesamtdeutschland forderte. Diese Auseinandersetzungen sollten im neuen Jahr auch die Aktivitäten des RCDS beeinflussen[296]).

f) 1958: Gegen ein allgemeinpolitisches Mandat der Verfassten Studentenschaft

Ein einwöchiges Vorsitzendenseminar des RCDS-Bundesverbandes Anfang Februar 1958 mit ausführlichen Diskussionen über Art und Weise der RCDS-Arbeit in den Hochschulen und den Aufgaben der Verfassten Studentenschaft sowie einer intensiven Vorbereitung der hochschulpolitischen Debatte auf dem fünften Deutschen Studententag im April 1958 in Karlsruhe durch die Verbandsgremien waren der verbandsinterne Auftakt der Bemühungen des RCDS, dem zunehmenden Mißbrauch der Studentenvertretungen für allgemeinpolitische Zwecke entgegenzuwirken und in der Hochschulreformdebatte christlich-demokratische Zielsetzungen durchzusetzen[297]). Der Studententag endete zwar verhältnismäßig harmonisch mit der Feststellung des scheidenden VDS-

---

[295]) Protokoll der 7. Bundesdelegiertenversammlung des RCDS vom 28.-30.10.1957 in Göttingen, S. 11 f. (ACDP IV-006-002/1); RCDS-Bundesvorstand (1961), S. 22; Kirsch, Wolfgang (1971), S. 32.
Die neuen Gruppen waren Saarbrücken und IfL-Nürnberg (Protokoll der 7. Bundesdelegiertenversammlung des RCDS vom 28.-30.10.1957 in Göttingen (ACDP IV-006-002/1), S. 7 f.).

[296]) Adam, Heribert (1965), S. 108; Kistler, Helmut (1985), S. 178 ff. und 209 f.; Morsey, Rudolf (1987), S. 50 f. und 54 ff.; Fichter, Tilman/Lönnendonker, Siegward (1979), S. 50 f.: So hatten z. B. 18 führende deutsche Atomwissenschaftler im April 1957 in einem „Göttinger Manifest" für einen deutschen Verzicht auf Atomwaffen plädiert.

[297]) CIVIS 38/Februar 1958, S. 209; Protokoll der RCDS-Bundesausschußsitzung am 05.02.1958, S. 3 (ACDP IV-006-011/3).

Vorsitzenden, daß die studentischen Verbände trotz ihrer sonstigen Differenzen bereit seien, sich in der Frage der Hochschulreform an einem Tisch zusammenzufinden. Daß aber die Gefahr einer Instrumentalisierung der Studentenvertretungen für parteipolitische Zwecke nicht kleiner geworden war, zeigte der von den Vertretern des RCDS und anderer Verbände verhinderte Versuch einiger Teilnehmer, den Studententag zur Behandlung einer Anti-Atomtod-Resolution zu bewegen[298]).

Ende April demonstrierten mehrere tausend Studenten in Berlin gegen die geplante Atombewaffnung der Bundeswehr. Es folgten am 20. Mai 1958 studentische Demonstrationen gegen den „Atomtod" an 14 bundesdeutschen Hochschulen. Das ganze Sommersemester 1958 war von den Auseinandersetzungen des RCDS und gleichgesinnter Gruppen mit der Aktion „Kampf dem Atomtod" bestimmt, die auch die Studentenvertretungen für ihre Zwecke nutzen wollte. Der RCDS betonte dagegen mit Erfolg nachdrücklich, daß den Organen der Verfaßten Studentenschaft die Inanspruchnahme eines allgemeinpolitischen Mandates bei Themen, die sie nicht in ihrer spezifischen Eigenschaft als Studentenvertretung beträfen, nicht zustehe[299]).

Mitten in dieser Auseinandersetzung wurde der RCDS-Bundesverband durch den plötzlichen Tod seines Bundesgeschäftsführers Eckert erschüttert[300]). Es sollte noch bis zum Oktober 1958 dauern, bis man einen Nachfolger gefunden hatte[301]).

Die achte ordentliche Bundesdelegiertenversammlung des RCDS vom 30. Juli bis zum 02. August 1958 in Berlin unter dem Motto „Hochschule in der Unfreiheit" sollte in der aktuellen Diskussion um eine Hochschulreform den Kontrast der westdeutschen zur gleichgeschalteten mitteldeutschen Universitätslandschaft deutlich machen[302]). Nach ausführlicher Diskussion bestätigten die Delegierten ausdrücklich die Ost-West-Entschließungen der Göttinger Bundesdelegiertenversammlung[303]). Natürlich wurde die hochschulpolitische Debatte auch durch die Auseinandersetzungen des Sommersemesters beeinflußt. Mit großer Mehrheit befürwortete die Versammlung ein noch stärkeres hochschulpolitisches Engagement des Gesamtverbandes und stellte in einer Entschließung zur studentischen Selbstverwaltung fest, daß man alle Formen sachlicher Erör-

---

[298]) CIVIS 41/Mai 1958 S. 7; Protokoll der RCDS-Bundesausschußsitzung am 09./10.05.1958, S. 2 f. (ACDP IV-006-011/3); Adam, Heribert (1965), S. 109.

[299]) Protokoll der RCDS-Bundesausschußsitzung am 09./10.05. 1958, S. 2 (ACDP IV-006-011/3); CIVIS 42/Juni 1958, S. 35 f. und 43 f., und 43/Juli 1958, S. 66; Adam, Heribert (1965), S. 108 f.; Fichter, Tilman/ Lönnendonker, Siegward (1979), S. 54 ff.; Schlicht, Uwe (1980), S. 50; RCDS-Uni-Würzburg (1981), „Atom-Tod-Bewegung"; Jarausch, Konrad H. (1984), S. 222.

[300]) Der RCDS-Bundesgeschäftsführer Horst-Dieter Eckert, Jahrgang 1933 aus Breslau, hatte am 01.05.1957 die Nachfolge des am 31.03.1957 ausgeschiedenen ersten Bundesgeschäftsführers Müller angetreten (Jahresbericht des RCDS-Bundesvorstandes 1956/57, S. 4 (ACDP IV-006-002/1); Aktenvermerke der RCDS-Bundesgeschäftsstelle (ACDP IV-006-055/2); CIVIS 42/Juni 1958, S. 25).

[301]) Anstellungsvertrag vom 04.10.1958 (ACDP IV-006-055/2): Nachfolger wurde Walter Zwicky.

[302]) CIVIS 43/Juli 1958, S. 45 f..

[303]) Protokoll der 8. Bundesdelegiertenversammlung des RCDS vom 30.07.-02.08.1958 in Berlin, S. 27 ff. (ACDP IV-006-003/ 1); CIVIS 44-45/August-September 1958, S. 94, und 46/Oktober 1958, S. 113; RCDS-Bundesvorstand (1961), S. 22 f..

terung politischer Fragen in den Hochschulen begrüße, aber feststellen müsse, daß die Organe der studentischen Selbstverwaltung in der gegenwärtigen Atombewaffnungsdebatte mit Stellungnahmen zu allgemeinpolitischen Fragen ihre Zuständigkeit überschritten. Der RCDS, so die Entschließung, appelliere daher an die Verantwortlichen der akademischen Selbstverwaltung, diesen Kompetenzüberschreitungen entgegenzutreten[304]). In diesem Zusammenhang vermerkte man aufmerksam, daß neben vielen ausländischen Gästen auch offizielle Vertreter des LSD und des SDS anwesend waren, die in Grußworten den Wunsch ihrer Verbände nach einer Rückkehr zur fairen Auseinandersetzung ausdrückten[305]).

Vier Gruppen wurden neu aufgenommen[306]). Die Neuwahlen zum Bundesvorstand endeten mit einer Überraschung. Die 38 Delegierten wählten nach einstimmiger Entlastung des alten Vorstandes nicht den vom Bundesausschuß vorgeschlagenen Wilhelm Nordemann, sondern den bayerischen Landesvorsitzenden Walter Konrad aus Würzburg mit großer Mehrheit zum neuen RCDS-Bundesvorsitzenden[307]). Zu seinen Stellvertretern wurden Dieter Ibielski aus Mannheim/Heidelberg mit knapper Mehrheit gegen Hans-Ulrich Klose und ohne Gegenkandidaten Dietrich Nemitz aus Berlin gewählt[308]).

g) 1959/1960: Einsatz für eine Neuorientierung der Hochschulpolitik

Ebenso wie schon auf einem Vorsitzendenseminar des RCDS im Dezember des vergangenen Jahres verfolgte der RCDS auf einer Sitzung seines Bundesausschusses im Februar 1959 mit zunehmender Sorge den starken Linksruck im SDS im Zusammenhang mit der jetzt langsam wieder abflauenden Anti-Atomtod-Bewegung, deren studentische Aktionsausschüsse am 03. und 04. Januar 1959 noch einen Studentenkongreß gegen Atomrüstung an der Freien Universität Berlin durchgeführt hatten[309]). Denn die Hochschulreformdiskus-

---

[304]) Protokoll der 8. Bundesdelegiertenversammlung des RCDS vom 30.07.-02.08.1958 in Berlin, S. 32 (ACDP IV-006-003/1); CIVIS 44-45/August-September 1958, S. 94, und 46/Oktober 1958, S. 112; RCDS-Bundesvorstand (1961), S. 23 f.; Kluge, Hans-Georg/Pflüger, Friedbert (1976), S. 15.

[305]) Protokoll der 8. Bundesdelegiertenversammlung des RCDS vom 30.07.-02.08.1958 in Berlin, S. 8 (ACDP IV-006-003/1); CIVIS 46/Oktober 1958, S. 112; RCDS-Bundesvorstand (1961), S. 24.

[306]) Die neuen Gruppen waren Augsburg, Flensburg, Oberhausen und Vechta (Protokoll der 8. Bundesdelegiertenversammlung des RCDS vom 30.07.-02.08.1958 in Berlin (ACDP IV-006-003/ 1), S. 8 ff.). Dem Beschluß der 7. Bundesdelegiertenversammlung entsprechend hatten die meisten Gruppen (bis auf 11) den Namen „RCDS" angenommen (Drucksache 19 zur 8. Bundesdelegiertenversammlung (ACDP IV-006-003/1), S. 3).

[307]) Protokoll der 8. Bundesdelegiertenversammlung des RCDS vom 30.07.-02.08.1958 in Berlin, S. 13 f. (ACDP IV-006-003/1); Protokoll der RCDS-Bundesausschußsitzung am 30.07.1958, S. 3 (ACDP IV-006-011/3); CIVIS 44-45/August-September 1958, S. 94, und 46/Oktober 1958, S. 113.

[308]) Protokoll der 8. Bundesdelegiertenversammlung des RCDS vom 30.07.-02.08.1958 in Berlin, S. 15 (ACDP IV-006-003/1); CIVIS 44-45/August-September 1958, S. 94, und 46/Oktober 1958, S. 113; Manuskript der Ansprache von Dieter Ibielski auf der 30-Jahrfeier des RCDS am 03.07.1981 in Düsseldorf, S. 1 f..

[309]) Protokoll der RCDS-Bundesausschußsitzung am 14./15.02. 1959, S. 1 f. (ACDP IV-006-011/3); Protokoll der RCDS-Bundesvorstandssitzung am 14.02.1959, S. 1 (ACDP IV-006-012/ 1); CIVIS 49/Januar 1959, S. 190 f.; Fichter, Tilman/Lönnendonker,

sion war fast zum Erliegen gekommen und dadurch wahrscheinlich begünstigt, das politische Desinteresse innerhalb der Studentenschaft immer größer geworden. Das zeigte sich unter anderem an der stark gesunkenen Beteiligung an Wahlen zu den Studentenvertretungen. Dadurch wurde aber der Trend zur Aufweichung der bisher einheitlichen, aus den bei der VDS-Gründung gemachten Erfahrungen resultierenden Haltung der Studentenschaft in Fragen der Wiedervereinigung Deutschlands begünstigt. Dies war besonders im Bereich der offiziellen Kontakten zu östlichen Studenten- und Jugendverbänden bemerkbar, obwohl sich deren Struktur und Inhalte nicht geändert hatten[310]).
Der RCDS versuchte deshalb durch eigene Aktionen und eine nachhaltige Unterstützung der Arbeit des Kuratoriums „Rettet die Freiheit" dieser Aufweichung entgegenzuwirken. Dazu unterbreitete er dem SDS ein Gesprächsangebot, um eine Wiederaufnahme der politischen Diskussionen zwischen RCDS und SDS und damit auch Einflußmöglichkeiten zu erreichen. Nachdem im ersten Gespräch zwischen RCDS und SDS deutlich geworden war, daß der SDS im Begriff war, sich den erstmals von Walter Ulbricht Ende 1956 aufgeworfenen und im Zusammenhang mit Chruschtschows Berlin-Ultimatum vom 10 November 1958 von der Sowjetunion erneut zur Lösung der Deutschen Frage ins Gespräch gebrachten Gedanken einer Konföderation beider Staaten in Deutschland zu eigen zu machen, stellte der RCDS die Frage nach der Wiedervereinigung in seiner Sommersemesterarbeit noch mehr in den Vordergrund. Denn an diesem Punkt sollte deutlich gemacht werden, daß es im Westen Werte gebe, die um keinen Preis zur Disposition stehen dürften[311]). Seiner Linie der Förderung persönlicher Kontakte zwischen Ost und West entsprechend, organisierte der RCDS-Bundesverband die Teilnahme einer starken inoffiziellen Gruppe von RCDS-Mitgliedern an den Weltjugendfestspielen Anfang August 1959 in Wien, um die dort bestehenden Gesprächsmöglichkeiten zu nutzen[312]).

Siegward (1979), S. 52 ff.; Schlicht, Uwe (1980), S. 50; Fichter, Tilman (1988), S. 17 f. und 233.

310) RCDS-Brief Nr. 9 vom 16.05.1959; Rechenschaftsbericht des Bundesvorstandes zur 9. Bundesdelegiertenversammlung, S. 8 f. (ACDP IV-006-004/1); Aktennotiz über das Gespräch SPD- Parteivorstand/Jugend- und Studentenorganisationen (ACDP IV-006-060/2); CIVIS 56/August 1959, S. 5 f.; Argus Februar 1959, S. 4. Siehe Anm. 191 und 201.

311) Protokolle der RCDS-Bundesvorstandssitzungen am 14.02. 1959, S. 1, und 25./26.04.1959, S. 1 (ACDP IV-006-012/1); Protokolle der RCDS-Bundesausschußsitzungen am 14./15.02. 1959, S. 1 f., und 06./07.06.1959, S. 1 f. und 6 (ACDP IV- 006-011/3); Aktennotiz über das RCDS/SDS-Gespräch am 21. 02.1959 (ACDP IV-006-012/1); RCDS-Brief Nr. 9 vom 16.05. 1959; CIVIS 51/März 1959, S. 238; Argus Juni 1959, S. 1 ff.; Fichter, Tilman/Lönnendonker, Siegward (1979), S. 57 ff.; Kistler, Helmut (1985), S. 179 ff.; Morsey, Rudolf (1987), S. 56 f..
Das Kuratorium löste sich am 23.09.1960 wieder auf (Protokoll der RCDS-Bundesvorstandssitzung am 17.12.1960 (ACDP IV-006-012/1), S. 3).
Walter Ulbricht, 1893-1973, kehrte im April 1945 aus der Emigration in Moskau nach Deutschland zurück, war als Leiter der „Gruppe Ulbricht" maßgeblich am Aufbau der KPD beteiligt, von 1950-1971 Generalsekretär bzw. 1. Sekretär des Zentralkomitees der SED und von 1960 bis zu seinem Tode Vorsitzender des Staatsrates der DDR (Buch, Günther (1987), S. 396).

312) Eilinformationen der RCDS-Bundesgeschäftsstelle vom 15.04. 1959 (ACDP IV-006-044/4); Protokolle der RCDS-Bundesausschußsitzungen am 06./07.06.1959, S. 2, und 04.08.1959, S. 1 (ACDP IV-006-011/3); CIVIS 57-58/Oktober 1959, S. 60 ff..

Da sich vor dem Hintergrund dieser politischen Lethargie in diesem Jahr erstmals wieder rechtsextreme Verbände an den Hochschulen zu Wort meldeten, sah sich der RCDS gezwungen, seine freiheitlich-demokratischen Positionen auch in dieser Richtung zu verteidigen[313]).
Um das Engagement der Studenten insgesamt und damit auch ihr politisches Interesse nachhaltiger zu wecken, versuchte der RCDS die Hochschulreformdiskussion wieder in Gang zu bringen und stellte deshalb die Beratungen der neunten ordentlichen Bundesdelegiertenversammlung des RCDS vom 05. bis zum 07. August 1959 in München ganz unter dieses Thema[314]). Der bayerische Ministerpräsident, Hanns Seidel, begrüßte die Teilnehmer und der CDU-Bundestagsabgeordnete Bertold Martin hielt das Hauptreferat zum Thema „Kulturpolitik als Aufgabe – Bildungsziel an unseren Hochschulen". Er bemerkte darin, daß es der Union nicht gleichgültig sein dürfe, ob die Hochschulen durch sozialistische Reformmaßnahmen zerstückelt würden. Denn für Sozialisten sei die Hochschule Mittel der sozialen Anpassung und die arbeitsteilige, automatisierte Industriegesellschaft Vorbild für deren Hochschulreform. Dem müsse der Gedanke der Einheit von Bildung und Ausbildung entgegengehalten werden[315]).
Nach ausführlicher Diskussion in Arbeitskreisen beschloß die Versammlung mit großer Mehrheit mehrere Anträge, in denen insbesondere die CDU aufgefordert wurde, Fragen der Kulturpolitik und der Wissenschaftsförderung in den Mittelpunkt des nächsten CDU-Bundesparteitages zu stellen, da nach den großen Erfolgen der Partei auf außen-, wirtschafts- und sozialpolitischem Gebiet eine verstärkte Hinwendung zu diesen Fragen dringend erforderlich sei. Zusätzlich sollten die Parteifachausschüsse für Kultur- und Wissenschaft neu belebt und bei den nächsten Parteivorstandswahlen eine Persönlichkeit hinzugewählt werden, die sich diesen Fragen besonders widmen sollte[316]). Ebenso wurde der VDS aufgefordert, seine Anstrengungen zur Fortführung der Hochschulreform-Debatte wieder aufzunehmen. Entsprechende Tendenzen im VDS waren schon vorher begrüßt worden[317]). Vor dem Hintergrund des politischen

---

[313]) RCDS-Korrespondenz vom 22.07.1959 (ACDP IV-006-044/2); Protokolle der RCDS-Bundesausschußsitzungen am 14./15.02. 1959, S. 4, 04.08.1959, S. 1, und 07.08.11.1959, S. 5 (ACDP IV-006-011/3); Protokoll der RCDS-Bundesvorstandssitzung am 12.09.1959, S. 1 (ACDP IV-006-012/1); Rechenschaftsbericht des RCDS-Bundesvorstandes zur 9. Bundesdelegiertenversammlung, S. 9 (ACDP IV-006-004/1); CIVIS 53/ Mai 1959, S. 269 ff., 59/November 1959, S. 94 ff., und 61/Januar 1960, S. 136.

[314]) Rechenschaftsbericht des RCDS-Bundesvorstandes zur 9. Bundesdelegiertenversammlung, S. 9 ff. (ACDP IV-006-004/1); Protokoll der RCDS-Bundesvorstandssitzung vom 25./26.04. 1959, S. 1 ff. (ACDP IV-006-012/1); siehe auch CIVIS 54/ Juni 1959, S. 292 ff., und Argus November/Dezember 1959, S. 1 f..

[315]) Protokoll der 9. Bundesdelegiertenversammlung des RCDS vom 05.-07.08.1959 in München, S. 7 ff.; Protokoll der RCDS-Bundesvorstandssitzung am 25./26.04.1959, S. 3 (ACDP IV-006-012/1); CIVIS 57-58/Oktober 1959, S. 68 f..
Hanns Seidel, 1901-1961, war Mitbegründer der CSU, von 1955-1961 CSU-Vorsitzender und von 1957-1960 Bayerischer Ministerpräsident (Konrad-Adenauer-Stiftung für politische Bildung und Studienförderung e. V. (1966), S. 331 ff.).

[316]) Protokoll der 9. Bundesdelegiertenversammlung des RCDS vom 05.-07.08.1959 in München, S. 30 f..

[317]) Protokoll der 9. Bundesdelegiertenversammlung des RCDS vom 05.-07.08.1959 in München, S. 30; Rechenschaftsbericht des RCDS-Bundesvorstandes zur 9. Bundesdelegiertenversammlung, S. 9 f. (ACDP IV-006-004/1).

Klimas an den Hochschulen forderten weitere Entschließungen nachdrücklich eine Verstärkung der politischen Bildungsarbeit, da die Unwissenheit und das mangelnde Interesse der heranwachsenden Jugend in staatsbürgerlichen Fragen in der neuesten Geschichte erschreckend sei, und verurteilten rechtsradikale Ausschreitungen[318]).
Die Bundesdelegiertenversammlung entlastete den scheidenden Bundesvorstand bei einer Enthaltung einstimmig und nahm die Gruppe PH-Braunschweig als einzige neu in den Bundesverband auf[319]). Zum neuen RCDS-Bundesvorsitzenden wählten die Delegierten mit großer Mehrheit den bisherigen Stellvertreter Ibielski. Nemitz wurde in seinem Stellvertreteramt mit großer Mehrheit bestätigt. Bei der Wahl zum zweiten Stellvertreter konnte sich Bernd Jacobi aus Hamburg deutlich gegenüber dem bisherigen Bundesvorsitzenden Konrad durchsetzen[320]).
Die hochschulpolitischen Beschlüsse wurden von der im November 1959 in Berlin tagenden Vorsitzendenkonferenz des RCDS nachdrücklich bestätigt. Auch dort betrachtete man die politische Passivität der Studenten mit großer Sorge[321]). Diese Gesamtsituation mag ein Grund dafür gewesen sein, daß die politischen Studentenverbände wieder zusammenrückten und sich Anfang Dezember 1959 als „Arbeitsgemeinschaft politischer Studentenverbände" zusammenschlossen, obwohl der SDS seine Zielsetzungen trotz der politischen Neuorientierung der SPD auf ihrem Godesberger Parteitag Mitte November 1959 nicht modifiziert hatte[322]).
Der RCDS-Bundesausschuß unterstützte auf seiner Sitzung im Januar 1960 ausdrücklich diese Zusammenarbeit innerhalb einer Arbeitsgemeinschaft. Weitergehende Bestrebungen zur Wiedergründung des Rings politischer Studentenverbände lehnte er aber ab, da die sehr unterschiedlichen politischen Auffassungen der einzelnen Studentenverbände einer gemeinsamen politischen Aktion entgegenstünden[323]). Erneut mußte sich hier der Bundesausschuß wegen verschiedener antisemitischer Zwischenfälle mit der mangelnden politischen Bildung gerade der heranwachsenden Generation auseinandersetzen. Er forderte deshalb die Verstärkung der politischen Bildung in den Schulen und Hochschulen und beschloß eine Ausweitung der eigenen Arbeit in diesem Bereich[324]).

---

318) Protokoll der 9. Bundesdelegiertenversammlung des RCDS vom 05.-07.08.1959 in München, S. 23 und 37 f..

319) Protokoll der 9. Bundesdelegiertenversammlung des RCDS vom 05.-07.08.1959 in München, S. 12 und 22.

320) Protokoll der 9. Bundesdelegiertenversammlung des RCDS vom 05.-07.08.1959 in München, S. 28.

321) CIVIS 60/Dezember 1959, S. 98 und 120, und 61/Januar 1960, S. 135 f., Artikel im Tagesspiegel vom 25.11.1959.

322) Rundschreiben des RCDS-Bundesvorsitzenden vom 07.12.1959 (ACDP IV-006-060/4); Protokoll der RCDS-Bundesausschußsitzung am 07./08.11.1959, S. 5 (ACDP IV-006-011/3); Fichter, Tilman/Lönnendonker, Siegward (1979), S. 61 ff., der diesen erneuten Zusammenschluß unverständlichweise nicht erwähnt; Kistler, Helmut (1985), S. 213; Morsey, Rudolf (1987), S. 51 f..

323) Protokoll der RCDS-Bundesausschußsitzung am 09./10.01. 1960 S. 4 (ACDP IV-006-011/3); RCDS-Pressemitteilung vom 10.01.1960.

324) Protokoll der RCDS-Bundesausschußsitzung am 09./10.01. 1960, S. 3 (ACDP IV-006-011/3); RCDS-Pressemitteilung vom 10.01.1960; RCDS-Rundschreiben vom Januar

Auch im neuen Jahr setzte der RCDS seine Bemühungen auf hochschul- und kulturpolitischem Gebiet fort. Gespräche mit den zuständigen Vertretern der CDU und der CDU-Bundesparteitag im April 1960 wurden zur Darstellung der Verbandspositionen genutzt, unterstützt von einer umgestellten und intensivierten Pressearbeit[325]). Die in den Münchener Beschlüssen geforderte Neukonstituierung eines Bundeskulturausschusses der CDU, in dem der RCDS Sitz und Stimme erhielt, und der Beschluß, im November 1960 einen kulturpolitischen Kongreß der Bundes-CDU durchzuführen, zeigten, daß seine Anstrengungen nicht erfolglos geblieben waren. Deshalb beschloß der RCDS-Bundesausschuß auf seiner Sitzung Ende April, für diesen Kongreß die eigenen, in den „Göttinger Leitsätzen" von 1957 zusammengefaßten Vorstellungen zur Hochschulpolitik zu überarbeiten und zu ergänzen[326]).
Die weiter schwelenden Auseinandersetzungen mit Vertretern des VDS wegen der Unzulässigkeit allgemeinpolitischer Stellungnahmen im Namen der Studentenschaft veranlaßten den RCDS unter anderem dazu, seine ablehnende Position zu einer Sonderbehandlung von Studenten im Rahmen einer Aktion „RCDS und Bundeswehr" immer wieder herauszustellen[327]). Trotzdem nutzten Vertreter des RCDS die Möglichkeiten zur Diskussion hochschulpolitischer Vorstellungen auf der Mitgliederversammlung des VDS Anfang März in Heidelberg sowie auf dem sechsten Deutschen Studententag des VDS Anfang April in Berlin. Zwar stimmte man der dort erhobenen Forderung nach einer Verstärkung der studentischen Mitwirkungsmöglichkeiten in den Entscheidungsgremien der Hochschulen zu, doch vermißte man das Bestreben der oberen VDS-Organe, die studentische Basis insgesamt zu aktivieren. Denn solange die Studentenschaft nicht stärker als bisher ihre Pflichten und Möglichkeiten in der studentischen Selbstverwaltung ernst nehme, sei die Forderung nach einer Stärkung der Mitbestimmungsmöglichkeiten unglaubwürdig[328]).
Mit dem Thema „Hochschule in der Massengesellschaft" stand die zehnte ordentliche Bundesdelegiertenversammlung des RCDS vom 03. bis 06. August 1960 in Kiel ebenfalls ganz im Zeichen des besonderen hochschulpolitischen

---

1960, S. 8; siehe hierzu auch CIVIS 62/Februar 1960, S. 140 ff., Protokoll der RCDS-Bundesausschußsitzung am 30.04./01.05.1960, S. 12 (ACDP IV-006-011/3), Jahresbericht des RCDS-Bundesvorstandes 1960, S. 7, und Argus Januar/Februar 1960, S. 1 f..

[325]) Protokolle der RCDS-Bundesausschußsitzungen am 30.04./01. 05.1960, S. 5 und 10, und 29.10.1960, S. 7 (ACDP IV-006-011/3); RCDS-Bulletin 1/60 vom 27.06.1960 (ACDP IV-006- 044/4); Bericht des RCDS-Bundeshochschulreferenten 1959/ 60, S. 1; Bericht des RCDS-Bundespressereferenten 1959/60, S. 1 ff..

[326]) Bericht des Bundeshochschulreferenten 1959/60, S. 1 f.; CIVIS 65-66/Mai 1960, S. 24; Protokoll der RCDS-Bundesausschußsitzung am 30.04./01.05.1960, S. 5 (ACDP IV-006-011/ 3).

[327]) Einleitungsreferat von Ibielski vor der 10. Bundesdelegiertenversammlung, S. 6; Protokolle der RCDS-Bundesausschußsitzungen am 09./10.01.1960, S. 4, und 30.04./ 01.05. 1960, S. 8 (ACDP IV-006-011/3); Leserbrief von Ibielski in der Welt am Sonntag vom 21.08.1960. Siehe auch: Jahresbericht des RCDS-Bundesvorstandes 1959/60, S. 7; RCDS-Korrespondenzen vom 25.07.1960, 27.10.1960 und 02.11.1960; Protokoll der RCDS-Bundesvorstandssitzung am 10./11.09. 1960, S. 4 (ACDP IV-006-012/1).

[328]) CIVIS 63/März 1960, S. 105 ff., und 67-68/Juli 1960, S. 44 f.; Protokoll der RCDS-Bundesvorstandssitzung am 04./05. 03.1960, S. 3 (ACDP IV-006-012/1); siehe auch CIVIS 62/Februar 1960, S. 149 ff., und 64/April 1960, S. 194 f..

Engagements des Verbandes. Sie bot aber auch die Gelegenheit zur Beratung anderer Felder der RCDS-Arbeit. Denn neben organisatorischen Maßnahmen zur Stärkung der Verbandsstruktur[329]) war es dem Bundesvorstand gelungen, sowohl bei der Auslandsarbeit als auch in der gesamtdeutschen Arbeit des RCDS wesentliche neue Akzente zu setzen.
Vor dem Hintergrund der in den fünfziger Jahren nur langsam zunehmenden bundesdeutschen Hilfe für Entwicklungsländer – ein eigenes Ministerium für Entwicklungshilfe wurde erst 1961 gegründet – hatte der RCDS schon am Jahresanfang an die Bundesregierung appelliert, die kulturelle Arbeit in den Entwicklungsländern angesichts der intensiven Sowjetzonenpropaganda dort zu verstärken und der Information ausländischer Studenten in der Bundesrepublik über die politische Situation des geteilten Deutschlands besondere Beachtung zu schenken. Der Verband hatte dazu bereits selbst die Initiative ergriffen und erste Kontakte aufgebaut.
Neben mehreren Seminaren im Rahmen der gesamtdeutschen Arbeit für ausländische Studentengruppen war es dem RCDS erstmals im Rahmen eines Treffens mit mehreren europäischen konservativen und christlich-demokratischen Studentenverbänden im April in Stockholm gelungen, über einen gemeinsamen europäischen Zusammenschluß zu beraten[330]).
Daneben war vom RCDS am 17. Juni 1960 ein Memorandum zur gesamtdeutschen Arbeit veröffentlicht worden, in dem er die Notwendigkeit unterstrich, Klischeevorstellungen zu überwinden und zu einer wirklichkeitsgetreuen Wertung der Problematik des geteilten Deutschlands zu gelangen. Denn die Sowjetunion hatte nach einer nur vorübergehenden Entspannung seit September 1959 Anfang 1960 ihren Druck auf Berlin wieder verschärft. Möglichkeiten hierauf Einfluß zu nehmen, fehlten den Westmächten und der Bundesregierung. Um neue Wege zur Wiedervereinigung zu finden und zu fördern, forderte der RCDS in seinem Memorandum unter anderem eine Verstärkung der „gesamtdeutschen" Forschung und Lehre an den Hochschulen durch eine Einrichtung entsprechender Lehrstühle, eine Verstärkung der politischen Bildungsarbeit auch unter ausländischen Kommilitonen und eine Förderung des Studiums in Berlin. Mit einer eigenen intensiven Bildungsarbeit des RCDS-Bundesreferates für gesamtdeutsche Fragen, welche insbesondere auch zu persönlichem Engagement anregen sollte, verlieh er diesen Forderungen Nachdruck[331]).

---

[329]) Protokolle der RCDS-Bundesausschußsitzungen am 30.04./01. 05.1960, S. 12, und 29.10.1960, S. 7 (ACDP IV-006-011/3). Am 15.05.1960 übernahm Eduard Schlipf von Zwicky das Amt des RCDS-Bundesgeschäftsführers (Jahresbericht der RCDS- Bundesvorstandes 1959/60, S. 1).

[330]) RCDS-Rundschreiben vom Januar 1960, S. 8; CIVIS 65-66/Mai 1960, S. 24, und 69/ September 1960, S. 78; Einleitungsreferat von Ibielski zur 1o. Bundesdelegiertenversammlung, S. 7; Bericht des RCDS-Bundesauslandsreferenten 1959/60, S. 1 ff.; RCDS-Bulletins 7/60 vom 07.10.1960 und 9/60 vom 24.11.1960; siehe auch CIVIS 67-68/Juli 1960, S. 30 ff.; Kistler, Helmut (1985), S. 203 f.; Morsey, Rudolf (1987), S. 81. Nach Kistler (a. a. O.) und Morsey (a. a. O.) wurde die Entwicklungshilfe ab 1961 tatsächlich auch aus nationalpolitischen Motiven durchgeführt, was die Anerkennung der DDR durch Staaten der Dritten Welt aber nicht mehr verhinderte.

[331]) Einleitungsreferat von Ibielksi zur 10. Bundesdelegiertenversammlung, S. 6 f.; Memorandum zur gesamtdeutschen Arbeit des RCDS vom 17.06.1960; CIVIS 69/September 1960, S. 79 f.; Bericht des RCDS-Bundesreferenten für gesamtdeutsche Fragen 1959/60, S. 1 ff.; Morsey, Rudolf (1987), S. 58.

Nach ausführlicher Beratung in zu diesen Themenkomplexen eingerichteten Arbeitskreisen billigten die Delegierten die Grundsätze des Memorandums und unterstützten die Bemühungen zur Kontaktaufnahme mit ausländischen Studenten in der Bundesrepublik. Ferner beauftragten sie den Bundesvorstand, Wege und Möglichkeiten einer engeren und regelmäßigeren Zusammenarbeit der christlich-demokratischen und konservativen Studentenverbände in Europa zu erkunden[332]).
Drei Grundsatzrefereate zur Hochschulpolitik[333]) konnten anschließend von den Delegierten in zwei Arbeitskreisen beraten werden. Doch für eine vollständige Fortschreibung der „Göttinger Leitsätze" reichte die Zeit nicht mehr aus. Sie mußte einer späteren Tagung vorbehalten bleiben. Lediglich die Vorschläge, welche neben anderem eine Förderung der Politikwissenschaft an den Hochschulen, intensivere Antrengungen zur Verstärkung der Mitarbeit der Studenten in der Selbstverwaltung, eine Verankerung der Mitwirkung der Studenten in den wichtigsten akademischen Gremien und eine Diskussion der Frage eines politischen Mandates der verfaßten Studentenschaft forderten, wurden von den Delegierten noch beschlossen[334]).
Vier neue bzw. wiedergegründete RCDS-Gruppen wurden auf dieser Bundesdelegiertenversammlung endgültig in den Bundesverband aufgenommen[335]) und der Bundesvorstand bei einer Stimmenenthaltung einstimmig entlastet. Besonderer Dank galt den scheidenden stellvertretenden Bundesvorsitzenden Nemitz für seine überaus erfolgreiche Tätigkeit als Bundesreferent für gesamtdeutsche Fragen[336]). Ibielski konnte sich bei den Neuwahlen zum RCDS-Bundesvorsitzenden gegen Friedrich-Karl Grosmann behaupten. Zu seinen Stellvertretern wurden Frank Müller-Römer aus Stuttgart und Martin Ratmann aus Göttingen neben anderen gegen Rüdiger Dahme gewählt[337]).
Schon Anfang September tagte auf Einladung des RCDS in Bonn eine zweite internationale Konferenz christlich-demokratischer und konservativer Studentenverbände Europas. Über die Modalitäten eines Zusammenschlusses konnte man sich zwar noch nicht einigen, vereinbarte aber, die Verhandlungen im Rahmen einer weiteren Konferenz im kommenden Jahr fortzusetzen[338]).
In der zweiten Oktoberhälfte beriet man zunächst auf einer Klausurtagung und

---

[332]) CIVIS 69/September 1960, S. 77 f., und 71/November 1960, S. 127.

[333]) CIVIS 69/September 1960, S. 76; RCDS-Bundesvorstand (1961), S. 25 f.. Die Referate waren von Bertold Martin, „Die Hochschule in der Massengesellschaft" (in: CIVIS 71/ November 1960, S. 108 ff.), Gerhard Stoltenberg, „Was tut der Staat für Wissenschaft und Forschung?" (in: CIVIS 70/ Oktober 1960, S. 84 ff.), und Bernhard von Mutius, „Über Ausbau und Reform der wissenschaftlichen Hochschulen" (in: CIVIS 69/September 1960, S. 60 ff.).

[334]) CIVIS 69/September 1960, S. 75 f., und 71/November 1960, S. 126 f..

[335]) Es waren die Gruppen Eichstätt, PH-Münster, Ing. Sch.-Saarbrücken und PH Saarbrücken (Protokoll der 10. Bundesdelegiertenversammlung des RCDS vom 03.-06.08.1960 in Kiel, S. 7 f.).

[336]) Protokoll der 10. Bundesdelegiertenversammlung des RCDS vom 03.-06.08.1960 in Kiel, S. 13.

[337]) Protokoll der 10. Bundesdelegiertenversammlung des RCDS vom 03.-06.08.1960 in Kiel, S. 15 f..

[338]) CIVIS 70/Oktober 1960, S. 104, und 71/November 1960, S. 124 f.; RCDS-Bulletin 6/60 vom 12.09.1960; Colloquium 9-10/1960, „Für Zündstoff gesorgt".

dann auf der Vorsitzendenkonferenz des RCDS in Bonn die Fortschreibung der „Göttinger Leitsätze". Unter dem Titel „Hochschule in der Massengesellschaft" wurden die Beratungsergebnisse mit den drei Grundsatzreferaten der zehnten Bundesdelegiertenversammlung in einem CIVIS-Sonderdruck zusammengefaßt und an die Delegierten des Kulturpolitischen Kongresses der CDU Ende November in Gelsenkirchen verteilt. In diesem Papier unterstützte der RCDS die Bemühungen um eine Reform und einen Ausbau der Hochschulen auf der Grundlage der Universität als historisch gewachsenem Ort akademischer Freiheit mit der unauflösbaren Einheit von Forschung und Lehre und dem Abitur als normaler Zugangsberechtigung[339]). In seinen Empfehlungen beschloß der Kongreß schließlich auch diese Grundgedanken. Überhaupt erregte der RCDS auf diesem Kongreß, auf dem er seine Forderungen erstmals auch mit redeberechtigten Delegierten vertreten konnte, viel Aufsehen und positive Resonanz – ebenso wie der ganze Kongreß –, so daß er als Resümee in seinem Verbandsorgan CIVIS nur noch feststellen konnte: „Nach vielen guten Worten: Taten!"[340]).
Mit der Durchführung des ersten Seminares für Afro-Asiatische Studenten zur gesamtdeutschen Problematik Mitte Dezember in Berlin, zu dem der RCDS ein weiteres Memorandum mit dem Titel „Universität und Entwicklungsländer" vorlegte, zeigte der RCDS, daß er es nicht bei Worten alleine belassen wollte und nach knapp zehnjährigem Bestehen den Blick verstärkt über die deutschen Grenzen hinaus richtete[341]).

h) 1961: Intensivierung der Auslandsarbeit des RCDS

Mit Nachdruck baute der RCDS-Bundesverband seit Anfang 1961 seine Auslandsarbeit aus. Für Mitglieder europäischer Partnerverbände und für Studenten aus afro-asiatischen Ländern wurden mehrere Seminare im Rahmen der gesamtdeutschen Bildungsarbeit des RCDS geplant. Durch Treffen mit Vertretern europäischer Partnerverbände trieb er die Vorbereitungen zur Gründung eines europäischen Dachverbandes voran[342]). Ein weiterer Schritt war die Einrich-

---

[339]) RCDS-Bulletins 7/60 vom 07.10.1960 und 8/60 vom 25.10. 1960; Protokolle der RCDS-Bundesvorstandssitzungen am 10./11.09.1960, S. 3, und 17.12.1960, S. 3 (ACDP IV-006- 012/1); RCDS-Korrespondenz vom 28.11.1960; CIVIS-Sonderdruck zum Kulturpolitischen Kongreß der CDU vom 28.-30.11. 1960 in Gelsenkirchen; Protokoll der RCDS-Bundesausschußsitzung am 29.10.1960, S. 2 f. (ACDP IV-006-011/3); RCDS- Eilinformationen Nr. 1 vom 07.10.1960 (ACDP IV-006-044/4); siehe auch CIVIS 70/Oktober 1960, S. 101 ff..

[340]) CIVIS 72/Dezember 1960, S. 129 f.; Protokoll der RCDS-Bundesvorstandssitzung am 17.12.1960, S. 4 (ACDP IV-006-012/ 1); Bundesgeschäftsstelle der Christlich-Demokratischen Union Deutschlands (1964), S. 80 ff.

[341]) Protokoll der RCDS-Bundesausschußsitzung am 29.10.1960, S. 5 f. (ACDP IV-006-011/3); Protokoll der RCDS-Bundesvorstandssitzung am 17.12.1960, S. 5 (ACDP IV-006-012/1); RCDS-Bulletin 10/60 vom 16.12.1960.

[342]) RCDS-Bulletins 12/61/2 v. 08.02.1961 und 21/61/2 vom 14. 07.1961; Bericht des RCDS-Bundesauslandsreferates zur 11. Bundesdelegiertenversammlung, S. 3 ff., und Bericht des RCDS-Bundesreferates für gesamtdeutsche Fragen zur 11. Bundesdelegiertenversammlung, S. 1 (ACDP IV-006-004/2); Protokoll der RCDS-Bundesausschußsitzung am 25.02.1961, S. 3 ff. (ACDP IV-006-011/3); Protokolle der RCDS-Bundesvorstandssitzungen am 17.12.1960, S. 5 f., und 14.-16.01.1961 (ACDP IV-006-012/1); CIVIS 74/Februar 1961, S. 197.

tung eines eigenen RCDS-Bundesreferates für afro-asiatische Studentenfragen neben dem schon bestehenden Auslandsreferat, um die im Memorandum „Universität und Entwicklungsländer" vorgestellten Vorhaben des RCDS besser verwirklichen zu können[343]).

Mit einer Feierstunde in der Bonner Beethovenhalle beging der RCDS-Bundesverband am Abend des 23. Februars 1961 den zehnten Jahrestag seiner Gründung. Der nordrhein-westfälische Ministerpräsident und damalige Präsident des Bundesrates, Franz Meyers, hielt die Festansprache, in der er dem RCDS für das zweite Jahrzehnt seines Bestehens wünschte, daß er einen guten Beitrag zu dem Ziel leisten möge, dem jungen Akademiker seine große Verantwortung in Gesellschaft und Staat nahezubringen, da der freiheitlich-demokratische Rechtsstaat nur Bestand haben werde, wenn er im Geiste der Freiheit und der sittlichen Verantwortung des einzelnen gegründet bleibe[344]).

Drei wichtige Entscheidungen bzw. Ereignisse ragen aus der allgemeinen RCDS-Arbeit im Sommersemester 1961 heraus.

Nachdem schon im Januar 1961 das Pressereferat beim RCDS-Bundesvorstand endlich besetzt werden konnte[345]), erschien nach ausführlicher Diskussion in den Verbandsgremien – darunter auch die RCDS-Vorsitzendenkonferenz Ende April – die Verbandszeitschrift CIVIS seit Mitte Mai zur weiteren Verbesserung der eigenen Öffentlichkeitsarbeit in neuer Form. Eine Verstärkung des Magazincharakters sollte ihre Position gegenüber den konkurrierenden Blättern an den Hochschulen („Konkret", und seit Mitte des Wintersemesters auch das Organ des im Mai 1960 neugegründeten Sozialdemokratischen Hochschulbundes (SHB) „Frontal") verbessern und eine Übertragung der Herausgeberschaft vom RCDS-Bundesvorstand auf einen neutralen Verein den CIVIS als Werbeträger für potentielle Anzeigenkunden attraktiver machen[346]).

---

[343]) Bericht des RCDS-Bundesauslandsreferates zur 11. Bundesdelegiertenversammlung, S. 5 (ACDP IV-006-004/2). Erster Bundesreferent wurde Klaus-Peter Ihmfeld (Bericht des RCDS-Bundesreferates für afro-asiatische Studentenfragen zur 11. Bundesdelegiertenversammlung (ACDP IV-006-004/2), S. 1; RCDS-Bulletin 14/61/2 vom 08.03.1961). Siehe auch hochschul-echo berlin 2/Januar-Februar 1961, S. 10.

[344]) Festrede von Franz Meyers zum 10jährigen Bestehen des RCDS, S. 16 f. (ACDP IV-006-001/3); RCDS-Bulletins 12/61/2 vom 08.02.1961 und 13/61/2 vom 22.02.1961; CIVIS 74/Februar 1961, S. 177 f. und 194 f..
Franz Meyers, Jahrgang 1908, war von 1952-1956 Innenminister und von 1958-1966 Ministerpräsident des Landes Nordrhein-Westfalen (Das Parlament Nr. 32 vom 05.08.1988, S. 18).

[345]) Pressereferent wurde Hans-Jürgen Köhn (RCDS-Bulletin 11/61 vom 18.01.1961). Martin Gerth wurde ab dem 01.04.1961 neuer RCDS-Bundesgeschäftsführer (RCDS-Bulletin 14/61/2 vom 08.03.1961; Protokoll der RCDS-Bundesausschußsitzung am 25.02.1961 (ACDP IV-006-011/3), S. 2).

[346]) Protokoll der RCDS-Bundesvorstandssitzung am 14.-16.01. 1961, S. 2 (ACDP IV-006-012/1); Protokolle der RCDS-Bundesauschußsitzungen vom 29.04.1961, S. 7 ff., und 01.07. 1961, S. 8 (ACDP IV-006-011/3); CIVIS-Brief an alle RCDS-Gruppen vom 09.05.1961.
Im Zusammenhang mit der Linksdrift des SDS bildeten sich schon im Sommer 1959 unabhängige sozialdemokratische Hochschulgruppen, die sich am 09. Mai 1960 in Bonn mit weiteren Absplitterungen des SDS zum Sozialdemokratischen Hochschulbund (SHB) zusammengeschlossen hatten (Schröder, Ulrich (1974), S. 9; Fichter, Tilman/Lönnendonker, Siegward (1979), S. 66 f.).

Am 13. Mai 1961 waren die Bemühungen des RCDS-Bundesvorstandes um eine Institutionalisierung der Kontakte zu seinen europäischen Partnerverbänden endlich vom Erfolg gekrönt. Die „Freie Österreichische Studentenschaft (FÖST)", die „Konservativer Studenter (KS)" aus Dänemark, „Den Konservative Studentenforening (DKSF)" aus Norwegen, der „Serviges Konservativa Studentenförbund (SKSF)" aus Schweden und der RCDS gründeten die „Internationale Union Christlich-Demokratischer und Konservativer Studentenverbände (ICCS)". Der Auslandsreferent des RCDS, Hans Uwe Erichsen, wurde zu ihrem ersten Generalsekretär gewählt. Damit hatte sich der RCDS neun Jahre nach der Neuformation christlich-demokratischer Jugendorganisationen in der Internationalen Union Junger Christdemokraten (IUJCD) eine feste Basis für ein studentisches Engagement auf europäischer Ebene geschaffen[347]).
Die erste und einzige Großveranstaltung des RCDS-Bundesverbandes mit Bundeskanzler Adenauer am 06. Juni 1961 an der Universität Würzburg mit dem Thema „Auch morgen in Freiheit leben", an der Abordnungen aller RCDS-Hochschulgruppen teilnahmen, war der Höhepunkt der staatspolitischen Bildungsarbeit des RCDS dieses Semesters[348]).
Den besonderen Anstrengungen des Bundesvorstandes im vergangenen Amtsjahr entsprechend stand die elfte ordentliche Bundesdelegiertenversammlung des RCDS vom 31. Juli bis 03. August 1961 in Goslar unter dem Thema „Hochschule und Entwicklungsländer". Bundesminister Professor Bahlke hielt den Festvortrag, in dem er forderte, daß die Entwicklungshilfe auf eine wissenschaftliche Grundlage gestellt werden müsse. Denn die Industrialisierung der in Entwicklung befindlichen Länder könne nicht alleiniges Ziel einer Hilfe sein. Die Wissenschaft werde erst noch den Weg ebnen müssen, wie die Entwicklungshilfe überhaupt geleistet werden solle, die in wirtschaftlicher, geistiger und soziologischer Beziehung zweifellos notwendig sei und sich nicht nur in karitativen Bestrebungen erschöpfen dürfe[349]).
Die Delegiertenversammlung forderte die Studentenschaft und die Öffentlichkeit auf, ein verständnisvolleres Verhalten gegenüber den Studenten aus Entwicklungsländern zu zeigen. Mit einem ersten Stipendium für einen senegalesischen Kommilitonen, das aus Anlaß dieser elften Bundesdelegiertenversammlung gestiftet worden war, und der stärkeren Berücksichtigung dieses Themas in der eigenen Bildungs- und Öffentlichkeitsarbeit ging der RCDS mit gutem Beispiel voran[350]).

---

347) Bericht des RCDS-Bundesauslandsreferates zur 11. Bundesdelegiertenversammlung, S. 2 (ACDP IV-006-004/2); FÖST-Korrespondenz 7 vom 23.05.1961; RCDS-Bulletin 19/61/2 vom 23. 05.1961 (ACDP IV-006-044/4); Grotz, Claus-Peter (1983), S. 132. Die ICCS-Satzung wurde vom RCDS-Bundesvorstand am 27./28.05.1961 ratifiziert (Protokoll dieser Bundesvorstandssitzung (ACDP IV-006-012/1), S. 2).

348) RCDS-Bulletins 19/61/2 vom 23.05.1961 und 20/61/2 vom 07. 06.1961, S. 2; Manuskript der Ansprache von Ibielski auf der 30-Jahr-Feier des RCDS am 03.07.1981 in Düsseldorf, S. 3. Veranstaltungen lokaler RCDS-Gruppen mit Bundeskanzler Adenauer hatte es auch vorher schon gegeben, z. B. im WS 1959/60 in Köln (CIVIS 64/ April 1960, S. 196).

349) Bericht über die RCDS-Jahrestagung in Goslar, S. 1 (ACDP IV-006-004/2); Kirsch, Wolfgang (1971), S. 34; Kluge, Hans-Georg/Pflüger, Friedbert (1976), S. 15.

350) Bericht über die RCDS-Jahrestagung in Goslar, S. 2 (ACDP IV-006-004/2); Eröffnungsreferat des RCDS-Bundesvorsitzenden 1961, S. 2; Kirsch, Wolfgang (1971), S. 34; Kluge, Hans-Georg/Pflüger, Friedbert (1976), S. 15; CIVIS 81/September 1961, S.

Der Rechenschaftsbericht des Bundesvorstandes, das Grundsatzreferat des Bundesvorsitzenden und die Ergebnisse der Arbeitskreisdiskussionen zeigten, daß der RCDS trotzdem seine sonstigen Arbeitsfelder nicht vernachlässigt hatte. Ein Weißbuch bekräftigte noch einmal die Gründe, weswegen der RCDS Kontakte zu offiziellen Staatsjugend- bzw. -studentenverbänden des Ostblocks ablehnte. Vor dem Hintergrund des erneuten sowjetischen Drucks auf eine Regelung der Deutschen Frage und des Berlin-Problems in Moskauer Sinne beschloß die Delegiertenversammlung als Zeichen praktischer Solidarität einstimmig die Verlegung des Bundesverbandssitzes von Bonn nach Berlin. Die Beschlußlage des Verbandes zu den Ostkontakten wurde bestätigt[351]). Daneben forderte die Delegiertenversammlung den Ausbau der Studienförderung nach dem Honnefer Modell und konnte zur Kenntnis nehmen, daß der Beschluß der zehnten Bundesdelegiertenversammlung zur Verstärkung der eigenen Mitarbeit in den Gremien der Studentenschaften vom Verband ernst genommen worden war. Dies hatte auch zu einer Verbesserung des Verhältnisses zum VDS geführt, während die Kontakte zu den anderen Studentenverbänden locker geblieben waren[352]).
Obwohl man mit der Aufnahme neun neuer Hochschulgruppen[353]) und weiter steigenden Mitgliederzahlen als Bundesverband einen neuen Höchststand von 52 Hochschulgruppen mit insgesamt ungefähr 2.500 Mitgliedern erreicht hatte, konnten mangels organisatorischer Kapazitäten des Bundesverbandes weder die als dringlich angesehenen Grundsatzarbeiten an einem Memorandum zur politischen Bildungsarbeit durchgeführt, noch ein Referat zur Bearbeitung der speziellen Probleme der Pädagogischen Hochschulen eingerichtet werden[354]).

---

122 f.; RCDS-Bulletin 22/61/2 vom 09.08. 1961; RCDS-Brief Nr. 2 vom Juni 1961. S. 6. Zur Öffentlichkeitsarbeit siehe z. B. CIVIS 74/Februar 1961, S. 185 ff., 81/September 1961, S. 126 ff., und 84/Dezember 1961, S. 182 ff., und Argus November 1961, S. I ff.. Siehe auch die Ziffer 18 der Empfehlungen des Kulturpolitischen Kongresses der CDU/CSU 1960 in Gelsenkirchen, die in die gleiche Richtung zielte (Bundesgeschäftsstelle der Christlich-Demokratischen Union Deutschlands (1964), S. 80 ff.).

351) Bericht über die RCDS-Jahrestagung in Goslar, S. 2 (ACDP IV-006-004/2); CIVIS 81/September 1961, S. 123 f.; RCDS-Bulletin 22/61/2 vom 09.08.1961; Jahresbericht des RCDS-Bundesvorstandes 1960/61, S. 3; Grundsatzreferat des RCDS- Bundesvorsitzenden vor der 11. Bundesdelegiertenversammlung, S. 11; Morsey, Rudolf (1987), S. 59.

352) CIVIS 81/September 1961, S. 123; RCDS-Bulletin 22/61/2 vom 09.08.1961; Bericht über die RCDS-Jahrestagung in Goslar. S. 3 f. (ACDP IV-006-004/2); Jahresbericht des RCDS-Bundesvorstandes 1960/61, S. 4; Grundsatzreferat des RCDS- Bundesvorsitzenden vor der 11. Bundesdelegiertenversammlung, S. 7.

353) Die neuen bzw. wiedergegründeten Gruppen waren PH-Ahlfeld, TH-Darmstadt, DI-Germersheim, Gießen (nach Schreiben des RCDS-Gießen vom 23.07.1961 (ACDP IV-006-020/2) am 07.07. 1961 gegründet), PH-Kiel, PH-Köln, PH-München-Pasing und PH Oldenburg (RCDS-Bulletin 21/61/2 vom 14.07.1961; Artikel in der Goslarschen Zeitung vom 31.07.1961; Jahresbericht des RCDS-Bundesvorstandes 1960/61, S. 1). Außerdem wurde auf der 11. Bundesdelegiertenversammlung auch noch die Gruppe HfPW-München aufgenommen, was wegen des nicht vorliegenden Protokolls der 11. Bundesdelegiertenversammlung nur aus späteren Quellen (Protokoll der 12. Bundesdelegiertenversammlung des RCDS vom 19.-22.11.1962 in Berlin, S. 5; Dokumentation der RCDS-Gruppen Uni- und HfPW- München von 1963, S. 16) zu schließen ist.

354) Jahresbericht des RCDS-Bundesvorstandes 1960/61, S. 1 f.; Bericht über die RCDS-Jahrestagung in Goslar, S. 4 (ACDP IV-006-004/2); Grundsatzreferat des RCDS-Bun-

Mit einem Grundsatzreferat von Professor Süsterhenn auf einem Arbeitskreis „Christliche Politik" wurde auf der Delegiertenversammlung versucht, den Verband wieder mehr zur Beschäftigung mit seinen Grundsätzen anzuregen[355]).
Auch wenn es im Vorfeld der Bundesdelegiertenversammlung zu internen Streitigkeiten gekommen war, gelang es dem alten Bundesvorstand offensichtlich, diese Auseinandersetzungen nicht nur anzusprechen, sondern auch auszudiskutieren[356]). Der bisherige Stellvertreter Ratmann wurde daher zum neuen RCDS-Bundesvorsitzenden gewählt. Zu seinen stellvertretenden Vorsitzenden bestimmten die Delegierten Hans-Jürgen Vogt aus Karlsruhe und Wolfgang Kaps aus Mainz[357]).
Der amerikanische Präsident Kennedy hatte am 25. Juli 1961 die lebenswichtigen Interessen des Westens. die die USA unter allen Umständen verteidigen wollten, bezüglich Berlins auf die drei Kernpunkte der Anwesenheit der Westmächte in West-Berlin, den freien Zugang dahin und der Sicherheit und Freiheit der West-Berliner reduziert. Angesichts dieser defensiven Haltung begann die SED-Führung mit Rückendeckung durch die Sowjetunion in der Nacht zum 13. August 1961, die West-Sektoren Berlins durch den Bau einer Mauer abzuriegeln, um auf diese Weise die sich seit Chruschtschows Berlin-Ultimatum permanent verstärkende Massenflucht von Menschen aus der DDR in den Westen zu unterbinden. Die Westmächte unternahmen nichts, da ihre gerade erst bekräftigte Position in West-Berlin nicht beeinträchtigt wurde.
Diese unentschlossene Haltung der Amerikaner veranlaßte den RCDS-Bundesvorstand, dem amerikanischen Präsidenten Kennedy in Anlehnung an die Kleidung der Appeasement-Politiker beim Münchener Abkommen 1938 einen Regenschirm zu schicken. Irgendeine Änderung brachte die Aktion natürlich nicht[358]).
Der Bau der Mauer in Berlin dokumentierte das Scheitern der bisherigen deutschlandpolitischen Konzeption der Bundesregierung, die auf den Mauerbau nach Morsey lediglich „mit hilflosem Abwarten auf Gegenmaßnahmen der Westmächte" reagierte. Auch aus diesem Grund verloren die Unionsparteien bei der Bundestagswahl am 17. September 1961 erheblich an Stimmen[359]).
Der neue Bundesvorstand ging direkt nach der Bundesdelegiertenversammlung zunächst durch die Einrichtung eines speziellen Bundesreferates und die Organisation spezieller Seminare auf die Arbeit und die Probleme der Pädagogischen Hochschulen ein. In Anbetracht der Entwicklung in Berlin wurde dann

---

desvorsitzenden vor der 11. Bundesdelegiertenversammlung, S. 3; RCDS- Brief Nr. 2 vom Juni 1961, S. 2.

[355]) Bericht über die RCDS-Jahrestagung in Goslar, S. 3 (ACDP IV-006-004/2); siehe auch Grundsatzreferat des RCDS-Bundesvorsitzenden vor der 11. Bundesdelegiertenversammlung, S. 2; RCDS-Brief Nr. 2 vom Juni 1961, S. 4.

[356]) Jahresbericht des RCDS-Bundesvorstandes 1960/61, S. 1 ff.; Brief des RCDS-Landesverbandes (LV)-Baden-Württemberg vom 20.07.1961 (ACDP IV-006-016/2); Protokolle der RCDS-Bundesausschußsitzungen vom 29.04.1961, S. 3 ff., und 01.07. 1961, S. 2 ff. (ACDP IV-006-011/3); RCDS-Eilinformation Nr. 11 vom 26.06.1961 (ACDP IV-006-044/4); RCDS-Brief Nr. 2 vom Juni 1961, S. 2 und 10.

[357]) Bericht über die RCDS-Jahrestagung in Goslar, S. 4 (ACDP IV-006-004/2); Kirsch, Wolfgang (1971), S. 35; RCDS-Bulletin 22/61/2 vom 05.08.1961.

[358]) Kistler, Helmut (1985), S. 183 ff.; Morsey, Rudolf (1987), S. 59 f.. CIVIS 81/September 1961, S. 131 f.; siehe auch RCDS-Korrespondenz vom 13.08.1961.

[359]) Kistler, Helmut (1985), S. 185 f. und 216; Morsey, Rudolf (1987), S. 60 ff..

aber die Vorsitzendenkonferenz des RCDS im November in West-Berlin durchgeführt und auch die ursprünglich nach Kopenhagen einberufene vierte Konferenz der ICCS dahin verlegt[360]).
Unerfreulicher Schluß des Jahres bildete auf der Ebene des Bundesverbandes der Rücktritt des stellvertretenden RCDS-Bundesvorsitzenden Kaps aus persönlichen Gründen im November 1961. Der Bundessatzung entsprechend wählte der RCDS-Bundesausschuß auf seiner Sitzung am 18. und 19. November mit absoluter Mehrheit Heinz Schwörer aus Tübingen zu seinem Nachfolger[361]).

2. 1962–1971

a) 1962: Organisations- und Kontinuitätsprobleme

Auch im neuen Jahr setzten sich die Schwierigkeiten des Bundesvorstandes bei der Besetzung seiner einzelnen Ämter fort.
So hatte er mehrere Bundesreferate neu zu besetzen und schon wieder einen neuen Bundesgeschäftsführer zu suchen[362]). Der Hochschulreferent mußte anhand des Echos aus den Gruppen feststellen, daß an der Behandlung hochschulpolitischer Fragen durch den Gesamtverband offensichtlich kein Interesse bestand[363]).
Die Verbandszeitschrift CIVIS vollzog nach ausführlicher Diskussion über die weitere Redaktionsbesetzung im Mai 1962 endgültig die Wandlung zum monatlich erscheinenden „Magazin für Kultur und Politik“. Dies stieß allgemein auf ein positives Echo[364]). Trotz des innerverbandlichen Desinteresses scheute sich die Redaktion nicht, immer wieder die kommenden Kapazitätsprobleme der Hochschulen und die Notwendigkeit der Fortführung der Hochschulreformdiskussion anzusprechen, zumal die Arbeit des Bundeskulturausschusses der CDU fast wieder zum Erliegen gekommen war, und auch eine stärkere Rückbesinnung der CDU auf ihre inhaltlichen Grundpositionen zu fordern[365]).

---

360) Protokoll der RCDS-Bundesausschußsitzung am 18./19.11. 1961, S. 2 (ACDP IV-006-011/3); RCDS-Bulletin 22/61/2 vom 09.08.1961; CIVIS 85/Januar 1962, S. 218.

361) Protokolle der RCDS-Bundesvorstandssitzung am 18.11.1961, S. 2, und der RCDS-Bundesausschußsitzung am 18./19.11. 1961, S. 2 und 6 (ACDP IV-006-011/3); RCDS-Brief Nr. 5 vom Dezember 1961 (ACDP IV-006-041/2). Die Listen in Kluge, Hans-Georg/Pflüger, Friedbert (1976), S. 19, und RCDS-Bundesvorstand (1981), S. 56, sind unvollständig.

362) Protokoll der RCDS-Bundesausschußsitzung am 27./28.01. 1962, S. 2. (ACDP IV-006-011/3). Neuer RCDS-Bundesgeschäftsführer wurde Jürgen von der Heyde (Protokoll der RCDS-Bundesvorstandssitzung am 07./08.04.1962 (ACDP IV-006-012/2), S. 2).

363) Protokoll der RCDS-Bundesausschußsitzung am 27./28.01. 1962, S. 4 (ACDP IV-006-011/3).

364) CIVIS 5/Mai 1962, S. 3; Aktennotiz von Eduard Schlipf vom 07.02.1962, Protokoll der Landesversammlung des RCDS-LV- Nordrhein-Westfalen am 17.02.1962, Brief an die Gruppendelegierten der Landesversammlung vom 18.02.1962 und Brief von Eduard Schlipf vom 27.02.1962 (alles ACDP IV-006-023/ 1); Protokoll der RCDS-Bundesvorstandssitzung am 07./08. 04.1962, S. 1, und Rücktrittsschreiben von Heinz Schwörer vom 20.07.1962, S. 2 (ACDP IV-006-012/2); Protokoll der 12. Bundesdelegiertenversammlung des RCDS vom 19.-24.11. 1962 in Berlin, S. 25.

365) CIVIS 5/Mai 1962, S. 5 f., 8/August 1962, S. 5 ff., 9-10/ September-Oktober 1962, S. 5 ff.,

Der Rücktritt des im November 1961 nachgewählten stellvertretenden RCDS-Bundesvorsitzenden Schwörer und zweier Bundesreferenten Ende Juli 1962 behinderten die Arbeit des Bundesvorstandes zusätzlich. Für die verbleibende Zeit bis zur nächsten Bundesdelegiertenversammlung wurde kein weiterer Stellvertreter nachgewählt[366]).
Als Resümee stellte der Bundesvorsitzende nach der Vorsitzendenkonferenz in einer Übersicht zur Bundesdelegiertenversammlung zwar eine erfreuliche Aktivitätsdichte auf allen Feldern der RCDS-Arbeit fest, bezeichnete aber die mangelnde Kontinuität der studentischen Gemeinschaft als Hauptproblem des gesamten Verbandes, das dringend einer Lösung bedürfe. Dazu gehöre eine organisatorische Straffung des Verbandes, ein weiterer intensiver Aufbau und Ausbau der Hochschulgruppen und eine engere und kontinuierliche Zusammenarbeit mit ehemaligen Verbandsmitgliedern, die in einem Seniorenverband des RCDS zusammengefaßt werden sollten. Die inhaltliche Arbeit sollte durch die Arbeit von Fachbeiräten intensiviert werden[367]).
Parallel zur Kuba-Krise verschärfte sich die Situation um Berlin durch Störungen auf den Zufahrtswegen im Herbst 1962 erneut.
Vor diesem Hintergrund sollte die zwölfte ordentliche Bundesdelegiertenversammlung des RCDS vom 19. bis 24. November 1962 in Berlin unter dem Thema „Hochschule und Widerstand" auf die besondere Situation der Hochschulangehörigen in Mitteldeutschland aufmerksam machen. Die Delegierten wurden auch in der Begrüßungsansprache des Bundesministers für gesamtdeutsche Fragen, Ernst Lemmer, an die Situation in der SBZ erinnert und beschäftigten sich in einem Arbeitskreis ein weiteres Mal mit den Positionen und Vorhaben des RCDS zu gesamtdeutschen Fragen. Mit einer Gedenkfeier in Plötzensee gedachten sie außerdem der Opfer des Widerstandes, bei der das ehemalige Mitglied der CDU-Hochschulgruppe an der Berliner Humboldt-Universität, Klein, die Ansprache hielt[368]). Dennoch bestimmten Organisationsdebatten den weiteren Verlauf der Versammlung wesentlich. Ein geplanter Arbeitskreis „Christliche Politik" wurde zugunsten eines Arbeitskreises „Struk-

---

11/November 1962, S. 5 ff., und 12/Dezember 1962, S. 7. Die CDU führte erst im November 1962 ihren 2. Kulturkongreß in Augsburg durch (Protokoll der RCDS Bundesausschußsitzung am 27./28.01. 1962, S. 4 (ACDP IV-006-011/3); CIVIS 12/Dezember 1962, S. 7).

366) Rücktrittsschreiben von Heinz Schwörer vom 20.07.1962 und Protokoll der RCDS-Bundesvorstandssitzung am 21.07.1962 (ACDP IV-006-012/2).

367) Aktenvermerk vom 11.10.1962 (ACDP IV-006-049/5); Überblick über Situation und Zielsetzung des RCDS vom 14.11.1962, S. 4 f. (ACDP IV-006-001/2).

368) Programm der 12. Bundesdelegiertenversammlung des RCDS vom 19.-24.11.1962 in Berlin (ACDP IV-006-005/1); Protokoll der 12. Bundesdelegiertenversammlung des RCDS vom 19.-24. 11.1962 in Berlin, S. 4 f. und 9; Argus Januar 1963, S. 6; Kirsch, Wolfgang (1971), S. 39; siehe Anm. 59 und 118.
Zur Situation um Berlin siehe Kistler, Helmut (1985), S. 186, und Morsey, Rudolf (1987), S. 63. Ernst Lemmer, 1898-1970, war Mitbegründer der CDU in Berlin und der sowjetischen Besatzungszone und nach der Absetzung von Hermes und Schreiber im Dezember 1945 neben Jakob Kaiser deren 2. Vorsitzender bis zu seiner Absetzung durch die Sowjets 1947, von 1956-1957 Bundespostminister, von 1957-1962 Bundesminister für gesamtdeutsche Fragen und von 1964-1965 Bundesminister für Vertriebene, Flüchtlinge und Kriegsgeschädigte (Gradl, Johann Baptist (1981), S. 198).

turfragen" gestrichen[369]). Durch eine Fülle von Organisationsbeschlüssen hofften die Delegierten, die Arbeit des Verbandes in der Zukunft wieder verbessern zu können, der nach der Aufnahme von sechs neuen bzw. wiedergegründeten Hochschulgruppen aus 52 aktiven Gruppen – davon über ein Drittel (22) an Pädagogischen Hochschulen – bestand[370]). Der Bundesvorstand, der in seinem Bericht über das abgelaufene Amtsjahr die Delegierten zu einer Besinnung auf die Ziele des RCDS aufgerufen und eine Verbesserung der Organisationsstruktur des Verbandes sowie klarere Stellungnahmen in der Kulturpolitik gefordert hatte, wurde bei zwei Enthaltungen einstimmig entlastet[371]).
Mit großer Mehrheit bestimmte man den bisherigen Stellvertreter Vogt zum neuen RCDS-Bundesvorsitzenden. Nach acht Wahlgängen standen mit Reinhold Stanitzek aus Marburg und Dieter Bolten aus Köln auch seine beiden Stellvertreter fest[372]).
Der neue Bundesvorstand beschloß auf seiner konstituierenden Sitzung im Dezember 1962 die Ernennung von sieben Bundesreferenten. Mit der Einsetzung eines Hochschularbeitskreises, eines Auslandsarbeitskreises und eines Arbeitskreises für Wehrfragen hoffte er, die politische Schlagkraft des Verbandes wieder zu erhöhen[373]).

b) 1963/1964: Neue Wege der Außenpolitik

Mit der Abwahl des am 30. Januar 1963 neu gewählten AStA-Vorsitzenden der Freien Universität Berlins, Eberhard Diepgen, durch eine Urabstimmung der Studentenschaft eine Woche später, die vom Ältestenrat wegen Diepgens Mitgliedschaft in der schlagenden Burschenschaft Saravia trotz formeller Fehler eingeleitet worden war, endete in Berlin die Zeit, in der der RCDS regelmäßig die AStA-Vorsitzenden stellte. Daß sich damit erstmals auch die politischen Auseinandersetzungen in der zweiten Hälfte der sechziger Jahre andeuteten, war zu diesem Zeitpunkt noch nicht zu erkennen[374]).
Am 26. und 27. Oktober 1962 waren der Herausgeber des Nachrichtenmagazins "Der Spiegel", Rudolf Augstein, und der Militärexperte des Blattes, Conrad Ahlers, wegen des Verdachts des Landesverrates verhaftet worden, nachdem das Magazin einen Artikel über das NATO-Manöver „Fallex „62" veröffentlicht

---

369) Programm der 12. Bundesdelegiertenversammlung des RCDS vom 19.-24.11.1962 in Berlin (ACDP IV-006-005/1); Protokoll der 12. Bundesdelegiertenversammlung des RCDS vom 19.-24. 11.1962 in Berlin, S. 9.

370) Protokoll der 12. Bundesdelegiertenversammlung des RCDS 19.-24.11.1962 in Berlin, S. 8 f., 11 und 22 ff.: Die neuen Gruppen waren KiHo-Berlin, PH-Bonn, WF-Erlangen-Nürnberg, PH-Freiburg, PH-Würzburg und PH-Wuppertal.

371) Protokoll der 12. Bundesdelegiertenversammlung des RCDS vom 19.-24.11.1962 in Berlin, S. 11 und 19.

372) Protokoll der 12. Bundesdelegiertenversammlung des RCDS vom 19.-24.11.1962 in Berlin, S. 20 f.; Argus Januar 1963, S. 6; Kirsch, Wolfgang (1971), S. 35.

373) Aktenvermerk über die RCDS-Bundesvorstandssitzung vom 08.- 10.12.1962 (ACDP IV-006-056/1); siehe auch Faltblatt von 1962 (ACDP IV-006-001/2).

374) Brief von Wilfried Göpel vom 14.09.1986; CIVIS 3/März 1963, S. 14 f.; Fichter, Tilman/ Lönnendonker, Siegward (1979), S. 81 f.; Schlicht, Uwe (1980), S. 56: Der Älteste der Juristischen Fakultät, Peter Mudra (RCDS), war zur Sitzung des Ältestenrates, der eine Urabstimmung nur einstimmig beschließen konnte, nicht rechtzeitig („fristgemäß") eingeladen worden, was Fichter/Lönnendonker (a. a. O.) und Schlicht (a. a. O.) nicht erwähnen.

hatte. Im Verlauf der Untersuchungen, die den Verdacht nicht erhärten konnten, waren schwere Vorwürfe gegen den damaligen Bundesverteidigungsminister Franz-Josef Strauß erhoben wurden, Dies hatte zur Neubildung des Bundeskabinetts geführt, dem Strauß nicht mehr angehörte[375]).
Als der bayerische RCDS-Landesvorsitzende Alfons Sponsel Ende Februar 1963 die neueste Ausgabe der Landesverbandszeitung „Argus" wegen zweier kritischer Artikel zur Spiegel-Affäre und dem CSU-internen Streit um den Bundestagsabgeordneten Freiherrn zu Guttenberg im Druck stoppte und der empörte Argus-Redakteur und Sprecher der Münchener RCDS-Hochschulgruppen, Johann Peter Fischer, daraufhin auf einer Pressekonferenz die Ablösung der CSU-Spitze forderte, begann eine Zerreißprobe für den ganzen RCDS. Nachdem eine direkte Einigung zwischen den streitenden Parteien keinen Bestand hatte, wurde die Argus-Redaktion neu besetzt und die RCDS-Gruppe an der Münchener Hochschule für Politik und Wirtschaft (HfPW) als eine der Opponennten auf der RCDS-Landesdelegiertenversammlung Mitte Juni 1963 aus dem Landesverband ausgeschlossen. Begründet wurde der Ausschluß mit der angeblich mangelnden Hochschuleigenschaft der HfPW[376]), obwohl diese nach mehrjähriger Auseinandersetzung mit der Aufnahme dieser Gruppe durch die Bundesdelegiertenversammlung 1961 ausdrücklich anerkannt worden war[377]).
Der Bundesvorstand versuchte den Streit zu schlichten. Von Bundesvorstand und Bundesschiedsgericht des RCDS wurde ein Kompromiß ausgehandelt, der als Kernpunkt eine Fusion der HfPW-Gruppe mit der RCDS-Gruppe an der Münchener Universität vorsah[378]).
Dennoch beherrschte dieser Streit die Debatten der 13. ordentlichen Bundesdelegiertenversammlung des RCDS, die vom 30. Juli bis 04. August 1963 in Kehl stattfand. Die Mehrheit der Delegierten weigerte sich, den Kompromiß anzuerkennen, und bestätigte die Mitgliedschaft und die Stimmberechtigung der HfPW-Gruppe im Bundesverband. Darauf verließen die meisten bayerischen Delegierten unter Protest die Versammlung[379]). Unter ihnen setzten sich allerdings die Mitglieder durch, die einen endgültigen Bruch mit dem Bundesverband vermeiden wollten, so daß die bayerischen Gruppen nach drei Tagen wieder geschlossen an den Beratungen teilnahmen[380]).

---

[375]) Kistler, Helmut (1985), S. 219; Morsey, Rudolf (1987), S. 71 f..

[376]) Dokumentation der RCDS-Gruppen Uni- und HfPW-München von 1963; Argus Mai 1963, S. 4, und Juni 1963, S. 8; CIVIS 4- 5/April-Mai 1963, S. 12 f.; Protokoll der RCDS-Bundesausschußsitzung am 17.04.1963, S. 3 f. (RCDS-A 385).
Die vier aktiven Münchener RCDS-Gruppen hatten sich zur besseren Koordination im Februar 1963 zusammengeschlossen und einen gemeinsamen Sprecher gewählt (Protokoll des Gesprächs der vier Münchener RCDS-Gruppen vom 23.02.1963 (ACDP IV-006-017/2), S. 1 ff.).

[377]) Protokoll der 9. Bundesdelegiertenversammlung des RCDS vom 05.-07.08.1959, S. 13 und 37; Protokoll der 10. Bundesdelegiertenversammlung des RCDS vom 03.-06.08.1960, S. 8; siehe Anm. 353.

[378]) CIVIS 8/August 1963, S. 4; Brief des RCDS-Regensburg vom 01.07.1963 (Posteingang) an den RCDS-Bundesvorstand (ACDP IV-006-017/2); Protokoll der RCDS-Bundesvorstandssitzung am 18.06.1963, S. 1 (RCDS-A 385).

[379]) Protokoll der 13. Bundesdelegiertenversammlung des RCDS vom 30.07.-04.08.1963 in Kehl, S. 7 ff. und 26 ff.; CIVIS 9-10/September-Oktober 1963, S. 16; Kirsch, Wolfgang (1971), S. 35; siehe auch Argus Juli 1963, S. 3.

[380]) Protokoll der 13. Bundesdelegiertenversammlung des RCDS vom 30.07.-04.08.1963 in Kehl, S. 50 f.; CIVIS 9-10/September-Oktober 1963, S. 16.

Das eigentliche Thema der Bundesdelegiertenversammlung, „Student in Europa", wurde durch diese Auseinandersetzungen fast völlig überlagert. Nachdem vor dem Hintergrund des Abschlusses des deutsch-französischen Vertrages am 22. Januar 1963 zur Europapolitik schon im Verbandsorgan CIVIS Stellung genommen worden war, referierten während der Versammlung Bundesminister Bruno Heck über das Thema „Hat Europa eine Zukunft" und Freiherr zu Guttenberg zum Thema „Europa – Partner in Freiheit". Neben anderem diskutierten die Delegierten in Arbeitskreisen Fragen einer europaorientierten Bildungspolitik und über die Konzeption einer neuen Außenpolitik[381]).
Die Diskussion über eine neue Bundessatzung und eine Bundesschiedsordnung verschob man auf die nächste Bundesdelegiertenversammlung[382]). Im Nachklang der Arbeitskreisdebatten wurde die Aufforderung an die Bevölkerung im freien Teil Deutschlands beschlossen, den privaten Kontakt zur Bevölkerung Mitteldeutschlands zu verstärken, damit die geistige Verbundenheit aller Deutschen als Grundvoraussetzung zu einer Wiedervereinigung aufrechterhalten bleibe. Kontakte zur FDJ und anderen Studentenverbänden des Ostblocks wurden weiter abgelehnt, dagegen aber verstärkte Bemühungen um eine Verständigung mit den Völkern Osteuropas bejaht. Wegen der Kürze der noch verbleibenden Zeit konnte über die vom Hochschularbeitskreis während des vergangenen halben Jahres erarbeitete Studie „Gedanken zur Hochschulreform" nicht abschließend beraten werden, zumal man sich auch noch mit Problemen der Pädagogischen Hochschulen zu beschäftigen hatte. Mit großer Mehrheit beschloß die Bundesdelegiertenversammlung aber noch die Einrichtung eines Bundearbeitskreises „Politische Theorie in der zweiten Phase der CDU/CSU", der Vorschläge zur Parteireform der CDU/CSU ausarbeiten sollte[383]).
Mit der RCDS-Gruppe an der PH Koblenz wurde diese Mal nur eine Gruppe neu in den Bundesverband aufgenommen[384]). Nach der Entlastung des alten Bundesvorstandes wählten die Delegierten anstelle des nicht mehr kandidierenden Vogt Kurt Struppek aus Berlin gegen Eduard Schlipf zum neuen RCDS-Bundesvorsitzenden. Zu seinen Stellvertretern bestimmte man Gernot Kostorz aus Göttingen und Hermann-Josef Rüttgers aus Bonn gegen Schlipf[385]).

---

[381]) Protokoll der 13. Bundesdelegiertenversammlung des RCDS vom 30.07.-04.08.1963 in Kehl, S. 6, 19 f. und 37; CIVIS 3/März 1963, S. 7 ff., und 9-10/September-Oktober 1963, S. 16; Kirsch, Wolfgang (1971), S. 35 f.; Kistler, Helmut (1985), S. 199 ff.; Morsey, Rudolf (1987), S. 64 f..
Bruno Heck, Jahrgang 1917, war von 1952-1958 CDU-Bundesgeschäftsführer, von 1962-1968 Bundesminister für Familie und Jugend sowie von 1967-1971 Generalsekretär der CDU und ist seit 1968 Vorsitzender der Konrad-Adenauer-Stiftung (Heck, Bruno (1980), S. 179).

[382]) Protokoll der 13. Bundesdelegiertenversammlung des RCDS vom 30.07.-04.08.1963 in Kehl, S. 16 und 38 ff.; CIVIS 9- 10/September-Oktober 1963, S. 16 f.; Kirsch, Wolfgang (1971), S. 36.

[383]) Protokoll der 13. Bundesdelegiertenversammlung des RCDS vom 30.07.-04.08.1963 in Kehl, S. 46 ff..

[384]) Protokoll der 13. Bundesdelegiertenversammlung des RCDS vom 30.07.-04.08.1963 in Kehl, S. 19.

[385]) Protokoll der 13. Bundesdelegiertenversammlung des RCDS 30.07.-04.08.1963 in Kehl, S. 59 f.; Kirsch, Wolfgang (1971), S. 36.

Auf der Vorsitzendenkonferenz des RCDS im November 1963 in Berlin legte der neue Bundesvorstand sein Arbeitsprogramm für das Wintersemester 1963/64 vor. Dieses sah als Hauptpunkte die endgültige Beilegung der innerverbandlichen Streitigkeiten und die Diskussion der Satzung und der damit verbundenen Strukturfragen bis zur nächsten Bundesdelegiertenversammlung vor Außerdem sollte neben der Arbeit der Arbeitskreise die Diskussion der Studie „Gedanken zur Hochschulreform" erfolgen[386]). Dazu sollte auch noch die Debatte um das politische Mandat der Studentenschaft als „Dauerbrenner" auch der vergangenen Monate kommen[387]).
Mit der Einstellung des ersten hauptamtlichen nichtstudentischen Bundesgeschäftsführers und dem Bezug neuer Räume für die Bundesgeschäftsstelle lösten sich zum Jahresende die drängendsten organisatorischen Schwierigkeiten auf der Ebene des Bundesverbandes[388]).
Unter der Leitung von Frieder Schäuble tagte der Bundesarbeitskreis „Politische Theorie in der zweiten Phase der CDU/CSU" Ende Februar 1964 mit bewußt kleiner Teilnehmerzahl zum ersten Mal. Eine weitere Tagung sollte noch im Dezember 1964 stattfinden[389]). Neben dem Hochschularbeitskreis nahmen jetzt auch die Arbeitskreise Wehrfragen und Außenpolitik ihre Arbeit auf, wobei letzterer auch einen wesentlichen Teil der inhaltlichen Arbeit der kommenden Bundesdelegiertenversammlung vorbereiten sollte[390]).
Die verstärkte Hinwendung der Bundesverbandsarbeit zu außenpolitischen Fragestellungen entsprach der politischen Entwicklung des Gesamtverbandes. Immerhin hatten der bayerische RCDS-Landesverband mit der Organisation eines Seminares zur Südtirol-Problematik im Juni 1963 in Zusammenarbeit mit der Südtiroler Volkspartei und der Democracia Christiana sowie eines Semina-

---

[386]) Rechenschaftsbericht des Bundesvorstandes für das WS 1963/ 64, S. 1 f., und Protokoll der RCDS-Bundesvorstandssitzung am 03.12.1963, S. 2 (beides ACDP IV-006-012/2). Ab der November/Dezember-Ausgabe 1963 wollte sich der Argus den Untertitel „Organ des RCDS" wegen der angeblichen Linksdrift des CIVIS zulegen, was allerdings gestoppt wurde (Briefwechsel Struppek/Denso vom 14.12.1963 und 09.01.1964 (ACDP IV-006-012/2); Argus November/Dezember 1963, S. 1 und 4, und Januar/Februar 1964, S. 1).

[387]) Protokoll der 13. Bundesdelegiertenversammlung des RCDS vom 30.07.-04.08.1963 in Kehl, S. 14 f.; CIVIS 3/März 1963, S. 11 f.; Rechenschaftsbericht des RCDS-Bundesvorstandes für das WS 1963/64, S. 3 und 10 f. (ACDP IV-006- 012/2); Freundes- und Fördererkreis des RCDS-Frankfurt am Main (1982), S. 42; siehe auch SDS-Informationen Nr. 3 vom 02.07.1963, S. 4 (ACDP IV-006-066/2).

[388]) Rechenschaftsbericht des RCDS-Bundesvorstandes für das WS 1963/64, S. 8 (ACDP IV-006-012/2); Schreiben des RCDS-Bundesvorstandes an Dr. Kraske vom 27.09.1963 (ACDP IV-006-012/2): Ab dem 01.10.1963 wurde Adalbert Salm neuer RCDS- Bundesgeschäftsführer.

[389]) Schreiben von Frieder Schäuble vom 06.01.-19.11.1964 (alle ACDP IV-006-047/1): Teilnehmer des Arbeitskreises waren 1964 Günther Baudisch (Tübingen), Albert Baumhauer (Berlin), Gerhard Hoppe (Gunzenhausen), Erich Immesberger (Hamburg), Johannes Kramp (Bad Godesberg), Kurt Löblein (Würzburg), Peter Radunski (Berlin), Ulrich Reeps (Düsseldorf), Werner Riek (Bonn), Frieder Schäuble (Freiburg), Hans-Günther Schmalenberg (Münster), Leo Schütze (Bonn), Johann Friedrich Staats (Berlin), Max Stich (Kiel), Kurt Struppek (Bonn), Horst Teltschik (Berlin) und Wolfgang Weltin (Freiburg).

[390]) Rechenschaftsbericht des RCDS-Bundesvorstandes für das WS 1963/64, S. 3 f. (ACDP IV-006-012/2).

res zum deutsch-israelischen Verhältnis Anfang Januar 1964 und Landesverband Baden-Württemberg des RCDS mit der Kontaktaufnahme zu französischen und spanischen Studentenverbänden schon eigene Anstrengungen in dieser Richtung unternommen[391]). Darüberhinaus hatte eine RCDS-Delegation vom August bis zum Oktober 1963 eine zweite Kontaktreise in fünf arabische Länder durchgeführt[392]).
Die 14. ordentliche Bundesdelegiertenversammlung des RCDS vom 01. bis 05. März 1964 in Königstein/Taunus fand in Folge dieser Schwerpunktsetzung zu dem Thema „Neue Wege in der Außenpolitik" statt. Der Bundestagsabgeordnete Martin referierte zu diesem Thema und der Vorsitzende der CDU Hessen, Wilhelm Fay, sprach zu den Delegierten über „Die Vereinigten Staaten von Amerika als Bündnispartner"[393]). Die Vorlage des Bundesarbeitskreises Außenpolitik mit dem Titel „Außenpolitik in einer sich wandelnden Welt", deren Veröffentlichung kurz vor der Versammlung als unzulässige Beeinflussung der Beratungen kritisiert worden war, wurde im Arbeitskreis Außenpolitik der Bundesdelegiertenversammlung kontrovers diskutiert[394]). Als Ergebnis dieser Beratungen beschloß die Versammlung die Forderung eines direkt gewählten europäischen Parlamentes und befürwortete menschliche und kulturelle Kontakte zu den Staaten und Völkern Osteuropas und der SBZ, die das Ziel der Wiedervereinigung Deutschlands aber nicht gefährden dürften[395]). Erstmals wurde nach heftiger Debatte ein Antrag angenommen, der die Förderung von Begegnungen mit Studenten der Ostblockländer und den Studentenaustausch zwischen der Bundesrepublik Deutschland und den osteuropäischen Ländern begrüßte. Allerdings sollten diese Kontakte unter Wahrung der eigenen Rechtspositionen aufgenommen werden. Die FDJ blieb deshalb von diesen Bemühungen ausgeschlossen. Kritikern, die eine Durchlöcherung der Hallstein-Doktrin befürchteten, hielt man entgegen, daß diese Kontaktaufnahmen die Hallstein-Doktrin mit ihrem Ziel der internationalen Isolierung der SBZ erfüllen würden. Denn verstärkte Beziehungen von Ländern des Ostblocks zur Bundesrepublik Deutschland bedeuteten schwächere Beziehungen dieser Länder zur SBZ[396]).
Eine einhellige außenpolitische Linie vertrat der RCDS nach dieser ersten „außenpolitischen" Bundesdelegiertenversammlung allerdings noch nicht, was der Bundesvorsitzende in seinem Rechenschaftsbericht vorausgesagt hatte.

---

391) RCDS in Bayern (1978), S. 21 f.; Argus Januar/Februar 1964, S. 4; RCDS-Berichte aus Baden-Württemberg Nr. 2 vom 18.01.1964, S. 4 (ACDP IV-006-016/3). Siehe auch CIVIS 9-10/September-Oktober 1963, S. 9 ff., und 12/Dezember 1963, S. 14 ff., und Argus November/Dezember 1963, S. 5 f., und Mai/Juni 1964, S. 6.

392) Schreiben der RCDS-Bundesgeschäftsstelle an das Institut für internationale Solidarität mit dem Reisebericht in der Anlage vom 04.03.1964 (ACDP IV-006-037/5). Eine erste Reise hatte schon im September und Oktober 1961 stattgefunden (Bericht über die Reise 1961 (ACDP IV-006-037/5), S. 1 ff.).

393) Protokoll der 14, Bundesdelegiertenversammlung des RCDS vom 01.-05.03.1964 in Königstein/Taunus, S. 4 und 14; Kirsch, Wolfgang (1971), S. 36 f..

394) Rechenschaftsbericht des RCDS-Bundesvorstandes für das WS 1963/64, S. 4 (ACDP IV-006-012/2); Kirsch, Wolfgang (1971), S. 36 f.; Argus Mai/Juni 1964, S. 9.

395) Protokoll der 14. Bundesdelegiertenversammlung des RCDS vom 01.-05.03.1964 in Königstein/Taunus, S. 23 ff.; Kirsch, Wolfgang (1971), S. 37.

396) Protokoll der 14. Bundesdelegiertenversammlung des RCDS vom 01.-05.03.1964 in Königstein/Taunus, S. 31 ff..

So mußte sich der Bundesvorstand zum Beispiel selber vorhalten lassen, daß seine Linie „proamerikanisch antinational" sei[397]).

Die studentische Sozialpolitik, die „Gedanken zur Hochschulreform" und die neue Bundesatzung waren weitere Themen der Beratungen des Plenums und der Arbeitskreise der Königsteiner Bundesdelegiertenversammlung. Mit dem Beschluß eines Antrages über die „Grundsätze der Ausbildungsförderung" machten sich die Delegierten einen Teil der „Gedanken" zu eigen. Die anderen Teile konnten wegen eines Streites um die Wissenschaftlichkeit der Pädagogischen Hochschulen ebensowenig wie der Satzungsentwurf nicht beschlossen werden[398]).

Vier Hochschulgruppen nahm man in den Bundesverband auf[399]). Nach der fast einmütigen Entlastung des Bundesvorstandes bestätigten die Delegierten Struppek mit großer Mehrheit in seinem Amt als RCDS-Bundesvorsitzenden. Zu seinen Stellvertretern wählten sie Hanns Ortmanns und Günther Schwarzmann[400]).

Die politisch links vom RCDS stehenden Verbände SDS, SHB, LSD und Bundesverband Deutsch-Israelischer Studiengruppen (BDIS) verpflichteten sich am 30. Mai 1964 in der „Höchster Vereinbarung" zur Zusammenarbeit, um in Zukunft die Vormachtstellung des RCDS und der Korporierten in den studentischen Gremien zu verhindern. Die darin zusammengeschlossenen Gruppen schafften es, bei den nächsten Studentenschaftswahlen an der Freien Universität Berlin dem RCDS eine vernichtende Niederlage zuzufügen.

Trotzdem intensivierten, durch die Beratungen dieser Bundesdelegiertenversammlung unterstützt, sowohl der Bundesverband des RCDS als auch seine Landesverbände die Auslandsarbeit erheblich. Man organisierte weitere Begegnungsreisen, wobei der Aufbau partnerschaftlicher Beziehungen zu den Studentengruppen der gaullistischen MRP-Jugend vor dem Hintergrund des deutsch-französischen Vertrages einen besonderen Schwerpunkt bildete[401]). Durch die Wahl des früheren RCDS-Bundesvorsitzenden Ibielski zum zweiten deutschen Generalsekretär von ICCS im August 1964 fand diese Arbeit insgesamt auch auf europäischer Ebene Anerkennung[402]).

---

397) Rechenschaftsbericht des RCDS-Bundesvorstandes für das WS 1963/64, S. 4 (ACDP IV-006-012/2); Argus Juli 1964, S. 3 f. und 6.

398) Protokoll der 14. Bundesdelegiertenversammlung des RCDS vom 01.-05.03.1964 in Königstein, S. 47 f. und 50 f.; Kirsch, Wolfgang (1971), S. 37 f.; Rechenschaftsbericht des RCDS-Bundesvorstandes 1964/65, S. 28 (ACDP IV-006- 006/2).

399) Die neuen Gruppen waren Ing. Sch.-Bingen, Dortmund, PH- Paderborn und Weingarten (Protokoll der 14. Bundesdelegiertenversammlung des RCDS vom 01.-05.03.1964 in Königstein/Taunus, S. 6).

400) Protokoll der 14. Bundesdelegiertenversammlung des RCDS vom 01.-05.03.1964 in Königstein/Taunus, S. 11 ff.; Kirsch, Wolfgang (1971), S. 38.

401) Rechenschaftsbericht des RCDS-Bundesvorstandes 1964/65, S. 11 ff. (ACDP IV-006-006/2); Argus Juli 1964, S. 1 f.; Protokolle der RCDS-Bundesauschußsitzungen am 27.05.1964, S. 2 f., und 06.11.1964, S. 2 f. (ACDP IV-006-011/4).
Zur Höchster Vereinbarung siehe Fichter, Tilman/Lönnendonker, Siegward (1979), S. 35 und 82, und Schröder, Ulrich (1974), S. 10, der diesem Zusammenschluß unverständlicherweise keine hochschulpolitische Bedeutung beimisst.

402) Rechenschaftsbericht des RCDS-Bundesvorstandes 1964/65, S. 10 (ACDP IV-006-0006/2). Die anderslautende Passage in RCDS-Bundesvorstand (1981), S. 22, ist falsch.

Dauerhafte Auswirkungen auf die Arbeit des RCDS-Bundesvorstandes hatte der Rücktritt des stellvertretenden Bundesvorsitzenden Schwarzmann Ende Juli 1964 nicht. Der RCDS-Bundesausschuß reagierte sofort und wählte Gert Hammer aus Berlin als Stellvertreter nach[403]).

Zum ersten Mal seit längerer Zeit konnte der RCDS in diesen Monaten wieder in größerem Maße Bewegung bei der Hochschulreformdiskussion feststellen. Nachdem der am 16. Oktober 1963 neugewählte Bundeskanzler Ludwig Erhard in seiner Regierungserklärung auf die Bedeutung von Bildung und Forschung für die weitere Entwicklung Deutschlands hingewiesen hatte, war von der CDU/CSU beschlossen worden, ihren dritten Kulturkongreß im November 1964 und zusätzlich den vom RCDS in die Diskussion gebrachten Hochschulkongreß noch vor den Bundestagswahlen 1965 in München durchzuführen. Außerdem begann auf der Basis des ersten Bund-Länder-Abkommens zur Förderung von Wissenschaft und Forschung vom Juni 1964 ein weiterer Ausbau der Hochschulen[404]).

Während des ganzen Jahres unternahm der Bundesvorstand daneben umfangreiche Anstrengungen, die Mitgliederwerbung zu intensivieren und die Schlagkraft des Verbandes auf allen Ebenen durch eine verbesserte Bildungsarbeit für die Mitglieder zu verstärken[405]).

c) 1965: Bildung als politische Aufgabe

Das Thema „Bildung als politische Aufgabe“ der 15. ordentlichen Bundesdelegiertenversammlung des RCDS, die vom 03. bis 07. März 1965 in Bremen durchgeführt wurde, machte auch außenstehenden Beobachtern deutlich, daß sich der RCDS in seiner inhaltlichen Arbeit einen neuen (alten) Schwerpunkt gesetzt hatte[406]).

Fünf neue Gruppen wurden in den RCDS-Bundesverband aufgenommen[407]) sowie Struppek und Hammer einstimmig und Hanno Ortmanns mit Mehrheit von ihren Ämtern entlastet[408]). Hammer konnte sich bei den Neuwahlen zum

---

[403]) Protokoll der RCDS-Bundesauschußsitzung am 25./26.07.1964, S. 2 f. (ACDP IV-006-011/4); Kirsch, Wolfgang (1971), S. 8. Die Listen in Kluge, Hans-Georg/Pflüger, Friedbert (1976), S. 19, und RCDS-Bundesvorstand (1981), S. 56, sind insoweit unvollständig.

[404]) Rechenschaftsbericht des RCDS-Bundesvorstandes 1964/65, S. 26 ff. (ACDP IV-006-006/2); Argus November 1964, S. 7; CIVIS 12/Dezember 1964, S. 14 f.; Kistler, Helmut (1985), S. 221 f.; Morsey, Rudolf (1987), S. 75 und 83 ff.. Der RCDS-Bundesvorsitzende Struppeck plädierte in der Plenardebatte für die Vorlage einer realistischen Hochschulreformkonzeption durch die Unionsparteien, da sich die Hochschulen dazu bisher nicht durchringen konnten (Bundesgeschäftsstelle der Christlich-Demokratischen-Union Deutschlands (1965), S. 208 f.).

[405]) Rechenschaftsbericht des RCDS-Bundesvorstandes 1964/65, S. 14 ff. (ACDP IV-006-006/2); siehe hierzu unter anderem auch noch Aktennotiz „Die Situation des RCDS Hessen“ vom 07.08.1964 (ACDP IV-006-020/1) und Freundes- und Fördererkreis des RCDS Frankfurt am Main (1982), S. 44.

[406]) RCDS-Brief Nr. 3/1965, S. 7 (ACDP IV-006-041/3); Protokoll der 15. Bundesdelegiertenversammlung des RCDS vom 03.-07. 03.1965 in Bremen (ACDP IV-006-006/2).

[407]) Die neuen Gruppen waren PH-Esslingen, PH-Lüneburg, PH- Neuß, Siegen und PH-Worms (Protokoll der 15. Bundesdelegiertenversammlung des RCDS vom 03.-07.03.1965 in Bremen (ACDP IV-006-006/2), S. 5).

[408]) Protokoll der 15. Bundesdelegiertenversammlung des RCDS vom 03.-07.03.1965 in Bremen, S. 10 (ACDP IV-006-006/2).

Bundesvorsitzenden mit großer Mehrheit gegen Schlipf durchsetzen. Zu stellvertretenden RCDS-Bundesvorsitzenden wählte man jeweils mit großer Mehrheit Wolfgang D. Weltin aus Freiburg gegen Klaus Kobel und Horst Teltschik aus Berlin gegen Herrn Hamm[409]). Fast einstimmig wurde auf dieser Delegiertenversammlung die neue Satzung des RCDS-Bundesverbandes verabschiedet und die neue Finanz- und Kassenordnung sogar einstimmig angenommen[410]).

Nach zwei Einführungsreferaten sowie vorbereitenden Beratungen in fünf Arbeitskreisen zu den Themen „Hochschulreform", „Schulreform und Lehrerbildung", „Studentenschaftsrecht", „Ausbildungsbeihilfegesetz" und „Nah-Ost-Beziehungen" faßten die Delegierten umfangreiche Beschlüsse zur Hochschulpolitik. Neben der Forderung nach einer Angleichung der Stipendiensätze nach dem Honnefer Modell an die gestiegenen Lebenshaltungskosten appellierten die Delegierten an die Bundesregierung, endlich den seit sechs Jahren geforderten Entwurf für ein Ausbildungsbeihilfegesetz in den Bundestag einzubringen. Um den Anforderungen der Zukunft gerecht zu werden und sich im internationalen Konkurrenzkampf behaupten zu können, müßten die vorhandenen Begabungsreserven ausgeschöpft werden. Ohne sozialpolitische Maßnahmen des Bundes seien die bildungspolitischen Aufgaben jedoch nicht zu meistern. Voraussetzungen für eine Förderung sollten Bedürftigkeit und Eignung sein[411]). Ergänzend plädierte man für eine systematische Bildungswerbung[412]). Die Bundesdelegiertenversammlung forderte die verantwortlichen Gremien in Politik und Verwaltung auf, die ihnen gegebenen Möglichkeiten der Durchsetzung zeitgemäßer Reformen zu nutzen, da die Hochschulen von sich aus die erforderlichen Reformen nicht durchgeführt hätten. Dabei sollten unter anderem die Straffung des Studiums, die Beschränkung der Studien- und Prüfungsordnungen, eine Verkürzung der Studien- und Prüfungszeiten und der Ausbau des akademischen Mittelbaues das Ziel sein[413]). Zur Behebung der studentischen Wohnungsnot sollte der Bau weiterer Studentenwohnheime beschleunigt und dafür Wohnheimselbstverwaltungen geschaffen werden[414]). Außerdem forderten die Delegierten eine gesetzliche Neuregelung des Studentenschaftsrechtes, das die Teilnahme der Studentenschaft an der Selbstverwaltung der Hochschule, die Selbstverwaltung der Studentenschaft, welcher die Rechtsfähigkeit

---

409) Protokoll der 15. Bundesdelegiertenversammlung des RCDS vom 03.-07.03.1965 in Bremen, S. 13 f. (ACDP IV-006-006/ 2).

410) Protokoll der 15. Bundesdelegiertenversammlung des RCDS vom 03.-07.03.1965 in Bremen, S. 12 (ACDP IV-006-006/2). Durch die neue Satzung wurden jetzt auch die Gruppen in Hessen und Rheinland-Pfalz an Stelle des bisherigen RCDS- LV-Hessen/ Rheinland-Pfalz in je einem Landesverband zusammengefasst (Protokoll der 15. Bundesdelegiertenversammlung (ACDP IV-006-006/2), S. 19).

411) Protokoll der 15. Bundesdelegiertenversammlung des RCDS vom 03.-07.03.1965 in Bremen, S. 9 f., 18 f. und 20 f., sowie RCDS-Brief Nr. 5/1965, S. 1 C ff. (beides ACDP IV- 006-006/2); Kirsch, Wolfgang (1971), S. 39.

412) Protokoll der 15. Bundesdelegiertenversammlung des RCDS vom 03.-07.03.1965 in Bremen, S. 20 f., und RCDS-Brief Nr. 5/1965, S. 5 C (ACDP IV-006-006/2); Kirsch, Wolfgang (1971), S. 38.

413) Protokoll der 15. Bundesdelegiertenversammlung des RCDS vom 03.-07.03.1965 in Bremen, S. 20, und RCDS-Brief Nr. 5/ 1965, S. 5 C ff. (ACDP IV-006-006/2).

414) Protokoll der 15. Bundesdelegiertenversammlung des RCDS vom 03.-07.03.1965 in Bremen, S. 21, und RCDS-Brief Nr. 5/ 1965, S. 8 C ff. (ACDP IV-006-006/2).

verliehen werden sollte, und die Beteiligung der Studentenschaft an der Verwaltung der staatlichen Studentenförderung zu garantieren hätte[415]). In ihren allgemeinpolitischen Beschlüssen begrüßte die Versammlung die Bemühungen der Bundesregierung um eine breite Streuung des Eigentums in Arbeitnehmerhand. Im Zusammenhang mit der deutschen Nah-Ost-Politik befürworteten die Delegierten die Wiederaufnahme des Grundsatzes, keine Waffen in Spannungsgebiete zu liefern, und plädierten für eine Verstärkung der Kontakte zu den europäisch gesinnten Politikern und Institutionen Großbritanniens[416]).
Der neue Bundesvorstand verkleinerte die Zahl der Bundesreferenten radikal, um eine bessere Koordination und Kooperation der Verbandsarbeit zu gewährleisten. Er behielt nur noch das Bundespressereferat und das Bundesfinanzreferat bei. Die Betreuung der übrigen Arbeitsbereiche übernahmen die Bundesvorstandsmitglieder[417]). Die Bundesarbeitskreise für Kultur- und Außenpolitik wurden mit der Vorbereitung grundsätzlicher Stellungnahmen des Verbandes zu ihren Tätigkeitsfeldern beauftragt. Der Arbeitskreis „Politische Theorie in der zweiten Phase der CDU/CSU" wurde beibehalten[418]). Mit diesen Vorhaben korrespondierend standen vorwiegend außen- und kulturpolitischen Themen auf der Tagesordnung des ersten Vorsitzendenseminares dieser neuen Amtsperiode Ende April in Bad Godesberg[419]).
Mit Aktivitäten auf allen Ebenen unterstützte der RCDS die vom VDS initiierte und koordinierte „Aktion 1. Juli", mit der die Studenten der Bundesrepublik und West-Berlins auf die Mängel des einheimischen Bildungssystems hinwiesen und eine Aufwertung der Bildungs- und Wissenschaftspolitik in Bund und Ländern forderten[420]).
Anfang September konnte der RCDS in seiner Auslandsarbeit auf der von ihm organisierten zehnten ICCS-Konferenz in Eichholz einen wichtigen Erfolg verbuchen. Zum ersten Mal wurde dort ein von den RCDS-Vertretern eingebrachter Antrag angenommen, in dem die ICCS die Wiedervereinigung Deutschlands in Einheit und Freiheit unterstützte. Auf bilateraler Ebene führte der RCDS-

---

[415]) Protokoll der 15. Bundesdelegiertenversammlung des RCDS vom 03.-07.03.1965 in Bremen, S. 20, und RCDS-Brief Nr. 5/ 1965, S. 1 C f. (ACDP IV-006-006/2); Kirsch, Wolfgang (1971), S. 38 f..

[416]) Protokoll der 15. Bundesdelegiertenversammlung des RCDS vom 03.-07.03.1965 in Bremen, S. 16 f., und RCDS-Brief Nr. 5/1965 (ACDP IV-006-006/2).

[417]) RCDS-Brief Nr. 3/1965, S. 5 f. (ACDP IV-006-041/3); Rechenschaftsbericht des RCDS-Bundesvorsitzenden 1965/66, S. 2 f. (ACDP IV-006-007): Peter Radunski blieb Bundespressereferent und Alfred Fischer Bundesfinanzreferent.

[418]) Rechenschaftsbericht des RCDS-Bundesvorsitzenden 1965/66, S. 12 (ACDP IV-006-007). Eine 3. Tagung des Theoriearbeitskreises fand im Juni und eine 4. Tagung im November 1965 statt, wobei die Arbeitskreisleitung im Juli auf Albert Baumhauer überging (Schreiben von Schäuble und Baumhauer vom 27.04.-04.11.1965; alles: ACDP IV-006-047/1).

[419]) RCDS-Brief Nr. 2/1965 und Programm des Vorsitzendenseminares vom 25.04.-01.05.1965 (ACDP IV-006-046/1).

[420]) Protokoll der RCDS-Bundesausschußsitzung am 01.05.1965, S. 1 (ACDP IV-006-011/4); VDS-Kurzprotokoll über das Verbändegespräch am 22./23.05.1965 in Bonn (ACDP IV-006-061/2); Argus Juli 1965, S. 1 f., und 20. Juli 1965, S. 6; Adam, Heribert (1965), S. 110; RCDS in Bayern (1978), S. 21; Fichter, Tilman/Lönnendonker, Siegward (1979), S. 83 f.. Federführend war für diese Aktion der stellvertretende VDS-Vorsitzende Diepgen (Rechenschaftsbericht des RCDS- Bundesvorsitzenden 1965/66 (ACDP IV-006-007), S. 19, sowie VDS-Kurzprotokoll, a. a. O., S. 7).

Landesverband Bayern für den Gesamtverband einen Delegationsaustausch mit israelischen Studentenverbänden durch. Der Bundesverband organisierte die Reise einer weiteren RCDS-Delegation in arabische Länder und knüpfte erste Kontakte zu südosteuropäischen Ländern[421]).

Die Veröffentlichung der Ostdenkschrift der Evangelischen Kirche Deutschlands (EKD), in der zum Verzicht auf die deutschen Ostgebiete aufgerufen wurde, veranlaßte den Bundesvorstand, zum Jahresende eine kritische Stellungnahme herauszugeben. Darin wurde unterstrichen, daß es nicht möglich sei, vor einem Friedensvertrag irgendwelche Verzichtserklärungen abzugeben und eine Regelung der deutschen Ostgrenze erst in einem Friedensvertrag mit einer gesamtdeutschen Regierung vereinbart werden könne[422]).

d) 1966: Freiheit und Frieden in Südvietnam

Der SDS-Landesverband Berlin hatte schon Anfang 1965 einen Arbeitskreis „Südvietnam" eingerichtet und im Wintersemester 1965/66 seine Aktivitäten an der Freien Universität zu diesem Thema erheblich intensiviert.

Diese zunehmenden Diskussionen um die Zulässigkeit des amerikanischen Engagements in Südvietnam bewogen den RCDS-Bundesvorstand gleich zu Jahresanfang, einen „Aktionsausschuß Frieden und Freiheit in Südvietnam" ins Leben zu rufen. Denn er war der Überzeugung, daß das amerikanische Engagement in Südvietnam notwendig sei, um diesem Land die Chance einer Entwicklung zur Freiheit zu geben, welche nach einer kommunistischen Machtübernahme nicht mehr bestehe. Deshalb sollten eine Sammlung von Ausbildungsbeihilfen für Kriegshinterbliebene und eine entsprechende Öffentlichkeitsarbeit Zeichen setzen[423]) und gleichzeitig den Vietnam-Aktivitäten verschiedener linker Hochschulgruppen Paroli bieten.

Wie notwendig eine Engagement des RCDS in diesem Bereich war zeigte die am 05. Februar 1966 vom SDS, SHB, LSD und anderen Verbänden in Berlin organisierte erste größere Studenten-Demonstration gegen den Krieg in Vietnam. Planmäßig wurde durch einen Sitzstreik auf dem Kurfürstendamm der Verkehr blockiert. Anschließend holte ein Teil der Demonstranten die amerikanische Flagge vom Berliner Amerika-Haus nieder. Ein SDS-Mitglied warf Eier an die Fassade des Gebäudes. Ziel der Provokationen war ein Proteststurm der Berliner Zeitungen. Die Presse reagierte erwartungsgemäß und vergrößerte dadurch die politische Wirkung der Demonstration erheblich[424]).

---

[421]) Rechenschaftsbericht des RCDS-Bundesvorsitzenden 1965/66, S. 12 ff. (ACDP IV-006-007); Argus Juli 1965, S. 3 und 6, 20. Juli 1965, S. 7, sowie Dezember 1965, S. 1 f., 4 und 9; RCDS-Brief Nr. 11/1965 und Schreiben des RCDS-Bundesvorstandes vom 30.06.1965 (ACDP IV-006-039/1).

[422]) Schreiben des RCDS-Bundesfinanzreferenten vom 14.12.1965 mit der von Heinrich Lummer verfaßten Stellungnahme in der Anlage (ACDP IV-006-029/1); Rechenschaftsbericht des RCDS- Bundesvorsitzenden 1965/66, S. 25 (ACDP IV-006-007); Morsey, Rudolf (1987), S. 81.

[423]) Satzung des Aktionsausschusses vom 02.01.1966 (ACDP IV- 006-001/1); Rechenschaftsbericht des RCDS-Bundesvorsitzenden 1965/66, S. 25 (ACDP IV-006-007); Fichter, Tilman/Lönnendonker, Siegward (1979), S. 89 ff.; Schlicht, Uwe (1980), S. 61. Siehe auch die ständige Berichterstattung in den Monaten vorher in CIVIS 2/Februar 1965, S. 4 ff., 6/Juni 1965, S. 4, 7/Juli 1965, S. 20 f., und 12/Dezember 1965, S. 4.

[424]) Protokoll der 16. Bundesdelegiertenversammlung des RCDS vom 08.-12.03.1966 in

Auf der 16. ordentlichen Bundesdelegiertenversammlung des RCDS vom 08. bis 12. März 1966 in Mainz wurde dem Bundesvorstand trotzdem die Eile der Gründung und Vorstellung des Aktionsausschusses in der Öffentlichkeit als unnötig vorgeworfen. Denn die Verbandsbasis war davon vollständig überrascht worden. Letztlich machte sich das Plenum der Bundesdelegiertenversammlung aber den inhaltlichen Ansatz des RCDS-Bundesvorstandes nach einer vorbereitenden Debatte in einem Arbeitskreis mit großer Mehrheit zu eigen und unterstützte sowohl nachträglich die Gründung als auch die weitere Arbeit des Aktionsausschusses[425]).
Mit einem Festvortrag des damaligen Bundesverteidigungsministers und stellvertretenden geschäftsführenden Vorsitzenden der CDU, Kai-Uwe von Hassel, und einer Rückschau auf „15 Jahre RCDS" durch den stellvertretenden RCDS-Bundesvorsitzenden Weltin im Rahmen des Rechenschaftsberichtes des Bundesvorstandes gedachte man der vor nunmehr 15 Jahren erfolgten Gründung des RCDS-Bundesverbandes[426]), der nach der Aufnahme zweier neugegründeter Gruppen durch die Delegiertenversammlung jetzt 57 aktive Gruppen umfaßte[427]). Der alte Bundesvorstand wurde mit Dank und Anerkennung bei einigen Gegenstimmen und Enthaltungen entlastet. In einer stürmischen Wahlnacht wurde Hammer im zweiten Wahlgang als RCDS-Bundesvorsitzender wiedergewählt, nachdem er im ersten Wahlgang noch mit Stanitzek gleichauf gelegen hatte. Stanitzek zog seine Kandidatur danach allerdings zurück. Auch Weltin konnte sich gegen Klemann erst im zweiten Wahlgang als Stellvertreter durchsetzen, während Wulf Schönbohm aus Berlin bereits im ersten Wahlgang mit großer Mehrheit zum neuen stellvertretenden Bundesvorsitzenden bestimmt wurde.
Auf Antrag des RCDS-Bundesvorstandes wählten die Delegierten außerdem den ehemaligen RCDS-Bundesvorsitzenden und damaligen CDU-Bundesgeschäftsführer Kraske einstimmig bei nur einer Enthaltung zum ersten Ehrenvorsitzenden des RCDS[428])
Nach Verabschiedung einer notwendig gewordenen Satzungsänderung[429]) be-

---

Mainz, S. 6 (ACDP IV-006-007); Fichter, Tilman/Lönnendonker, Siegward (1979), S. 92 f.; Schlicht, Uwe (1980), S. 61 f.; Langguth, Gerd (1983 b), S. 26.

[425]) Protokoll der 16. Bundesdelegiertenversammlung des RCDS vom 08.-12.03.1966 in Mainz, S. 5 ff. und 25 f., sowie Beschlüsse der 16. Bundesdelegiertenversammlung, S. A 16 (ACDP IV-006-007).

[426]) Protokoll der 16. Bundesdelegiertenversammlung des RCDS vom 08.-12.03 1966 in Mainz, S. 2 ff. (ACDP IV-006-007). Die anderslautenden Passagen in Kirsch, Wolfgang (1971), S. 40 f., sind falsch.
Kai-Uwe von Hassel, Jahrgang 1913, war von 1954-1962 Ministerpräsident von Schleswig-Holstein, von 1962-1966 Bundesverteidigungsminister, von 1966-1969 Bundesvertriebenenminister sowie von 1969-1972 Bundestagspräsident und ist seit 1968 Vorsitzender der Hermann-Ehlers-Stiftung (Bernhardt, Walter (1985), S. 74; Kistler, Helmut (1985), S. 219).

[427]) Protokoll der 16. Bundesdelegiertenversammlung des RCDS vom 08.-12.03.1966 in Mainz (ACDP IV-006-007), S. 4: Die neuen Gruppen waren Bochum (nach Protokoll der RCDS-Bundesausschußsitzung am 12.12.1965, S. 3 (ACDP IV-006-011/ 4), zu Beginn des WS 1965/66 gegründet) und PH-Heidelberg.

[428]) Protokoll der 16. Bundesdelegiertenversammlung des RCDS vom 08.-12.03.1966 in Mainz, S. 12 ff. (ACDP IV-006-007); Kirsch, Wolfgang (1971), S. 41.

[429]) Rundbrief des RCDS-Bundesvorstandes vom 16.10.1965 (ACDP IV-006-001/1); Pro-

rieten die Delegierten in fünf Arbeitskreisen die weitere Arbeit des Verbandes. Die Titel der Arbeitskreise, neben „Vietnam" noch „Studienreform und Struktur der Studentenwerke", „Schulreform und Lehrerausbildung", „Nah-Ost-Politik" und „Politische Theorie in der zweiten Phase der CDU/CSU" zeigten, daß es dem RCDS daran lag, sowohl zu hochschulpolitischen als auch zu allgemeinpolitischen Problemen, darunter insbesondere die Entwicklung von CDU und CSU, die Stimme zu erheben[430]).

Einstimmig verabschiedeten die Delegierten die „30 Thesen zu künftigen Aufgaben und zur Gestalt der CDU", welche vom Bundesarbeitskreis „Politische Theorie in der zweiten Phase der CDU/CSU" in den vergangenen zwei Jahren erarbeitet worden waren. In diesen Thesen wurde die CDU aufgefordert, sich ein Grundsatzprogramm als Ausgangspunkt für die Aufstellung von Aktionsprogrammen zu geben. Nachdem die erste Phase der Bundesrepublik Deutschland mit einer Präferenz des wirtschaftlichen Aufbaus im wesentlichen abgeschlossen sei, benötige die CDU jetzt ein Aktionsprogramm mit der Präferenz einer umfassenden und ganzheitlichen gesellschaftspolitischen Konzeption. Daneben sei die Schaffung einer führungsfähigen Bundesspitze, die Wahl eines hauptamtlichen Generalsekretärs und die Vereinigung des Parteivorsitzes mit dem Amtes des Bundeskanzlers (bzw. des Kanzlerkandidaten) in einer Person notwendig[431]). Vor dem Hintergrund zunehmender Bestrebungen in den Unionsparteien zur Bildung einer Großen Koalition zwischen CDU/CSU und SPD auf Bundesebene betonten die Delegierten in einem Beschluß noch einmal die ablehnende Haltung des Verbandes gegenüber diesen Überlegungen[432]).

Die Versammlung begrüßte die Bemühungen der Bundesregierung, die Beziehungen zu den arabischen Ländern wieder zu normalisieren, und forderte die Errichtung eines europäischen Jugendwerkes nach dem Vorbild des Deutsch-Französischen Jugendwerkes[433]).

In den hochschul- und kulturpolitischen Beschlüssen plädierte die Bundesdelegiertenversammlung für eine Reform des Schul- und Ausbildungswesens der Sonderschulen mit einem zweckentsprechenden Spezialschulbau und einer Erweiterung der pädagogischen Ziele und Mittel. Daneben sprach man sich für eine umfassende Reform der Lehrerausbildung und für eine nachhaltige Förderung der sozialen und wirtschaftlichen Selbstverwaltung der Studentenschaft

---

tokoll der 16. Bundesdelegiertenversammlung des RCDS vom 08.-12.03.1966 in Mainz, S. 20 f. (ACDP IV-006-007).

[430]) Rechenschaftsbericht des RCDS-Bundesvorsitzenden 1965/66, S. 12, und Protokoll der 16. Bundesdelegiertenversammlung des RCDS vom 08.-12.03.1966 in Mainz, S. 22 ff. (ACDP IV- 006-007).

[431]) Protokoll der 16. Bundesdelegiertenversammlung des RCDS vom 08.-12.03.1966 in Mainz, S. 24, und Beschlüsse der 16. Bundesdelegiertenversammlung, S. A 1 ff. (ACDP IV-006- 007); Kirsch, Wolfgang (1971), S. 39 f.. Siehe auch CIVIS 2/Februar 1966, S. 6 ff., sowie Anm. 382, 389 und 418.

[432]) Protokoll der 16. Bundesdelegiertenversammlung des RCDS vom 08.-12.03.1966 in Mainz, S. 35 ff., und Beschlüsse der 16. Bundesdelegiertenversammlung, S. A 13 f. (ACDP IV-006- 007); Morsey, Rudolf (1987), S. 88. Siehe auch CIVIS 3/ März 1966, S. 8 f. und 14 f..

[433]) Protokoll der 16. Bundesdelegiertenversammlung des RCDS vom 08.-12.03.1966 in Mainz, S. 24 und 35 ff., sowie Beschlüsse der 16. Bundesdelegiertenversammlung, S. A 15 (ACDP IV-006-007); Kistler, Helmut (1985), S. 201.

aus, die nach dem Prinzip der Hilfe zur Selbsthilfe durch staatliche Zuschüsse unterstützt werden sollte[434]).

Darüberhinaus votierten die Delegierten erneut gegen die rechtswidrige Inanspruchnahme eines allgemeinpolitischen Mandates durch Organe der Studentenschaft und verabschiedeten im Anschluß an die Beschlüsse der 15. Bundesdelegiertenversammlung eine umfangreiche Vorlage zur Hochschulreform, in der auf der Basis der Freiheit und Einheit von Forschung und Lehre eine umfassende Studienreform, der Ausbau des höheren Fachschulwesens und eine Förderung interdisziplinärer wissenschaftlicher Forschung verlangt wurde[435]).

In den Monaten nach der Bundesdelegiertenversammlung konnten auf internationaler Ebene von RCDS-Delegationen Begegnungsreisen nach Skandinavien und nach Israel durchgeführt werden[436]).

Mit einer „Note zur Abrüstung und Sicherung des Friedens", die an alle Länder gerichtet wurde, mit denen die Bundesrepublik Deutschland diplomatische Beziehungen unterhielt, sowie an die Tschechoslowakei und die arabischen Länder, versuchte die Bundesregierung am 25. März 1966 ihre festgefahrene Ost- und Deutschlandpolitik aufzulockern. In dieser Situation hatte der RCDS-Bundesvorstand beschlossen, seine Haltung zu Kontakten mit der FDJ zu modifizieren, und setzte unter der Leitung von Schönbohm einen deutschlandpolitischen Arbeitskreis ein, der bis zur nächsten Bundesdelegiertenversammlung im März 1967 eine Beschlußvorlage erarbeiten sollte, nachdem eine Diskussion im Bundesausschuß ohne Ergebnis geblieben war[437]).

Durch die Unterstützung der Bundesdelegiertenversammlung beflügelt, forcierte der RCDS die Aktivitäten des Aktionsausschusses. Eine bundesweit durchgeführte Spendensammelaktion zur Finanzierung humanitärer Hilfe besonders für südvietnamesische Jugendliche, die Opfer des Krieges geworden waren, verbunden mit einer intensiven Informationskampagne, wurde im Mai 1966 der von SDS, SHB und anderen Gruppen durchgeführten Vietnam-Woche sowie dem am 22. Mai 1966 in Frankfurt veranstalteten SDS-Kongreß „Vietnam – Analyse eines Exempels" entgegengesetzt. Der Vietnam-Kongreß des SDS,

---

[434]) Protokoll der 16. Bundesdelegiertenversammlung des RCDS vom 08.-12.03.1966 in Mainz, S. 26 ff., und Beschlüsse der 16. Bundesdelegiertenversammlung, S. B 1 ff. (ACDP IV-006- 007).

[435]) Protokoll der 16. Bundesdelegiertenversammlung des RCDS vom 08.-12.03.1966 in Mainz, S. 26 ff. und Antrag 30, und Beschlüsse der 16. Bundesdelegiertenversammlung, S. B 12 ff. (ACDP IV-006-007): Ein weiterer von Schönbohm, Jürgen B. Runge (siehe Anm. 480) und Ursula Männle eingebrachter detaillierter Antrag zur Reform des Studiums der Politischen Wissenschaften wurde nicht verabschiedet, sondern zur weiteren Beratung an die Verbandsgremien überwiesen.

[436]) Protokoll der RCDS-Bundesausschußsitzung am 11.03.1966, S. 5 f. (ACDP IV-006-011/4); RCDS in Bayern (1978), S. 21.

[437]) Vermerk von Wulf Schönbohm vom 06.06.1966 (ACDP IV-006- 001/2); Protokoll der RCDS-Bundesausschußsitzung am 14./ 15.05.1966, S. 2 f. (ACDP IV-006-011/3); Kistler, Helmut (1985), S. 255; Morsey, Rudolf (1987), S. 82. Der Zeitpunkt des Bundesvorstandsbeschlusses war wahrscheinlich auch durch die Bemühungen des VDS in dieser Richtung in diesen Monaten beeinflußt worden (Aktennotiz über das Verbändegespräch des VDS am 10.05.1966 und Abschrift des Briefes des VDS an den FDJ-Zentralrat vom 11.07.1966 (ACDP IV-006-061/2); siehe auch Freundes- und Förderer-kreis des RCDS Frankfurt am Main (1982), S. 56).

an dem auch Vertreter des SHB, des LSD und anderer Organisationen teilnahmen, richtete scharfe Angriffe gegen das Südvietnam-Engagement der USA und dessen Unterstützung durch die Bundesregierung. Bei seiner ideologischen Bewertung des Konflikts, welche den gerade gegen die südvietnamesische Zivilbevölkerung gerichteten Terror des kommunistischen Vietcongs ignorierte, wurde spätestens deutlich, daß es den Kongreßteilnehmern bei ihrem Engagement um mehr als nur den Vietnam-Konflikt ging. Vor diesem Hintergrund waren die Aktivitäten des Aktionsausschusses und mit ihm des ganzen RCDS geeignet, durch die humanitäre Hilfe für die Opfer dieses Krieges deutlich zu machen, daß es in Südvietnam sehr wohl um die Erhaltung freiheitlicher Verhältnisse ging, die jedoch nicht durch das Engagement der USA, sondern durch die kommunistische Aggression bedroht waren[438]).

Der Hilfeaufruf des Aktionsausschusses fand zwar sehr schnell die Unterstützung einer großen Anzahl prominenter Persönlichkeiten, darunter 14 Bundestagsabgeordnete. Insgesamt blieb dieses Engagement des RCDS ohne eine breitere Unterstützung der CDU, so daß der Verband schließlich unter anderem aus diesem Grunde gegenüber den Folgewirkungen des Frankfurter Kongresses und der Vietnam-Kampagne der politischen Linken in den Universitäten und später in der gesamten Gesellschaft auf verlorenem Posten stehen sollte.

Demgegenüber konnte der SDS auf bedeutende Verbündete zählen, wie bei dem am 30. Oktober 1966 in Frankfurt folgenden Kongreß „Notstand der Demokratie" deutlich wurde, an dem nach Fichter und Lönnendonker über 5.000 Gewerkschafter, SPD-Mitglieder, Studenten, Assistenten und Professoren teilnahmen. Finanziert wurde der Kongreß von der Industriegewerkschaft Metall[439])..

---

[438]) Protokoll der Mitgliederversammlung des Aktionsausschusses am 12.03.1966 (ACDP IV-006-040/1); Rundschreiben des Aktionsausschusses vom 19.04.1966 (ACDP IV-006-053/3); Versammlungsprotokoll des Aktionsausschusses vom 15.05.1966 und Satzung des Aktionsausschusses vom 15.05.1966 (ACDP IV-006-040/1); Protokoll über die RCDS-Bundesausschußsitzung am 14./15.05.1966, S. 4 f. (ACDP IV-006-011/3); Rundschreiben des Aktionsausschusses vom 25.05.1966 (ACDP IV-006-053/3); SDS-Informationen über den SDS-Vietnamkongreß am 22.05.1966 vom 09.06.1966 (ACDP IV-006-060/3); Stellungnahme des Bezirksverbandes Frankfurt der Jungen Union zum SDS-Vietnam-Kongreß (ACDP IV-006-050/2); siehe auch CIVIS 2/ Februar 1966, S. 5, 3/März 1966, S. 17 ff., und 8/ August 1966, S. 25; Allerbeck, Klaus R. (1973), S. 26; Fichter, Tilman/Lönnendonker, Siegward (1979), S. 97.

[439]) Aufruf des Aktionsausschusses vom 15.06.1966 mit Unterstützerliste (ACDP IV-006-040/1); Industriegewerkschaft Metall für die Bundesrepublik Deutschland (o. J.); Fichter, Tilman/Lönnendonker, Siegward (1979), S. 97; Freundes- und Fördererkreis des RCDS-Frankfurt am Main (1982), S. 55.

Schon am 08.10.1961 war u. a. vom Gewerkschafter Fritz Lamm sowie den Professoren Wolfgang Abendroth, Ossip K. Flechtheim, Heinz-Joachim Heydorn, Heinrich Düker und Heinz Maus die „Sozialistische Förderergesellschaft der Freunde, Förderer und ehemaligen Mitglieder des Sozialistischen Deutschen Studentenbundes e. V." (im Oktober 1962 in „Sozialistischer Bund" umbenannt) gegründet worden, die sich die finanzielle Förderung und die wissenschaftliche Beratung des SDS zur Aufgabe gemacht hatte (Fichter, Tilman/Lönnendonker, Siegward (1979), S. 70 und 74 f.; Fichter, Tilman (1988), S. 342 ff.).

e) 1967/1968: Eskalation der Studentenrevolte

Trotz seines Wahlsieges bei der Bundestagswahl am 19. September 1965 hatte Bundeskanzler Erhard überraschend schnell – durch die Niederlage der CDU bei den Landtagswahlen in Nordrhein-Westfalen im Juli 1966 noch beschleunigt – an Autorität und Popularität verloren. Die infolge dieser Entwicklung zwischen der CDU/CSU und der SPD aufgenommenen Verhandlungen über die Bildung einer Großen Koalition waren am 27. November 1966 erfolgreich abgeschlossen worden.
Der am 01. Dezember 1966 gewählte neue Bundeskanzler Kiesinger hatte in seiner Regierungserklärung eine „neue Ostpolitik" angekündigt und an die „Friedensnote" vom März 1966 anknüpfend das Angebot zu einem Gewaltverzichtsvertrag mit den Staaten des Warschauer Paktes erneuert und sich darüberhinaus auch zu Kontakten mit den „Behörden im anderen Teil Deutschlands" bereiterklärt.
In dieser Situation legte der deutschlandpolitische Arbeitskreis des RCDS-Bundesverbandes Mitte Februar 1967 mit dem Papier „Der RCDS und innerdeutsche Politik" das Ergebnis seiner Beratungen vor, die gleichzeitig auch als Antrag zur kommenden Bundesdelegiertenversammlung eingebracht wurden. Was für einen Stellenwert dieses Thema für den Gesamtverband hatte, zeigte sich Anfang März 1967 bei der Landesdelegiertenversammlung des RCDS in Nordrhein-Westfalen. Sie hatte ihre Beratungen ganz unter das Thema „Deutschlandpolitik in Bewegung" gestellt[440]).
Bei der 17. ordentlichen Bundesdelegiertenversammlung des RCDS vom 16. bis 20. März 1967 in Heidelberg stand allerdings nicht nur die Deutschlandpolitik im Mittelpunkt der Beratungen, sondern auch die Haltung des Verbandes zur Großen Koalition zwischen CDU/CSU und SPD, zu den Radikalisierungstendenzen innerhalb der Studentenschaft und den sich verstärkenden Auseinandersetzungen um die Notstandsgesetzgebung und die daraus für ihn zu ziehenden Konsequenzen.
In einer Grundsatzrede umriß der stellvertretende RCDS-Bundesvorsitzende Schönbohm deshalb zu Beginn der Debatte die Position des RCDS als „politischem Studentenverband", der politische Grundsatzfragen ständig erörtern müsse und permanent zu versuchen habe, politische Realität und politische Forderungen und Ziele in Relation zu setzen. Denn der RCDS befinde sich sonst in Stagnation und im Stadium geistiger Austrocknung, das auch nicht durch tagespolitisch konzipierte Aktivitäten verdeckt werden könnte. Als Studentenverband habe man außerdem eine besondere Verpflichtung zur Beschäftigung mit kulturpolitischen Fragen. Dabei könne der RCDS, nur weil er unabhängig sei, seinen Aufgaben und Zielen in der Hochschule gerecht werden. Denn wenn er mit wissenschaftlicher Methode politische Phänomene untersuche und zu Ergebnissen kommen wolle, dürften die Resultate nicht vorher präjudiziert sein. Auf der Basis christlich-demokratischer Grundsätze verlange dies vom RCDS den Mut gegenüber der CDU/CSU, auch Fragen anders

---

440) RCDS-Papier „Der RCDS und innerdeutsche Politik" vom Februar 1967 (ACDP IV-006-008); Rundbrief I/1967 des RCDS In Nordrhein-Westfalen (ACDP IV-006-023/1); Kistler, Helmut (1985), S. 224 ff. und 255; Morsey, Rudolf (1987), S. 87 ff. und 94; siehe Anm. 437.

zu beantworten als die Partei. Auf seiten der Partei, von welcher sich der RCDS nicht lösen wolle, erfordere das einen großen Toleranzspielraum[441]).
Dieser Bewertung stimmte der damalige rheinland-pfälzische CDU-Landesvorsitzende, Helmut Kohl, in seiner Ansprache „Die Zukunft der CDU" zu und forderte den RCDS auf, den Toleranzspielraum auszunutzen, weil die Partei in weiten Bereichen Initiativen benötige[442]).
Nach der Debatte in den Arbeitskreisen „Deutschlandpolitik", „Kulturpolitik", „Außenpolitik" und „Politische Theorie" wandte sich das Plenum gegen Bestrebungen des SDS und der NPD, einen weit verbreiteten und teilweise berechtigten Unmut in Teilen der Bevölkerung über die politische Erstarrung im deutschen Parteiensystem demagogisch zu nutzen. Der Verband kündigte diesen Gruppen den schärfsten Kampf an, den er auf der Basis einer fundierten politischen Konzeption mit christlich-demokratischer Grundlage aktiv und im Rahmen der Gesetze führen wollte[443]). Eine Große Koalition wurde weiterhin prinzipiell abgelehnt, aber aufgrund der aktuellen Probleme als Übergangslösung bis 1969 bejaht. In Anbetracht der Größe des Springer-Konzerns appellierte der RCDS an die Bundesregierung, umgehend durch eine Kommission alle Aspekte von Konzentration und Monopolisierung der Presse untersuchen zu lassen. Die CDU/CSU-Bundestagsfraktion forderte er auf, ein Gesetz gegen die Konzentration des Presse-, Verlags- und Druckereiwesens im Bundestag einzubringen[444]).
Die Versammlung begrüßte im Sinne einer „wehrhaften Demokratie" eine Gesetzgebung, die im Falle eines inneren oder äußeren Notstandes die substantielle und formale Aufrechterhaltung der freiheitlich-demokratischen Grundordnung garantiere. Eine übermäßige Perfektionierung sei allerdings zu vermeiden, damit diese Gesetzgebung nicht selber zur Gefahr für die Demokratie werde[445]).
Vor dem Hintergrund der Auflockerung des Ost-West-Gegensatzes und der dadurch schwindenden Solidarität der atlantischen Staaten in ihrer Haltung zur Wiedervereinigung Deutschlands, die in der Schlußphase der Kanzlerschafts Erhards besonders deutlich geworden war, forderten die Delegierten von der Bundesregierung die Konzeption einer aktiveren neuen Deutschlandpolitik ohne Aufgabe ihrer Rechtsposition und des Zieles der Wiedervereinigung. Diese aktive Deutschlandpolitik könne im internationalen Rahmen nur glaubhaft betrieben werden, wenn sie durch innerdeutsche Begegnungen auf allen

---

441) Redemanuskript „Was heißt „politischer Studentenverband'?" (ACDP IV-006-008); RCDS-Brief 1/67 vom April 1967, S. 1 ff. (ACDP IV-006-042/1); Kirsch, Wolfgang (1971), S. 41.

442) RCDS-Brief Nr. 1/1967 vom April 1967, S. 2 (ACDP IV-006- 042/1); Kirsch, Wolfgang (1971), S. 41.
Helmut Kohl, Jahrgang 1930, war von 1966-1973 Landesvorsitzender der CDU Rheinland-Pfalz und von 1969-1976 Ministerpräsident von Rheinland-Pfalz und ist seit 1973 Bundesvorsitzender der CDU sowie seit 1982 Bundeskanzler (Kürschners Volkshandbuch Deutscher Bundestag (1983), S. 123).

443) Beschlüsse der 17. Bundesdelegiertenversammlung, S. 1 (ACDP IV-006-008); RCDS-Brief Nr. 1/1967 vom April 1967, S. 3 (ACDP IV-006-042/1).

444) Beschlüsse der 17. Bundesdelegiertenversammlung, S. 1 ff. (ACDP IV-006-008); RCDS-Brief Nr. 1/1967 vom April 1967, S. 3 (ACDP IV-006-042/1); siehe Anm. 432.

445) Beschlüsse der 17. Bundesdelegiertenversammlung, Nachtrag 1 (ACDP IV-006-008); RCDS-Brief Nr. 1/1967 vom April 1967, S. 3 (ACDP IV-006-042/1).

Ebenen ergänzt würde. Der RCDS wolle dabei helfen, den Gedankenaustausch der west- und mitteldeutschen Jugend zu fördern und zu erleichtern, indem er sich zu Kontakten mit der FDJ bereitfinde[446]).
Im Bereich der Kulturpolitik votierte die Versammlung unter anderem für eine kulturpolitische Rahmenkompetenz des Bundes, da zur Behebung der erheblichen Unzulänglichkeiten im deutschen Bildungswesen auf eine wirksame Koordinierung der Kulturpolitik auf Bundesebene nicht verzichtet werden könne. Sie unterstützte die Bildungswerbungsaktionen, darunter die „Aktion auf' s Land", und forderte die Einsetzung von paritätisch aus Professoren, Dozenten und Studenten besetzten Studienreformkommissionen an allen deutschen Hochschulen[447]).
Mit Nachdruck bekräftigten die Delegierten die ablehnende Haltung des RCDS gegenüber einem unbeschränkten „politischen Mandat" der Studentenvertretungsorgane an den bundesdeutschen Hochschulen und Universitäten. Diese verträten den Studenten nur als akademischen und nicht als Staatsbürger, könnten also nur zur Hochschulpolitik Beschlüsse fassen[448]). Am Ende der Versammlung wurde der bisherige Stellvertreter Schönbohm zum neuen Bundesvorsitzenden des RCDS gewählt und Erich Röper aus Mainz und Joachim Lemppenau aus Tübingen zu seinen Stellvertretern bestimmt[449]).
Mit den Beschlüssen dieser Bundesdelegiertenversammlung hatte der RCDS zwar unter Beweis gestellt, daß er sowohl zu Grundsatzfragen als auch zu allen wichtigen kulturpolitischen Problemen über interessante und konstruktive Lösungsvorschläge verfügte. Doch versagten die bisherigen und auch zu Beginn des Sommersemesters fortgeführten Arbeitsformen des RCDS zunehmend gegenüber der Konfliktstrategie des SDS.
Der SDS hatte die Strategie der „direkten Aktionen" entwickelt. Mit planmäßigen „Regelverletzungen" bei Demonstrationen, Sit-In' s oder Go-In' s wurde die Staatsgewalt herausgefordert, die – wie einkalkuliert – häufig überzogen reagierte. Die überzogene Reaktion sollte Aktionsteilnehmern und Außenstehenden die Existenz eines „repressiven Staates" sowie sonstiger Mißstände in Hochschule und Gesellschaft bewußt machen und sie zum Widerstand dagegen anregen. Die vorausgesehene Sensationsberichterstattung der Presse sollte diesen Effekt verstärken und die „Mißstände" über den Kreis der Aktionsteilnehmer hinaus einer breiteren Öffentlichkeit bekanntmachen. Um diese Bewußtseinsbildung und Mobilisierung der „Massen" zu erreichen, engagierte sich der SDS sogar gemeinsam mit Korporationen gegen hochschulpolitische Mißstände, wie z. B. am 22. Juni 1966 mit einem ersten „Sit-In" in der Freien Universität Berlin gegen geplante Zwangsexamatrikulationen, welche die Überfüllung der Hochschulen lindern sollten.
Demgegenüber verloren die Aktivitäten der RCDS-Gliederungen, die sich bis-

---

[446]) Beschlüsse der 17. Bundesdelegiertenversammlung, S. 4 ff. (ACDP IV-006-008); RCDS-Brief Nr. 1/1967 vom April 1967, S. 2 f. (ACDP IV-006-042/1); Kirsch, Wolfgang (1971), S. 41 f.; Morsey, Rudolf (1987); S. 80 ff. und 91. Siehe auch Kapitel V.3..

[447]) Beschlüsse der 17. Bundesdelegiertenversammlung, S. 12 ff. (ACDP IV-006-008); RCDS-Brief Nr. 1/1967 vom April 1967, S. 4 (ACDP IV-006-042/1).

[448]) Beschlüsse der 17. Bundesdelegiertenversammlung, S. 16 (ACDP IV-006-008); RCDS-Brief Nr. 1/1967 vom April 1967, S. 2 (ACDP IV-006-042/1); Kirsch, Wolfgang (1971), S. 42.

[449]) Kirsch, Wolfgang (1971), S. 42; RCDS-Brief Nr. 2/1967 vom Juni 1967, S. 6 f. (ACDP IV-006-066/2).

her in der Regel auf die Durchführung politischer Informations- und Diskussionsveranstaltungen sowie geselliger Zusammenkünfte beschränkt hatten, immer mehr an Anziehungskraft.
Trotz aller Anstrengungen war es dem SDS bisher nicht gelungen, aus den Protestaktionen einiger tausend Studenten in Berlin einen Massenprotest in der Bundesrepublik Deutschland zu entwickeln. Die Erschießung des Studenten Benno Ohnesorg durch die Polizei im Zusammenhang mit Ausschreitungen bei einer Anti-Schah-Demonstration in Berlin am 02. Juni 1967 ließ den Funken des Protestes jedoch überspringen. Trauer- und Protestkundgebungen in fast allen Hochschulstädten der Bundesrepublik folgten.
Vor diesem Hintergrund versuchte der RCDS-Bundesvorstand die Arbeitsweisen der Gruppen umzustellen. Durch „positive Aktionen", unterstützt durch eine verstärkte Öffentlichkeitsarbeit, wollte man der Studentenschaft deutlich machen, daß es nicht nur möglich sei, bestehende Mißstände systemimmanent zu beseitigen, sondern sich ein Engagement in dieser Richtung mehr lohne. Damit Erfahrungen über diese Aktionen ausgetauscht werden konnten, wurde die verbandsinterne Kommunikation verbessert und die Unterstützung der Gruppen durch zentral erstelltes Material vom Bundesvorstand erheblich verstärkt[450]).
Die wesentliche Mitbeteiligung des RCDS an der „Aktion auf' s Land", Aktionen gegen die NPD und eine Solidaritätsdemonstration für Israel am 06. Juni 1967 in München während des Sechs-Tage-Krieges stießen auch auf deutliches Interesse und Unterstützung innerhalb der Studentenschaft. Doch waren der SDS und seine Anhänger mit ihren Provokationen und Gewaltaktionen bei akademischen und staatlichen Stellen erheblich erfolgreicher. Erschweremd kam hinzu, daß sich viele RCDS-Gruppen auf ihre Autonomie pochend weigerten, den Anregungen des Bundesverbandes zu folgen oder auch nur die Beschlüsse der Bundesdelegiertenversammlungen als verbindlich für ihre Arbeit anzusehen. Der RCDS trat deshalb nicht geschlossen auf[451]).

---

[450]) SDS-Flugblatt Bonn vom Juni 1967 (ACDP IV-006-061/3); Freundes- und Förderer-kreis des RCDS-Frankfurt am Main (1982), S. 55; CIVIS 7/Juli 1967, S. 8 ff., und 8/August 1967, S. 8 ff.; RCDS-Brief Nr. 1/1967 vom April 1967, S. 1 (ACDP IV-006-042/1) und 2/1967 vom Juni 1967, S. 3 ff. (ACDP IV-006-066/2); Protokoll der RCDS-Bundesvorstandssitzung am 20.03.1967 (ACDP IV-006-011/5); Bericht des RCDS-Bundesvorstandes über das SS 1967 (ACDP IV-006-013/ 1); notizen des RCDS-LV-Berlin Nr. 1, S. 1 und 3 f., und Nr. 4, S. 1 ff. (ACDP IV-006-019/2); Forum I/Mai 1967, Editorial; siehe auch Broschüre „Innerdeutsche Politik im Wandel" des RCDS-Bundesvorstandes von 1967.
Speziell zur Strategie der „direkten Aktion" siehe Schoeps, Hans Julius/Dannenmann, Christopher (1968), S. 124 ff.; Institut für Begabtenförderung der Konrad-Adenauer-Stiftung (1971), S. 110 f.; Fichter, Tilman/Lönnendonker, Siegward (1979), S. 98 ff.; Schlicht, Uwe (1980), S. 60 ff. und 69 ff.; Langguth, Gerd (1983 b), S. 42 f.; Weiss, Hildegard (1985), S. 67 ff.; Anm. 401.
Zum 02. Juni 1967 siehe Fuchs, Werner (1971), S. 19; Allerbeck, Klaus R. (1973), S. 26 f.; Rieser, Daniel (1973), S. 13 ff.; Fichter, Tilman/Lönnendonker, Siegward (1979), S. 106 ff.; Schlicht, Uwe (1980), S. 63 ff.; Langguth, Gerd (1983 b), S. 27; Schallwig, Ulrich (1983), S. 52 f.; Jarausch, Konrad H. (1984), S. 226 ff.; Kistler, Helmut (1985), S. 246; Morsey, Rudolf (1987), S. 103.

[451]) Bericht des RCDS-Bundesvorstandes über das SS 1967 (ACDP IV-006-013/1); RCDS-Brief Nr. 2/1967 vom Juni 1967, S. 3 ff. (ACDP IV-006-066/2); RCDS in Bayern (1978), S. 21 f.; siehe auch CIVIS 7/Juli 1967, S. 18 f.. Im Rahmen der „Aktion auf' s Land"

Durch diese Erfahrungen kam der Bundesvorstand vor dem Beginn des Wintersemesters 1967/68 zu der Überzeugung, daß einzelne zentrale Reaktionen des RCDS auf SDS-Aktionen nicht mehr ausreichen würden. Denn für den SDS waren Demonstrationen gegen Mißstände im Hochschulbereich, die Notstandsgesetzgebung oder die Vietnampolitik und deren bewußte Eskalierung lediglich ein Vehikel zur Bewußtseinsbildung und Mobilisierung der Massen, um auf diese Weise die parlamentarisch-demokratisch verfaßte Gesellschaft in eine sozialistische zu transformieren. Durch den Linkstrend aller anderen politischen Studentenverbände war der RCDS außerdem zum einzigen politischen Widerpart des SDS an den bundesdeutschen Hochschulen geworden[452]).

Um den Studenten die Notwendigkeit und die Chancen und Formen des systemimmanenten politischen Engagements zu zeigen, beschloß man, dem gesellschaftlichen und hochschulpolitischen Konzept des SDS durch die Erarbeitung eines eigenen RCDS-Konzeptes zu begegnen. Mit einer zentral unterstützten breiten Öffentlichkeitsarbeit sollte diese Konzeption bekanntgemacht werden. Durch eine Entwicklung neuer RCDS-Strategien gegen die SDS-Taktik der „permanenten Provokation" und eine Schulung der RCDS-Mitglieder für die Auseinandersetung mit dem SDS wollte man die Erfolgsaussichten der RCDS-Arbeit verbessern helfen. Besondere Aufmerksamkeit wurde dabei wegen der Instrumentalisierung der ASt' en durch den SDS für eigene Zwecke den Studentenschaftwahlkämpfen und der Argumentation zur Ablehnung eines allgemeinpolitischen Mandats der studentischen Vertretungsorgane gewidmet[453]).

Ein erstes Schulungsseminar fand Mitte Oktober 1967 in Limburg statt. Die Erarbeitung mehrerer Broschüren wurde in Angriff genommen. Doch obwohl der RCDS eine Vielzahl von neuen Aufgaben wahrnehmen mußte und mehr denn je auf die Berücksichtigung seiner Diskussionsvorschläge im Rahmen der „positiven Aktionen" angewiesen war, blieb die Bereitschaft der CDU/CSU, politisch oder auch nur finanziell zu helfen, von Ausnahmen abgesehen auf allen Ebenen gering, wenn sie sich nicht sogar ganz ablehnend verhielt[454]).

---

fuhren über 100 RCDS-Mitglieder vor allem in Hessen und Baden-Württemberg auf das Land und warben für den Besuch weiterführender Schulen und den Wert einer vertieften Bildung, um gegen das Bildungsgefälle Stadt-Land praktisch etwas zu unternehmen (Kluge, Hans-Georg/ Pflüger, Friedbert (1976), S. 16 f.; RCDS-Bundesvorstand (1981), S. 26 f.).

452) Bericht des RCDS-Bundesvorstandes über das SS 1967 (ACDP IV-006-013/1); Vorstellungen des RCDS-Bundesvorstandes über seine Arbeit im WS 1967/68, S. 1 (ACDP IV-006-013/2); Freundes- und Fördererkreis des RCDS-Frankfurt am Main (1982), S. 60; CIVIS 6/Juni 1967, S. 20 f.. Siehe auch Schlicht, Uwe (1980), S. 74.

453) Vorstellungen des RCDS-Bundesvorstandes über seine Arbeit im WS 1967/68, S. 1 f. (ACDP IV-006-013/2); RCDS-Brief Nr. 4/1967 vom Oktober 1967, S. 1 ff. (ACDP IV-006-042/1); notizen des RCDS-LV-Berlin Nr. 1/WS 1967-68 (ACDP IV-006- 019/2); Programm der „Aktion 20. Konvent" an der FU-Berlin (ACDP IV-006-013/3); Forum Dezember 1967; siehe auch CIVIS 9/September 1967, S. 8 ff., und 10/Oktober 1967, S. 16 f..
Zur Bedeutung der AStA-Finanzen für die Arbeit des SDS und seiner Koalitionspartner in der Studentenrevolte siehe u. a. Rieser, Daniel (1973), S. 129; Fuchs, Werner (1971), S. 105 f.; Langguth, Gerd (1983 b), S. 28.

454) Forum I/Mai 1967, Editorial; Vorstellungen des RCDS- Bundesvorstandes über seine Arbeit im WS 1967/68, S. 2 f. (ACDP IV-006-013/2); Schreiben des RCDS-FU-Berlin an den CDU-Landesvorstand Berlin vom 29.08.1967 (ACDP IV-006-019/ 3); Aktennotiz

Ein Begleitschreiben des Vorsitzenden der Westdeutschen Rektorenkonferenz zu einer Erklärung fast aller westdeutschen Universitätsrektoren Anfang Januar 1968 an die Parteien, in dem diesen vorgeworfen wurde, die Reform der Hochschulen verschleppt zu haben, wies der RCDS scharf als Ablenkungsmanöver zurück. Der Brief würde nur die Unfähigkeit der Hochschulen zur Selbstreform kaschieren.

Am 17. und 18. Februar 1968 konnte der SDS ungefähr 5.000 Teilnehmer aus vielen europäischen Ländern zu seinem internationalen Vietnam-Kongreß in der Technischen Universität Berlin versammeln. 12.000 Studenten demonstrierten anschließend auf dem Kurfürstendamm gegen das amerikanische Engagement im Vietnam-Krieg. Drei Tage später folgten ca. 60.000 Menschen dem Aufruf des Berliner Senates, der Gewerkschaften und der im Berliner Abgeordnetenhaus vertretenen Parteien zu einer Gegenkundgebung. Schlägereien am Rande der Kundgebung zwischen Kundgebungsteilnehmern und Studenten machten die Zuspitzung der innenpolitischen Situation deutlich[455]).

In dieser Situation trafen sich die Delegierten der RCDS-Gruppen vom 28. Februar bis zum 03. März 1968 in Königswinter zur 18. ordentlichen Bundesdelegiertenversammlung des RCDS. Gerhard Stoltenberg, damals Bundeswissenschaftsminister, der schon im Dezember 1967 in Berlin für schnelle und klare Entscheidungen bei der notwendigen Reform der Hochschulen eingetreten war[456]), hielt das Eröffnungsreferat mit dem Thema „Die Stellung der Studenten in Staat und Gesellschaft"[457]).

Nach der Aufnahme vier neuer Gruppen[458]), der Verabschiedung einer neuen Geschäftsordnung und einer Änderung der Verbandsgliederung[459]), dem Re-

---

über das Gespräch mit Bundesminister Heck am 14.09.1967 (ACDP IV-006-052/2); Protokoll der RCDS-Bundesausschußsitzung am 15.10.1967, S. 1 ff. (ACDP IV-006-011/5); Brief an den RCDS-Bundesvorstand vom 17.12.1967 (ACDP IV-006-013/2); Protokolle der RCDS-Bundesvorstandssitzungen am 15./16.10.1967, S. 3 f., und 10.12.1967, S. 1 ff. (ACDP IV-006-013/1); RCDS-Brief Nr. 4/1967 vom Oktober 1967, S. 3 (ACDP IV-006-042/1); Rundbrief des RCDS-LV-Baden-Württemberg vom 08.12.1967 (ACDP IV-006-016/2).

455) CIVIS 2/Februar 1968, S. 18 f.. Siehe auch Anm. 404. Zu den Berliner Ereignissen siehe besonders Fichter, Tilman/ Lönnendonker, Siegward (1979), S. 123 ff.; Schlicht, Uwe (1980), S. 68 f.; Langguth, Gerd (1983 b), S. 27.

456) CIVIS 1/Januar 1968, S. 20 ff.. Gerhard Stoltenberg, Jahrgang 1928, war von 1955-1961 JU-Bundesvorsitzender, von 1965-1969 Bundesminister für wissenschaftliche Forschung und von 1971-1982 Ministerpräsident von Schleswig-Holstein und ist seit 1969 stellvertretender Bundesvorsitzender der CDU sowie seit 1982 Bundesminister der Finanzen (Kürschners Volkshandbuch Deutscher Bundestag (1983), S. 194).

457) Protokoll der 18. Bundesdelegiertenversammlung des RCDS vom 28.02.-03.03.1968 in Königswinter, S. 1 (ACDP IV-006-009); Kirsch, Wolfgang (1971), S. 42.

458) Die neuen Gruppen waren Hildesheim, Regensburg, Landau und Koblenz-Kolleg (Protokoll der 18. Bundesdelegiertenversammlung des RCDS vom 28.02.-03.03.1968 in Königswinter (ACDP IV-006-009), S. 2).

459) Protokoll der 18. Bundesdelegiertenversammlung des RCDS vom 28.02.-03.03.1968 in Königswinter, S. 3 (ACDP IV-006- 009); Brief an den RCDS-Bundesvorstand vom 20.04.1968 (ACDP IV-006-028/3); Protokoll der Gründungsversammlung des RCDS-LV-Hamburg am 19.07.1968 (ACDP IV-006-028/5): Es wurde die Teilung des RCDS-LV-Schleswig-Holstein/Hamburg beschlossen. Der RCDS-LV-Schleswig-Holstein konstituierte sich daraufhin am 02.04.1968 und der RCDS-LV-Hamburg am 19.07.1968.

chenschaftsbericht und der Entlastung des Bundesvorstandes referierte Peter Radunski über „Inhalt und Form der zukünftigen RCDS-Arbeit". Das Referat bildete die Grundlage einer daran anschließenden Generaldebatte über die Situation der Studentenpolitik und des RCDS[460]). Allgemein stellte man kritisch fest, daß der RCDS sich vom SDS das Gesetz des Handelns habe aufdrängen lassen. Der RCDS müsse sich in der Zukunft sowohl als hochschulpolitischer als auch als allgemeinpolitischer Studentenverband begreifen. Schwerpunkte der Arbeit müßten einerseits die Hochschul- und Studienreform und andererseits die Mitbestimmungsfrage und die Problematik der Dritten Welt sein. Nur während des Semesters zu arbeiten, genüge dabei nicht[461]).

In Arbeitskreisen zur Deutschland- und Osteuropa-Politik, Kulturpolitik, Innen- und Gesellschaftspolitik und Außenpolitik bereiteten die Delegierten die zahlreichen Anträge zur Beratung und Beschlußfassung im Plenum vor[462]).

Aufgrund der Erfahrungen des vergangenen Jahres waren verschiedene Anträge zur Verbesserung der Verbandsstruktur eingebracht worden. Trotzdem lehnten die Delegierten eine Beteiligung des Bundesverbandes an den Einnahmen der RCDS-Hochschulgruppen aus Mitgliedsbeiträgen, durch die sein finanzieller Spielraum wieder vergrößert worden wäre, nach langer Debatte ab. Eine Erweiterung des Bundesvorstandes auf fünf Mitglieder und ein Stimmrecht des Bundesvorstandes auf der Bundesdelegiertenversammlung erhielt ebenfalls keine Mehrheit[463]). Dagegen beschloß die Versammlung nach ersten Erfahrungen im Berliner RCDS mit großer Mehrheit die Einrichtung eines Politischen Beirates, der vom Bundesvorstand während seiner Amtszeit zur Unterstützung seiner Tätigkeit insbesondere durch die Erarbeitung theoretischer Grundlagen für Vorhaben des Bundesvorstandes berufen werden sollte[464]). Gegen den Widerstand der Berliner Delegierten schuf man ferner für die Zukunft die Möglichkeit, Gruppen bei grober Mißachtung von Beschlüssen der Bundesdelegiertenversammlung wegen schwerwiegendem Satzungsverstoß aus dem Bundesverband auszuschließen[465]).

Die Debatte der kulturpolitischen Anträge führte unter anderem zum Beschluß von Thesen zur Hochschulreform, in denen sich der RCDS ein weiteres Mal für eine Rahmenkompetenz des Bundes in der Hochschulgesetzgebung aussprach und die Verwirklichung einer demokratisch organisierten Selbstverwaltung der Hochschule durch die Einführung des Amtes eines Universitätspräsidenten, die Auflösung der Fakultäten, die Beteiligung der studentischen Fachschaften an allen Studien- und Lehrfragen sowie die Schaffung paritätisch besetzter Studienreformkommissionen auf Abteilungsebene gefordert wur-

---

[460]) Protokoll der 18. Bundesdelegiertenversammlung des RCDS vom 28.02.-03.03.1968 in Königswinter, S. 4 (ACDP IV-006-009); Kirsch, Wolfgang (1971), S. 42.

[461]) Protokoll der 18. Bundesdelegiertenversammlung des RCDS vom 28.02.-03.03.1968 in Königswinter, S. 5 f. (ACDP IV-006-009).

[462]) Protokoll der 18. Bundesdelegiertenversammlung des RCDS vom 28.02.-03.03.1968 in Königswinter, S. 6 (ACDP IV-006-009).

[463]) Protokoll der 18. Bundesdelegiertenversammlung des RCDS vom 28.02.-03.03.1968 in Königswinter, S. 9 f. (ACDP IV-006-009).

[464]) Protokoll der 18. Bundesdelegiertenversammlung des RCDS vom 28.02.-03.03.1968 in Königswinter, S. 10, und Beschlußtext (ACDP IV-006-009).

[465]) Protokoll der 18. Bundesdelegiertenversammlung des RCDS vom 28.02.-03.03.1968 in Königswinter, S. 10 (ACDP IV-006-009).

den[466]). Die Frage einer Drittelparität wurde von der Versammlung allerdings nicht entschieden, sondern zur weiteren Behandlung einem Ausschuß überwiesen[467]).

Ein Antrag des Bundesarbeitskreises Außenpolitik, der die Anerkennung der DDR als gleichberechtigten deutschen Gliedstaat, die Anerkennung der Oder-Neiße-Linie als endgültige polnische Westgrenze und die ausdrückliche Ablehnung der Hallstein-Doktrin vorsah[468]), fand keine Mehrheit. Vor dem Hintergrund der alliierten Vorbehaltsrechte in Bezug auf Deutschland als Ganzem, die eine alleinige Entscheidung über eine Wiedervereinigung oder endgültige Teilung nicht zuließen und auch die endgültige Entscheidung über die Grenzen Deutschlands einem Friedensvertrag vorbehielten, erklärte sich der RCDS aber bereit, „das Ziel einer Wiedervereinigung im klassisch nationalstaatlichen Sinne zugunsten des Aufgehens der zwei derzeit bestehenden deutschen Teilordnungen im Rahmen einer dauerhaften gesamteuropäischen Staatenorganisation aufzugeben“[469]).

Die Delegierten verabschiedeten darüberhinaus einstimmig einen Antrag, der repressive Methoden als ungeeignete Mittel zur Reaktion auf die aktuellen von den Hochschulen ausgehenden Unruhen ansah. Denn die Diskrepanz zwischen Demokratie-Theorie und Praxis der Demokratie sei Ursache der Unruhen. CDU/CSU und insbesondere die Junge Union müßten deshalb dem Staatsbürger einerseits zwar die notwendige Mangelhaftigkeit dieses Staatsmodells bewußt machen, sich aber andererseits glaubwürdig für mögliche Verbesserungen einsetzen. Allerdings stellte dieser Beschluß weder das detaillierte Konzept des RCDS zur Auseinandersetzung mit den Studentenunruhen und dem SDS dar[470]) noch schien sich der RCDS über seine Aufgabe in dieser Auseinandersetzung ganz im klaren zu sein. Das zeigte sich vor allem an der von vielen Delegierten heftig kritisierten Haltung der Versammlungsmehrheit, über die Vietnam-Problematik noch nicht einmal zu diskutieren[471]).

Nach einer bewegten Wahlnacht am Ende der Bundesdelegiertenversammlung stand mit Uwe-Rainer Simon aus Bonn der neue RCDS-Bundesvorsitzende fest[472]). Zu seinen Stellvertretern wählten die Delegierten Hartmut Schauerte

---

466) Protokoll der 18. Bundesdelegiertenversammlung des RCDS vom 28.02.-03.03.1968 in Königswinter, S. 14 ff. (ACDP IV- 006-009); Auswahl der politischen Beschlüsse der 18. Bundesdelegiertenversammlung, S. 2 ff. (ACDP IV-006-022/1).

467) Protokoll der 18. Bundesdelegiertenversammlung des RCDS vom 28.02.-03.03.1968 in Königswinter, S. 15 f. (ACDP IV-006-009).

468) Antrag 30 des Bundesarbeitskreises Außenpolitik zur 18. Bundesdelegiertenversammlung (ACDP IV-006-009). Flugblatt über die Mitgliederversammlung des RCDS-FU-Berlin am 06. 02.1968 (ACDP IV-006-019/3): Diese Positionen hatte die FU-Gruppe sich auf dieser Versammlung schon zu eigen gemacht.

469) Protokoll der 18. Bundesdelegiertenversammlung des RCDS vom 28.02.-03.03.1968 in Königswinter, S. 11 ff. (ACDP IV- 006-009); Auswahl der politischen Beschlüsse der 18. Bundesdelegiertenversammlung, S. 14 f. (ACDP IV-006-022/1); Kirsch, Wolfgang (1971), S. 43.

470) Protokoll der 18. Bundesdelegiertenversammlung des RCDS vom 28.02.-03.03.1968 in Königswinter, S. 18 (ACDP IV-006- 009); Auswahl der politischen Beschlüsse der 18. Bundesdelegiertenversammlung, S. 10 ff. (ACDP IV-006-022/1); siehe auch CIVIS 3/März 1968, S. 7.

471) Protokoll der 18. Bundesdelegiertenversammlung des RCDS vom 28.02.-03.03.1968 in Königswinter, S. 20 f. (ACDP IV-006-009); siehe auch CIVIS 3/März 1968, S. 7 f..

472) Protokoll der 18. Bundesdelegiertenversammlung des RCDS vom 28.02.-03.03.1968

aus Bonn, der sich schon im ersten Wahlgang mit großer Mehrheit gegen Bernd Wegener aus Gießen durchsetzen konnte, und Detlef Stronk aus München, welcher erst im dritten Wahlgang gegen Siegfried Müller aus Göttingen eine relative Mehrheit der Stimmen auf sich vereinigen konnte[473]).

Der neugewählte Bundesvorstand verfolgte den von seinen Vorgängern eingeschlagenen Weg der Schaffung einer Gesamtkonzeption des RCDS, der Entwicklung neuer Strategien des RCDS gegenüber den SDS-Aktionen und einer besseren Schulung der Mitglieder weiter. Einen zusätzlichen Schwerpunkt legte er in seiner Arbeit auf die Verbesserung der organisatorischen Voraussetzungen für Aktivitäten der RCDS-Gruppen. Denn es hatte sich gezeigt, daß die Durchführung zentraler Aktionen, die Umsetzung einer Gesamtkonzeption und erst recht eine schnelle Reaktion von RCDS-Gruppen vor Ort gegenüber SDS-Aktionen nicht nur an mangelnden Erfahrungen der RCDS-Mitglieder, sondern auch wegen der nahezu vollständig fehlenden Infrastruktur auf der Ebene der RCDS-Hochschulgruppen schon im Ansatz scheiterten[474]).

Infolgedessen versuchte der Bundesvorstand sowohl die innerverbandliche Kommunikation durch Umstellung der internen Informationen und die Einführung regelmäßiger Gruppenvorsitzendenkonferenzen neben der normalen Schulungsarbeit zu verbessern als auch die Unterstützung der Gruppenarbeit durch die Zusendung von Leitfäden und sonstigen Materialien zu verstärken. Weiter bemühte er sich, für die wichtigsten RCDS-Gruppen eine organisatorische Grundausstattung bereitzustellen, was gegenüber den Landes- und Kreisorganisationen der CDU/CSU allerdings nur langsam durchsetzbar war[475]).

Am Gründonnerstag, dem 11. April 1968, wurde Rudi Dutschke, einer der her-

---

in Königswinter, S. 24 (ACDP IV-006- 009). Simon war seit dem 27.11.1967 schon RCDS-Bundesgeschäftsführer (Dienstvertrag vom 20.11.1967 (ACDP IV-006- 013/2); Briefwechsel zwischen Simon und Schönbohm (ACDP IV-006-016/2) vom 28.03. und 28.04.1967).

[473]) Protokoll der 18. Bundesdelegiertenversammlung des RCDS vom 28.02.-03.03.1968 in Königswinter , S. 24 ff. (ACDP IV-006-009). Schauerte war bereits seit dem 01.02.1968 RCDS-Bundespressereferent (Protokoll der RCDS-Bundesvorstandssitzung vom 28.01.1968 (ACDP IV-006-013/1), S. 2). Der neue RCDS-Bundesvorstand berief Klaus Falderbaum zum Bundesgeschäftsführer, Imfeld zum Finanzreferenten, Schönbohm zum Referenten für Öffentlichkeitsarbeit, Radunski zum Grundsatzreferenten, Wolfgang Reeder zum Hochschulreferenten, Roland Wagner zum Auslandsreferenten und Günter Fölsing zum Bildungs- und PH-Referenten (1. Ausgabe von Aktuell-Interner Informationsdienst des RCDS (ACDP IV-006-042/4), S. 5).

[474]) Bericht des Bundesvorstandes über seine Arbeit im SS 1968, S. 1 ff. (ACDP IV-006-013/2); Rechenschaftsbericht des Bundesvorstandes 1968/69, S. 1 ff. (ACDP IV-006-010); Brief von Axel Rücker an den RCDS-Bundesvorstand vom 05. 05.1968 (ACDP IV-006-018/1); Forum Mai 1968, S. 1.

[475]) Bericht des Bundesvorstandes über seine Arbeit im SS 1968, S. 3 f. (ACDP IV-006-013/2); Rechenschaftsbericht des Bundesvorstandes 1968/69, S. 1 f. (ACDP IV-006-010); Leitfaden zur Wahlkampfführung von Detlef Stronk (ACDP IV-006- 053/2); 1. Ausgabe von Aktuell (ACDP IV-006-042/4); Aktennotizen vom 14.05., 06.06., 21.06. und 22.06.1968 (ACDP IV-006-052/2); Protokoll der RCDS-Bundesausschußsitzung am 05.07.1968, S. 1 ff. (ACDP IV-006-011/5); Brief des RCDS- LV-Baden-Württemberg an die CDU-Landtagsfraktion vom August 1968, S. 2 (ACDP IV-006-016/2); Rundschreiben des RCDS-Bonn vom 18.11.1968 (ACDP IV-006-023/2); RCDS-Uni-Hamburg-Mitteilungen vom WS 1968/69 (ACDP IV-006-028/5).

ausragenden Persönlichkeiten im Berliner SDS, durch Schüsse eines jungen Arbeiters lebensgefährlich verletzt. Der SDS bezeichnete auf einer Protestkundgebung im Anschluß an das Attentat als die wirklichen Schuldigen des Attentats die Springer-Presse wegen ihrer Hetze gegen die Studentenbewegung, den Innensenator von Berlin und den Regierenden Bürgermeister von Berlin. Der Beweis für die Richtigkeit seiner Anfang 1968 gestarteten Anti-Springer-Kampagne schien erbracht und führte zu gewalttätigen Ausschreitungen gegen alle Springerniederlassungen in den Ostertagen 1968 verbunden mit einer weiteren Solidarisierung und Mobilisierung von Studenten für die Ziele des SDS[476]).

In dieser Situation konstituierte sich Ende April 1968 der neugeschaffene Politische Beirat und wurde mit der Erarbeitung des „Gesamtkonzeptes des RCDS zur Reform der Gesellschaft der Bundesrepublik Deutschland" beauftragt. Die erste Gruppenvorsitzendenkonferenz tagte ebenfalls Ende April. Eine zweite sollte Ende Juli folgen. Offensichtlich wurden viele RCDS-Gruppen auch unter dem Eindruck der nach dem Attentat auf Dutschke vom SDS bundesweit inszenierten Osterunruhen aktiver oder konstituierten sich neu. Bei mehreren Wahlen zu Studentenvertretungen konnten sie Mehrheiten erringen, zumal ihnen jetzt auch teilweise in den Gruppen der im April 1968 bundesweit gegründeten und ebenfalls freiheitlich-demokratisch orientierten Deutschen Studentenunion (DSU) ein Koalitionspartner zur Verfügung stand[477]).

Die zweite und dritte Lesung der Notstandsgesetze im Bundestag im Mai 1968 führten zu einem weiteren Höhepunkt der Studentenrevolte. Am 11. Mai protestierten 50.000 Menschen auf einer Kundgebung in Bonn gegen die Annahme der Notstandsgesetze. In 25 Hochschulstädten streikten Studenten. Ab dem 20. Mai wurden Institute und Universitäten von Studenten besetzt. Gemeinsam mit dem von der IG Metall unterstützten Komitee „Notstand der Demokratie"

---

[476]) CIVIS 5/Mai 1968, S. 8 ff.; Fuchs, Werner (1971), S. 22; Rieser, Daniel (1973), S. 44 ff.; Fichter, Tilman/Lönnendonker, Siegward (1979), S. 121 ff. und 126 ff.; Schlicht, Uwe (1980), S. 72 f.; Langguth, Gerd (1983 b), S. 27 f.; Schallwig, Ulrich (1983), S. 53; Jarausch, Konrad H. (1984), 228; Kistler, Helmut (1985), S. 246; Morsey, Rudolf (1987), S. 104.

[477]) Zum Politischen Beirat: Bericht des Bundesvorstandes über seine Arbeit im SS 1968, S. 2 (ACDP IV-006-13/2); Protokoll der 1. Sitzung des Politischen Beirates am 20./21.04. 1968 (ACDP IV-006-016/1); Protokoll der RCDS-Bundesvorstandssitzung am 30.06.1968, S. 1 (ACDP IV-006-013/1); siehe auch Forum Juli 1968, S. 1 ff. (ACDP IV-006-018/1): Dem ersten Politischen Beirat gehörten Ignaz Bender, Lemppenau, Helmuth Pütz, Radunski, Röper, Jürgen Rosorius, Schönbohm und Teltschik an. Für den ursprünglich vorgesehenen Jürgen-Bernd Runge rückte Warnfried Dettling im Juni 1968 nach.

Zum Anstieg der RCDS-Aktivitäten im Sommersemester 1968: Einladungen zur 1. Gruppenvorsitzendenkonferenz vom 30. 04.-02.05.1969 vom 24.04.1968 und zur 2. vom 05.-07.07. 1968 vom 24.06.1968 (ACDP IV-006-046/1); CIVIS 5/Mai 1968, S. 8 ff.; 1. Ausgabe von Aktuell, S. 6 f. (ACDP IV-006- 042/4); Protokoll der 2. Sitzung des Politischen Beirates am 07./.08.06.1968, S. 1 (ACDP IV-006-016/1); Rundschreiben des RCDS-LV-Bayern vom 19.04.1968 (ACDP IV-006-019/2); Briefe und Aktennotizen zur Wiederbelebung des RCDS-Aachen vom 08.05., 23.05. und 14.06.1968 (ACDP IV-006-023/2); Forum Mai 1968, S. 1 ff.; Brief des RCDS-LV-Baden-Württemberg an die CDU-Landtagsfraktion vom August 1968, S. 1 f. (ACDP IV-006-016/2); Freundes- und Fördererkreis des RCDS-Frankfurt am Main (1982), S. 61 f.; SLH-Magazin Dezember 1983/Januar 1984, S. 11.

rief der SDS für den 27. Mai zum Generalstreik auf. Der RCDS versuchte mit einer ersten zentralen Flugblattaktion an 15 Universitäten ein kleines Gegengewicht zu diesen Aktionen zu bilden.
Trotz aller Proteste verabschiedete der Bundestag die Notstandsgesetze am 30. Mai mit der notwendigen Zwei-Drittel-Mehrheit[478]).
Vor diesem Hintergrund erscheint es als verständlich, daß es innerhalb einzelner Hochschulgruppen auch zu Auseinandersetzungen über den Standort und das Selbstverständnis des RCDS selber kam. Dies führte dazu, daß sich der Politische Beirat dieses Themas annahm[479]). Doch ist es nur in Berlin im Mai 1968 zu einer wirklichen Abspaltung einer größeren Gruppe von RCDS-Mitgliedern um den ehemaligen Vorsitzenden der RCDS-Gruppe an der Freien Universität, Jürgen Bernd Runge, als Konsequenz gegenüber der Haltung der dortigen Gruppenmehrheit gekommen, die bei aller Kritik an der Berliner CDU auf einer christlich-demokratischen Grundorientierung beharrte[480]).
Zur Intensivierung der innerverbandlichen Diskussion über die theoretischen Voraussetzungen christlich-demokratischer Politik und als Plattform für alle im Bereich der CDU/CSU bisher nicht berücksichtigten kritischen Meinungen erschien im Oktober 1968 die erste Ausgabe des neuen überregionalen publizistischen Organs des RCDS, die Vierteljahresschrift „Sonde – Neue Christlich-Demokratische Politik“[481]). Grundsätzliche Positionen und das Selbstverständnis des RCDS waren auch Themen der dritten Gruppenvorsitzendenkonferenz des RCDS-Bundesverbandes in der ersten Novemberhälfte 1968. Außerdem lag dort die Broschüre „Hochschule „69“ mit einer RCDS-Konzeption zur Hochschulreform vor, die auf der Basis der bisherigen Vorschläge und Papiere innerhalb des RCDS im Bundesvorstand erarbeitet worden war, nachdem ein erster Anlauf in dieser Richtung durch eine Hochschulkommission auf Bundesebene nicht zum Erfolg geführt hatte. Denn der Bundesvorstand war der Ansicht, daß nur baldige und entscheidende Reformen der Hochschulen zu einer Normalisierung der dortigen Verhältnisse führen könnten. Bis zu diesem Augenblick würden reine Ordnungsmaßnahmen nichts außer einer Solidarisierung der Studenten mit den radikalen Gruppen bewirken[482]).

---

[478]) Bericht des Bundesvorstandes für das SS 1968, S. 3 (ACDP IV-006-013/2); Flugblatt des RCDS-Uni-Regensburg vom Mai 1968 (ACDP IV-006-019/1); CIVIS 6/Juni 1968, S. 8 ff.; Fuchs, Werner (1971), S. 22 f.; Rieser, Daniel (1973), S. 49 ff.; Fichter, Tilman/Lönnendonker (1979), S. 129 ff.; Schlicht, Uwe (1980), S. 74 f.; Schallwig, Ulrich (1983), S. 53; Jarausch, Konrad H. (1984), S. 228; Kistler, Helmut (1985), S. 244 und 246; Morsey, Rudolf (1987), S. 104 und 106; siehe Anm. 439.

[479]) Protokolle der Politischen Beiratssitzungen vom 07./08.06. 1968, S. 2, und 06./07.09.1968, S. 1 (ACDP IV-006-016/1); Protokoll der RCDS-Bundesausschußsitzung vom 05.07.1968, S. 4 (ACDP IV-006-011/5).

[480]) Notizen des RCDS-LV-Berlin Nr. 1/1967, S. 5 (ACDP IV-006- 019/2); Flugblätter des RCDS-LV-Berlin und der abgespaltenen Gruppe vom Mai 1968 (ACDP IV-006-019/2 und -19/3). Runge wurde danach Mitglied der FDP und später Pressesprecher der DKP-Tarngruppierung „Friedensliste“ (Hallaschka, Andreas; 1986).

[481]) Rechenschaftsbericht des Bundesvorstandes 1968/69, S. 2 f. (ACDP IV-006-010). Verantwortlicher Redakteur wurde Schönbohm (Bericht des Bundesvorstandes für das SS 1968 (ACDP IV-006-013/2), S. 3). Siehe auch Kapitel VI..

[482]) Rundschreiben 6/WS 1968-69 (ACDP IV-006-046/1); Bericht des Bundesvorstandes für das SS 1968, S. 1 f. (ACDP IV- 006-013/2); Rechenschaftsbericht des Bundesvorstandes 1968/69, S. 4 (ACDP IV-006-010).

Doch obwohl der Verband diese Auffassung auf allen Ebenen vertrat und seine Beschlüsse zum Teil auch von der Jungen Union übernommen wurden, änderten die Verantwortlichen in Ministerien und Hochschulen von Ausnahmen abgesehen ihre schwerfällige Vorgehensweise nicht. Die Erfolgsaussichten für den Versuch des RCDS, durch „positive Aktionen“ die Mehrheit der Studenten vom besseren Weg systemimmanenter Reformbemühungen zu überzeugen, wurden dadurch natürlich nicht vergrößert[483]).

f) 1969/1970: Niedergang und Neuanfang des RCDS

Eine Dokumentation über Strategie und Ziele des SDS im Januar 1969 in der „Frankfurter Rundschau“ und dessen konkrete Aktionen zeigten deutlich, daß der SDS im Rahmen seiner Konfliktstrategie vor offener Gewaltanwendung nicht mehr zurückschreckte. Denn die Ernüchterung über die Erfolgslosigkeit der eigenen Aktionen gegen die Notstandsgesetze und die Springer-Presse hatten im November 1968 im Zusammenhang mit dem Prozeß gegen den Studentenanwalt Horst Mahler vor dem Landgericht Berlin zu einer Demonstration geführt, in deren Verlauf ungefähr 1000 Studenten unter Führung einiger SDS-Mitglieder bereitstehende Polizeieinheiten mit Pflastersteinen angegriffen hatten. Bisher hatte der SDS „Gewalt gegen Sachen“ als legitime Gegengewalt gegen die Mechanismen der staatlichen Unterdrückung legitimiert. Jetzt waren 130 Polizisten und 21 Studenten durch direkte „Gewalt gegen Personen“ verletzt worden.
Die Eskalation der Gewalt war allerdings auch von Dutschke, der die These von der Legitimität der begrenzten Gewalt entwickelt hatte, nicht ausgeschlossen worden. Für Allerbeck, Härdtl, Jarausch, Langguth, Schallwig und Schlicht kennzeichnet dieses Umschlagen des Protestes den Beginn des Zerfalls der Studentenbewegung. Denn die Übereinstimmung über die Grenzen der Aktionsmöglichkeiten war zerbrochen. Weitere Kampagnen fanden nur noch ein begrenztes Echo.
Der SDS konzentrierte sich deshalb zunächst wieder auf die Hochschulen als Agitationsfeld. Bisher hatte der SDS noch keine Mehrheit im VDS erreicht, um ihn als Plattform für seine Ziele mißbrauchen zu können[484]).

---

483) Rechenschaftsbericht des Bundesvorstandes 1968/69, S. 4 (ACDP IV-006-010); Forum Mai 1968 (2. Ausgabe), S. 1 ff. (ACDP IV-006-018/1); RCDS-Uni-Würzburg (1981), „Studentenrevolte“; Brief des RCDS-LV-Baden-Württemberg an die CDU- Landtagsfraktion vom August 1968, S. 4 (ACDP IV-006-016/ 2); Rundbrief des RCDS-Uni-Bonn vom 18.11.1968 (ACDP IV- 006-023/2); CIVIS 3/März 1968, S. 8, und 12/Dezember 1968, S. 16 ff..

484) Aktuell Nr. 7/WS 1968-69 vom Februar 1969, S. 2 f., 13 f. und 35 f. (ACDP IV-006-010); siehe auch CIVIS 2/Februar 1969, S. 14 ff..
Speziell zur Demonstration in Berlin siehe Fichter, Tilman/Lönnendonker, Siegward (1979), S. 136 f.; Schlicht, Uwe (1980), S. 75; Langguth, Gerd (1983 b), S. 28.
Zur Gewaltdiskussion siehe Allerbeck, Klaus R. (1973), S. 29; Fichter, Tilman/Lönnendonker, Siegward (1979), S. 107 f. und 136 ff.; Schlicht, Uwe (1980), S. 73 f.; Langguth, Gerd (1983 b), S. 44; Schallwig, Ulrich (1983), S. 53; Weiss, Hildegard (1985), S. 67 ff..
Zum Niedergang der Studentenbewegung siehe Wighard Härdtl in Institut für Begabtenförderung (1971), S. 113; Allerbeck, Klaus R. (1973), S. 29 f.; Schlicht, Uwe (1980), S. 75; Langguth, Gerd (1983 b), S. 28; Schallwig, Ulrich (1983), S. 55; Jarausch, Konrad H. (1984), S. 228 f.;

Unter dem Druck der andauernden gewalttätigen Auseinandersetzungen an den bundesdeutschen Hochschulen entschlossen sich die Verantwortlichen in den Landesregierungen endlich zu ersten gemeinsamen Schritten für eine Hochschulreform. Am 31. Januar/01. Februar 1969 beschloß die Ministerpräsidentenkonferenz die Einsetzung einer Bund-Länder-Kommission zur Bildungsplanung[485]).
Der RCDS und seine Koalitionspartner konnten bei den Studentenparlamentswahlen im Wintersemester 1968/69 ihre Positionen an vielen Hochschulen ausbauen[486]). Dennoch setzten sich die linksradikalen Gruppen auf der 52. Delegiertenversammlung des VDS vom 03. bis 10. März 1969 durch, was der bisherige VDS-Vorsitzende, Christoph Ehmann, mit seinem Rücktritt quittierte[487]).
Der Politische Beirat des RCDS schloß die Erarbeitung des Gesamtkonzeptes zur Reform der Gesellschaft in der Bundesrepublik Deutschland zum Ende des Wintersemesters ab. Der Bundesvorstand wollte mit der 19. ordentlichen Bundesdelegiertenversammlung des RCDS vom 11. bis 15. März 1969 in Soest die Phase der politischen Grundlegung durch konkrete Beschlüsse beenden. Der RCDS sollte dadurch insgesamt in die Lage versetzt werden, seine politische Alternative an den Hochschulen und in der Gesellschaft zu artikulieren und durch einen kompromißlosen Kampf gegen die Radikalen die Hochschulen als Kristallisationspunkt für eine vernünftige Reformbewegung zurückzugewinnen[488]).
Nach der Aufnahme dreier neuer RCDS-Gruppen in den Bundesverband und der – bei einigen Enthaltungen für die Stellvertreter – einstimmigen Entlastung des Bundesvorstandes[489]) diskutierte das Plenum nach Einführungsreferaten von Mitgliedern des Politischen Beirates zwar abschnittsweise die Vorlage des Gesellschaftsreformprogrammes[490]). Beschlüsse wurden jedoch lediglich im Rahmen der Diskussion über den außenpolitischen Teil gefaßt, in denen der Bundesvorstand unter anderem zur Intensivierung der deutschlandpolitischen Diskussion innerhalb des Verbandes aufgefordert und das Desinteresse an der Deutschlandpolitik in weiten Kreisen der CDU kritisiert wurde. Außerdem plädierten die Delegierten für eine Ungültigkeit des Münchener Abkommens von Anfang an, die diplomatische Anerkennung Chinas sowie die Wiederherstellung der Demokratie in Griechenland und Portugal. Ein Antrag zur Aufnahme diplo-

---

Zur Rückbesinnung auf die Hochschulen siehe Härdtl in Institut für Begabtenförderung (1971), S. 114 f.; Fichter, Tilman/Lönnendonker, Siegward (1979), S. 139; Langguth, Gerd (1983 b), S. 28 f.; Morsey, Rudolf (1987), S. 105. Ob das von Kuhn, Helmut (1970), S. 84 ff., „rekonstruierte" Aktionsprogramm zur Umwandlung der Universitäten allerdings jemals als Grundlage dieser Arbeit existierte, muß mangels Nachweisen bezweifelt werden.

485) Aktuell Nr. 7/WS 68-69 vom Februar 1969, S. 19 und 29 (ACDP IV-006-010); siehe auch CIVIS 1/Januar 1969, S. 20 ff..

486) Aktuell Nr. 7/WS 1968-69 vom Februar 1969, S. 4 ff. und 15 ff. (ACDP IV-006-010).

487) Aktuell Nr. 7/WS 1968-69 vom Februar 1969, S. 8 ff. (ACDP IV-006-010); Langguth, Gerd (1983 b), S. 29. Siehe auch CIVIS 11/November 1968, S. 23.

488) Rechenschaftsbericht des Bundesvorstandes 1968/69, S. 4 ff. (ACDP IV-006-010).

489) Protokoll der 19. Bundesdelegiertenversammlung des RCDS vom 11.-15.03.1969 in Soest, S. 2 f.: Die neuen Gruppen waren PH-Diusburg, HWF-Köln und Polytechnikum-München.

490) Protokoll der 19. Bundesdelegiertenversammlung des RCDS vom 11.-15.03.1969 in Soest, S. 3 ff..

matischer Beziehungen mit der DDR wurde dagegen mit großer Mehrheit abgelehnt[491]).
Das gesamte Gesellschaftsreformprogramm sollte dagegen nach einem Beschluß der Versammlung erst auf einer außerordentlichen Bundesdelegiertenversammlung möglichst am Ende des Sommersemesters 1969 endgültig verabschiedet werden. Den RCDS-Gruppen wollte man vorher noch Gelegenheit zur Diskussion und Stellungnahme geben[492]).
Vor dem Hintergrund der Entwicklung des VDS zum sozialistischen Kampfverband mit dem Ziel des gewaltsamen Umsturzes der Verfassungsordnung in der Bundesrepublik beschloß die Versammlung, im Sommersemester die Studentenschaft über die Entwicklung des VDS zu informieren. Daneben wollte man den VDS mit angemessenen politischen Mitteln bekämpfen und Bemühungen, die auf die Gründung eines demokratischen Dachverbandes deutscher Studentenschaften hinzielten, wie insbesondere den Initiativausschuß deutscher Studentenschaften (IDS), unterstützen[493]). Darüberhinaus bekräftigte man die Ablehnung eines allgemeinpolitischen Mandates für die Organe der Studentenschaften und wandte sich gegen Tendenzen, die zwangskörperschaftliche Organisation der Studentenschaft wegen ihres Mißbrauchs durch den SDS und seine Verbündeten aufzulösen. Nachdem sich der Verband schon im vergangenen Wintersemester kritisch mit den Zielsetzungen der NPD auseinandergesetzt hatte, beschloß man jetzt eine Anti-Radikalismus-Aktion gegen die NPD. Denn es sei gegenüber beiden Ausprägungen des politischen Radikalismus notwendig, einerseits durch eine überzeugende Reformpolitik die Ursachen der Protestbereitschaft weitgehend zu beseitigen und andererseits die radikalen Gruppierungen hart und eindeutig zu bekämpfen. Dabei sei das Verbot radikaler Gruppierungen die schlechteste Reaktion auf deren politische Herausforderung[494]).
Im weiteren Verlauf der Versammlung beschlossen die RCDS-Vertreter noch detaillierte Vorschläge des RCDS zu fast allen Bereichen der Hochschul- und Bildungsreform[495]). Simon wurde im zweiten Wahlgang gegen Ulrich Grosser aus Berlin in seinem Amt als RCDS-Bundesvorsitzender bestätigt. Stronk konnte sich ebenfalls im zweiten Wahlgang gegen Jürgen Rosorius aus Bonn wieder als Stellvertreter durchsetzen, während Adolf-Dieter Friedrichs aus Heidelberg ohne Gegenkandidaten und bereits im ersten Wahlgang zum zweiten Stellvertreter gewählt wurde[496]).

---

[491]) Protokoll der 19. Bundesdelegiertenversammlung des RCDS vom 11.-15.03.1969 in Soest, S. 3 ff.; Kirsch, Wolfgang (1971), S. 44.

[492]) Protokoll der 19. Bundesdelegiertenversammlung des RCDS vom 11.-15.03.1969 in Soest, S. 7.

[493]) Protokoll der 19. Bundesdelegiertenversammlung des RCDS vom 11.-15.03.1969 in Soest, S. 7 ff.; Kirsch, Wolfgang (1971), S. 44; Schallwig, Ulrich (1983), S. 55.

[494]) Rundschreiben Nr. 6/WS 1968-69 (ACDP IV-006-046/1); CIVIS 11/November 1968, S. 13 ff., 2/Februar 1969, S. 8 ff., und 5/Mai 1969, S. 8 ff.; Protokoll der 19. Bundesdelegiertenversammlung des RCDS vom 11.-15.03.1969 in Soest, S. 7 und 25 ff.; Aktuell Nr. 7/WS 1968-69 vom Februar 1969, S. 16 (ACDP IV-006-010); Kirsch, Wolfgang (1971), S. 44; Freundes- und Fördererkreis des RCDS-Frankfurt am Main (1982), S. 60.

[495]) Protokoll der 19. Bundesdelegiertenversammlung des RCDS vom 11.-15.03.1969 in Soest, S. 9 ff..

[496]) Protokoll der 19. Bundesdelegiertenversammlung des RCDS vom 11.-15.03.1969 in Soest, S. 29 f..

Die Einstellung der früheren Verbandszeitschrift CIVIS Ende Mai 1969, welche vom RCDS immer noch wesentlich mitbestimmt worden war, reduzierte nicht nur die publizistischen Möglichkeiten des Verbandes, sondern bedeutete auch den ersten von außen erkennbaren Hinweis auf eine zunehmende Schwäche der Verbandsstruktur[497]). Zusätzlich kam es in Bayern erneut zu Auseinandersetzungen mit der CSU, die zwar gegen Ende des Wintersemesters 1969/70 beigelegt werden konnten, aber aufgrund der zeitweise völligen Einstellung jeglicher materiellen Unterstützung für den bayerischen RCDS dessen Wirkungsmöglichkeiten erheblich einschränkten[498]).
Die 21. ordentliche Mitgliederversammlung des VDS in den Ostertagen dieses Jahres hatte die Möglichkeit einer einheitlichen und politisch wirksamen Vertretung der studentischen Interessen durch den VDS endgültig zerstört, da sich der VDS in einem Strukturbeschluß die sozialistische Gesellschaftsordnung zum Ziel setzte. Deshalb jetzt wurde auf Initiative des IDS mit dem ehemaligen VDS-Vorsitzenden Ehmann an der Spitze und mit Unterstützung des RCDS am 05./06. Juli 1969 von den Studentenschaften der Universitäten Bonn, Köln, Mainz und Münster und der Pädagogischen Hochschule Landau eine „Arbeitsgemeinschaft Deutscher Studentenschaften e. V." (ADS) gegründet, die sich in einer Grundsatzerklärung zur Verfassung der Bundesrepublik Deutschland bekannte. Zur Verwirklichung der Grundrechte auf freie Entfaltung der Persönlichkeit und auf freie Berufswahl forderte sie eine umfassende Bildungsreform[499]).
Der Wahl Wahl Gustav Heinemanns in der Bundesversammlung am 05. Mai 1969 durch die Stimmen von SPD und FDP folgte die Bildung einer Koalition zwischen SPD und FDP, nachdem beide Parteien bei der Bundestagswahl am 28. September 1969 zusammen eine knappe Mehrheit der Mandate errungen hatten, und damit der Verlust der Regierungsverantwortung für die CDU/CSU. In dieser Situation wurde die seit der Bundesdelegiertenversammlung in Soest weitergeführte Grundsatzdiskussion innerhalb des RCDS mit den Beratungen der außerordentlichen Bundesdelegiertenversammlung des RCDS vom 09. bis 11. Oktober 1969 in Marbach bei Marburg abgeschlossen. Mit Mehrheit beschlossen die Delegierten das erste Grundsatzprogramm des RCDS, die „39 Thesen zur Reform und zu den Zukunftsaufgaben deutscher Politik". Weitere Beschlüsse hatten die Lage der CDU/CSU nach der verlorenen Bundestagswahl und die Mitbestimmungs- und Demokratie-Reformdiskussion zum Inhalt. Darin plädierte der RCDS für eine überbetriebliche Ertragsbeteiligung der Arbeitnehmer. Er erklärte, daß ihm, da er als parteinahe Gruppe innerhalb der in der CDU/CSU schwelenden Auseinandersetzungen klare Stellung zu beziehen hätte, Politik und Richtlinien der Christlich-Demo-

---

[497]) Dies geht noch mehr aus dem Vergleich der Inhalte und dem rapide nachlassenden Echo der Fragebogenaktionen des Bundesvorstandes zur Semesterarbeit der RCDS-Gruppen im SS 1968, WS 1968/69 und SS 1969 hervor (ACDP IV-006-014/1, -014/2 und 015/1).

[498]) RCDS in Bayern (1978), S. 23 ff..

[499]) Einladung des IDS zur ADS-Gründungsversammlung vom 26.06. 1969, Protokoll der ADS-Gründungsversammlung am 05./06.07. 1969 vom 14.07.1969 und Satzung der ADS vom 05.07.1969 (alles ACDP IV-006-062/1); CIVIS 4/April 1969, S. 5; Langguth, Gerd (1983 b), S. 29; Schallwig, Ulrich (1983), S. 55.

kratischen Arbeitnehmerschaft (CDA) am geeignetsten erschienen, die gesellschaftlichen Reformen, wie Mitbestimmung und Vermögensverteilung zu verwirklichen[500]).

Ab dem Wintersemester 1969/70 gab der Bundesvorstand die überregionale Zeitung „facts" heraus, um die publizistischen Möglichkeiten des Verbandes wieder zu verbessern[501]). Mit der CDA wurde ein erster Kontakt zur Vereinbarung gemeinsamer Aktivitäten geknüpft und eine Gruppenvorsitzendenkonferenz Mitte Dezember in Tutzing gab Gelegenheit zur Diskussion über die weitere Arbeit des Verbandes[502]).

Vom 19. bis 22. Februar 1970 veranstaltete der RCDS-Bundesverband in Bad Godesberg eine internationale Studentenkonferenz, die erste größere in der Bundesrepublik Deutschland seit vielen Jahren. Knapp 300 Studenten aus vielen europäischen und außereuropäischen Ländern diskutierten auf der Basis von Referaten unter anderem von Bundesminister Erhard Eppler und Heinrich Köppler in mehreren Arbeitskreisen Probleme des Engagements von Jugendlichen in der Politik, des Ost-West- und des Nord-Süd-Konfliktes und der Einigung Europas, was auf große Resonanz in der bundesdeutschen Öffentlichkeit stieß[503]).

Der Ansturm des SDS und seiner Verbündeten in den Hochschulen war von einem verhältnismäßig geschlossenen Bündnis aller demokratisch gesonnenen Kräfte halbwegs abgewehrt worden. Der SDS zerfiel langsam in seine verschiedene Flügel und sollte sich am 21. März 1970 auflösen. Jetzt brachen allerdings zunehmend wieder die Gegensätze zwischen den „gemäßigten" Gruppen auf. Dabei wurde deutlich, daß der RCDS zwar lange und intensiv über sein Grundsatzprogramm diskutiert hatte, sich dabei aber offensichtlich nur unzureichend über eine Strategie zur Umsetzung dieses Programmes und über sein Selbstverständnis als christlich-demokratischer Studentenverband an den Hochschulen Gedanken gemacht hatte. Denn mit dem Wechsel der CDU/CSU in die Opposition hatte der RCDS seine bisherigen Einwirkungsmöglichkeiten auf die Politik zur Umsetzung der Reformgedanken seines Grundsatzprogrammes praktisch verloren, aufgrund derer er als wählbare Alternative zum SDS in den Hochschulen angetreten war. Gespräche mit der neuen SPD/FDP-Bundesre-

---

[500]) Anlagen zum Brief des RCDS-LV-Nordrhein-Westfalen vom 10. 11 1969 (ACDP IV-006-011/1); Kirsch, Wolfgang (1971), S. 45 und 47 ff.; Sonde 3/1969, S. 5 ff.; Kistler, Helmut (1985), S. 252 ff.; Morsey, Rudolf (1987), S. 108 ff.; siehe auch Kapitel V.1. und Dokumentationsteil. Der Beschluß des ersten RCDS-Grundsatzprogrammes als Schlußpunkt der Beratungen des Politischen Beirates des RCDS und des ganzen Verbandes wird unverständlicherweise weder von Pütz noch von Schönbohm in ihren Arbeiten zur Geschichte der CDU erwähnt (Pütz, Helmuth (1985), S. 51; Schönbohm, Wulf (1985), S. 142).

Im Gegensatz zu späteren außerordentlichen Bundesdelegiertenversammlungen wurde die Marbacher Versammlung in der laufenden Zählung der Bundesdelegiertenversammlungen des RCDS nicht berücksichtigt (siehe Anhang 1.).

[501]) Rundbrief Nr. 1/WS 1969-70 vom September 1969, S. 3, und Brief der facts-Redaktion vom 13.02.1970 (ACDP IV-006-053/ 3); Kirsch, Wolfgang (1971), S. 45.

[502]) Aktennotiz vom 07.01.1970 über das Gespräch am 21.10.1969 (ACDP IV-006-053/3); Teilnehmerliste der Gruppenvorsitzendenkonferenz vom 12.-14.12.1969 in Tutzing (ACDP IV-006- 046/1).

[503]) Aktennotiz vom 18.01.1970 (ACDP IV-006-013/1); RCDS-Pressemitteilung Nr. 56 vom 19.02.1970 (ACDP IV-006- 011/2); Kirsch, Wolfgang (1971), S. 45 f..

gierung waren gescheitert. Für diese Konstellation existierte aber keine strategische Konzeption zur Arbeit an den Hochschulen.
Im gesamten Verband führte diese Situation zu erheblichen Spannungen. Auf der einen Seite schwankte man auf Gruppenebene zwischen der Betonung christlich-demokratischer Positionen und einer weitgehenden Anpassung an linke politische Positionen, auf der anderen Seite resignierten viele aktive Mitglieder[504]). So endeten die Studentenparlamentswahlen im Wintersemester 1969/70 für den RCDS zwar mit einem guten Ergebnis. Denn er konnte mit dem Gewinn ungefähr eines Viertels der Studentenparlamentssitze seine Position als stärkster politischer Studentenverband vor dem SHB, dem SDS, der DSU und einer erstmalig kandidierenden Assoziation marxistischer Studenten (AMS), der Vorläuferorganisation des DKP-Studentenverbandes Marxistischer Studentenbund (MSB) Spartakus[505]), bei knapp der Hälfte für unabhängige Kandidaten behaupten[506]). Gleichzeitig kam aber die Arbeit sehr vieler RCDS-Gruppen in diesen Monaten fast vollständig zum Erliegen. Wie aus Gruppen- und Landesverbandsberichten und aus dem Vergleich des Rücklaufs und des Inhalts der Fragebogenaktionen des Bundesvorstandes zur Semesteraktivität der RCDS-Gruppen zu ersehen ist, bestand der RCDS-Bundesverband im Frühjahr 1970 höchstens noch aus 45 aktiven Hochschulgruppen gegenüber 66 Gruppen auf dem Papier[507]).
Der Ablauf der 20. ordentlichen Bundesdelegiertenversammlung des RCDS vom 02. bis 08. März 1970 in Würzburg entsprach dieser schwierigen Situation des Verbandes. Personal- und Geschäftsordnungsstreitigkeiten überschatteten die inhaltlichen Diskussionen und die Neuwahlen des Bundesvorstan-

---

[504]) Protokoll der 20. Bundesdelegiertenversammlung des RCDS vom 02.-08.03.1970 in Würzburg, S. 4; Protokoll der Landesdelegiertenversammlung des RCDS-LV-Baden-Württemberg am 28.02./01.03.1970, S. 3 f. (ACDP IV-006-011/2); Grundsatzprogramm des RCDS von 1969 (siehe Dokumentationsteil); Bericht der RCDS-Gruppe Gießen (ACDP IV-006-013/1); Freundes- und Förderkreis des RCDS-Frankfurt am Main (1982), S. 64 f..
Zur Auflösung des SDS siehe Fichter, Tilman/Lönnendonker, Siegward (1979), S. 140 ff.; Langguth, Gerd (1983 b), S. 29; Schallwig, Ulrich (1983), S. 55; Jarausch, Konrad H. (1984), S. 229.

[505]) Rieser, Daniel (1973), S. 109; Sprogies, Wolfgang (1979), S. 3 f.; Langguth, Gerd (1983 b), S. 163 ff.: Die AMS bildete sich Anfang 1969 aus Absplitterungen des traditionalistischen Flügels des SDS und noch im SDS arbeiteten Anhängern dieser Richtung.

[506]) Protokoll der 20. Bundesdelegiertenversammlung des RCDS vom 02.-08.03.1970 in Würzburg, S. 4.

[507]) Aktuell Nr. 14 vom Januar 1970, S. 11 (ACDP IV-006-043/1); Fragebogenaktionen des Bundesvorstandes zur Semesterarbeit der RCDS-Gruppen im WS 1969/70 und SS 1970 (ACDP IV-006- 015/2 und -15/3); Protokoll der Landesdelegiertenversammlung des RCDS-LV-Baden-Württemberg am 28.02./01.03.1970, S. 2 (ACDP IV-006-011/2); Liste der PH-Gruppen vom 20.04. 1970 (ACDP IV-006-013/1); Protokoll der RCDS-Bundesausschußsitzung am 01.05.1970, S. 1 ff. (ACDP IV-006-011/5); Berichte der RCDS-Gruppen Kiel und Göttingen (ACDP IV-006- 013/1); Freundes und Fördererkreis des RCDS-Frankfurt am Main (1982), S. 64 f.. Protokoll der 20. Bundesdelegiertenversammlung des RCDS vom 02.-08.03.1970 in Würzburg, S. 1 ff. und 23: Nach § 8 der damals gültigen Bundesverbandssatzung wurde eine RCDS-Gruppe, die bestimmte Mindestvoraussetzungen nicht erfüllte, für „ruhend" erklärt und nicht gestrichen.

des[508]). Zwei Gruppen wurden neu in den Bundesverband aufgenommen[509]). Die Delegierten entlasteten den scheidenden Bundesvorsitzenden Simon und seinen Stellvertreter Stronk mit Mehrheit, während sie dem anderen Stellvertreter Friedrichs die Entlastung verweigerten[510]). Immerhin gelang es den anwesenden Verbandsvertretern neben der Neufassung der Satzung, die Positionen des RCDS zu allgemeinen Fragen in mehreren Beschlüssen festzulegen und vor allem für die weitere Arbeit in den Hochschulen entscheidende Fragen zu klären. So verabschiedete man eine kritische Stellungnahme zu den Thesen des Bundeswissenschaftsministers für ein Hochschulrahmengesetz mit der Forderung von Sofortmaßnahmen zur Überwindung der bestehenden Zulassungsbeschränkungen und sprach sich für die Entwicklung einer Bundeszentralstelle für Studienplätze, die Streichung sämtlicher Studien- und Prüfungsgebühren sowie die Reform der Studentenwerke aus. Darüberhinaus befürwortete man die Verbesserung und Vereinheitlichung der studentischen Krankenversicherung[511]). Zum Selbstverständnis des RCDS beschlossen die Delegierten, daß die Grundlage der politischen Arbeit des RCDS im Grundsatzprogramm festgelegt sei und die konkrete Ausformung von Inhalten in den einzelnen Sachgebieten einschließlich des „C" sich aus diesem Programm ergeben müsse. Für das Verhältnis zur CDU sehe die Interpretation des Grundsatzprogrammes so aus, daß die CDU nach der Struktur des Parteienstaates die Partei sei, die noch am ehesten für den RCDS in Frage komme[512]).
Für die Zukunft vereinbarten die Delegierten die Intensivierung der Fachschaftsarbeit des RCDS, da auf dieser Ebene wichtige Entscheidungen für die Reform der Universität und der einzelnen Studiengänge fielen und man eine einseitige Politisierung der Universität im Sinne eines parteilichen Wissenschaftsbegriffes nicht zulassen wolle. Die ADS sollte weiter unterstützt werden, wobei jedoch langfristig ein einheitlicher studentischer Dachverband mit einer Wahllegitimation seiner Verbandsmitglieder und Vertreter, politischem Minderheitenschutz und der Ablehnung einer einseitig ausgerichteten, ideologischdoktrinären Programmatik in Satzung und Struktur angestrebt wurde[513]).
Erst im siebten Wahlgang stand mit Gerd Langguth aus Bonn, der sich gegen Rosorius und Utz Müthel durchsetzen mußte, der neue Bundesvorsitzende des RCDS fest. Bei den Wahlen zu seinen Stellvertretern konnten sich jeweils im dritten Wahlgang Klaus Hankeln aus Heidelberg gegen Knut Schwarting und

---

508) Protokoll der 20. Bundesdelegiertenversammlung des RCDS vom 02.-08.03.1970 in Würzburg, S. 4 ff.; Kirsch, Wolfgang (1971), S. 46.

509) Die neue Gruppen waren PH-Bonn und SIS-Köln (Protokoll der 20. Bundesdelegiertenversammlung des RCDS vom 02.-08.03. 1970 in Würzburg, S. 3).

510) Protokoll der 20. Bundesdelegiertenversammlung des RCDS vom 02.-08.03.1970 in Würzburg, S. 1 und 7.

511) Protokoll der 20. Bundesdelegiertenversammlung des RCDS vom 02.-08.03.1970 in Würzburg, S. 11 ff.; Beschlüsse der 20. Bundesdelegiertenversammlung, S. 1 ff. (ACDP IV-006-011/2).

512) Protokoll der 20. Bundesdelegiertenversammlung des RCDS vom 02.-08.03.1970 in Würzburg, S. 9; Beschlüsse der 20. Bundesdelegiertenversammlung Nr. 58 (ACDP IV-006-011/2).

513) Protokoll der 20. Bundesdelegiertenversammlung des RCDS vom 02.-08.03.1970 in Würzburg, S. 11; Beschlüsse der 20. Bundesdelegiertenversammlung Nr. 6 und 9 (ACDP IV-006- 011/2).

Wolfgang Kirsch aus Bonn (ursprünglich Berlin) gegen Joachim Moerschel und Schwarting durchsetzen[514]).

Der neue Bundesvorstand versuchte direkt nach seiner Wahl die Versäumnisse der Vergangenheit durch eine Verlagerung der Arbeit auszugleichen, um so die Voraussetzungen für einen Wiederaufbau des Verbandes zu schaffen. Er förderte die Selbstverständnis- und Strategiediskussion innerhalb des Verbandes und die Grundlageninformation für die Mitglieder durch die Erstellung mehrerer Broschüren und die Organisation eines breitangelegten Bildungsprogramms. Dazu verstärkte der Verband seine Bemühungen auf allen Ebenen der Hochschulpolitik, um durch eine effektive Vertretung studentischer Interessen eine wirkliche Alternative zur Politik der linken Studentengruppen darstellen zu können. Neben dem Hochschul- und Bildungsreferat wurden deshalb ein Referat für Fachbereichs- und Fachschaftsfragen und ein Sozialreferat beim Bundesvorstand neu eingerichtet und das Fachhochschulreferat wieder reaktiviert[515]).

Diese hauptsächlich innerverbandlichen Anstrengungen prägten die RCDS-Arbeit im Sommersemester 1970. Immerhin trat der Gesamtverband im Juni und Juli mit einer von Bundesvorstand zentral organisierten Aktion gegen den Numerus Clausus auch in der Öffentlichkeit auf. Dazu konnte weiterhin eine positive Entwicklung der vom RCDS unterstützten ADS verzeichnet werden, die am Ende dieses Semesters bereits die Studentenschaften von 24 Hochschulen repräsentierte[516]).

Einen Rückschlag erlitten diese Bemühungen allerdings durch den Rücktritt des stellvertretenden Bundesvorsitzenden Hankeln, für den erst im November 1970 vom Bundesausschuß des RCDS mit Wolfgang Reeder ein Nachfolger gewählt werden konnte. Problematisch blieb auch die Finanzlage des Bundesverbandes[517]).

Dennoch setzte der Vorstand auch im Wintersemester 1970/71 seine Arbeit in der gleichen Richtung fort. Er engagierte sich für die Abschaffung der Studiengebühren im Saarland und in Hamburg sowie für eine finanzielle Sicherung der

---

514) Protokoll der 20. Bundesdelegiertenversammlung des RCDS vom 02.-08.03.1970 in Würzburg, S. 32 ff.; Aktuell Nr. 16, S. 5 (ACDP IV-006-043/1): Langguth war vorher schon Bundespressereferent des RCDS und Kirsch schon RCDS-Bundesgeschäftsführer.

515) Brief des RCDS-Bundesvorstandes vom 13.03.1970 und Aktennotiz vom 01.04.1970 (ACDP IV-006-013/1); Protokoll der RCDS-Bundesausschußsitzung am 01.05.1970, S. 3 ff. (ACDP IV-006-011/5): Das Fachhochschul- und das Sozialreferat wurden wegen der angespannten Verbandsfinanzen von Eduard Strych in Personalunion verwaltet. Siehe auch Kluge, Hans-Georg/Pflüger, Friedbert (1976), S. 17.

516) Aktuell vom 21.05.1970 („Ausgabe für Fachhochschulen") und VDS-Dokumentation (ACDP IV-006-043/1); Vorlage „Numerus Clausus-Aktion" im SS 1970 (ACDP IV-006-013/1); ADS-Presseinformation vom 09.07.1970 (ACDP IV-006-062/1) und Delegiertenliste der 20. Bundesdelegiertenversammlung, S. 2 (ACDP IV-006-011/2): Das Münsteraner RCDS-Mitglied Ruprecht Polenz war gleichzeitig Vorstandsmitglied der ADS.

517) Protokoll der RCDS-Bundesvorstandssitzung am 13.07.1970 und Bundesausschußrundbrief vom 14.07.1970 (ACDP IV-006- 013/1); Kirsch, Wolfgang (1971); S. 46. Protokoll der 20. Bundesdelegiertenversammlung des RCDS vom 02.-08.03.1970 In Würzburg, S. 5: Der Bundesverband hatte schon die vergangene Amtsperiode mit einem finanziellen Defizit abgeschlossen.

Studienförderung nach dem Honnefer Modell. Die Gruppenarbeit wurde mit mehreren Dokumentationen zu aktuellen politischen Entwicklungen unterstützt[518]). Wie sich aus den Antworten auf eine Umfrage des Bundesvorstandes zur Aktivität der Gruppen entnehmen läßt, waren diese Bemühungen nicht umsonst. An vielen Hochschulen nahmen die RCDS-Gruppen wieder ihre Arbeit auf. Der RCDS hatte seinen Tiefpunkt offensichtlich überwunden[519]).

g) 1971: Finanzkrise des RCDS

Anfang 1971 veränderte der Bundesminister für innerdeutsche Beziehungen dem Beispiel anderer Bundesminister seit dem Regierungswechsel 1969 folgend seine Förderungsrichtlinien für Berlin-Seminare. Direkte Folge dieser Maßnahme war für den RCDS, daß er seine gesamte deutschlandpolitische Bildungsarbeit, seit 1961 immerhin über 100 Seminare in Berlin, einstellen mußte. Es war für ihn unmöglich, die jetzt durch Bundesmittel nicht mehr geförderten restlichen Kosten durch Eigenmittel zu decken[520]). Diese Entwicklung verschärfte die finanziellen Schwierigkeiten des Gesamtverbandes, welche während des ganzen Jahres die Konsolidierung seiner Arbeit erheblich behindern sollte.

Der Bundesvorstand nutzte den 20. Geburtstag des RCDS-Bundesverbandes zur Herausgabe einer Broschüre, mit der die verbandsinternen Diskussionen um das Selbstverständnis und die Strategie des Verbandes unterstützt werden sollten. Neben Beiträgen zur Geschichte und Programmatik des Verbandes nahm der Bundesvorsitzende zu Funktion und Auftrag des RCDS Stellung. Der RCDS, so schrieb er, sei als der Gegenpol zur extremen Linken an den Hochschulen anzusehen, was auf seine Arbeit im studentischen Bereich und seine theoretischen und konzeptionellen Vorstellungen in anderen Feldern der Politik zurückzuführen sei. Der RCDS suche zwar Kontakt zu allen demokratischen gesellschaftlichen Gruppen. Aufgrund seiner geistigen und politischen Grundlagen habe er aber trotz aller tagespolitischen Divergenzen eine engere Beziehung zur CDU als beispielsweise zur SPD[521]).

Die 21. ordentliche Bundesdelegiertenversammlung des RCDS vom 17. bis 20. März 1971 in Oldenburg machte einerseits die fortschreitende Konsolidierung des Verbandes deutlich. Nach der Neuaufnahme von fünf Gruppen bestand der Verband wieder aus 53 aktiven Gruppen bei 68 Gruppen insgesamt[522]). Ande-

---

518) RCDS-Bundesvorstandsrundbriefe vom 27.10. und 16.11.1970 (ACDP IV-006-013/1); Aktuell-Kurzdokumentation über den SHB vom 30.11.1970 (ACDP IV-006-043/1); RCDS Bundesvorstand (Hrsg.): Gerd Langguth (Verf.) – Freiheit und Toleranz in Lehre und Forschung (ACDP IV-006-043/2).

519) So z. B. die Berichte der RCDS-Gruppen Eichstätt, Gießen, Göttingen, Kiel, Uni-München, PH-Münster, Reutlingen, Worms und Würzburg (ACDP IV-006-013/1); siehe auch Freundes- und Fördererkreis des RCDS-Frankfurt am Main (1982), S. 65, und Kluge, Hans-Georg/Pflüger, Friedbert (1976), S. 18.

520) Brief des RCDS-Bundesvorsitzenden an den Bundesminister für innerdeutsche Beziehungen vom 12.02.1971 (ACDP IV-006-057/4).

521) Kirsch, Wolfgang (1971), S. 5 f.; siehe auch u. a. Anm. 504, 523 und 526.

522) Protokoll der 21. Bundesdelegiertenversammlung des RCDS vom 17.-20.03.1971 in Oldenburg, S. 2 f. und 7: Die neuen Gruppen waren Uni-Bielefeld, Uni-Düsseldorf, Mönchengladbach, WFH-München und PH-Reutlingen. Siehe auch Freundes- und Fördererkreis des RCDS-Frankfurt am Main (1982), S. 66.

rerseits zeigte die Vorlage von je einem Rechenschaftsbericht durch den Bundesvorsitzenden und durch die beiden Stellvertreter, daß die tiefgreifenden Meinungsunterschiede über Art und Weise der weiteren Arbeit immer noch nicht überwunden waren[523]). Dennoch würdigten die Delegierten die insgeamt erfolgreiche Arbeit des Bundesvorstandes im vergangenen Jahr, indem sie den Vorsitzenden einstimmig bei drei Enthaltungen und beide Stellvertreter mit Mehrheit politisch entlasteten[524]). Der Bundesvorsitzende Langguth wurde nach ausführlichen Antragsberatungen, bei denen sich der RCDS für das Modell der Integrierten Gesamthochschule (IGH) als Hochschulform der Zukunft entschied, im ersten Wahlgang gegen Müthel und Reeder mit großer Mehrheit wiedergewählt. Bei den Wahlen zu seinen beiden Stellvertretern konnten sich im fünften Wahlgang Lothar-Theodor Lemper aus Köln gegen Schwarting und im ersten Wahlgang Schwarting aus Oldenburg gegen Harald Schaufuß durchsetzen[525]).
Auch der neue Bundesvorstand versuchte, die Strategie- und Selbstverständnisdiskussion innerhalb des Verbandes als Konsequenz aus der bisherigen Entwicklung zu forcieren. Ein erstes Strategieseminar fand Mitte Mai statt, ein weiters Ende Oktober[526]). Um die zunehmende Aktivität der Hochschulgruppen zu unterstützen, plante man die Erstellung und den Versand verschiedenster Materialien. Doch die akute Knappheit der Finanzen setzte diesen Bemühungen enge Grenzen. Eine ebenfalls Mitte Mai geplante Bundesausschußsitzung, auf welcher der Bundesvorstand des Amtsjahres 1970/71 endgültig finanziell entlastet werden sollte, mußte verschoben werden, da die Lage noch zu unübersichtlich war. Als Sofortmaßnahmen zur Verbesserung der Lage beschloß der Bundesvorstand die Reduzierung seiner ohnehin nicht üppigen Aufwandsentschädigungen von Mai bis September 1971[527]).
Die Arbeit der Verbandsgliederungen ging dennoch weiter. So kritisierte der RCDS-Landesverband Nordrhein-Westfalen zum Beispiel die durch den damaligen Landesminister für Wissenschaft und Forschung, Johannes Rau, Ende April vorgelegten „Thesen zur Planung und Errichtung von Gesamthochschulen" als rein organisatorische Reform, welche aber ohne eine vorausgehende Reform der Studiengänge und ohne eine Neuordnung der Studieninhalte abgelehnt werden müsse. Im August legte der Landesvorstand des RCDS dazu eine eigene Konzeption vor, um im Gegensatz zu den linksradikalen Kräften an den Hochschulen deutlich zu machen, daß der RCDS bereit sei, durch kontruktive Beiträge an der politischen Auseinandersetzung innerhalb und außerhalb der Hochschulen teilzunehmen[528]).

---

523) Protokoll der 21. Bundesdelegiertenversammlung des RCDS vom 17.-20.03.1971 in Oldenburg, S. 1 f..

524) Protokoll der 21. Bundesdelegiertenversammlung des RCDS vom 17.-20.03.1971 in Oldenburg, S. 3.

525) Protokoll der 21. Bundesdelegiertenversammlung des RCDS vom 17.-20.03.1971 in Oldenburg, S. 3 ff. und 8 f.. Siehe zur IGH u. a. Anm. 567.

526) Gruppenrundbriefe des RCDS-Bundesvorstandes Nr. 48 vom 23.04.1971 (ACDP IV-006-023/1) und Nr. 69 vom 12.10.1971, S. 3 (ACDP IV-006-058/3).

527) Protokoll der RCDS-Bundesvorstandssitzung am 03.05.1971, S. 1 ff. (ACDP IV-006-013/1).

528) Flugblatt des RCDS-Uni-Köln von Anfang Mai 1071 und Vorstellungen des RCDS-LV-Nordrhein-Westfalen zur Gesamthochschulplanung im Lande Nordrhein-Westfalen vom 13.08. 1971, S. 1 f. (ACDP IV-006-023/2).

Mitte Juli 1971 konnte die verschobene RCDS-Bundesausschußsitzung zur Beratung der finanziellen Situation endlich stattfinden. Als wesentliche Ursache für die derartig kritische Entwicklung der Finanzen wurde dort die Trennung der politischen Führung des Verbandes von der Finanzverwaltung angesehen. Man diskutierte deshalb die Aufnahme des Finanzreferenten in den engeren Bundesvorstand. Der Bundesvorstand des Amtsjahres 1970/71 wurde zwar endgültig finanziell entlastet, aber die Verabschiedung des neuen Haushaltsplan mußte auf eine weitere Sitzung im Oktober verschoben werden, da die Höhe der finanziellen Verbindlichkeiten des Verbandes immer noch nicht feststand[529]).

Mit der Gründung des MSB Spartakus vom 20. bis 22. Mai 1971 in Bonn hatte sich an den bundesdeutschen Hochschulen wieder ein Studentenverband etabliert, der offen prokommunistisch agitierte. Das verschärfte die politischen Auseinandersetzungen erheblich. Trotz der prekären Finanzlage reagierte der Bundesvorstand sofort mit der Zusammenstellung zweier Dokumentationen über den ersten Bundeskongreß des MSB Spartakus, um den Gruppen wenigstens ausreichende Informationen für die Auseinandersetzung zur Verfügung zu stellen[530]).

Die immer noch andauernden innerverbandlichen Meinungsverschiedenheiten führten mit der Demission von Schwarting erneut zu einem „unvollständigen" Bundesvorstand[531]).

Es war deshalb verständlich, daß die Wahl des RCDS-Bundesvorsitzenden Langguth in den Bundesvorstand der CDU auf deren Bundesparteitag 1971 in Saarbrücken innerhalb der RCDS nicht auf ungeteilte Zustimmung stieß. Doch erklärte der Bundesvorsitzende gegenüber den Gruppenvorsitzenden, daß sich die Position des RCDS zur CDU nicht verändert habe. Nur wolle er, wenn man schon als RCDS an den Hochschulen vom normal informierten Studenten prinzipiell mit der CDU identifiziert werde, alle sich anbietenden Möglichkeiten der Einwirkung in die Unionsparteien ausnutzen, um sie zu einer studentenfreundlicheren Haltung zu bewegen[532]).

Trotz der begrenzten finanziellen Mittel setzte der RCDS-Bundesverband seine Arbeit im Wintersemester 1971/72 mit bundesweiten Flugblattaktionen zu studentischen Sozialproblemen wie dem Mietrecht und einer ersten Aufklärungsaktion über Ziele und Politik des MSB Spartakus fort[533]).

---

[529]) Protokoll der RCDS-Bundesausschußsitzung am 19.07.1971, S. 1 f. (ACDP IV-006-011/5).

[530]) Aktuell Nr. 5/1971 vom 26.07.1971 und 6/1971 (ACDP IV-006-043/1); Sprogies, Wolfgang (1979), S. 1 und 6 ff.; Langguth, Gerd (1983 b), S. 166 ff..

[531]) Gruppenrundbrief des RCDS-Bundesvorstandes Nr. 46 vom 27. 08.1971 (ACDP IV-006-058/1); siehe auch Protokoll der RCDS-Bundesausschußsitzung am 19.07.1971, S. 3 (ACDP IV-006-011/5).

[532]) Gruppenrundbrief des RCDS-Bundesvorstandes Nr. 69 vom 12. 10.1971, S. 1 f. (ACDP IV-006-058/3). Der RCDS hatte sich auf diesem Parteitag außerdem erfolglos für eine Korrektur der außen- und deutschlandpolitischen Positionen der CDU eingesetzt (Buchhaas, Dorothee (1981), S. 322).

[533]) Gruppenrundbrief des RCDS-Bundesvorstandes Nr. 69 vom 12. 10.1971, S. 1 (ACDP IV-006-058/3); Protokoll der 22. Bundesdelegiertenversammlung des RCDS vom 02.-05.03.1972 in Paderborn, S. 4.

3. 1972–1986

a) 1972/1973: Erneuter Aufschwung mit Turbulenzen

Der Beginn des neuen Jahres brachte für den Bundesvorstand eine leichte Erholung seiner finanziellen Lage und den Umzug in eine neue Geschäftsstelle mit verbesserten technischen Möglichkeiten. Dies ermöglichte das Erscheinen der ersten Ausgabe der neuen Verbandszeitschrift „Demokratische Blätter“[534]).
Die starke Beteiligung der RCDS-Hochschulgruppen an der 22. ordentlichen Bundesdelegiertenversammlung des RCDS vom 02. bis 05. März 1972 in Paderborn zeigte, daß die Bemühungen des Bundesvorstandes in diesem Amtsjahr, alle verfügbaren Kräfte auf die Unterstützung der Gruppenarbeit zu richten[535]), trotz aller Schwierigkeiten nicht ohne Erfolg geblieben waren. Die Anwesenheit von 56 stimmberechtigten Hochschulgruppen nach der Aufnahme von elf Gruppen dokumentierte den andauernden Wiederaufschwung des RCDS[536]).
So stellte der Bundesvorstand in seinem Rechenschaftsbericht zu Recht fest, daß der RCDS aus der Talsohle herausgekommen sei. In der Zukunft müsse der Verband aber deutlicher als bisher seine progressive Alternative einer studentischen Interessenvertretung gegenüber der reaktionären Linken herausstellen. Insbesondere dürfe es im RCDS keinen sterilen Antikommunismus anstelle des ebenso sterilen Pro-Sozialismus auf Seiten des politischen Gegners geben[537]).
Vor dem Hintergrund der Diskussionen der vergangenen Jahre erscheint es verständlich, daß die Wahl der RCDS-Bundesvorsitzenden in den Bundesvorstand der CDU in der Debatte über den Rechenschaftsbericht heftig diskutiert, schließlich von der Mehrheit der Delegierten aber gebilligt wurde. Allgemein würdigte man jedoch die konsequente Hinwendung des Vorstandes auf hochschulpolitische Probleme und begrüßte die zunehmende Anzahl von SPD-Mitgliedern im Verband. Dies beweise, daß der RCDS als die Alternative zur vereinigten Linken angesehen werde[538]). Der gesamte Bundesvorstand wurde daraufhin mit großer Mehrheit finanziell und politisch entlastet[539]).
Nach der Antragsberatung, in der es insbesondere bei der Frage des weiteren

---

534) Protokoll des 22. Bundesdelegiertenversammlung des RCDS vom 02.-05.03.1972 in Paderborn, S. 3 f.. Die Geschäftsstelle befand sich jetzt für 10 1/2 Jahre im Jagdweg 7 in Bonn.

535) Protokoll der 22. Bundesdelegiertenversammlung des RCDS vom 02.-05.03.1972 in Paderborn, S. 3.

536) Protokoll der 22. Bundesdelegiertenversammlung des RCDS vom 02.-05.03.1972 in Paderborn, S. 2 und 9 f.: Die neuen bzw. wiedergegründeten Gruppen waren FH-Dortmund, PH-Essen, Uni-Kaiserslautern, GHS-Kassel, FH-Koblenz, Uni-Köln, FHfW-Ludwigshafen, FH-Lübeck, FH-Niederrhein-Mönchengladbach, FHW-Paderborn und FH-Wilhelmshaven. Die Gruppen FH- Lübeck und FU-Berlin bekamen aus Satzungsgründen auf dieser Delegiertenversammlung kein Stimmrecht.

537) Protokoll der 22. Bundesdelegiertenversammlung des RCDS vom 02.-05.03.1972 in Paderborn, S. 3 f..

538) Protokoll der 22. Bundesdelegiertenversammlung des RCDS vom 02.-05.03.1972 in Paderborn, S. 5 ff..

539) Protokoll der 22. Bundesdelegiertenversammlung des RCDS vom 02.-05.03.1972 in Paderborn, S. 8 f.: Lemper und Schwarting wurden politisch sogar einstimmig bei einigen Enthaltungen entlastet.

Vorgehens gegenüber dem VDS und zur Position des RCDS in der Ost- und Deutschlandpolitik zu hektischen Debatten kam[540]), wurde Langguth mit großer Mehrheit als RCDS-Bundesvorsitzender wiedergewählt. Zu seinen Stellvertretern bestimmten die Delegierten Peter Hintze aus Bonn, der sich gegen Egbert Bischoff durchsetzen konnte, und Marie-Theresia von Schewick aus Würzburg[541]).

Über die Diskussionen auf der Bundesdelegiertenversammlung hinaus beteiligte sich der Verband weder in nennenswertem Umfang an den Debatten um die Ratifizierung der Ostverträge durch den Deutschen Bundestag noch an den weiteren innenpolitischen Auseinandersetzungen, die schließlich zur vorgezogenen Bundestagsneuwahl am 19. November 1972 führten sollten. Dagegen gelang es dem neugewählten Bundesvorstand in den folgenden Monaten, die Verbandsfinanzen endgültig zu konsolidieren, wozu auch die Einstellung eines hauptamtlichen Bundesgeschäftsführers zum Jahreswechsel 1972/73 beitrug[542]). Dadurch konnte die Unterstützung der Hochschulgruppen mit Dokumentationen und sonstigen Materialien erheblich gesteigert werden. Weiteres Material von einzelnen Landesverbänden des RCDS kam noch hinzu. Die Infrastruktur der einzelnen Hochschulgruppen verbesserte sich weiter. Trotz massiver Einschüchterungsversuche linksradikaler Gruppen durch – häufig gewaltsame – Störungen und Sprengungen von RCDS-Veranstaltungen blieb der Trend zur Gründung neuer RCDS-Hochschulgruppen ungebrochen[543]).

Allerdings verschärften sich die schon auf der Paderborner Bundesdelegiertenversammlung erkennbaren persönlichen Streitigkeiten zwischen einzelnen Funktionsträgern des Verbandes zum Ende des Jahres[544]). Ein Grund dieser Entwicklung dürften die noch schmalen inhaltlichen Gemeinsamkeiten zwischen den zum großen Teil neugegründeten bzw. mit neuen Mitgliedern reaktivierten RCDS-Gruppen gewesen sein, wodurch die Debatten über die Grundsätze der weiteren RCDS-Arbeit leichter als sonst auf die Ebene persönlicher Streitigkeiten abrutschten[545]).

---

540) Protokoll der 22. Bundesdelegiertenversammlung des RCDS vom 02.-05.03.1972 in Paderborn, S. 11 f..

541) Protokoll der 22. Bundesdelegiertenversammlung des RCDS vom 02.-05.03.1972 in Paderborn: Die Listen in Kluge, Hans-Georg/Pflüger, Friedbert (1976), S. 20, und RCDS-Bundesvorstand (1981), S. 57, sind insoweit falsch. Hintze war vorher schon RCDS-Bundesgeschäftsführer (Gruppenrundbrief des RCDS-Bundesvorstandes Nr. 48 vom 23.04.1971 (ACDP IV-006-023/1), S. 2).

542) Kassenprüfungsbericht zur 23. Bundesdelegiertenversammlung des RCDS 1973 in Heidelberg; Brief von Hintze an Lemper vom 13.11.1972 (ACDP IV-006-024/1): Der neue RCDS-Bundesgeschäftsführer, Norbert Kühne, war bis zum 31.12.1986 im Amt und wurde ab dem 01.01.1987 Geschäftsführer des RCDS- Bildungs- und Sozialwerkes e. V. (siehe dazu Anm. 861). Zur allgemeinen historischen Entwicklung siehe Kistler, Helmut (1985), S. 277 ff. und 294 ff..

543) Siehe die Dokumentationen in ACDP IV-006-043/2, darunter die Dokumentation des RCDS-Bundesvorstandes zur Sprengung vom RCDS-Veranstaltungen vom März 1974; Rechenschaftsbericht des RCDS-Landesvorstandes Nordrhein-Westfalen 1971/72 (ACDP IV-006-024/1); Freundes- und Fördererkreis des RCDS-Frankfurt am Main (1982), S. 68 f.; RCDS-Uni-Würzburg (1982), „Wider die Resignation".

544) Briefe vom 22.10., 12.11., 13.11. und 24.11.1972 sowie vom 15.02. und 17.02.1973 (alle ACDP IV-006-024/1).

545) Gruppenrundbrief des RCDS-Landesvorsitzenden Nordrhein-Westfalen vom 21.12.1972 (ACDP IV-006-024/1).

So zeigte die 23. ordentliche Bundesdelegiertenversammlung des RCDS vom 08. bis 11. März 1973 in Heidelberg mit der Anwesenheit von 77 Hochschulgruppen nach der Aufnahme von über 20 RCDS-Gruppen einerseits einen weiterhin expandierenden RCDS-Bundesverband[546]). Andererseits verhinderten regelrecht ins chaotische gehende Debatten vollständig eine Beratung und Beschlußfassung der vorliegenden Anträge. Im Ergebnis wurde der alte Bundesvorstand des RCDS dennoch mit Mehrheit entlastet und Langguth gegen Thomas Baur zum vierten Mal zum RCDS-Bundesvorsitzenden gewählt. Zu seinen Stellvertretern bestimmten die Delegierten Josef Keller aus Worms und erneut Hintze, beide ohne Gegenkandidaten[547]).
Trotz des Verlaufs dieser Bundesdelegiertenversammlung verstärkte sich nach der großen Welle von Gruppenneugründungen jetzt auch die Rückkehr des RCDS in die Organe der Studentenschaften. Zum Teil in Koalition mit dem Sozialliberalen Hochschulverband (SLH) gelang die Rückeroberung mehrerer Allgemeiner Studentenausschüsse (ASt' en), so zum Beispiel an der Universität Bochum im Sommersemster 1973 und an der Universität Würzburg im Wintersemester 1973/74[548]).
Um wenigstens einen Teil der liegengebliebenen inhaltlichen Vorlagen beraten zu können, berief der Bundesvorstand vom 09. bis 11. November 1973 eine außerordentliche, die 24., Bundesdelegiertenversammlung nach Mainz ein. Dieses Vorhaben hatte nur einen begrenzten Erfolg. Denn es wurde über wenige Antragsvorlagen wirklich entschieden[549]).

b) 1974/1975: Intensives hochschulpolitisches Engagement

Erst zu Beginn des Jahres 1974 scheint sich innerhalb des Verbandes die verstärkte Hinwendung zur inhaltlichen Arbeit insgesamt durchgesetzt zu haben. Vor dem Hintergrund der Vorlage des zweiten Entwurfs für ein Hochschulrahmengesetz durch die Bundesregierung im August des vergangenen Jahres lag der Schwerpunkt auf der Beratung hochschulpolitischer Themen. Doch fällt in diese Monate auch der Beginn einer erneuten, langfristig angelegten Grundsatzdiskussion mit der Erarbeitung eines neuen RCDS-Grundsatzprogramms als Ziel[550]).
Hochschulpolitische Themen standen daher auch im Mittelpunkt der 25. ordentlichen Bundesdelegiertenversammlung des RCDS vom 29. bis 31. März

---

[546]) Protokoll der 23. Bundesdelegiertenversammlung des RCDS vom 08.-11.03.1973 in Heidelberg, S. 1 ff.: Das Protokoll verzeichnet nicht alle Namen der neuen bzw. wiedergegründeten Gruppen; außerdem waren nur 74 Gruppen stimmberechtigt. Aus dem RCDS-LV-Niedersachsen/Bremen wurden die RCDS-LV' s Niedersachsen und Bremen gebildet (Protokoll, a. a. O., S. 1).

[547]) Protokoll der 23. Bundesdelegiertenversammlung des RCDS vom 08.-11.03.1973 in Heidelberg, S. 4.

[548]) Brief von Friedrich-Walter Ebener vom 21.01.1985; RCDS-Uni-Würzburg (1981), „Wider die Resignation"; siehe auch Kluge, Hans-Georg/Pflüger, Friedbert (1976), S. 18. Die Deutsche Studentenunion (DSU) hatte sich 1972 in Sozialliberaler Hochschulverband (SLH) umbenannt (SLH-Magazin Dezember 1983/ Januar 1984, S. 11)

[549]) Protokoll der 24. Bundesdelegiertenversammlung des RCDS vom 09. 11.11.1973 in Mainz.

[550]) RCDS-Bundesvorstand (1981), S. 36 und 41.

1974 in Münster. Die Delegierten sprachen sich in einem Beschluß zum Hochschulrahmengesetz nachdrücklich gegen die im zweiten Regierungsentwurf erstmals vorgesehene Einführung von Regelstudienzeiten für die einzelnen Studiengänge aus. Eine Studienreform sollte die Regelstudienzeiten überflüssig machen. Darüberhinaus kritisierten sie, daß die Verfaßte Studentenschaft nicht als verbindliche Form der studentischen Selbstverwaltung im Gesetz festgeschrieben, sondern allen Ländern überlassen bleiben sollte. Dabei wandte man sich ein weiteres Mal gegen die Inanspruchnahme eines allgemeinpolitischen Mandates durch die Organe solcher Zwangskörperschaften. Da die Verfaßte Studentenschaft an den Hochschulen des Freistaates Bayern schon zum Jahresanfang 1974 abgeschafft worden war, hatte diese Forderung eine besondere Aktualität.
Angesichts der sozialen Situation der Studenten forderten weitere Beschlüsse der Bundesdelegiertenversammlung unter anderem eine familienunabhängige, kostendeckende und darlehensfreie Ausbildungsförderung, die Neukonzeption des studentischen Wohnens und die sofortige Neuordnung der studentischen Krankenversicherung im Rahmen einer bundesgesetzlichen Regelung.
Zum Abschluß der Versammlung wählten die Delegierten den Münsteraner Ulrich Schröder als Nachfolger des nicht mehr kandidierenden Langguth zum neuen Bundesvorsitzenden des RCDS. Dessen Stellvertreter wurden Dorothee Buchhaas aus Köln und Werner Kaldeich aus Bonn, letzterer erstmals als Stellvertreter und RCDS-Bundeschatzmeister[551]).
In den folgenden Monaten ergriff der RCDS bei mehreren besonders drängenden hochschulpolitischen und sozialen Anliegen der Studentenschaft selbst die Initiative. So wurde im Sommer 1974 erstmals vom Bundesvorstand ein Abiturienten-Info erstellt, daß den Abiturienten durch umfassende Informationen den Übergang von der Schule zur Hochschule erleichtern und Startschwierigkeiten beseitigen helfen sollte[552]). Die Zentralstelle für die Vergabe von Studienplätzen (ZVS) hatte sich als unfähig erwiesen, die Hochschulortswünsche der Studienbewerber ausreichend zu berücksichtigen. Dies führte zu erheblichen Härten für Studenten. Ab dem Sommer 1974 entwickelte man deshalb im Bundesvorstand ein computergestütztes Studienplatztauschverfahren. Eine erste Tauschaktion im Wintersemester 1974/75, an der interessierte Studenten im Gegensatz zu kommerziellen Unternehmen kostenlos teilnehmen konnten, wies schon eine Erfolgsquote von über 20% auf. Diese Quote sollte bei folgenden Aktionen noch erheblich gesteigert werden können[553]). Viele RCDS-Hoch-

---

[551]) Kluge, Hans-Georg/Pflüger, Friedbert (1976), S. 17; RCDS- Bundesvorstand (1981), S. 37; RCDS-Uni-Würzburg (1981), „Sprecherrat"; siehe Anm. 529; Vermerk über das Gespräch mit Norbert Kühne am 24.11.1986: Diese Doppelfunktion eines stellvertretenden RCDS-Bundesvorsitzenden wurde erst bei der Neuregelung der Finanz- und Kassenordnung des RCDS auch satzungsrechtlich festgelegt (siehe dazu z. B.: § 10 der Finanz- und Kassenordnung des RCDS in der Fassung vom 10.03.1984).

[552]) Demokratische Blätter 3/Juni-Juli 1975, S. 8.

[553]) Demokratische Blätter 3/Juni-Juli 1975, S. 19, und 5/November-Dezember 1975, S. 15; RCDS-Bundesvorstand (1981), S. 38; Vermerk über das Gespräch mit Norbert Kühne am 24. 11.1986: Der RCDS-Studienplatztausch wurde zuerst von Renate Fichtner, Andrea Streck und Helmut Rafalski entwickelt und anschließend von Bernhard Albrecht (Angestellter der RCDS-Bundesgeschäftsstelle von April 1973-April 1986, seit Mitte 1982 als stellvertretender RCDS-Bundesgeschäftsführer) übernommen und zur späteren Größe ausgebaut (siehe auch Anm. 626 und 1069).

schulgruppen bauten zusätzlich zu diesen Bundesverbandsaktivitäten kostenlose Zimmervermittlungen für Studenten auf, da sich von linken Gruppen gestellte ASt' en angesichts der studentischen Wohnungsnot oft als unfähig zur Abhilfe erwiesen. Sie konnten so und durch Aufrufe an die Bevölkerung das Angebot an Studentenzimmern erheblich vergrößern[554]).

Die Härte der Auseinandersetzungen an den Hochschulen zwischen demokratischen Gruppen einerseits und linksradikalen Gruppen andererseits verminderte sich dabei auch in diesem und den folgenden Jahren nicht[555]). Insbesondere den Verleumdungen des RCDS durch den MSB Spartakus wurden 1974 mehrfach gerichtliche Schranken gesetzt[556]). Der Trend der Rückeroberung von ASt' en durch den RCDS oder andere demokratische Gruppen setzte sich aber weiterhin fort[557]).

Um der Ablehnung einer Einführung von Regelstudienzeiten und der Forderung nach einer wirklichen, durchgreifenden Studienreform Nachdruck zu verleihen, veranstaltete der RCDS vom 16. bis 18. Januar 1975 in Münster seinen ersten Studienreformkongreß. Sein Bundesvorsitzender Schröder stellte dort das völlige Scheitern der bisherigen Studienreformbemühungen in der Bundesrepublik Deutschland fest, warnte aber davor, deswegen das ausgewogene Gleichgewicht zwischen der Autonomie der Hochschule und der eingeschränkten staatlichen Lenkungskompetenz in irgendeine Richtung zu verlagern. Aus diesem Grund müßte in den grundsätzlich anzustrebenden Studienreformkommissionen die Hochschulseite die Mehrheit haben. Als konkreter Beitrag des RCDS dazu wurden auf diesem Kongreß Grundsätze einer Studienreform und Leitlinien für die Studiengänge Medizin, Wirtschaftswissenschaften, Jura und Lehrerausbildung erstellt[558]).

Die Studienreformdiskussion bestimmte auch bei der 26. ordentlichen Bundesdelegiertenversammlung des RCDS vom 06. bis 08. März 1975 in Marburg einen wesentlichen Teil der Antragsberatungen. Nach der Vorbereitung durch Arbeitsgruppen wurden Studienreformpapiere und -stellungnahmen zu allgemeinen Grundsätzen und in den Bereichen Grundschullehrerausbildung, Naturwissenschaften, Fachhochschulen, Wirtschaftswissenschaften sowie Jura im Plenum beraten und zum Teil auch beschlossen[559]).

---

[554]) Kluge, Hans-Georg/Pflüger, Friedbert (1976), S. 18; Freundes- und Fördererkreis des RCDS-Frankfurt am Main (1982), S. 70; RCDS-Uni-Würzburg (1981), „Sprecherrat"; Demokratische Blätter 3/Juni-Juli 1975, S. 3.

[555]) Siehe u. a.: Demokratische Blätter 3/Juni-Juli 1975, S. 7, und 5/November-Dezember 1975, S. 14.

[556]) RCDS-Bundesvorstand (Hrsg.): Dokumentation über die Rechtsstreitigkeiten innerhalb der Studentenschaft an den Hochschulen der Bundesrepublik Deutschland 1969-1977 (Autor: Ulrich Tschöpe), Bonn 1979; Demokratische Blätter 3/ Juni-Juli 1975, S. 7.

[557]) Demokratische Blätter 3/Juni-Juli 1975, S. 23, und 5/November-Dezember 1975, S. 12: Bis 1975 einschließlich konnte der RCDS allein oder mit Koalitionspartnern die ASt' en (in Bayern: Sprecherräte) an den Hochschulen Uni Bonn, Uni Bochum, TH Aachen, PH Vechta, Uni Karlsruhe, Uni Köln, Uni Ulm, HfN Bremen, FH Ludwigshafen, TU München, Uni München, FH München, Uni Regensburg und Uni Würzburg zurückgewinnen.

[558]) RCDS-Bundesvorstand (1981), S. 39.

[559]) Protokoll der 26. Bundesdelegiertenversammlung des RCDS vom 06.-08.03.1975 in Marburg, S. 6 und 8 ff..

Mehrere Gruppen wurden neu aufgenommen und der scheidende Bundesvorstand einstimmig bei einer Enthaltung von den Delegierten politisch entlastet[560]). Hans Reckers aus Tübingen wählte man zum neuen RCDS-Bundesvorsitzenden. Zu seinem einen Stellvertreter bestimmten die Delegierten Friedbert Pflüger aus Göttingen und erneut bei nur einer Gegenstimme und einer Enthaltung Kaldeich zum anderen Stellvertreter und Bundeschatzmeister[561]).
Der RCDS setzte im Sommersemester sein Engagement zu hochschulpolitischen Fragen fort. Trotz seines gestiegenen Einflusses in den ASt' en gelang es ihm aber nicht, bei der Neugründung eines Dachverbandes der Studentenschaften, den „Vereinigten Deutschen Studentenschaften (VDS)", in diesen Monaten in Düsseldorf und Gießen wenigstens einen Minderheitenschutz durchzusetzen. Auch ein Antrag der vom RCDS gestellten bzw. mitgestellten ASt' en, in der Satzung ein Bekenntnis zur freiheitlich-demokratischen Grundordnung verbindlich zu verankern, wurde abgelehnt[562]).
Mitte 1975 führte der RCDS erstmals seit vielen Jahren auch wieder eine größere bundesweite Aktion zu einem außenpolitischen Thema durch. Im Zusammenhang mit einer europaweiten Aktion seines europäischen Dachverbandes „Europäische Demokratische Studenten (EDS)" organisierte der Bundesvorstand eine Solidaritätskampagne für die demokratischen Parteien in Portugal, dessen junge Demokratie durch kommunistischen Terror auf das Äußerste gefährdet war[563]).
Die Bemühungen des RCDS um eine Neuregelung der studentischen Krankenversicherung auf Bundesebene hatten mit dem Inkrafttreten des Krankenversicherungsgesetzes für Studenten zum Beginn des Wintersemesters 1975/76 endlich zum Erfolg geführt[564]). Auch bei seinem Engagement für eine sozial ausgewogene und gerechte Ausbildungsförderung kam er einen Schritt vorwärts. Im Oktober 1975 entsprach der Bundestagsausschuß für Bildung und Wissenschaft einer Forderung des RCDS und führte ein Hearing zur sozialen Lage der Studenten durch, um die geplanten BAföG-Kürzungen in ihren Auswirkungen zu analysieren. Als einziger Studentenverband legte der RCDS dort ein konkretes Forderungsprogramm vor[565]).

---

[560]) Protokoll der 26. Bundesdelegiertenversammlung des RCDS vom 06.-08.03.1975 in Marburg, S. 2 und 9: Von den neu aufgenommenen Gruppen ist nur die Gruppe Uni-Bremen im Protokoll aufgeführt. Finanziell entlastet wurde der Bundesvorstand bei einer Gegenstimme und einer Enthaltung.

[561]) Protokoll der 26. Bundesdelegiertenversammlung des RCDS vom 06.-08.03.1975 in Marburg , S. 12 f..

[562]) Demokratischen Blätter 3/Juni-Juli 1975, S. 16 f., und 5/ November-Dezember 1975, S. 14; Bericht des RCDS-Bundesvorstandes 1975/76, S. 1 ff.. Siehe auch Anm. 557.

[563]) Demokratische Blätter 3/Juni-Juli 1975, S. 8, und 5/ November-Dezember 1975, S. 11; Bericht des RCDS-Bundesvorstandes 1975/76, S. 4; Rundbriefbeilage 1978 von Rudolf Henke, S. 1 (RCDS-A 130): Nach der Öffnung für liberale Verbände 1975 benannte sich die ICCS (ab 1970: ECCS) in EDS um (siehe auch Anm. 1000).

[564]) Demokratische Blätter 3/Juni-Juli 1975, S. 9 ff..

[565]) Demokratische Blätter 3/Juni-Juli 1975, S. 3 f.; Bericht des RCDS-Bundesvorstandes 1975/76, S. 3; RCDS-Bundesvorstand (1981), S. 40.

c) 1976: Plädoyer für eine offene und solidarische Gesellschaft

Die Wahlen zu den Studentenvertretungen im Wintersemester 1975/76 brachten für den RCDS einen neuen Höhepunkt. Mit über 400 Studentenparlamentariern stellte er bundesweit jetzt die stärkste Fraktion in den Studentenparlamenten. Durch den Gewinn des AStA' s der Gesamthochschule Paderborn mit absoluter Mehrheit repräsentierten vom RCDS allein oder mit anderen gemäßigten Studentengruppen gestellte ASt' en mittlerweile ungefähr ein Viertel aller Studenten in der Bundesrepublik[566]).
Die 27. ordentliche Bundesdelegiertenversammlung des RCDS vom 05. bis 07. März 1976 in Bonn markierte den vorläufigen Abschluß der mehrjährigen Grundsatzdiskussion innerhalb des Gesamtverbandes. Nach einer ausführlichen Schlußberatung beschlossen die dort versammelten Delegierten einstimmig bei einer Enthaltung das neue Grundsatzprogramm des RCDS, „Plädoyer für eine offene und solidarische Gesellschaft", welches das RCDS-Grundsatzprogramm von 1969 ablöste und noch heute gültig ist[567]).
In diesem Programm definiert sich der RCDS als Zusammenschluß demokratischer Studenten, der studentische Interessen in Hochschule und Gesellschaft wirksam vertreten und politische Konzeptionen zur Gestaltung einer offenen und solidarischen Gesellschaft entwickeln will. Er sieht jedoch studentische Interessen nicht isoliert, sondern jeweils in ihren gesellschaftlichen Bezügen. Studentische Interessen sollten aber nicht lediglich artikuliert werden, so der Text. Es müßten Möglichkeiten der Verwirklichung aufgezeigt werden. Der RCDS steht dabei allen Studenten offen, die für parlamentarische Demokratie, soziale Marktwirtschaft und Wissenschaftspluralismus eintreten. Dabei liege der RCDS-Programmatik, so das Grundsatzprogramm weiter, ein Menschenbild zugrunde, das von der unveräußerlichen Würde, der Gleichwertigkeit, Verschiedenartigkeit und Unvollkommenheit des Menschen ausgehe. Der Mensch sei gleichermaßen Individual- und Sozialwesen. Er strebe nach Selbstverwirklichung und trage Verantwortung für sich und seine Mitmenschen.
Die christliche Ethik sei eine wesentliche Quelle für dieses Menschenbild. Dabei sei es jedoch möglich, aus unterschiedlichen Weltanschauungen heraus mit der politischen Konzeption des RCDS übereinzustimmen. Die Politik des RCDS basiere auf politischer Verantwortung. Einen Alleinvertretungsanspruch auf spezifisch christliche Politik werde jedoch abgelehnt.
Diesem Menschenbild könne am ehesten in einer offenen und solidarischen Gesellschaft Rechnung getragen werden. Diese orientiere sich an den Grundwerten Freiheit, Gleichheit, Gerechtigkeit und Solidarität. Voraussetzung für diese Gesellschaft sei aber die Verankerung der wesentlichen demokratischen Tugend Toleranz und die Bereitschaft zur Austragung von Konflikten und deren gewaltlose Lösung durch Kompromiß im politischen Bewußtseins der Bürger.

---

566) Bericht des RCDS-Bundesvorstandes 1975/76, S. 1; Demokratische Blätter 2/Mai-Juni 1976, S. 13: Vorsitzender dieses RCDS-AStA' s wurde das SPD-Mitglied Eckhard Sporleder.

567) Protokoll der 27. Bundesdelegiertenversammlung des RCDS vom 05.-07.03.1976 in Bonn, S. 2 f. und 4; RCDS-Bundesvorstand (1981), S. 41 f.. Pütz geht auch auf die Verabschiedung dieses Grundsatzprogrammes nicht ein (Pütz, Helmuth (1985), S. 51).

Die Verabschiedung dieses Grundsatzprogrammes schuf zum ersten Mal auch eine geregelte Grundlage für das Verhältnis des RCDS zur CDU/CSU. So heißt es darin, daß der RCDS zwar seine Politik eigenständig festlegt und zur Verwirklichung seiner Vorstellungen Kontakte zu allen demokratischen Parteien und Organisationen im politischen Bereich sucht. Aufgrund der Übereinstimmungen in den wesentlichen politischen Grundwerten sei der Hauptansprechpartner unter den Parteien die CDU bzw. die CSU[568]).

Weitere Beschlüsse der Bundesdelegiertenversammlung zu verschiedenen hochschulpolitischen Problemen versuchten konkrete Lösungsmöglichkeiten aufzuzeigen. So wurde unter anderem zur Verminderung der Lehrerarbeitslosigkeit ein kurzfristig realisierbarer Maßnahmenkatalog vorgeschlagen. Nachdem die vom RCDS mitgetragenen ASt' en der TH Aachen und der Universität Bonn schon im Dezember 1975 darauf hingewiesen hatten, daß trotz ZVS und Numerus Clausus Tausende von Erstsemester-Studienplätzen im ganzen Bundesgebiet freigeblieben waren, wandte man sich jetzt mit guten Argumenten gegen eine Ausweitung des Numerus Clausus[569]).

Das Hochschulrahmengesetz (HRG) war im Dezember 1975 von Bundestag und Bundesrat gegen den Widerstand des RCDS und anderer Verbände verabschiedet worden. Die Delegierten beschlossen deshalb jetzt auf der Bundesdelegiertenversammlung, sich für eine Novellierung des HRG einzusetzen. Kurzfristig wollten sie aber versuchen, bei der Anpassung der Landeshochschulgesetze in den vom RCDS kritisierten Punkten Verbesserungen zu erreichen, wie zum Beispiel bei den mit Sanktionen versehenen Regelstudienzeiten sowie der mangelhaften Verankerung der Verfaßten Studentenschaft[570]). Die Haltung des RCDS zur Integrierten Gesamthochschule als Hochschulform der Zukunft wurde modifiziert. In einem detaillierten Beschluß stellte man zwar fest, daß der RCDS den Gesamthochschulen positiv kritisch gegenüber stehe. Eine Einführung der Integrierten Gesamthochschule als Regelschule könne aber zum gegenwärtigen Zeitpunkt noch nicht gefordert werden, da die Ergebnisse der bestehenden Gesamthochschulen zunächst geprüft und mit den herkömmlichen Systemen verglichen werden müßten[571]).

Große Aufmerksamkeit erregte in der Öffentlichkeit ein Beschluß der Versammlung zu Verfassungsfeinden im öffentlichen Dienst, in dem der RCDS unter anderem ein verfassungsrechtlich geregeltes Verfahren zur Feststellung der Verfassungsfeindlichkeit von Parteien und Organisationen vor dem Bundesverfassungsgericht gesondert von dem bisher allein möglichen Verbotsverfahren forderte[572]).

---

[568]) Grundsatzprogramm des RCDS von 1976, Präambel und Teil I. Siehe auch Dokumentationsteil.

[569]) Protokoll der 27. Bundesdelegiertenversammlung des RCDS vom 05.-07.03.1976 in Bonn, S. 3 (Anträge A 4 und A 8; Text siehe Beschlußmappe der 27. Bundesdelegiertenversammlung).

[570]) Protokoll der 27. Bundesdelegiertenversammlung des RCDS vom 05.-07.03.1976 in Bonn, S. 6 (Antrag A 10; Text siehe Beschlußmappe der 27. Bundesdelegiertenversammlung); Demokratische Blätter 2/Mai-Juni 1976, S. 8 f..

[571]) Protokoll der 27. Bundesdelegiertenversammlung des RCDS vom 05.-07.03.1976 in Bonn, S. 7 (Antrag A 13; Text siehe Beschlußmappe der 27. Bundesdelegiertenversammlung). Siehe auch Anm. 525.

[572]) Protokoll der 27. Bundesdelegiertenversammlung des RCDS vom 05.-07.03.1976 in Bonn, S. 10 (Antrag D; Text siehe Beschlußmappe der 27. Bundesdelegiertenver-

Der Bundesvorstand wurde für seine Arbeit im vergangenen Jahr einstimmig bei drei Enthaltungen entlastet. Vier Gruppen konnten neu in den Bundesverband aufgenommen werden[573]). Reckers wurde mit großer Mehrheit erneut zum Bundesvorsitzenden des RCDS gewählt. Zum neuen RCDS-Bundeschatzmeister und stellvertretenden Vorsitzenden bestimmten die Delegierten Christian Lauritzen aus Bielefeld und bestätigten Friedbert Pflüger als anderen stellvertretenden Vorsitzenden in seinem Amt[574]).
Angesichts des in völlig überzogener Form für viele Fächer bestehenden Numerus Clausus war die Forderung nach verbesserten Zugangsregelungen zu den Hochschulen das hochschulpolitische Schwerpunktthema des RCDS im Sommersemester 1976[575]).
Nachdem seit Anfang April 1976 die Studentenverbände der SPD und FDP, Jungsozialisten-Hochschulgruppen (Juso-HSG' en) und Liberaler Hochschulverband (LHV), nicht nur an vielen Hochschulen, sondern auch in den VDS in Volksfrontbündnissen mit dem kommunistischen MSB-Spartakus, dem SHB und den sozialistischen Basisgruppen koalierten, begann der RCDS bundesweit in einer „Volksfront-Aktion" auf diesen untragbaren Zustand hinzuweisen und SPD und FDP zur Stellungnahme zu zwingen. Denn die Juso-HSG' en und der LHV hatten beispielsweise in den VDS das Volksfrontbündnis sogar einer Tolerierung eines nur von ihnen gestellten VDS-Minderheitenvorstandes durch die RCDS-ASt' en vorgezogen, obwohl der RCDS als Gegenleistung von ihnen nur die Verankerung eines Bekenntnisses zur freiheitlich-demokratischen Grundordnung in der VDS-Satzung, eine Distanzierung gegenüber den kommunistischen Gruppen und die Garantie eines wirksamen Minderheitenschutzes verlangt hatte[576]).

---

sammlung); Demokratische Blätter 2/Mai-Juni 1976, S. 7. Auf Anregung ehemaliger und noch amtierender RCDS-Bundesvorstandsmitglieder erschien in diesem Zusammenhang 1979 auch das von Wulf Schönbohm herausgegebene Buch zum Thema „Verfassungsfeinde als Beamte?" (Schönbohm, Wulf (1979), S. 9 f.).

573) Protokoll der 27. Bundesdelegiertenversammlung des RCDS vom 05.-07.03.1976 in Bonn, S. 3 f.: Die neuen Gruppen waren PH-Bielefeld, Uni-Dortmund, KFH-Köln und PH-Schwäbisch-Gemünd. Die RCDS-Gruppe an der Fernuniversität Hagen wurde in den Bundesverband kooptiert.

574) Protokoll der 27. Bundesdelegiertenversammlung des RCDS vom 05.-07.03.1976 in Bonn, S. 8 f..

575) Protokoll der RCDS-Bundesausschußsitzung am 09.04.1976, S. 2 (RCDS-A 130); Demokratische Blätter 2/Mai-Juni 1976, S. 12; siehe auch Anm. 569.

576) Protokoll der RCDS-Bundesausschußsitzung am 09.04.1976, S. 1 f. (RCDS-A 130); Demokratische Blätter 2/Mai-Juni 1976, S. 5 und 13; RCDS-Bundesvorstand (1981), S. 40. Der SHB durfte sich aufgrund eines SPD-Parteivorstandsbeschlusses vom 13. Juni 1972 nicht mehr „sozialdemokratisch" nennen und benannte sich daraufhin in „Sozialistischer Hochschulbund" (SHB) um. Einzelne Parteigliederungen der SPD unterstützten ihn dennoch weiter (Schröder, Ulrich (1974), S. 18 ff.).
Die ersten Jungsozialisten-Hochschulgruppen (Juso-HSG' en) entstanden um die Jahreswende 1972/73 als Reaktion auf die Entwicklung des SHB. Der Juso-Bundeskongreß beauftragte seinen Bundesvorstand im März 1973, ein in die Gesamtstrategie integriertes Konzept einer Hochschularbeit der Jungsozialisten zu entwickeln. Ende 1974 erkannte der Juso-Bundesausschuß die Juso-HSG' en offiziell als Vertretung von Jungsozialisten an. Um ein Abdriften der Juso-HSG' en wie beim SDS und SHB zu verhindern, sind sie im Gegensatz zu anderen Hochschulgruppen kein eigenständiger Verband, sondern satzungsmäßig in den Juso-Bundesverband integriert (Fuchs, Jürgen (1979), S. 105 f.; Langguth, Gerd (1983 b), S. 189 ff.).

Nach den großen Gewinnen der Vergangenheit brachten die Wahlen zu den Studentenparlamenten in diesem Semester für den RCDS nur noch einen leichten Zuwachs. Durch die Verluste seiner Koalitionspartner gingen die ASt' en in Aachen und Bochum trotzdem wieder verloren.
Als Konsequenz beschloß der Bundesvorstand, neben einer Steigerung der Unterstützung der Gruppen durch verschiedenste Materialien alle Möglichkeiten zur Intensivierung der Fachschaftsarbeit der RCDS-Gruppen zu nutzen[577]).
Weitere Schwerpunkte der RCDS-Arbeit im Wintersemester 1976/77 waren auf der Basis der Beschlüsse der letzten Bundesdelegiertenversammlung die soziale Lage der Studentenschaft und die Beeinflussung der Novellen für die Landeshochschulgesetze. Daneben wurde die Volksfront-Aktion weitergeführt.
Kurz nach der Bundestagsneuwahl am 03. Oktober 1976, bei der die SPD/FDP-Regierungskoaliton ihre Mehrheit gegenüber den Unionsparteien nur knapp behaupten konnte, konnte der RCDS-Bundesverband außerdem seinen 25. Geburtstag im Rahmen der Gruppenvorsitzendenkonferenz im November in Bonn feiern[578]).

d) 1977/1978: Für Menschenrechte überall

Einen weiteren Höhepunkt hatte die Volksfront-Aktion des RCDS-Bundesverbandes im Februar 1977 mit einem offenen Brief an den SPD-Vorsitzenden Willy Brandt. In Anbetracht der Koalitionen der Juso-HSG' en in den VDS und an 32 Hochschulen mit kommunistischen Gruppen, obwohl an fast allen Hochschulen eine Mehrheit ohne Kommunisten möglich gewesen wäre, bat der RCDS-Bundesvorsitzende um eine Stellungnahme der SPD. Denn die Juso-HSG' en beriefen sich auf eine Äußerung Brandts, für Studentenvertretungen gelte, daß Sozialdemokraten diese Gremien nicht dann verlassen dürften, wenn dort der erste Kommunist Platz nähme[579]).
Die politische Lage in den Studentenvertretungen war auch ein Thema der 28. Bundesdelegiertenversammlung des RCDS vom 01. bis 03. April 1977 in Tübingen. Dort stellten die Delegierten in einem Beschluß fest, daß die derzeitige Mehrheit in den VDS oppositionellen Gruppen jegliche Mitarbeit unmöglich mache und eine offene Diffamierung des RCDS betreibe. Grundsätzlich sei ein starker Dachverband für die Äußerungen studentischer Forderungen notwendig. Eine Änderung der gegenwärtigen Situation sei allerdings erst möglich, wenn im Vorstand der VDS keine kommunistische Mehrheit mehr vertreten sei. Die Fehlentwicklung des Dachverbandes führte man aber insbesondere auf strukturelle Mängel zurück. Denn da die ASt' en und nicht die Studentenparla-

---

577) Protokoll der RCDS-Bundesausschußsitzung am 06.10.1976, S. 1 (RCDS-A 130).

578) Protokoll der RCDS-Bundesausschußsitzung am 05.10.1976, S. 2 (RCDS-A 130); Kistler Helmut (1985), S. 349 f.. Das Engagement des RCDS zu den Landeshochschulgesetzen hatte schon direkt nach der 27. Bundesdelegiertenversammlung begonnen (Protokoll der RCDS-Bundesausschußsitzung am 09.04. 1976 (RCDS-A 130), S. 2 ff.).

579) Offener Brief des RCDS-Bundesvorsitzenden Reckers an den SPD-Vorsitzenden Brandt vom 23.02.1977 (ACDP IV-006-054/2).
Willy Brandt, Jahrgang 1913, war von 1957-1966 Regierender Bürgermeister von Berlin, von 1958-1962 Vorsitzender der Berliner SPD, von 1964-1987 SPD-Bundesvorsitzender, von 1966-1969 Bundesaußenminister und von 1969-1974 Bundeskanzler (Kürschners Volkshandbuch Deutscher Bundestag (1987), S. 60).

mente die Delegierten zu den VDS-Mitgliederversammlungen entsendeten, käme es dort zu Mehrheiten, die den tatsächlichen Kräfteverhältnissen an den Hochschulen nicht entsprächen. Der RCDS forderte daher einen Delegiertenschlüssel, der sich an den Mehrheitsverhältnissen der örtlichen Studentenvertretungen orientieren müsse . In Zukunft wollte er auf die Entwicklung einer Bundestudentenkonferenz hinarbeiten, welche die Studenten der Bundesrepublik repräsentativ vertrete[580]).
Da sich die „Volksfront-ASt' en" häufig nicht scheuten, im Namen der Studentenschaft für ihre parteipolitischen Positionen Stellung zu nehmen, betonte der RCDS zwar seine Forderung nach einer gesetzlich geregelten Verfaßten Studentenschaft als Zwangskörperschaft für alle Studenten, wandte sich aber nachdrücklich gegen eine rechtswidrige Inanspruchnahme eines allgemeinpolitischen Mandates für die Studentenschaft durch deren Organe[581]).
Mit Nachdruck attackierte der RCDS-Bundesverband die Verschleierung der Volksfrontkoalitionen zwischen Kommunisten und Juso-HSG' en mit der Bündnisbezeichnung „Gewerkschaftliche Orientierung". Der gute Name der Gewerkschaften dürfe nicht länger dafür herhalten, gewerkschaftsfeindliche Inhalte durch dieses Schlagwort zu verdecken und Antidemokraten das Mäntelchen eines demokratischen, weil „gewerkschaftlichen" Images umzuhängen. Der RCDS forderte deshalb die DGB-Gewerkschaften auf, sich gegenüber diesen ungebetenen Bündnispartnern abzugrenzen und dem Mißbrauch ihres Namens durch eindeutige öffentliche Erklärungen ein Ende zu setzen[582]).
Nach ausführlichen Debatten verabschiedeten die Delegierten unter anderem detaillierte Vorschläge für eine Neuorientierung der Hochschulpolitik unter den veränderten Bedingungen, welche die geburtenstarken Jahrgänge für die Hochschulen und für den Arbeitsmarkt schaffen würden. Zur Erreichung der auch im RCDS-Grundsatzprogramm geforderten Startchancengleichheit für alle Menschen im Bildungsbereich forderte die Versammlung erneut nach-

---

[580]) Protokoll der 28. Bundesdelegiertenversammlung des RCDS vom 01.-03.04.1977 in Tübingen, S. 9 (Dringlichkeitsantrag „VDS"; Text siehe Beschlußmappe der 28. Bundesdelegiertenversammlung). Siehe auch Demokratische Blätter 16/November 1977, S. 3 f..

[581]) Protokoll der 28. Bundesdelegiertenversammlung des RCDS vom 01.-03.04.1977 in Tübingen, S. 9 (Beschluß C 2; Text siehe Beschlußmappe der 28. Bundesdelegiertenversammlung): Zur Problematik der Rechtsstreitigkeiten in diesem Zusammenhang heißt es in dem Beschluß: „Der RCDS fordert deshalb die ihm angehörenden Mitglieder und Gruppen eindringlich dazu auf, die Auseinandersetzungen mit ASt' en, die das allgemeinpolitische Mandat beanspruchen bzw. wahrnehmen, vornehmlich politisch zu führen, da die Einleitung juristischer Schritte gegen diese ASt' en die Gefahr in sich birgt, daß die angerufenen Gerichte den Gehalt des studentischen Mandats zu restriktiv auslegen, was die Position der Studentenschaft insgesamt, sowie die des eigenen Verbandes im besonderen, entscheidend verschlechtern könnte.".

[582]) Protokoll der 28. Bundesdelegiertenversammlung des RCDS vom 01.-03.04.1977 in Tübingen, S. 10 (Beschluß C 4; Text siehe Beschlußmappe der 28. Bundesdelegiertenversammlung); RCDS-Bundesvorstand (1981), S. 43. Bemühungen des Bundesvorstandes in dieser Richtung auf die Gewerkschaften einzuwirken, gab es allerdings schon seit einem Jahr (Protokoll der RCDS-Bundesausschußsitzung am 09.04.1976 (RCDS-A 130), S. 1).
Zum ideologischen Hintergrund der „Gewerkschaftlichen Orientierung" siehe für den MSB Spartakus Langguth, Gerd (1983 b), S. 177 ff., und für die Juso-HSG' en Fuchs, Jürgen (1979), S. 110 f..

drücklich eine kostendeckende Ausbildungsförderung für Studenten durch eine jährliche Anpassung der Förderungssätze nach dem Bundesausbildungsförderungsgesetz (BAföG)[583]).

Ein Grundsatzbeschluß zur Lage der Menschenrechte in der Welt stellte den Anfang eines weiteren Schwerpunkts der RCDS-Arbeit in den kommenden Jahren dar. Der RCDS forderte darin die Kritik von Menschenrechtsverletzungen unabhängig vom „ideologischen Vorzeichen" der jeweiligen Unterdrücker. Das Eintreten für Menschenrechte sei selbstverständliche Pflicht jedes Bürgers und jeder Regierung. Die moralische Verpflichtung jeder Regierung könne nicht zurücktreten vor politischen Erwägungen wie zum Beispiel die Verschärfung irgendwelcher außenpolitischer Beziehungen. Unter anderem müßten politische und wirtschaftliche Zugeständnisse gegenüber Ostblockstaaten auch von der Frage der Wahrung von Menschenrechten abhängig gemacht werden[584]). In diesem Zusammenhang protestierten die Delegierten mit der Verabschiedung eines Dringlichkeitsantrages auch gleich konkret gegen die zusätzlichen Unterdrückungsmaßnahmen der jüngsten Zeit gegenüber der Christdemokratischen Partei Chiles[585]).

Die Delegierten entlasteten den Bundesvorstand einstimmig bei einer Enthaltung und nahmen drei neue Gruppen auf[586]). Bei der Wahl zum neuen Bundesvorsitzenden konnte sich der bisherige Stellvertreter Pflüger mit großer Mehrheit gegen Kurt Hoffmann durchsetzen. Lauritzen wurde bei nur einer Gegenstimme und einer Enthaltung als RCDS-Bundeschatzmeister und stellvertretender Bundesvorsitzender wiedergewählt. Zum anderen stellvertretenden RCDS-Bundesvorsitzenden bestimmten die Delegierten Günther Heckelmann aus Mainz[587]).

Auftakt der Menschenrechtsarbeit des RCDS war eine bundesweite Aktion im Sommersemester 1977, bei der durch die RCDS-Hochschulgruppen Unterschriften für die Freilassung je eines politischen Gefangenen in der Sowjetunion und in Chile gesammelt wurden. Der Bundesvorstand schickte die Listen nach Abschluß der Aktion an die Botschaften beider Länder[588]).

---

[583]) Protokoll der 28. Bundesdelegiertenversammlung des RCDS vom 01.-03.04.1977 in Tübingen, S. 4 ff. (Beschlüsse A 1 ff.; Text siehe Beschlußmappe der 28. Bundesdelegiertenversammlung).

[584]) Protokoll der 28. Bundesdelegiertenversammlung des RCDS vom 01.-03.04.1977 in Tübingen, S. 10 (Beschluß E 1; Text siehe Beschlußmappe der 28. Bundesdelegiertenversammlung).

[585]) Protokoll der 28. Bundesdelegiertenversammlung des RCDS vom 01.-03.04.1977 in Tübingen, S. 2 (Dringlichkeitsantrag „Chile"; Text siehe Beschlußmappe der 28. Bundesdelegiertenversammlung). Der RCDS hatte sich auch schon in den vergangenen Jahren für die Verwirklichung von Menschenrechten engagiert, so 1975/76 in Chile, in der Sowjetunion und in Vietnam (Bericht des Bundesvorstandes 1975/76, S. 4 f.; Demokratische Blätter 2/Mai-Juni 1976, S. 14 f.).

[586]) Protokoll der 28. Bundesdelegiertenversammlung des RCDS vom 01.-03.04.1977 in Tübingen, S. 3: Die finanzielle Entlastung erfolgte einstimmig. Die neuen Gruppen waren FH-Frankfurt (nach Protokoll der RCDS-Bundesausschußsitzung am 09.04.1976 (RCDS-A 130), S. 4, zu Beginn des SS 1976 gegründet), FH-Regensburg und FH-Würzburg.

[587]) Protokoll der 28. Bundesdelegiertenversammlung des RCDS vom 01.-03.04.1977 in Tübingen, S. 7.

[588]) Demokratische Blätter 16/November 1977, S. 11; Freundes- und Fördererkreis des RCDS-Frankfurt am Main (1982), S. 8.

Mit der Gründung von Bundesfachtagungen wollte man seit dem Frühjahr 1977 zur Verbesserung der Kommunikation der einzelnen RCDS-Fachschaftsgruppen beitragen und die Fachschaftsarbeit des RCDS insgesamt intensivieren. Neben der Koordination und dem Erfahrungsaustausch sollten die Bundesfachtagungen zusätzlich für die in ihnen vertretenen Studiengänge Studienreformvorschläge erarbeiten. Damit setzten sie auch die Arbeit der Studienreformarbeitskreise von 1975/76 fort[589]).

In diesen Monaten wurde die Bundesrepublik Deutschland von einer, bisher beispiellosen Serie terroristischer Anschläge erschüttert. Im April 1977 ermordeten Angehörige der „Rote Armee Fraktion (RAF)“ in Karlsruhe den Generalbundesanwalt Siegfried Buback und seine Begleiter. Im Juni 1977 töteten Terroristen den Vorstandsvorsitzenden der Dresdener Bank, Jürgen Ponto, in seinem Haus in Oberursel. Im September 1977 entführten Terroristen den Arbeitgeberpräsidenten Hanns Martin Schleyer, wobei seine Begleiter ermordet wurden. Kurz darauf brachten Terroristen die Lufthansa-Maschine „Landshut“ in ihre Gewalt und entführten sie nach Mogadischu. Als ein Sondereinsatzkommando des Bundesgrenzschutzes die Insassen der „Landshut“ am 17. Oktober 1977 befreite, wurde Schleyer unmittelbar darauf von seinen Entführern ermordet. Der RCDS-Landesverband Nordrhein-Westfalen verabschiedete in dieser Situation eine Düsseldorfer Erklärung, in der er zur geistigen Offensive gegen das intellektuelle Umfeld des Terrors und zur aktiven Verteidigung der Gesellschaftsordnung aufrief. Wenn Demokraten jetzt nicht zusammenstünden, würde der Terror siegen. Der RCDS-Bundesvorsitzende Pflüger lud JU, Juso's, Jungdemokraten, LHV, SLH und andere Verbände zu einem Gespräch über die Organisation einer gemeinsamen Anti-Gewalt-Demonstration nach Bonn ein, wozu es aber, wie der RCDS bedauerte, noch nicht einmal unter den jetzigen Umständen kam.

Nachdem man schon auf der Bundesdelegiertenversammlung in Tübingen in einem Beschluß für ein freies und demokratisches Europa in Offenheit und Solidarität eingetreten war, arbeitete man jetzt intensiv an der Erstellung eines Programmes des europäischen Dachverbandes EDS für die ersten Direktwahlen zum Europäischen Parlament 1979 mit. Auf einer EDS-Tagung am 12. Dezember 1977 in Berlin wurde dieses Programm verabschiedet und anschließend von zwölf nationalen EDS-Mitgliedsorganisationen unterzeichnet[590]).

---

589) So z. B. die RCDS-Bundesfachtagung Medizin (Demokratische Blätter 16/November 1977, S. 10 f.). Zur Stärkung der relativ strukturschwachen RCDS-Fachhochschulgruppen wurde auch eine RCDS-Bundesfachtagung Fachhochschulen gegründet, deren 1. Tagung am 11./12.06.1977 in Bonn stattfand (RCDS- Bundesvorstandsgruppenrundbrief Nr. 23 vom 05.07.1977; siehe auch die ersten beiden Ausgaben der Zeitschrift „FH- Report“ im Wintersemester 1977/78). Schon 1963 hatte es aus den gleichen Gründen einen Versuch gegeben, eine „Arbeitsgemeinschaft der Technischen Hochschulen im RCDS“ zu gründen (Rundbrief des RCDS-TH-Darmstadt und des RCDS-LV- Hessen/Rheinland-Pfalz (ACDP IV-006-020/1) vom 08.01. 1963).

590) Zur Serie der Terror-Anschläge siehe Demokratische Blätter 16/November 1977, S. 22 f., und Kistler, Helmut (1985), S. 358 ff., sowie zur Entstehung und Entwicklung der RAF Langguth, Gerd (1983 b), S. 203 ff..
Zum Europa-Programm siehe die Einleitung des vom RCDS-Bundesvorstand herausgegebenen EDS-Programmes für die ersten Direktwahlen zum Europäischen Parlament 1979; siehe auch Protokoll der 28. Bundesdelegiertenversammlung des RCDS

Die VDS und die in ihnen vertretenen linken Hochschulgruppen waren im Wintersemester 1977/78 der Auffassung, eine Novellierung der kritisierten Bestimmungen des Hochschulrahmengesetzes durch „Druck auf die Herrschenden" mittels eines bundesweiten „Streiks" erreichen zu können. Dieses Vorhaben lehnte der RCDS ab, da dessen Durchführung die Vorurteile in der Bevölkerung gegenüber Studenten weiter verstärken und damit das Klima für eine Durchsetzung studentischer Interessen erheblich verschlechtern würde. Wegen der mangelhaften studentischen Beteiligung scheiterte der „Streik" schließlich. Dagegen konnte der RCDS mit der Organisation von vorlesungsfreien Hochschultagen an über 50 Hochschulen als Alternative zum „Streik", in deren Rahmen Hochschulangehörige, Gewerkschafter, Verbandsvertreter und Bildungspolitiker über die Probleme der Hochschulen und Möglichkeiten ihrer Behebung diskutierten, nachhaltig auf die Probleme aufmerksam machen, die sich aus dem Hochschulrahmengesetz ergaben. Die Erfahrungen dieser und anderer RCDS-Aktionen flossen auch in die Arbeit der Strategiekommission des RCDS-Bundesverbandes ein, die während des ganzen Jahres eine Beschlußvorlage für die nächste Bundesdelegiertenversammlung zu erarbeiten hatte, welche die Forderungen des RCDS-Grundsatzprogrammes für die aktuelle Situation an den Hochschulen konkretisieren sollte[591]).
Die Vorlage der Strategiekommission bestimmte die inhaltlichen Beratungen der 29. ordentlichen Bundesdelegiertenversammlung des RCDS vom 10. bis 12. März 1978 in Göttingen wesentlich. Nach langer Debatte wurde der Strategiebeschluß des RCDS, „Für einen demokratischen Dialog und eine grundwertbezogene Gesellschaftspolitik – Skizzen zu einer politischen Strategie", von den Delegierten bei wenigen Enthaltungen einstimmig beschlossen. Zwei Jahre nach der Verabschiedung des RCDS-Grundsatzprogrammes sollte er jetzt die mittelfristige Arbeitsrichtung aller RCDS-Gliederungen bestimmen. Das Strategiepapier stellte fest, daß die politischen Fronten an den Hochschulen mit der Konfrontation zwischen Befürwortern und Gegnern der freiheitlich-demokratischen Grundordnung anders als in der Gesamtgesellschaft verliefen, in der zwischen den demokratischen Parteien ein Konsens in den wesentlichen Grundfragen bestünde. Im Gegensatz zu marxistisch orientierten Gruppen gehe der RCDS von der Reformfähigkeit unserer Gesellschaft aus. Der RCDS schlage daher der Gesamtstudentenschaft die Politik des „Demokratischen Dialoges" zur Durchsetzung studentischer Interessen vor und verfolge diese Politik in seiner eigenen Arbeit. Dieser „Demokratische Dialog" sei die Alternative zu einer Form der politischen Auseinandersetzung, die den Kampf für bestimmte politische Ziele und Interessen als oberste Richtschnur wähle und dabei den Interessensausgleich durch Mehrheitsentscheidungen nicht mehr respektiere. In der Hochschulpolitik sei es die Hauptaufgabe der Politik des „Demokratischen Dialoges", die Freiheit des Studiums durchzusetzen, was nur durch eine wissenschaftsgerechte und berufsfeldbezogene Studienreform,

---

vom 01.-03.04.1977 in Tübingen, S. 10 (Beschluß E 6; Text siehe Beschlußmappe der 28. Bundesdelegiertenversammlung).

[591]) Demokratische Blätter 16/November 1977, S. 12 ff.; Vorwort des vom RCDS-Bundesvorstand herausgegebenen Strategiebeschlusses von 1978, S. 2; Eisel, Stefan (1980), S. 12 f.. Ein erster Versuch zur Bildung einer Strategiekommission war Anfang 1976 gescheitert (Protokoll der RCDS-Bundesausschußsitzung am 09.04.1976 (RCDS-A 130), S. 6).

eine soziale Absicherung des Studiums, der Verhinderung technokratischer Regelungen im Bereich der Hochschulgesetzgebung und eine Schaffung von ausreichenden Berufsperspektiven für Akademiker möglich sei. Im außeruniversitären Bereich plädiere der RCDS für eine grundwertbezogene Gesellschaftspolitik, bei der er seine politischen Positionen einer offenen und solidarischen Gesellschaft in Freiheit, Gleichheit und Solidarität gegenüber kommunistischen und sozialistischen Ideologien verdeutlichen müsse. Dies könne durch ein Engagement für Menschenrechte überall, für Frieden und Abrüstung, für soziale Gerechtigkeit im In- und Ausland, gegen Links- und Rechtsradikalismus und für den Abbau von Massenstrukturen geschehen[592]).

Die weiteren Beschlüsse der Bundesdelegiertenversammlung bauten auf dieser politischen Strategie auf. Der RCDS sprach sich nachdrücklich für eine Forcierung der Studienreform aus, lehnte die Einführung einer Zwangsexmatrikulation bei Überschreitung der ebenfalls durch das Hochschulrahmengesetz neu eingeführten Regelstudienzeiten ab und forderte in einer detaillierten Stellungnahme die Schaffung einer ausreichenden Ausbildungsförderung[593]). Als erster Studentenverband machte er auf die Probleme behinderter Studenten aufmerksam und beschloß, sich hier weiter zu engagieren[594]). Anträge, die sich gegen Menschenrechtsverletzungen in Chile, Kambodscha, Vietnam und der DDR aussprachen, wurden einmütig verabschiedet. Dazu ratifizierten die Delegierten das Wahlprogramm des Dachverbandes EDS zur ersten Direktwahl des Europäischen Parlamentes und beschlossen die Zusammenarbeit mit der Vereinigung lateinamerikanischer Christdemokraten in Europa (ADCLE)[595]).

Der scheidende Bundesvorstand wurde bei einer Enthaltung einstimmig politisch entlastet und zwei Gruppen neu (bzw. wieder) in den Bundesverband aufgenommen[596]). In einer langen Wahlnacht wählte man den bisherigen „politischen" Stellvertreter Heckelmann mit großer Mehrheit zum neuen RCDS-Bundesvorsitzenden. Bei der Wahl zum RCDS-Bundesschatzmeister und stellvertretenden Vorsitzenden konnte sich Joachim Schervier aus Freiburg im zweiten Wahlgang gegen Hermann Mayer durchsetzen. Einziger Kandidat für den anderen stellvertretenden RCDS-Bundesvorsitz war Andreas Brand aus Göttin-

---

[592]) Protokoll der 29. Bundesdelegiertenversammlung des RCDS vom 10.-12.03.1978 in Göttingen, S. 6 ff. und 9 (Beschluß A 1; Text siehe Beschlußmappe der 29. Bundesdelegiertenversammlung); siehe auch RCDS-Uni-Würzburg (1981), „Demokratischer Dialog".

[593]) Protokoll der 29. Bundesdelegiertenversammlung des RCDS vom 10.-12.03.1978 in Göttingen, S. 5 f. und 9 f. (Beschlüsse B 1 und 2 und C 2; Text siehe Beschlußmappe der 29. Bundesdelegiertenversammlung).

[594]) Protokoll der 29. Bundesdelegiertenversammlung des RCDS vom 10.-12.03.1978 in Göttingen, S. 16 (Beschlüsse C 3 (G 9) und 4; Text siehe Beschlußmappe der 29. Bundesdelegiertenversammlung).

[595]) Protokoll der 29. Bundesdelegiertenversammlung des RCDS vom 10.-12.03.1978 in Göttingen, S. 15 (Beschlüsse E 2–6 und F 3; Text siehe Beschlußmappe der 29. Bundesdelegiertenversammlung).

[596]) Protokoll der 29. Bundesdelegiertenversammlung des RCDS vom 10.-12.03.1978 in Göttingen, S. 2, 4 und 17: Der Bundesvorstand wurde bei 2 Enthaltungen auch finanziell entlastet. Die neuen bzw. wiedergegründeten RCDS-Gruppen waren Uni-Mannheim und KU-Eichstätt. Die Gruppe Uni-Passau konnte noch nicht aufgenommen werden, weil ihre Gründung weniger als drei Monate vor der Bundesdelegiertenversammlung erfolgt war.

gen, der jedoch im ersten Wahlgang „durchfiel" und seine Kandidatur daraufhin zurückzog. In einem weiteren Wahlgang wurde dann Stefan Eisel aus Marburg zum anderen stellvertretenden RCDS-Bundesvorsitzenden gewählt[597]).
Das Sommersemester 1978 brachte die ersten RCDS-Aktionen auf der Basis des Strategiebeschlusses. Man beschloß in der Studienreformdiskussion mit gutem Beispiel weiter voranzugehen, indem man weitere Bundesfachtagungen des RCDS initiierte und die Öffentlichkeit mit regelmäßig herausgegebenen „Materialien zur Studienreform" über die eigenen Vorstellungen und die Vorschläge und Ansätze anderer Organisationen informierte[598]).
Unter dem Motto „Gewerkschaften: Partner im Dialog, nicht im Klassenkampf" führte der RCDS eine sehr erfolgreiche Aufklärungsaktion über die Volksfrontbündnisse der „Gewerkschaftlichen Orientierung" durch, nachdem sich auch der damalige DGB-Vorsitzende Hans-Oskar Vetter gegen die ungebetenen Umarmungsversuche von MSB Spartakus und SHB gewandt hatte. Im Ergebnis gab es kaum noch die sozialistischen Basisgruppen und JUSO-HSG' en wählende Studenten, die auf diesen Begriff hereinfielen, so daß der MSB Spartakus und der SHB ihre Strategie in dieser Hinsicht ändern mußten[599]). Eine Fülle von Einzelmaßnahmen zu Menschenrechtsverletzungen überall in der Welt, häufig in Zusammenarbeit mit dem europäischen Dachverband EDS[600]), rundete die Sommersemesteraktivitäten ab, als deren Resümee der RCDS Gewinne bei den Wahlen zu den Studentenparlamenten, darunter die Wiedererlangung des AStA der Universität Heidelberg, verzeichnen konnte[601]).
Um den Studienreformbemühungen zum Durchbruch zu verhelfen, organisierte der Bundesvorstand im Wintersemester 1978/79 unter dem Motto „Mit der Studienreform die Freiheit des Studiums durchsetzen" eine Kampagne, an der sich fast alle Verbandsgliederungen mit eigenen Aktivitäten beteiligten[602]). Damit einher gingen Gespräche mit politisch Verantwortlichen, bei denen auch andere hochschulpolitische Forderungen und Vorschläge des RCDS vorgetragen wurden. Eine Revidierung der Kürzungspläne der Bundesregierung für die Ausbildungsförderung stellte in diesem Zusammenhang den ersten sichtbaren Erfolg der Strategie des „Demokratischen Dialoges" dar[603]).
Eine Europa-Aktion, die im Wintersemester 1978/79 und den folgenden Seme-

---

597) Protokoll der 29. Bundesdelegiertenversammlung des RCDS vom 10.-12.03.1978 in Göttingen, S. 11 ff..

598) Protokoll der RCDS-Bundesausschußsitzung am 17.05.1978, S. 1 f. (RCDS-A 130): Zusätzlich wurden die Bundesfachtagungen Geistes- und Naturwissenschaften aufgebaut.

599) Protokoll der RCDS-Bundesausschußsitzung am 17.05.1978, S. 2 (RCDS-A 130); RCDS-Bundesvorstand (1981), S. 43. Siehe auch Anm. 582.

600) Protokolle der RCDS-Bundesausschußsitzungen am 17.05.1978, S. 3, und 29.09.1978, S. 2 (RCDS-A 130); Rundbriefbeilage von Rudolf Henke von 1978 (RCDS-A 130); siehe auch RCDS-Uni-Würzburg (1981), „Für Menschenrechte überall".

601) Protokoll der RCDS-Gruppenvorsitzendenkonferenz am 20./21. 10.1978 in Bonn, S. 1: Der RCDS verlor allerdings die Sprecherräte an den Universitäten Augsburg und Regensburg.

602) Protokoll der RCDS-Gruppenvorsitzendenkonferenz am 20./21. 10.1978 in Bonn, S. 2 f.; Freundes- und Fördererkreis des RCDS-Frankfurt am Main (1982), S. 85.

603) Rechenschaftsbericht des RCDS-Bundesvorstandes vom 29.09.- 21.11.1978, S. 1 ff., und Protokoll der RCDS-Bundesausschußsitzung am 29.09.1978, S. 1 f. (RCDS-A 130).

stern unter dem Motto „Gemeinsam in Freiheit – Europa hat Zukunft" einen ständigen zusätzlichen Schwerpunkt in der Verbandsarbeit bilden sollte, wurde auf der Gruppenvorsitzendenkonferenz des RCDS Ende Oktober 1978 zunächst als zuwenig studentenbezogen kritisiert. Erst nachdem der Bundesvorstand eine inhaltliche Ergänzung der Aktion zugesagt hatte, stimmten die Gruppenvorsitzenden dieser Kampagne zu[604]).

Vor dem Hintergrund der Gewinne und des Echos der undogmatischen sozialistischen Basisgruppen diskutierte die Gruppenvorsitzendenkonferenz auch noch Möglichkeiten zur Verbesserung des Auftretens von RCDS-Mitgliedern in den Hochschulen. Dabei kam sie zu der Überzeugung, daß das Engagement jedes einzelnen Mitgliedes entscheide, ob der Verband attraktiv sei, da es in seiner persönlichen Umgebung durch sein Auftreten und Engagement einen positiven oder negativen Bezug der Studenten zum RCDS herstelle[605]).

Eine Unterschriftenaktion zur Lage der Menschenrechte in Vietnam und das erste Expertenhearing des RCDS über die Auswirkungen der Massenuniversität am 19.12.1978 in Bonn waren weitere Beispiele der RCDS-Arbeit auf der Basis seiner neuen Strategie[606]).

e) 1979/1980: Erfolge und Probleme der Strategie des „Demokratischen Dialoges"

Höhepunkt der Studienreformkampagne des RCDS im Wintersemester war der zweite Studienreformkongreß des Verbandes vom 26. bis 28. Januar 1979 in Stuttgart. Vertreter aus Wissenschaft, Gewerkschaften, Verbänden, Ministerien und Parlamenten diskutierten mit den zahlreich aus den meisten bundesdeutschen Hochschulen erschienenen Studentenvertretern Möglichkeiten und Grenzen der Studienreform. Fachgruppen berieten konkrete Reformvorschläge zur Ausbildung in Medizin, Jura, Wirtschaftswissenschaften, in geistes- und naturwissenschaftlichen Studiengängen sowie die Reform des Fachhochschulstudiums[607]). Ein konkreter Erfolg dieses Kongresses und der ganzen Studienreformkampagne war die Beschleunigung der Besetzung der Studienreformkommissionen auf Bundesebene[608]).

Gleichzeitig stellte der Studienreformkongreß den Auftakt einer Kampagne des RCDS dar, mit der er die Streichung der Regelstudienzeiten mit Zwangsexmatrikulation aus dem Hochschulrahmengesetz erreichen wollte. Denn nachdem bereits im November des vergangenen Jahres über 200 Studentenvertreter des RCDS die politisch Verantwortlichen in Bund und Ländern in einem offenen Brief zu einer Kehrtwende in der Hochschulpolitik aufgerufen und sich dabei

---

[604]) Protokoll der RCDS-Gruppenvorsitzendenkonferenz am 20./21. 10.1978 in Bonn, S. 3 ff.; Rechenschaftsbericht des Bundesvorstandes vom 29.09.-21.11.1978, S. 3 (RCDS-A 130).

[605]) Protokoll der RCDS-Gruppenvorsitzendenkonferenz am 20./21. 10.1978 in Bonn, S. 1 f. und Anlage 2; zur Entwicklung der Basisgruppen siehe Weberling, Johannes (1984), S. 15 ff..

[606]) Rechenschaftsbericht des Bundesvorstandes vom 29.09.-21. 11.1978, S. 2 und 4 (RCDS-A 130), und die vom RCDS-Bundesvorstand herausgegebene Broschüre über das 1. Expertenhearing „Macht die Hochschule krank?" am 19.12.1978 in Bonn.

[607]) Anlage zum Rechenschaftsbericht des Bundesvorstandes vom 29.09.-21.11.1978 (RCDS-A 130); Eisel, Stefan (1980), S. 22 f..

[608]) Siehe dazu auch Protokoll der RCDS-Bundesausschußsitzung am 21.11.1978, S. 2.

auch gegen die Regelstudienzeiten mit Zwangsexmatrikulation ausgesprochen hatten, erneuerte man in Stuttgart diesen Appell. Bereits im Februar schloß sich auch das Plenum der Westdeutschen Rektorenkonferenz diesem Aufruf an[609]).

Die Delegierten der 30. ordentlichen Bundesdelegiertenversammlung des RCDS vom 02. bis 04. März 1979 in Mainz beschlossen ebenfalls einstimmig einen schon auf dem Stuttgarter Kongreß erarbeiteten Grundsatzantrag zur Studienreform, in dem Empfehlungen zur Studiendauer nur als zeitlicher Rahmenvorschlag zur Absolvierung eines Studiums befürwortet, Drohungen mit der Zwangsexmatrikulation beim Überschreiten dieser Studienzeiten aber grundsätzlich abgelehnt wurden[610]). Mit der Verabschiedung mehrerer Reformpapiere zu einzelnen Studiengängen wollte der RCDS zugleich mit konstruktiven Vorschlägen dazu beitragen, daß den Studenten auch künftig qualitativ hochwertige Studiengänge mit einer realen Zukunftsperspektive angeboten würden[611]). Daneben wurden weitere Anträge zur Verbesserung der Studienmöglichkeiten für behinderte Studenten und für eine sozial gerechte Ausbildungsförderung verabschiedet[612]).

---

[609]) Rechenschaftsbericht des Bundesvorstandes vom 29.09-21.11. 1978, S. 1 (RCDS-A 130); Eisel, Stefan (1980), S. 19 ff.: Als Argumente wurden in dem Brief (und auch später) vorgetragen: „Wenn die oben genannten Ziele der Studienreformarbeit in einem geordneten Verfahren verwirklicht werden, neue Studiengänge mit veränderten Anforderungen geschaffen, Prüfungsordnungen modifiziert und eine größere Übersichtlichkeit des Studiums hergestellt wird, erübrigt sich vollends die Einführung einer Regelstudienzeit, die heute noch wie ein Damoklesschwert über den Köpfen der Studenten hängt. Eine Reform der Studiengänge setzt die große Mehrheit der Studenten automatisch in die Lage, ihr Studium – entgegen der heute oft anzutreffenden Situation – in angemessener Zeit absolvieren zu können. Wir fordern daher eine Novellierung des § 17 des Hochschulrahmengesetzes, der vorsieht, daß bei Überschreiten der Regelstudienzeit dem Studenten „seine Rechte aus der Einschreibung' (Besuch von Vorlesungen, soziale Absicherung, Bereitstellung von Laborplätzen etc.) entzogen werden. Es ist unter Bildungspolitikern inzwischen unstreitig, daß durch eine Einführung der Regelstudienzeit keine zusätzlichen Studienplätze geschaffen werden können, demgegenüber jedoch die Entwissenschaftlichung des Studiums vorangetrieben würde. Es ist unverantwortlich, all die verschiedenen differenzierten Studiengänge, wie sie eine Hochschule heute umfaßt, unter dem Maßstab einer gleichen Regelstudienzeit von vier Jahren zu beurteilen. Die Einführung der Regelstudienzeit ist auch aus volkswirtschaftlichen Gesichtspunkten heraus wenig sinnvoll, denn es ist dem deutschen Steuerzahler wohl kaum zuzumuten, wenn einem Großteil der Studenten zunächst staatliche Fördermittel für ihr Studium zur Verfügung bereitgestellt, diese ihnen aber kurz vor dem Examen wieder entzogen würden. Eine solche Maßnahme, die Tausende von Studenten unverschuldet „auf die Straße setzen würde', führte automatisch zu einer unverantwortlichen Steigerung des Sozialhilfeetats.".

[610]) Protokoll der 30. Bundesdelegiertenversammlung des RCDS vom 02.-04.03.1979 in Mainz, S. 13 (Beschluß C 2; Text siehe Beschlußmappe der 30. Bundesdelegiertenversammlung).

[611]) Protokoll der 30. Bundesdelegiertenversammlung des RCDS vom 02.-04.03.1979 in Mainz, S. 11 (Dringlichkeitsanträge 05, 06 und „Jura"; Text siehe Beschlußmappe der 30. Bundesdelegiertenversammlung).

[612]) Protokoll der 30. Bundesdelegiertenversammlung des RCDS vom 02.-04.03.1979 in Mainz, S. 6 f. und 11 (Beschlüsse B 1 und 2; Text siehe Beschlußmappe der 30. Bundesdelegiertenversammlung).

Da sich die VDS wegen ihrer einseitigen Festlegung auf linke extremistische Ideologien und deren Propagierung weiterhin als unfähig zur angemessenen Vertretung studentischer Interessen erwiesen hatten, forderte der RCDS jetzt in Fortführung seiner früheren Beschlüsse eine sofortige Einrichtung von Landesstudentenkonferenzen und einer Bundestudentenkonferenz, die – nach dem Verhältniswahlrecht zusammengesetzt – die studentische Interessensvertretung in Zukunft übernehmen sollte[613]).
Nach der Aufnahme von fünf neuen RCDS-Gruppen in den Bundesverband und der Entgegennahme der Rechenschaftsberichte entlastete die Versammlung den Bundesvorstand mit Mehrheit politisch[614]). Mit großer Mehrheit bestimmten die Delegierten den bisherigen Stellvertreter Eisel zum neuen RCDS-Bundesvorsitzenden und zum Bundesschatzmeister und stellvertretenden RCDS-Bundesvorsitzenden Heinz Neubauer aus Karslruhe. Bei der Wahl des anderen stellvertretenden Bundesvorsitzenden konnte sich Stefan Dingerkus aus Aachen im dritten Wahlgang gegen Peter Rogg durchsetzen[615]).
Das Sommersemester 1979 stand für den RCDS dann ganz im Zeichen seiner Kampagne für die Streichung der Regelstudienzeit mit Zwangsexmatrikulation aus dem Hochschulrahmengesetz. In einer Fülle von Gesprächen gelang es dem RCDS zuerst Politiker der CDU, an ihrer Spitze der damalige schleswig-holsteinische Ministerpräsident, Gerhard Stoltenberg, und später auch Politiker von FDP und SPD von der Unsinnigkeit des Gesetzes zu überzeugen. Diese Bemühungen wurden durch eine Ende April gegründete „Aktionsgemeinschaft gegen Regelstudienzeit“ unterstützt. Darin hatten sich eine Anzahl von Studentenvertretungen und gemäßigter Studentenverbände – darunter auch der RCDS – zusammengeschlossen, um mit einer intensiven Öffentlichkeitsarbeit für eine entsprechende Novellierung des Hochschulrahmengesetzes zu arbeiten. So beteiligten sich zum Beispiel über 50.000 Studenten und Bürger an der zentralen Postkartenaktion der Aktionsgemeinschaft.
Noch während des Sommersemesters kündigte sich mit der fast zeitgleichen Einbringung entsprechender Gesetzesanträge durch das Land Schleswig-Holstein und die SPD/FDP-regierten Länder Ende Juli in den Bundesrat der Erfolg der Anstrengungen des RCDS und der Aktionsgemeinschaft an. Der Beschluß des Bundesrates und die Verabschiedung der Gesetzesnovelle zum Hochschulrahmengesetz durch den Bundestag sollten Ende September und Mitte Februar 1980 folgen. Der RCDS und die mit ihm zusammenarbeitenden Gruppen konnten damit eindeutig die Richtigkeit der Strategie des Demokratischen Dialoges – mit ihrer breiteren Palette an Aktionsmöglichkeiten – unter Beweis stellen. Intensive Gespräche, unterstützt von einer breiten Öffentlichkeitsarbeit, konnten auch in einem für die breite Öffentlichkeit uninteressanten Bereich wichtige Verbesserungen für Studenten erbringen, ohne gleich zu härte-

---

[613]) Protokoll der 30. Bundesdelegiertenversammlung des RCDS vom 02.-04.03.1979 in Mainz, S. 4 (Beschluß A 1; Text siehe Beschlußmappe der 30. Bundesdelegiertenversammlung); siehe Anm. 580.

[614]) Protokoll der 30. Bundesdelegiertenversammlung des RCDS vom 02.-04.03.1979 in Mainz, S. 2 f.: Die neuen Gruppen waren Uni-Benediktbeuren, FH-Coburg, FH-Düsseldorf-Kaiserswerth, KFH-Mainz und Uni-Passau (siehe Anm. 596). Der Bundesvorstand wurde einstimmig bei einer Enthaltung finanziell entlastet.

[615]) Protokoll der 30. Bundesdelegiertenversammlung des RCDS vom 02.-04.03.1979 in Mainz, S. 8 f..

ren Auseinandersetzungsformen wie Demonstrationen und „Streiks" greifen zu müssen[616]).

Parallel zu diesen intensiven Bemühungen aller RCDS-Gliederungen reiste im Sommersemester unter Federführung des RCDS ein Minibus des europäischen Dachverbandes EDS durch sechs europäische Länder, darunter die Bundesrepublik Deutschland, um an den Hochschulen auf die ersten Direktwahlen zum Europäischen Parlament am 10. Juni 1979 aufmerksam zu machen. Dazu führte der bayerische RCDS auch noch Mitte Mai einen Europakongreß durch. Der Bundesvorstand organisierte Ende Mai in Bonn ein Europa-Hearing[617]). Innerverbandlich intensivierte man die Bildungsarbeit erheblich[618]).

Vor diesem Hintergrund verbunden mit den Eigenaktivitäten der RCDS-Hochschulgruppen, wie beispielsweise der RCDS-Unigruppe Frankfurt, die mit einem Zeltlager auf dem Campus der Universität auf die studentische Wohnungsnot aufmerksam machte[619]), konnte der RCDS seinen Stimmenanteil bei den Wahlen zu den Studentenvertretungen zum Teil erheblich steigern. So stellte er jetzt unter anderem mehr als die Hälfte der Jura-Fachschaftsvorstände an bundesdeutschen Hochschulen[620]). Erstmals mußte man in diesem Sommersemesters aber auch Unsicherheiten beim SLH, einem der potentiellen Koalitionspartner des RCDS in den Hochschulen, feststellen. Dieser hatte sich ohne nähere Begründung aus der „Aktionsgemeinschaft gegen Regelstudienzeit" zurückgezogen und bei mehreren Wahlen an den Hochschulen ohne die Präsentation eigener Alternativen Kandidaten des RCDS nicht unterstützt[621]).

Das Nominierungsverfahren für den Kanzlerkandidaten der CDU/CSU für die Bundestagswahlen 1980 führte seit Juli auch innerhalb des RCDS zu erheblichen Differenzen über sein Verhalten zum Verfahren und zukünftiges Verhältnis zur CDU/CSU. Die Kontroversen sollten sich noch bis zum Jahresende hinziehen[622]).

Als Schwerpunkt für die RCDS-Arbeit im Wintersemester 1979/80 präsentierte der Bundesvorstand auf der Gruppenvorsitzendenkonferenz des RCDS vom 26. bis 28. Oktober 1979 in Berlin die Aktion „Leben – Menschenrecht für alle". Im Rahmen der Aktionsteile „Für die weltweite Abschaffung der Todesstrafe",

---

616) Eisel, Stefan (1980), S. 25 ff.; Protokolle der RCDS-Bundesausschußsitzungen am 07./08.04.1979, S. 5, 13./14.05. 1979, S. 3, 16.07.1979, S. 1, und 29./30.09.1979, S. 2, sowie Berichte des Bundesvorstandes zu den Bundesausschußsitzungen am 13./14.05.1979, S. 1, 29./30.09.1979, S. 1 f., 21./22.11.1979, S. 1 f., und 02.02.1980, S. 2 (alles RCDS-A 130); RCDS-Bundesvorstand (1981), S. 43 ff.. Siehe auch Schlicht, Uwe (1980), S. 121 f., der die Rolle des RCDS hierbei überhaupt nicht erwähnt.

617) Protokolle der RCDS-Bundesausschußsitzungen am 07./08.04. 1979, S. 6 f., und 13./14.05.1979 und Bericht des RCDS- Bundesvorstandes zur Bundesausschußsitzung am 13./14.05. 1979, S. 1 f. (RCDS-A 130); Kistler, Helmut (1985), S. 379.

618) Protokoll der RCDS-Bundesausschußsitzung am 07./08.04. 1979, S. 8 (RCDS-A 130).

619) Freundes- und Fördererkreis des RCDS-Frankfurt am Main (1982), S. 84.

620) Protokoll der RCDS-Bundesausschußsitzung am 29./30.09. 1979, S. 3 (RCDS-A 130).

621) Bericht des Bundesvorstandes zur RCDS-Bundesausschußsitzung am 13./14.05.1979, S. 2 f., und Protokoll dieser Sitzung, S. 2 f. (RCDS-A 130).

622) RCDS-Bundesausschußrundbriefe vom 17.12. und 21.12.1979, Protokolle der RCDS-Bundesausschußsitzungen am 16.07.1979, S. 3 f. und Anlagen, 29./30.09.1979, S. 8 ff., und 21./22. 11.1979, S. 4 ff., und Berichte des Bundesvorstandes zu den Bundesausschußsitzungen am 21./22.11.1979, S. 4, und 02.02.1980, S. 3 (alles RCDS-A 130).

„Gemeinsam gegen Welthunger" und „Gegen Haß – für Frieden" sollten die Gruppen allen Studenten die Möglichkeit geben, praktische Solidarität zu zeigen, und damit auch ein weiteres Mal die politischen Grundvorstellungen des RCDS sowie seine Arbeitsformen deutlich machen. Zwar kam es zu Kritik wegen der möglicherweise nur mangelhaften Umsetzbarkeit der Teilaktionen, aber insgesamt stimmte man dem Schwerpunktthema zu. Fast alle Hochschulgruppen des RCDS beteiligten sich daraufhin an der Aktion mit eigenen Veranstaltungen. Praktisches Ergebnis des Aktionsteils „Gemeinsam gegen Welthunger" waren DM 30.000,--, die für ein Landwirtschaftsprojekt in Indonesien zur Verfügung gestellt wurden[623]).
Im Anschluß an ein weiteres Hearing des RCDS-Bundesvorstandes zum Thema „Bürokratie und Hochschule" Mitte Dezember 1979 in Bonn eröffneten sich Möglichkeiten zur Übernahme des RCDS-Studienplatztausches durch die ZVS oder das Deutsche Studentenwerk (DSW)[624]). Der RCDS hatte schon beim Beginn dieser Serviceleistung erklärt, daß es nicht Daueraufgabe eines Studentenverbandes sein könne, Unfähigkeiten der staatlichen Bürokratie zu korrigieren, und hatte immer wieder die Einrichtung einer staatlichen, neutralen und leistungsfähigen Tauschzentrale gefordert[625]). Doch sollte es sich nach mehreren Gesprächen in den folgenden Monaten herausstellen, daß die ZVS und das DSW die geforderte Leistungsfähigkeit des Tauschverfahrens aus jeweils unterschiedlichen Gründen nicht garantieren konnten, so daß der Studienplatztausch weiter beim RCDS verblieb[626]).
Die Wahlen zu den Studentenvertretungen im Wintersemester 1979/80 brachten für den RCDS leichte Stimmeneinbußen, für seinen potentiellen Koalitionspartner SLH aber nahezu eine Halbierung seines Stimmenanteiles. Mehrere ASt' en gingen deshalb für den RCDS und die mit ihm zusammenarbeitenden Gruppen verloren, so zum Beipiel der AStA an der Universität Bochum[627]).
Schon seit Mitte 1979 hatte eine Strukturkommission im RCDS-Bundesausschuß Möglichkeiten zur Verbesserung der Schlagkraft und der Kontinuität des Gesamtverbandes beraten. Doch deren Vorschläge stießen bei den Delegierten der 31. ordentlichen Bundesdeleglertenversammlung des RCDS vom 07. bis 09. März 1980 in Frankfurt/Main fast durchweg auf Ablehnung. Lediglich eine Installierung der Gruppenvorsitzendenkonferenz als zweitem Beschlußorgan auf Bundesebene und eine Neuregelung der Anforderungen für die Mit-

---

623) Protokolle der RCDS-Bundesausschußsitzungen am 13./14.06. 1979, S. 6, und 21.11.1979, S. 4 f., sowie Berichte des RCDS-Bundesvorstandes zu den Bundesausschußsitzungen am 29./30.09.1979, S. 2 f., 21./22.11.1979, S. 1, 02.02.1980, S. 1 f. (alles RCDS-A 130), und 27./28.09.1980, S. 2; RCDS-Bundesvorstand (1981), S. 45.

624) Bericht des RCDS-Bundesvorstandes zur Bundesausschußsitzung am 02.02.1980, S. 3 (RCDS-A 130).

625) Demokratische Blätter 3/Juni-Juli 1975, S. 19, 5/November-Dezember 1975, S. 15, und 2/Mai-Juni 1976, S. 4; siehe auch Anm. 553.

626) Bericht des RCDS-Bundesvorstandes zur Bundesausschußsitzung am 16./17.05.1980, S. 4 ff.; Protokolle der RCDS-Bundesausschußsitzungen am 04.07.1980, S. 9 ff., 27./28. 09.1980, S. 1 ff., und 19.11.1980, S. 1.

627) Brief von Friedrich-Walter Ebener vom 21.01.1985; Demokratische Blätter 7/1980, S. 10: Der RCDS wies in diesem Zusammenhang ein weiteres Mal darauf hin, daß es an vielen Hochschulen dennoch zu demokratischen ASt' en hatte kommen können, wenn die Juso-HSG' en und der LHV dort nicht mit kommunistischen Gruppen koalieren würden.

gliedschaft von RCDS-Hochschulgruppen im Bundesverband des RCDS wurden beschlossen[628]).
Hauptthema der Antragsberatungen dieser Bundesdelegiertenversammlung war jedoch der vom Politischen Beirat des RCDS erarbeitete Leitantrag „Wege aus der Orientierungskrise". Darin wurde festgestellt, daß die zunehmende Entfremdung großer Teile der jüngeren Generation von den Grundprinzipien unserer Gesellschaftsordnung darauf zurückzuführen sei, daß die Entscheidungsprozesse der modernen Gesellschaft vom Einzelnen nicht mehr durchschaubar und nachvollziehbar wären. Diese Entwicklung würde durch den Staat unterstützt, da er immer mehr Entscheidungsprozesse an sich reiße und dem Einzelnen kaum noch Gelegenheit zur Mitgestaltung biete. Als Konsequenz sei daraus zu ziehen, daß der Staat den Bürger einerseits stärker an seinen Entscheidungsprozessen beteiligen müsse, der Bürger andererseits aber stärker dazu anzuhalten sei, sich aktiv in seinem Lebensbereich zu engagieren. Denn nur wer sich engagiere, könne Reformen durchsetzen. Darüberhinaus müsse sich die Politik wieder stärker an Grundwerten orientieren, damit sie für viele Jugendliche wieder glaubwürdig werde[629]). Trotz ausführlicher Beratung verabschiedeten die Delegierten diesen Antrag jedoch nicht endgültig, sondern beschlossen mit Mehrheit, der Grundintention des Antrages und seinen konkreten Forderungen zwar im wesentlichen zuzustimmen, das Papier aber während des kommenden Semesters im Verband weiter zu beraten und erst die nächste überregionale Versammlung abschließend damit zu befassen[630]).
Umfangreiche Studienreformpapiere und die Forderung nach einer Erhöhung der Elternfreibeträge beim BAföG, um diese Förderung einer größeren Zahl von Studenten zugute kommen zu lassen, wurden von den Delegierten dagegen beschlossen[631]). Angesichts der Besetzung Afghanistans durch sowjetische Truppen seit der Jahreswende 1979/80 plädierte die Versammlung für eine Verlegung der Olympischen Sommerspiele 1980 von Moskau weg und forderte von den Studenten, der „Sicherung von Frieden und Freiheit Priorität vor der Erfüllung eigener Wünsche" einzuräumen[632]).
Die verbandsinterne Debatte über die Haltung des RCDS zur Bundestagswahl wurde auf dieser Bundesdelegiertenversammlung endgültig abgeschlossen. Wie schon 1976 verfasste der RCDS keinen Wahlaufruf, sondern beschloß

---

[628]) Protokoll der RCDS-Bundesausschußsitzung am 21./22.11. 1979, S. 6 ff. (RCDS-A 130); Protokoll der 31. Bundesdelegiertenversammlung des RCDS vom 07.-09.03.1980 in Frankfurt/Main, S. 4 ff. und 17. Verabschiedet wurde auch noch eine neue Bundesschiedsordnung des RCDS (Bundesschiedsordnung vom 22.02.1983, S. 1).

[629]) Protokoll der 31. Bundesdelegiertenversammlung des RCDS vom 07.-09.03.1980 in Frankfurt/Main, S. 6 ff.; Beschluß A 1 („Wege aus der Orientierungskrise") der 31. Bundesdelegiertenversammlung, S. 3 ff..

[630]) Protokoll der 31. Bundesdelegiertenversammlung des RCDS vom 07.-09.03.1980 in Frankfurt/Main, S. 9; Beschluß A 1 („Wege aus der Orientierungskrise") der 31. Bundesdelegiertenversammlung, S. 38; Protokoll der RCDS-Bundesausschußsitzung am 27./28.09.1980, S. 5. In der Öffentlichkeit wurde dies allerdings als endgültige Beschlußfassung dargestellt (Demokratische Blätter 2/1980, S. 3).

[631]) Protokoll der 31. Bundesdelegiertenversammlung des RCDS vom 07.-09.03.1980 in Frankfurt/Main, S. 13 und 17 f.; Demokratische Blätter 2/1980, S. 3.

[632]) Demokratische Blätter 2/1980, S. 3 f.; Kistler, Helmut (1985), S. 378 f..

Wahlprüfsteine als Entscheidungshilfe für die Studenten bei der Bundestagswahl[633]).
Drei neue (bzw. wiedergegründete) RCDS-Hochschulgruppen wurden in den Bundesverband aufgenommen und der scheidende Bundesvorstand einstimmig entlastet[634]). Der bisherige Stellvertreter Dingerkus wurde mit großer Mehrheit gegen Michael Rembeck zum neuen Bundesvorsitzenden des RCDS gewählt. Zum stellvertretenden Bundesvorsitzenden und RCDS-Bundesschatzmeister bestimmten die Delegierten mit großer Mehrheit Andreas Thomsen aus Münster. Bei der Wahl zum anderen stellvertretenden Bundesvorsitzenden konnte sich Volkhard Schreiner aus Ulm gegen Birgit Gutmann durchsetzen[635]).
Dem Diskussionsschwerpunkt der Bundesdelegiertenversammlung entsprechend, wählte der neue Bundesvorstand für die RCDS-Aktionen im Sommersemester 1980 das Motto „Wer sich engagiert – verändert". Mit konkreten Aktionen sollten die Studenten angeregt werden, durch persönliches Engagement zur Verbesserung der eigenen Studiensituation sowie zum Abbau von Problemen im eigenen Lebensbereich beizutragen und den Leitantrag so praktisch umzusetzen. Aktionsbereiche waren unter anderem die Situation behinderter Kommilitonen an den Hochschulen und der Umweltschutz. Dazu sollte auch die inhaltliche Diskussion des Antrages „Wege aus der Orientierungskrise" vor Ort fortgesetzt werden[636]).
Ein Expertenhearing des RCDS „Für eine behindertengerechte Hochschule" Mitte Mai in Bonn präsentierte den Semesterschwerpunkt am Beispiel eines konkreten Aktionsbereiches auch der breiteren Öffentlichkeit. Viele Hochschulgruppen des RCDS griffen das Schwerpunktthema in den folgenden Wochen und Monaten auf[637]).
Obwohl die politischen Gegner des RCDS versucht hatten, die Studentenschaftswahlen im Sommersemester 1980 mit sachfremden Argumenten zu Vorwahlen der Bundestagswahlen hochzustilisieren, konnten die RCDS-Gruppen ihre Positionen im wesentlichen behaupten. Dennoch gingen durch die starken Verluste potentieller Koalitionspartner mehrere vom RCDS mitgestellte ASt' en verloren[638]). Auch war nicht zu übersehen, daß sich die allgemeine RCDS-Strategie für viele RCDS-Gruppen als nicht mehr verwendbar erwies. Einerseits war sie der nachwachsenden Mitgliedergeneration nur unzureichend

---

633) Protokoll der 31. Bundesdelegiertenversammlung des RCDS vom 07.-09.03.1980 in Frankfurt/Main, S. 14; Demokratische Blätter 2/1980, S. 19 ff.; siehe auch Bericht des Bundesvorstandes zur RCDS-Bundesausschußsitzung am 02.02.1980, S. 3 (RCDS-A 130).

634) Protokoll der 31. Bundesdelegiertenversammlung des RCDS vom 07.-09.03.1980 in Frankfurt/Main, S. 1 und 3: Die Gruppen waren Dortmund, Essen und MH-Hannover.

635) Protokoll der 31. Bundesdelegiertenversammlung des RCDS vom 07.-09.03.1980 in Frankfurt/Main, S. 9 ff..

636) Bericht des Bundesvorstandes zur RCDS-Bundesausschußsitzung am 16./17.05.1980, S. 1 f..

637) Protokoll der RCDS-Bundesausschußsitzung am 16./17.05. 1980, S. 1 f. (RCDS-A 130); RCDS-Bundesvorstand (1981), S. 45; Herbst, Hans R. (1984), S. 233; siehe z. B. Wahlinfo des RCDS-Uni-Gießen im SS 1980.

638) RCDS-Bundesausschußrundbrief vom 08.05.1980; Bericht des Bundesvorstandes zur RCDS Bundesausschußsitzung am 16./17. 05.1980, S. 3; Protokolle der RCDS-Bundesausschußsitzungen am 04.07.1980, S. 8 f., und 27./28.09.1980, S. 2.

vermittelt worden, wofür die verminderte innerverbandliche Bildungsarbeit, die nur mangelhafte Begründung und verspätete Vorbereitung der Sommersemesteraktionen und deren nicht erfolgte Einpassung in die Gesamtstrategie verantwortlich gewesen sein dürften. Andererseits hatte sie sich vor Ort nur bedingt als erfolgreich praktizierbar erwiesen. Eine Folge dieser Probleme war die Auflösung vieler RCDS-Hochschulgruppen[639]).
Eine Fortführung der inhaltlichen Diskussion über den Antrag „Wege aus der Orientierungskrise" konnte in den Gruppen und an den Hochschulen vor diesem Hintergrund nicht mehr geleistet werden. Auf der Gruppenvorsitzendenkonferenz des RCDS am 25. und 26. Oktober 1980 in Hannover stieß die Schlußdebatte dieses Antrages deshalb ebenso wie die Antragsberatungen allgemein auf heftige Kritik der meisten anwesenden Gruppenvorsitzenden, obwohl sie ein Beschluß der Bundesdelegiertenversammlung von Frankfurt waren. Denn die Vorsitzenden wollten lieber einen intensiven Austausch von Erfahrungen über die Gruppenarbeit pflegen, um Anregungen für die weitere Arbeit insbesondere auch zu aktuellen hochschulpolitischen Fragen zu erhalten[640]). In diesem Zusammenhang mußte sich der Bundesvorstand wegen der Veröffentlichung eines Papiers zur „Lage der Union im Herbst 1980" der Mitglieder des Politischen Beirates des RCDS mit detaillierten Vorschlägen für die künftige Arbeit der Unionsparteien kurz nach der für die SPD/FDP-Regierungskoalition erneut erfolgreichen Bundestagswahl Anfang Oktober 1980 harte Kritik der anwesenden Gruppenvorsitzenden gefallen lassen. Denn diese Ausarbeitung war zwar kein offizieller Beschluß des RCDS oder eines seiner Gremien. Sie wurde aber trotzdem in einer Form veröffentlicht, die das nicht erkennen ließ. Durch diese direkte Einmischung in interne Diskussionen von CDU und CSU hatte man die Glaubwürdigkeit der grundsätzlichen Haltung des RCDS zur CDU/CSU schwer erschüttert, die gerade erst nach langer Diskussion auf der Bundesdelegiertenversammlung in Frankfurt mit der Verabschiedung von „Wahlprüfsteinen" bekräftigt worden war, was die RCDS-Gruppen in zusätzliche Schwierigkeiten brachte[641]).
Schon vor dem Beginn des Wintersemesters konnte der RCDS mit zum Teil spektakulären Aktionen, wie unter anderem der Aufstellung von Schlafwagen für zimmerlose Studenten in Aachen, auf die studentische Wohnungsnot aufmerksam machen. Dadurch stellten viele Privatpersonen zusätzliche Studentenzimmer bereit (in Aachen z. B. über 600). Der RCDS bewies damit, daß es auch erfolgreiche und legale Wege zur Bekämpfung der akuten Wohnungsnot im Gegensatz zu den in diesen Monaten häufiger werdenden und von der Öffentlichkeit stark beachteten Hausbesetzungen gab[642]). Vor dem Hintergrund

---

[639]) Protokolle der RCDS-Bundesausschußsitzungen am 16./17.05. 1980, S. 6 (RCDS-A 130), und 04.07.1980, S. 2 ff..

[640]) Protokolle der RCDS-Bundesausschußsitzungen am 04.07.1980, S. 2 ff., und 10.11.1980, S. 3 f.; Protokoll der Gruppenvorsitzendenkonferenz des RCDS am 25./ 26.10.1980 in Hannover, S. 2 ff. und 5 f..

[641]) Protokolle der RCDS-Bundesausschußsitzungen am 27./28.09. 1980, S. 5 ff., 16.10.1980, S. 1, und 19.11.1980, S. 3 f.; Sonde 4/1980, S. 64 ff.; Protokoll der Gruppenvorsitzendenkonferenz des RCDS am 25./26.10.1980 in Hannover, S. 2 und 6; Kistler, Helmut (1985), S. 384 ff..

[642]) Protokolle der RCDS-Bundesausschußsitzungen am 27./28.09. 1980, S. 2 und 4, und am 11.01.1981, S. 3 f. (RCDS-A 130); RCDS-Bundesvorstand (1981), S. 45; Demokratische Blätter 1/1981, S. 3 ff. und 18.

der rigiden Mittelstreichungen der SPD/FDP-Bundesregierung in allen Bereichen der Hochschulpolitik organisierte der Bundesvorstand über das ganze Wintersemester hinweg eine Kampagne zur Sicherung einer sozial gerechten Ausbildungsförderung für Studenten. Dazu forderte der Verband erneut die Einführung eines Bundesstudentenparlamentes, da sich die VDS in allen diesen Fragen einmal mehr als unfähig zur Vertretung studentischer Interessen erwiesen habe[643]).

f) 1981/1982: Für eine grundwertorientierte RCDS-Arbeit

Die bei der Gruppenvorsitzendenkonferenz in Hannover aufgeflammte Diskussion über das Verhältnis des RCDS zur Union wurde zu Beginn des neuen Jahres auf einem Seminar des Bundesverbandes fortgesetzt, das aber zu keinem konkreten Ergebnis führte.
Auch die Debatte über die Arbeit des Verbandes in der Zukunft – insbesondere die Stärkung der Gruppenebene – wurde fortgesetzt. Weitere schwere Wahlniederlagen von RCDS-Gruppen bei den Studentenschaftswahlen im Wintersemester 1980/81, in deren Folge auch der vom RCDS seit mehreren Jahren mitgestellte AStA der Universität Bonn verlorenging, unterstrichen die Notwendigkeit dieser Diskussion[644]). Denn der RCDS war bei nur noch 72 existierenden Hochschulgruppen, dem Verlust beinahe aller ASt' en und dem Niedergang seines potentiellen Koalitionspartners SLH an fast allen Hochschulen von seinem Ziel, demokratische Mehrheiten in den Studentenvertretungen zu erringen, entfernt wie schon seit vielen Jahren nicht mehr[645]).
Seine Wintersemesterkampagne für eine gerechte Ausbildungsförderung schloß der Verband mit der Verabschiedung des Leitantrages „Bildung sichert Zukunft" auf der 32. ordentlichen Bundesdelegiertenversammlung des RCDS vom 13. bis 15. März 1981 in Aachen ab. Der RCDS forderte darin eine stärkere Berücksichtigung der kinderreichen Familien durch eine Erhöhung des Elternfreibetrages und eine allgemeine Erhöhung der Förderungshöchstsätze. Nur eine umfassende Neuregelung der gesamten Ausbildungsförderung könne jedoch die durch bürokratischen Aufwand sowie undurchsichtige und ungerechte Bestimmungen belasteten bestehenden Regelungen nach dem BAföG ablösen[646]).

---

[643]) Protokoll der RCDS-Bundesausschußsitzungen am 27./28.09. 1980, S. 8 f., 16.10.1980, S. 2 f., 19.11.1980, S. 3, und 11.01.1981, S. 4; Demokratische Blätter 1/1980, S. 6 ff.; Eichhorst, Hanns Christhard (1980); RCDS-Bundesvorstand (1981), S. 48 f.; siehe Anm. 580 und 613.

[644]) Protokolle der RCDS-Bundesausschußsitzungen am 19.11.1980, S. 2 f., und am 08./09.02.1981, S. 2 ff..

[645]) Von den bei der 32. Bundesdelegiertenversammlung noch aufgeführten 76 Gruppen (S. 1 des Protokolls der 32. Bundesdelegiertenversammlung) wurden 4 Gruppen aus satzungsrechtlichen Gründen erst am Ende der Versammlung gestrichen. Es ist allerdings bei der Zahl der Gruppen auch zu berücksichtigen, daß sich die Zahl der Gruppen durch die Integration der Pädagogischen Hochschulen in die Universitäten in Nordrhein-Westfalen im April 1980 automatisch verringerte (Protokoll der RCDS-Bundesausschußsitzung am 16.05.1980 (RCDS-A 130), S. 4). Dazu war der RCDS-LV-Bremen de facto nicht mehr existent (siehe hierzu Anm. 685).

[646]) Protokoll der 32. Bundesdelegiertenversammlung des RCDS vom 13.-15.03.1981 in Aachen, S. 8; RCDS-Pressemitteilung Nr. 1 vom 16.03.1981.

Der alte Bundesvorstand wurde nach der Aufnahme zweier wiedergegründeter RCDS-Hochschulgruppen und seinem Rechenschaftsbericht einstimmig bei einigen Enthaltungen politisch entlastet[647]). Bei den Neuwahlen zum Bundesvorstand unterlag der erneut zum RCDS-Bundesvorsitzenden kanididierende Dingerkus jedoch im ersten Wahlgang Johannes Weberling aus Freiburg. Zum stellvertretenden Bundesvorsitzenden und RCDS-Bundesschatzmeister wählten die Delegierten mit großer Mehrheit Ludwig Hennicke aus Frankfurt. Nach einer bewegten Wahlnacht stand mit Christopher Braun aus Konstanz nach drei Wahlgängen auch der zweite stellvertretenden RCDS-Bundesvorsitzende fest[648])

Durch die langwierige Abwicklung der Formalia kam es nur noch zur Verabschiedung einiger Studienreformpapiere. Die meisten vorliegenden Anträge blieben unerledigt. Deshalb versprach der Bundesvorstand die Durchführung einer ausschließlich inhaltlichen Fragen gewidmeten außerordentlichen Bundesdelegiertenversammlung zum Ende des Sommersemesters 1981[649]).

Der neue Bundesvorstand zog unmittelbar nach der Bundesdelegiertenversammlung mit einem detaillierten Arbeitsprogramm die Konsequenzen der problematischen Situation des Gesamtverbandes. Er stellte darin fest, daß der RCDS seine politische Meinungsführerschaft innerhalb der deutschen Studentenschaft verloren habe. Dazu sei es unter anderem gekommen, weil die christlich-demokratischen Gruppen, an ihrer Spitze die CDU, kein langfristiges Konzept gehabt hätten, um mit einer glaubwürdig, geradlinigen und grundwertbezogenen Politik eine wirkliche Alternative zum Konzept der sozialistischen Gesellschaftsveränderung zu bieten. Als unabhängiger Studentenverband habe der RCDS zwar nicht die Aufgabe, in der CDU für eine Verbesserung der innerparteilichen Situation zu arbeiten, er habe aber die CDU immer wieder auf eine grundwertbezogene Politik hin anzusprechen. In seinem Bereich müsse der RCDS jedoch durch seine Arbeit, sein Auftreten und seine Aussagen die Mehrheit der Jugendlichen vom Sinn und der Notwendigkeit eines idealistischen Engagements für die freiheitliche Gesellschaftsordnung überzeugen. Dafür sei es notwendig, einerseits die Identifikation der RCDS-Mitglieder mit ihrem Verband und seinen Grundwerten durch intensive inhaltliche Diskussionen zu verbessern, andererseits aber auch alle Aktionen des RCDS mehr als bisher zu begründen. Weiter müsse der RCDS sein programmatisches Defizit in weiten Bereichen ausgleichen und seinen evolutionären Weg zur Erhaltung und Fortentwicklung unserer freiheitlich-demokratischen Gesellschaftsordnung offensiv allen revolutionären Konzepten entgegensetzen. Auf diese Weise sollte zumindestens in Teilbereichen die Meinungsführerschaft innerhalb der deutschen Studentenschaft zurückgewonnen werden.

Neben verschiedenen organisatorischen Maßnahmen zur Erhöhung der Schlagkraft des Verbandes plante man daher für jedes kommende Semester einen Diskussionsschwerpunkt in der inhaltlichen Arbeit, ohne andere Diskus-

---

[647]) Protokoll der 32. Bundesdelegiertenversammlung des RCDS vom 13.-15.03.1981 in Aachen, S. 1 f.: Die Gruppen waren PH-Flensburg und Siegen. Die finanzielle Entlastung erfolgte einstimmig.

[648]) Protokoll der 32. Bundesdelegiertenversammlung des RCDS vom 13.-15.03.1981 in Aachen, S. 8 ff..

[649]) Protokoll der 32. Bundesdelegiertenversammlung des RCDS vom 13.-15.03.1981 in Aachen, S. 15 f.; RCDS-Pressemitteilung Nr. 1 vom 16.03.1981.

sionsansätze und Initiativen abzuwürgen oder die aktuelle politische Arbeit zu vernachlässigen. Nach und nach wollte der Bundesvorstand so den programmatischen Nachholbedarf des RCDS in vielen Bereichen decken.
Nicht zuletzt im Hinblick auf einen geplanten Bildungsparteitag der CDU im Herbst 1981 wurde die Hochschul- und Bildungspolitik als Schwerpunktthema des Sommersemesters gewählt. Weiter sollten unter anderem die studentische Wohnraumsituation und Menschenrechtsverletzungen allgemein angesprochen und sich auch verstärkt um den vorpolitischen Raum gekümmert werden[650]).
Um die innverbandlichen Voraussetzungen für dieses Arbeitsprogramm zu schaffen, organisierte man ein breit angelegtes Bildungsprogramm. Gruppen und Bundesfachtagungen wurden durch eine verbesserte innerverbandliche Kommunikation und die Einführung von Kurzdokumentationen („MAT' s") stärker in die allgemeine Verbandsarbeit einbezogen bzw. in ihrer Arbeit wirksamer unterstützt. Einen besonderen Schwerpunkt bildete dabei die Aktivierung der vollkommen brachliegenden Fachhochschularbeit des RCDS[651]).
Noch im März beschäftigte sich der Bundesausschuß des RCDS auf einer Sitzung in Berlin[652]) mit der studentischen Wohnungslage und der Problematik von Hausbesetzungen. In einem Lösungskonzept kritisierte der RCDS scharf, daß staatliche Stellen fast ausnahmslos erst nach der Welle von Hausbesetzungen Maßnahmen zur Behebung von Wohnungsengpässen ergriffen hatten. Dadurch seien Menschen aus persönlicher Not in den Rechtsbruch getrieben worden. Darüberhinaus sei die Attraktivität politischer Gruppen erhöht worden, die Rechtsbrüche als Mittel zur Durchsetzung ihrer Ziele befürworteten. Eine solche Politik führe auf Dauer zur Auflösung des Rechtsstaates. Gleichzeitig stellte der RCDS einen breit gefächerten Maßnahmenkatalog zur Lösung der Wohnungsnot vor, da nur derjenige glaubwürdig agiere, der Probleme bekämpfe, indem er ihre Ursachen beseitige[653]).
Die Auseinandersetzungen um den Skandal der ärztlichen Vorprüfung (Physikum) am Ende des Wintersemesters wurde zur ersten Bewährungsprobe für das neue Arbeitskonzept des Bundesvorstandes. Wie der RCDS als erste Or-

---

[650]) Protokoll der RCDS-Bundesvorstandssitzung am 19.03.1981, S. 2 ff.; Arbeitsprogramm des RCDS-Bundesvorstandes im Amtsjahr 1981/82, S. 1 ff. (u. a. als Anlage zum Protokoll der RCDS-Bundesausschußsitzung am 28./29.03.1981). Zur Situation der CDU siehe auch Wolfgang Jäger in Heck, Bruno (1980), S. 171 f..

[651]) Protokoll der RCDS-Bundesvorstandssitzungen am 19.03.1981, S. 7 f., 24.03.1981, S. 5, 01.04.1981, S. 3, 13.04.1981, S. 3, und 27.04.1981, S. 2; Arbeitsprogramm des RCDS-Bundesvorstandes im Amtsjahr 1981/82, S. 6 f. (a. a. O.); siehe auch Berichte des Bundesvorstandes zu den RCDS-Bundesausschußsitzungen am 21.06.1981, S. 1, und 04.09.1981, S. 1.

[652]) Protokoll der RCDS-Bundesvorstandssitzung am 17.03.1981, S. 3: Der Bundesvorstand beschloß ab sofort wieder eine Bundesausschußsitzung im Semester am Sitz des RCDS in Berlin durchzuführen.

[653]) Protokoll der RCDS-Bundesausschußsitzung am 28./29.03. 1981, S. 3 und Anlage; RCDS-Pressemitteilung Nr. 4 vom 31. 03.1981; Demokratische Blätter 2/1981, S. 3 ff.; siehe auch MAT-Nr. 1 „Nürnberg 5./6.3.1981". Das Wohnraumkonzept wurde im Juli mit geringfügigen Änderungen von der 33. Bundesdelegiertenversammlung beschlossen (Protokoll der 33. Bundesdelegiertenversammlung des RCDS vom 04.-05.07. 1981 in Düsseldorf (siehe Tonband) und RCDS-Pressemitteilung Nr. 25 vom 06.07.1981 mit Anlage).

ganisation der Öffentlichkeit Anfang April bekanntgab, waren bei diesem Prüfungstermin mehr als dreimal soviel Studenten wie in den Vorjahren durchgefallen. Dies führte man auf eine Vielzahl unfairer und zum Teil noch nicht einmal durch Fachleute beantwortbare Prüfungsfragen zurück, die von Experten eines Prüfungsfrageninstituts in Mainz, an dessen Spitze ein Jurist stand, ohne ausreichende Rückkoppelung mit den Universitäten erstellt worden waren. Der RCDS forderte deshalb eine Annullierung der Prüfung für die Durchgefallenen, eine entsprechende Wiederholungsmöglichkeit und eine Reform des Prüfungsverfahrens. Nach einer großangelegten Aufklärungskampagne in allen medizinischen Fachbereichen und Fakultäten der bundesdeutschen Universitäten, die durch eine gemeinsam mit dem Hartmannbund organisierte Massenklageaktion der Durchgefallenen ergänzt wurde, konnte der RCDS seine Forderungen weitgehend durchsetzen. Damit war für den RCDS der Beweis erbracht, daß mit seinem Verständnis von Politik langfristig die besseren Erfolge zu erzielen seien, was der Verband nicht zuletzt auf seine starke Verankerung in den medizinischen Fachschaften und der wirkungsvollen Koordination ihrer Aktivitäten durch die RCDS-Bundesfachtagung Medizin zurückführte[654]).
Vertreter aller Verbandsgliederungen hatten auf einem Bundesseminar Ende Mai die Möglichkeit, eine Zwischenbilanz der bisher erfolgten Diskussionen für ein neues bildungspolitisches Konzept des RCDS zu ziehen[655]). Parallel dazu mußte sich der Bundesvorstand mit den Kürzungsplänen der SPD/FDP-Bundesregierung bei der Ausbildungsförderung auseinandersetzen. Insbesondere die de facto-Streichung der Ausbildungsförderung für Absolventen des zweiten Bildungsweges wurde von ihm scharf kritisiert, zumal die Regierungsparteien vor der Wahl völlig entgegengesetzte Versprechungen gemacht hatten. Trotz eines guten Echos auf seine Vorschläge bei den Oppositionsparteien CDU/CSU konnte er die Verabschiedung der Regierungspläne nicht verhindern[656]).
Erstmals nahm der RCDS mit einem eigenen Info-Stand Mitte Juni am Evangelischen Kirchentag in Hamburg teil. Insbesondere seine täglich in hoher Auflage erstellte Kirchentagszeitung „Die Kerze" bot ein vielbeachtetes Forum für von den offiziellen Kirchentagsmedien nicht berücksichtigte Meinungen[657]).

---

[654]) Protokolle der RCDS-Bundesvorstandssitzungen am 06.04. 1981, S. 3, 13.04.1981, S. 1, 21.04.1981, S. 2, 03.05. 1981, S. 1, 04.05.1981, S. 5 f., und 14.05.1981, S. 3; Protokoll der RCDS-Bundesausschußsitzung am 03.05.1981, S. 6; Bericht des Bundesvorstandes zur RCDS-Bundesausschußsitzung am 21.06.1981, S. 2; RCDS-Pressemitteilungen Nr. 5 vom 07.04.1981, 9 vom 14.04.1981, 10 vom 21.04.1981, 12 vom 06.05.1981, 13 vom 11.05.1981, 14 vom 12.05.1981 und 15 vom 14.05.1981; Demokratische Blätter 2/1981, S. 9; Freundes- und Fördererkreis des RCDS-Frankfurt am Main (1982), S. 87; siehe auch MAT' s-Nr. 2 „Skandal um das Physikum" und 3 „Neue Physikumsentwicklungen".

[655]) Protokoll der RCDS-Bundesvorstandssitzung am 25.05.1981, S. 2.

[656]) Protokolle der RCDS-Bundesvorstandssitzungen am 25.05. 1981, S. 5, und 09.06.1981, S. 5; Berichte des Bundesvorstandes zu den RCDS-Bundesausschußsitzungen am 03./04.05. 1981, S. 1, und 21.06.1981, S. 2; RCDS-Pressemitteilungen Nr. 7 vom 10.04.1981, 16 vom 01.06.1981 und 17 vom 03.06. 1981; siehe auch MAT-Nr. 5 „BAföG – 7. Änderungsnovelle"; Demokratische Blätter 2/1981, S. 21, und 3/1981, S. 12 f..

[657]) Protokolle der RCDS-Bundesvorstandssitzungen am 19.03. 1981, S. 5, 14.05.1981, S. 4 25.05.1981, S. 2, und 09.06. 1981, S. 4; Protokoll der RCDS-Bundesausschußsit-

Parallel dazu organisierten RCDS-Gruppen seit langer Zeit wieder bundesweit Aktionen zum 17. Juni. Denn der RCDS halte es für natürlich, sich zuallererst für Freiheit und Demokratie im eigenen Lande einzusetzen, wenn man „für Menschenrechte überall" eintrete, hieß es in einer Erklärung des Bundesvorstandes zu diesem Tag[658]).

Das kontinuierliche Engagement des RCDS für die Verwirklichung der Menschenrechte und Grundfreiheiten überall in der Welt wurde auch bei der Feier des 30. Geburtstages des RCDS-Bundesverbandes herausgestellt, die unter dem Motto „30 Jahre RCDS – 30 Jahre Einsatz für Meinungspluralismus, studentische Interessenvertretung und Menschenrechte überall" am 03. Juli, dem Abend vor der 33. außerordentlichen Bundesdelegiertenversammlung des RCDS, in Düsseldorf stattfand. Der Vorsitzende der CDU, Helmut Kohl, und Rainer Barzel richteten Festansprachen an die Delegierten. Schließlich hatte der RCDS seine politischen Konkurrenten SDS und LSD überlebt und nach seiner Ansicht bewiesen, daß der evolutionäre christlich-demokratische Weg zur Gesellschaftsveränderung vielleicht schwieriger, aber dennoch erfolgversprechender als der revolutionär sozialistische sei[659]).

Daß er auf diesem Weg weiter gehen wollte, zeigten die Diskussionen der 33. außerordentlichen Bundesdelegiertenversammlung des RCDS vom 04. bis 05. Juli 1981 in Düsseldorf, auf der zwei neue Hochschulgruppen in den Bundesverband aufgenommen werden konnten[660]). Schwerpunkt der Antragsberatungen war der bildungspolitische Leitantrag des Bundesvorstandes, den er als Ergebnis der Semesterdiskussionen vorgelegt hatte. In diesen „16 Düsseldorfer Thesen des RCDS zur Bildungspolitik in den 80er Jahren", welche nach ausführlicher Debatte angenommen wurden, stellte der RCDS fest, daß Bildung den einzelnen Menschen in die Lage versetzen müsse, sein Leben nach eigenem Belieben frei zu gestalten. Dieses umfassende, nicht rein funktionale Bildungsverständnis motiviere den Einzelnen zur Wahrnehmung seiner Mitwirkungsrechte in Staat und Gesellschaft und schaffe damit erst die Voraussetzungen für eine offene und solidarische Gesellschaft. Der RCDS forderte eine Rückkehr zu überschaubaren Einheiten im Bildungssystem, den Abbau bürokratischer Schranken und die Stärkung der Gruppenuniversität. Dazu sollte die

---

zung am 21.06.1981, S. 2; siehe dazu auch die Kirchentagsbroschüre des RCDS (Meier, Andreas/Weberling, Johannes: Kirche und Politik, Bonn 1981) und den Abdruck der „Kerze" in Weberling, Johannes/Feser, Andreas (1982), S. 99 ff..

658) RCDS-Pressemitteilung Nr. 19 vom 15.06.1981; Protokolle der RCDS-Bundesvorstandssitzungen am 19.03.1981, S. 4, 01. 04.1981, S. 2, und 09.06.1981, S. 4. Der RCDS-LV-Baden-Württemberg führte zum Beispiel eine Wanderausstellung „17. Juni, 20 Jahre Berliner Mauer, – alles nur Geschichte?" in sechs Universitäten durch (Broschüre „Zum Thema: 17. Juni" zur Wanderausstellung, hrsg. vom RCDS-LV-Baden-Württemberg).

659) RCDS-Bundesvorstand (1981), U 1 und S. III ff.; RCDS- Pressemitteilung Nr. 20 vom 24.06.1981.
Rainer Barzel, Jahrgang 1924, war von 1962-1963 Bundesminister für gesamtdeutsche Fragen, 1964-1973 Vorsitzender der CDU-Bundestagsfraktion, 1971-1973 CDU-Bundesvorsitzender, 1982-1983 Bundesminister für innerdeutsche Beziehungen und von 1983-1984 Bundestagspräsident (Kürschners Volkshandbuch Deutscher Bundestag (1983), S. 51; siehe auch Anm. 216).

660) Protokoll der 33. Bundesdelegiertenversammlung des RCDS vom 04.-05.07.1981 in Düsseldorf, S. 2: Die neuen Gruppen waren HfW-Bremen und FH-Schweinfurt.

Allgemeinbildung verbessert, die Freiheit von Forschung und Lehre unangetastet bleiben und der wissenschaftliche Nachwuchs intensiv gefördert werden. Das Bildungssystem müsse bei Verteilung der finanziellen Ressourcen höchste Priorität haben und offen für private Initiativen sein. Da die angespannte Finanzlage eine angemessene Erhöhung der BAföG-Mittel in den nächsten Jahren nicht erlaube, hielt es der RCDS für dringend geboten, eine Alternative zum Bundesausbildungsförderungsgesetz zu entwickeln, damit die vorhandenen Mittel möglichst sinnvoll eingesetzt werden könnten[661]).

Einstimmig forderten die Delegierten darüberhinaus einmal mehr die Wiedereinführung der Verfassten Studentenschaft mit politischem Mandat und Satzungs- und Finanzhoheit in Bayern und Baden-Württemberg[662]). Das Menschenrechtsengagement des RCDS wurde mit dem Beschluß von Aktionen gegen die Menschenrechtsverletzungen in Kambodscha und für die Erhaltung der Demokratie in Malta fortgesetzt[663]).

Mit großer Mehrheit verabschiedete die Versammlung eine Satzungsänderung, mit der die zusätzlichen Kompetenzen der Gruppenvorsitzendenkonferenz seit der Frankfurter Bundesdelegiertenversammlung weitgehend rückgängig gemacht wurden, damit die Gruppenvorsitzendenkonferenz wieder in erster Linie dem Erfahrungsaustausch unter den Gruppenvorsitzenden und der Beratung über die Semesterarbeit dienen konnte[664]).

Positives Resultat seiner Anstrengungen im Sommersemester waren für den RCDS die Ergebnisse der Wahlen zu den Studentenvertretungen. Durch deutliche Stimmengewinne gelang es ihm, fünf ASt' en (bzw. Sprecherräte in Bayern) dazuzugewinnen, obwohl sein potentieller Koalitionspartner SLH weiter Stimmen verloren hatte. Neben einer Fülle von Fachschaften wurden jetzt wieder sieben ASt' en vom RCDS allein oder mit RCDS-Beteiligung oder -Unterstützung gestellt[665]).

Trotz der Sommersemesterferien startete der RCDS-Bundesverband bundesweit Brief-Aktionen zur Erhaltung der Graduiertenförderung des Bundes und der Länder und dem Beschluß der Düsseldorfer Bundesdelegiertenversammlung entsprechend auch zur Unterstützung der demokratischen Kräfte in dem kleinen Mittelmeerland Malta[666]). Ein Aufruf des RCDS an die bundesdeutsche

---

[661]) Protokoll der 33. Bundesdelegiertenversammlung des RCDS vom 04.-05.07.1981 in Düsseldorf, S. 3 ff.; RCDS-Pressemitteilung Nr. 25 vom 06.07.1981 mit Anlage.

[662]) Protokoll der 33. Bundesdelegiertenversammlung des RCDS vom 04.-05.07.1981 in Düsseldorf, S. 10 f..

[663]) Protokoll der 33. Bundesdelegiertenversammlung des RCDS vom 04.-05.07.1981 in Düsseldorf, S. 8 f. und 14.

[664]) Protokoll der 33. Bundesdelegiertenversammlung des RCDS vom 04.-05.07.1981 in Düsseldorf, S. 12 f..

[665]) Bericht des Bundesvorstandes zur RCDS-Bundesausschußsitzung am 04.09.1981, S 4; RCDS-Pressemitteilung Nr. 44 vom 23.09.1981.

[666]) Protokolle der RCDS-Bundesvorstandssitzungen am 14.05. 1981, S. 2, 17./18.08.1981, S. 6, und 12.09.1981, S. 9; Berichte des Bundesvorstandes zu den RCDS-Bundesausschußsitzungen am 04.09.1981, S. 4, und 05./06.12.1981, S. 4; Protokoll der RCDS-Bundesausschußsitzung am 04.09.1981, S. 1 ff.; RCDS-Pressemitteilungen Nr. 26 vom 13.07.1981, 32 vom 03.08.1981, 35 vom 11.08.1981 und 51 vom 14.10.1981; Demokratische Blätter 3/1981, S. 26; siehe auch MAT' s-Nr. 4 „Malta – Demokratie in Gefahr" und 6 „GraFöG – Initiativen gegen die Abschaffung der Graduiertenförderung".

Bevölkerung im September im Anschluß an das in Düsseldorf bestätigte Wohnraumkonzept des RCDS vom März, zu Beginn des Wintersemesters für die große Anzahl der Studienanfänger zusätzliche Zimmer bereitzustellen, wurde von vier Länderministerpräsidenten und vom Präsidenten des Deutschen Städtetages unterstützt. Der erwartete Engpaß auf dem Wohnungsmarkt konnte durch das große Echo auf diesen Aufruf weitgehend vermieden werden, so daß es nicht erneut zu gewalttätigen Demonstrationen und weiteren Hausbesetzungen kam[667]).
Verstärkte Aktivitäten der am äußersten rechten Rand des politischen Spektrums angesiedelten Organisation „Jugendarbeit „80" in diesen Monaten veranlaßten den RCDS-Bundesvorstand zur Erstellung einer Dokumentation über diese Gruppierung. Auf der Basis dieser Dokumentation beschloß der Bundesausschuß des RCDS im September 1981 einstimmig eine Unvereinbarkeit der Mitgliedschaften. Mitglieder des RCDS, die sich im Anschluß daran immer noch weigerten, die „Jugendarbeit „80" zu verlassen, wurden aus dem RCDS ausgeschlossen[668]). Gleichzeitig verschärfte der RCDS die politische Auseinandersetzung mit dem ebenfalls auf dem rechten Rand des politischen Spektrums angesiedelten „Ring freiheitlicher Studenten (RfS)", zu dem von Seiten des RCDS schon länger ein Unvereinbarkeitsbeschluß bestand. Denn der RCDS hatte ebenfalls in einer Dokumentation nachgewiesen, daß der RfS durch Personen und Gedankengut mit rechtsradikalen Gruppierungen verbunden war. Deshalb veranlaßte er die Unionsparteien zu entschlosseneren Reaktionen gegenüber den Anbiederungsversuchen des RfS[669]). Denn nur durch die eindeu-

---

[667]) Brief des Bundesvorstandes an den RCDS-Bundesausschuß vom 07.08.1981; Bericht des Bundesvorstandes zur RCDS-Bundesausschußsitzung am 24./25.10.1981, S. 2; RCDS-Pressemitteilung Nr. 49 v. 09.10.1981; Demokratische Blätter 4/ 1981, S. 32; siehe auch MAT-Nr. 10 „Wohnraumnot" und Protokolle der RCDS-Bundesvorstandssitzungen am 25.07.1981, S. 3, und 17./18.08.1981, S. 4.

[668]) Der Beschluß lautete: „Ein Engagement, Mitarbeit oder Mitgliedschaft von RCDS-Mitgliedern in Jugendarbeit „80, sowie ihren Neben- und Nachfolgeorganisationen, ist verbandsschädigend. Die inhaltlichen Grundpositionen sind mit den Positionen des RCDS-Grundsatzprogramm unvereinbar. Der demokratische Zentralismus in Jugendarbeit „80 und die autoritäre Führungsstruktur entsprechen nicht dem Demokratieverständnis des RCDS in seinem Grundsatzprogramm. Die Jugendarbeit „80 ist keine christlich-demokratische Organisation." (Protokoll der RCDS-Bundesausschußsitzung am 04.09.1981, S. 4). Siehe auch: Protokolle der RCDS-Bundesvorstandssitzungen am 16. o7.1981, S. 2, 25.07.1981, S. 2, 17./18.08.1981, S. 7, 03.12.1982, S. 3, und 01.03.1983, S. 1; Bericht des Bundesvorstandes zur RCDS-Bundesausschußsitzung am 24./.25.10.1981, S. 2; Protokoll der RCDS-Bundesausschußsitzung am 20./21.03.1982, S. 7; Anlagen zum RCDS-Bundesausschußrundbrief vom 14.08.1982; Bericht des Bundesvorstandes zur RCDS-Bundesausschußsitzung am 10.03. 1983, S. 5 und Anlagen: Der Beschluß der Bundesausschußsitzung vom September 1981 wurde für das Amtsjahr 1982/83 einstimmig erneuert.

[669]) Protokolle der RCDS-Bundesvorstandssitzungen am 29.04. 1981, S. 9, 04.05.1981, S. 2, 14.05.1981, S. 4, 19.05. 1981, S. 4 f., 25.05.1981, S. 5, 09.06.1981, S. 4, 16.06. 1981, S. 3, 16.07.1981, S. 2, 25.07.1981, S. 1, 17./18.08. 1981, S. 7, 30.08.1981, S. 2, und 23.09.1981, S. 2 f.; Protokolle der RCDS-Bundesausschußsitzungen am 21.06.1981, S. 3, und am 04.09.1981, S. 6; Berichte des Bundesvorstandes zu den RCDS-Bundesausschußsitzungen am 04.09.1981, S. 3, 24./25.10.1981, S. 1, und am 17.01.1982, S. 5; Brief des Bundesvorstandes an den RCDS-Bundesausschuß vom 14.07. 1981. Der Ring freiheitlicher Studenten (RfS) wurde am 03.11. 1979 in Bonn gegründet. Zu die-

tige Abgrenzung gegenüber rechtsextremen Gruppen konnte der RCDS weiterhin glaubwürdig die Volksfrontbündnisse zwischen den Juso-HSG' en und dem kommunistischen MSB Spartakus anprangern[670]).
Wegen einiger Auseinandersetzungen im europäischen Dachverband EDS im August 1981 und der Entsendung einer RCDS-Delegation in die Volksrepublik China Anfang Oktober war es innerhalb des RCDS zu Diskussionen über die Ausrichtung der eigenen internationalen Arbeit gekommen. Deshalb beschloß der RCDS-Bundesausschuß Ende Oktober nach ausführlicher Debatte „Grundsätze der internationalen Arbeit des RCDS", in denen noch einmal unterstrichen wurde, daß sich auch die internationale Arbeit des Verbandes an den Grundwerten Freiheit, Gleichheit, Solidarität und Gerechtigkeit orientiere. Daraus ergebe sich der Einsatz des RCDS für Menschenrechte überall, Frieden, Völkerverständigung und Zusammenarbeit und Austausch von Studenten auf internationaler Ebene bei gleichen Bedingungen. Im Einzelnen wurden daraus die Kontakte des RCDS zu Studentenverbänden in aller Welt und die Mitgliedschaft in EDS im Sinne seines Einsatzes für ein geeintes Europa gefolgert[671])
Als Schwerpunktthemen für die RCDS-Arbeit im Wintersemester 1981/82 vereinbarten die Teilnehmer der RCDS-Gruppenvorsitzendenkonferenz vom 30. Oktober bis zum 01. November 1981 in Mannheim nach ausführlicher Diskussion in fünf Arbeitskreisen die Kürzungen im Bildungshaushalt und die Friedensdiskussion. Dazu wollte man im Anschluß an die Düsseldorfer Bundesde-

---

sem Zeitpunkt hatte er nach eigenen Angaben 250 Mitglieder und 14 Hochschulgruppen. In Wirklichkeit war eine permanente Aktivität des RfS aber nur in Köln zu verzeichnen. Der RfS setzte sich, von einem in Köln studierenden Mitglied des östereichischen RfS initiiert, im wesentlichen aus Burschenschafter, rechts stehenden CDU-Mitgliedern, denen der RCDS nicht konservativ genug auftrat, und politisch rechts stehenden Parteilosen zusammen. In der Phase, in welcher in der CDU/CSU die Nominierung des Kanzlerkandidaten für die Bundestagswahl 1980 noch heftig umstritten war, versuchte sich der RFS bei CDU und CSU mit einer entschiedenen Unterstützung des Kanzlerkandidaten zu profilieren. Allerdings warb er damals bereits Studenten, „denen die eingefahrenen marxistischen und christlichen Gleise nichts mehr bieten", als Mitglieder.
Inhaltlich machte er sich zunehmend rechtsextreme Positionen zu eigen, warb mit einem „realistischen Menschenbild" und verwies auf die „weltanschauliche Geschlossenheit" und die „wissenschaftliche Fundierung" der eigenen Programmatik. Auch personell grenzte er sich nicht gegenüber dem rechtsextremen Spektrum ab. Dennoch versuchte er sich weiter als **der** „linientreue" Studentenverband der CDU anzubiedern, was trotz eindeutiger Erklärungen der Parteispitzen von CDU und CSU in einigen Parteibereichen auch auf Anklang stieß – entgegen den Erwartungen des RCDS noch Ende 1979. Angesichts dieser Aktivitäten des RFS intensivierte der RCDS-Bundesverband ab März 1981 seine Aufklärungsaktion über den RFS nachhaltig, die im Ergebnis dann auch zu den gewünschten Konsequenzen in der CDU und CSU führte (Franz, Michael (1981), S. 3 ff., und Bericht zur RCDS-Bundesausschußsitzung am 21./22.11.1979 (RCDS-A 130), S. 3).

670) Franz, Michael (1981), S. 32 ff.; siehe auch MAT-Nr. 8 „Die Jungsozialisten nach ihrem Bundeskongreß vom Juni 1981".

671) Protokoll der RCDS-Bundesausschußsitzung am 24./25.10. 1981, S. 5 und Anlage; siehe außerdem Protokoll der RCDS-Bundesausschußsitzung am 04.09.1981, S. 3 und 6 f.; Protokolle der RCDS-Bundesvorstandssitzungen am 17./18.08.1981, S. 2, und 30.08.1981, S. 2 f.; Bericht des Bundesvorstandes zur RCDS-Bundesausschußsitzung am 04.09.1981, S. 5; RCDS-Pressemitteilungen Nr. 52 vom 21.10.1981 und 54 vom 28.10.1981; Demokratische Blätter 5/1982, S. 11 ff..

legiertenversammlung auf die Menschenrechtsverletzungen in Kambodscha aufmerksam machen[672]).
Der RCDS begann daher in den darauffolgenden Wochen mit der Erarbeitung eigener Stellungnahmen und konkreter Lösungsvorschläge zu den finanziellen Schwierigkeiten im Bildungsbereich. Denn im Gegensatz zur orthodox-kommunistischen Mehrheit in den VDS, die mit einem bundesweiten „Streik" der Studenten Anfang Dezember Protestpotential gegen Kürzungen im Bildungsbereich und für weitere allgemeinpolitischen Zielsetzungen mobilisieren wollten, war er der Auffassung, daß ohne konstruktive eigene Vorschläge kein Verständnis in der Bevölkerung für die Probleme im Bildungsbereich erwartet werden könnte[673]).
Aus seinem christlich-demokratischen Grundverständnis von Subsidiarität heraus engagierte sich der RCDS dabei auch selber mit einem weiteren Ausbau seines Studienplatztausches und Initiativen im Studentenwohnheimbau und konnte am konkreten Beispiel die Überlegenheit privater Initiative gegenüber halbstaatlichen oder staatlichen Maßnahmen wie dem Studienplatztausch des Deutschen Studentenwerkes (DSW) oder dem von diesem koordinierten Bau von Studentenwohnheimen nachweisen[674]).

---

672) Protokolle der RCDS-Bundesvorstandssitzungen am 07.07. 1981, S. 5, 25.07.1981, S. 3 f., 17./18.08.1981, S. 5, 12.09.1981, S. 8, und 21./22.10.1981, S. 2 f.; RCDS-Pressemitteilungen Nr. 53 vom 26.10.1981 und 55 vom 02.11. 1981; Demokratische Blätter 5/1981, S. 14.

673) Bericht des Bundesvorstandes zur RCDS-Bundesausschußsitzung am 05./06.12.1981, S. 3 f.; RCDS-Pressemitteilung Nr. 59 vom 26.11.1981; Demokratische Blätter 4/1981, S. 6 ff., und 5/1981, S. 16; siehe auch MAT-Nr. 11 „Finanzierungsprobleme im Bildungsbereich" und Allgemeiner Studentenausschuß der Medizinischen Hochschule Hannover (o. J.): Für die orthodox-kommunistischen Fraktionen in den VDS ging es bei dem „Streik" offenbar auch darum, ihre Handlungsfähigkeit zu demonstrieren. Denn das Oberverwaltungsgericht (OVG) Münster hatte am 13.11.1981 als Berufungsinstanz in einem Verfahren zweier Münsteraner Studenten gegen die Studentenschaft ihrer Universität und den VDS als Beigeladenen entschieden, daß der Studentenschaft untersagt ist „bis zum Erlöschen der Mitgliedschaft der Kläger in der beklagten Studentenschaft . . ., Beiträge an die VDS abzuführen oder die VDS anderweitig finanziell zu unterstützen". Davon ausgenommen waren nur hochschulbezogene Projekte. Denn das OVG Münster hatte festgestellt: „Der Studentenschaft steht ein sog. allgemeinpolitisches Mandat nicht zu. . . . Das Fehlen eines allgemeinen politischen Mandats der Studentenschaft schließt eine finanzielle Unterstützung der VDS, insbesondere die Zahlung von Beiträgen an diesen Verband grundsätzlich aus. Die Studentenschaft nähme dadurch mittelbar ein allgemeinpolitisches Mandat wahr. . . . Die Arbeit der VDS ist wesentlich durch die Wahrnehmung eines allgemeinpolitischen Mandats gekennzeichnet." (s. OVG Münster, Az 5 A 238/79). Nach diesem Urteil hatte die Rechtsaufsicht in fast allen Bundesländern die Beitragszahlungen an die VDS unterbunden, so daß diese nicht nur einmal mehr die Rechtswidrigkeit des allgemeinpolitischen Mandats attestiert bekommen hatte, sondern vor allem keine Finanzmittel mehr für ihre beanstandeten allgemeinpolitischen Tätigkeiten bekam.

674) Bericht des Bundesvorstandes zu den RCDS-Bundesausschußsitzungen am 04.09.1981, S. 1, und 05./06.12.1981, S. 2; Protokoll der RCDS-Bundesauschußsitzung am 05./06.12.1981, S. 3; RCDS-Pressemitteilungen Nr. 8 vom 13.04.1981, 11 vom 23.04.1981, 21 vom 25.06.1981, 45 vom 28.09.1981 und 50 vom 13.10.1981; siehe auch Protokolle der RCDS-Bundesvorstandssitzungen am 19.03.1981, S. 8, 24.06.1981, S. 2 f., 30.06.1981, S. 4, und 12.09.1981, S. 9, sowie MAT-Nr. 9 „Studienplatztausch".

Weitere Anzeichen für die Richtigkeit seines Arbeitsansatzes waren für den RCDS, daß er schon beim Bundesparteitag der CDU Anfang November erstmals eine ausdrückliche Bejahung der Verfassten Studentenschaft durch die CDU erreicht und die geplante Einführung von Studiengebühren in Baden-Württemberg durch intensive Diskussionen mit den Verantwortlichen noch im November verhindert hatte[675]). Ein bundesweiter „Streik" fand daher Anfang Dezember weitgehend nicht statt. Dagegen stieß das vom RCDS mit initiierte und unterstützte Konzept von Aktionswochen, bei dem die Probleme des Bildungsbereiches und Lösungsvorschläge dafür zwischen Studenten, politisch Verantwortlichen und Vertretern der Öffentlichkeit diskutiert wurden, bundesweit auf große Resonanz[676]).
Im Zusammenhang mit der Pazifismus-Diskussion hatte der RCDS schon im November auf einem Bundesseminar allgemeine Grundlagen dieser Debatte erörtert und den Dattelner Friedensaufruf unterstützt. Zur Demonstration anläßlich des Besuchs des sowjetischen Parteichefs Breschnew am 22. November 1981 konnte er immerhin ein Sechstel der ca. 6.000 Verbandsmitglieder mobilisieren. Die Gründung eines Internationalen Arbeitskreises des RCDS auf Bundesebene stellte dieses Arbeitsfeld insgesamt auf eine breitere Basis im Verband[677]).
Die Ausrufung des Kriegsrechts in Polen am 12./13. Dezember 1981 gab diesem zweiten Schwerpunktthema des Wintersemesters eine unerwartete Wendung. Zeigte sich hier doch deutlich, inwieweit Menschenrechte und Grundfreiheiten gegenüber einem Gegner, der alle Machtmittel in der Hand hielt, zu verteidigen waren und welcher Wert den Friedensbeteuerungen des Ostblocks beizumessen war.
Noch am 13. Dezember konnte der RCDS weit über 100 Verbandsmitglieder zu einer bundesweit beachteten Spontandemonstration vor der polnischen Botschaft in Köln aufbieten[678]). Er organisierte in den folgenden Wochen eine Fülle von Vortragsveranstaltungen in den Hochschulen mit in der Bundesrepublik

---

[675]) Protokolle der RCDS-Bundesvorstandssitzungen am 21./22.10. 1981, S. 3 f., und 16.11.1981, S. 3; Bericht des Bundesvorstandes zur RCDS-Bundesausschußsitzung am 05./06.12. 1981, S. 3, und Bericht des RCDS-LV-Baden-Württemberg in der Anlage; RCDS-Pressemitteilungen Nr. 56 vom 06.11.1981 und 58 vom 17.11.1981. Die RCDS-Teilnehmer auf dem Parteitag brachten für die Delegierten und Gäste zwei Sonderausgaben der Demokratischen Blätter heraus (Demokratische Blätter-Sonderausgabe Nr. 1 und 2, CDU-Bundesparteitag Hamburg 81).

[676]) Protokoll der RCDS-Bundesvorstandssitzung am 30.11.1981, S. 5.; Berichte des Bundesvorstandes zu den RCDS-Bundesausschußsitzungen am 05./06.12.1981, S. 4, und 16./17.01. 1982, S. 3; RCDS-Pressemitteilungen Nr. 59 vom 26.11.1981, 61 vom 07.12.1981, 62 vom 09.12.1981 und 64 vom 15.12. 1981. Die Position des RCDS zum „Streik" wurde durch die undogmatischen Basisgruppen – wenn auch auch aus anderen Gründen – gefördert (Weberling, Johannes (1984), S. 85).

[677]) Protokoll der RCDS-Bundesvorstandssitzungen am 27.04.1981, S. 7, 12.09.1981, S. 8 f., 21./22.10.1981, S. 8, 16.11. 1981, S. 1 f., und 08.-11.03.1982, S. 9; Berichte des Bundesvorstandes zu den RCDS-Bundesausschußsitzungen am 04. 09.1981, S. 4, und 05./06.12.1981, S. 2; Protokolle der RCDS-Bundesausschußsitzungen am 04.09.1981, S. 1 f., und 24./25.10.1981, S. 7 f.; RCDS-Pressemitteilung Nr. 57 vom 11.11.1981; Demokratische Blätter 3/1981, S. 20 ff., und 4/1981, S. 19; RCDS-Magazin 1/1982, S. 6 ff.

[678]) Bericht des Bundesvorstandes zur RCDS-Bundesausschußsitzung am 16./ 17.01.1982, S. 2; RCDS-Pressemitteilung Nr. 63 vom 14.12.1981; Demokratische Blätter 1/1982, S. 6 ff..

sich aufhaltenden Vertretern des unabhängigen polnischen Studentenverbandes NZS. Dazu half er den polnischen Kommilitonen bei der Organisation eines eigenen Koordinationskomitees in der Bundesrepublik und informierte die Öffentlichkeit ständig über die neuesten Entwicklungen[679]). Außerdem intensivierte er seine schon seit dem Sommer 1981 laufende humanitäre Hilfsaktion[680]).

Merkwürdigerweise hielten sich alle im Bundestag vertretenen Parteien und auch der Deutsche Gewerkschaftsbund in dieser Frage zurück und verweigerten der polnischen „Solidarität" teilweise sogar die verbale Unterstützung. Auf Initiative und unter Führung des RCDS gründete sich deshalb im Januar 1982 ein „Komitee Solidarität mit dem polnischen Volk", dem eine große Anzahl von Organisationen unterschiedlicher politischer Richtung beitraten. Mit einer Demonstration am 09. Mai 1982 und weiteren Aktivitäten wollte dieses Komitee für die Wiederherstellung von Menschenrechten und Grundfreiheiten im polnischen Machtbereich eintreten[681]).

Trotz dieses Engagements führte der RCDS auch seine in Mannheim beschlossene Kampagne gegen die andauernden Menschenrechtsverletzungen in Kambodscha durch. Er machte damit als erster Verband das Schicksal der Menschen in diesem kleinen südostasiatischen Land einer breiteren Öffentlichkeit in der Bundesrepublik überhaupt erst bekannt[682]).

Parallel dazu hatte er auch zu Beginn des neuen Jahres die öffentliche Diskussion über seine Lösungsvorschläge zur Finanzierungskrise im Hochschulbereich fortgeführt. Ein vom RCDS entsprechend den Düsseldorfer Thesen er-

---

679) Protokolle der RCDS-Bundesvorstandssitzungen am 30.11. 1981, S. 7, 10.01.1982, S. 2, 25.01.1982, S. 2, und 27.04. 1982, S. 1 f.; Berichte zu den RCDS-Bundesausschußsitzungen am 16./17.01.1982, S. 4, und 07./08.02.1982, S. 2 f.; Protokoll der RCDS-Bundesausschußsitzung am 07./08.02. 1982, S. 3; RCDS-Pressemitteilungen Nr. 65 vom 16.12.1981, 69 vom 08.01.1982 und 7 vom 28.04.1982; siehe auch MAT-Nr. 13 „Polen".

680) Protokolle der RCDS-Bundesvorstandssitzungen am 14.05. 1981, S. 4, 07.07.1981, S. 7, und 18.01.1982, S. 2; RCDS- Pressemitteilung Nr. 53 vom 26.10.1981; siehe auch Demokratische Blätter 2/1981, S. 15 ff..

681) Berichte des Bundesvorstandes zu den RCDS-Bundesauschußsitzungen am 16./ 17.01.1982, S. 4, 07./08.02.1982, S. 3, 19./20.06.1982, S. 2, und 22./23.01.1983, S. 4; Protokolle der RCDS-Bundesvorstandssitzungen am 25.01.1982, S. 2, und 08.-11.03.1982, S. 14 f.; Protokoll der RCDS-Bundesausschußsitzung am 04./05.12.1982, S. 2: Das Komitee konstituierte sich nach einer Vorbesprechung im Januar am 01.02. 1982 in Bonn. Es umfasste zuletzt ca. 40 Organisationen, darunter die Jungen Liberalen, die meisten katholischen Akademikerverbände, das Koordinationskomitee polnischer Studenten (siehe Anm. 679), CDA, JU, die Schlesische Jugend, den BJSD, das Informationsbüro der KPNLF in der Bundesrepublik Deutschland und das Bonner Friedensforum. Sprecher des Komitee' s war der Bundesvorsitzende des RCDS. Nach dem Fehlschlag der Demonstration am 09.05.1982 benannte es sich am 02.06.1982 in „Komitee Freies Polen" um und führte weitere Aktionen durch, darunter eine Mahnwache vor der polnischen Botschaft in Köln am 13.06.1982. Am 13. 12.1982 löste sich das Komitee auf. Zur Verhinderung effektiver Solidaritätsaktionen im studentischen Bereich durch die VDS-Mehrheitsfraktionen MSB Spartakus, SHB, LHV und Juso-HSG' en siehe Weberling, Johannes (1984), S. 25 und 85.

682) Protokoll der RCDS-Bundesausschußsitzung am 30.11.1981, S. 4; Bericht des Bundesvorstandes zur RCDS-Bundesausschußsitzung am 07./08.02.1982, S. 2; RCDS-Pressemitteilung Nr. 73 vom 18.01.1982; Demokratische Blätter 1/1982, S. 32; siehe auch MAT-Nr. 12 „Kambodscha" und RCDS-Pressemitteilung Nr. 28 vom 22.07.1981.

stelltes Modell für eine neue Struktur der Ausbildungsförderung war Anfang Januar in einer öffentlichen Anhörung erörtert worden[683]). Noch im Dezember hatte sich der RCDS darüberhinaus erstmalig auf einer Bundesausschußsitzung in grundsätzlicher Form mit Umweltproblemen auseinandergesetzt, was ein Auftakt für weitere Aktivitäten in dieser Hinsicht gewesen sein sollte[684]).
Resultat seiner Wintersemesterarbeit waren erhebliche Zugewinne bei den Wahlen zu den Studentenvertretungen, darunter auch der Gewinn der ASt' en in Bonn und an der Fernuniversität Hagen. Dazu bestand der RCDS nach der Wiedergründung des RCDS-Landesverbandes Bremen in diesem Semester auch wieder aus elf arbeitenden Landesverbänden[685]).
Die Neugründungen von fünf RCDS-Fachhochschulgruppen dokumentierten, daß die Bemühungen des Verbandes auch in diesem Bereich nicht ohne Erfolg geblieben waren. Nach der Aufnahme von insgesamt sieben neu- bzw. wiedergegründeten Hochschulgruppen auf der 34. ordentlichen Bundesdelegiertenversammlung des RCDS vom 05. bis 07. März 1982 in München zählte der RCDS-Bundesverband jetzt wieder 83 Hochschulgruppen[686]).
Mit der Verabschiedung zweier umfangreicher Anträge zur Bildungsfinanzierung in den achtziger Jahren und zur Friedensproblematik wurden die Schwerpunktthemen des Wintersemesters abgeschlossen. Zur Bildungsfinanzierung stellten die Delegierten fest, daß eine kurzsichtige Politik im Bildungsbereich die Probleme verschärfe, welche durch die seit einiger Zeit absehbaren wirtschaftlichen Nöte verursacht worden wären. Eine grundsätzliche Neuorientierung, ein tragfähiger bildungspolitischer Konsens aller Verantwortlichen tue not. An der Bildung zu sparen, heiße an der Zukunft zu sparen. Dennoch sehe man Möglichkeiten, im und um das Bildungssystem zu sparen, da hier kostspieliger Wildwuchs gedeihe. Diese Einsparungen müßten allerdings der eigentlichen Bildungspolitik auch wieder zugute kommen.
So könnten Mittel unter anderem durch einen Abbau übermäßiger Reglementierungen, eine flexiblere Personalstruktur gerade im Bereich des akademischen „Mittelbaus“ und eine Zusammenlegung des Bundesbildungsministeriums mit dem Bundesforschungsministerium freigesetzt werden. Auch sollte der Hochschulbereich stärker für private Initiativen geöffnet werden.

---

683) Bericht zur RCDS-Bundesausschußsitzung am 16./17.01.1982, S. 3; Protokoll der RCDS-Bundesvorstandssitzung am 30.11. 1981, S. 5; RCDS-Pressemitteilung Nr. 70 vom 11.01.1982.

684) Protokoll der RCDS-Bundesvorstandssitzung am 30.11.1981, S. 6; Protokoll der RCDS-Bundesausschußsitzung am 05./06. 12.1981, S. 3 f.; siehe auch Protokoll der RCDS-Bundesausschußsitzung am 16./17.01.1982, S. 3 f.; Anlagen zum RCDS- Bundesausschußrundbrief vom 12.01.1982.

685) Bericht des Bundesvorstandes zur RCDS-Bundesausschußsitzung am 05./ 06.12.1981, S. 5; RCDS-Pressemitteilungen Nr. 74 vom 17.02.1982 und 78 vom 05.03.1982; siehe auch Protokolle der RCDS-Bundesvorstandssitzungen am 19.03.1981, S. 7, und 27.04.1981, S. 9.

686) Protokoll der 34. Bundesdelegiertenversammlung des RCDS vom 05.-07.03.1982 in München, S. 1: Die neuen Gruppen waren FH-Esslingen, FH-Gießen-Friedberg, Fernuni-Hagen, FH-Kiel, HfP-München, FH-Saarbrücken und FH-Würzburg. Zur weiteren Arbeit im Fachhochschulbereich siehe z. B. Rundbrief Nr. 3 der BFT-Fachhochschulen vom 03.03.1982, FH-Report 1/1982 und 1/1983 sowie Weberling, Johannes/ Werner, Oliver: Hinweise für die formale Gestaltung von wissenschaftlichen Arbeiten (FH-Report-Skripten), Bonn 1983.

Um die Chancengleichheit im Hochschulbereich durch die Ausbildungsförderung wieder herzustellen, schlug die Versammlung eine Förderungsstruktur vor, die sich grundsätzlich daran orientieren sollte, daß eine Förderung als Kombination von Darlehen und Stipendium gewährt und nicht durch eine Akademikersteuer ergänzt werde. Sie solle elternabhängig erfolgen und eine Rückzahlung je nach Einkommenshöhe möglich sein. Der Bundesvorstand wurde dabei beauftragt, detaillierte Modelle anhand dieser Grundsätze auszuarbeiten und dem Bundesausschuß zur Beschlußfassung vorzulegen.
Weitere konkrete Einsparungen schlug der RCDS in Teilbereichen der Studentenwerke vor. Denn es würde dem Subsidiaritätsprinzip eher entsprechen, wenn die Betroffenen ihre eigenen Belange selber und dadurch meist kostengünstiger regeln könnten. Beispiele dafür wären eine eigenverantwortliche Leitung der Mensen durch die Studentenschaft und private Initiativen im Wohnheimbau. Nur wenn dies nachweislich nicht gelänge, sei ein staatlicher Eingriff gerechtfertigt[687]).
In diesem Zusammenhang konnten die Delegierten auf der Bundesversammlung immerhin die Zusage des DSW zur Kenntnis nehmen, daß es der RCDS-Forderung nach Einstellung seines überflüssigen Studienplatztausches nachgeben werde[688]).
Der Antrag zur Friedensproblematik wurde einstimmig bei wenigen Enthaltungen beschlossen. In ihm wurde grundsätzlich festgestellt, daß Friedenspolitik der Sicherung der Freiheit des Einzelnen und des Selbstbestimmungsrechts der freien Völker diene. Einen Frieden ohne Freiheit gebe es nicht, da zumindestens der Frieden des Einzelnen ohne persönliche Freiheit aufgehoben wäre.
In einer Welt, in der Mächte Gewalt als natürliche Fortsetzung der Politik mit anderen Mitteln definierten und ihre Anwendung rechtfertigten, könne es keine Neutralität geben. Daher sei die Aufstellung einer mindestens defensiven Armee notwendig. Der RCDS befürwortete deshalb die Mitgliedschaft der Bundesrepublik in der NATO als Verteidigungsgemeinschaft der freien Welt, das Prinzip der Abschreckung und beiderseitige Abrüstung mit wirklicher Entspannung, die auch zur Schaffung menschenwürdiger Verhältnisse führen müsse[689]).
Angesichts des Kriegsrecht in Polen machte sich die Bundesdelegiertenversammlung den Aufruf des Komitees Solidarität mit dem polnischen Volk einmütig bei nur einer Enthaltung zu eigen und unterstützte nachdrücklich die Mitarbeit des RCDS darin[690]).
Der alte Bundesvorstand wurde einstimmig bei wenigen Enthaltungen politisch entlastet[691]) und der bisherige Bundesvorsitzende Weberling mit großer Mehr-

---

[687]) Protokoll der 34. Bundesdelegiertenversammlung des RCDS vom 05.-07.03.1982 in München, S. 4 ff. (Antrag A 1 (NF); Text siehe Beschlußmappe der 34. Bundesdelegiertenversammlung); RCDS-Pressemitteilung Nr. 1 vom 08.03.1982.

[688]) Protokoll der 34. Bundesdelegiertenversammlung des RCDS vom 05.-07.03.1982 in München, S. 2; RCDS-Pressemitteilung Nr. 2 vom 17.03.1982.

[689]) Protokoll der 34. Bundesdelegiertenversammlung des RCDS vom 05.-07.03.1982 in München, S. 11 ff. (Antrag G 1–3; Text siehe Beschlußmappe der 34. Bundesdelegiertenversammlung und Weberling, Johannes/Feser, Andreas (1982), S. 131 ff.).

[690]) Protokoll der 34. Bundesdelegiertenversammlung des RCDS vom 05.-07.03.1982 in München, S. 2 (Antrag M 1; Text siehe Beschlußmappe der 34. Bundesdelegiertenversammlung).

[691]) Protokoll der 34. Bundesdelegiertenversammlung des RCDS vom 05.-07.03.1982 in München, S. 2: Die finanzielle Entlastung erfolgte mit einer Gegenstimme.

heit wiedergewählt. Jeweils mit großer Mehrheit bestimmten die Delegierten Jürgen Clausius aus Gießen zum neuen stellvertretenden Bundesvorsitzenden und RCDS-Bundeschatzmeister und Michael Moeskes aus Münster zum anderen Stellvertreter[692]).

Nachdem es in den vergangenen Monaten im Bundesverband zu Überlegungen gekommen war, sich wieder ein Theorieorgan zu schaffen, da die Möglichkeiten des RCDS zur Mitarbeit in der „Sonde", dem alten RCDS-Theorieorgan, immer mehr schwanden, gaben die Delegierten dem neuen Bundesvorstand zum Abschluß der Versammlung auf, seine Mitarbeit in der „Sonde" nur noch unter bestimmten Voraussetzungen aufrechtzuerhalten. Seine Bestrebungen zur Gründung eines Theorieorgans des RCDS sollten davon allerdings unberührt bleiben[693]).

Der neugewählte Bundesvorstand beschloß, die Verbandsarbeit nach den gleichen Prinzipien wie im vergangenen Jahr fortzuführen. Als Schwerpunktthema für das Sommersemester wählte man neben der Fortsetzung der BAfÖG-Diskussion den Grundwert „Freiheit". Im Rahmen von Freiheitswochen sollten der Studentenschaft und der allgemeinen Öffentlichkeit der Zusammenhang zwischen Frieden und Freiheit in Veranstaltungen deutlich gemacht werden. Wie sich am aktuellen Beispiel Polen zeige, so der Bundesvorstand, könne ein wirklicher Frieden nur ein Friede in Freiheit sein. Wirklicher Friede herrsche nur, wenn in allen Ländern der Erde Menschenrechte und Grundfreiheiten verwirklicht seien. Deshalb setze sich der RCDS für Menschenrechte in Ost und West ein. Unter dem Gesichtspunkt der Bedeutung der Freiheit des Studiums für die Erhaltung der freiheitlich-demokratischen Grundordnung sollte auch das Engagement zur Sicherung der Ausbildungsförderung als Voraussetzung für diese Freiheit gesehen werden[694]).

Auftakt der Aktionen des Schwerpunktthemas sollte die Demonstration des Solidaritätskomitees gegen das Kriegsrecht in Polen am 09. Mai 1982 in Bonn sein[695]). Dazu wollte man sich unter anderem auch durch die Komiteearbeit um zusätzliche Koalitionspartner im vorpolitischen Raum bemühen, da die Mög-

---

692) Protokoll der 34. Bundesdelegiertenversammlung des RCDS vom 05.-07.03.1982 in München, S. 7 f.; RCDS-Pressemitteilung Nr. 1 vom 08.03.1982.

693) Protokolle der RCDS-Bundesvorstandssitzungen am 01.04. 1981, S. 6, 13.04.1981, S. 2, 09.06.1981, S. 5, 30.11. 1981, S. 2, 15.12.1981, S. 2 f.; Protokoll der RCDS-Bundesausschußsitzung am 16./17.01.1982, S. 3; Briefwechsel zwischen dem Sonde-Chefredakteur Schönbohm und dem RCDS-Bundesvorsitzenden Weberling vom 17.02.-25.02.1982 (Anlage zum RCDS-Bundesausschußrundbrief vom 25.02.1982); Protokoll der 34. Bundesdelegiertenversammlung des RCDS vom 05.-07.03.1982 in München, S. 14 (Antrag DA 8; Text siehe Beschlußmappe der 34. Bundesdelegiertenversammlung). Die Voraussetzungen wurden von der Sonde nicht erfüllt (Briefwechsel zwischen Schönbohm und Weberling vom 04.05.-28.07. 1982).

694) Protokoll der RCDS-Bundesvorstandssitzung vom 08.-11.03. 1982, S. 2; Protokoll der RCDS-Bundesausschußsitzung am 20./21.03.1982, S. 3; Demokratische Blätter 3/1982, S. 4 ff.. Die „Freiheitswochen" waren von der Ulmer RCDS-Gruppe 1981 „erfunden" worden und auf der Gruppenvorsitzendenkonferenz 1981 in Mannheim als neue Aktionsform mit guten Bündnismöglichkeiten zu anderen demokratischen Organisationen vorgestellt worden (Protokoll der RCDS-Bundesvorstandssitzung am 21./22.10.1981, S. 2, und Schreiber, Herbert/Lang, Michael (1981), S. 10 f.).

695) Protokolle der RCDS-Bundesvorstandssitzungen vom 08.-11. 03.1982, S. 2, und 16.03.1982, S. 4; Protokoll der RCDS-Bundesausschußsitzung am 20./21.03.1982, S. 3.

lichkeiten zur Bildung gemäßigter ASt' en durch den offensichtlich unaufhaltsamen Niedergang des SLH als bisherigem potentiellen Koalitionspartner künftig in nennenswertem Umfang nicht mehr bestehen würden. Die zusätzliche Arbeitsbelastung weiterer neuer Tätigkeitsfelder wie der Ökologiediskussion wollte er durch die Einstellung weiterer Bundesvorstandsreferenten auffangen[696]).

Die Begeisterung auf der Bundesdelegiertenversammlung für weitere Solidaritätsaktionen für Polen und besonders die geplante Demonstration verflog sehr schnell. Dazu wirkte sich die kurz nach der Münchener Versammlung vom CDU-Bundesvorstand beschlossene Friedensdemonstration am 05. Juni 1982 in Bonn kontraproduktiv auf die Bemühungen des RCDS-Bundesvorstandes um die Demonstration des Komitees aus. Denn alle christlich-demokratischen Mitgliedsverbände des Komitees warben nach diesem Beschluß nahezu ausschließlich nur noch um Teilnehmer für die CDU-Demonstration. Daher gelang es dem RCDS-Bundesvorstand nicht, seine Verbandsmitglieder zur Solidaritätsdemonstration am 09. Mai 1982 in Bonn als Auftaktveranstaltung für das Schwerpunktthema des RCDS im Sommersemester zu mobilisieren. Mit nur 700 Personen blieb die Teilnehmerzahl weit hinter den gesteckten Zielen zurück[697]). Trotz dieses Fehlschlages sollte der RCDS-Bundesverband seine humanitären Hilfsaktionen für alle Menschen im polnischen Machtbereich auch in den kommenden Monaten fortsetzen[698]).

Viele Hochschulgruppen des RCDS griffen das Schwerpunktthema in den folgenden Wochen trotz dieses Fehlschlages auf und organisierten an ihren Hochschulorten „Freiheitswochen". Ergänzend reiste dazu seit dem 09. Mai ein Minibus des europäischen Dachverbandes EDS durch Europa, um für den untrennbaren Zusammenhang von Frieden, Freiheit und Menschenrechten zu werben. Auch an der CDU-Friedensdemonstration am 05. Juni in Bonn und am Festival der Freiheit der Jungen Union Rheinland-Pfalz zum 150. Jubiläum des Hambacher Festes von 1832 am 19. und 20. Juni 1982 auf Schloß Hambach beteiligte sich der RCDS-Bundesverband mit eigenen Beiträgen[699]).

Die Teilnahme von RCDS-Mitgliedern am Hambacher Festival ließ allerdings wieder zu wünschen übrig. Auch der Versuch des Bundesvorstandes, die Ökologiedebatte als wichtiges Dauerthema gerade für einen aus einem christlich-

---

[696]) Protokoll der RCDS-Bundesvorstandssitzung vom 08.-11.03. 1982, S. 2 f. und 10; Bericht des Bundesvorstandes zur RCDS-Bundesausschußsitzung am 19./20.06.1982, S. 2: Bundessozialreferent war weiterhin Jochen Zweig. Neue Bundespressereferentin wurde Beatrix Mettlach, Bundesumweltreferentin Dagmar Steinbrink und neuer Bundesstudienreformreferent Andreas Meier.

[697]) Protokolle der RCDS-Bundesvorstandssitzungen am 16.04. 1982, S. 2 f., und 18.05.1982, S. 2; Protokoll der RCDS-Bundesausschußsitzung am 20./21.03.1982, S. 7; RCDS-Bundesausschußrundbrief vom 23.04.1982; Demokratische Blätter 3/1982, S. 19 f..

[698]) Protokoll der RCDS-Bundesvorstandssitzung am 18.06.1982, S. 8; Protokoll der RCDS-Bundesausschußsitzung am 04./05. 12.1982, S. 2; RCDS-Pressemitteilungen Nr. 19 vom 24.06. 1982, 21 vom 06.07.1982, 29 vom 28.07.1982, 38 vom 30.08. 1982 und 56 vom 10.11.1982.

[699]) Protokolle der RCDS-Bundesvorstandssitzungen am 05.02. 1982, S. 2, 16.03.1982, S. 6 f., 16.04.1982, S. 3, 27.04. 1982, S. 1 ff., und 18.05.1982, S. 7; Protokolle der RCDS-Bundesausschußsitzungen am 07./08.02.1982, S. 6, 20./21. 03.1982, S. 3 f., und 02.05.1982, S. 2 ff.; RCDS-Bundesausschußrundbrief vom 12.06.1982; Bericht des Bundesvorstandes zur RCDS-Bundesausschußsitzung am 19./20.06.1982, S. 2;

demokratischen Grundverständnis heraus arbeitenden Verband durchzusetzen, hatte keinen Erfolg[700]). Dazu behinderten in diesen Wochen Finanzprobleme lange vorgesehene Maßnahmen zur organisatorischen Verbesserung der Verbandsstruktur. Die Einführung des seit langem geplanten Mitgliederinformationsdienstes „RCDS-Intern" mußte auf unbestimmte Zeit verschoben werden[701]). Vor diesem Hintergrund hatte man bereits am 01. Mai zur Sicherung der Aktivitäten des RCDS im Bereich der politischen Bildung und auf dem Sozialsektor das RCDS-Bildungs- und Sozialwerk e. V. gegründet[702]).
Die verbandsinterne Diskussion um eine neue Struktur der Ausbildungsförderung fand wenige Tage nach einer Fachtagung des DSW zum gleichen Thema in Bonn am Rande des Hambacher Festivals ihren Abschluß. Dort beschloß der RCDS-Bundesausschuß nach nochmals ausführlicher Debatte bei wenigen Enthaltungen einstimmig das „Hambacher Modell" des RCDS für eine neue Struktur der Ausbildungsförderung. Da das ursprüngliche Ziel von größerer Startchancengleichheit im Bildungsbereich mit der Flickschusterei der herkömmlichen BAföG-Förderung nach Ansicht des RCDS nicht mehr erreichbar war, schlug er jetzt eine Ausbildungsförderung mit einer Kombination von Stipendium und Darlehen vor, in deren Genuß ein erheblich größerer Kreis von Studenten kommen sollte, womit soziale Ungerechtigkeiten vermieden würden[703]).

RCDS-Pressemitteilungen Nr. 10 vom 05.05.1982, 11 vom 21.05.1982, 16 vom 16.06.1982 und 17 vom 18.06.1982.

[700]) Unter anderem: Berichte des Bundesvorstandes zu den RCDS-Bundesausschußsitzungen am 22./23.01.1983, S. 1, und am 09./10.07.1983, S. 3; siehe auch MAT-Nr. 16 „Umwelt". Vom Bundesvorstand wurde auch in den kommenden Jahren versucht, dieses Thema von Seiten des RCDS aufzugreifen (siehe dazu unter anderem: Anm. 729 und 742; MAT-Nr. 7 „Artikel für Erstsemesterinfo' s (4. Auflage vom März 1984), S. 7 ff.; RCDS-Pressemitteilungen Nr. 39 vom Ende September 1984 und 49 vom 26.11.1984; Kerssenbrock, Dagmar Gräfin/ Erbel, Christoph/Feser, Andreas/Möller Sybille: Verantwortete Zukunft – Umweltsicherung durch Soziale Marktwirtschaft (RCDS-Schriftenreihe Nr. 40), Erlangen 1984; Erbel, Christoph: Gewährleistung des Umweltschutzes durch die Soziale Marktwirtschaft (Anlage zum RCDS-Intern Nr. 1 vom 12.03.1985), Bonn 1985).

[701]) Protokolle der RCDS-Bundesvorstandssitzungen am 19.03. 1981, S. 8, 30.11.1981, S. 4, 18.06.1982, S. 1, und 23.07. 1982, S. 4; Bericht des Bundesvorstandes zur RCDS-Bundesausschußsitzung am 16./17.01.1982, S. 1. Das ebenfalls seit langem geplante Archiv in der RCDS-Bundesgeschäftsstelle konnte erst im Wintersemester 1982/83 endgültig fertiggestellt werden (siehe dazu unter anderem: Protokoll der RCDS-Bundesvorstandssitzung am 19.03.1981, S. 8, und Arbeitsprogramm 1981/82 des RCDS-Bundesvorstandes; Bericht zur RCDS-Bundesausschußsitzung am 16./17.01.1982, S. 1; Protokoll der RCDS-Bundesvorstandssitzung am 17.01.1983, S. 2.

[702]) Gründungsprotokoll des RCDS-Bildungs- und Sozialwerkes e. V. vom 01.05.1982, S. 1; siehe Kapitel VII. 2. f).

[703]) Anlagen zum RCDS-Bundesausschußprotokoll vom 20./21.03. 1981 und zum RCDS-Bundesausschußrundbrief vom 14.04.1982; RCDS-Bundesausschußrundbrief vom 12.06.1982; Bericht des Bundesvorstandes zur RCDS-Bundesauschußsitzung am 19./20. 06.1982, S. 2; Protokolle der RCDS-Bundesausschußsitzungen am 16./17.01.1982, S. 8 f., und am 19./20.06.1982, S. 4 ff., sowie RCDS-Pressemitteilungen Nr. 15 vom 15.06.1982 und 18 vom 22.06.1982; Deutsches Studentenwerk e. V. (1982); MAT-Nr. 14 "Diskussionsvorschläge für eine neue Ausbildungsförderung": Nach dem „Hambacher Modell" sollte dem Studenten in Zukunft bei einer erheblichen Erweiterung des Empfängerkreises je nach Einkommen und Familiensituation ein gestaffelter Zu-

Eine weitere Verbesserung seines Stimmenanteils und damit ein letztlich positives Resultat seiner Arbeit der vergangenen Monate brachten die Wahlen zu den Studentenvertretungen im Sommersemester 1982 für den RCDS. Andererseits hatte sich der Niedergang seines potentiellen Koaltionspartners SLH verstärkt. Er war zu den Wahlen an einigen Hochschulen überhaupt nicht mehr angetreten, so daß sich sein Stimmenanteil insgesamt mehr als halbierte. Es war dem RCDS und anderen gemäßigten Gruppen nicht gelungen, alle ehemaligen SLH-Wähler für sich zu mobilisieren[704]).
Die mangelnde Akzeptanz der Verfassten Studentenschaft innerhalb der Studentenschaft, welche offensichtlich durch die fortwährende Inanspruchnahme eines allgemeinpolitischen Mandates für die gesamte Studentenschaft durch die meist von Volksfront- oder „Neo-Volksfrontbündnissen"[705]) gestellten ASt' en verstärkt wurde, verschaffte deren Gegnern zusätzliche Argumente. Daher begrüßte der RCDS im August den Plan des Bundesbildungsministeriums, mit einer Gesetzesnovelle die Verfasste Studentenschaft erstmalig im Hochschulrahmengesetz zu verankern[706]). Einen Anfang September innerhalb der niedersächsischen CDU angestrengten Versuch, die Verfasste Studentenschaft auch dort abzuschaffen, konnte der RCDS vereiteln[707]).
Um seiner Position vor diesem Hintergrund Nachdruck zu verleihen, führte der RCDS-Bundesvorstand im Anschluß an die Düsseldorfer Thesen Mitte September in Bonn eine Fachtagung durch, die Möglichkeiten zur Stärkung der Gruppenuniversität und der Verfassten Studentenschaft finden sollte. Dabei wurde erneut darauf verwiesen, daß auch in den Hochschulen Teilbereiche besser und billiger durch die Betroffenen selbst geregelt werden könnten. Im Ergebnis wären die Kompetenzen beider Organisationsformen deshalb erweiterbar. Dadurch dürfte sowohl die Beteiligung der Studenten und anderer Hochschulangehöriger an ihren Vertretungen gestärkt werden als auch überflüssige Verwaltungsapparate wie beispielsweise Teile der Studentenwerke abgebaut und damit mehr Mittel für den Hochschulbereich frei werden[708]).

---

schuß bis zu DM 400,- gegeben werden. Jeder Student sollte zusätzlich ein verzinsliches Darlehen bis zu DM 400,- in Anspruch nehmen können mit einer Zinshöhe je nach dem Einkommen der Eltern von Null bis zum üblichen Kapitalzinssatz. Flankierend schlug der RCDS zur Finanzierung des Modells den Abbau überflüssiger Bürokratien wie die BAföG-Ämter bei den örtlichen Studentenwerken vor, deren Funkion die Finanzämter übernehmen sollten.

704) RCDS-Pressemitteilung Nr. 37 vom 24.08.1982 mit Anlage.

705) RCDS-Pressemitteilungen Nr. 31 vom 04.08.1982 und 37 vom 24.08.1982; siehe auch MAT-Nr. 15 „Vereinigte Deutsche Studentenschaften (VDS)": Der RCDS registrierte in diesen Monaten einen immer stärkeren Trend über die „klassischen" Volksfrontbündnisse aus MSB Spartakus, SHB, Juso-HSG' en und LHV hinaus zu „Neo-Volksfrontbündnissen", die neben den genannten Gruppen auch die undogmatisch-marxistischen Basisgruppen umfassten und damit alle relevanten linken Gruppen in den Hochschulen vereinigten.

706) RCDS-Pressemitteilung Nr. 36 vom 20.08.1982.

707) Offener Brief des RCDS-Bundesvorstandes und des RCDS-Landesvorstandes Niedersachsen an alle niedersächsischen Landtagsabgeordneten vom 18.09.1982; Bericht des Bundesvorstandes zur RCDS-Bundesausschußsitzung am 05.09.1982, S. 4; RCDS-Bundesausschußrundbrief vom 15.09.1982; RCDS-Pressemitteilungen Nr. 40 vom 09.09.1982 und 42 vom 13.09. 1982; Rational-Extra im WS 1982/83.

708) Protokolle der RCDS-Bundesvorstandssitzungen am 18.06. 1982, S. 5, und

Parallel zu diesen Bemühungen hatte der RCDS-Bundesverband zusammen mit seinem bayerischen Landesverband in diesen Sommersemesterferien zum ersten Mal für RCDS-Mitglieder in Bernried eine Ferienakademie über die Einigung Europas durchgeführt. In deren Rahmen kam es zu einem ausführlichen Gedankenaustausch mit dem Bundesverband Jüdischer Studenten in Deutschland (BJSD)[709]). Auf die inhaltlichen Debatten der traditionell in den Sommersemsterferien stattfindenden EDS-Tagungen versuchte man durch die erstmalige Herausgabe des RCDS-Grundsatzprogrammes in englischer Sprache einzuwirken[710]). In diesem Zusammenhang konnte unter der Federführung des RCDS im Oktober in Bonn auch ein internationaler Lateinamerika-Kongreß durchgeführt werden[711]). Im gleichen Monat bezog der RCDS-Bundesverband eine neue Bundesgeschäftsstelle, um die eigenen Kräfte künftig besser ausnutzen zu können. Aus dem selben Grund startete er zu diesem Zeitpunkt außerdem eine reguläre Altmitgliederarbeit[712]).
Der Regierungswechsel am 01. Oktober 1982 brachte für den RCDS eine völlig veränderte Situation. Einerseits behob die christlich-liberale Koalition mit Sofortmaßnahmen den Engpaß im Studentenwohnheimbau und sorgte auch für eine Weiterführung der staatlichen Graduiertenförderung über den Dezember 1982 hinaus. Damit wurden seit langem erhobene Forderungen des RCDS endlich verwirklicht. Andererseits plante die Regierung eine Umstellung der Ausbildungsförderung nach dem BAföG auf Volldarlehen ohne eine Erweiterung des Kreises der Bezugsberechtigten, was allen Bemühungen des RCDS in dieser Richtung während der letzten Jahre zuwiderlief[713]).

23.07.1982, S. 3; Protokolle der RCDS-Bundesausschußsitzungen am 04.03.1982, S. 2, 20./21.03.1982, S. 2, und 05.09.1982, S. 4; Berichte des Bundesvorstandes zu den RCDS-Bundesausschußsitzungen am 19./20.06.1982, S. 3, 05.09.1982, S. 4, und 23./24.10.1982, S. 7 f.; RCDS-Pressemitteilungen Nr. 25 vom 19.07.1982, 43 vom 14.09. 1982 und 44 vom 15.09.1982; Demokratische Blätter 4/1982, S. 4 ff.; siehe auch Tagungsunterlagen der Fachtagung am 14.09.1982 in Bonn.

709) Protokolle der RCDS-Bundesvorstandssitzungen am 18.06. 1982, S. 10, und 12.07.1982, S. 1 f.; Berichte des Bundesvorstandes zu den RCDS-Bundesausschußsitzungen am 05.09. 1982, S. 1, und 05./06.12.1982, S. 1, RCDS-Pressemitteilung Nr. 32 vom 06.08.1982; siehe dazu auch Antrag V 3 der 34. Bundesdelegiertenversammlung (Text siehe Beschlußmappe der Bundesdelegiertenversammlung): Vom 28.-30.01.1983 wurde von BJSD und RCDS ferner ein gemeinsames Seminar zum Thema „Christliche und jüdische Zusammenarbeit in Deutschland gestern und heute" durchgeführt.

710) Englische Textausgabe des RCDS-Grundsatzprogrammes vom Juli 1982.

711) Protokolle der RCDS-Bundesvorstandssitzungen am 18.06. 1982, S. 3 f., und 13.10.1982, S. 1; RCDS-Pressemitteilung Nr. 48 vom 14.10.1982; Demokratische Blätter 4/1982, S. 21 f..

712) Protokolle der RCDS-Bundesvorstandssitzungen am 23.07. 1982, S. 6, 16.09.1982, S. 2 f., 13.10.1982, S. 1 f., und 26.10.1982, S. 3; Berichte des Bundesvorstandes zu den RCDS-Bundesausschußsitzungen am 05.09.1982, S. 2, 23./24. 10.1982, S. 1 f., und 05./06.12.1982, S. 4; siehe hierzu auch RCDS-Gruppenrundbrief Nr. 1 vom 28.03.1984: Zum Aufbau einer richtigen Altmitgliederkartei stellte der RCDS-Bundesverband in Zusammenarbeit mit dem RCDS-Freundes- und Fördererkreis für den Rest seiner Amtszeit Barbara Ridder als Altmitgliederreferentin ein. Ab Mitte 1983 wurde die Altmitgliederbetreuung durch Jochen Zweig fortgesetzt, der auch für die in dieser Zeit neu gestartete Altmitgliederzeitschrift „Hochschultendenzen" verantwortlich war. Siehe auch Kapitel VII. 2. e).

713) Bericht des Bundesvorstandes zur RCDS-Bundesausschußsitzung am 23./

Nach ausführlicher Diskussion beschloß die Gruppenvorsitzendenkonferenz des RCDS vom 29. bis 31. Oktober 1982 in Gießen deshalb als ersten Schwerpunkt der Wintersemesterarbeit eine Kampagne zur Verhinderung dieser Umstellung der Ausbildungsförderung[714]).

Mit einer intensiven Öffentlichkeitsarbeit und Gesprächen, denen durch geeignete Aktionen nahezu aller Verbandsgliederungen Nachdruck verliehen wurde, versuchte der RCDS-Bundesverband auf die parlamentarischen Beratungen einzuwirken und die Abgeordneten der CDU/CSU von seinen Vorstellungen zu überzeugen. Hierbei kritisierte er besonders scharf, daß vor den Kabinettsentscheidungen in dieser Sache und auch nachher vom Bundesbildungsministerium keine Fachgespräche über diese Fragen mit demokratischen Studentenverbänden geführt worden waren, obwohl zumindestens der RCDS mit seinem Hambacher Modell ein detailliertes Alternativmodell vorgelegt hatte. Bei seinen Nachprüfungen hatte sich außerdem herausgestellt, daß die Annahmen und Argumente des Ministeriums für die Umstellung falsch oder nicht haltbar waren. Am Beispiel des eigenen Modells konnte er deshalb glaubwürdig nachweisen, daß es bessere Lösungen als die Umstellung der Ausbildungsförderung auf Volldarlehen gab[715]).

Ebenso nachhaltig attackierte der RCDS allerdings die mangelnden Aktivitäten des politischen Gegners. Denn die vom kommunistischen MSB Spartakus, dem SHB und den Juso-HSG' en dominierten VDS hatten erst für den 04. Dezember zu einer Demonstration in Bonn aufgerufen, wenn alle wesentlichen Beratungen bereits gelaufen waren. Zur Schlußkundgebung dieser Demonstration hatten sie den Ex-SPD-Bundesbildungsminister Björn Engholm, der für die einschneidenden BAföG-Kürzungen im vergangenen Jahr verantwortlich gewesen war, als Redner eingeladen. Aus den Aufrufen zur Demonstration war dabei eindeutig zu entnehmen, daß die Kritik an der Umstellung der Ausbildungsförderung nur als Vehikel für ein linkes („Neo-Volksfront"-) Demonstrationsbündnis gegen „Hochrüstung und Sozialabbau" dienen, die Demonstration also dem Vorwahlkampf und nicht der studentischen Interessenvertretung nützen sollte[716]).

24.10.1982, S. 3; Protokoll der RCDS-Bundesausschußsitzung am 23./24.10.1982, S. 7 ff.; RCDS-Pressemitteilungen Nr. 50 vom 25.10.1982 und 52 vom 28.10.1982; Kistler, Helmut (1985), S. 409.

714) RCDS-Pressemitteilung Nr. 51 vom 27.10.1982; siehe auch Protokolle der RCDS-Bundesvorstandssitzung am 13.10.1982, S. 2 f., und der RCDS-Bundesausschußsitzung am 23./24.10. 1982, S. 9 f., sowie FH-Report 1/1982, S. 1.

715) Protokolle der RCDS-Bundesvorstandssitzungen am 03.11. 1982, S. 2 f., 19.11.1982, S. 1, und 24.11.1982, S. 2; Protokolle der RCDS-Bundesausschußsitzung am 23./24.10. 1982, S. 9 ff.; RCDS-Pressemitteilungen Nr. 53 vom 02.11. 1982, 54 vom 04.11.1982, 59 vom 18.11.1982, 60 vom 23.11. 1982, 62 vom 26.11.1982 und 64 vom 30.11.1982; RCDS-Bundesausschußrundbrief vom 26.11.1982.

716) Protokoll der RCDS-Bundesvorstandssitzung am 24.11.1982, S. 2; Bericht des Bundesvorstandes zur RCDS-Bundesausschußsitzung am 05./06.12.1982, S. 2; RCDS-Pressemitteilungen Nr. 54 vom 04.11.1982, 59 vom 18.11.1982 und 65 vom 02.12.1982; Demokratische Blätter 1/1983, S. 2 und 16.
Björn Engholm, Jahrgang 1939, war von 1977-1981 Parlamentarischer Staatssekretär beim Bundesminister für Bildung und Wissenschaft, von 1981-1982 Bundesminister für Bildung und Wissenschaft und ist seit dem 31.05.1988 Ministerpräsident von Schleswig-Holstein (Kürschners Volkshandbuch Deutscher Bundestag (1982), S. 75).

Trotz einer verhärteten Position auf Seiten der neuen Bundesregierung beschloß der Bundestagsausschuß für Bildung und Wissenschaft noch vor dem 04. Dezember, eine Kommission zur Überprüfung der Alternativmodelle einzusetzen, so daß wenigstens nicht alle Wege für eine erneute Änderung der Ausbildungsförderung in der kommenden Legislaturperiode versperrt schienen[717]). Der RCDS warb daher in den folgenden Wochen für eine Neuauflage der BAföG-Diskussion nach den Bundestagswahlen am 06. März 1983 und konnte dabei auch prominente Unterstützung wie die des damaligen Berliner Wissenschaftssenators Kewenig für seine Position verbuchen[718]).
Einen schweren Rückschlag erlitt die Arbeit des RCDS-Bundesverbandes allerdings Mitte Dezember durch den Rücktritt des stellvertretenden RCDS-Bundesvorsitzenden Moeskes aus gesundheitlichen Gründen. Denn es mußte wegen der Kürze der noch verbleibenden Amtszeit auf eine Nachwahl verzichtet werden[719]).

g) 1983/1984: Diskussion um die Aktivierung der Hochschulpolitik

Ein direktes positives Ergebnis seiner Anstrengungen gegen die BAföG-Umstellung ergab sich für den RCDS aus dem Scheitern der Bemühungen seiner politischen Gegner, ihn in den Wahlkämpfen zu den Studentenvertretungen im Wintersemester 1982/83 für diese Maßnahme verantwortlich zu machen. Er konnte seine Stimmenanteile nicht nur behaupten, sondern zum Teil sogar noch ausbauen und den AStA an der Technischen Hochschule Aachen sowie mehrere Fachschaften dazugewinnen[720]). Im übrigen hatte der RCDS schon im Januar herausgefunden, daß auch die SPD-Opposition entgegen ihrer Stellungnahme bei den BAföG-Auseinandersetzungen im vergangenen Jahr für den Fall ihres Wahlsieges eine Änderung der Umstellung des Studenten-BAföG' s auf Volldarlehen offensichtlich nicht mehr beabsichtigte. Ihr Verhalten schien also rein wahltaktischer Natur gewesen zu sein[721]).
Den Beschlüssen der Gießener Gruppenvorsitzendenkonferenz entsprechend nutzte der RCDS-Bundesvorstand die zweite Hälfte des Wintersemesters zu einer bundesweiten Aktion „Mitmachen in unserer Gesellschaft". Der RCDS wolle damit, hieß es in einer Erklärung des Bundesvorstandes, den Studenten die Möglichkeiten eines Engagements in der freiheitlich-demokratischen Ge-

---

[717]) RCDS-Pressemitteilung Nr. 65 vom 02.12.1982.

[718]) Berichte des Bundesvorstandes zu den RCDS-Bundesausschußsitzungen am 05./06.12.1982, S. 2 f., und 22./23.01.1983, S. 2 f.; RCDS-Pressemitteilungen Nr. 67 vom 05.12.1982, 68 vom 10.12.1982 und 69 vom 16.12.1982.
Wilhelm Kewenig, Jahrgang 1934, war von 1981-1986 Wissenschaftssenator von Berlin und ist seit 1986 Berliner Innensenator (Volkshandbuch des Abgeordnetenhauses (1981), S. 30).

[719]) Protokolle der RCDS-Bundesvorstandssitzungen am 03.12. 1982, S. 4, und 13.12.1982, S. 1 f.; Bericht des Bundesvorstandes zur RCDS-Bundesausschußsitzung am 22./23.01. 1983, S. 2.

[720]) RCDS-Pressemitteilung Nr. 70 vom 22.12.1982 und Anlage zur RCDS-Pressemitteilung Nr. 93 vom 10.03.1983.

[721]) Bericht des Bundesvorstandes zur RCDS-Bundesausschußsitzung am 10.03.1983, S. 3; RCDS-Pressemitteilungen Nr. 75 vom 26.01.1983, 81 vom 18.02.1983 und 84 vom 28.02.1983: Die SPD versuchte vergeblich, die öffentliche Angriffe des RCDS-Bundesvorstandes in dieser Sache mit einer Klageandrohung zu stoppen.

sellschaft aufzeigen und sich nicht an den Dauerklagen über die wachsende Zahl von „Aussteigern“ beteiligen. Die Teilerfolge der RCDS in der BAföG-Auseinandersetzung hätten gezeigt, daß es in unserer Demokratie für jeden Staatsbürger möglich sei, im Rahmen der vorhanden Mittel Dinge zum Positiven zu verändern. Notwendig sei dazu kein bloßes Lamentieren, sondern die Mitwirkung jedes Einzelnen[722]).
Möglichkeiten zum konkreten Engagement zeigte der RCDS-Bundesvorstand im Rahmen dieser Aktion durch die Vorstellung eines Aktionsprogrammes für den behindertengerechten Ausbau der Hochschulen auf. Außerdem erstellte er ein Adressbuch für kulturelle Aktivitäten[723]). Auf weitere aktuelle Themen wies er durch die Veröffentlichung mehrerer Broschüren über die Verletzung der Menschenrechte in Afghanistan, Kambodscha und der Sowjetunion und über die Friedensdiskussion hin[724]). Parallel dazu griff er durch die Vorlage zweier Dokumentationen ein weiteres Mal die „Neo-Volksfrontbündnisse“ zwischen der Jugendorganisation der SPD und orthodox-kommunistischen und undogmatisch-marxistischen Gruppen in den Studentenvertretungen der bundesdeutschen Hochschulen und den Mißbrauch der Evangelischen Studentengemeinden für Zwecke der äußersten Linken an[725]).
Zur inhaltlichen Förderung einer grundwertbezogenen RCDS-Arbeit erschien nach langwierigen Vorarbeiten Anfang März die erste Ausgabe des als Vierteljahresschrift wiedergegründeten Verbandsorgans „CIVIS“. Als Forum für Diskussionen innerhalb des demokratischen Spektrums sollte es von christlich-demokratischen Grundpositionen ausgehend dazu beitragen, daß die Werte der freiheitlich-demokratischen Grundordnung gerade bei der nachwachsenden Generation nicht zu reinen Worthülsen verkommen, sondern mit neuen Inhalt gefüllt werden[726]).

---

[722]) RCDS-Pressemitteilung Nr. 72 vom 12.01.1983; Protokoll der RCDS-Bundesvorstandssitzung am 17.01.1983, S. 1 f.; Berichte des Bundesvorstandes zu den RCDS-Bundesausschußsitzungen am 05./06.12.1982, S. 3, und 22./23.01.1983, S. 3; Demokratische Blätter 1/1983, S. 4 ff.; siehe auch MAT-Nr. 17 „Mach mit in unserem Staat – Mach mit beim RCDS“.

[723]) RCDS-Pressemitteilung Nr. 74 vom 21.01.1983, MAT-Nr. 17, S. 13; Berichte des Bundesvorstandes zu den RCDS-Bundesausschußsitzungen am 22./23.01.1983, S. 3; und 10.03.1983, S. 1.

[724]) MAT-Nr. 17, S. 13; Bericht des Bundesvorstandes zur RCDS- Bundesausschußsitzung am 10.03.1983, S. 1 f.. Es erschienen bis zur 35. Bundesdelegiertenversammlung: Polarbär – Afghanische Freiheitsgedichte; Dirk Hildebrandt: Verletzung der Menschenrechte am Beispiel des Mißbrauchs der Psychatrie zu politischen Zwecken in der UdSSR; Wolfgang Freiherr von Erffa: Das Indochina-Problem unter besonderer Berücksichtigung der chinesischen und sowjetischen Interessenlage; Weberling, Johannes/Feser, Andreas (1982). Nach der 35. Bundesdelegiertenversammlung erschien noch Weberling, Johannes (1983).

[725]) RCDS-Pressemitteilungen Nr. 79 vom 11.02.1983 und 82 vom 23.02.1983; Christian Stolorz: Die Evangelischen Studentengemeinden (RCDS-Schriftenreihe Nr. 32), 2./ Erlangen 1982; Weberling, Johannes/Schreiner, Volkhard: Die Reihen fest geschlossen . . . – Neo-Volksfrontbündnisse an den deutschen Hochschulen, Erlangen 1983; Berichte des Bundesvorstandes zu den RCDS-Bundesausschußsitzungen am 22./ 23.01. 1983, S. 4, und 10.03.1983, S. 1.

[726]) CIVIS 1/1983, S. 2; RCDS-Pressemitteilung Nr. 87 vom 03. 03.1983; siehe auch Protokolle der RCDS-Bundesvorstandssitzungen am 28.06.1982, S. 2, 03.11.1982, S. 2, und

Kurz nach der Bundestagswahl am 06. März 1983, bei der die neue Regierungskoalition aus CDU/CSU und FDP eindrucksvoll bestätigt worden war, trafen sich die Delegierten des Verbandes zur 35. ordentlichen Bundesdelegiertenversammlung des RCDS vom 11. bis 13. März 1983 in Bonn. Nach ausführlicher Debatte bestätigten sie das Hambacher Modell für eine neue Struktur der Ausbildungsförderung mit geringfügigen Modifizierungen und bekräftigten damit die RCDS-Forderung nach einer Neuauflage der BAföG-Debatte im Bundestag[727]). Die jetzt der Bundesdelegiertenversammlung vorgelegten Beschlüsse des RCDS-Bundesauschusses über die Grundsätze der internationalen Arbeit des RCDS und die Unvereinbarkeit der Mitgliedschaften von RCDS und „Jugendarbeit „80" wurden ebenfalls mit geringfügigen Änderungen einstimmig verabschiedet[728]). Weiter fanden mehrere Studienreformpapiere der Bundesfachtagung Naturwissenschaften, Anträge zur Sicherung des Friedens in Freiheit und zur Umweltpolitik sowie ein Positionspapier mit einem konditionierten „Ja" zur Kernenergie die Zustimmung der Delegierten[729]).
Der scheidende Bundesvorstand wurde einstimmig entlastet. Zwei Hochschulgruppen nahm die Versammlung neu in den Bundesverband auf[730]). Franz Dormann aus Aachen konnte sich bei der Neuwahl des RCDS-Bundesvorsitzenden mit knapper Mehrheit gegen Ralph Bierett durchsetzen. Der RCDS-Bundesschatzmeister und stellvertretende Vorsitzende Clausius wurde mit großer Mehrheit in seinem Amt bestätigt. Zum anderen stellvertretenden Bundesvorsitzenden des RCDS bestimmten die Delegierten ebenfalls mit großer Mehrheit Franz Kriegisch aus München[731]).
Der neue Bundesvorstand sah die Erstellung eines hochschulpolitischen Programmes als vordringliche Aufgabe für den Gesamtverband in den kommenden zwei Semestern an. Dieses Programm sollte, basierend auf detaillierten Analysen und Lagebeschreibungen der gegenwärtigen Situation an den Hochschulen, die Vorstellungen des RCDS von einer zukünftigen Bildungs- und Hochschulpolitik vollständig aufführen. Darüberhinaus wollte man sich mit der Erneuerung der Sozialen Marktwirtschaft und angesichts der zu erwartenden Auseinandersetzungen um die Umsetzung des NATO-Doppelbeschlusses mit

---

17. 01.1983, S. 2; Berichte des Bundesvorstandes zu den RCDS-Bundesausschußsitzungen am 05.09.1982, S. 5, 05./06.12. 1982, S. 3 f., 22./23.01.1983, S. 4, und 10.03 1983, S. 3 f..

[727]) Protokoll der 35. Bundesdelegiertenversammlung des RCDS vom 11.-13.03.1983 in Bonn, S. 5 f. (Antrag A 3; Text siehe Beschlußmappe der 35. Bundesdelegiertenversammlung); Demokratische Blätter 2-3/1983, S. 6; RCDS-Pressemitteilung Nr. 1 vom 14.03.1983; siehe auch Protokoll der RCDS-Bundesausschußsitzung am 26./ 27.03.1983, S. 3; Kistler, Helmut (1985), S. 414.

[728]) Protokoll der 35. Bundesdelegiertenversammlung des RCDS vom 11.-13.03.1983 in Bonn, S. 4 und 16 f. (Anträge I 1 und D 3; Text siehe Beschlußmappe der 35. Bundesdelegiertenversammlung); Demokratische Blätter 2-3/1983, S. 6; siehe auch Anm. 668 und 671.

[729]) Protokoll der 35. Bundesdelegiertenversammlung des RCDS vom 11.-13.03.1983 in Bonn, S. 11 ff. (Anträge A 11, G 3, G 4, G 8 und SR 1-4; Text siehe Beschlußmappe der 35. Bundesdelegiertenversammlung); Demokratische Blätter 2-3/ 1983, S. 6.

[730]) Protokoll der 35. Bundesdelegiertenversammlung des RCDS vom 11.-13.03.1983, S. 2 f. und 14: Die neuen Gruppen waren Uni-Bamberg und FH-Darmstadt.

[731]) Protokoll der 35. Bundesdelegiertenversammlung des RCDS vom 11.-13.03.1983 in Bonn, S. 8 f.; RCDS-Pressemitteilung Nr. 1 vom 14.03.1983.

den Grundsätzen der Sicherheitspolitik befassen. Mit den Arbeitsschwerpunkten Afghanistan, Kambodscha und Europa beabsichtigte der Bundesvorstand, das Menschenrechtsengagement bzw. die internationale Arbeit des RCDS fortzusetzen[732]).
Auf die Ende März mit der Regierungsbildung einsetzenden Diskussionen über die künftige Bildungspoltik des Bundes versuchte der RCDS mit einer Fülle von Initiativen und Vorschlägen einzuwirken. So beschrieb er in einer ausführlichen Dokumentation Ausmaß und Ursachen der Akademikerarbeitslosigkeit und zeigte Lösungsansätze auf[733]). Erfolgreich wandte er sich gegen den erneut in die Diskussion eingebrachten Vorschlag, an den bundesdeutschen Hochschulen Studiengebühren einzuführen. Ein von ihm auf CDU-Bundesparteitag Ende Mai in Köln dagegen eingebrachter Antrag wurde mit großer Mehrheit beschlossen[734]). Demgegenüber scheiterten seine Anstrengungen für eine Neuauflage der BAföG-Diskussion im Juni 1983 endgültig[735]).
Bei der Diskussion um die geplante Novellierung des Hochschulrahmengesetzes (HRG) sprach er sich für eine Beibehaltung der Gruppenuniversität, eine differenzierte Hochschullandschaft und eine allgemeine „Entrümpelung" des Gesetzes aus. Die VDS hatten sich auch bei den Debatten dieses Sommersemesters als unfähig zur studentischen Interessenvertretung erwiesen. An eine Initiative mehrerer ASt' en für einen demokratischen studentischen Dachverband anknüpfend schlug der RCDS deshalb einen zusätzlichen Passus im Gesetz vor, nach dem die Studentenschaften der Bundesrepublik einen demokratisch strukturierten Dachverband zu bilden hätten[736]).
Mitte Juni 1983 nahm der RCDS zum zweiten Mal mit einem eigenen Stand auf dem „Markt der Möglichkeiten" des Evangelischen Kirchentages teil, der in diesem Jahr in Hannover stattfand. Erneut wurde die Kirchentagszeitung „Die Kerze" täglich herausgebracht. Das Kirchentagshauptthema des RCDS, das „Ja des Christen zum NATO-Doppelbeschluß", löste hitzige Diskussionen aus[737]).
In seiner Öffentlichkeitsarbeit hatte der RCDS-Bundesvorstand schon in den vergangenen Monaten Menschenrechtsverletzungen in Kambodscha, Nicaragua und Chile angeprangert[738]). Den Höhepunkt dieser Bemühungen im Som-

---

[732]) Bericht des Bundesvorstandes zur RCDS-Bundesausschußsitzung am 26./27.03.1983, S. 2 ff..

[733]) RCDS-Pressemitteilungen Nr. 2 vom 21.03.1983, 10 vom 16. 05.1983 und 11 vom 19.05.1983; siehe dazu auch die bereits im Juni 1982 veröffentlichte Dokumentation des RCDS-LV- Bayern zur Akademikerarbeitslosigkeit und Dormann, Franz (1984), S. 49 ff.. Der RCDS-LV-Nordrhein-Westfalen konnte am 16./17.09.1983 auf dem Landesparteitag der CDU Rheinland einen Antrag mit Forderungen zur Bekämpfung der Akademikerarbeitslosigkeit durchsetzen (Forum Nr. 22/Oktober 1983, S. 5). Zur Entstehung der Akademikerarbeitslosigkeit siehe Schlicht, Uwe (1980), S. 123 ff..

[734]) RCDS-Pressemitteilung Nr. 13 vom 30.05.1983; siehe auch RCDS-Pressemitteilung Nr. 10 vom 16.05.1983.

[735]) RCDS-Pressemitteilung Nr. 20 vom 16.06.1983.

[736]) Bericht des Bundesvorstandes zur RCDS-Bundesausschußsitzung am 09./10.07.1983, S. 2 f.; RCDS-Pressemitteilungen Nr. 4 vom 28.03.1983 und 17 vom 13.06.1983; siehe auch Anm. 613 und 643.

[737]) Bericht des Bundesvorstandes zur RCDS-Bundesausschußsitzung am 26./27.03.1983, S. 4; RCDS-Pressemitteilung Nr. 15 vom 06.06.1983; Die Kerze-Hannoversche Ausgabe Nr. 1–4; siehe auch CIVIS 2/1983, S. 36 ff..

[738]) Bericht des Bundesvorstandes zur RCDS-Bundesausschußsitzung am 09./10.07.1983, S. 4 f.; RCDS-Pressemitteilungen Nr. 7 vom 28.04.1983 und 26 vom

mersemester stellte die Tagung des Internationalen Arbeitskreises Ende Juni in Bonn dar. Dort berichtete der frühere kambodschanische Ministerpräsident, Son San, über die Lage in seinem von Vietnam besetzten Heimatland. In einer im Anschluß an die Tagung veröffentlichten Resolution forderte der RCDS die Bundesregierung auf, sich nachhaltig für einen sofortigen und bedingungslosen Rückzug der vietnamesischen Truppen aus Kambodscha einzusetzen sowie für die Abhaltung allgemeiner und freier Wahlen unter Überwachung der Vereinten Nationen und internationale Garantien für ein freies, unabhängiges und neutrales Kambodscha einzutreten. Gleichzeitig kündigte der RCDS seine weitere Unterstützung für die Arbeit freiheitlich orientierter kambodschanischer Organisationen an[739]).
Mit der Erstellung eines hochschulpolitischen Programms, dem Schwerpunkt der RCDS-Arbeit für das ganze Jahr, kam man jedoch während des ganzen Semesters nicht voran. Dazu hatte es bei Entscheidungen über die Verteilung der erheblich knapper gewordenen Verbandsfinanzen auf die einzelnen RCDS-Gliederungen Streitigkeiten über die Ausmaße der Kompetenzen einzelner Verbandsorgane gegeben, die immer noch anhielten und die Arbeit nachhaltig belasteten. Ein Bildungsprogramm, mit dem zugleich vermehrt Möglichkeiten zum gemeinsamen Gespräch über Ziele und Strategien des RCDS und seine allgemeinen Arbeitsvorhaben bestanden hätten, war vom Bundesvorstand in diesem Semester nicht organisiert worden[740]). Außerdem mußte der RCDS bei den Wahlen zu den studentischen Vertretungen in diesem Semester trotz einer leicht gestiegenen Wahlbeteiligung zum ersten Mal seit zwei Jahren wieder Verluste einstecken. Leichte Zugewinne seiner potentiellen Koalitionspartner wie dem SLH und unabhängigen Gruppen glichen das Minus allerdings wieder aus[741]).
Die Sommersemesterferien gaben dem Verband die Gelegenheit, sich mit weiteren geplanten Arbeitsfelder zu befassen.
Ende Juli fand in Bonn-Bad Godesberg die zweite Ferienakademie des RCDS zum Thema "Soziale Marktwirtschaft – Konzept für die Zukunft?" statt. Im Anschluß an diese Tagung legte der RCDS einen Appell an die Bundesregierung zur Unterschrift auf, in dem sie unter anderem aufgefordert wurde, die Selbstverantwortlichkeit und Mitverantwortung jedes Einzelnen wirksam zu stärken und nicht als Lippenbekenntnisse zu formulieren. Daneben verlangte der Appell ein humanes Leistungsprinzip und den Abbau administrativer und bürokratischer Gängelung von Unternehmen. Durch die Unterstützung mehrerer hundert Professoren sollte dieser Aufruf in den kommenden Monaten ein großes Echo finden[742]).

18.07.1983; siehe auch MAT-Nr. 18 „Afghanistan – der Widerstand ist ungebrochen" sowie Demokratische Blätter 4/1983, S. 16, und 2/1984, S. 13 und 18 f..

739) Demokratische Blätter 2-3/1983, S. 18 f.; Bericht des Bundesvorstandes zur RCDS-Bundesausschußsitzung am 09./10.07. 1983, S. 5; RCDS-Pressemitteilung Nr. 32 vom 27.06.1983; siehe auch Demokratische Blätter 1/1983, S. 17.

740) Protokolle der RCDS-Bundesausschußsitzungen am 26./27.03. 1983, S. 3, und 09./10.07.1983, S. 2 und 7 f.; Bericht des Bundesvorstandes zur RCDS-Bundesausschußsitzung am 09./10. 07.1983, S. 3. Es erschienen nur allgemeine Stellungnahmen zur Hochschulpolitik (z. B. Demokratische Blätter 2-3/1983, S. 4 f.).

741) Protokoll der RCDS-Bundesausschußsitzung am 09./10.07. 1983, S. 8 ff.; RCDS-Pressemitteilung Nr. 32 vom 20.09. 1983.

742) Berichte des Bundesvorstandes zu den RCDS-Bundesausschußsitzungen am 26./27.03.1983, S. 5, und 09./10.07.1983, S. 6 f.; RCDS-Bundesausschußrundbrief vom

Die Verwirklichung der vollen Freizügigkeit für Studenten in der Europäischen Gemeinschaft ohne finanzielle Diskriminierung forderte der Internationale Arbeitskreis des RCDS auf seiner Tagung im Oktober 1983 in Straßburg und machte dies zur zentralen Aussage eines Vorschlages für ein Programm des RCDS zu den Wahlen zum Europäischen Parlament 1984. Eine gleichzeitig vorgelegte detaillierte Studie zeigte Möglichkeiten zur Verwirklichung der Forderung auf. Den RCDS-Gruppen wurde Material zur Verfügung gestellt, um diese Forderung durch eine breit angelegte Werbung an den Hochschulen zu unterstützen[743]).
Die öffentlichen Auseinandersetzungen um den NATO-Doppelbeschluß eskalierten in den vergangenen Monaten auch in den Hochschulen immer mehr. Teile der „Friedensbewegung" hatten die gewaltsamen Ausschreitungen mit einem angeblich bestehenden Recht auf Widerstand gegen die geplante Stationierung amerikanischer Mittelstreckenraketen gerechtfertigt. Empirischen Studien von Wildenmann und Bürklin sowie von Glotz und Malanowski belegten, daß die Bereitschaft zur Gewaltanwendung in der politischen Auseinandersetzung in den letzten Jahren zugenommen hatte. Gegen diese Entwicklung bezog der RCDS immer wieder in seiner Öffentlichkeitsarbeit Stellung. Schon im Juli war vom Bundesvorstand und Bundesausschuß des RCDS eine Resolution zum Mißbrauch des Widerstandsrechts verabschiedet worden, in der sie festgestellt hatten, daß die grundgesetzlich verbürgten Freiheiten nicht zur Abschaffung dieser Freiheiten mißbraucht werden dürften[744]).
Unter dem Eindruck dieser Eskalation änderte der Bundesvorstand seine Jahresplanung. Mit allen ihm zur Verfügung stehenden Aktionsmöglichkeiten wollte der RCDS im Wintersemester den Aktivitäten der „Friedensbewegung" in den Hochschulen argumentativ begegnen. Damit wollte er dazu beitragen, „daß sich die Hochschulen als haßfreie und demokratiefreundliche Zone in der kommenden Auseinandersetzung bewähren". Denn wer die deutschen Hochschulen zu Zentren des „Widerstandes" umfunktionieren wolle, habe nach Ansicht des RCDS mit Gewaltlosigkeit, dem Abbau von Feindbildern und der Bereitschaft zur Friedfertigkeit nichts im Sinn. Wer diese Art der Auseinandersetzung führe, streue Haß und baue Feindbilder auf, verzichte auf demokratische Tugenden wie Toleranz und die Bereitschaft zur Austragung von Konflikten sowie deren gewaltlose Lösung durch Kompromisse. Nur der könne dem Frieden dienen, der selbst friedfertig sei[745]).
Der Bundesvorstand erstellte umfangreiche Materialien zur Unterstützung der Aktivitäten der RCDS-Gruppen. Mit einer Diskussionsveranstaltung über reali-

---

10.10.1983 (mit dem Aufruftext in der Anlage); Protokoll der RCDS-Bundesausschußsitzung am 18./19.02.1984, S. 1; RCDS-Pressemitteilung Nr. 28 vom 08.08.1983; siehe auch MAT-Nr. 19 „Soziale Marktwirtschaft – Konzept für die Zukunft".

[743]) Demokratische Blätter 5/1983-1/1984, S. 20; RCDS-Pressemitteilung Nr. 39 vom 18.10.1983; siehe auch MAT-Nr. 20 „Europa" und RCDS-Pressemitteilung Nr. 8 vom 05.05.1983.

[744]) RCDS-Pressemitteilungen Nr. 5 vom 07.04.1983, 24 vom 14. 07.1983, 27 vom 19.07.1983 und 30 vom 30.08.1983; Protokoll der RCDS-Bundesausschußsitzung am 09./10.07.1983, S. 10; Wildenmann, Rudolf/Bürklin, Wilhelm P. (1980), S. 68 f.; Glotz, Peter/Malanowski, Wolfgang (1982), S. 145 ff.; siehe auch CIVIS 3/1983, S. 49 ff., und Weberling, Johannes (1984), S. 42 f. und 86 f..

[745]) Protokoll der RCDS-Bundesausschußsitzung am 09./10.07. 1983, S. 4 ff.; RCDS-Pressemitteilung Nr. 35 vom 03.10. 1983; siehe auch Demokratische Blätter 4/1983, S. 4 f..

stische Friedenspolitik und der Gruppenvorsitzendenkonferenz des RCDS im Anschluß daran vom 28. bis 30. Oktober 1983 in Bremen wurde diese Semesterkampagne gestartet, an der sich fast alle Gruppen beteiligen sollten[746]).

Im Gegensatz zu den VDS engagierte sich der RCDS in den kommenden Monaten aber auch weiter um aktuelle hochschulpolitische Probleme[747]). So erstellte er eine umfangreiche Studie zur Lehrerarbeitslosigkeit und versuchte weiter, seine Vorschläge in der Debatte um die Novellierung des Hochschulrahmengesetzes durchzusetzen. Bei der Diskussion über eine Reform der Medizinerausbildung wandte er sich gegen die vom Bundesgesundheitsministerium geplante Verlängerung der Ausbildung durch die Einführung eines „Arztes im Praktikum". Dabei konnte er auf einen von der RCDS-Bundesfachtagung Medizin erarbeiteten Alternativvorschlag verweisen[748]). Dem Versuch der politischen Linken, mit einer Strapazierung der Orwell' schen Vision von „1984" im folgenden Jahr Widerstand gegen Vorhaben der Exekutive zu mobilisieren, begegnete er unter anderem rechtzeitig mit der Vorlage einer ausführlichen Dokumentation[749]).

Noch vor Jahresende konnte im übrigen die prekäre Finanzsituation des Verbandes wesentlich entschärft werden, so daß auch das weitere Erscheinen der Verbandspublikationen gesichert war. Ein neutrale Kommission erarbeitete darüberhinaus eine neue Finanz- und Kassenordnung des RCDS, um Streitigkeiten in diesem Bereich künftig auszuschließen[750]).

Mit seinem zweiten bundesweiten Hearing zur Lage behinderter Schüler, Studenten und Hochschulabsolventen im Januar 1984 in Bonn setzte der RCDS sein kontinuierliches Engagement in diesem Bereich fort. Experten, Initiativgruppen und Betroffene erörterten die neuesten Entwicklungen auf diesem Sektor und diskutierten Verbesserungsmöglichkeiten. Ein direktes Ergebnis dieser Tagung war die Feststellung, daß in der Zukunft behinderten Schülern und Studenten wegen des Kostenanstieges in diesem Bereich nur durch zusätzliche finanzielle Hilfen der weitere Besuch ihrer Ausbildungseinrichtungen ermöglicht werden könne[751]).

---

[746]) Unter anderem: Dormann, Franz: Friedenssehnsucht, Pazifismus, Bergpredigt, Widerstand – Der RCDS bezieht Stellung, Bonn 1983; RCDS-Bundesvorstand (Hrsg.): Argumente der Friedensbewegung/Argumente des RCDS, Bonn 1983. Zum Aktionsverlauf siehe z. B.: Demokratische Blätter 5/1983-1/ 1984, S. 8; Protokoll der RCDS-Bundesausschußsitzung am 01./02.10.1983, S. 2 und 4; RCDS-Pressemitteilungen Nr. 40 vom 19.10.1983 und 41 vom 02.11.1983; Forum Nr. 22/Oktober 1983, S. 1 ff.; siehe außerdem RCDS-Pressemitteilung Nr. 45 vom 30.11.1983 und CIVIS 3/1983, S. 42 ff..

[747]) Protokoll der RCDS-Bundesausschußsitzung am 09./10.07. 1983, S. 6; RCDS-Pressemitteilung Nr. 42 vom 07.11.1983; siehe auch Demokratische Blätter 5/1983-1/1984, S. 4 ff..

[748]) RCDS-Pressemitteilungen Nr. 43 vom 09.11.1983, 44 vom 28. 11.1983 und 48 vom 12.12.1983; Protokoll der RCDS-Bundesausschußsitzung am 18./19.02.1984, S. 1; siehe zum „Arzt im Praktikum" schon RCDS-Pressemitteilung Nr. 19 vom 20. 06.1983.

[749]) RCDS-Bundesvorstand (Hrsg.): Beiträge zur Auseinandersetzung im Orwell' schen Jahr 1984, Bonn 1984; Protokoll der RCDS-Bundesausschußsitzung am 01./ 02.10.1983, S. 4; Demokratische Blätter 5/1983-1/1984, S. 16 ff.; RCDS-Pressemitteilung Nr. 47 vom 07.12.1984; siehe auch CIVIS 4/1983, S. 85 ff..

[750]) Protokolle der RCDS-Bundesausschußsitzungen am 01./02.10. 1983, S. 8, und 09.-11.12.1983, S. 2.

[751]) RCDS-Pressemitteilungen Nr. 49 vom 11.01.1984, 51 vom 18.01.1984, 52 vom 19.01.1984 und 54 vom 23.01.1984; Herbst, Hans R. (1984), S. 251 ff., siehe auch De-

Die Arbeiten am hochschulpolitischen Programm des RCDS waren dagegen auch während dieses Semesters nicht wesentlich vorwärts gekommen. Neben allgemeinen Diskussionspapieren ging den Verbandsgliederungen erst gegen Ende des Wintersemesters ein erster Entwurf zu, der nicht mehr ausreichend diskutiert werden konnte[752]). Mit diesem zusätzlichen Kritikpunkt waren auch innerverbandliche Auseinandersetzungen weitergegangen. Auf die Organisation eines Bildungsprogrammes für den Gesamtverband hatte man erneut verzichtet[753]). Die Wahlen zu den Studentenvertretungen im Wintersemester brachten dem RCDS dieses Mal empfindliche Verluste[754]).
Nachdem es auch im Sommersemester 1983 anläßlich des 30. Jahrestages des Volksaufstandes in Mitteldeutschland am 17. Juni 1953 wieder zu vielfältigen Aktionen des Verbandes gekommen war, hatte sich die Bundesfachtagung Geisteswissenschaften des RCDS im November 1983 in Göttingen mit der „Deutschlandpolitik der Zukunft" befaßt. Im Anschluß an diese Tagung erarbeitete eine Kommission der Bundesfachtagung „Leitlinien für eine aktivere Deutschlandpolitik" als Antrag für die nächste Bundesdelegiertenversammlung, der auch vom Bundesvorstand übernommen wurde[755]). Mangels eines beschlußreifen Entwurfs für ein hochschulpolitisches Programm des RCDS wurde diese Ausarbeltung zum Hauptantrag der 36. ordentlichen Bundesdelegiertenversammlung des RCDS vom 09. bis 11. März 1984 in Würzburg. In diesem bei einer Enthaltung einstimmig beschlossenen Antrag bekannte sich der RCDS, vom Fortbestand des Völkerrechtssubjektes Deutsches Reich in den Grenzen von 1937 ausgehend, nachdrücklich zum Gewaltverzicht in Europa und sprach sich für die Förderung einer gesamtdeutschen Solidarität und eines demokratischen Patriotismus jenseits von nationalem Chauvinismus aus[756]).
Daneben forderten die Delegierten in „Neun Würzburger Thesen" zur aktuellen Hochschulpolitik unter anderem die Beibehaltung des Abiturs als allgemeiner Hochschulzugangsberechtigung, lehnten die Errichtung von Privathochschulen mit staatlicher Hilfe ab und gaben einer Gruppenuniversität mit effektivierter Selbstverwaltung und Rektoratsverfassung den Vorzug vor anderen Organisationsformen für Universitäten[757]). Mit großer Mehrheit wurde ein Unverein-

---

mokratische Blätter 5/1983-1/1984, S. 2, RCDS-Pressemitteilung Nr. 38 vom 11.10.1983 sowie Dormann, Franz (1984), S. 146 ff..

752) RCDS-Gruppenrundbrief Nr. 17 vom 04.01.1984 mit dem Entwurf in der Anlage. Zur 36. Bundesdelegiertenversammlung erschien auch noch Dormann, Franz (1984).

753) Briefe des Bundesvorsitzenden an den RCDS-Bundesausschuß vom 29.08.1983 und 14.09.1983; Brief dreier RCDS-LV' s an den Bundesvorsitzenden vom 01.09.1983; Protokolle der RCDS-Bundesausschußsitzungen am 01./02.10.1983, S. 2 f., und 18./ 19.02.1984, S. 2 f..

754) RCDS-Gruppenrundbrief Nr. 3 vom 30.04.1984, S. 1: Der RCDS hatte nur noch einen Stimmenanteil von ca. 20,5%.

755) Demokratische Blätter 2-3/1983, S. 7 f., und 4/1983, S. 17; RCDS-Pressemitteilung Nr. 18 vom 16.06.1983; siehe auch Weberling, Johannes (1983), Demokratische Blätter 5/ 1983-1/1984, S. 10 ff., CIVIS 2/1983, S. 85 ff., sowie RCDS-Magazin 5/1983, S. 8 ff..

756) Protokoll der 36. Bundesdelegiertenversammlung des RCDS vom 09.-11.03.1984 in Würzburg, S. 11 (Antrag D 1 neu; Text siehe Beschlußmappe der 36. Bundesdelegiertenversammlung); RCDS-Pressemitteilung Nr. 1 vom 12.03.1984 mit Anlagen.

757) Protokoll der 36. Bundesdelegiertenversammlung des RCDS vom 09.-11.03.1984 in Würzburg, S. 15 f. (Antrag A 1 neu; Text siehe Beschlußmappe der 36. Bundesdelegiertenversammlung); RCDS-Pressemitteilung Nr. 1 vom 12.03.1984 mit Anlagen.

barkeitsbeschluß zur „Konservativen Aktion" gefaßt und der bereits bestehende Unvereinbarkeitsbeschluß zur „Jugendarbeit „80" ausdrücklich bestätigt[758]).

Die vom Internationalen Arbeitskreis erstellte und jetzt als Antrag eingebrachte Europastudie wurde, nachdem der Arbeitskreis seine europapolitischen Vorstellungen auf einer Tagung im Januar noch einmal bekräftigt hatte, von der Bundesdelegiertenversammlung mit großer Mehrheit verabschiedet[759]). Während des ganzen Wintersemesters war es zu erheblichen Auseinandersetzungen zwischen dem RCDS und Teilen des EDS-Vorstandes gekommen, womit sich auch der RCDS-Bundesausschuß mehrfach befaßt hatte. Dennoch beschloß man in Würzburg keinen der Anträge, die das Verhältnis zwischen dem RCDS und seinem europäischen Dachverband EDS neu regeln sollten[760]). Ein Schlußstrich wurde jedoch unter die Auseinandersetzungen im Finanzbereich gezogen. Die neugefaßte Finanz- und Kassenordnung stieß auf breite Zustimmung[761]).

Zwei Gruppen wurden neu in den Bundesverband aufgenommen und der alte Bundesvorstand einstimmig bei zwei Enthaltungen politisch entlastet[762]). Bei den Neuwahlen zum Bundesvorstand konnte sich der RCDS-Bundesvorsitzende Dormann erst im zweiten Wahlgang mit knapper Mehrheit gegen Winfried Adam in seinem Amt behaupten. Zum neuen Bundeschatzmeister des RCDS und stellvertretenden Vorsitzenden wählten die Delegierten mit großer Mehrheit Uwe Uibel aus Bremen. Christoph Erbel aus Köln setzte sich gegen David Strauß bei der Wahl zum anderen Stellvertreter durch[763]).

Abschließend forderten die Delegierten den Bundesvorstand auf, in diesem Jahr eine außerordentliche Bundesdelegiertenversammlung statt einer Gruppenvorsitzendenkonferenz durchzuführen. Schwerpunkte dieser Versammlung sollten die Fortführung der Diskussion über EDS und die Hochschulpolitik sein[764]).

---

758) Protokoll der 36. Bundesdelegiertenversammlung des RCDS vom 09.-11.03.1984 in Würzburg, S. 2 (Anträge V 2 und V 3; Text siehe Beschlußmappe der 36. Bundesdelegiertenversammlung); siehe Anm. 668 und 728.

759) Protokoll der 36. Bundesdelegiertenversammlung des RCDS vom 09.-11.03.1984 in Würzburg, S. 5 ff. (Antrag I 1; Text siehe Beschlußmappe der 36. Bundesdelegiertenversammlung); Rundbrief des Internationalen Arbeitskreises vom 23.01. 1984; siehe auch Demokratische Blätter 2/1984, S. 11 f.: Die Europäische Volkspartei übernahm die Forderung nach einem Verzicht auf Studiengebühren im Grundsatz in ihr Europawahlprogramm.

760) Protokoll der 36. Bundesdelegiertenversammlung des RCDS vom 09.-11.03.1984 in Würzburg, S. 12 f.; Protokoll der RCDS-Bundesausschußsitzung vom 09.-11.12.1983, S. 2, 5 und Anlagen; Brief des RCDS-Bundesvorstandes an EDS vom 15.12. 1983.

761) Protokoll der 36. Bundesdelegiertenversammlung des RCDS vom 09.-11.03.1984 in Würzburg, S. 8 f. (Antrag S 8; Text siehe Sonderdruck der Finanz- und Kassenordnung des RCDS).

762) Protokoll der 36. Bundesdelegiertenversammlung des RCDS vom 09.-11.03.1984 in Würzburg, S. 2 und 4: Die neuen Gruppen waren FH-Bochum und FH-Lübeck. Die finanzielle Entlastung erfolgte einstimmig.

763) Protokoll der 36. Bundesdelegiertenversammlung des RCDS vom 09.-11.03.1984 in Würzburg, S. 9 f.; RCDS-Pressemitteilung Nr. 1 vom 12.03.1984.

764) Protokoll der 36. Bundesdelegiertenversammlung des RCDS vom 09.-11.03.1984 in Würzburg, S. 14 f. (Antrag DR 7; Text siehe Beschlußmappe der 36. Bundesdelegiertenversammlung).

Für das kommende Amtsjahr nahm sich der neue Bundesvorstand die Fertigstellung des hochschulpolitischen Programms vor und wollte sich neben aktuellen Fragen mit der Problematik der neuen sozialen Bewegungen, der Gen-Technologie und ihrer ethisch-moralischen Verantwortbarkeit, dem Widerstandsrecht im demokratischen Rechtsstaat und den Jugendsekten befassen. Neben anderem plante man zu diesen Themenbereichen die Herausgabe mehrerer Publikationen[765]).
Der Versuch der CDU/CSU- und der FDP-Fraktion im Bundestag Anfang Mai durch ein Amnestiegesetz einen Schlußstrich bei der Verfolgung von Steuervergehen im Zusammenhang mit Parteispenden zu ziehen, stieß auf scharfe Kritik des RCDS. Er sah die Gefahr, daß durch dieses Vorhaben das Vertrauen gerade der Studentenschaft in unsere Gesellschaftsordnung zerstört würde. Die Mehrheit des in diesen Tagen in Stuttgart stattfindenden CDU-Bundesparteitages befürwortete zwar das Gesetzesvorhaben. Der RCDS konnte aber für seinen Standpunkt unter den Delegierten viel Unterstützung gewinnen, was dazu beitrug, daß der Amnestieplan später doch noch fallengelassen wurde[766]).
In den vergangenen Wochen hatte es erhebliche verbandsinterne Kritik an der Arbeit des Bundesvorstandes gegeben. Insbesondere war ein über die bloße Ankündigung von Schwerpunkten hinausgehendes Arbeitskonzept des Bundesvorstandes vermißt worden, welches die Voraussetzung geschaffen hätte, aktuelle hochschul- und allgemeinpolitische Themen durch gemeinsames Agieren aller Verbandsgliederungen wieder stärker zu beeinflussen oder auch neue Ideen in die Hochschulen hineinzutragen. Dazu war die Information des Verbandes durch Rundbriefe des Bundesvorstandes immer seltener geworden. Ein Gedankenaustausch der Gruppen auf Bundesebene erwies sich mangels Bildungsprogramm als unmöglich[767]). Hinzu kamen interne Koordinationsprobleme im Bundesvorstand[768]).
Eine Sitzung des RCDS-Bundesausschusses im Anschluß an den CDU-Parteitag bot deshalb auch die Gelegenheit zu einer ausführlichen Aussprache über die weitere Arbeit des Verbandes. Der Bundesausschuß beschloß hierzu mit großer Mehrheit, die geplante außerordentliche Bundesdelegiertenversammlung wie seit März vorgesehen[769]) am Ende des Sommersemesters durchzuführen, obwohl – was kritisch vermerkt worden war – immer noch keine diskutierbare Vorlage für ein neues hochschulpolitisches Programm des RCDS vorlag. Durch die Beratung und Beschlußfassung von Anträgen zu aktuellen hochschulpolitischen Themen sollte allen Verbandsgliederungen eine gemeinsame Grundlage für die weitere Arbeit gegeben werden[770]). Angesichts der weiterschwelenden Auseinandersetzungen um die Mitarbeit des RCDS im europäischen Dachverband EDS bekräftigte der Bundesausschuß ferner die bereits

---

[765]) Bericht des Bundesvorstandes zur RCDS-Bundesausschußsitzung vom 23.-25.03.1984, S. 2 ff..
[766]) Protokoll der RCDS-Bundesausschußsitzung am 11./12.03. 1984, S. 3.
[767]) Unter anderem: Briefe an die Mitglieder des RCDS-Bundesausschuß von Bundesvorstandsreferenten und anderen vom 30. 04.1984 und 03.05.1984; Protokoll der RCDS-Bundesausschußsitzung am 11./12.05.1984, S. 3 ff..
[768]) Siehe z. B. Gruppenrundbrief Nr. 1 des stellvertretenden RCDS-Bundesvorsitzenden vom 08.05.1984.
[769]) Protokoll der RCDS-Bundesausschußsitzung vom 23.-25.03. 1984, S. 5 und 8.
[770]) Protokoll der RCDS-Bundesausschußsitzung am 11./12.05. 1984, S. 13 ff.; siehe auch RCDS-Gruppenrundbrief Nr. 9 vom 29.06.1984, S. 1.

von der Bonner Bundesdelegiertenversammlung 1983 beschlossenen Grundsätze der internationalen Arbeit des RCDS[771]).
In einem Neun-Punkte-Katalog faßte der Bundesvorstand Mitte Mai nochmals seine Forderungen zur Novellierung des Hochschulrahmengesetzes zusammen und stellte sie der Öffentlichkeit vor. Gleichzeitig publizierte er einen von der RCDS-Bundesfachtagung Medizin erarbeiteten Alternativvorschlag zur geplanten Einführung einer zweijährigen „Arzt im Praktikum"-Phase zusätzlich zum sechsjährigen Medizinstudium, der auf eine Verbesserung der praktischen Ausbildung während des Studiums und dessen Verkürzung hinzielte[772]).
Die Europa-Aktionen mehrerer RCDS-Landesverbände ergänzend organisierte der Bundesverband ab Ende Mai die Reise eines EDS-Minibusses durch die Bundesrepublik, der für „mehr Freizügigkeit für Studenten in Europa" warb. In diesem Zusammenhang forderte er auch die Einführung eines europäischen Studentenausweises[773]). Das Menschenrechtsengagement wurde mit der Weiterführung der Aufklärungsaktion über Menschenrechtsverletzungen in Kambodscha und dem Einsatz für die Ausreise einer deutschen Familie aus Oberschlesien fortgesetzt[774]).
Mit Nachdruck arbeitete der Politische Beirat an der Fertigstellung eines umfassenden Entwurfs des hochschulpolitischen Programms. Den öffentlichen Höhepunkt dieser Arbeit bildete ein Symposium des Bundesverbandes zum Thema „Wettbewerb um Studenten" am 22. Juni 1984 in Bonn[775]). Trotz weiterer Stimmenverluste bei den Wahlen zu den Studentenvertretungen gelang es dem RCDS, den letzten von ihm mitgestellten AStA an der TH Aachen zu verteidigen[776]).
Die verbandsinternen Auseinandersetzungen um Art und Weise der Arbeit des Bundesverbandes gingen jedoch unvermindert weiter. Sie gipfelten in der Einbringung eines konstruktiven Mißtrauensvotums gegen den Bundesvorsitzenden durch mehrere RCDS-Landesvorsitzende auf der 37. außerordentlichen Bundesdelegiertenversammlung des RCDS vom 23. bis 24. Juni 1984 in Bonn. Die Versammlungsmehrheit ließ diesen Antrag allerdings wegen formaler Mängel nicht zur Beratung zu. Neu in die Tagesordnung aufgenommen wurden da-

---

[771]) Protokoll der RCDS-Bundesausschußsitzung am 11./12.05. 1984, S. 17 ff.; RCDS-Pressemitteilungen Nr. 10 vom 04.05. 1984, 12 vom 07.05.1984 und 14 vom 16.05.1984.

[772]) RCDS-Pressemitteilungen Nr. 13 vom 14.05.1984, 18 vom 01. 06.1984 und gemeinsam mit der RCDS-Bundesfachtagung (BFT)-Medizin vom 18.05.1984; siehe auch MAT-Nr. 21 „HRG-Teil I" und RCDS-Pressemitteilungen Nr. 54 (II) vom 25.01.1984 und 3 vom 26.03.1984.

[773]) Berichte der RCDS-LV' s Baden-Württemberg und Bayern zur RCDS-Bundesausschußsitzung am 11./12.05.1984; RCDS-Pressemitteilungen Nr. 16 vom 29.05.1984 und 20 vom 15.06.1984; siehe auch CIVIS 2/1984, S. 25 ff.. Die in EDS zusammengeschlossenen Studentenverbände hatten auch ein eigenes Wahlprogramm zu den zweiten Direktwahlen zum Europäischen Parlament beschlossen („Programme for the European Elections 1984").

[774]) RCDS-Pressemitteilungen Nr. 11 vom 07.05.1984 und 21 vom 20.06.1984; Demokratische Blätter 3/1984, S. 10 f.; siehe auch CIVIS 1/1984, S. 33 ff..

[775]) Protokoll der RCDS-Bundesausschußsitzung am 11./12.05. 1984, S. 3 f.; RCDS-Pressemitteilung Nr. 18 vom 07.06. 1984.

[776]) RCDS-Pressemitteilung Nr. 15 vom 28.05.1984.

gegen die Vertrauensfragen der Bundesvorstandsmitglieder[777]). Während beide stellvertretenden Bundesvorsitzenden nach einer hitzigen Debatte in Einzelabstimmungen mit großer Mehrheit das Vertrauen ausgesprochen bekamen, erhielt der RCDS-Bundesvorsitzende keine Mehrheit[778]). Dieser trat daraufhin nicht zurück, sondern erklärte am Ende der Versammlung, daß nach seiner Auffassung – vorbehaltlich der Zustimmung des Bundesausschuß – Neuwahlen des gesamten Bundesvorstandes auf einer weiteren außerordentlichen Bundesdelegiertenversammlung im Oktober die beste Lösung darstellen würde[779]). Trotz dieser Debatten wurde von den Delegierten nach ausführlicher Diskussion eine umfangreiche Stellungnahme zu den vorliegenden Kommissionsberichten für die geplante Novellierung des Hochschulrahmengesetzes beschlossen. Darin plädierte der RCDS für eine allgemeine Verkürzung der Schul- und Studienzeiten und begrüßte die Beibehaltung des Grundgedankens der Gruppenuniversität und der Organisationsform der Verfaßten Studentenschaft, wandte sich aber gegen die beabsichtigten Professorenmehrheiten in den entscheidenden Universitätsgremien. Ein weiterer Beschluß forderte die Verbesserung der BAföG-Regelung. Im Anschluß an die Initiative der Bundesfachtagung Medizin verabschiedete die Versammlung außerdem einen detaillierten Vorschlag zur Reform der Medizinerausbildung[780]).
Mit großer Mehrheit wurde die in der Satzung verankerte EDS-Mitgliedschaft des RCDS durch eine allgemein gefaßte Bestimmung ersetzt, die auch einen Austritt des RCDS zwischen den Bundesdelegiertenversammlungen durch einen Beschluß von Bundesvorstand und -ausschuß ermöglichte[781]).
In der Nacht zum 20. Juli 1984 organisierte der Bundesvorstand Mahnwachen vor den Botschaften Chiles und der Sowjetunion, um an den Widerstand um Oberst Stauffenberg und die Geschwister Scholl zu erinnern und aus Anlaß des 40. Jahrestages des Attentates vom 20. Juli 1944 gegen totalitäre Regime

---

[777]) Protokoll der 37. Bundesdelegiertenversammlung des RCDS vom 23.-24.06.1984 in Bonn, S. 1 f.: Im Anschluß an die Tagesordnungsdebatte wurde die RCDS-Gruppe an der FH-Hamburg in den Bundesverband aufgenommen.

[778]) Protokoll der 37. Bundesdelegiertenversammlung des RCDS vom 23.-24.06.1984 in Bonn, S. 3; RCDS-Gruppenrundbrief Nr. 9 vom 29.06.1984, S. 1: Im Protokoll sind die Ja- und Nein-Stimmen bei der Abstimmung über die Vertrauensfrage des Bundesvorsitzenden vertauscht. Richtig sind 17 Ja-, 22 Nein-Stimmen und 4 Enthaltungen.

[779]) RCDS-Gruppenrundbrief Nr. 9 vom 29.06.1984, S. 1 f.; siehe auch Pressespiegel Nr. 1, S. 51 (Anlage zu RCDS-Intern Nr. 1 vom 12.03.1985).

[780]) Protokoll der 37. Bundesdelegiertenversammlung des RCDS vom 23.-24.06.1984 in Bonn, S. 4 f. (Anträge A 2, B 1 und D 1; Text siehe Beschlußmappe der 37. Bundesdelegiertenversammlung); RCDS-Pressemitteilung Nr. 22 vom 25.06.1984 mit Anlagen. Zur allgemeinen Verkürzung der Schul- und Studienzeiten siehe auch schon Dormann, Franz (1984), S. 189 ff..

[781]) Protokoll der 37. Bundesdelegiertenversammlung des RCDS vom 23.-24.06.1984 in Bonn, S. 5 (Antrag S 1; Text siehe Beschlußmappe der 37. Bundesdelegiertenversammlung); siehe auch Anm. 760 und Debatin, Jörg (1985), Kapitel II, S. 2. § 22 der Bundesverbandssatzung lautete jetzt: „I. Im Rahmen der Erfüllung seiner Aufgaben kann der RCDS in nationalen und internationalen Organisationen Mitglied sein. II. Über Beginn und Beendigung der Mitgliedschaft beschließt die BDV mit absoluter Mehrheit. Um Schaden vom RCDS abzuwenden, kann ein vorläufiger Beitritt oder Austritt auch durch einen gleichlautenden Beschluß des Bundesvorstandes und des Bundesausschusses mit 2/3-Mehrheit herbeigeführt werden. Der Beschluß muß Gegenstand der nächsten o. BDV sein.“.

überall in der Welt zu protestieren[782]). In diesem Zusammenhang wandte sich auch der RCDS-Bundesausschuß auf seiner Sitzung Ende Juli gegen die Inanspruchnahme des 20. Juli 1944 als Rechtfertigung für Gewalt durch radikale politische Gruppen und bekräftigte, daß in einem demokratischen Rechtsstaat wie der Bundesrepublik Deutschland Gewalt als Mittel der Politik ausscheide[783]).

Auf der gleichen Sitzung beschlossen die Landesvorsitzenden angesichts unüberbrückbar erscheinender Differenzen zu EDS mit großer Mehrheit den Austritt des RCDS aus seinem europäischen Dachverband. Mit der Austrittserklärung auf der EDS-Jahreskonferenz im August 1984 in Griechenland wurde dieser Beschluß dann auch tatsächlich vollzogen[784]). Die internationale Arbeit des RCDS konnte daher zunächst nur auf bilateraler Ebene weitergeführt werden. Den Auftakt dazu bildete der Besuch einer Delegation der maltesischen Partnerorganisation SDM in der Bundesrepublik Ende August[785]).

Für das kommende Wintersemester bereitete der RCDS-Bundesvorstand schwerpunktmäßig die anstehende Debatte um die Hochschulrahmengesetznovellierung vor. Denn er nahm an, daß das Bundesbildungsministerium seinen Referentenentwurf dazu während des Semesters veröffentlichen würde. Daneben wollte er zur Bekämpfung der Akademikerarbeitslosigkeit den schon vor einigen Semestern entwickelten Maßnahmenkatalog erneut zur Diskussion stellen und sich außerdem intensiv mit den Ideen des grün-bunt-alternativen Spektrums auseinandersetzen[786]).

Im Rahmen dieser Planungen gelang es dem RCDS, mit dem SLH und dem Cartellverband der katholischen Studentenverbindungen (CV) einen Konsens über die wesentlichen Inhalte seiner Vorhaben zu erzielen, so daß ein teilweise gemeinsames Vorgehen mit diesen Verbänden möglich wurde.

Eine gemeinsame Pressekonferenz mit dem SLH und dem CV Ende Oktober in Bonn bildete den Auftakt der Aktivitäten des RCDS-Bundesverbandes im Wintersemester. Dort forderten die drei Verbände die Juso-HSG' en auf, endlich ihre Volksfrontbündnisse mit dem MSB Spartakus aufzugeben und mit den demokratischen Verbänden an den Hochschulen ohne Vorbehalte zusammenzuarbeiten[787]). Dieser Appell blieb jedoch ohne Erfolg. Auf eine durchweg positive Resonanz sollten dagegen die Publikationen stoßen, die vom RCDS in den folgenden Monaten zu verschiedenen Aspekten des grün-bunt-alternativen Spektrums publiziert wurden[788]).

In den ersten Semesterwochen leitete der Bundesvorstand den Gruppen um-

---

[782]) RCDS-Gruppenrundbrief Nr. 9 vom 29.06.1984, S. 2; RCDS-Pressemitteilung Nr. 25 vom 19.07.1984; siehe auch RCDS-Gruppenrundbrief Nr. 1 vom 28.03.1984, S. 2.

[783]) RCDS-Pressemitteilung Nr. 27 vom 30.07.1984; siehe auch Demokratische Blätter 2/1984, S. 14 ff..

[784]) Debatin, Jörg (1985), Kapitel II., S. 2.

[785]) RCDS-Gruppenrundbriefe Nr. 11 (I) vom 12.09.1984, S. 1, und 16 vom 26.11.1984 mit einem Bericht über diesen Besuch.

[786]) RCDS-Gruppenrundbrief Nr. 9 vom 29.06.1984, S. 2; RCDS-Pressemitteilung Nr. 34 vom 09.10.1984; siehe Anm. 733.

[787]) RCDS-Pressemitteilung Nr. 39 vom 30.10.1984. Im April 1984 hatte der RCDS-Bundesvorsitzende in dieser Sache schon einen Offenen Brief an den SPD-Bundesgeschäftsführer Peter Glotz geschrieben (RCDS-Pressemitteilung Nr. 5 vom 03.04.1984).

[788]) Dormann, Franz: Friedensbewegung als deutsches Problem (Materialien zur politi-

fangreiche Materialien zur Vorbereitung auf die Hochschulrahmengesetzdiskussion zu[789]). Der Referentenentwurf zur Novellierung der Hochschulrahmengesetzes wurde vom Bundesbildungsministerium tatsächlich in der ersten Novemberhälfte veröffentlicht. Schon einen Tag später begrüßten CV, SLH und RCDS in einer gemeinsamen öffentlichen Erklärung weite Teile des Entwurfes als Möglichkeit zur Verbesserung der Leistungsfähigkeit der Hochschulen und zur Eröffnung zusätzlicher Chancen für den wissenschaftlichen Nachwuchs. Die fehlende bundesweite Absicherung der Verfassten Studentenschaft und das Fehlen einer gesetzlichen Verankerung eines demokratisch-strukturierten studentischen Dachverbandes wurde dagegen von den drei Verbänden ebenso entschieden abgelehnt wie die beabsichtigten absoluten Mehrheiten der Professoren in den entscheidenden Hochschulgremien[790]). Der RCDS-Bundesvorstand unterstützte die im Anschluß an diese Erklärung anlaufenden Aktivitäten der RCDS-Gruppen zusätzlich mit einer erstmals herausgegebenen Sonderausgabe der Demokratischen Blätter, die „Demokratischen Blätter extra“[791]). Parallel zu diesen Aktivitäten erneuerten RCDS und CV in einer gemeinsamen Pressekonferenz Ende November die Kritik an der geplanten Einführung des „Arztes im Praktikum“[792]). Darüberhinaus hatte der Politische Beirat in diesen Monaten seine Arbeiten am Entwurf eines neuen hochschulpolitischen Programms des RCDS abgeschlossen, das dadurch den RCDS-Gruppen rechtzeitig zur Diskussion zugeleitet werden konnte[793]).
Nachdem der RCDS-Bundesverband die geplante Novellierung des Schwerbehindertengesetzes schon im August in Teilbereichen als unzumutbar für die Betroffenen kritisiert und einzelne Verbesserungen vorgeschlagen hatte, legte er jetzt im November eine umfangreiche Stellungnahme zur Schwerbehindertengesetznovelle mit konkreten Änderungsvorschlägen vor. Gleichzeitig publizierte er eine umfangreiche Ausarbeitung zur Lage körperbehinderter Schüler, Studenten und Hochschulabsolventen. Als Resümee der langjährigen RCDS-Arbeit in diesem Bereich stellte diese Broschüre die Situation Behinderter an 48 Hochschulen der Bundesrepublik dar, führte Kontaktadressen und Hilfsmittel für Betroffene auf und beschrieb Verbesserungsmöglichkeiten, was in der

---

schen Auseinandersetzung Nr. 5), Bonn 1984; Mengelkamp, Andreas: Grünalternatives Denken (Materialien zur politischen Auseinandersetzung Nr. 7), Bonn 1985; Weberling, Johannes (1984); siehe dazu auch RCDS-Pressemitteilung Nr. 62 vom 31.01.1985 und CIVIS 2/ 1984, S. 39 ff..

789) RCDS-Gruppenrundbrief Nr. 13 vom 31.10.1984 (u. a. mit dem erweiterten MAT-Nr. 21 „HRG-Teil I); Dormann, Franz/Zabel, Johannes: Die Linke und die Hochschulpolitik (Materialien zur politischen Auseinandersetzung Nr. 4), Bonn 1984; siehe auch RCDS-Pressemitteilung Nr. 31 vom 28.08.1984 mit dem Text eines Artikels des RCDS-Bundesvorsitzenden in der Oktober-Ausgabe der Zeitschrift des JU-Bundesverbandes, "Die Entscheidung".

790) RCDS-Pressemitteilung Nr. 45 vom 18.11.1984; siehe auch zu den weiteren Aktivitäten RCDS-Gruppenrundbrief Nr. 17 vom 10.01.1985.

791) RCDS-Gruppenrundbrief vom 22.11.1984 und 1. Ausgabe der Demokratischen Blätter extra; siehe auch Demokratische Blätter 4/1984, S. 7 f., und Berichte der RCDS-LV' s Hessen, Niedersachsen und Rheinland-Pfalz zur RCDS-Bundesausschußsitzung am 22./23.12.1984.

792) RCDS-Pressemitteilung Nr. 50 vom 27.11.1984.

793) RCDS-Gruppenrundbrief Nr. 11 (II) vom 17.10.1984 (u. a. mit dem Programmentwurf in der Anlage); Antragsmappe zur 38. Bundesdelegiertenversammlung des RCDS.

Öffentlichkeit auf ein starkes Interesse stieß[794]). Mitte Februar des kommenden Jahres sollte in diesem Zusammenhang noch eine vom RCDS-Bundesbehindertenreferat organisierte bundesweite Fachtagung zum Thema „Für eine menschengerechte Hochschule" stattfinden[795]). Dagegen hatte der Versuch des RCDS-Bundesvorstandes, mit einem Symposium über „Chancen und Risiken der Gentechnologie" Mitte November in Bonn ein weiteres nur wenig beachtetes Thema aufzugreifen, nur geringe Resonanz[796]).
Eine bundesweit vom 10. bis 14. Dezember 1984 an den Hochschulen durchgeführte Fragebogenaktion „Prüf' den Prof." schloß die Aktivitäten des RCDS-Bundesverbandes in diesem Jahr ab. Der RCDS wollte damit eine Beurteilung der Qualität der Hochschulen und der Hochschullehrer aus studentischer Sicht erhalten. Auf der Basis dieser Bewertungen schlug der Verband deshalb im Anschluß an diese Aktion unter anderem vor, durch eine stärkere Berücksichtigung didaktischer Fähigkeiten bei den Hochschullehrern sowie eine Ausweitung des Lehr- und Lernmittelangebotes für Studenten die Lehre an den Hochschulen zu verbessern[797]).

h) 1985/1986: Neuformierung des RCDS

Aufgrund der Erfahrungen einer Reise des RCDS-Bundesvorsitzenden ins thailändisch-kambodschanische Grenzgebiet startete der RCDS im Januar 1985 eine humanitäre Hilfsaktion für kambodschanische Flüchtlinge und setzte damit sein langjähriges Engagement in diesem Bereich fort[798]).
Schon im vergangenen Jahr war vom RCDS-Bundesverband zur Förderung der kulturellen Aktivitäten seiner Hochschulgruppen erstmals ein Kulturreferat eingerichtet worden, welches in der Hauptsache den Kulturinformationsdienst „Horizont" für den Verband herausgegeben hatte. Jetzt folgte dazu noch ein Kulturleitfaden des RCDS, in dem alle wesentlichen Informationen für eine Kulturarbeit an den Hochschulen zusammengefaßt waren[799]).

---

[794]) RCDS-Pressemitteilung Nr. 29 vom 17.08.1984 und 44 vom 07. 11.1984; Herbst, Hans R. (1984): Die zweite überarbeitete Auflage dieser Broschüre folgte bereits im November 1986 (a. a. O., 2. Auflage 1986).

[795]) Rundbrief des RCDS-Bundesbehindertenreferates vom 16.01. 1985; siehe auch Demokratische Blätter 2/1985, S. 4.

[796]) RCDS-Pressemitteilung Nr. 37 vom 24.10.1984 sowie Pressespiegel Nr. 1, S. 51 (Anlage zu RCDS-Intern Nr. 1 vom 12. 03.1985); siehe auch Demokratische Blätter 4/1984, S. 10 ff., und CIVIS 1/1985, S. 4 ff.. Erst die 40. Bundesdelegiertenversammlung 1987 beschloß eine erste umfassende RCDS-Stellungnahme zur Gentechnologie (Deutschland-Union-Dienst-Wochenausgabe Nr. 11/87 vom 19.03.1987, S. 7), nachdem der Bundesvorstand kurz vorher schon die Ausarbeitung von Beckmann, Rainer/Debatin, Jörg: Versuchskaninchen Mensch? Möglichkeiten und Grenzen der Gentechnologie und künstlicher Befruchtungsmethoden (Zur Diskussion Nr. 2), Erlangen 1987, veröffentlicht hatte.

[797]) RCDS-Gruppenrundbrief Nr. 16 vom 26.11.1984 mit Aktionsleitfaden; Demokratische Blätter 4/1984, S. 4 ff.; RCDS- Pressemitteilung Nr. 65 vom 05.02.1985; RCDS-Magazin 1/ 1985, S. 14 f., und 5/1985, S. 12 f..

[798]) RCDS-Gruppenrundbrief Nr. 19 vom 01.02.1985; RCDS-Pressemitteilung Nr. 59 vom 28.01.1985; Pressespiegel Nr. 1, S. 61 f. (Anlage zu RCDS-intern Nr. 1 vom 12.03.1985).

[799]) RCDS-Gruppenrundbrief Nr. 18 vom 16.01.1984 mit der ersten Ausgabe von „Hori-

Innerverbandliche Streitigkeiten hatten auch während des Wintersemesters die Arbeit des Verbandes erheblich behindert[800]). Bei den Wahlen zu den Studentenvertretungen dieses Semesters konnte der RCDS seine Stellung allerdings behaupten und an der Technischen Universität Clausthal-Zellerfeld und der Fernuniversität Hagen wieder ASt' en gewinnen[801]).
In den vergangenen Monaten hatten sich mehrere Vorstandsmitglieder des europäischen Dachverbandes EDS intensiv um eine Ausräumung der Meinungsverschiedenheiten mit dem RCDS und eine Revidierung seines Austritts bemüht. Deshalb änderten die Delegierten auf der 38. ordentlichen Bundesdelegiertenversammlung des RCDS vom 08. bis 10. Februar 1985 in Osnabrück die vorgeschlagene Tagesordnung ab. Nach kontroverser Debatte beschlossen sie einen Dringlichkeitsantrag, in dem der Bundesvorstand aufgefordert wurde, für den RCDS einen Beobachterstatus in EDS zu beantragen. Der Antrag sah außerdem eine Fortführung dieser Diskussion auf der nächsten Bundesdelegiertenversammlung vor[802]).
Hauptthema der Beratungen dieser Bundesdelegiertenversammlung war jedoch der Entwurf des neuen hochschulpolitischen Programmes des RCDS, der nach langer Diskussion beschlossen wurde. Ausgehend von seinem Grundsatzprogramm umriß der RCDS in diesem Programm Stellung und Wert von Bildung und Wissenschaft für eine offene und solidarische Gesellschaft. Einrichtung und Unterhalt der Hochschulen in Deutschland sei eine öffentliche Aufgabe und nicht durch Studiengebühren zu finanzieren. Trotz ungewisser Berufsperspektiven müßten die Hochschulkapazitäten für Akademiker gesichert bleiben. Als Prinzipien von Forschung und Lehre definierte der RCDS die Freiheit und Einheit von Forschung und Lehre. Diese sei wiederum nur durch eine Autonomie der Hochschulen möglich, in deren Rahmen Entscheidungen nach freiheitlichen und konstruktiven Regeln getroffen werden müßten. Der RCDS plädierte für eine reformierte Gruppenuniversität mit Rektoratsverfassung als Organisationsform der Hochschulen. Impulse zur Forschungsförderung sollten grundsätzlich von privater Initiative ausgehen. Nur da, wo diese nicht ausreiche, sei der Staat gefordert. Ergänzt werden müsse diese durch einen Ausbau der Zusammenarbeit der Hochschulen mit der Wirtschaft, eine verbesserte Förderung des wissenschaftlichen Nachwuchses und eine Erleichterung der Möglichkeiten für die Drittmittelforschung. Der RCDS hielt am Abitur als hinreichender Voraussetzung für den Hochschulzugang fest und wandte sich gegen Hochschuleingangsprüfungen. Eine Studienreform müsse

---

zont" in der Anlage; Protokoll der RCDS-Bundesausschußsitzung vom 23.-25.03.1984, S. 1; Erbel, Christoph: Janus – Der RCDS-Kulturleitfaden, Bonn 1985; siehe auch Anm. 723 und Demokratische Blätter 3/1984, S. 24: Bundeskulturreferent war Hubert Dettmer. Auch auf der Ebene der RCDS-LV' s gab es im vergangenen Jahr umfangreiche kulturelle Aktivitäten (siehe z. B. Bericht des LV Hamburg zur RCDS-Bundesausschußsitzung am 11./12.05.1984).

800) Siehe z. B. RCDS-Gruppenrundbrief vom 22.11.1984.

801) Pressespiegel Nr. 1 , S. 27 (Anlage zu RCDS-intern Nr. 1 vom 12.03.1985); Bericht der LV' s Berlin und Rheinland-Pfalz zur RCDS-Bundesausschußsitzung am 22./23.12.1984; RCDS-Magazin 5/1985, S. 14.

802) Protokoll der RCDS-Bundesausschußsitzung am 22./23.12. 1984, S. 1; Protokoll der 38. Bundesdelegiertenversammlung des RCDS vom 08.-10.02.1985 in Osnabrück, S. 2 und 7.

nach Auffassung des RCDS eine Flexibilität im Studium ermöglichen. Ergänzt werden sollte dies durch eine Erleichterung des Studienortwechsels[803]).

Daneben beschlossen die Delegierten unter anderem vor dem Hintergrund der Bemühungen der CDU in diesem Bereich einen Antrag, der sich für eine gesamtgesellschaftliche Anstrengung zur Verwirklichung der Gleichberechtigung zwischen Mann und Frau aussprach und die Einsetzung eines Arbeitskreises zu diesem Thema auf Bundesebene empfahl. Die Stellungnahme des RCDS zur Novelle des Schwerbehindertengesetzes wurde mit geringfügigen Änderungen jetzt auch von der Bundesdelegiertenversammlung verabschiedet[804]).

Der scheidende Bundesvorstand wurde mit großer Mehrheit entlastet und eine Gruppe neu in den Bundesverband aufgenommen[805]). Zum neuen RCDS-Bundesvorsitzenden bestimmten die Delegierten mit großer Mehrheit Christoph Brand aus Göttingen. Bei der Wahl zum RCDS-Bundesschatzmeister und stellvertretenden Bundesvorsitzenden konnte sich Jürgen Erbach aus Aachen mit großer Mehrheit gegen Jochen Zweig durchsetzen. Zum anderen Stellvertreter wurde ebenfalls mit großer Mehrheit Jörg Debatin aus Heidelberg gewählt[806]).

Trotz vielfältiger Bemühungen hatte es der RCDS in den vergangenen Monaten nicht geschafft, seine Vorstellungen in der Diskussion um die Novellierung des Hochschulrahmengesetzes und bei anderen aktuellen Fragen durchzusetzen. Der neue RCDS-Bundesvorstand sah es daher als vorrangig an, die internen Auseinandersetzungen zu beenden, um die Forderungen des RCDS mit einem geschlossen auftretenden Verband besonders bei der Debatte um die Hochschulrahmengesetznovellierung noch einmal nachdrücklich in die Diskussion zu bringen[807]).

Die Beilegung der verbandsinternen Streitigkeiten gelang ihm schnell. Daneben wollte er durch die Einführung des Gruppeninformationsdienstes „RCDS-intern" an Stelle des bisherigen Gruppenrundbriefes die verbandsinterne Information übersichtlicher gestalten und intensivieren. Zur Verbesserung der Öffentlichkeitsarbeit des RCDS änderte er außerdem die Aufmachung des Verbandsorgans „Demokratische Blätter" erheblich. Die neu eingeführten Extraausgaben der Demokratischen Blätter zu aktuellen Anlässen behielt er bei und bildete für das „RCDS-Magazin", die Zeitschrift des RCDS-Freundes- und Fördererkreises, erstmalig eine eigene Redaktion[808]).

Noch im Februar unterstrich der Bundesvorstand öffentlich seine Kritik an der bisherigen Ausgestaltung der Novelle des Hochschulrahmengesetzes und kündigte eine Intensivierung des Dialoges mit den politisch Verantwortlichen im

---

803) Protokoll der 38. Bundesdelegiertenversammlung des RCDS vom 08.-10.02.1985 in Osnabrück, S. 8 ff. (Antrag A 1; Text siehe Beschlußmappe der 38. Bundesdelegiertenversammlung); RCDS-Pressemitteilung Nr. 1 vom 11.02.1985 mit Anlage.

804) Protokoll der 38. Bundesdelegiertenversammlung des RCDS vom 08.-10.02.1985 in Osnabrück, S. 2 ff. (Anträge B 1 (im Protokoll D 1) und G 1; Text siehe Beschlußmappe der 38. Bundesdelegiertenversammlung); RCDS-Pressemitteilung Nr. 1 vom 11.02.1985.

805) Protokoll der 38. Bundesdelegiertenversammlung des RCDS vom 08.-10.02.1985 in Osnabrück, S. 2 und 4: Die neue Gruppe war FH-Mainz II.

806) Protokoll der 38. Bundesdelegiertenversammlung des RCDS vom 08.-10.02.1985 in Osnabrück, S. 5 f.; RCDS-Pressemitteilung Nr. 1 vom 11.02.1985.

807) Rechenschaftsbericht des RCDS-Bundesvorsitzenden vor der 40. Bundesdelegiertenversammlung , S. 8 ff..

808) Protokolle der RCDS-Bundesausschußsitzungen vom 29.-31.03. 1985, Teil II, S. 3, und

weiteren Verlauf der parlamentarischen Beratungen an[809]). Den RCDS-Hochschulgruppen wurde zur Unterstützung ihrer lokalen und regionalen Aktivitäten im März eine umfangreiche Dokumentation zum Beratungsstand der Novelle zugeleitet. Durch die sich daran anschließenden Aktivitäten sollte der RCDS im Sommersemester erreichen, daß die Beratungen der Gesetzesnovelle ausgedehnt wurden. Mit der Beseitigung der potentiellen Einführung von Sonderstudiengängen zu Lasten bereits bestehender Studiengänge und der Streichung der Mußvorschrift für ein Stimmrecht der Dekane im akademischen Senat erfüllten sich schließlich bei der Verabschiedung der Gesetzesnovelle im Herbst 1985 zwei Grundforderungen des Verbandes[810]).
Als Anfang April bekannt wurde, daß sich bei der ärztlichen Vorprüfung (Physikum) entsprechend der Physikumsprüfung im März 1981 die Durchfallquote im Vergleich zur Vorprüfung verdoppelt hatte, weil das für die Prüfungsfragen zuständige „Institut für medizinische und pharmazeutische Prüfungsfragen (IMPP)" erneut und ungerechtfertigt die Prüfungsschwerpunkte verlagert hatte, reagierte der RCDS sofort. Er organisierte wie schon 1981 eine Massenklageaktion für die Betroffenen, verlangte die Annullierung der Prüfung und forderte die Verantwortlichen auf, das Prüfungssystem grundlegend zu ändern. Eine außerordentliche Bundesfachtagung Medizin koordinierte Ende April die Aktionen des Bundesverbandes und der RCDS-Fachschaftsgruppen. Fast die Hälfte der durchgefallenen Medizinstudenten beteiligte sich schließlich an der Klageaktion. Nachdem auch noch das Land Niedersachsen im Mai ankündigte, den Staatsvertrag über das IMPP zu kündigen, um eine grundsätzliche Reform des Prüfungswesens für Mediziner durchzusetzen, und einen entsprechenden Antrag in den Bundesrat einbrachte, waren die Weichen für die Erfüllung der RCDS-Forderungen gestellt, die kurz darauf auch tatsächlich erfolgte[811]).
Parallel dazu hatte der RCDS im April auch bei der Beratung der 9. Änderungsnovelle für das BAföG seine Vorstellungen durchsetzen können. Neben anderem verhinderte er die Absenkung des Höchstförderungsalters von 30 auf 27 Jahre. Außerdem blieb die Förderung vieler Angehöriger des zweiten Bildungsweges entgegen den ursprünglichen Plänen der Bundesregierung erhalten[812]).

---

am 08./09.06.1985, S. 5 (RCDS-A 130); RCDS-intern Nr. 1 vom 12.03.1985, „Vorwort"; Rechenschaftsbericht des RCDS-Bundesvorsitzenden vor der 40. Bundesdelegiertenversammlung, S. 18; siehe auch Anm. 701.

809) RCDS-Pressemitteilung Nr. 5 vom 28.02.1985.

810) Materialien zur Novellierung des HRG (Anlage zu RCDS-intern Nr. 1 vom 12.03.1985); Protokoll der RCDS-Bundesausschußsitzung am 08./09.06.1985, S. 2 f., und Teil II (RCDS-A 130); Demokratische Blätter 2/1985, S. 14; RCDS- Pressemitteilungen Nr. 5 vom 28.02.1985, 12 vom 16.04.1985 und 25 vom 10.06.1985; siehe auch Rechenschaftsbericht des RCDS-Bundesvorsitzenden vor der 40. Bundesdelegiertenversammlung, S. 11.

811) RCDS-Gruppenrundbriefe vom 24.04.1985 und 18.06.1985; Demokratische Blätter 2/1985, S. 10 ff., und -Extra zum Thema; Medizynische Blätter (Hrsg.: RCDS-Fachschaftsgruppe Medizin Münster), Nr. 16/Mai 1985, S. 2 ff.; RCDS-Magazin 5/85, S. 6 f.; Protokoll der RCDS-Bundesausschußsitzung am 08./09.06.1985, S. 3 (RCDS-A 130); RCDS-Pressemitteilungen Nr. 10 vom 02.04.1985, 12 vom 10.04.1985, 17 vom 25.04. 1985, 22 vom 17.05.1985 und 27 vom 14.06.1985; RCDS-Magazin 7/1985, S. 6 f. und 11; siehe auch Rechenschaftsbericht des RCDS-Bundesvorsitzenden vor der 40. Bundesdelegiertenversammlung, S. 11.

812) Protokoll der RCDS-Bundesausschußsitzung am 08./09.06. 1985, S. 3 (RCDS-A 130); Demokratische Blätter 2/1985, S. 9; RCDS-Pressemitteilungen Nr. 15 vom 18.04.1985

In einer bundesweiten Kampagne interpretierte der RCDS das Datum des 08. Mai 1945 als Auftrag, die Freiheit zu bewahren. Der RCDS-Bundesvorstand wies an diesem 40. Jahrestag des Kriegsendes darauf hin, daß die Hochschulen schon immer Seismographen für die politische Kultur einer Gesellschaft gewesen seien. Die Hinwendung zu extremen Ideologien in den Hochschulen Anfang der dreißiger Jahre habe dem Nationalsozialismus den Weg bereitet. Deshalb sei heute die Vielzahl der Volksfrontbündnisse zwischen den Jungsozialisten in der SPD und dem MSB Spartakus an den deutschen Hochschulen unhaltbar. Auch in den folgenden Wochen wandte sich der Bundesvorstand immer wieder gegen Volksfrontbündnisse in den Hochschulen und in den VDS[813]).
Dem Auftrag der Bonner Bundesdelegiertenversammlung entsprechend konstituierte sich Ende Mai auf einem Bundesseminar ein Bundesarbeitskreis Frauenpolitik des RCDS[814]).
Zum dritten Mal nahm der RCDS an dem kurz darauf folgenden Evangelischen Kirchentag in Düsseldorf mit einem eigenen Stand teil. Sein Hauptthema waren die neuen Jugendreligionen als Herausforderung an die Christen. Auch hier erschien wieder regelmäßig die RCDS-Kirchentagszeitung „Die Kerze“[815]).
Sein Menschenrechtsengagement setzte der RCDS-Bundesverband mit der Weiterführung seiner intensiven Öffentlichkeitsarbeit über die Lage in Kam-

---

und 18 vom 25.04.1985; RCDS-Magazin 7/1985, S. 11; Rechenschaftsbericht des RCDS-Bundesvorsitzenden vor der 40. Bundesdelegiertenversammlung, S. 10 f..

813) RCDS-Pressemitteilungen Nr. 19 vom 06.05.1985 und 26 vom 13.06.1985; Demokratische Blätter 2/1985, S. 28 f., und -Extra vom 08.05.1985; Protokoll der RCDS-Bundesausschußsitzung am 08./09.06.1985, S. 2 (RCDS-A 130); CIVIS 2/ 1985, S. 51 ff.; siehe auch RCDS-Pressemitteilung Nr. 3 vom 26.02.1985.

814) Rundbrief Nr. 1 des AK Frauenpolitik vom 28.05.1985 und Protokoll der RCDS-Bundesausschußsitzung am 08./09.06. 1985, S. 5 (RCDS-A 130). Der AK Frauenpolitik brachte die Ergebnisse seiner Arbeit als Anträge zur 39. Bundesdelegiertenversammlung ein, von denen die meisten aber aus Zeitgründen nicht mehr beschlossen wurden. Dort vereinbarte man deshalb, die inhaltlichen Ausarbeitungen in einer Broschüre zur Diskussion zusammenzufassen, was zum Ende der folgenden Amtszeit auch geschah (Protokoll der 39. Bundesdelegiertenversammlung des RCDS vom 07.-09.03.1986 in Bonn, S. 19; RCDS-Bundesvorstand (Hrsg.): Kreative Frauenpolitik in einer offenen und solidarischen Gesellschaft (Zur Diskussion Nr. 3), Erlangen 1987). Das Thema wurde ansonsten auch in der allgemeinen Öffentlichkeitsarbeit des RCDS aufgegriffen (z. B.: Demokratische Blätter 2/1985, S. 20 f., und 1/1987, S. 16 f.; CIVIS 3/1985, S. 29 ff., und 4/1985, S. 36 ff.; Votum Nr. 3/1986, S. 12 ff.; RCDS-Magazin 7/ 1985, S. 2 ff.; siehe auch MAT-Nr. 22 „Neue Technologien und Frauen/Familie“).
Ferner referierte auf der 41. Bundesdelegiertenversammlung des RCDS vom 18.-20.03.1988 in Königswinter die Bundesministerin für Jugend, Familie, Frauen und Gesundheit, Prof. Dr. Rita Süssmuth, zum Thema „Frauen an der Hochschule“. Im Anschluß an das Referat beschlossen die Delegierten einen Antrag über die „Durchsetzung der Gleichberechtigung an den Hochschulen als Chance für die Zukunft“ (Protokoll der 41. Bundesdelegiertenversammlung des RCDS vom 18.-20. 03.1988 in Königswinter, S. 15 ff.; Antrag HP 1, Text siehe Beschlußmappe der 41. Bundesdelegiertenversammlung).

815) Protokolle der RCDS-Bundesausschußsitzungen vom 29.-31.03. 1985, Teil III, und am 08./09.06.1985, S. 4 (RCDS-A 130); RCDS-Gruppenrundbrief vom 05.06.1985 mit der Broschüre „Neue Jugendreligionen – Herausforderung an uns Christen“ (RCDS-Bundesvorstand (Hrsg.), Bonn 1985) in der Anlage; Die Kerze-Düsseldorfer Ausgabe Nr. 1–3. Zu diesem Thema fand im August in Kirchzarten auch eine RCDS-Ferienakademie statt (Einladung zur RCDS-Ferienakademie; RCDS-Magazin 10/1985, S. 4 ff.).

bodscha fort. Dazu unterstützte er die kambodschanischen Flüchtlinge in Thailand mit einem Spendenaufruf[816]). Dem Wunsch der letzten Bundesdelegiertenversammlung entsprechend hatte der Bundesvorstand außerdem schon im Mai die Wiederaufnahme als beobachtendes Mitglied im europäischen Dachverband EDS beantragt. Diesem Antrag wurde jetzt auf der Sitzung des EDS-Council' s am 22. und 23. Juni 1985 in Brüssel stattgegeben[817]).
Zum ersten Mal seit zweieinhalb Jahren konnte der RCDS bei den Wahlen zu den Studentenvertretungen während des Sommersemesters zum Teil wieder deutliche Stimmengewinne verzeichnen. Besonders erfreulich war für ihn der Wiedergewinn des Anfang dieses Jahres verloren gegangenen AStA' s in Aachen und der erstmalige Gewinn der AStA-Mehrheit durch den RCDS und Unabhängige seit zwanzig Jahren an der Universität Frankfurt[818]).
Störungen bei einer RCDS-Veranstaltung in Göttingen, die deswegen abgebrochen werden mußte, sowie Tumulte und tätliche Angriffe des MSB Spartakus bei einer Menschenrechtsveranstaltung des RCDS zu Nicaragua Mitte Oktober in Münster deuteten auf ein zunehmend intolerantes Klima an den Hochschulen hin. Dies sollte den RCDS allerdings nicht hindern, auch weiterhin für Menschenrechte überall einzutreten. Der RCDS werde es niemals zulassen, wie sein Bundesvorsitzender im Anschluß an diese Veranstaltung erklärte, daß die Hochschulen von totalitären Agitatoren von links oder von rechts zu demokratiefreien Zonen erklärt würden[819]).
Die Bildungspolitik spielte nach Auffassung des RCDS trotz vielfältiger Herausforderungen und Probleme wie der rapide ansteigenden Akademikerarbeitslosigkeit in der öffentlichen Diskussion der Bundesrepublik Deutschland keine Rolle mehr. Um dies zu ändern, bereitete er als Wintersemester-Aktion eine Kampagne unter dem Motto „Offensive für die Bildungspolitik" vor[820]).
Erster Höhepunkt dieser Kampagne war die Gruppenvorsitzendenkonferenz des RCDS vom 01. bis 03. November 1985 in Kassel, auf der der Generalsekretär der CDU, Heiner Geißler, zu den Gruppenvorsitzenden sprach. Wenige Tage später betonten die Bundesvorstände der Mittelstandsbewegung der CDU/CSU und des RCDS auf einer gemeinsamen Sitzung die besondere Verantwortung der mittelständischen Wirtschaft für die Beschäftigung von Akademikern und plädierten für eine allgemeine Verkürzung der gymnasialen Schulzeit von 13 auf zwölf Jahre. Im weiteren Verlauf dieser Aktion fand im Januar des kom-

---

[816]) Protokoll der RCDS-Bundesausschußsitzung am 08./09.06. 1985, S. 6 (RCDS-A 130); Demokratische Blätter 2/1985, S. 18 f.; RCDS-Pressemitteilungen Nr. 14 vom 17.04.1985 und 24 vom 30.05.1985.

[817]) Protokolle der RCDS-Bundesausschußsitzungen vom 29.-31.03. 1985, Teil I, S. 1, und 08./09.06.1985, S. 5 (RCDS-A 130); Debatin, Jörg (1985).

[818]) RCDS-Pressemitteilung Nr. 28 vom 18.06.1985; Demokratische Blätter 2/1985, S. 22 f.; RCDS-Gruppenrundbrief vom 29.10. 1985.

[819]) RCDS-Pressemitteilung Nr. 45 vom 16.10.1985; Protokoll der RCDS-Bundesausschußsitzung am 01.11.1985, S. 1 (RCDS-A 130); siehe auch RCDS-Magazin 8/1985, S. 2 ff., mit einem Bericht über Störungen einer RCDS-Veranstaltung in Marburg durch den MSB Spartakus sowie zur Wintersemesteraktion 1983/84 die Anm. 745. Der RCDS hatte schon am 11.10.1985 in Bonn auf die Menschenrechtsverletzungen in Nicaragua hingewiesen (RCDS-Pressemitteilung Nr. 43 vom 11.10.1985; siehe auch CIVIS 3/1985, S. 68 ff.).

[820]) RCDS-Pressemitteilung Nr. 46 vom 17.10.1985; Protokoll der RCDS-Bundesausschußsitzung am 01.11.1985, S. 3 (RCDS-A 130).

menden Jahres ein Gespräch mit Bundeskanzler Kohl statt, in dem ebenfalls die Akademikerarbeitslosigkeit angesprochen wurde[821]).

Der RCDS hatte schon Ende Oktober 1985 festgestellt, daß die Zahl der nach dem BAföG geförderten Studenten als Folge der Umstellung der Ausbildungsförderung im Wintersemester 1982/83 drastisch zurückgegangen war. Schon damals forderte er deshalb Verbesserungen der BAföG-Leistungen und der Struktur der Förderung nach dem BAfÖG durch eine zehnte Novelle des Bundesausbildungsförderungsgesetzes (BAföG). Er begrüßte daher die Ankündigung des Bundesbildungsministeriums Mitte November, in einer zehnten Novellierung des Gesetzes die Förderungssätze und die Elternfreibeträge anzuheben. Damit die Quote der geförderten Studenten möglichst bald erhöht werde, sollte die geplante Anhebung nicht erst im Herbst 1986 geschehen[822]).

Die Verleihung des Friedensnobelpreises an den stellvertretenden sowjetischen Gesundheitsminister, Tschasow[823]), am von den Vereinten Nationen zum „Tag der Menschenrechte" ausgerufenen 10. Dezember 1985 war Anlaß und Auftakt für eine Menschenrechtsaktion des RCDS. Denn der Friede Tschasows sei nicht der Friede Walesas und Sacharows, da Frieden ohne Freiheit kein Frieden wäre, hieß es in einer RCDS-Stellungnahme dazu. Der RCDS prangerte in seiner Kampagne Menschenrechtsverletzungen in Ost und West und Nord und Süd an[824]). Zusätzlich kritisierte derBundesvorstand auf einer gemeinsamen Pressekonferenz mit polnischen Studenten im Januar 1986 in Bonn besonders die Universitätssäuberungen der polnischen Regierung und legte einen Katalog mit Beispielen von Betroffenen vor[825]).

Vor dem Hintergrund der Störungen und Ausschreitungen bei einer RCDS-Diskussionsveranstaltung mit dem CDU-Generalsekretär Mitte Januar in Göttingen, die unter anderem von Göttinger Mitgliedern der Juso-HSG' en und des MSB Spartakus als „Provokation" bezeichnet worden war[826]), erneuerte der RCDS-Bundesvorstand seine Kritik an den Volksfrontbündnissen und Aktionseinheiten von SPD-Mitgliedern mit Kommunisten in bundesdeutschen Hochschulen. Er forderte den damaligen Kanzlerkandidaten der SPD, den nordrhein-westfälischen Ministerpräsidenten Johannes Rau, in einem Offenen Brief zur Stellungnahme auf und befragte mehrere prominente SPD-Mitglieder in Of-

---

[821]) RCDS-Pressemitteilungen vom 24.10.1985 und Nr. 48 vom 03. 11.1985 und 58 vom 24.01.1986; RCDS-Magazin 8/1985, S. 4 ff.; siehe auch Anm. 733 und 786.
Heiner Geißler, Jahrgang 1930, war während seines Studiums Vorsitzender des RCDS-Tübingen, von 1967-1977 Sozialminister von Rheinland-Pfalz sowie von 1982-1985 Bundesfamilienminister und ist seit 1977 CDU-Generalsekretär (RCDS- Bundesvorstand (1981), S. 50f.; Kürschners Volkshandbuch Deutscher Bundestag (1987), S. 86).

[822]) RCDS-Pressemitteilungen Nr. 47 vom 30.10.1985 und 49 vom 15.11.1985; Protokoll der RCDS-Bundesausschußsitzung am 01.11.1985, S. 3 (RCDS-A 130). Zum weiteren Verlauf der Beratungen siehe RCDS-Gruppenrundbrief vom 12.12.1985 mit einer Dokumentation zum „10. Gesetz zur Änderung des Bundesausbildungsförderungsgesetzes" in der Anlage.

[823]) Tschasow wurde der Nobelpreis in seiner Eigenschaft als Co-Präsident der „Internationalen Vereinigung der Ärzte zur Verhinderung des Atomkrieges" überreicht (RCDS-Pressemitteilung Nr. 50 vom 05.12.1985).

[824]) RCDS-Gruppenrundbrief vom 04.12.1985; RCDS-Pressemitteilung Nr. 50 vom 05.12.1985.

[825]) RCDS-Pressemitteilung Nr. 59 vom 30.01.1986; siehe auch CIVIS 1/1985, S. 63 ff..

[826]) RCDS-Pressemitteilung Nr. 55 vom 16.01.1986.

fenen Briefen zu ihren Veröffentlichungen in Publikationen des MSB Spartakus und des SHB[827]). Auch die Gewinne des RCDS bei der Wahlen zu den Studentenvertretungen im Wintersemester 1985/86 veranlaßten den Bundesvorstand zu scharfer Kritik an den Jungsozialisten, da eine vielfach mögliche Bildung demokratischer ASt' en aufgrund deren starrem Bündnisverhalten nicht zustande kam[828]).

Eine Bildungsarbeit hatte der Bundesvorstand im zu Ende gehenden Amtsjahr nicht wieder aufbauen können. Auch war die verbandsinterne Information durch die seltene Erscheinungsweise des RCDS-intern nicht wesentlich verbessert worden. Die RCDS-Hochschulgruppen blieben deshalb – von den ihnen zugesandten Aktionsmaterialien und einigen Großveranstaltungen abgesehen – weitgehend auf sich selbst gestellt. Obwohl es dem Bundesvorstand in den vergangenen Monaten gelungen war, den RCDS-Bundesverband in der Öffentlichkeit wieder geschlossen zu präsentieren und dessen bildungspolitische Forderungen dadurch erheblich erfolgreicher zu vertreten, war eine allgemeine Aufwärtsentwicklung deshalb ausgeblieben. Dies zeigte sich auch an den insgesamt zwar besseren, in den Einzelergebnissen aber sehr unterschiedlichen Resultaten bei den Wahlen zu den Studentenvertretungen[829]).

Ende Februar setzte das RCDS-Bundesreferat für Behindertenfragen seine Arbeit mit einer bundesweiten Tagung in Bonn zum Thema „Macht die Hochschule krank?" erfolgreich fort[830]). Rundum positiv waren auch die Bemühungen des RCDS-Bundesvorstandes um eine Beilegung der Differenzen in und mit EDS gewesen, so daß er der 39. ordentlichen Bundesdelegiertenversammlung des RCDS vom 07. bis 09. März 1986 in Bonn vorschlug, wieder die Voll-Mitgliedschaft in EDS zu beantragen. Ein diesbezüglicher Antrag wurde von den Delegierten mit großer Mehrheit beschlossen[831]).

Das Hauptthema dieser Delegiertenversammlung waren aber als Abschluß der Wintersemester-Aktion des RCDS die „Perspektiven der Akademikerbeschäftigung" als „Herausforderung an die Soziale Marktwirtschaft". Der Bundesvorstand hatte dazu einen Leitantrag vorgelegt, den die Delegierten nach ausführ-

---

[827]) RCDS-Pressemitteilungen Nr. 57 und 57 a vom 22.01.1986 und 61 vom 19.02.1986; siehe auch RCDS-intern Nr. 9 vom 25.02. 1986, „Zusammenarbeit von Sozialdemokraten mit MSB-Spartakus und SHB", und Rechenschaftsbericht des RCDS-Bundesvorsitzenden vor der 40. Bundesdelegiertenversammlung, S. 26 f..

[828]) RCDS-Pressemitteilung Nr. 60 vom 07.02.1986; RCDS-Gruppenrundbrief vom 17.02.1986; siehe auch Sonde 4/1985-1/1986, S. 39 ff..

[829]) Rechenschaftsbericht des RCDS-Bundesvorsitzenden vor der 40. Bundesdelegiertenversammlung, S. 44. Der Informationsdienst RCDS-intern, der alle wesentlichen Informationen übersichtlich zusammengestellt den Gruppen zuleiten sollte, erschien im Amtsjahr nur neun Mal (RCDS-intern Nr. 9 vom 25.02.1986) und mußte daher durch Einzelrundbriefe in loser Folge ergänzt werden. Auch ein erstmals im Februar 1986 erschienener Mandatsträgerinformationsdienst (MiD) verbesserte die verbandsinterne Kommunikation nicht , da er noch seltener erschien (MiD Nr. 1 vom 03.02.1986). Bei der Auswertung der Wahlergebnisse war auf die zum Teil herben Verluste (z. B. an der Universität Bonn) nicht eingegangen worden (siehe Anm. 828). Mehrere Gruppen hatten darüberhinaus ihre Arbeit fast vollständig eingestellt.

[830]) Rundbrief des RCDS-Bundesreferates für Behindertenfragen vom 03.02.1986; siehe auch CIVIS 4/1985, S. 43 ff..

[831]) RCDS-intern Nr. 9 vom 25.02.1986, „Situationsbericht zur Lage in European Democratic Students (EDS)"; Protokoll der 39. Bundesdelegiertenversammlung des RCDS vom 07.-09.03. 1986 in Bonn, S. 13 (Antrag I 1).

licher Beratung annahmen. In diesem Beschluß unterstrich der RCDS, daß er in der Vergangenheit für eine Ausweitung des Hochschulwesens plädiert habe. Er wandte sich dagegen, angesichts steigender Akademikerarbeitslosigkeit die Politik der Öffnung der Hochschulen in Zweifel zu ziehen. Die Akademikerarbeitslosigkeit sei in erster Linie eine Herausforderung an die Soziale Marktwirtschaft. Besonders die mittelständische Wirtschaft müsse mehr als bisher Hochschulabsolventen einstellen und die darin für sie liegenden Chancen wahrnehmen. Über die Einrichtung von Praktikantenstellen sollten Unternehmen die Qualifikation künftiger Hochschulabsolventen kennenlernen und die Studenten einen Einblick in die betrieblichen Aufgaben erhalten. Der RCDS kündigte hierzu an, eine bundesweite Praktikantenbörse einzurichten[832]).
Nachdem vom RCDS-Bundesvorstand schon Ende September 1985 eine sicherheitspolitische Fachtagung durchgeführt worden war und er im Oktober 1985 eine Broschüre zur Strategischen Verteidigungsinitiative (SDI) der USA erarbeitet hatte, beschloß jetzt die Bundesdelegiertenversammlung acht Thesen des RCDS zu SDI, in denen die grundsätzliche Forschung in dieser Richtung als gerechtfertigt angesehen wurde, die aber nur im Rahmen des ABM-Vertrages erfolgen dürfe. Außerdem sei es wichtig, daß keine Zonen unterschiedlicher Sicherheit entständen. Der RCDS befürwortete unter anderem ein Engagement deutscher Firmen in diesem Projekt, lehnte aber eine finanzielle Regierungsbeteiligung ab[833]). Im weiteren Verlauf der Beratungen wurde neben anderem das hochschulpolitische Programm des RCDS um ein Kapitel „Studentische Sozialpolitik" ergänzt, in dem der RCDS seine Positionen und Forderungen für eine Ausbildungsförderung, für die Verfaßte Studentenschaft und für eine Reform der Studentenwerke zusammenfaßte[834]).
Der RCDS-Bundesverband war in diesen Tagen 35 Jahre alt geworden. So nutzte man die Bundesdelegiertenversammlung auch zu einer Geburtstagsfeier unter dem Motto – im Anschluß an seine 30-Jahrfeier – „35 Jahre RCDS-Bundesverband – 35 Jahre Einsatz für Meinungspluralismus, für studentische Selbsthilfe und für Menschenrechte". Deren Höhepunkt war eine Rede von Bundeskanzler Kohl[835]).
Zwei neue (bzw. wiedergegründete) Hochschulgruppen wurden neu in den RCDS-Bundesverband aufgenommen und der Bundesvorstand einstimmig bei drei Enthaltungen politisch entlastet[836]). Die Delegierten bestätigten den RCDS-Bundesvorsitzenden Brand und mit großer Mehrheit auch den Bundes-

---

[832]) Protokoll der 39. Bundesdelegiertenversammlung des RCDS vom 07.-09.03.1986 in Bonn, S. 13 ff. (Antrag A 1); RCDS- Pressemitteilung Nr. 1 vom 10.03.1986; siehe auch Demokratische Blätter 2/1986, S. 7 ff., sowie Anm. 733, 786 und 821.

[833]) Protokoll der 39. Bundesdelegiertenversammlung des RCDS vom 07.-09.03.1986 in Bonn, S. 6 ff. (Antrag SP 1); Einladungen zur Sicherheitspolitischen Fachtagung des RCDS vom 27.-30.09.1985 in Bonn; Christoph Brand: Die Grundlagen der Sicherheitspolitik der Bundesrepublik Deutschland und die Strategische Verteidigungsinitiative der Vereinigten Staaten von Amerika (Materialien zur politischen Auseinandersetzung Nr. 8), Bonn 1985; RCDS-Magazin 11/1985, S. 4 ff..

[834]) Protokoll der 39. Bundesdelegiertenversammlung des RCDS vom 07.-09.03.1986 in Bonn, S. 10 ff. (Antrag A 3 neu); RCDS-Pressemitteilung Nr. 1 vom 10.03.1986.

[835]) Protokoll der 39. Bundesdelegiertenversammlung des RCDS vom 07.-09.03.1986 in Bonn, S. 8; Brief an die Vertreter von Presse, Funk und Fernsehen vom 07.02.1986; RCDS-Pressemitteilung Nr. 1 vom 10.03.1986; siehe Anm. 659.

[836]) Protokoll der 39. Bundesdelegiertenversammlung des RCDS vom 07.-09.03.1986 in

schatzmeister des RCDS und stellvertretenden Vorsitzenden Erbach in ihren Ämtern. Zur anderen stellvertretenden RCDS-Bundesvorsitzenden bestimmte die Versammlung nach zwei Wahlgängen Amrei Schulte-Kellinghaus aus Köln[837]).

Im Anschluß an eine Initiative des RCDS-Bundesvorsitzenden bei der 39. Bundesdelegiertenversammlung[838]) plädierte der RCDS-Bundesausschuß Ende März für eine sinnvolle Verkürzung der Ausbildungszeiten, da deutsche Hochschulabsolventen beim Start in das Berufsleben oft gegenüber ihren westeuropäischen Altersgenossen benachteiligt seien. Er schlug eine Verkürzung der gymnasialen Schulzeit von 13 auf zwölf Jahre vor. Nach seiner Auffassung sollte es außerdem eine vordringliche Aufgabe der Studienreform sein, für fast alle Studiengänge ein sinnvolles, inhaltlich, methodisch und didaktisch auf acht Semester zugeschnittenes Studium zu konzipieren[839]). Diese Anregung des RCDS sollte Anfang Juli noch mit einer ausführlichen Stellungnahme des Bundesvorstandes präzisiert werden[840]).

Im März 1986 attackierte der RCDS-Bundesvorstand außerdem erneut die Aussagen der SPD-Spitze zu den „unverwischbaren Gegensätzen" zwischen Sozialdemokraten und Kommunisten als reine Lippenbekenntnisse. Denn die Zusammenarbeit und die Aktionseinheiten von SPD-Mitgliedern mit orthodoxen Kommunisten würden unverändert fortgesetzt.

Als Gewerkschaftsmitglieder gemeinsam mit Kommunisten im April versuchten, die Abstimmungen zur „Arbeitnehmerbefragung" des Deutschen Gewerkschaftsbundes (DGB) zur Novellierung des § 116 AFG[841]) auch in den Hochschulen durchzuführen, griff der RCDS-Bundesvorstand nicht nur die „erstaunliche Erweiterung des Arbeitnehmerbegriffes" und das manipulierbare Abstimmungsverfahren an, sondern appellierte gleichzeitig in einem Offenen Brief an den DGB-Vorsitzenden, Ernst Breit, die Idee der Einheitsgewerkschaft

---

Bonn, S. 2 ff.: Die neuen Gruppen waren FH-Bielefeld und FH-Koblenz. Die finanzielle Entlastung erfolgte einstimmig.

837) Protokoll der 39. Bundesdelegiertenversammlung des RCDS vom 07.-09.03.1986 in Bonn, S. 4 f.; RCDS-Pressemitteilung Nr. 1 vom 10.03.1986.

838) Der RCDS-Bundesvorsitzende hatte in seinem Rechenschaftsbericht vor der 39. Bundesdelegiertenversammlung die Verkürzung der Ausbildungszeiten aufgegriffen und von der CDU die Umsetzung eines Beschlusses des 30. Bundesparteitages 1981 in Hamburg verlangt, der die Verkürzung der gymnasialen Schulzeit von 13 auf 12 Jahre vorsah. Er wurde darin von den Gastrednern, Bundeskanzler Kohl und Ministerpräsident Bernhard Vogel, unterstützt (RCDS-Pressemitteilung Nr. 1 vom 10.03.1986 und RCDS-intern Nr. 1 vom 22.04.1986, „39. o. Bundesdelegiertenversammlung des RCDS in Bonn"). Zu Aktivitäten des RCDS zu diesem Thema in den vergangenen Jahren siehe Anm. 780.

839) RCDS-intern Nr. 1 vom 22.04.1986, „RCDS-Bundesausschuß-Beschluß vom 23.03.1986: Für eine sinnvolle Verkürzung der Ausbildungszeiten".

840) RCDS-Pressemitteilung Nr. 24 vom 08.07.1986; RCDS-intern Nr. 3 vom 17.10.1986, „Für eine sinnvolle Verkürzung der Ausbildungszeiten". Ein in diese Richtung zielender Antrag fand auf der 40. Bundesdelegiertenversammlung jedoch keine Mehrheit (Protokoll der 40. Bundesdelegiertenversammlung des RCDS vom 06.-08.03.1987 in Bonn, S. 9). Am 08./09.05. 1987 veranstaltete auch der Deutsche Hochschulverband in Bonn ein Symposium zu diesem Thema (Berghorn, Gregor/ Kölsch, Rainer (1987).

841) Mit der Novellierung des § 116 Arbeitsförderungsgesetz (AFG) verfolgte die Bundesregierung das Ziel, die staatliche Neutralität im Arbeitskampf zu sichern, indem die Pflichten der Bundesanstalt für Arbeit klar definiert wurden. Wenn bei mittelbar vom

aufrechtzuerhalten und sich gegen eine Zusammenarbeit des DGB mit Kommunisten auszusprechen[842]).

Die Menschenrechtsarbeit des RCDS bekam im Sommersemester 1986 neben ihrem auch in diesen Monaten fortgeführten Dauerthema Kambodscha[843]) wegen der verschäften menschenrechtlichen Situation in Nicaragua einen zusätzlichen Schwerpunkt. Gemeinsam mit der Jungen Union und einem spanischen Jugendverband protestierte der RCDS gegenüber Nicaraguas Innenminister Borge Anfang Mai gegen die willkürliche Verhaftung des Generalsekretärs der christlich-demokratischen Jugend Nicaraguas, Fanor Avendano, und forderte dessen Freilassung sowie die aller politischen Gefangenen. Eine Mahnwache vor der nicaraguanischen Botschaft in Bonn wenige Tage später unterstrich diese Forderung. Avendano wurde daraufhin am 20. Mai 1986 wieder freigelassen. Sein Engagement für die Freilassung aller anderen politischen Gefangenen in Nicaragua setzte der RCDS-Bundesvorstand dennoch fort, was viele RCDS-Hochschulgruppen mit eigenen Aktionen aufgriffen[844]).

Nach monatelangen Bemühungen konnte der RCDS bei der Verabschiedung der zehnten Änderungsnovelle zum BAföG im Mai feststellen, daß seine im vergangenen Jahr erhobenen Forderungen im wesentlichen erfüllt worden waren. Denn die Abgeordneten hatte in Aussicht gestellt, die unzureichende Förderung von Studenten aus Familien mit mittleren Einkommen, welche durch die BAföG-Kürzungen 1981 entstanden war, in der kommenden Legislaturperiode zu verbessern. Eine Rückkehr zu einer Förderung mit Teilstipendien, wie sie der RCDS seit 1982 forderte, war jedoch noch nicht absehbar[845]). Bei der Diskussion um die fünfte Novelle der ärztlichen Approbationsordnung konnte der RCDS Anfang Juni zwar seine Vorstellungen zum Prüfungsverfahren teilweise durchsetzen. In seinen Bemühungen gegen die geplante Einführung des „Arztes im Praktikum" war er jedoch nicht weiter gekommen[846]).

Der Bundesvorstand hatte in diesem Sommersemester auch beschlossen, auf der nächsten Bundesdelegiertenversammlung des RCDS einen neuen Strate-

---

Arbeitskampf betroffenen Arbeitnehmern feststände, daß der Arbeitskampf stellvertretend für sie mitgeführt wird, sollten sie künftig keine Leistungen der Bundesanstalt mehr erhalten (Brief von Bundesminister Norbert Blüm vom 21.03.1986 in RCDS-intern Nr. 1 vom 22.04.1986, „DGB-§ 116-Kampagnen an Unis").

[842]) RCDS-Pressemitteilungen Nr. 3 vom 18.03.1986, 6 vom 15.04. 1986 und 7 vom 17.04.1986; RCDS-intern Nr. 1 vom 22.04. 1986, „DGB-§ 116-Kampagnen an Unis"; Demokratische Blätter 2/1986, S. 29.

[843]) RCDS-Pressemitteilung Nr. 21 vom 24.06.1986.

[844]) RCDS-Pressemitteilungen Nr. 9 vom 05.05.1986, 15 vom 05. 06.1986, 19 vom 18.06.1986, 22 vom 25.06.1986 und 34 vom 05.08.1986; Demokratische Blätter-Extra II/1986; RCDS-Magazin 5/1986, S. 10.

[845]) RCDS-Pressemitteilung Nr. 10 vom 15.05.1986; RCDS-intern Nr. 1 vom 22.04.1986, „Hochschulpolitik, a) BAföG"; Rechenschaftsbericht des RCDS-Bundesvorsitzenden vor der 40. Bundesdelegiertenversammlung, S. 12. Auch der auf der 40. Bundesdelegiertenversammlung neu gewählte Bundesvorstand erneuerte die Forderung nach der Wiedereinführung eines Teilstipendiums beim BAföG (Deutschland-Union-Dienst-Wochenausgabe, Nr. 11/87 vom 19.03.1987, S. 7).

[846]) RCDS-Pressemitteilung Nr. 14 vom 04.06.1986; Demokratische Blätter-Extra II/86; siehe auch RCDS-Pressemitteilungen Nr. 44 vom 15.10.1985, 9 vom 14.05.1986, 20 vom 19.06.1986 und 29 vom 18.07.1986. Der RCDS erreichte schließlich eine Verschiebung der Einführung des „Arztes im Praktikum" vom 01.07.1987 auf den 01.07.1988, was Zeit für weitere Überlegungen und neue Vorschläge brachte (RCDS-

giebeschluß als Antrag vorzulegen. Denn die politische Lage an den Hochschulen habe sich seit dem Göttinger Strategiebeschluß von 1978 gravierend verändert. Die Überarbeitung des Göttinger Beschlusses bzw. die Erarbeitung einer neuen Strategie des RCDS-Bundesverbandes erschien daher dringend geboten. Um eine intensive innerverbandliche Diskussion vorher zu ermöglichen, führte der Bundesverband vom 11. bis 13. Juli 1986 in Bonn einen Strategiekongreß durch, an dem Vertreter der meisten RCDS-Hochschulgruppen teilnahmen[847]). In vielen RCDS-Gruppen sollten zu diesem Thema in den darauffolgenden Monaten noch Diskussionsveranstaltungen folgen[848]).

Bei den Wahlen zu den studentischen Vertretungen im Sommersemester 1986 behauptete sich der RCDS im wesentlichen. So konnte beispielsweise der AStA an der Universität Frankfurt verteidigt werden und der RCDS neu in den Sprecherrat der Universität Würzburg einziehen, während der AStA an der TH Aachen wieder verloren ging[849]).

Auch in diesem Sommersemester hatte es wieder gewaltsame Störungen von RCDS-Veranstaltungen gegeben. Der RCDS stellte dazu eine Dokumentation zusammen, die er Anfang August zum Start der RCDS-Initiative „Studenten gegen Gewalt" in Bonn der Öffentlichkeit vorstellte. In einer Erklärung hierzu forderte der RCDS-Bundesvorstand die Jungsozialisten zu einem Gespräch über die Sicherung der Meinungsfreiheit an den Hochschulen auf und begründete dies mit der Notwendigkeit, daß sich Demokraten gegen die massiven Übergriffe einer Minderheit zur Wehr setzen müßten. Auch in der Weimarer Republik sei die psychologische Destabilisierung an den Hochschulen betrieben worden. Vom Ende der sechziger Jahre bis heute würde der Gewaltbegriff systematisch von linken Gruppen an den Hochschulen aufgeweicht[850]). Die zwie-

---

Pressemitteilung Nr. 35 vom 13.08.1986; Demokratische Blätter 3/1986, S. 15; Rechenschaftsbericht des RCDS-Bundesvorsitzenden vor der 40. Bundesdelegiertenversammlung, S. 12 f.).

847) RCDS-Gruppenrundbriefe vom 28.05.,16.06. und 24.06.1986.

848) Rechenschaftsbericht des RCDS-Bundesvorsitzenden vor der 40. Bundesdelegiertenversammlung, S. 43.

849) RCDS-Gruppenrundbrief vom 24.04.1986; RCDS-Pressespiegel vom 15.10.1986, S. 7.

850) Zu den Übergriffen im Sommersemster: RCDS-Pressemitteilungen Nr. 19 vom 18.06.1986 und 22 vom 25.06.1986; RCDS-Pressespiegel vom 15.10.1986, S. 18 ff.; Campus Nr. 24/November-Dezember 1986, S. 13; RCDS-Gruppenrundbrief vom 24. 06.1986; RCDS-Magazin 5/1985, S. 10 f..
Zur RCDS-Initiative: RCDS-Pressemitteilung Nr. 34 vom 07. 08.1986 (ursprünglich hieß die Initiative „Gegen Gewalt an den Hochschulen"); RCDS-Bundesvorstand (Hrsg.): Aufbruch in die Gewalt, Bonn 1986. Der Bundesvorstand hatte sich in diesem Zusammenhang kurz vorher auch gegen die Veröffentlichung von zynischen Leserbriefen zur Ermordung des Siemens-Manager Karl-Heinz Beckurts und seines Fahrers in der „taz" gewandt (RCDS-Pressemitteilung Nr. 27 vom 16.07. 1986). Die Aktion des RCDS erhielt im weiteren Verlauf prominente Unterstützung (siehe dazu u. a. Demokratische Blätter-Extra IV/1986 und RCDS-Pressemitteilung vom 18.12. 1986). Deshalb wurde der Aufruf in eine parteiübergreifende Initiative „Demokraten gegen Gewalt" umgewandelt, deren Gründungsaufruf von den Professoren Theodor Eschenburg, Arnulf Baring, Theodor Berchem, Ernst Benda, Kurt Sontheimer und Alexander Schwan unterschrieben wurde. Er sollte im Sommersemester 1987 als bundesweite Unterschriftenaktion an den Hochschulen durchgeführt werden (Deutschland-Union-Dienst-Wochenausgabe Nr. 10/1987 vom 12.03.1987, S. 6; Rechenschaftsbericht des RCDS-Bundesvorsitzenden vor der 40. Bundesdelegiertenversammlung, S. 36 f.; Demokratische Blätter 1/1987, S. 5 ff.). Die Dokumentation er-

spältige Haltung der Jungsozialisten sollte sich trotz dieses Appells zumindestens vorläufig nicht verändern[851]).

Als Fortsetzung seiner Kampagne gegen die Volksfrontbündnisse an den bundesdeutschen Hochschulen stellte der RCDS Mitte September auf einer gemeinsamen Pressekonferenz mit CDU-Generalsekretär Geißler eine Dokumentation vor, die die Verstrickungen der SPD in linksradikale Bündnisse an den Universitäten aufzeigte. Dadurch wollte er jetzt eine breitere Öffentlichkeit auf die Bedeutung dieser Bündnisse aufmerksam machen. Denn nach seiner Auffassung resultierte auch hieraus die in der Sozialdemokratie wachsende Bereitschaft zur Zusammenarbeit mit Kommunisten und Grünen[852]). Trotz des großen Echos auf diese Aktion konnte der RCDS auch hier keine Veränderungen im Bündnisverhalten der Jungsozialisten oder eine entsprechende Initiative der SPD feststellen[853]).

Schon Ende Juli hatte der RCDS in einer Pressekonferenz in Bonn seine Forderungen für eine Bekämpfung der Akademikerarbeitslosigkeit erneuert und dabei auch eine Intensivierung des Gedankenaustausches zwischen Hochschulen und Wirtschaft vorgeschlagen[854]). Er beließ es nicht bei diesen Forderungen, sondern startete nach längeren Vorbereitungen zum Beginn des Wintersemesters 1986/87 seine schon auf der Bundesdelegiertenversammlung angekündigte Praktikantenbörse. Diese sollte den „Dialog zwischen Studenten und Unternehmern" verbessern. Denn der RCDS hatte festgestellt, daß der Gesprächsfaden zwischen Studenten, die zukünftig einmal Führungsaufgaben übernehmen sollten, und Unternehmern nicht mehr existierte, so daß die Ar-

---

schien überarbeitet im November 1986: Brand, Christoph/ Gleumes, Hermann: Aufbruch in die Gewalt – Die Entfesselung politischer Gewalt in der Theoriediskussion der Linken und ihre praktischen Konsequenzen an den Hochschulen der Bundesrepublik Deutschland, Erlangen 1986. Die Gewaltaktionen setzten sich trotzdem weiter fort (siehe z. B. RCDS-Magazin 1/1987, S. 9). Zum Hintergrund der Gewaltdiskussion siehe auch Anm. 484.

[851]) RCDS-Pressemitteilung vom 10.11.1986.

[852]) RCDS-intern Nr. 3 vom 17.10.1986, „Mit Kommunisten und Grünen in die 90er Jahre? Dokumente zur Pressekonferenz"; RCDS-Magazin 8/1986, S. 2 f.; Rechenschaftsbericht des RCDS-Bundesvorsitzenden vor der 40. Bundesdelegiertenver sammlung, S. 24 f.; RCDS-Bundesvorstand (Hrsg.): Mit Kommunisten und Grünen in die 90er Jahre? Die SPD im Netz linksradikaler Bündnisse an den Universitäten der Bundesrepublik Deutschland, Bonn 1986, S. 3; siehe auch CIVIS 3/1986, S. 4 ff., und RCDS-Magazin 5/1986, S. 7 ff..

[853]) RCDS-Pressemitteilungen vom 23.09.1986 und 10.11.1986; RCDS-Gruppenrundbrief vom 11.11.1986. Die Nachfrage nach der Dokumentation war so groß, daß eine 2. überarbeitete Auflage schon im Oktober und eine nochmals überarbeitete Fassung Ende des Jahres in der RCDS-Schriftenreihe erschien (Impressum der 2. Auflage der Dokumentation; RCDS-Gruppenrundbrief vom 13.11.1986; Brand, Christoph/Gleumes, Hermann: Mit Kommunisten und Grünen in die 90er Jahre? (RCDS-Schriftenreihe Nr. 42), Erlangen 1986). Siehe zur Verbreitung u. a. den Brief des CDU-Generalsekretärs vom 13.10.1986 u. a. an die Mitglieder des CDU-Bundesfachausschusses Innenpolitik. Zum weiteren Aktionsverlauf siehe u. a. die RCDS-Pressemitteilungen vom 18.12.1986 und 09.01. 1987. Der von der 40. Bundesdelegiertenversammlung neugewählte Bundesvorstand beabsichtigte, in dieser Richtung weiterhin verstärkt aktiv zu sein (Deutschland-Union-Dienst-Wochenausgabe Nr. 11/87 vom 19.03.1987, S. 7).

[854]) RCDS-intern Nr. 3 vom 17.10.1986, „Für eine sinnvolle Verkürzung der Ausbildungszeiten"; RCDS-Pressemitteilung Nr. 24 vom 08.07.1986; siehe Anm. 733, 786, 821 und 832.

beits- und Denkweise der jeweils anderen Seite vielfach unbekannt war[855]). Unterstützt wurde diese Initiative insbesondere von der Tageszeitung „Die Welt", die ab dem 14. Oktober in Zusammenarbeit mit dem RCDS einmal wöchentlich in einer Seite „Hochschul-Welt" unter anderem die zur Verfügung stehenden Praktikantenplätze veröffentlichte, was gleichzeitig einen weiteren Erfolg der RCDS-Öffentlichkeitsarbeit dieser Monate darstellte[856]).
Aufgrund der Fahrten von RCDS-Delegationen nach Malta und Chile und der EDS-Sommer-Universität auf Zypern, die schon Anfang August stattgefunden hatte, engagierte sich der Verband im Wintersemester in seiner Öffentlichkeitsarbeit verstärkt für die Verwirklichung der Menschenrechte in diesen Ländern[857]). Zur Unterstützung der Gruppenarbeit in diesem Semester erstellte der Bundesvorstand im Anschluß an seine Initiativen in den Sommersemesterferien umfangreiche Materialien und plädierte in Anbetracht der VDS-Wintersemesterkampagne „Boykottiert die Apartheid" für eine Abschaffung der Apartheid in Südafrika ohne gewalttätige Aktionen und Sanktionen[858]).
Der Bundesvorstand hatte es jedoch im ganzen Jahr nicht vermocht, wieder eine Bildungsarbeit des Verbandes zu organisieren. Dafür waren allerdings auch die Haushaltssperren des Bundesfinanzministeriums Mitte 1986 verantwortlich. Auch die verbandsinterne Kommunikation und die Koordination der Aktivitäten der Verbandsgliederungen war nicht verbessert worden. Trotz der erfolgreichen Initiativen auf Bundesebene, die erheblichen Anklang in der Öffentlichkeit gefunden hatten, war der Aktivitätsgrad vieler RCDS-Hochschulgruppen deshalb weiter zurückgegangen und die Position des Gesamtverbandes nicht besser geworden[859]).

---

855) RCDS-intern Nr. 3 vom 17.10.1986, " Aktionen – Praktikantenbörse"; RCDS-Gruppenrundbrief vom 31.10.1986; RCDS-Bildungs- und Sozialwerk e. V. (verantw.): Praktikantenbörse – Projektbeschreibung, Bonn 1986; RCDS-Magazin 8/1986, S. 7 ff.; Demokratische Blätter 2/1986, S. 18, 3/1986, S. 32 f. sowie -Extra V/86 und -Extra II/87; Campus Nr. 25/Januar 1987, S. 2; siehe auch Votum Nr. 3/1986, S. 20.

856) RCDS-intern Nr. 3 vom 17.10.1986, „Aktionen – Hochschul welteine gemeinsame Serviceaktion von "Die Welt" und RCDS; RCDS-Magazin 8/1986, S. 11; Rechenschaftsbericht des RCDS-Bundesvorsitzenden vor der 40. Bundesdelegiertenversammlung, S. 22 (Die Welt, Frankfurter Allgemeine Zeitung und Süddeutsche Zeitung druckten weiterhin auch die Angebote des RCDS-Studienplatztausches ab).

857) Campus Nr. 24/November-Dezember 1986, S. 7 f., und 25/Januar 1987, S. 4 ff.; Demokratische Blätter 3/1986, S. 9 ff. und 22 ff., 1/1987, S. 25 ff., und -Extra V/1986; RCDS-Magazin 3/1987, S. 8 und 10 f.; siehe auch Demokratische Blätter-Extra II/1986 und RCDS-Pressemitteilung Nr. 33 vom 30.07.1986.

858) RCDS-Gruppenrundbriefe vom 11.11.1986 und 13.11.1986; siehe auch CIVIS 1/1986, S. 4 ff., und 2/1986, S. 43 ff..

859) Der Informationsdienst „RCDS-intern" erschien noch seltener (nur drei Ausgaben bis Mitte Oktober einschließlich: RCDS-intern Nr. 3 vom 17.10.1986) und mußte durch weitere Gruppenrundbriefe in loser Folge ergänzt werden. Die Haushaltskürzungen hatten ohne Zweifel eine Reduzierung der Möglichkeiten, Seminare durchzuführen, zur Folge (Rechenschaftsbericht des RCDS-Bundesvorsitzenden vor der 40. Bundesdelegiertenversammlung, S. 42 f. und 44; RCDS-Gruppenrundbrief vom 10.09.1986). Andererseits waren z. B. die laufenden Aktivitäten der Bundesfachtagungen, auf denen eine bessere Koordination der Arbeit u. a. möglich gewesen wäre, durch den mangelhaften Informationsfluß im Verband nur unzureichend bekannt (so enthielt das RCDS-intern Nr. 1 vom 22.04.1986 am Ende ein falsches Kalendarium der Veranstaltungen 1986). Erst in der zweiten Jahreshälfte versuchte man dies auszugleichen, indem man die BFT-Rundbriefe auch an alle RCDS-Gruppen schickte

Durch die erneute Strategiediskussion könnte sich diese Gesamtsituation jedoch ändern, da so die Zielsetzungen auf allen Ebenen gemeinsam neu definiert werden könnten. Mit gemeinsamen Aktivitäten aller Verbandsgliederungen in der dann neu festgelegten Richtung wären größere Erfolge auf breiterer Ebene möglich, was die Anziehungskraft und die Motivation vieler RCDS-Gruppen wieder verstärken dürfte[860]).
Der RCDS-Bundesvorstand versuchte zum Jahresende, mit einem neuen Emblem für die Verbandsmaterialien und einer Umstrukturierung der RCDS-Bundesgeschäftsstelle Voraussetzungen für eine positive Entwicklung des Gesamtverbandes zu schaffen[861]).

(RCDS-Gruppenrundbrief vom 23.01.1987). Beispielhaft für diese zwiespältige Lage des Verbandes ist auch, daß in den vom Bundesvorstand für die Gruppen erstellten Materialien zum ersten Mal seit Jahren wieder mit geschönten Zahlen existierender RCDS-Hochschulgruppen gearbeitet wurde („100 Gruppen" und „ca. 7000 Mitglieder" im Selbstdarstellungsfaltblatt „Verantwortung wagen"; vgl. dazu das Protokoll der 40. Bundesdelegiertenversammlung des RCDS vom 06.-08.03.1987 in Bonn, S. 2 f.). Immerhin konnte 1986 die BFT Ingenieurwissenschaften wieder reaktiviert werden (Rechenschaftsbericht des RCDS-Bundesvorsitzenden vor der 40. Bundesdelegiertenversammlung, S. 42).

[860]) Nach der Fortführung der Strategiediskussion auf einem bundesweiten Strategieseminar des RCDS vom 06.-08.02.1987 wurde der Strategiebeschluß auf der 40. Bundesdelegiertenversammlung beschlossen (BFT-Fachhochschulen-Rundbrief vom 13.01.1987; Protokoll der 40. Bundesdelegiertenversammlung des RCDS vom 06.-08.03.1987 in Bonn, S. 22; Textausgabe des Strategiebeschlusses „Für eine grundwertbezogene Politik – Die ethischen Herausforderungen der Zukunft annehmen, Skizzen zu einer politischen Strategie des RCDS"; Rechenschaftsbericht des RCDS-Bundesvorsitzenden vor der 40. Bundesdelegiertenversammlung, S. 43 f.).

[861]) RCDS-Gruppenrundbrief vom 11.11.1986 mit Anlagen. Das Amt des RCDS-Bundesgeschäftsführers übernahm Barbara Ridder. Die Adreßverwaltung wurde auf Computer umgestellt. Die Arbeitsfelder teilte man zwischen dem RCDS-Bundesverband und dem RCDS-Bildungs- und Sozialwerk neu auf (Rechenschaftsbericht des RCDS-Bundesvorsitzenden vor der 40. Bundesdelegiertenversammlung des RCDS, S. 48; siehe Anm. 542 und 712; RCDS-Gruppenrundbrief vom 23.01.1987).
Auf der 40. Bundesdelegiertenversammlung des RCDS vom 06.-08.03.1987 in Bonn wurden mit der HdK-Berlin und der FH-Minden zwei neue bzw. wiedergegründete Gruppen in den RCDS-Bundesverband aufgenommen. Der alte Bundesvorstand wurde einstimmig bei 2 Enthaltungen entlastet und Jürgen Hardt aus Heidelberg im 2. Wahlgang gegen Peter Darmstadt aus Mainz zum neuen RCDS-Bundesvorsitzenden gewählt. Andreas Gogolka aus Hannover wurde gegen Michael Thulke und Bernhard Loos zum neuen RCDS-Bundesschatzmeister und stellvertretenden Vorsitzenden und Darmstadt zum anderen Stellvertreter bestimmt (Protokoll der 40. Bundesdelegiertenversammlung des RCDS vom 06.-08.03.1987 in Bonn, S. 2 f. und 10 ff.; RCDS-Magazin 3/1987, S. 5 ff.).
Auf der 41. Bundesdelegiertenversammlung des RCDS vom 18.- 20.03.1988 in Königswinter wurden die neu- bzw. wiedergegründeten Gruppen FH-Darmstadt, Hohenheim und FH-Landshut in den Bundesverband aufgenommen. Die Delegierten entlasteten den alten Bundesvorstand mit großer Mehrheit. Der bisherige Bundesvorsitzende Hardt konnte sich erst im dritten Wahlgang gegen Christian Senft durchsetzen. Thorsten Haupts aus Hannover wurde im dritten Wahlgang gegen Udo Unbehaun zum neuen Bundesschatzmeister und stellvertretenden Bundesvorsitzenden des RCDS und Harm Adam aus Göttingen ohne Gegenkandidaten im ersten Wahlgang zum anderen Stellvertreter gewählt (Protokoll der 41. Bundesdelegiertenversammlung des RCDS vom 18.-20.03.1988 in Königswinter, S. 3 ff. und 6 ff.).

IV. Interne Organisation des RCDS und seine Arbeitsformen

In seiner organisatorischen Gesamtstruktur unterscheidet sich der Bundesverband des RCDS wesentlich von den meisten anderen Verbänden. Er besteht ausschließlich aus RCDS-Hochschulgruppen. Einzelpersonen können grundsätzlich nur einer Hochschulgruppe angehören und sind nur durch diese indirekt Mitglied des Bundesverbandes[862]).

Seinen Ursprung hat dieses Grundelement der Organisation des RCDS in der Gründungsgeschichte des Bundesverbandes. Selbständige, unterschiedlich strukturierte und ausgerichtete christlich-demokratische und -soziale Hochschulgruppen schlossen sich zum RCDS zusammen oder traten diesem nach und nach bei. Dadurch war es jeder Gruppe möglich, ihre Arbeit vor Ort in der den lokalen Gegebenheiten entsprechenden Form und Struktur selbständig weiterzuführen. Um das Übergewicht einer Ausrichtung oder Gruppe im RCDS-Bundesverband auszuschließen, entsendet seit der Gründung des RCDS jede Gruppe unabhängig von ihrer Größe nur einen stimmberechtigten Delegierten in die Bundesdelegiertenversammlung des RCDS als höchstem beschlußfassenden Organ des Verbandes[863]).

Dadurch steht der RCDS-Bundesverband aber auch für die Kontinuität der Verbandsarbeit. Denn er existiert und arbeitet seit seiner Gründung 1951 unabhängig von der Zahl oder der Existenz der einzelnen Hochschulgruppen, von denen die meisten zumindestens eine kürzere oder längere Phase der Inaktivität erlebt haben oder sich zeitweise sogar ganz auflösten[864]).

Von diesem Grundprinzip abgesehen unterschied sich die Struktur des Bundesverbandes bei seiner Gründung 1951 im Vergleich zur heutigen allerdings in wesentlichen Punkten. Die Satzung des Bundesverbandes sah noch keine Bildung von Landesverbänden vor. Der RCDS-Bundesvorstand bestand zunächst aus sieben Mitgliedern und zusätzlich noch einem von der Bundesdelegiertenversammlung gewählten Bundesgeschäftsführer[865]). Ein Vorschlag, dies zu verändern, fand auf der zweiten Bundesdelegiertenversammlung des RCDS 1952 in Sonthofen keine Mehrheit. Dort wurden jedoch erstmals einheitliche Minimalvoraussetzungen für eine Aufnahme von RCDS-Gruppen in den Bundesverband anerkannt[866]).

Erst bei der 3. Bundesdelegiertenversammlung des RCDS 1953 in Königstein/Taunus definierten die Delegierten den Umfang und die Kompetenzen der Organe des Bundesverbandes in einer revidierten Satzung neu und gliederten den Verband insgesamt um. Dem Bundesverband stand jetzt ein auf drei Per-

---

862) hochschul-echo berlin 1/1960, S. 2; Rechenschaftsbericht des RCDS-Bundesvorstandes 1964/65, S. 1 (ACDP IV-006-006/2 II).

863) Siehe Anm. 215.

864) Siehe Anm. 872.

865) Siehe Anm. 220.

866) Siehe Anm. 234 und 1. Teil des Protokolls der 2. Bundesdelegiertenversammlung des RCDS vom 28.09.-01.10.1952 in Sonthofen, S. 3 (ACDP IV-006-001/4): Die Minimalvoraussetzungen waren ein Mitgliederbestand von mindestens 7, ein gewählter Vorstand, dessen Anschriften dem Bundesvorstand bekannt waren, ein Gründungsprotokoll oder -bericht und eigene Veranstaltungen der Gruppe.

sonen verkleinerter Bundesvorstand in Bonn vor, der von der RCDS-Bundesdelegiertenversammlung gewählt wurde und ihr unmittelbar gegenüber verantwortlich war. Der Bundesvorstand bestellte einen hauptamtlichen Bundesgeschäftsführer des RCDS mit Residenzpflicht in Bonn und konnte für besondere Aufgaben Referenten ernennen[867]). Nachdem sich die RCDS-Gruppen in mehreren Bundesländern schon vorher selbst zu Landesverbänden zusammengeschlossen hatten[868]), sah die neue Satzung jetzt die Bildung von Landesverbänden bindend vor. Deren Abgrenzung untereinander hatte durch die Bundesdelegiertenversammlung zu erfolgen. Daraufhin konstituierten sich zunächst sechs, teilweise mehrere Bundesländer umfassende Landesverbände ihrerseits wieder mit Landesdelegierten- oder Landesmitgliederversammlungen als höchsten Landesverbandsorganen, die diesen Organen verantwortliche Landesvorstände zu bestellen hatten. Landesvorsitzende und Bundesvorstand bildeten künftig den Bundesausschuß des RCDS, der die Verbandsarbeit zwischen den Bundesdelegiertenversammlungen koordinieren, dem Bundesvorstand Empfehlungen geben und dessen Tätigkeit überwachen sollte[869]). Mit dem weiteren Wachstum des Verbandes beschloß die Bundesdelegiertenversammlung nach und nach die Teilung der mehrere Bundesländer umfassenden Landesverbände. In elf selbständige Landesverbände gliederte sich der RCDS-Bundesverband allerdings erst 1973[870]).
Trotz mancher Diskussionen[871]) blieb diese 1953 beschlossene Organisationsstruktur bis heute erhalten und wurde in den folgenden Jahren nur noch in Teilbereichen ergänzt. So führte man die Mitgliedschaften der RCDS-Hochschulgruppen, die die Mindestvoraussetzungen nicht mehr erfüllten, seit 1957 als „ruhend". Dies hatte für diese Gruppen den Verlust ihres Stimmrechts auf Bundesdelegiertenversammlungen zur Folge. Diese erst später auch in die Satzung aufgenommene Regelung wurde 1980 durch eine Bestimmung ergänzt, nach der die Mitgliedschaft von Hochschulgruppen im RCDS-Bundesverband gestrichen wird, wenn sie auf drei aufeinanderfolgenden Bundesdelegiertenversammlungen nicht anwesend waren[872]). Die Bundesdelegiertenversammlung verankerte 1968 den Politischen Beirat in der Satzung, der vom Bundesvorstand für seine Amtszeit zur aktiven Hilfeleistung bei der Erfüllung seiner Aufgaben, insbesondere durch die Erarbeitung theoretischer Grundlagen für seine Vorhaben ernannt werden sollte[873]). Durch eine Satzungsänderung wurde dem Bundesauschuß 1965 die Beschlußfassung über den Haushalt

---

[867]) Siehe Anm. 249; §§ 14–18 der Satzung des RCDS-Bundesverbandes in der Fassung von 1955 (ACDP IV-006-001/5).

[868]) Siehe Anm. 194 und 249.

[869]) RCDS-Bundesvorstand (1961), S. 44; Anm. 255 und 256; §§ 3, 4 und 11–13 der Satzung des RCDS-Bundesverbandes in der Fassung von 1955 (ACDP IV-006-001/5).

[870]) Siehe Anm. 546.

[871]) Siehe z. B. Anm. 463 und 628.

[872]) Protokolle der RCDS-Bundesausschußsitzungen am 27./28.01. 1957, S. 3, und 28.10.1957, S. 2 (ACDP IV-006-011/3); § 8 der Satzung des RCDS-Bundesverbandes in der Fassung vom 03.08.1961 (ACDP IV-006-001/2); § 6 II der Satzung des RCDS-Bundesverbandes in der Fassung vom 07.03.1982; Anm. 507 und 645 mit Liste der Anwesenheit der RCDS-Gruppen auf den vorangegangenen Bundesdelegiertenversammlungen.

[873]) Siehe Anm. 464 und § 15 III der Satzung des RCDS-Bundesverbandes in der Fassung vom 04.03.1968 (ACDP IV-006-010).

des Bundesverbandes übertragen[874]). Die ihm 1956 zugewiesene Möglichkeit, beim Rücktritt eines Bundesvorstandsmitgliedes während seiner Amtszeit einen Nachfolger zu bestimmen, strichen die Delegierten 1970 wieder aus der Satzung[875]). Auf der Bundesdelegiertenversammlung 1974 wurde erstmals die Regelung praktiziert, daß ein stellvertretender Bundesvorsitzender gleichzeitig die Aufgaben des RCDS-Bundesschatzmeisters wahrnehmen müsse[876]). Die Gründung und Arbeit der Bundesfachtagungen seit dem Frühjahr 1977 erfolgte im Rahmen von zwei Beschlüssen des RCDS-Bundesausschusses und wurde satzungsrechtlich bisher nicht festgelegt. Nach den Rahmenbeschlüssen wird der Bundesfachtagungssprecher als Referent des Bundesvorstandes tätig. Die Bundesfachtagung arbeitet nach jeweils für ein Semester vom Bundesausschuß erteilten Arbeitsaufträgen[877]). Der ursprünglich vorhandene Schlichtungsausschuß wurde 1965 durch eine Schiedsgerichtsbarkeit auf Landes- und Bundesverbandsebene abgelöst[878]). Neben diesen satzungsrechtlich festgelegten Gliederungen und Organen des RCDS bestanden seit der Gründung des Bundesverbandes immer wieder Arbeitskreise auf Landes- und Bundesebene, wie beispielsweise der Internationale Arbeitskreis seit 1981, und zusätzliche Untergliederungen, wie zum Beispiel der Zusammenschluß der Münchener RCDS-Gruppen mit einem gemeinsamen Sprecher 1963, welche aber in der Regel keinen dauerhaften Bestand hatten[879]).
Aus dieser Organisationsstruktur folgt die zentrale Stellung des Bundesvorstandes für den Gesamtverband in den Zeiten zwischen den Bundesdelegiertenversammlungen, auch wenn er auf den Bundesdelegiertenversammlungen und im Bundesauschuß kein Stimmrecht besitzt[880]). Denn er steht mit dem Bundesverband der einzigen Gliederung des RCDS vor, die seit 1951 eine ungebrochene Kontinuität der Verbandsarbeit vorweisen kann. Dazu war von Anfang an praktisch nur auf der Ebene des Bundesverbandes eine gewisse Infrastruktur vorhanden, die den Bundesvorstand bei seiner Arbeit unterstützte[881]).

---

874) § 12 II der Satzung des RCDS-Bundesverbandes in der Fassung vom 07.03.1965 (ACDP IV-006-001/1). Der Bundesausschuß wurde allerdings schon seit seiner Konstituierung mit Haushaltsfragen befasst (Kurzprotokoll der 1. Sitzung des RCDS-Bundesausschuß am 04.05.1954 (ACDP IV-006-011/3), S. 2 f.).

875) § 12 der Satzung des RCDS-Bundesverbandes in der Fassung vom 26.10.1956 (ACDP IV-006-001/5); § 13 der Satzung des RCDS-Bundesverbandes in der Fassung vom 09.03.1970.

876) Siehe Anm. 551.

877) Siehe Anm. 589; Anlage 1 zum Protokoll der RCDS-Bundesausschußsitzung am 17.05.1978 (RCDS-A 130); Protokoll der RCDS-Bundesausschußsitzung am 29./30.09.1979, S. 5 f. (RCDS-A 130).

878) Siehe Anm. 242 und 628; § 19 der Satzung des RCDS-Bundesverbandes in der Fassung von 1955 (ACDP IV-006-001/5); §§ 7 und 18 der Satzung des RCDS-Bundesverbandes in der Fassung vom 07.03.1965 (ACDP IV-006-001/1).

879) Siehe Anm. 373, 376 und 677; zu den Arbeitskreisen siehe z. B. auch Rechenschaftsbericht des RCDS-Bundesvorstandes 1964/65, S. 7 ff. (ACDP IV-006-006/2 II).

880) §§ 8 und 11 der Satzung des RCDS-Bundesverbandes in der Fassung vom 07.03.1982 (die vorherigen Satzungen enthalten ähnliche Bestimmungen); siehe auch Anm. 463.

881) Auch die Infrastruktur des RCDS-Bundesverbandes bestand nur im bescheidensten Umfang. Nach der Einstellung des ersten RCDS-Bundesgeschäftsführers 1954 bestand die RCDS-Bundesgeschäftsstelle aus zwei Angestellten (dazu noch eine Sekretärin) in einem Raum. Durch die häufigere Anwesenheit von Bundesvorstandsmit-

Zu den Aufgaben des RCDS-Bundesvorstandes gehörten dementsprechend nicht nur die Repräsentation und Vertretung des Verbandes und seiner Positionen nach außen. Ihm oblag auch die Gewährleistung einer innerverbandlichen Kommunikation. Außerdem mußte er die Aktivitäten der einzelnen Verbandsgliederungen koordinieren und wegen seiner besseren Möglichkeiten insbesondere auch die Arbeit der örtlichen RCDS-Gruppen unterstützen. Dadurch sowie mit der Erarbeitung oder Vorbereitung inhaltlicher Grundpositionen des Gesamtverbandes ermöglichte er überhaupt erst eine gemeinsame Arbeitsrichtung aller Verbandsgliederungen[882]).
Zur innerverbandlichen Information und Kommunikation schuf der Bundesvorstand daher schon 1953 die „Ring-Nachrichten" als regelmäßigen Rundbrief, die 1957 durch den umfangreicheren und besser strukturierten „RCDS-Brief" ersetzt wurden. Daneben stand ab Mai 1954 auch die Informationsspalte der Verbandszeitschrift CIVIS zur Verfügung[883]). Neben den Bundesdelegiertenversammlungen dienten von Anfang an auch die Vorsitzendenkonferenzen und Bundesseminare zu aktuellen Themen der internen Diskussion und Fortbildung[884]). Die Gruppen unterstützte der Bundesvorstand neben der Herausgabe des CIVIS zunächst insbesondere durch die Beschaffung von Referenten für Vortragsveranstaltungen und die Organisation von Seminaren. Gruppenneugründungen konnte er selbst nur sehr eingeschränkt anregen[885]).

---

gliedern in Bonn versuchte man ab 1957 dem zunehmenden Arbeitsaufkommen Herr zu werden. Erst Anfang 1961 wurde eine zweite Sekretärin eingestellt, die allerdings auch die Schreibarbeiten für den CIVIS zu erledigen hatte. Erst 1963 bezog man eine neue Geschäftsstelle mit mehreren Räumen und konnte einen nichtstudentischen hauptberuflichen Bundesgeschäftsführer einstellen (siehe dazu Anm. 226, 254, 259 und 388; RCDS-Bundesausschußprotokoll vom 27./28.07.1957, S. 2 (ACDP IV-006-011/3); Kurzprotokolle der RCDS-Bundesvorstandssitzungen vom 14.-16.01.1961, S. 2, und 27./28.05.1961, S. 2 f. (ACDP IV-006-012/1); RCDS-Brief Nr. 2 vom Juni 1961; Kurzprotokoll der RCDS-Bundesausschußsitzung vom 01.07. 1961, S. 6 f. (ACDP IV-006-011/3), Rechenschaftsbericht des Bundesvorstandes für das Wintersemester 1963/64 (ACDP IV-006-012/2), S. 8).

[882]) Siehe z. B. Rechenschaftsbericht des RCDS-Bundesvorstandes 1964/65, S. 1 f. (ACDP IV-006-006/2 II); RCDS-Briefe Nr. 3/1965 vom Mai 1965, S. 2 (ACDP IV-006-041/3), und 2/1967 vom Juni 1967, S. 3 (ACDP IV-006-066/2).

[883]) Siehe Anm. 215, 228, 258, 651 und 808 sowie z. B. CIVIS 1/ Mai 1954, S. 16, und 20-21/ August-September 1956, S. 91 f.; RCDS-Brief Nr. 1 vom 16.12.1957, S. 1 f. (ACDP IV-006- 041/2) und 2/1967 vom Juni 1967 (ACDP IV-006-066/2); Rechenschaftsbericht des RCDS-Bundesvorstandes 1964/65, S. 6 f. (ACDP IV-006-006/2 II). Der RCDS-Brief wurde 1960 noch durch „RCDS-Eilinformationen" als Sonderrundschreiben des RCDS-Bundesvorstandes ergänzt (RCDS-Eilinformationen Nr. 1 (ACDP IV-006-044/4) vom 07.10.1960). Ab 1969 gab es einen „RCDS-Rundbrief" und zeitweise das „Aktuell" (RCDS-Rundbrief Nr. 1 (ACDP IV-006-053/3) vom 16.09.1969).

[884]) Zum Beispiel: Bericht über die RCDS-Vorsitzendenkonferenz vom 10.-14.04.1953, S. 3 f. (ACDP IV-006-046/1); Rechenschaftsbericht des RCDS-Bundesvorstandes 1964/65, S. 7 f. (ACDP IV-006-006/2 II); siehe dazu auch Anm. 628, 640 und 664. Erst auf der 20. Bundesdelegiertenversammlung wurde die „Gruppenvorsitzendenkonferenz" als weiteres Bundesverbandsorgan in die Satzung eingefügt (Protokoll der 20. Bundesdelegiertenversammlung des RCDS vom 02.-08.03.1970 in Würzburg, S. 23 f.).

[885]) Zu den Großveranstaltungen siehe z. B.: Protokoll der RCDS- Vorsitzendenkonferenz am 06.05.1954 in München, S. 3 (ACDP IV-006-046/1); Statistische Übersicht über die vom Bundesverband geförderten Großveranstaltungen im WS 1956/57 und SS 1957 für die 7. Bundesdelegiertenversammlung (ACDP IV- 006-002/1); Jahresbericht

Diesen Bemühungen stand besonders zu Anfang die sehr unterschiedliche Ausrichtung der einzelnen Mitgliedsgruppen entgegen. Schon damals mußte der Bundesvorstand wegen des raschen Wechsels der Mitgliedergenerationen im Verband die inhaltlichen Grundlagen der gemeinsamen Arbeit immer wieder neu auf den Verbandsveranstaltungen oder durch die Verbandsmedien vermitteln und diskutieren, was das Zusammenwachsen der RCDS-Gruppen zu einem Verband nicht gerade beschleunigte. So dauerte es bis zur vierten Bundesdelegiertenversammlung 1954, bis die Delegierten die erste politische Resolution des RCDS-Bundesverbandes beschlossen[886]). Erst auf der siebten Bundesdelegiertenversammlung 1957 wurde das erste hochschulpolitische Programm des RCDS verabschiedet und gleichzeitig allen RCDS-Hochschulgruppen die Annahme des gemeinsamen Namens „RCDS" nahegelegt[887]). Und erst 1965 bestimmte man die Bundesverbandssatzung zur Rahmensatzung für die Satzung der RCDS-Gruppen und -Landesverbände und beschloß erst 1968 gegen einzelne Gruppen, die die Beschlüsse der Bundesdelegiertenversammlungen nicht beachteten, Sanktionsmöglichkeiten, die aber bis heute nicht richtig angewendet wurden[888]).
Durch die Verschiebung der Schwerpunkte der RCDS-Arbeit, auf die weiter unten noch näher eingegangen wird, wurde die Wahrnehmung der „internen" Aufgaben durch den Bundesvorstand eher noch wichtiger für eine allgemein erfolgreiche RCDS-Arbeit. Dabei mußte vor allem die Unterstützung der Gruppen durch die Erstellung von Materialien wie Dokumentationen, Leitfäden, Flugblättern, Plakate, Zeitungen etc. und die Bildungsarbeit stark ausgeweitet werden. Dementsprechend vergrößerte sich sukzessive die RCDS-Bundesgeschäftsstelle[889]).

1959/60 des RCDS-Bundesvorstandes, S. 4 ff.; RCDS-Eilinformationen Nr. 1 vom 07.10.1960 (ACDP IV-006-044/4); Protokoll der RCDS-Bundesausschußsitzung am 29.10.1960, S. 7 (ACDP IV-006-011/3); Brief des CDH-TH-Aachen vom 22.01.1961, S. 3 (ACDP IV-006-023/1); Rechenschaftsbericht des RCDS-Bundesvorstandes 1964/65, S. 2 ff. (ACDP IV-006-006/2 II); RCDS-Brief Nr. 3/1965 vom Mai 1965, S. 2 (ACDP IV-006-041/3); Anm. 348 und 891. Auch die Landesverbände organisierten anfangs nur vereinzelt Landesseminare (siehe unter anderem: RCDS-Bericht aus Baden-Württemberg Nr. 1 vom Januar 1962 (ACDP IV-006-010/2), S. 6; Brief des RCDS-LV-Rheinland-Pfalz an den RCDS-Bundesvorstand (ACDP IV-006-020/1) vom 06.04.1963, S. 3). Zu den Gruppenneugründungen durch den Bundesvorstand siehe z. B. den Briefwechsel des stellvertretenden (stv.) Bundesvorsitzenden Weltin um eine Gruppenneugründung 1965 an der SIS-Konstanz vom 29.04.-05.11.1965 (alles: ACDP IV-006-030/1).

886) Siehe Anm. 267. Zu den Fluktuationsproblemen siehe RCDS- Brief Nr. 3/1965 vom Mai 1965, S. 2 (ACDP IV-006-041/3), und Anm. 639. Zu den unterschiedlichen Ausrichtungen siehe Anlagen zum Protokoll der 2. Bundesdelegiertenversammlung, Punkt 1. c) (ACDP IV-006-001/4).

887) Siehe Anm. 291, 292 und 293; hochschul-echo berlin 1/1960, S. 2.

888) Siehe Anm. 410 und 465; § 20 der Satzung des RCDS-Bundesverbandes in der Fassung vom 07.03.1965 (ACDP IV-006-001/ 1); § 6 der Satzung des RCDS-Bundesverbandes in der Fassung vom 04.03.1968 (ACDP IV-006-010).

889) Siehe Anm. 518, 534, 542 und 543; Protokoll der RCDS-Bundesausschußsitzung am 05.10.1976, S. 1 f. (RCDS-A 130); Protokoll der 10. Bundesdelegiertenversammlung des RCDS vom 03.-06.08.1960 in Kiel, S. 35: Das Spannungsverhältnis, in dem der Bundesvorstand dabei stand, wurde schon in der Kieler Diskussion besonders deutlich, in der eine straffere Organisation des Bundesverbandes gefordert wurde, die

Für den Bundesvorstand besteht daher bis heute die Notwendigkeit, sich auch seinen verbandsinternen Aufgaben im richtigen Verhältnis zu widmen. Bei einer Überbetonung der verbandsexternen Aufgaben liefe der RCDS-Bundesverband Gefahr, sich zum „Papiertiger" zu entwickeln, was die Durchsetzbarkeit seiner Positionen erheblich beeinträchtigen würde. Bei einer Überbetonung der internen Aufgaben würde der RCDS aus dem Blickfeld der bundesdeutschen Öffentlichkeit weitgehend verschwinden, was im Endeffekt die Durchsetzbarkeit seiner Vorstellungen genauso beeinträchtigen würde[890]).

Natürlich kann der Bundesvorstand alleine auf die Arbeit und vor allem die Entwicklung der einzelnen RCDS-Gruppen nur sehr bedingt unterstützend einwirken und wäre damit auch völlig überfordert. Seit der Umgliederung des Verbandes 1953 ist die Betreuung der Gruppen daher das Hauptarbeitsfeld der Landesverbände des RCDS. Sie sind für „die Pflege des Kontaktes zwischen benachbarten, insbesondere aber die Neugründung von Gruppen" zuständig, wobei ihre Arbeit „die direkten Beziehungen zwischen den Gruppen und dem Bundesvorstand nicht beeinträchtigen" soll[891]). Durch das Wachstum des Verbandes bedingt wurde das Tätigkeitsfeld der Landesverbände 1965 auf „die Vertretung der Gruppen und die Koordinierung der politischen Arbeit auf Landesebene" erweitert[892]). Um diese Aufgaben erfüllen zu können, schufen sich die RCDS-Landesverbände ebenfalls eine eigene Infrastruktur, so daß die Landesverbände heute zumindestens ergänzend Garanten einer kontinuierlichen Verbandsarbeit geworden sind. Die Bedeutung des RCDS-Bundesausschusses als Koordinierungsgremium ist daher erheblich gestiegen.

Im Rahmen dieser Verbandsstruktur ist es die Aufgabe der einzelnen RCDS-Hochschulgruppen, autonom den lokalen Gegebenheiten entsprechend für die gemeinsamen RCDS-Positionen zu arbeiten. Nur wenige größere Gruppen sind

---

aber nicht auf Kosten der Gruppen gehen dürfte. Siehe als Beispiele: RCDS-Bundesvorstand (Hrsg.): Karikaturen und Schriftzüge I, Bonn 1978; Hasselsweiler, Eckhard/ Lauritzen, Christian: Organisatorischer Leitfaden zur Arbeit der RCDS-Gruppen, Bonn 1978.

890) Siehe dazu u. a.: 1. Teil des Protokolls der 2. Bundesdelegiertenversammlung des RCDS vom 28.09.-01.10.1952 in Sonthofen, S. 11 ff. (ACDP IV-006-001/4); Jahresbericht 1956/ 57 des RCDS-Bundesvorstandes, S. 1 f. (ACDP IV-006-002/1); Schreiben des RCDS-Tübingen vom 20.01.1961 (ACDP IV-006- 016/3); RCDS-Brief Nr. 2/1967 vom Juni 1967, S. 3 (ACDP IV-006-006/2); Anm. 829, 859 und 893.

891) § 3 der Satzung des RCDS-Bundesverbandes in der Fassung vom 26.10.1956 (ACDP IV-006-001/5); Ring-Nachrichten Nr. 4 vom 22.01.1954, S. 2 f. (ACDP IV-006-044/4); Protokoll der 5. Bundesdelegiertenversammlung des RCDS vom 01.-04.08. 1955 in Würzburg, S. 16 (ACDP IV-006-001/4); Auszüge aus dem Rechenschaftsbericht des Landesvorsitzenden Stanitzek vor der Landesdelegiertenversammlung des RCDS-LV-Hessen/Rheinland-Pfalz am 20.12.1962, S. 1 f. (ACDP IV-006- 020/1). Die Landesverbände schufen sich dazu ebenfalls eigene Informationsdienste (z. B.: „Forum" des RCDS-LV-Bayern (ACDP IV-006-018/1); „RCDS-Bericht" des RCDS-LV-Schleswig-Holstein/Hamburg (ACDP IV-006-028/3); „RCDS-Berichte aus Baden-Württemberg" des RCDS-LV-Baden-Württemberg (ACDP IV-006-016/2).

892) § 3 II der Satzung des RCDS-Bundesverbandes in der Fassung vom 07.03.1965 (ACDP IV-006-001/1); Schreiben des stv. RCDS-Landesvorsitzenden Nordrhein-Westfalens, Hans-Wilhelm Mikorey, vom 07.04.1963, S. 1 (ACDP IV-006-023/1); Auszüge aus dem Rechenschaftsbericht des Landesvorsitzenden Stanitzek vor der Landesdelegiertenversammlung des RCDS-LV-Hessen/Rheinland-Pfalz am 20.12.1962, S. 1 f. (ACDP IV-006-020/1).

offensichtlich, dies auf Dauer ohne die Unterstützung übergeordneter Verbandsgliederungen in ausreichender Form zu schaffen. Andererseits wird die Arbeit des Bundesvorstandes und der Landesvorstände ohne eine starke Basis aktiver Gruppen sehr schnell ineffektiv und wirkungslos, wie die Geschichte des Bundesverbandes bereits mehrfach bewies. Trotz unterschiedlicher Hauptarbeitsfelder sind also alle Verbandsebenen aufeinander angewiesen, wenn sie in ihrer Arbeit dauerhaft erfolgreich sein wollen[893]).

Die Art und Weise sowie die Schwerpunkte der RCDS-Arbeit bis ungefähr zur Mitte der sechziger Jahre unterscheiden sich von den Hauptzielrichtungen seiner Arbeit ab der Mitte der sechziger Jahre bis heute wesentlich.

Der RCDS bzw. seine Hochschulgruppen verstanden sich damals zunächst als studentische Gemeinschaften, die durch den Austausch von Kenntnissen und Erfahrungen und durch kameradschaftliche Zusammenarbeit zu einer umfassenden Persönlichkeitsbildung des Einzelnen beitragen wollten. Vor dem Hintergrund der in diesen Jahren harschen Kritik am unzeitgemäßen studentischen Korporationsleben sollte damit auch eine bessere Form studentischen Gemeinschaftsleben vorgelebt werden[894]). Ein Hauptfeld der RCDS-Aktivitäten war daher die interne allgemeine und politische Bildungsarbeit durch Vortragsabende, Diskussionsveranstaltungen und ähnlichem sowie die Organisation geselliger Zusammenkünfte. Daneben engagierte sich der RCDS schwerpunktmäßig für eine umfassende Bildung der Studentenschaft. Hierbei wollte er das Defizit des universitären Lehrbetriebes ausgleichen und das weitverbreitete Desinteresse unter den Studenten gegenüber einem politischen Engagement abbauen, um zur persönlichen Fortbildung und zur Übernahme von Verantwortung während des Studiums und danach anzuregen. In diesem grundsätzlichen Ansatz war er sich mit allen anderen politischen Studentengruppen einig. Genauso wie sie ihre inhaltliche Ausrichtung bei ihrer Arbeit durchschimmern ließen, verbarg auch der RCDS seine christlich-demokratischen Grundpositionen nicht. Auch für diesen Bereich wurden Vortragsveranstaltungen, Filmabende, Betriebsbesichtigungen, Bildungsreisen etc. durch die Gruppen organisiert oder angeboten[895]).

---

[893]) Protokoll der 1. Bundesarbeitstagung des RCDS vom 25.-27. 08.1951, S. 2 (ACDP IV-006-001/4); Protokoll der 5. Bundesdelegiertenversammlung des RCDS vom 01.-04.08.1955 in Würzburg, S. 15 ff. (ACDP IV-006-001/4); Protokoll der 6. Bundesdelegiertenversammlung des RCDS vom 23.-26.10.1956 in Essen, S. 8 ff. (ACDP IV-006-001/5); CIVIS 62/Februar 1960, S. 151, und 74/Februar 1961, S. 177; RCDS-Briefe Nr. 1 vom 16.12.1957, S. 1 (ACDP IV-006-041/2), und Nr. 2/1967 vom Juni 1967, S. 3 (ACDP IV-006-066/2); Anm. 507, 535, 645 und 890.

[894]) Protokoll der Sitzung des Ausschusses „Die Gruppe an der Universität" auf dem 1. Bundesseminar des RCDS am 06./07. 04.1952 in Würzburg, S. 4 f. (ACDP IV-006-046/5); Ring-Nachrichten Nr. 4 vom 22.02.1954, S. 3 (ACDP IV-006-044/ 4); Protokoll der 4. Bundesdelegiertenversammlung des RCDS vom 27.-30.09.1954 in Wilhelmshaven, S. 17 (ACDP IV-006- 001/4); CIVIS 62/Februar 1960, S. 151 f., und 64/April 1960, S. 191; Stubbe-da Luz, Helmut, CIVIS 1/1984, S. 93 f.; Colloquium 12/1951, S. 17.

[895]) Siehe Anm. 898, 236 und 279; Protokoll der Sitzung des Ausschusses „Die Gruppe an der Universität" auf dem 1. Bundesseminar des RCDS am 06./07.04.1952 in Würzburg, S. 2 ff. (ACDP IV-006-046/5); Protokoll der 3. Bundesdelegiertenversammlung des RCDS vom 29.10.-01.11.1953 in Königstein/Taunus, S. 6 (ACDP IV-006-001/4); Ring-Nachrichten Nr. 3 vom 15.01.1954, S. 3 ff. (ACDP IV 006-044/2) und 4 vom 22.02.1954, S. 3 ff. (ACDP IV-006-044/4); Protokoll der 5. Bundesdelegiertenversammlung des RCDS vom 01.-04. 08.1955 in Würzburg, S. 7 ff. (ACDP IV-006-001/4);

Natürlich befürwortete der RCDS ein Engagement in den Gremien der studentischen Selbstverwaltung unter anderem wegen des persönlichkeitsbildenden Wertes der Übernahme von Verantwortung und trat auch, wie bereits dargestellt, für eine angemessene Beteiligung der Studenten an der akademischen Selbstverwaltung ein[896]). Dabei wollte er die Tätigkeit der studentischen Selbstverwaltung auf die reine Interessensvertretung beschränkt wissen und lehnte ein Engagement in allgemeinpolitischen Fragen, das „allgemeinpolitische Mandat der Verfassten Studentenschaft" als sachfremd ab. Denn dies würde der gemeinsamen Interessenvertretung schaden und müßte von den parteipolitischen Gruppen unternommen werden. Da er sich über diesen Grundsatz in jenen Jahren mit fast allen wesentlichen politischen Gruppen halbwegs einig war, bestand für die RCDS-Gruppen deshalb keine unbedingte Notwendigkeit zum Engagement in den Gremien der Studentenschaft[897]).
Neben den allgemeinen Veranstaltungen, die in der Regel durch Semesterprogramme und Aushänge der einzelnen RCDS-Gruppen bekanntgegeben wurden[898]), warb der RCDS noch durch eine bescheidene überregionale Öffentlichkeitsarbeit für seine Zielsetzungen. Der Bundesvorstand gab die Zeitschrift „CIVIS" heraus, für die norddeutschen Landesverbände erschien zusätzlich die Zeitschrift „Omnibus", für den bayerischen RCDS der „Argus" und für den Berliner RCDS das „hochschul-echo". Regelmäßig erscheinende Gruppenzeitschriften existierten de facto nicht. In diesen Publikationen wurden neben Informationen und Berichten über Ereignisse innerhalb der Studentenschaft oder Initiativen des RCDS und aktuellen Fragen auch Meinungsartikel zu den verschiedensten Themen abgedruckt. Sie stellten damit auch ein regelmäßiges Diskussionsforum dar und ergänzten die allgemeine Bildungsarbeit des Verbandes[899]). Aus dem gleichen Grund wurden zu aktuellen Fragen auch Sonder-

---

Jahresbericht 1956/57 des RCDS-Bundesvorstandes, S. 1 (ACDP IV- 006-002/1); Brief des CDH-TH-Aachen vom 22.01.1961, S. 1 (ACDP IV-006-023/1); Festrede von Franz Meyers zum 10jährigen Bestehen des RCDS 1961, S. 7 ff. (ACDP IV-006-001/3); RCDS-Bulletin 13/1961 vom 22.02.1961; Göttinger Tageblatt vom 13.05.1961; Referat des RCDS-Bundesvorsitzenden vor der 11. Bundesdelegiertenversammlung, S. 3 ff.; Auszüge aus dem Rechenschaftsbericht des Landesvorsitzenden Stanitzek vor der Landesdelegiertenversammlung des RCDS-LV-Hessen/Rheinland-Pfalz am 20.12.1962, S. 2 (ACDP IV- 006-020/1); Schreiben des stv RCDS-Landesvorsitzenden Nordrhein-Westfalen Mikorey vom 07.01.1963, S. 1 f. (ACDP IV-006-023/1); CIVIS 62/Februar 1960, S. 151 f., 64/April 1960, S. 191, 68-68/Juli 1960, S. 26, und 74/Februar 1961, S. 177 und 194 f.; hochschul-echo berlin 1/1960, S. 2; Adam, Heribert (1965), S. 56 ff.. Siehe hierzu auch § 1 der Satzung des RCDS-Bundesverbandes in der Fassung von 1955 (ACDP IV-006-001/5).

896) CIVIS 62/Februar 1962, S. 152 f., und 67-68/Juli 1960, S. 26; hochschul-echo berlin 1/1960, S. 2; Adam, Heribert (1965), S. 57.

897) Protokoll der 5. Bundesdelegiertenversammlung des RCDS vom 01.-04.08.1955 in Würzburg, S. 7 ff. (ACDP IV-006-001/4). CIVIS 8/Mai 1955, S. 12, und 67-68/Juli 1960, S. 26; hochschul-echo berlin 1/1960, S. 2; Adam, Heribert (1965), S. 42 ff..

898) Siehe z. B.: Programm des RCDS-Uni Kiel für das WS 1961/62 (ACDP IV-006-028/4); Programm des RCDS-Uni Freiburg für das WS 1961/62 (ACDP IV-006-016/3); Programm des RCDS-PH Regensburg für das WS 1962/63 (ACDP IV-006-018/2); Programm des RCDS-Uni Bonn für das WS 1962/63 (ACDP IV-006- 023/1); Programme des RCDS-Uni Köln und des RCDS-Uni Kiel für das WS 1965/66 (ACDP IV-006-001/2).

899) RCDS-Bundesvorstand (1961), S. 43; CIVIS 20-21/August-September 1956, S. 61 ff. und 90 f., und 64/April 1960, S. 191; RCDS-Bulletin 13/1961 vom 22.02.1961. Brief des

drucke des CIVIS herausgegeben[900]). Gleichzeitig stand der CIVIS neben den normalen Pressemitteilungen auch für ausführliche und aktuelle politische Stellungnahmen des Verbandes zur Verfügung[901]).
Die Studentenrevolte und die dadurch erfolgten Veränderungen in der hochschulpolitischen Szenerie machten eine völlige Verlagerung der Arbeitsschwerpunkte des RCDS notwendig. Denn der Konsens über die Aufgaben politischer Gruppen in den Hochschulen war nicht mehr vorhanden. Die Gruppen der politisch extremen Linken, die die freiheitlich-demokratische Gesellschaftsordnung der Bundesrepublik ablehnten, scheuten nicht davor zurück, die Ressourcen der Verfassten Studentenschaft zur Durchsetzung ihrer Anschauungen einzusetzen und maßten sich in deren Gremien – sofern sie in der Mehrheit waren – regelmäßig an, im Namen der Gesamtstudentenschaft zu aktuellen tagespolitischen Fragen aus ihrer Sicht Stellung zu nehmen[902]). Die Aufgaben studentischer Interessenvertretung und auch die sozialen Aufgaben der Verfassten Studentenschaft wurden dabei völlig vernachlässigt. Der RCDS war daher gezwungen, einerseits ständig die inhaltliche Auseinandersetzung mit den Gegnern der freiheitlich-demokratischen Grundordnung zu führen. Um hierbei auch Studenten, die durch die Linksdrift der Hochschulorganisationen der SPD und der FDP politisch „heimatlos" geworden waren, die Mitarbeit zu ermöglichen, öffnete er sich unter Zurückstellung seiner parteipolitischen Zielsetzungen allen demokratisch eingestellten Kommilitonen[903]). Andererseits mußte er versuchen, die Versäumnisse der offiziellen Gremien der Verfassten Studentenschaft im sozialen Bereich auszugleichen, und auch für eine konstruktive Vertretung studentischer Interessen arbeiten[904]).
Deshalb baute der RCDS auf der Gruppenebene nach und nach ein Mindestmaß an technischen und räumlichen Einrichtungen auf, um zu einer dauerhaften und elastischen politischen Arbeit fähig zu werden[905]). Mit Unterstützung der Landesverbände und des Bundesverbandes engagierten sich die meisten RCDS-Gruppen im Sozialbereich und organisierten Studienberatungen, Zimmer-, Möbel- und Bücherbörsen und gaben Rechts- und Sozialinfo' s, Einführungsbroschüren und Skripten heraus. Auf Bundesebene wurde der Studienplatztausch des RCDS und in jüngster Zeit auch die RCDS-Praktikantenbörse geschaffen[906]).

RCDS-LV-Hessen/Rheinland-Pfalz an den RCDS-Bundesvorstand vom 06.04.1963, S. 3 f. (ACDP IV-006-020/1): Ausnahmen waren die Gruppenzeitschriften „Spontan" (RCDS-Frankfurt/Main) und „Wir meinen" (RCDS-Mainz).

900) Siehe z. B.: CIVIS-Sonderdrucke aus Nr. 35/36 „Leitsätze des RCDS zur Hochschulreform und Studienförderung" zum Kulturpolitischen Kongreß der CDU/CSU 1960 und aus Nr. 51/52 „Der geistesgeschichtliche Standort der CDU" (ACDP IV-006-041/1). Auch von den Regionalorganen gab es ausnahmsweise Sonderdrucke: so z. B. 1959 vom „Omnibus" (Protokoll der RCDS-Bundesvorstandssitzung am 14.02.1959 (ACDP IV-006-012/1), S. 3).

901) RCDS-Bundesvorstand (1961), S. 43; siehe z. B. CIVIS 64/ April 1960, S. 184 ff. und 192, und 67-68/Juli 1960, S. 26.

902) Siehe Anm. 453, 484, 493 (u. a.) und Weberling, Johannes (1984), S. 27 ff..

903) Siehe Anm. 530, 568, 576, 582, 599, 650, 673, 725, 787, 788, 813 und 852; § 2 b der Satzung des RCDS-Bundesverbandes in der Fassung vom 07.03.1982.

904) Siehe Anm. 515, 533, 554, 565, 616, 642, 650 und 673.

905) Siehe Anm. 475 und 543.

906) Siehe Anm. 553, 554 und 855 sowie zur Tätigkeit der RCDS-Gliederungen: Flugblatt

Im Rahmen der Hochschulgremien – dabei besonders auf der Ebene der Fachschaften – und über die Landesverbände und den Bundesverband versuchte der RCDS, für studentische Interessen zu arbeiten und berechtigte Forderungen durchzusetzen. Dazu engagierte er sich natürlich auch noch in allgemeinpolitischen Fragen. Aus seinem Grundverständnis kam es ihm bei allem darauf an, eine konkrete, überschaubare und durchsetzbare Politik zu betreiben, ohne den Blick für das Ganze zu verlieren, und seine christlich-demokratischen Grundwerte durch Arbeit, Inhalt und Stil deutlich zu machen und dafür zu werben[907]). Dies beinhaltete eine strikte Ablehnung der Gewalt als Mittel der Politik[908]) und die Überzeugung Andersdenkender durch Argumente, darunter insbesondere die Vorlage eigener konstruktiver Konzepte und Lösungsvorschläge. Dafür standen ihm auch weiterhin Diskussionsveranstaltungen und -foren als Aktionsformen zur Verfügung. Der RCDS scheute sich aber nicht, weitere Möglichkeiten wie zum Beispiel Massenklagen, Mahnwachen, Unterschriftenaktionen, Offene Briefe und (seltener) Demonstrationen zu nutzen, um die Verantwortlichen in der Politik auf drängende Probleme aufmerksam zu machen und auf deren Lösung zu drängen[909]).
Seit der Studentenrevolte nutzen die Gruppen der extremen Linken die Medien der Studentenschaft, um eine „linke Gegenöffentlichkeit" gegen die Manipulation der Öffentlichkeit durch kommerzielle Medien aufzubauen. Die Veröffentlichung „nicht-linker" Meinungen lehnen sie darin regelmäßig ab[910]). Der RCDS

---

des RCDS-Bonn „Studentenwerke in Studentenhand" im WS 1983/84; Brief von Friedrich-Walter Ebener über den RCDS-Bochum vom 21.01.1985, S. 2; Mitgliederrundschreiben des RCDS-Bonn vom April 1984; Offener Brief des RCDS-Uni Frankfurt an den Geschäftsführer des Studentenwerks vom 08.06.1984; Bundeszentrale für politische Bildung (1985), S. 107. Als Beispiele für Skripten, Rechts-, Sozial- und Erstsemesterinfo' s: Physikumsskripten des RCDS-Bochum; Skript „Erläuterungen zum Gang der qualitativen Analyse" des RCDS-Erlangen (1977); Skript „Erläuterungen zum physikalischen Anfängerpraktikum" des RCDS-Erlangen (1978); Jürgen Strekkenbach (RCDS): Finanzwissenschaft (Skripten der Fachschaft Jura Kiel; ca. 1982); Rechtsgeschichte-Skript des RCDS-Gießen (1979); Handels- und Gesellschaftsrecht-Skripten des RCDS-Gießen (1980); Klausurensammlung Grundkurs Strafrecht der Fachschaft Jura des RCDS-München (1978); Ratgeber Recht (BFT-Jura des RCDS; 1984), Ratgeber Recht (RCDS-LV-Nordrhein-Westfalen; 1980); Ratgeber Recht (RCDS-Gruppen Gießen, Frankfurt/Main, Karlsruhe; 1979); Reform der Juristenausbildung (BFT-Jura des RCDS; 1982); Studienortwechslerinfo (BFT-Jura des RCDS; 2./1982); Sozialführer (AStA-Ulm (RCDS-geführt); 2./1980); Lupe-Für Erstsemester (RCDS-TH Darmstadt; SS 1978); MOIN-Nicht nur ein Erstsemesterinfo (RCDS-Oldenburg); RCDS-info-Für Erstsemester (RCDS-Gießen; WS 1982/83); Studienführer für Erstsemester (RCDS-Gießen; 4./1981); Universität Trier-Erstsemesterinfo 79/80 (RCDS-Trier); ulmer uni spatz-manipulation und information zum studienbeginn im WS 1976/77 (RCDS-Ulm); ulmer uni spatz-information zum studienbeginn 1985/86 (RCDS- Ulm); Studienanfängerinfo (RCDS-Bayern; WS 1984/85); Erstsemesterinfo (Liberale Aktion/RCDS-Bonn/SLH-Bonn; SS 1984).

907) Siehe Anm. 450, 512, 513, 515, 565, 577, 591, 592, 603, 605, 642, 650, 653, 661, 673, 674, 687, 703, 708, 715, 748 und 812.

908) Siehe Anm. 745, 783 und 850.

909) Siehe Anm. 451, 579, 591, 603, 606, 609, 616, 642, 654, 667, 677, 678, 697, 742, 782, 797, 811, 825, 842 und 844.

910) Baier, Horst (1968), S. 166 ff.; Allerbeck, Klaus R. (1973), S. 42; Fichter, Tilman/Lönnendonker, Siegward (1979), S. 56 f., 118 f. und 121 f.; Schlicht, Uwe (1980), S. 64 f.; Weberling, Johannes (1984), S. 44 f..

war daher gezwungen sich insbesondere zur hochschulinternen aber auch zur allgemeinen Information auf allen Ebenen eigene Zeitschriften zu schaffen[911]).
Politische Grundlagenbildung betreibt der RCDS zur Zeit in der Regel nur noch verbandsintern, von größeren Vortragsveranstaltungen und ähnlichem in den Hochschulen abgesehen. Ein „studentisches Gemeinschaftsleben" findet in den Gruppen in der ursprünglich angestrebten Form nicht mehr statt.
Gelingt es dem RCDS, allein oder mit Koalitionspartnern die Mehrheit in den Gremien einer Studentenschaft zu erlangen, kann er dort sein anderes Verständnis von deren Arbeit praktisch deutlich machen. Solange er jedoch in der überaus großen Mehrheit der ASt' en nicht vertreten ist, wird sich der alte Konsens über die politischen Aufgaben der Studentenschaft und die Aufgaben der politischen Hochschulgruppen nicht wieder herstellen lassen. Bis dahin dürften sich die heutigen Schwerpunkte und Formen der RCDS-Arbeit nicht verändern.

---

[911]) Siehe z. B.: Aktuell-Hessische Studentenzeitung (RCDS-LV Hessen); apropos (RCDS-Uni Bochum); apropos (RCDS-Uni Bonn); ASTArix-Demokratisches Freiburger Studentenjournal/ALU (RCDS-Uni Freiburg); Blackground-Zeitung für Studenten (RCDS-LV Schleswig-Holstein); Campus-Reportagen; Demokratische Blätter; Der grüne Rabe-Studentenzeitung für die Hochschulen in Karlsruhe (RCDS-TU Karlsruhe); Der Rabe (RCDS-Uni Ulm); Der Sachverhalt (Fachschaftszeitung des RCDS-Uni Bonn); Hochschulmagagzin (RCDS-LV Bayern); Forum (Fachschaftszeitung des RCDS-Uni Saarbrücken); Forum-Regensburger Studentenzeitung (RCDS-Uni Regensburg); Justitia, Heureka, Bilanz (Fachschaftszeitungen des RCDS-Uni Bochum); Lupe (RCDS-TH Darmstadt); Phönix (Fachschaftszeitung des RCDS-Uni Marburg); Prisma (RCDS-Uni Trier); rational (RCDS-Uni Göttingen); Saldo, Diagnose, FH-Report, Synthese, Kontexte (Zeitschriften der BFT' en des RCDS); Schloss-Forum (RCDS-Uni Mannheim); Schwarze Katze (RCDS-Uni Hannover); scriptor (Fachschaftszeitung des RCDS-Uni Frankfurt); Skunk (Fachschaftszeitung des RCDS-Uni Hamburg); Tatbestand, Input, Wecker, Infarkt (Fachschaftszeitungen des RCDS-Uni Gießen); Tops (RCDS-Uni Mainz); Tupfer (RCDS-MH Hannover); Uni-UHU-Münchener Studentenmagazin (RCDS-Uni München); Votum.

V. Hauptfelder der politischen Arbeit des RCDS

Wie in der allgemeinen Beschreibung der Verbandsgeschichte deutlich wurde, sind die Grundsatzarbeit, die Hochschul- und Bildungspolitik, die Auslands- und Menschenrechtsarbeit sowie zumindestens bis zum Ende der sechziger Jahre die Gesamtdeutsche Arbeit die Hauptfelder der politischen Arbeit des RCDS. Diese vier Bereiche der RCDS-Arbeit sollen deshalb näher dargestellt werden.

1. Grundsatzarbeit des RCDS

Die christlich-demokratischen Hochschulgruppen hatten, wie der nordrhein-westfälische Ministerpräsident Franz Meyers in seiner Festrede zum zehnjährigen Bestehen des RCDS- Bundesverbandes im Februar 1961 in Bonn feststellte, „nicht weniger zu bewerkstelligen als die Christlich-Demokratische Union nach 1945; sie hatten eine völlig neue, durch Vor- und Leitbilder nicht beeinflußbare theoretische und praktische Grundlegung ihrer Arbeit vorzunehmen"[912]).
Daß sich gerade in der spannungsgeladenen Athmosphäre der mitteldeutschen Universitäten 1945/46 zuerst Studenten beider Konfessionen in den CDU-Hochschulgruppen zusammenfanden, um – resultierend aus den Erfahrungen der Nazi-Zeit – künftig gemeinsam aus christlicher Verantwortung heraus das öffentliche Leben mitzugestalten, verwundert nicht[913]). Dieser grundsätzliche Ansatz war schon auf dem Marburger Treffem 1947 zwischen allen Anwesenden unstreitig[914]). Trotz aller Unterschiede in der Auffassung über die Arbeit der einzelnen Hochschulgruppen im RCDS bildete das Bemühen aller Mitglieder des Verbandes, an der Vertiefung und Verbreitung christlich-demokratischen Gedankengutes zu arbeiten, ein (wenn nicht sogar das) wesentliches verbindendes Element der RCDS-Arbeit überhaupt[915]). Dies galt sowohl nach innen durch die Heranführung der eigenen Mitglieder an diese Ideen[916]), als auch nach außen durch spezifische Veranstaltungen im Rahmen der allgemeinen Arbeit der RCDS-Hochschulgruppen[917]). Grundsätzlich war man der Auffassung, daß in den RCDS-Gruppen eine christliche Athmosphäre herrschen müsse. Die Mitgliedschaft echter Christen und Demokraten sei dafür die Vor-

---

[912]) Festrede von Franz Meyers zum 10jährigen Bestehen des RCDS, S. 9 (ACDP IV-006-001/3).

[913]) Siehe Kapitel II.1. a); RCDS-Bundesvorstand (1961), S. 11; Anlage zum Bericht über die RCDS-Vorsitzendenkonferenz vom 10.-14.04.1953 in Bonn, Entschließung Nr. 1 (ACDP IV-006- 046/1); Festrede von Franz Meyers zum 10jährigen Bestehen des RCDS, S. 8 (ACDP IV-006-001/3).

[914]) Siehe Anm. 96 und RCDS-Bundesvorstand (1961), S. 12.

[915]) Siehe Anm 260; 2. Teil des Protokolls der 2. Bundesdelegiertenversammlung des RCDS vom 28.09.-01.10.1952 in Sonthofen, Bericht des Ausschusses „Die Gruppe in der Universität" (ACDP IV-006-001/4); RCDS-Bundesvorstand (1961), S. 9.

[916]) 1. Teil des Protokolls der 2. Bundesdelegiertenversammlung des RCDS vom 28.09.-01.10.1952 in Sonthofen, S. 9 (ACDP IV-006-001/4).

[917]) Siehe Kapitel IV. und z. B. CIVIS 13/Januar 1956, S. 112

aussetzung. Nichtchristen müßten sich in den Gruppen dem Gruppenleben anpassen, weshalb die Gefahr einer Verwässerung des Grundgedankens dann nicht bestehe[918]). Ständige Diskussionen in den Gruppen, Referate mit anschließender Debatte und Arbeitskreise auf überregionalen RCDS-Veranstaltungen trugen dazu bei, daß das christlich-demokratische Gedankengut vertieft und für die Verbandsmitglieder nicht nur zum geistigen Eigentum, sondern auch zur Leitlinie ihres politischen Handelns wurde. Diese Grundorientierung des RCDS, welche ihn auch mit der CDU verband, beschrieb der stellvertretende RCDS-Bundesvorsitzende Amelung zusammengefaßt in seiner Grundsatzrede vor der vierten Bundesdelegiertenversammlung des RCDS 1954 in Wilhelmshaven:

„Den Christen zeichnet vor dem Idealisten jeder Schattierung der nüchterne und klare Blick für die Wirklichkeit aus. Er wird sich hüten, dass das gerade in der Politik vielfach in Geltung stehende Morgenstern' sche Wort, »dass nicht sein kann, was nicht sein darf«, seine Äusserungen und Handlungen bestimmt. Er sieht in der Entwicklung der Geschichte weder marxistische noch liberalistische Gesetzmäßigkeiten wird aber auch nie dem Fehler verfallen dürfen, in bestimmten politischen Ereignissen und Plänen den besonderen Willen Gottes erkennen zu können. Die Wirklichkeit der Welt und der Geschichte ist für unser Auge niemals eindeutig, und Gottes Wege und Gedanken sind höher als unsere Gedanken und Wege. Diese Voraussetzung hat alle christliche Politik.

Von daher sollte die Christlich-Demokratische Union jeder Kritik und Selbstkritik besonders offen gegenüber stehen, ja sie sollte immer danach streben, dass sie genügend Kritiker in ihren eigenen Reihen findet. Wir sollten nicht meinen, dass wir uns vollständig darüber im Klaren sind, was christliche Politik zu jeder Zeit und jeder Stunde bedeutet. Nur solange wir im Gespräch untereinander sind, haben wir in der deutschen Politik eine Verheissung, erfüllen wir die Aufgabe recht, die uns seit 1945 gestellt ist. Sollte das Reden der CDU einmal zu einem Monolog werden oder sich darauf beschränken, die Meinung eines Einzelnen wiederzugeben, so haben wir nichts mehr zu sagen. Nur wer sich selbst absolut setzt und damit einer Selbstsicherheit verfällt, die nicht mehr christlich genannt werden kann, wird dem anderen nicht mehr zuhören. Wir wissen, dass wir die einzige Wahrheit in Jesus Christus haben, – das ist es, was uns auszeichnet, und von daher begründen wir unseren Namen – wir wissen aber auch, dass Jesus Christus nicht die EVG (Europäische Verteidigungsgemeinschaft, d. Verf.) und nicht die soziale Marktwirtschaft ist. Wieweit diese Dinge christlich sind, darüber wird das Gespräch immer im Gange bleiben müssen. So mag uns in besonderer Weise die Aufgabe gestellt sein, der CDU wachsame und verantwortungsvolle Kritiker zu sein, denn auch nur der, der sich dieser Aufgabe einmal unterzogen hat, ist auch in der Lage, eine Politik wirklich aus innerster Überzeugung zu vertreten"[919]). Diese Grundlagen müßten in der allgemeinen Politik immer wieder verdeutlicht werden[920]).

Obwohl es in diesen Jahren keine geschriebenen Grundsätze des RCDS gab, zeigen die Begründungen der ersten politischen Resolutionen des RCDS und

---

918) Bericht über die RCDS-Vorsitzendenkonferenz vom 10.-14. 04.1953 in Bonn, S. 3 (ACDP IV-006-046/1).

919) Protokoll der 4. Bundesdelegiertenversammlung des RCDS vom 27.-30.09.1954 in Wilhelmshaven, S. 18 f. (ACDP IV-006-001/4); siehe auch CIVIS 8/Mai 1955, S. 19.

920) Siehe Anm. 265.

seiner ersten überregionalen Aktionen, daß diese Grundpositionen tatsächlich Richtschnur der Verbandsarbeit und keine bloßen Worte waren, was Simon übersieht[921]). Die hohe Fluktuation in der Hochschule barg jedoch ständig die Gefahr in sich, daß die Grundsätze der RCDS-Arbeit sehr schnell innerhalb und außerhalb des Verbandes in Vergessenheit zu geraten drohten, wenn sie nicht andauernd in Diskussionen, Veranstaltungen und praktisch politischer Arbeit an die nachwachsenden Mitglieder- und Studentengenerationen weitergegeben wurden.

Das Ende der fünfziger Jahre immer stärker werdende Desinteresse der Studenten am politischen Engagement bewog den RCDS sein Engagement gerade im Bereich der studentischen Selbstverwaltung erheblich zu steigern[922]). Auf dem Höhepunkt dieser Bemühungen mußte er sich trotzdem 1961 im Vorfeld der Bundesdelegiertenversammlung fragen lassen, er nenne sich zwar Ring **Christlich-Demokratischer** Studenten, sei er denn überhaupt noch ein Ring **christlich-demokratischer** Studenten. Der in diesem Jahr amtierende Bundesvorstand versuchte dieser Entwicklung entgegenzusteuern, machte die kritische Erneuerung des RCDS zu einem Hauptthema seines Rechenschaftsberichtes und wollte mit der Einrichtung eines Arbeitskreises „Christliche Politik" auf der Bundesdelegiertenversammlung 1961 in Goslar eine in der Zukunft wieder stärkere Grundsatzdiskussion innerhalb des Verbandes anregen. Auch in der CDU erfolgte nach der verlorenen Bundestagswahl 1961 mit dem Auftrag des Bundesvorstandes an Barzel, eine Studie zu diesem Thema zu erstellen, eine ähnliche Initiative[923]).

Aufgrund der hohen Fluktuation gerade der Funktionsträger des Verbandes scheiterten diese Bemühungen jedoch vollständig. Die verhaltene Fortsetzung der Grundsatzdiskussion in der CDU nach der Vorlage der „Barzel-Denkschrift" begünstigte dies. Die Bundesdelegiertenversammlung 1962 lehnte sogar die Einrichtung eines Arbeitskreises „Christliche Politik" ab[924]). Wohl nahm der CIVIS in diesen Jahren zu inhaltlichen Fragen mit Vehemenz Stellung. Auch beschloß die Bundesdelegiertenversammlung 1963 in Kehl die Einrichtung eines Arbeitskreises „Politische Theorie in der 2. Phase der CDU/CSU". Doch war nicht zu übersehen, daß die Diskussion inhaltlicher Grundsatzfragen im Verband ein „Mauerblümchen-Dasein" fristete[925]).

Eine leichte Intensivierung der Behandlung von Grundsatzfragen ist erst wie-

---

[921]) Siehe u. a. Anm. 286 und 311 sowie RCDS-Korrespondenz vom 28.11.1960; Uwe-Rainer Simon in Politische Akademie Eichholz der Konrad-Adenauer-Stiftung für politische Bildung und Studienförderung e. V. (1970), S. 397.

[922]) Siehe Anm. 321 und 334 sowie „RCDS 1960, Standort-Standpunkt", Referat des RCDS-Bundesvorsitzenden Ibielski vor der 10. Bundesdelegiertenversammlung, S. 5.

[923]) Siehe Anm. 352 und 355 sowie „RCDS-Grundsätze-Aufgaben-Leistungen", Referat des RCDS-Bundesvorsitzenden Ibielski vor der 11. Bundesdelegiertenversammlung, S. 2 ff.. Buchhaas, Dorothee (1981), S. 299 mit Anm. 84; Schönbohm, Wulf (1985), S. 70 f.: Der CDU-Bundesvorstand beauftragte Barzel am 11.12.1961, „Untersuchungen über das geistige und gesellschaftliche Bild der Gegenwart und die künftigen Aufgaben der CDU" zu erstellen.

[924]) Siehe Anm. 369; Schönbohm, Wulf (1985), S. 71 f..

[925]) Siehe Anm. 365 und 383. Dies heißt natürlich nicht, daß es nicht trotzdem auf der Landesverbandsebene einzelne Ansätze zur Diskussion und Fortbildung über Grundsatzfragen gab, so in den Landesverbänden Hessen/Rheinland-Pfalz und Ba-

der in der Amtszeit des Bundesvorstandes 1965/66 festzustellen. Mit der Aktion „Freiheit und Frieden für Südvietnam" wollte er in der damals laufenden Debatte um das amerikanische Engagement in Südvietnam deutlich machen, daß die Freiheit der südvietnamesischen Bevölkerung durch die Aggression des kommunistischen Vietcong bedroht sei und diese Freiheit daher verteidigt werden müsse[926]). In den von der Bundesdelegiertenversammlung 1966 als Ergebnis der Arbeit des Arbeitskreises „Politische Theorie" beschlossenen Thesen forderte der RCDS die CDU auf, sich ein Grundsatzprogramm als Ausgangspunkt für Aktionsprogramme und ein Aktionsprogramm für die aktuellen politischen Fragen zu geben[927]).

Die Notwendigkeit, sich selbst ein grundsätzliches, christlich-demokratisch ausgerichtetes Konzept zu geben, mit dem man als Basis den sozialistischen Ideen des SDS eine Alternative hätte entgegensetzen können, wurde offensichtlich erst nach und nach erkannt. Zu Beginn des Wintersemesters 1967/68 wurde, was Lemke verkennt, die Erarbeitung dieser Konzeption zusammen mit der Entwicklung neuer Strategien beschlossen, nachdem die herkömmlichen Aktionsansätze des RCDS gescheitert waren[928]). Die im Oktober 1968 erstmalig erscheinende Theoriezeitschrift „Sonde" unterstützte diese Debatten[929]). Einige Passagen aus dem Schluß des Sonde-Beitrages von Helmuth Pütz zum „Menschenbild und Stellenwert des Individuums in Gesellschaft und Politik" im Vorfeld der Marbacher Bundesdelegiertenversammlung im Oktober 1969, auf der das Grundsatzprogramm des RCDS abschließend beraten werden sollte, können die veränderte Grundposition des RCDS am besten deutlich machen:

„Das christliche Menschenbild fordert eine antitotalitaristische, sachgerechte und auf Ausgleich zwischen Individuum und Gemeinschaft bedachte Politik. Die gleichen politischen Prinzipien können aber auch aus heute gültigen, nicht ausdrücklich und genuin christlichen Menschenbildern deduziert werden. . . . Das Menschenbild, das dem politischen Aktionsraum des RCDS zugrunde liegt, ist weder originär noch orginell, es ist vielmehr das durch heutige und politische und soziale humane Vorstellungsbilder ergänzte, seit der klassischen Antike tradierte und angereicherte Menschenbild der meisten Völker des abendländischen Kulturkreises. Als spezifisches Unterscheidungskriterium ist dies Menschenbild durch den RCDS politisch lediglich gegenüber totalitären, autokratischen und liberalistischen Menschen-, Gesellschafts- und Staatsvorstellungen zu gebrauchen. Unterscheidungsmerkmal gegenüber nichttotalitären, nichtautokratischen und nichtliberalistischen Menschenbildern in der Bundesrepublik ist dieses Menschenbild nicht. Konkret gesagt: Das Menschenbild,

---

den-Württemberg (siehe dazu: Auszüge aus dem Rechenschaftsbericht des Landesvorsitzenden Stanitzek vor der Landesdelegiertenversammlung des RCDS-LV Hessen/Rheinland-Pfalz am 20.12.1962, S. 2 f. (ACDP IV-006-020/1) und RCDS- Berichte aus Baden-Württemberg Nr. 1 vom Januar 1962, S. 7 f., Nr. 2 vom März 1962, S. 15 ff., und Nr. 3 vom Juni 1962 (alle ACDP IV-006-016/2), S. 6 ff. und 13 ff.).

926) Siehe Anm. 423 und RCDS-Brief Nr. 3/1965 vom Mai 1965, S. 2 f. (ACDP IV-006-041/3).

927) Siehe Anm. 431.

928) Siehe Anm. 441, 443 und 453. Lemke, Michael, ZfG 1985, S. 810, datiert den Beginn der Programmdiskussion auf 1969. Schönbohm, Wulf (1985), S. 142, spricht nur ungenau von der Beschäftigung des Politischen Beirates des RCDS mit Grundsatzfragen seit dem Frühjahr 1968.

929) Siehe Anm. 481.

das den politischen Vorstellungen des RCDS zugrunde liegt, unterscheidet sich in der Bundesrepublik lediglich von den totalitären und autokratischen Menschen-, Gesellschafts- und Staatsvorstellungen von DKP, DFU, SDS etc. sowie NPD, NHB etc. (das liberalistische Menschenbild ist in der Bundesrepublik bedeutungslos). Das RCDS-Menschenbild weist keine fundamentalen und spezifischen Differenzierungsmerkmale von den in der Bundesrepublik überwiegenden demokratischen (= nichttotalitären und nichtautokratischen) Grundüberzeugungen auf.
Das RCDS-Menschenbild ist weder spezifisch christlich, noch basiert es auf einer originär christlichen Grundüberzeugung, noch postuliert es eine besondere »christliche Politik«. . . ."[930]). Von der von Amelung 1954 skizzierten Grundposition des RCDS war also der damals besonders stark fortschreitenden Entchristlichung der bundesrepublikanischen Gesellschaft entsprechend nicht mehr viel übrig geblieben. Vor diesem Hintergrund überrascht es auch nicht, daß in dem in Marbach beschlossenen, von Pütz und Schönbohm im Gegensatz zu Simon noch nicht einmal erwähnten ersten Grundsatzprogramm des RCDS jegliche Aussage zu einer christlich-demokratischen Grundorientierung des Verbandes fehlt[931]). Daß der RCDS auf diese Art keine zusätzliche Anziehungskraft gewann und für die jetzt beschriebenen Zielsetzungen keine neue Unterstützung innerhalb der Studentenschaft bekam, verwundert trotz aller anderen strategischen und organisatorischen Schwierigkeiten nicht[932]). Diese Ausarbeitungen konnten aber insgesamt zumindestens als „Ideen-Pool" für die nach dem Neuanfang der RCDS-Arbeit zu Beginn der siebziger Jahre neu beginnende Grundsatzdebatte des Verbandes dienen.
Das im Gegensatz zu Schönbohm von Pütz ebenfalls nicht erwähnte neue RCDS-Grundsatzprogramm von 1976 beschrieb dann auch, wie bereits ausgeführt, in detaillierter Form die christlich-demokratische Grundorientierung des RCDS und seine daraus gefolgerten Positionen im demokratischen Staat und offener Gesellschaft, in Wirtschaft sowie Bildung und Wissenschaft[933]). Es ist durch die Bundesverbandssatzung jetzt auch zur alle Mitglieder und Gliederungen verpflichtenden Grundlage der RCDS-Politik gemacht worden[934]).
Durch die Formulierung des Strategiebeschlusses von 1978, nach dem die Grundpositionen des RCDS durch eine grundwertbezogene Gesellschaftspolitik laufend deutlich gemacht werden sollten, versuchte man auch der Gefahr zu begegnen, daß diese Grundsätze durch den schnellen Wechsel der Mitgliedergenerationen erneut in Vergessenheit gerieten[935]). In die gleiche Richtung

---

[930]) Sonde 3/September 1969, S. 22 f..

[931]) Kirsch, Wolfgang (1971), S. 47 ff.; Simon in Politische Akademie Eichholz der Konrad-Adenauer-Stiftung für politische Bildung und Studienförderung e. V. (1970), S. 398 f., der allerdings in der Verbindung der Achtung des Individuums mit seiner Sozialbezogenheit (These 2 des Programmes) ein originäres Politikverständnis aus christlicher Sicht sieht; Schönbohm, Wulf (1985), S. 142; Pütz, Helmuth (1985), S. 51; siehe auch den Dokumentationsteil. Die Beiträge in der o. g. Ausgabe 3/1969 der Sonde wurden als Begründung des Grundsatzprogrammes angesehen (Kirsch, Wolfgang (1971), S. 5).

[932]) Siehe u. a. Anm. 504.

[933]) Siehe Anm. 550, 567 und 568 sowie Kapitel III.3. c) und den Dokumentationsteil; Pütz, Helmuth (1985), S. 51; Schönbohm, Wulf (1985), S. 142.

[934]) § 2 der Satzung des RCDS-Bundesverbandes in der Fassung vom 09.03.1982.

[935]) Siehe Anm. 591 und 592.

zielte unter anderem der Grundsatzantrag „Wege aus der Orientierungskrise" von 1980[936]).
Trotzdem erfolgte die Weitergabe der inhaltlichen Grundlagen des Verbandes an die neuen Mitglieder nur unzureichend, so daß zwar die Grundlinien der RCDS-Arbeit weitergeführt wurden, aber eine Fundierung der Arbeit und des Engagements der Mitglieder in den RCDS-Grundsätzen und die damit verbundene Werbung für diese Grundpositionen in den Hochschulen weitgehend wieder verloren ging[937]). Um dies zu verändern propagierten nachfolgende RCDS-Bundesvorstände immer wieder eine Rückbesinnung auf die inhaltlichen Grundlagen des Verbandes und ihre erneute Diskussion. In diesem Zusammenhang kam es auch zur Wiedergründung des CIVIS Anfang 1983, ohne die Grundpositionen damit jedoch zur dauerhaften und gesicherten Grundlage der Arbeit aller Verbandsgliederungen machen zu können[938]).
Von dem Auf und Ab der Grundsatzarbeit unberührt lassen sich dennoch drei Haltungen feststellen, die den grundsätzlichen Standort des RCDS und seine Arbeit immer bestimmt haben.
Von Anfang an wollte er erstens das Desinteresse innerhalb der Studentenschaft am politischen Engagement abbauen helfen und allgemein die gesamte akademische Jugend zur Übernahme von Verantwortung im demokratischen Staat anregen und vorbereiten. Deshalb hielt der RCDS auch die pauschale Ablehnung des Korporationsstudententums für falsch, um zu vermeiden, daß einzelne Gruppen in einer bedenklichen Opposition zum Staat verharrten[939]).
Wie oben bereits ausgeführt, war er sich bis zur Mitte der sechziger Jahre in diesem Grundziel noch mit allen demokratischen Gruppen einig. Aufgrund der veränderten hochschulpolitischen Verhältnisse öffnete er sich seiner Grundeinstellung entsprechend auch jetzt politisch heimatlos gewordenen Verfechtern der freiheitlichdemokratischen Grundordnung[940]).
Aus den Erfahrungen heraus, die seine Gründer in der Zeit des Dritten Reiches mit dem nationalsozialistischen Regime sammeln mußten, war es dem RCDS zweitens seit seiner Gründung auf allen Verbandsebenen ein ständiges Anliegen über diese Vergangenheit und die Art ihrer Bewältigung zu informieren, rechtsextreme Tendenzen anzuprangern und mit derartigen Organisationen die politische Auseinandersetzung mit aller Entschiedenheit zu führen[941]). Damit korrespondierend bemühte sich der RCDS um eine wirkliche christlich-jüdi-

---

936) Siehe Anm. 629, 630 und 640.

937) Siehe Anm. 639.

938) Siehe Anm. 650, 657, 671, 687, 694, 726, 847, 848 und 860 sowie u. a. Kon-texte 4/86-1/87, S. 4.

939) Siehe Anm. 274, Jahresbericht des RCDS-Bundesvorstandes 1959/60, S. 7, und CIVIS 1/Mai 1954, S. 1, sowie die Entschließung der 5. Bundesdelegiertenversammlung des RCDS (die letzteren beiden siehe Dokumentationsteil).

940) Siehe Anm. 895 und 903.

941) Siehe Anm. 279, 313, 318, 324, 443, 451, 494, 668 und 669; Protokoll der Landesdelegiertenversammlung des RCDS-LV-Baden-Württemberg vom 10.-12.06.1968 in Heidelberg (ACDP IV- 006-016/2); Protokolle des RCDS-Bundesausschußsitzungen am 03.07.1978, S. 2 und Anlage 1, 16./17.05.1980, S. 3 und Anlagen, und 27./28.09.1980, S. 2 f.; CIVIS 13/Januar 1956, S. 112, 71/November 1960, S. 121 ff., 8/August 1962, S. 13, und 3/März 1964, S. 10 f.; Demokratische Blätter 1/ 1983, S. 18 ff.; Kon-texte 4/ 1984, S. 1 und 4. Der verantwortliche CIVIS-Redakteur Jochen Denso berichtete vom

sche Verständigung und um den Aufbau freundschaftlicher Beziehungen mit israelischen Organisationen. Ein Ziel, das ihn in den ersten Jahren seines Bestehens auch mit dem SDS und anderen Studentengruppen verband[942]).
Das Schicksal der christlich-demokratischen Hochschulgruppen in Mitteldeutschland machte den RCDS drittens zum entschiedenen Gegner linksextremer Inhalte und linksextremer Organisationen. Dabei kam es ihm nach der Verschiebung der politischen Grenzen in den Hochschulen in den Jahren der Studentenrevolte besonders darauf an, auf die Volksfront- beziehungsweise Neo-Volksfrontbündnisse zwischen dogmatischen und undogmatischen Marxisten und den Jungsozialisten in der SPD an den Hochschulen und die daraus für den demokratischen Grundkonsens der Gesellschaft erwachsenden Gefahren hinzuweisen[943]).

2. Hochschul- und Bildungspolitik des RCDS

Naturgemäß kristallisierte sich die Hochschul- und Bildungspolitik nach ersten Anfangsschwierigkeiten[944]) als Schwerpunkt der Politischen Arbeit des RCDS heraus. Schließlich war er per se als Studentenverband gefordert, zu Fragen und Problemen in diesem Bereich Stellungnahmen abzugeben und Verbesserungsmöglichkeiten aufzuzeigen. Durch diese praktische Arbeit konnte er den Studenten seine grundsätzlichen Vorstellungen auch am besten deutlich machen und so deren Unterstützung für seine Arbeit und seine Positonen gewinnen. Dieses Arbeitsfeld trat daher nur selten hinter andere Fragen zurück und wurde nach der Studentenrevolte aus den oben bereits genannten Gründen noch wichtiger und umfangreicher[945]).
Durch den relativ schnellen Wechsel der Mitgliedergenerationen im RCDS und die damit verbundenen Probleme, die Inhalte der politischen Arbeit des Verbandes immer vollständig weiterzugeben, ist eine Kontinuität bei den Inhalten der hochschul- und bildungspolitischen Arbeit des RCDS nur bedingt auszumachen. RCDS-Positionen, -Aktionen und Forderungen sind hier außerdem in hohem Maß von den jeweils aktuellen Problemen bestimmt. Sie wurden in ausreichender Form bereits oben dargestellt.
Einige Grundlinien der RCDS-Hochschul- und Bildungspolitik sind sowohl in ihrer Art und Weise als auch in ihren Inhalten jedoch vorhanden. Sie lassen sich im wesentlichen aus der grundsätzlichen Orientierung des Verbandes herleiten

---

Eichmann-Prozeß 1962 in Israel (siehe dazu: CIVIS 75/März 1961, S. 217 ff., 76/April 1961, S. 225 f. und 235 ff., 77/Mai 1961, S. 11 f., 78/Juni 1961, S. 34 f., 79/Juli 1961, S. 59 und 61, 80/August 1961, S. 96, und 85/Januar 1962, S. 195 f. und 206 f.).

[942]) Siehe z. B.: Brief von Dr. Alois Rummel vom 22.09.1986; Colloquium 6/1952, S. 18; CIVIS 86/Februar 1962, S. 223 f.; RCDS in Bayern (1978), S. 21 f.; Anm. 391, 421 und 709; Fichter, Tilman (1988), S. 155 ff..

[943]) Siehe Anm. 452, 453, 493, 521, 530, 576, 579, 582, 599, 705, 716, 725, 787, 827 und 852.

[944]) Siehe Anm. 248; Anlagen zum Protokoll der 2. Bundesdelegiertenversammlung des RCDS vom 28.09.-01.10.1952 in Sonthofen, S. 1 (ACDP IV-006-001/4); CIVIS 38/Februar 1958, S. 209, und 46/Oktober 1958, S. 113.

[945]) Siehe dazu u. a. Anm. 293, 310, 314, 316, 326, 334, 339, 365, 373, 383, 404, 420, 447, 466,499, 511, 537, 551, 571, 661, 673 und 803.

und wurden allenfalls durch später wieder korrigierte „Ausreisser" während der Studentenrevolte kurzfristig gestört[946]).
So bevorzugte der RCDS prinzipiell den Weg einer evolutionären Fortentwicklung der deutschen Hochschulen und des Bildungssystems gegenüber einer revolutionären Umgestaltung, durch die ihre grundsätzlich als zeitgemäß angesehenen Strukturen weitgehend zerstört worden wären. Er beschränkte sich dabei nicht auf die Artikulation bloßer Forderungen, sondern entwickelte regelmäßig konstruktive Vorschläge zu deren Verwirklichung, die er mit allen ihm legal zur Verfügung stehenden Möglichkeiten anstrebte. Schon Ende der fünfziger Jahre und auch am Anfang der sechziger Jahre hatte er damit begrenzte Erfolge. Die (nicht nur) von ihm als notwendig erachteten großen Reformen konnte er jedoch nicht erreichen. Erst die Studentenrevolte mit ihren gewalttätigen Ausschreitungen bewog die politisch Verantwortlichen, die seit langem überfälligen Reformen zu beginnen, um den Protesten ihren Grund zu nehmen. Trotz dieser schlechten Erfahrung behielt der RCDS auch nach seiner Reorganisation zu Beginn der siebziger Jahre seinen grundsätzlichen Arbeitsansatz bei, auch wenn er jetzt, wie oben beschrieben, verfeinerte Strategien zur Durchsetzung seiner Forderungen entwickelte und, soweit es ihm möglich war, durch Eigeninitiativen für zusätzlichen Nachdruck sorgte[947]).
Inhaltlich plädierte der RCDS für das Abitur als regulärer Zugangsberechtigung für die Hochschulen. Daneben trat er für eine Förderung des zweiten Bildungsweges und dementsprechend auch für eine Differenzierung und Durchlässigkeit des Bildungswesens ein[948]).
Seit jeher ist die Durchsetzung und Erhaltung der Freiheit des Studiums ein Anliegen des RCDS. Aus diesem Grunde engagierte er sich, wie oben ausgeführt, nachhaltig um die Verwirklichung einer dies garantierenden Studienreform, wobei ihm jedoch ein durchschlagender Erfolg bis heute versagt blieb[949]). Damit dieses Studium jedem Begabten überhaupt ermöglicht wird, gleiche Startchancen für alle bestehen, wie es im RCDS-Grundsatzprogramm von 1976 formuliert wurde, engagierte sich der RCDS mit Nachdruck für eine sozial gerechte Ausbildungsförderung[950]).
Hinzu kam sein allgemeines Engagement im studentischen Sozialbereich, sei es für ausreichenden Wohnraum für Studenten, eine leistungsgerechte studentische Krankenversicherung oder anderes[951]). In diesem Zusammenhang leistete der RCDS bei der Förderung der Studienmöglichkeiten von körperbehinderten Studenten Pionierarbeit. Der selbst erblindete Marburger Theologiestu-

---

[946]) Siehe z. B. Anm. 525 und 571 sowie Langguth, Gerd (1983 b), S. 183.

[947]) Siehe z. B. Anm. 293, 316, 325, 326, 339, 404, 420, 447, 451, 453, 454, 466, 482, 485 und Kapitel IV. am Ende; RCDS 1960, Standort-Standpunkt, Rede des RCDS-Bundesvorsitzenden Ibielski vor der 10. Bundesdelegiertenversammlung des RCDS; hochschul-echo berlin 1/1960, S. 2.

[948]) Siehe Anm. 293 und 803 sowie Ziff. 64 des RCDS-Grundsatzprogrammes von 1976; Dormann, Franz (1984), S. 191 und 194 ff..

[949]) Siehe u. a. Anm. 413, 435, 466, 558, 559, 589, 598, 607, 609, 610 und 780; Protokoll der 10. Bundesdelegiertenversammlung des RCDS vom 03.-06.08.1960 in Kiel, S. 37.

[950]) Ziff. 62 des RCDS-Grundsatzprogrammes von 1976; siehe u. a. Anm. 286, 293, 352, 398, 411, 551, 565, 661 und 703; CIVIS 28/April 1957, S. 214 und 227, 38/Februar 1958, S. 209, sowie 46/Oktober 1958, S. 113.

[951]) Siehe u. a. Anm. 267, 278, 511, 564, 606, 624 und 674.

dent, Hans R. Herbst, baute als RCDS-Bundesreferent für Behindertenfragen seit 1977 das neu eingerichtete RCDS-Behindertenreferat als zentrale Anlaufstelle für behinderte Kommilitonen auf, entwickelte zahllose Initiativen in diesem Sektor, organisierte, wie bereits beschrieben, regelmäßige Fachtagungen und Hearings und gab zum ersten Mal überhaupt umfassende Informationsbroschüren und Leitfäden heraus[952]).

Die Freiheit des Studiums zu sichern, bedeutete für den RCDS ferner, auch in Zeiten, wo dies unpopulär war, für eine ausreichende finanzielle Ausstattung des Bildungsbereiches als notwendige Investition für die Zukunft des Gemeinwesens zu werben[953]).

Seit seiner Gründung setzte er sich im übrigen für die Erhaltung der Freiheit und der Einheit von Forschung und Lehre und gegen deren einseitige Politisierung ein. Seit 1976 ist der kritisch-rationale Wissenschaftsbegriff auch im RCDS-Grundsatzprogramm festgeschrieben[954]).

Schließlich warb der RCDS von Anfang an für die Erhaltung der Hochschulautonomie und die Beteiligung aller Hochschulangehörigen an den Entscheidungen der Universitätsgremien. Als geeignete Organisationsform für die Studenten einer Hochschule betrachtete er die Verfasste Studentenschaft und engagierte sich für ihren Bestand. Wegen des zwangsmitgliedschaftlichen Charakters der Verfassten Studentenschaft gestand er ihr allerdings kein Mandat zu, auch in allgemeinpolitischen Fragen für die Studenten zu sprechen, was er seit seinem Bestehen mit Nachdruck vertrat[955]).

---

[952]) Hans R. Herbst (1984), S. 232 ff.; siehe Anm. 612, 637, 724, 751, 794, 795, 804 und 830. Für seine Verdienst als langjähriger Bundesbehindertenreferent des RCDS wurde Herbst 1985 das Bundesverdienstkreuz verliehen (Protokoll der RCDS-Bundesausschußsitzung am 08./09.06.1985 (RCDS-A 130), S. 6; RCDS-Magazin 7/1985, S. 2 f.).

[953]) Siehe u. a. Anm. 280, 673, 687 und 803.

[954]) Ziff. 66 des RCDS-Grundsatzprogrammes von 1976; siehe Anm. 513; RCDS 1960, Standort-Standpunkt, Rede des RCDS-Bundesvorsitzenden Ibielski vor der 10. Bundesdelegiertenversammlung.

[955]) Siehe u. a. Anm. 202, 268, 281, 297, 299, 304, 327, 415, 434, 448, 453, 466, 494, 551, 580, 581, 707, 708 und 902; Protokoll des Ausschusses „Die Gruppe an der Universität" auf dem 1. Bundesseminar des RCDS am 06./07.04.1952 in Würzburg, S. 1 f. (ACDP IV-006-046/5); CIVIS 7/Februar 1955, S. 109 ff.; Rundschreiben 7/1956 vom 13.06.1956, S. 2 (ACDP IV-006-043/1); spontan Nr. 2/Mai 1962, S. 1 f.; SDS-Informationen nr. 3 vom 02.07.1963, S. 4 (ACDP IV-006- 066/2); Dormann, Franz (1984), S. 119 ff.. Ridder und Ladeur sowie Preuß versuchen beispielsweise mit gewagten juristischen Argumentationen, der Studentenschaft ihren zwangskörperschaftlichen Charakter abzusprechen, um auf diese Weise die Zulässigkeit der Inanspruchnahme eines allgemeinpolitischen Mandates durch die Organe der Verfassten Studentenschaft zu rechtfertigen (Preuß, Ulrich (1969), S. 77 ff.; Ridder, Helmut/Ladeur, Karl-Heinz (1976), S. 37 ff), was von der Rechtssprechung und ganz herrschende Lehre allerdings zu Recht nicht nachvollzogen wird (siehe z. B. Bartsch, Hellmuth (1971), S. 41 a f. und 123 ff.; Allgemeiner Studentenausschuß der Medizinischen Hochschule Hannover (1982), u. a. mit dem Urteil des OVG Münster, Az 5 A 238/79; Pietzcker, Jost, JuS 1985, S. 27 ff. m. w. N. in Anm. 2).

3. Gesamtdeutsche Arbeit des RCDS

Ausschließlich über die politischen Entwicklungen der jüngeren Zeit Informierte dürften sich fragen, warum unter den Hauptfeldern der RCDS-Arbeit auch dessen „Gesamtdeutsche Arbeit" aufgeführt wird. Doch war dieser Bereich auch für außenstehende Beobachter[956]) zumindestens in den ersten zwanzig Jahren des Bestehens des RCDS-Bundesverbandes ein wesentlicher Schwerpunkt seiner Aktivitäten. Dies verband den RCDS mit dem VDS und allen anderen größeren politischen Studentenverbänden Westdeutschlands, hatte man doch das Schicksal der eigenen Hochschulgruppen an den mitteldeutschen Universitäten in gemeinsamer frischer Erinnerung. Analog zum Amt für gesamtdeutsche Studentenfragen des VDS gründete der RCDS schon bei seiner ersten ordentlichen Bundesdelegiertenversammlung 1951 ein eigenes Ostbüro, welches – ein Jahr später in RCDS-Referat für gesamtdeutsche Studentenfragen umbenannt – in Berlin angesiedelt war. Zwar beeinträchtigte das „Zusammenraufen" in der Anfangszeit des RCDS-Bundesverbandes auch die Arbeit des Ostbüros (bzw. Referates), doch wurde das Bundesreferat in Berlin mit sieben Mitarbeitern schon im Juni 1953 schnell zu einer der wichtigsten Einrichtungen des RCDS[957]).

Die (nicht nur) beim RCDS in breiter Form vorhandene Bereitschaft, sich in diesem Bereich zu engagieren, wurde durch eine weitgehend unbürokratische Hilfe des Bundesministeriums für gesamtdeutsche Fragen unterstützt, wodurch diese Aktivitäten zusätzlich gesteigert wurden[958]).

Die Arbeit des Bundesreferates und mit ihm des Gesamtverbandes unterteilte sich in die sogenannte **„Ostarbeit"** und die umfangreichere sogenannte **„Westarbeit"**.

Von vorneherein unterlag die **„Ostarbeit"** aus Sicherheitsgründen großen Beschränkungen. Im Gleichklang mit den Aktivitäten des „Amtes für gesamtdeutsche Fragen" des VDS wurden vom Bundesreferat lediglich eine Anzahl persönlicher Kontakte nach Mitteldeutschland gepflegt und die Knüpfung solcher Kontakte angeregt. An diese Adressen wurde ferner der Versand von Fachbüchern und schöngeistiger Literatur sowie in begrenztem Umfang von Lebensmitteln und Medikamenten jeweils in Zusammenarbeit mit der Bundesgeschäftsstelle des RCDS vermittelt. Darüberhinaus organisierte man für mitteldeutsche Oberschüler und Studenten, die ihre Ausbildung in West-Berlin vollendeten, über die kirchlichen Feiertage Kurzferien-Aufenthalte in westdeutschen Familien. Dazu kamen Begegnungs- und Informationstagungen für mitteldeutsche Studenten in West-Berlin oder in Westdeutschland. Zu Anfang unterstützte der RCDS auch noch funktionstüchtige mitteldeutsche CDU-Hochschulgruppen. Bei dieser Arbeit lehnte das Bundesreferat die Leistung von Nachrichtenarbeit grundsätzlich ab und weigerte sich strikt, Mitteilungen über

---

956) Bestandsbeschreibung auf Seite 1 des Findbuches zu ACDP IV-006 (RCDS).

957) Geschäftsverteilungsplan des Referates vom 08.06.1953 (ACDP IV-006-034/3); Colloquium 4/1951, S. 20 (siehe auch Dokumentationsteil); Brief von Friedrich Hammerstaedt vom 02.05.1955 (ACDP IV-006-034/3); Erklärung des VDS-Vorstandes zum 17.06.1964 (ACDP IV-006-061/2); siehe Anm. 201, 202, 224, 241 und 243.

958) Z. B.: Brief des Bundesreferates vom 22.03.1955, S. 2; Briefwechsel mit dem Bundesministerium für gesamtdeutsche Fragen vom 05.04. und 10.04.1957 (ACDP IV-006-035/1) sowie 14.07.1962 (ACDP IV-006-056/1).

die Verhältnisse in Mitteldeutschland entgegenzunehmen, um seine mitteldeutschen Kontaktpartner nicht zu gefährden. Auch wurde kein mitteldeutscher Gast des Bundesreferates zu Illoyalitätserklärungen gegenüber „seiner sog. ‚DDR'" aufgefordert[959]).
Daß das Bundesreferat trotzdem ein Ausspähungsobjekt für den DDR-Staatssicherheitsdienst war, überrascht nicht. Davor versuchte man sich, so gut es eben ging, zu schützen[960]).
Durch den Bau der Mauer in Berlin 1961 wurden die Möglichkeiten der Ostarbeit zusätzlich eingeschränkt. Immerhin konnten die Päckchen-Aktionen noch einige Jahre weitergeführt werden[961]).
Der Schwerpunkt der Referatsarbeit und auch des ganzen Bundesverbandes lag daher von Anfang an bei der **„Westarbeit".** Hauptaufgabe des Bundesreferates in diesem Bereich war seit seiner Gründung die ständige aktuelle politische Information der RCDS-Gruppen bzw. deren Beauftragten über die allgemeine Situation in Mitteldeutschland und ab 1956 – wie auch der VDS – zunehmend auch über die theoretischen Grundlagen des dortigen Herrschaftssystems. Dafür standen ihm neben eigenen Rundbriefen die Kommunikationsmittel des Verbandes zur Verfügung. Zur Vertiefung der Informationen organisierte das Bundesreferat ab Mitte der fünfziger Jahre eine Fülle von Berlin-Seminaren für RCDS-Mitglieder. Dazu kamen noch die Erarbeitung und Verbreitung themenspezifischer Broschüren, zum Beispiel zu „Christentum und Jugendweihe", und die Bereitstellung von umfassenden Materialien mit Hintergrundinformationen zur Referentenfortbildung[962]).
Durch diese regelmäßige und intensive Information waren die RCDS-Hochschulgruppen in der Lage, im Rahmen ihrer Bildungsarbeit gesamtdeutsche Themen stärker zu berücksichtigen. Dazu war die Situation an den mitteldeut-

---

959) Bundesreferatsrundschreiben 1/1952 vom 08.02.1952, S. 1 f. (ACDP IV-006-034/3), und 3/1952 vom November 1952, S. 1 f.; Bundesvorstandsrundschreiben 3/1956 vom 01.02.1956, S. 3, und 9/1955 vom 20.07.1955, S. 4 (ACDP IV 006-060/3); Bundesreferatsbericht über die Arbeit für die Zeit vom 04. 08.1955-18.10.1956, S. 1 f. (ACDP IV-006-001/5); CIVIS 22/Oktober 1956, S. 110; Bundesreferatsbericht 1956/57, S. 3 (ACDP IV-006-002/1); Bundesreferatsbericht 1958/59, S. 3 f. (ACDP IV-006-003/2); Tätigkeitsbericht des Bundesreferates für die Zeit vom 01.08.1959-31.07.1960, S. 2 f.; RCDS-Bundesvorstand (1961), S. 36 f.; Otto, Detlev E. (1959), S. 58; siehe Anm. 269 und 288. Im Gegensatz zum Bundesreferat unterstellt Adam, Heribert (1965), S. 98, ohne dies näher zu belegen, dem „Amt für gesamtdeutsche Fragen" des VDS allerdings auch eine organisierte Nachrichtenbeschaffung.

960) Bundesreferatsrundschreiben 1/1952 vom 08.02.1952, S. 1 f. (ACDP IV-006-034/3); Bundesreferatsschreiben vom 05.04.1955, 03.06.1955, 21.06.1955 und 24.07.1955 und Aktennotizen vom 02.05.1955, 19.07.1955 und 20.07.1955 sowie Briefe an das Referat vom 10.04.1955 und 23.07.1955 (alles ACDP IV-006-034/3).

961) CIVIS 85/Januar 1962, S. 218; Kurzprotokoll der RCDS-Bundesausschußsitzung am 18./19.11.1961, S. 5 (ACDP IV-006- 011/3); Brief an das Bundesministerium für gesamtdeutsche Fragen vom 14.07.1962 (ACDP IV-006-056/1); Brief an den RCDS-Bundesvorstand vom RCDS-Hamburg vom 09.12.1964 (ACDP IV-006-028/4).

962) Siehe Anm. 269, 290 und 959 (hier die Bundesreferatsberichte allgemein); Resolution 3 in der Anlage zum Bericht über die RCDS-Vorsitzendenkonferenz vom 10.-14.04.1953 in Bonn (ACDP IV-006-046/1); CIVIS 14/Februar 1956, S. 131, und 19/Juli 1956, S. 59 f.; Bundesreferatsbrief vom 07.03.1957 (ACDP IV-006-035/1); RCDS-Bundesvorstand (1961), S. 36; Anhang zum Protokoll der 15. Bundesdelegiertenversammlung 1965, S. 8 (ACDP IV-006-006/2); Adam, Heribert (1965), S. 56 f..

schen Hochschulen ständiges Thema auf den Bundesdelegiertenversammlungen des RCDS. Diese Verbandsaktivitäten wurden durch eine Fülle von Beiträgen im CIVIS ergänzt[963]).
Es war das Ziel des RCDS, „bei seiner Arbeit die üblichen Klischee-Vorstellungen zu überwinden und überschwengliche Emotionen zu vermeiden"; er versuchte „statt dessen, zu einer wirklichkeitsgetreuen Wertung der Problematik unseres geteilten Deutschlands zu gelangen." Dabei lehnte er es ab, „den studentischen Bereich isoliert zu betrachten, sondern strebt eine Einordnung seiner Arbeit in den politischen Gesamtzusammenhang an", wie es in seinem Memorandum zur gesamtdeutschen Arbeit von 1960 hieß[964]).
Gerade in den ersten Jahren seines Bestehens beinhaltete dies auch die ständige Information über die Lage der politischen Häftlinge in mitteldeutschen Gefängnissen, womit er sich mit allen politischen Studentenverbänden einig wußte[965]). In diesem Zusammenhang setzte sich der RCDS für entsprechende Hilfen zur Wiedereingliederung freigelassener Häftlinge ein und versuchte dabei seinen persönlichen Beitrag, soweit es seine bescheidenen finanziellen Möglichkeiten zuließen, bei der Unterstützung freigelassener ehemaliger Angehöriger der CDU-Hochschulgruppen zu leisten[966]). Auch wenn sein Versuch nur geringen Erfolg hatte, das Wissen und die Erfahrungen der Freigelassenen durch Referate auf Veranstaltungen oder Beiträge im CIVIS für die aktuelle Verbandsarbeit zu nutzen bzw. sie in die RCDS-Gruppen zu integrieren[967]), war dadurch innerhalb des Verbandes zumindestens das Bewußtsein für die eige-

---

[963]) Siehe z. B. Anm. 260, 294, 351, 368, 383 und 396; CIVIS 10/Juli 1955, S. 39 ff. und 51 f., 18/Juni 1956, S. 35 ff., 19/Juli 1956, S. 43 ff. und 60, 22/Oktober 1956, S. 103 ff., 37/Januar 1958, S. 179, 43/Juli 1958, S. 45 f., 48/Dezember 1958, S. 160 f., 49/Januar 1959, S. 187 f., 64/ April 1960, S. 146 ff., sowie 85/Januar 1962, S. 197 ff. und 211 ff..

[964]) Siehe Anm. 331 und RCDS-Bundesvorstand (1961), S. 35; CIVIS 64/April 1960, S. 192; RCDS-Werbeblatt von 1962 (ACDP IV-006-001/2).

[965]) CIVIS 14/Februar 1956, S. 130, 25/Januar 1957, S. 172, 37/Januar 1958, S. 177 ff., 43/ Juli 1958, S. 67 f., 49/Januar 1959, S. 188 ff.. Siehe als Beispiel für das Engagement in der Studentenschaft allgemein: Colloquium 9-10/ 1951, S. 11, 12/1951, S. 10, 1/1952, S. 15, 2/1952, S. 14, 3/1952, S. 10, 8/1952, S. 10, 9/1952, S. 8, 10/1952, S. 15, 11/1952, S. 11, 12/1952, S. 11, 1/1953, S. 14, 2/1953, S. 15, 3/1953, 4/1953, S. 15, 5/1953, S. 14, 6/1953, S. 15, 7/1953, S. 15, 8/1953, S. 15, 9/1953, S. 15, 11/1953, S. 15, 2/1954, S. 14, 3/1954, S. 5, 9/1954, S. 16, 10/1954, S. 16, 12/1954, S. 14, 2/1955, S. 14, 9/1956, S. 4 und 11/1956, S. 23, sowie Otto, Detlev E. (1959), S. 58 f..

[966]) Protokoll der RCDS-Vorsitzendenkonferenz am 06.05.1954 in München, S. 7 a (ACDP IV-006-046/1); Ring-Nachrichten Nr. 4/WS 53-54 vom 22.02.1954, S. 3 (ACDP IV-006-044/4); Briefe und Vermerke des Bundesreferates und an das Bundesreferat vom 18.11.1956, 16.12.1956, 23.12.1956 (alle ACDP IV- 006-034/3), 11.01.1957, 07.03.1957 und 12.10.1957 (alle ACDP IV-006-035/1); bestätigter Vermerk über das Gespräch mit Hans Beitz am 25.07.1986, S. 4.

[967]) Zu den Seminaren mit ehemaligen Häftlingen bzw. den Bemühungen darum: Briefe des Bundesreferates vom 09.12.1956 (ACDP IV-006-034/3) und 02.01.1957 (ACDP IV-006-035/1); Brief von Wrazidlo vom 21.12.1956 und Vermerk des Bundesvorstandes vom 04.01.1957 (ACDP IV-006-034/3); CIVIS 10/Juli 1955, S. 52, und 49/Januar 1959, S. 192. Zu den Artikeln: z. B. CIVIS 28/April 1957, S. 231 f.. Zur Integration in den Verband: Die RCDS-Gruppe Kiel entsandte zur 4. Bundesdelegiertenversammlung Günter Abramowski (ehemals Halle) als ordentlichen Delegierten (Protokoll der 4. Bundesdelegiertenversammlung des RCDS vom 27.-30.09.1954 in Wilhelmshaven, S. 1 (ACDP IV-006-001/4); Anm. 141).

nen Wurzeln vorhanden. Die RCDS-Mitglieder hatten dadurch ein zusätzliches Motiv, sich für dieses Thema einzusetzen[968]).

Für den RCDS war das Engagement für die deutsche Wiedervereinigung damals also ein ständiges Anliegen. Dabei stellten für ihn wie anfangs auch für alle anderen politischen Studentenverbände die 1951 in Hamburg bestätigten Seeshaupter-VDS-Beschlüsse von 1949 den Rahmen dar. Dies bedeutete, daß er aufgrund der mit der Rolle der FDJ an den mitteldeutschen Hochschulen gemachten Erfahrungen offizielle Kontakte mit dieser Organisation ablehnte und ausschließlich für den Auf- und Ausbau von Kontakten zu mitteldeutschen Kommilitonen auf der persönlichen Ebene eintrat. Weiter unterstützte er die grundsätzlichen Vorgaben der Politik der Bundesregierung zur Frage der deutschen Wiedervereinigung[969]). Von Anfang an setzte er sich gegen Ermüdungserscheinungen beim gesamtdeutschen Engagement in der westdeutschen Studentenschaft zur Wehr und opponierte entschieden gegen eine Aufweichung der Seeshaupter Beschlüsse, solange sich am grundsätzlichen Charakter der FDJ und an der allgemeinen Situation in den mitteldeutschen Hochschulen nicht geändert hatte[970]).

Das Beharren auf den Grundpositionen von Seeshaupt bedeutete aber nicht, daß die gesamtdeutschen Aktivitäten des RCDS statisch und allein auf die Verteidigung dieser gemeinsamen Ausgangsposition fixiert waren. Der RCDS bemühte sich im Gegenteil stetig darum, neue Möglichkeiten zur Förderung der Wiedervereinigung zu finden und zu nutzen.

Die Forderungen des Memorandums von 1960 zeigen dies deutlich. Ebenso hatten RCDS-Mitglieder im Gespräch mit polnischen Kommilitonen festgestellt, daß sich deren Ansichten zu einer deutsch-polnischen Einigung erheblich von den offiziellen polnischen Regierungspositionen unterschieden. Die polnischen Studenten hatten nicht nur Verständnis für die deutschen Standpunkte, sondern waren für eine deutsch-polnische Verständigung zu echten Kompromissen bereit. Der RCDS förderte deshalb diese Kontakte, weil er auf dieser Ebene wirkliche Kompromisse diskutieren wollte, die eine echte deutsch-polnische Verständigung fördern könnten[971]). Genauso war die Auslandsarbeit des RCDS in diesen Jahren zum wesentlichen Teil auch gesamtdeutsche Arbeit. Denn der Verband vertrat die Auffassung, daß eine Lösung der deutschen Frage nur mit ausländischer Unterstützung möglich war. Um

---

[968]) Siehe Anm. 368; CIVIS 43/Juli 1958, S. 45 f., 48/Dezember 1958, S. 169, und 7/Juli 1962, S. 6; RCDS-Werbeblatt von 1962 (ACDP IV-006-001/2).

[969]) Siehe Anm. 201 und 260 und Dokumentationsteil; Müller, Marianne und Egon Erwin (1953), S. 200 ff.; Resolution 4 in der Anlage zum Bericht über die RCDS-Vorsitzendenkonferenz vom 10.-14.04.1953 in Bonn (ACDP IV-006-046/1); Anlagen zum Bundesvorstandsrundschreiben 9/1955 vom 20.07.1955 (ACDP IV-006-060/3); Zeitschrift „Kontakt" des RCDS-LV-Baden-Württemberg vom Juli 1966, S. 4 ff. (ACDP IV-006-016/ 2); Fichter, Tilman (1988), S. 225 ff..

[970]) Siehe Anm. 310, 311 und 368; CIVIS 19/Juli 1956, S. 57, und 49/Januar 1959, S. 191; Anlagen zum Bundesvorstandsrundschreiben 9/1955 vom 20.07.1955 (ACDP IV-006-060/3); Reden des RCDS-Bundesvorsitzenden Ibielski vor der 10. Bundesdelegiertenversammlung, S. 7, und der 11. Bundesdelegiertenversammlung, S. 11. Ebenso wandte sich der Verband entschieden gegen ähnliche Tendenzen in der Evangelischen Kirche, wie sie in der Ostdenkschrift von 1965 sichtbar geworden waren (siehe Anm. 422).

[971]) Siehe Anm. 294 und vorher schon CIVIS 19/Juli 1956, S. 46.

diese mit anzuregen bzw. zu verstärken, organisierte er einen bedeutenden Anteil seiner deutschlandpolitischen Informationsseminare in Berlin für befreundete ausländische Studentenverbände und Studenten aus Ländern der sogenannten „Dritten Welt". Zusätzlich sprach er dieses Thema immer wieder auf internationaler Ebene an. Dabei kam es ihm darauf an, deutlich zu machen, daß die internationalen Spannungen ursächlich mit der deutschen Teilung zusammenhingen, die deutsche Außenpolitik aber auf die Überwindung der deutschen Teilung ausgerichtet sei. Ein Resultat dieses Engagements war die Unterstützung der wesentlichen deutschlandpolitischen Grundpositionen des RCDS durch seinen europäischen Dachverband ICCS[972]). Die Bereitschaft zu Kontakten mit osteuropäischen Verbänden mit Ausnahme der FDJ ist ebenfalls im Zusammenhang mit der Suche nach neuen Möglichkeiten zu sehen. Denn man erblickte in der Ausdehnung der Beziehungen auf diese Länder die Chance, die Stellung der DDR zu schwächen[973]).
Mit der Bereitschaft zu FDJ-Kontakten ab 1967 gab der RCDS zwar eine Grundposition auf, was in Anbetracht der allgemeinen politischen Situation allerdings durchaus geboten erschien. Dieser Beschluß lag aber noch im Rahmen der Gesamtlinie einer Erkundung von neuen Möglichkeiten und eigenen Beiträgen für eine aktivere Deutschlandpolitik bei Wahrung der grundsätzlichen Rechtspositionen und des Zieles der Wiedervereinigung[974]).
Erst der Beschluß der RCDS-Bundesdelegiertenversammlung von 1968 bedeutete das Ende der bisher verfolgten Linie der gesamtdeutschen Arbeit, auch wenn noch weitergehende Anträge abgelehnt worden waren. In ihm wurde auf das Ziel der Wiedervereinigung Deutschlands im klassisch-nationalstaatlichen Sinne unter der Bedingung des Aufgehens der zwei derzeit bestehenden deutschen Staaten in einer dauerhaften gesamteuropäischen Staatenorganisation verzichtet. Im ersten RCDS-Grundsatzprogramm 1969 wurde dies sogar noch krasser festgeschrieben[975]). Man hatte sich aber weder Gedanken über mögli-

---

[972]) Siehe Anm. 330, 396 und 421 sowie RCDS-Bundesvorstand (1961), S. 36; CIVIS 10/ Juli 1955, S. 51, und 22/Oktober 1956, S. 110; Protokolle der RCDS-Bundesausschußsitzungen am 06./07.06.1959, S. 4, 30.04./01.05.1960, S. 7 (beide ACDP IV-006-011/3), und 03.03.1965, S. 2 (ACDP IV-006-011/ 4); Anhang zum Protokoll der 15. Bundesdelegiertenversammlung, S. 8 und 10 (ACDP IV-006-006/2); RCDS-Brief Nr. 3/ Mai 1965, S. 4 f. (ACDP IV-006-041/3); siehe auch: Minutes of the ICCS-Annual Executive Comitee Meeting during the XI. ICCS-Conference, held on Aug. 15/21, 1966, at Baarn/ NL, S. 4 (ACDP IV-006-036/2).

[973]) Siehe Anm. 383 und 396.

[974]) Siehe Anm. 446. Hierzu ergänzend: „Die Haltung des RCDS zu FDJ-Kontakten" von Wulf Schönbohm vom 06.06.1966; Faltblatt „Innerdeutsche Politik im Wandel" des RCDS-Bundesvorstandes vom Mai 1967 (beides ACDP IV-006-001/2). Nach diesem Beschluß unternahm der RCDS-Bundesvorstand einen zum Schluß doch noch erfolglosen Versuch zur Anbahnung von Kontakten mit der Ost-CDU (Unterlagen dazu in ACDP IV-006- 052/2). In den vergangenen Jahren hatte auch der VDS ebenso wie die JU 1967 die Erfahrung gemacht, daß jetzt die FDJ derartigen Kontakten auswich (Adam, Heribert (1965), S. 99; Grotz, Claus-Peter (1983), S. 142). Dagegen konnte der SDS im Mai 1964 nach dem Unvereinbarkeitsbeschluß der SPD mit einer offiziellen Delegation am Deutschlandtreffen der FDJ in Ost-Berlin teilnehmen (Fichter, Tilman/Lönnendonker, Siegward (1979), S. 82 f.).

[975]) Siehe Anm. 468 und 469 sowie These 36 des RCDS-Grundsatzprogrammes von 1969 (Kirsch, Wolfgang (1971), S. 34, und Dokumentationsteil) und Sonde 3/1969, S. 100 ff..

che Wege dahin gemacht, noch existierte ein halbwegs vorstellbares europäisches Bezugsobjekt für ein künftiges gesamtdeutsch/-europäisches Engagement.

Die Konsequenz dieses Beschlusses war ein allgemeiner Rückgang der gesamtdeutschen Aktivitäten des RCDS und ein durch den Wechsel der Mitgliedergenerationen beschleunigter Verlust der Motivation und der Bereitschaft innerhalb des RCDS zum Engagement in diesem Bereich. Die Richtlinienänderung für die Bezuschussung von Berlin-Seminaren durch das Bundesministerium für innerdeutsche Beziehungen 1971 beendete die gesamtdeutsche Arbeit des RCDS zwar endgültig. Von seiner ständigen politischen Tagesordnung war die Deutschlandpolitik jedoch schon vorher verschwunden, woran auch deutschlandpolitische Debatten auf Bundesdelegiertenversammlungen nichts zu ändern vermochten[976]).

Erst seit 1981 konnte ein Neubeginn dieses Themas in der RCDS-Arbeit festgestellt werden. Dies hing insbesondere mit dem Bemühen des RCDS-Bundesverbandes zusammen, in seinem Engagement für Menschenrechte überall glaubwürdig zu sein und deshalb keine Felder auszuklammern[977]). Infolge dieser Bemühungen beschloß die Bundesdelegiertenversammlung des RCDS 1984 den Grundsatzantrag, der die deutschlandpolitischen Beschlüsse seit 1968 revidierte. Ausgehend von der grundsätzlich anerkannten Rechtslage Deutschlands formulierte er neben einem Plädoyer für einen demokratischen Patriotismus jenseits von nationalem Chauvinismus Leitsätze für eine aktivere Deutschlandpolitik[978]). Weitere Initiativen und nicht zuletzt das 1985 beschlossene Singen der dritten Strophe des Deutschlandliedes am Ende einer Bundesdelegiertenversammlung zeigen, daß der RCDS von der fast vollständigen Negation in den siebziger Jahren wieder zu einem normalen Verhältnis zu diesem Thema zurückgefunden hat, auch wenn es nicht erneut zu dem zentralen Anliegen des Verbandes wurde, das es in den ersten beiden Jahrzehnten der RCDS-Arbeit darstellte[979]).

---

[976]) Siehe Anm. 491, 520 und 540; Aktuell Nr. 4/WS 68-69 vom Dezember 1968, S. 11 (ACDP IV-006-042/3). Eine Ausnahme stellte in den folgenden Jahren der Grundsatzbeschluß E 1 der Tübinger Bundesdelegiertenversammlung 1977 zur Verwirklichung der Menschenrechte dar, in dem die besondere Verpflichtung der Bundesrepublik Deutschland betont wurde, gegen Menschenrechtsverletzungen in der DDR einzutreten (Beschluß E 1; Text siehe Beschlußmappe der 28. Bundesdelegiertenversammlung).

[977]) Siehe Anm. 658 und 755. Im Rahmen der Solidaritätsaktionen für Polen hatte der RCDS im Gespräch mit polnischen Kommilitonen eine Verständigungsbereitschaft und den Willen zum echten Kompromiß festgestellt. Diese Gespräche führten dazu, daß der RCDS, polnische Exilorganisationen und die Schlesische Jugend am 09.05.1982 gemeinsam für Menschenrechte im polnischen Machtbereich demonstrierten. Die Diskussionen wurden fortgeführt und fanden ihren Niederschlag in Weberling, Johannes (1983), S. 43 ff. (siehe u. a. Anm. 678, 679, 780, 681 und 697). Ende 1983 appellierte der RCDS-Bundesausschuß ferner an die polnische Regierung, eine deutsche Familie aus Oberschlesien ausreisen zu lassen, und an die Bundesregierung, sich für kulturelle Minderheitenrechte für alle Deutschen im polnischen Machtbereich einzusetzen (Protokoll der RCDS-Bundesausschußsitzung vom 09.-11.12.1983 in Berlin, S. 3).

[978]) Siehe Anm. 755 und 756 sowie Dokumentationsteil.

[979]) Gemeinsam mit der Schlesischen Jugend kritisierte der RCDS den später nicht be-

4. Auslands- und Menschenrechtsarbeit des RCDS

Die Anküpfung von internationalen Kontakten gehörte zu den ersten Aktivitäten des neugegründeten RCDS-Bundesverbandes 1951. Neben allgemeinem Interesse an dieser Arbeit hat die Verfügbarkeit öffentlicher Mittel für die Auslandsarbeit den frühen Start dieses Arbeitsfeldes wesentlich begünstigt[980]).
Dennoch lag der Schwerpunkt der Arbeit des RCDS-Bundesverbandes in Regel nicht in diesem Bereich. Solange der Verband in seiner Struktur nicht gefestigt war, erschien es wenig sinnvoll, daß Bundesvorstandsmitglieder die Zahl der Speseneuropäer vermehrten, wie es der Bundesvorstand in seinem Rechenschaftsbericht vor der zweiten Bundesdelegiertenversammlung 1952 drastisch formulierte[981]). Dementsprechend hatte die Auslandsarbeit in den stabilen Phasen des RCDS-Bundesverbandes und auch bei einer gesteigerten persönlichen Motivation der Bundesvorstandsmitglieder eine überdurchschnittlich hohe Priorität in der Gesamtarbeit, so zum Beispiel in der ersten Hälfte der sechziger Jahre[982]).
Die Auslandsarbeit des RCDS, die mehr als andere Bereiche auf personelle Kontinuität angewiesen war, da Kontakte zu ausländischen Partnern in der Regel auf persönlichen Bekanntschaften aufbauten bzw. durch diese angebahnt wurden[983]), hatte erheblich unter den allgemeinen Kontinuitätsproblemen zu leiden. Dazu kam die in Krisenzeiten des Verbandes notwendige Priorität der Inlandsarbeit vor der Auslandsarbeit, was beispielsweise in der ersten Hälfte der siebziger Jahre zu fast vollständigen Flaute der Auslandsarbeit führte[984]).
Natürlich fehlte es nicht an – zeitweise erfolgreichen – Versuchen, durch organisatorische Maßnahmen die Kontinuität der Auslandsarbeit sicherzustellen. Immer wieder ernannte der Bundesvorstand Auslandsreferenten, welche die internationalen Aktivitäten wirkungsvoll und kontinuierlich zusammenfassen sollten. So führte zum Beispiel die engagierte Arbeit des Auslandsreferenten des RCDS-Bundesvorstandes von 1958 bis 1961, Hans-Uwe Erichsen, mit der

---

schlossenen deutschlandpolitischen Leitantrag zum Deutschlandtag der Jungen Union 1984 in Berlin (RCDS-Pressemitteilung Nr. 47 vom 23.11.1984). In der Reihe „Materialien zur politischen Auseinandersetzung" erschien 1984 als Nr. 6 „Nationale Identität – Ein Begriff macht Karriere" von Uwe Spindeldreier. Zur Nationalhymne am Ende von Bundesdelegiertenversammlungen siehe z. B. Protokolle der 38. Bundesdelegiertenversammlung des RCDS vom 08.-10.02.1985 in Osnabrück, S. 12, und der 41. Bundesdelegiertenversammlung des RCDS vom 18.-20.03.1988 in Königswinter, S. 18.
Im September 1987 forderte der RCDS in einem Brief an Erich Honecker anläßlich seines Besuches in der Bundesrepublik Deutschland einen deutsch-deutschen Studentenaustausch (RCDS-Magazin 7/1987, S. 10).

[980]) Siehe Anm. 231; Protokoll der 1. Bundesarbeitstagung des RCDS vom 25.-27.08.1951 in Bonn, S. 1, und 1. Teil des Protokolls der 2. Bundesdelegiertenversammlung des RCDS vom 28.09.-01.10.1952 in Sonthofen, S. 5 ff. (ACDP IV-006-001/4).

[981]) 1. Teil des Protokolls der 2. Bundesdelegiertenversammlung des RCDS vom 28.09.-01.10.1952 in Sonthofen, S. 7 (ACDP IV-006-001/4).

[982]) Siehe z. B. Kapitel III.1. h) und III.2. b).

[983]) Anhang zum Protokoll der 15. Bundesdelegiertenversammlung, S. 10 (ACDP IV-006-006/2).

[984]) Siehe Anm. 563; Tätigkeitsbericht des RCDS-Auslandsreferenten vor der 9. Bundesdelegiertenversammlung, S. 1 f. (ACDP IV-006-003/2).

ständigen Unterstützung seines damaligen RCDS-Bundesvorsitzenden Ibielski dazu, daß die bilateralen RCDS-Auslandsbeziehungen soweit aktiviert und zusammengefaßt werden konnten, daß die Gründung des seit langem angestrebten europäischen Dachverbandes ICCS möglich wurde[985]). Mehrmals versuchte man, die Auslandsarbeit den Landesverbänden des RCDS und/oder einzelnen RCDS-Gruppen regional aufgeteilt zu übertragen, wobei sich der Bundesvorstand auf deren Unterstützung und die Koordination beschränkte. In diesem Zusammenhang engagierte sich beispielsweise der RCDS-Landesverband Bayern über mehrere Jahre hinweg in den sechziger Jahren mit Kontakten zu Südtirol und Israel. Die RCDS-Gruppe Hamburg ist seit 1982 mit ihrer Partnerschaft zur Tuhatkunta-Gruppe Helsinki Garant für die bilateralen Beziehungen des RCDS zu seiner finnischen Schwesterorganisation[986]). Über längere Perioden übernahm auch einer der stellvertretenden RCDS-Bundesvorsitzenden die Betreuung dieses Arbeitsbereiches direkt[987]). Dazu versuchte man die Auslandsarbeit durch die Einrichtung von Arbeitskreisen, wie dem Bundesarbeitskreis Außenpolitik 1962 oder dem Internationalen Arbeitskreis 1981, im Verband zu institutionalisieren, um sie breiter im Verband zu verankern und von der Aktivität einzelner Personen unabhängiger zu machen[988]).
Trotzdem ließ sich ein ständiges „Auf" und „Ab" in der Auslandsarbeit des RCDS nicht vermeiden. Lediglich seine europäische Dachorganisation ICCS (ab 1970: ECCS; ab 1975: EDS) und die damit verknüpften Beziehungen zu seinen europäischen Partnerverbänden hatten dauerhaften Bestand, in der jüngsten Zeit gefolgt von den bilateralen Beziehungen des RCDS zur finnischen Tuhatkunta, und kamen auch in den Krisenzeiten des RCDS und während seiner Nichtmitgliedschaft in EDS nie völlig zum Erliegen.
Die mangelnde Kontinuität in der Auslandsarbeit des RCDS ist der wesentliche Grund dafür, daß keine durchgängig vorhandene Linie von Grundsätzen für diese Arbeit festgestellt werden kann, sieht man einmal von der ständig angestrebten Förderung des Gedankenaustausches zwischen den verschiedenen Verbänden und der stets befürworteten Diskussion aktueller Fragen auf inter-

---

[985]) Siehe Anm. 330, 338 und 347.

[986]) Tätigkeitsbericht des RCDS-Auslandsreferenten vor der 7. Bundesdelegiertenversammlung, S. 2 ff. (ACDP IV-006-002/ 1); Protokoll der 8. Bundesdelegiertenversammlung des RCDS vom 30.07.-02.08.1958 in Berlin, S. 11 (ACDP IV-006-003/ 1); Protokolle der RCDS-Bundesausschußsitzungen am 27./28. 01.1962, S. 2 (ACDP IV-006-011/3), und 12.12.1965, S. 3 f. (ACDP IV-006-011/4); RCDS-Brief Nr. 3/1965 vom Mai 1965, S. 2 f. (ACDP IV-006-041/3). Zum bayerischen Engagement siehe: Anm. 391; Argus Juni 1963, S. 7; Bericht über das Südtirol-Seminar vom 04.-08.06.1963 (ACDP IV-006-017/2). Zu den Beziehungen zur Tuhatkunta siehe: Protokolle der RCDS-Bundesvorstandssitzungen am 23.09.1981, S. 2, 16.11. 1981, S. 2, 30.11.1981, S. 6, 22.02. 1982, S. 2, 08.-11. 03.1982, S. 14, 16.03.1982, S. 3 f., und 16.09.1982, S. 1; Bericht des Bundesvorstandes zur RCDS-Bundesausschußsitzung am 05./06.12.1981, S. 4; Protokoll der RCDS-Bundesausschußsitzung vom 23.-25.03.1984, S. 6; Bundesausschußbericht des RCDS-LV Hamburg vom 10.05.1984; RCDS-Magazin 8/1985, S. 10 f..

[987]) Siehe z. B.: Protokoll der RCDS-Bundesvorstandssitzung am 19.03.1981, S. 1 ff.; Bericht des Bundesvorstandes zur RCDS-Bundesausschußsitzung am 26./27.03.1983, S. 1.

[988]) Siehe Anm. 373 und 677 sowie Kapitel VII.2. b): In die gleiche Richtung dürfte neben anderem auch die Gründung der GIJUSA und der GiS gezielt haben.

nationaler Ebene ab[989]). In den Phasen aktiver RCDS-Auslandsarbeit existierten allerdings durchaus Grundsätze und strategisches Überlegungen für sie.
Von den fünfziger Jahren bis zur Studentenrevolte wurde die Auslandsarbeit des RCDS, wie oben bereits ausgeführt, zu ganz wesentlichen Teilen im Rahmen seines gesamtdeutschen Engagements betrieben[990]). Seit 1960 bemühte sich der RCDS-Bundesverband zusätzlich um die Lösung von Problemen der Studenten aus afrikanischen und asiatischen Ländern und um deren Betreuung. Der RCDS versuchte dabei, wie es in seinem im Dezember 1960 vorgelegten Memorandum hieß, zu einer wirklichkeitsgetreuen Wertung der Probleme um „Universität und Entwicklungsländer" zu gelangen. Es könne und dürfe „sich bei den RCDS-Bemühungen nicht um eine einseitige Parteipropaganda handeln, sondern nur um das echte Anliegen, den Studenten aus den Entwicklungsländern in ihrem wachsenden Selbstbewußtsein objektiv die Auswirkungen der auf kommunistischen Leitbildern beruhenden Seinsgestaltung vor Augen zu führen." Der RCDS lehne es ab, so daß Memorandum weiter, „den studentischen Bereich isoliert zu betrachten", sondern strebe „eine Einordnung seiner Arbeit in den politischen Gesamtzusammenhang an"[991]). Der hohen Bereitschaft aller RCDS-Gliederungen zum Engagement im außenpolitischen Bereich entsprechend bemühte sich der Bundesvorstand darüberhinaus um die Entwicklung und Diskussion neuer Ansätze und Wege für die deutsche Außenpolitik und machte die Debatte darüber zum Hauptthema mehrerer Bundesdelegiertenversammlungen. Der RCDS sah sich als mitverantwortlich an für das Gelingen der deutschen Außenpolitik mit der Verteidigung freiheitlich-demokratischer Grundsätze in der Welt und der Wiedervereinigung Deutschlands als ihren obersten Zielsetzungen. Er nutzte in diesem Sinne auch seine Möglichkeiten im internationalen Bereich. So sah sich der RCDS, wie es der Bundesvorstand 1965 in seinem Rechenschaftsbericht vor der Bundesdelegiertenversammlung prägnant zusammenfaßte, „um der Vertretung unserer nationalen Interessen willen verpflichtet, als Studentenverband der Regierungspartei, wie man uns oft bezeichnet, die gewünschten Kontakte (in den arabischen Ländern, der Verf.) aufzunehmen. Da wir in der ständigen Konfrontation mit dem ungeschminkten kommunistischen System leben, haben wir die Aufgabe, sowohl in den USA als auch bei den sogenannten Neutralen vor einer Verniedlichung des Kommunismus zu warnen"[992]).

---

[989]) Siehe u. a. CIVIS 10/Juli 1955, S. 51; Grundsatzreferat des RCDS-Bundesvorsitzenden Ibielski vor der 11. Bundesdelegiertenversammlung, S. 10; Die Internationale Union Christlich-Demokratischer und Konservativer Studenten (ICCS) vom April 1968 (ACDP IV-006-036/2); Beschluß „Grundsätze der internationalen Arbeit des RCDS" der RCDS- Bundesausschußsitzung am 24./25.10.1981, S. 2.

[990]) Siehe Anm. 972 und Protokoll der 7. Bundesdelegiertenversammlung des RCDS vom 28.-30.10.1957 in Göttingen, S. 17 (ACDP IV-006-002/1).

[991]) Referat „RCDS 1960, Standort-Standpunkt" des RCDS-Bundesvorsitzenden Ibielski vor der 10. Bundesdelegiertenversammlung, S. 7; Grundsatzreferat des RCDS-Bundesvorsitzenden Ibielski vor der 11. Bundesdelegiertenversammlung, S. 5 f.; RCDS-Memorandum „Universität und Entwicklungsländer" vom 16.12.1960, S. 2; RCDS-Bundesvorstand (1961), S. 39; CIVIS 49/Januar 1959, S. 191; siehe auch Anm. 341, 342, 343, 349 und 350.

[992]) Anhang zum Protokoll der 15. Bundesdelegiertenversammlung, S. 13 (ACDP IV-006-006/2); RCDS-Brief Nr. 3/1965 vom Mai 1965, S. 4 (ACDP IV-006-041/3); Protokoll

Nach der Wiederaufnahme einer intensiveren Auslandsarbeit ab etwa 1975 bemühte sich der RCDS um eine Neuformulierung von Grundsätzen. Eine Verpflichtung durch nationale Interessen sah man nicht mehr, wohl aber die Notwendigkeit, sich weltweit für freiheitliche Kräfte einzusetzen. Von 1981 bis Mai 1984 stellte der bereits genannte und von der Bundesdelegiertenversammlung 1983 bestätigte Bundesausschußbeschluß über die Grundsätze der internationalen Arbeit des RCDS von 1981 den inhaltlichen Rahmen für die RCDS-Auslandsarbeit dar[993]).
Zusammenfassend kann man feststellen, daß es zwar keine durchgängige Linie in den Grundsätzen der RCDS-Auslandsarbeit gab, der RCDS aber aus seinem Grundverständnis als christlich-demokratischer Verband heraus bei diesen Aktivitäten zumindestens stets für die Verwirklichung freiheitlich-demokratischer Grundsätze eintrat[994]).
In der praktischen Auslandsarbeit muß zwischen den bilateralen Verbandsbeziehungen und der Arbeit im Rahmen des europäischen Dachverbandes EDS unterschieden werden.
Der RCDS knüpfte und pflegte zunächst nur bilaterale Beziehungen zu gleichgesinnten Studentenorganisationen in Europa. Mit diesen wurden in unregelmäßigen Abständen Besuchergruppen ausgetauscht, die meist im Rahmen von Seminaren das Gastland und dessen Probleme kennenlernten. Von Seiten des RCDS nutzte man dazu anfangs insbesondere die Berlin-Seminare des RCDS-Bundesreferates für gesamtdeutsche Fragen. Die gegenseitige Entsendung von Gastdelegierten zu den Jahreskonferenzen der nationalen Verbände ergänzte diesen Austausch. So konnte der RCDS seit 1954 auf seinen Bundesdelegiertenversammlungen regelmäßig auch Gäste von befreundeten ausländischen Studentenverbänden begrüßen[995]).
Auf Initiative des RCDS wurden diese Kontakte seit 1959 aktiviert und die Partnerverbände im April 1960 zu einem ersten Treffen nach Stockholm eingeladen, auf dem man über einen europäischen Zusammenschluß beriet. Eine weitere Konferenz folgte im September 1960 in Bonn. Beim dritten Treffen im Mai 1961 in Wien klappte dann die Gründung des europäischen Dachverbandes ICCS[996]).
Trotzdem gab es auch im europäischen Bereich weiterhin bilaterale Kontakte mit gegenseitigem Delegationsaustausch und gemeinsamen Treffen auf Seminaren und größeren Veranstaltungen wie zum Beispiel der Studentenkonferenz 1970 in Bad Godesberg. Zeitweise übernahmen diese Aktivitäten auch einzelne Landesverbände[997]). Im Zusammenhang mit den Bemühungen des RCDS um

der RCDS-Bundesausschußsitzung vom 28.12.1965-02.01.1966, S. 4 (ACDP IV- 006-011/4); siehe Anm. 381, 391, 392, 394, 395 und 396.

993) Siehe Anm. 671, 728 und 771.

994) Siehe u. a. Anm. 584, 697, 972 und 992.

995) Siehe Anm. 261 und z. B. Protokoll der 5. Bundesdelegiertenversammlung des RCDS vom 01.-04.08.1955 in Würzburg, S. 3 und 27 (ACDP IV-006-001/4); Tätigkeitsbericht des RCDS- Auslandsreferenten vor der 9. Bundesdelegiertenversammlung, S. 2 ff. (ACDP IV-006-003/2); CIVIS 10/Juli 1955, S. 51.

996) Siehe Anm. 330, 338 und 347. Versuche in diese Richtung hatte der RCDS schon Anfang 1955 unternommen (CIVIS 10/ Juli 1955, S. 51; International Christian Democratic and Conservative Student Union (1964), S. 5).

997) Siehe Anm. 391 und 503; Anhang zum Protokoll der 15. Bundesdelegiertenversammlung, S. 10 (ACDP IV-006-006/2); Rechenschaftsbericht des Landesvorstandes zur

Studenten aus Entwicklungsländern kam es in den sechziger Jahren auch zu einem mehrfachen Delegationsaustausch mit arabischen Ländern[998]). Nach der Wiederaufnahme einer aktiven Auslandsarbeit folgten ab den siebziger Jahren neben regelmäßigen Treffen mit europäischen Partnerverbänden wie beispielsweise den Studenti Demokristiani Maltin (SDM) aus Malta auch Delegationsreisen zu Partnerverbänden in fernere Länder wie 1986 nach Chile, was auch im Zusammenhang mit den Menschenrechtsaktivitäten des RCDS stand. Dazu tauschten der RCDS und der All-Chinesische Studentenverband der Volksrepublik China zwischen 1981 und 1985 mehrere Delegationen aus[999]).
Auf europäischer Ebene garantiert die Dachorganisation EDS (bis 1970: ICCS; bis 1975: ECCS) eine gewisse Kontinuität in der RCDS-Auslandsarbeit. In ihr waren von Anfang an alle größeren existierenden christlich-demokratischen und konservativen Studentenverbände Europas Mitglied und seit 1975 auch noch einige wichtigere liberale Studentenorganisationen, wobei sich die EDS nie auf die Länder der Europäischen Gemeinschaften beschränkte.
Hauptfeld der EDS-Aktivitäten stellten anfangs die Jahrestagungen dar, auf denen die Vertreter der nationalen Verbände jeweils zu einem Schwerpunktthema ihre Meinungen vorstellten, Argumente austauschten und die gefundenen Gemeinsamkeiten in Schlußerklärungen festschrieben, die im Ergebnis 1976 zur Verabschiedung eines EDS-Grundsatzprogrammes führten. Dazu wählten die Verbandsvertreter auf diesen Tagungen den EDS-Vorstand mit einem Generalsekretär bzw. Vorsitzenden und mehreren Stellvertretern als Vertretungs- und Koordinationsorgan.
Seit 1975 gab es neben sonstigen Treffen gemeinsame EDS-Aktionen insbesondere zu Menschenrechts- und anderen Grundsatzthemen, an denen sich die nationalen Mitgliedsverbände mit unterschiedlicher Intensität beteiligten. Um die Basis der Mitgliedsverbände besser zu integrieren und für den Gedanken eines freien und geeinten Europas zu gewinnen, richteten die einzelnen Mitgliedsverbände seit 1977 reihum EDS-Sommeruniversitäten aus, so 1979 der RCDS in Bernried am Starnberger See. Sie führten jeweils mehrere 100 Mitglieder aller EDS-Verbände für eine Woche zusammen. Von 1976 bis 1984 erschien ferner als EDS-Organ die Vierteljahresschrift „Taurus“[1000]).

Landesdelegiertenversammlung des RCDS-LV Hamburg/Schleswig-Holstein am 08.07.1967, S. 2 f., über eine Begegnungsfahrt nach Frankreich (ACDP IV-006-028/3); Protokolle der RCDS-Bundesvorstandssitzungen am 22.09.1968, S. 1 ff., und 03.05. 1971, S. 2 (ACDP IV-006-013/1).

[998]) Siehe Anm. 392 und 421; Anhang zum Protokoll der 15. Bundesdelegiertenversammlung, S. 11 (ACDP IV-006-006/2).

[999]) Zu den Malta-Kontakten und -Aktionen siehe Anm. 663, 666, 785 und 857. Zum Chile-Engagement siehe Anm. 738, 782 und 857. Zu den China-Kontakten siehe Anm. 671 und Protokolle der RCDS-Bundesvorstandssitzungen am 16.06.1981, S. 5, 07. 07.1981, S. 4, 17./18.08.1981, S. 3 f., 16.03.1981, S. 2 f., und 28.01.1983, S. 2.

[1000]) Siehe Anm. 590, 601, 617, 699, 710, 743 und 773; Anhang zum Protokoll der 15. Bundesdelegiertenversammlung, S. 10 (ACDP IV-006-006/2); International Christian Democratic and Conservative Student Union (1964), S. 6; Documentation „The International Christian Democratic and Conservative Student Union“ 1965 (ACDP IV-006-001/2); RCDS-Brief Nr. 5/1966 vom Juli 1966, S. 5 ff. (ACDP IV-006- 042/1); „What is ICCS“ von 1967 (ACDP IV-006-036/2); Rundbrief von Rudolf Henke aus 1978 (RCDS-A 130); Bericht des Bundesvorstandes zur Sitzung des RCDS-Bundesausschuß am 09./10.07.1983, S. 5 f.; Brief von Dr. Stefan Eisel (eingegangen am

Der RCDS beteiligte sich, von der Zeit seines Wiederaufbaus Anfang der siebziger Jahre abgesehen, mit großem Engagement an der EDS-Arbeit, was nicht zuletzt in der regelmäßigen Wahl von RCDS-Vertretern in den EDS-Vorstand seinen Niederschlag fand. Der hohe Stellenwert dieses Arbeitsfeldes für den RCDS wird auch in der Verankerung der EDS- (ICCS-/ECCS-) Mitgliedschaft in der Satzung des Bundesverbandes seit 1961 deutlich[1001]). Dieser Passus in der Satzung wurde erst 1984 geändert. Kurz danach kündigte der RCDS wegen tiefgreifender Differenzen mit einigen die Dachorganisation zu diesem Zeitpunkt kompromißlos dominierenden konservativen Verbänden seine Mitgliedschaft vorübergehend auf. Nach der Änderung der EDS-internen Verhältnisse wurde dieser Schritt mit dem erneuten Erwerb der Vollmitgliedschaft in EDS 1986 wieder revidiert[1002]).
Für die Verwirklichung von Menschenrechten in der Welt setzte sich der RCDS in den ersten Jahren seines Bestehens im Rahmen seiner allgemeinen Arbeit ein, zunächst insbesondere bei seinen gesamtdeutschen Aktivitäten, später auch in anderen Bereichen wie zum Beispiel seine Vietnam-Aktion 1966[1003]). Erst mit dem oben bereits erwähnten Grundsatzbeschluß zur Menschenrechtsarbeit von 1977, der auch in dem Strategiebeschluß von 1978 seinen Niederschlag fand, wurde ein Rahmen für eine spezifische RCDS-Menschenrechtsarbeit geschaffen, die naturgemäß in engem Zusammenhang mit seiner allgemeinen Auslandsarbeit stand[1004]).

02.10.1986) mit Anlagen: Die Sommer-Universitäten fanden 1977 in Nizza/Frankreich, 1978 in Valencia/Spanien, 1979 in Bernried/Bundesrepublik Deutschland, 1980 in Lissabon/Portugal, 1981 in La Coruna/Spanien, 1982 in Elst/Niederlande, 1983 in Fiesch/Schweiz, 1984 in Griechenland, 1985 in Marbella/Spanien und 1986 auf Zypern statt.

[1001]) § 21 der Satzung des RCDS-Bundesverbandes in der Fassung vom 03.08.1961 (ACDP IV-006-001/1); siehe Anm. 347. Der RCDS stellte bisher folgende EDS-Vorstandsmitglieder: Hans-Uwe Erichsen (Generalsekretär 1961/62), Dieter Ibielski (stv. Generalsekretär 1962-64, Generalsekretär 1964-66), Gert Hammer (stv. Generalsekretär 1966/67), Wulf Schönbohm (stv. Generalsekretär 1967/68), Wolfgang Kirsch (stv. Vorsitzender 1970/71), Gerd Langguth (stv. Vorsitzender 1973-76), Friedbert Pflüger (stv. Vorsitzender 1976/77, 1. stv. Vorsitzender 1977/78), Rudolf Henke (stv. Vorsitzender 1978/79, 1. stv. Vorsitzender 1979/ 80), Stefan Eisel (stv. Vorsitzender 1980/81, 1. stv. Vorsitzender 1981/82); Johann Colsmann (stv. Vorsitzender 1982-84) und Bettina Machaczek (stv. Vorsitzende seit 1986) sowie Helga Krumbeck als Geschäftsführerin von 1979-82, Friedbert Pflüger als Taurus-Herausgeber 1975/ 76, Stefan Eisel als Taurus-Herausgeber 1982-84 und Dieter Ibielski als Präsident der EDS-„Altherrenvereinigung", des „International Garrick Club" (RCDS-Eilinformationen Nr. 9 vom 17.05.1961 (ACDP IV-006-044/4); Manuskript der Ansprache von Ibielski auf der 30-Jahr-Feier des RCDS am 03.07.1981 in Düsseldorf, S. 2; Minutes of the ICCS-Annual Executive Meeting during the XI. ICCS- Conference, held on Aug. 15/21, 1966 at Baarn/NL, S. 4 (ACDP IV-006-036/2); „Die ICCS" von Wagner im April 1968, S. 1 (ACDP IV-006-036/2); Aktuell Nr. 19 vom 15.07.1970. S. 1 (ACDP IV-006-043/1); Bericht des Bundesvorstandes 1975/76, S. 5 (in Beschlußmappe der 27. Bundesdelegiertenversammlung); Demokratische Blätter 3/Juni-Juli 1975, S. 8, und 3/ 1986, S. 23; Brief von Dr. Stefan Eisel (eingegangen am 02.10.1986) mit Anlagen).

[1002]) Siehe Anm. 760, 771, 781, 784, 802, 817, und 831 sowie Debatin, Jörg (1985).

[1003]) Siehe Anm. 423 und 965 sowie Bericht des Bundesvorstandes 1975/76, S. 4 f. (Text siehe Beschlußmappe der 27. Bundesdelegiertenversammlung).

[1004]) Siehe Anm. 584, 585 sowie 588 für die erste Menschenrechtsaktion.

So beteiligte sich der RCDS selbstverständlich aktiv an den EDS-Menschenrechtskampagnen und setzte sich immer wieder für die Verwirklichung von Menschenrechten und Grundfreiheiten in der Sowjetunion, Afghanistan, Chile und im polnischen Machtbereich ein[1005]). Daneben war sein Ziel, auch auf Menschenrechtsverletzungen in weniger beachteten Regionen und Ländern aufmerksam zu machen.

Das beste Beispiel für diese Bemühungen ist die seit 1981 durchgeführte Aufklärungs- und Solidaritätsaktion für die demokratischen Kräfte Kambodschas. Dadurch gelang es dem RCDS, in der Bundesrepublik Deutschland Überhaupt erst eine breitere Öffentlichkeit auf den Völkermord der Roten Khmer und die durch die vietnamesische Besetzung andauernden Menschenrechtsverletzungen in Kambodscha aufmerksam zu machen und humanitäre Hilfe für die in der „Nationalen Befreiungsfront des kambodschanischen Volkes (KPNLF)“ unter dem ehemaligen Ministerpräsidenten Kambodschas, Son San, organisierten demokratischen Kräfte in Gang zu setzen[1006]).

Gerade bei seiner Menschenrechtsarbeit gelang es dem RCDS trotz aller Schwierigkeiten und Anfeindungen, „bei seinem Wirken gängige Klischee-Vorstellungen zu überwinden und irreale Emotionen zu vermeiden“, wie er es schon 1961 als Maxime für seine Auslandsarbeit allgemein formuliert hatte[1007]), mit anderen Worten, „auf keinem Auge blind oder vernebelt zu sein“.

[1005]) Siehe u. a. Anm. 588, 600, 678, 679, 681, 782, 825 und 857; zu Afghanistan siehe auch RCDS-Magazin 3/1987, S. 12 ff..

[1006]) Siehe Anm. 663, 682, 739, 774, 798, 816 und 843.

[1007]) RCDS-Bundesvorstand (1961), S. 39.

VI. Publikationswesen des RCDS

Das Publikationswesen des RCDS ist mit der Darstellung der Geschichte der Zeitschrift „CIVIS" für die ersten 20 Jahre der RCDS-Arbeit vollständig beschrieben. Denn der CIVIS war im Gegensatz zu den wenigen RCDS-Landesverbandszeitungen von Anfang an mehr als nur ein Mittel der allgemeinen Öffentlichkeitsarbeit des Verbandes.

Verhältnismäßig spät, erst nach Abschluß der Diskussionen um die innere Struktur des Verbandes trat der RCDS 1954 mit einem eigenen Verbandsorgan an die Öffentlichkeit. Der CIVIS sollte nicht nur zu studentischen Fragen Stellung nehmen und über die Verbandsarbeit berichten, sondern mit Meinungsartikeln, Nachrichten und Dokumentationen auch zur staatsbürgerlichen Bildung besonders der Studentenschaft beitragen. Damit stellte er den wesentlichen Beitrag des RCDS zur politischen Meinungsbildung innerhalb der Studentenschaft und darüber hinaus dar, was auch im Zusammenhang mit der oben bereits beschriebenen Zielrichtung der Arbeit aller Studentenverbände vor der Studentenrevolte zu sehen ist[1008]). Im Editorial der ersten CIVIS-Ausgabe heißt es dazu:

„Die Demokratie als Möglichkeit des menschlichen Zusammenlebens beruht auf der Auseinandersetzung mit den Waffen des Geistes (und den Mitteln, die die Rechtsordnung den Interessenten zugesteht); getragen werden muß diese Auseinandersetzung von der Achtung gegenüber dem anderen als Mitmenschen, als Mitbürger, als civis. An dieser Stelle liegt gerade der Beitrag, den der Christ zur Demokratie geben kann.

Mit dem Gesagten ist dargetan, daß wir als Redaktion des "CIVIS" uns in den Dienst dieser Auseinandersetzung stellen wollen, und zwar in zwiefacher Weise: nach außen mit dem werbenden, dem überzeugenden, aber, wo es not tut, auch mit dem scharfen polemischen Wort – nach innen als bloße Mittler des Gesprächs, das unter den Christlichen Demokraten in diesen Blättern geführt werden soll. Es ist der Wunsch der Redaktion, den sie hier kundtun will, daß dieses Gespräch fruchtbar und lebendig beginne"[1009]).

Dieser Wunsch der ersten CIVIS-Redaktion ging in Erfüllung. Von Anfang an stellte der CIVIS ein Forum zum Austausch kontroverser Meinungen dar, warb aber gleichzeitig stets für die grundsätzlichen Positionen der Christdemokraten. Dadurch fand er immer stärkere Beachtung und konnte Umfang und Auflage trotz vielfältiger Schwierigkeiten stetig steigern[1010]).

Es kostete den RCDS-Bundesvorstand als Herausgeber des CIVIS allerdings erhebliche Mühe, den Bestand der Zeitschrift trotz der Schwankungen der allgemeinen Verbandsarbeit, des schnellen Wechsels der Mitgliedergenerationen und seiner knappen Finanzen zu sichern. Die Beauftragung einer Anzeigenagentur mit der Anzeigenakquisition und dem Abonnementverkauf für den CI-

---

1008) Siehe Anm. 224, 241, 253, 256 und 258; Jahresbericht des RCDS-Bundesvorstandes 1956/57, S. 7 f. (ACDP IV-006-002/ 1); RCDS-Bundesvorstand (1961), S. 43. Zu den Arbeitsweisen siehe Kapitel IV..

1009) CIVIS 1/ Mai 1954, S. 3. Siehe auch CIVIS 4-5 (99/100)/ April-Mai 1963, S. 21 am Ende, mit der Wiederholung dieser Grundgedanken zum Erscheinen des 100. CIVIS-Heftes.

1010) Jahresbericht des RCDS-Bundesvorstandes 1956/57, S. 7 f. (ACDP IV-006-002/1); Protokoll der RCDS-Bundesausschußsitzung am 07.11.1959, S. 3 (ACDP IV-006-011/3).

VIS brachte keinen Erfolg[1011]). Die vom RCDS-Bundesvorstand berufene[1012]) CIVIS-Redaktion war zunächst wegen der dort kostengünstigeren und vor allem schnelleren Druckmöglichkeiten und des Beitrages des Marburger RCDS bei der Konzipierung des CIVIS in Marburg angesiedelt. Nachdem die Standortvorteile Marburgs geschwunden waren, verlegte man den Redaktionssitz aus Kostengründen ab Oktober 1957 nach Bonn[1013]). Ab August 1958 wechselte man vom Redaktions- zum Schriftleiterprinzip, weil die noch verbliebenen Gründungsredakteure aus beruflichen Gründen ausscheiden mußten[1014]). Zusätzlich versuchte man die Zeitschrift durch Veränderungen in der Aufmachung immer attraktiver zu gestalten. So erschien der CIVIS ab der Mai-Nummer 1961 beispielsweise mit einem farbigen Umschlagbild[1015]).
Zur Sicherung der CIVIS-Finanzierung mußten die RCDS-Hochschulgruppen immer wieder neu motiviert werden, Abonnenten zu werben und den CIVIS im Freihandverkauf an die Kommilitonen abzusetzen[1016]). Vereinzelt konnten zusätzlich auch noch öffentliche Mittel für die Zeitschrift eingeworben werden[1017]). Um einerseits die Finanzierungsmöglichkeiten für den CIVIS zu verbessern und andererseits für den Verband das finanzielle Risiko der CIVIS-Herausgabe zu verringern, gründete man von Seiten des RCDS den oben bereits genannten gemeinnützigen „Verein zur Förderung der politischen Bildung der Studentenschaft e. V.“, auf den die CIVIS-Herausgeberschaft ab Mai 1961 übertragen wurde[1018]). Verbunden mit weiteren Veränderungen in der Aufma-

---

1011) Protokoll der 4. Bundesdelegiertenversammlung des RCDS vom 27.-30.09.1954 in Wilhelmshaven, S. 36 (ACDP IV-006- 001/4).

1012) Der RCDS-Bundesvorstand berief die CIVIS-Redaktion grundsätzlich alleine und ließ sich dabei auch nicht durch entgegengesetzte Beschlüsse des RCDS-Bundesausschusses oder der Bundesdelegiertenversammlung beeindrucken (Protokoll der RCDS-Bundesausschußsitzung am 27./28.07.1957, S. 4 (ACDP IV-006-011/3); Protokolle der 5. Bundesdelegiertenversammlung des RCDS vom 01.-04.08.1955 in Würzburg, S. 22 (ACDP IV-006-001/4), und 7. Bundesdelegiertenversammlung des RCDS vom 28.-30.10.1957 in Göttingen, S. 13 f. (ACDP IV-006-002/1); Jahresbericht des RCDS-Bundesvorstandes 1956/57, S. 7 (ACDP IV-006-002/1); Aktennotiz der RCDS-Bundesvorstandssitzung am 11.12.1957, S. 1 (ACDP IV-006-012/1); RCDS-Brief Nr. 1 vom 16.12.1957, S. 2 f. (ACDP IV-006-011/2); CIVIS 4-5/April-Mai 1963, S. 20).

1013) CIVIS 34/Oktober 1957, S. 104, und 4-5/April-Mai 1963, S. 20.

1014) Protokoll der RCDS-Bundesausschußsitzung am 01.08.1958, S. 1 (ACDP IV-006-011/3); Protokoll der RCDS-Bundesausschußsitzung am 10./11.09.1960, S. 2 (ACDP IV-006-012/1): Schriftleiter wurde Willfried Gaddum. Ihn löste Jochen Denso am 01.09.1960 ab.

1015) Siehe Anm. 346; CIVIS 4-5/April-Mai 1963, S. 20; Protokoll der RCDS-Bundesvorstandssitzung am 17.12.1960, S. 6 (ACDP IV-006-012/1).

1016) RCDS-Bundesvorstandsrundschreiben Nr. 3/1956 vom 01.02. 1956, S. 2 (ACDP IV-006-060/3); Jahresbericht des RCDS-Bundesvorstandes 1956/57, S. 8 (ACDP IV-006-002/1); Protokoll der RCDS-Bundesausschußsitzung am 07.11.1959, S. 3 (ACDP IV-006-011/3); Bericht des RCDS-Bundespressereferates zur 10. Bundesdelegiertenversammlung, S. 3.

1017) 1959: DM 3.500,- (Protokoll der RCDS-Bundesausschußsitzung am 07.11.1959 (ACDP IV-006-011/3), S. 3); 1960: DM 3.000,- (Schreiben des VDS (ACDP IV-006-041/1) vom 15.05. 1961); 1961: DM 4.500,- (CIVIS-Brief (ACDP IV-006-041/1) vom 21.11.1961).

1018) Siehe Anm. 346; CIVIS 4-5/April-Mai 1963, S. 20.

chung – ab dem Mai 1962 erschien der CIVIS als „Magazin für Kultur und Politik" mit verringertem Hochformat – konnte der CIVIS in der neuen Trägerschaft seine Auflage bis Ende 1962 auf 20.000 Exemplare fast verdoppeln. Dazu unterstützte der CIVIS die RCDS-Arbeit jetzt auch noch mit in Zusammenarbeit mit örtlichen RCDS-Gruppen durchgeführten Diskussionsveranstaltungen, wie zum Beispiel am 14.12.1961 in Bonn zum Thema „Berlin halten – auf Deutschland verzichten?"[1019]).

Nachdem es zu Meinungsverschiedenheiten zwischen dem Verein und dem Bonner Finanzamt gekommen war, übertrugen die Verantwortlichen die Herausgeberschaft des CIVIS am 15.11.1962 wieder auf den RCDS-Bundesvorstand, um den Bestand der Zeitschrift nicht zu gefährden[1020]). Da sich die grundsätzliche Konzeption jedoch bewährt hatte, wurde ein „Verein zur Förderung politischer Publizistik e. V." neu gegründet, an dem der RCDS im Unterschied zu dessem Vorläuferverein allerdings nur noch mit 15% beteiligt war. Diesem neuen Verein wurde die Herausgeberschaft vom Bundesvorstand des RCDS am 28.10.1964 wieder übertragen. Der neue Verein gründete daraufhin die CIVIS-Verlags GmbH, in deren Satzung ebenfalls verschiedene Sonderrechte des RCDS enthalten waren[1021]). Durch den Verkauf des CIVIS an Kiosken und in Bahnhofsbuchhandlungen seit dem 01. Januar 1965 und Sonderaktionen wie beispielsweise der CIVIS-Schallplatte im Januar 1966 versuchte man jetzt noch breitere Bevölkerungsschichten zu erreichen[1022]).

Obwohl die Hochschul- und Bildungspolitik im CIVIS weiterhin in hohem Maße berücksichtigt wurde, verlor die Zeitschrift offensichtlich wegen der Minderheitsbeteiligung des RCDS am Herausgeberverein im Bewußtsein der RCDS-Mitglieder zunehmend den Charakter der RCDS-Verbandszeitschrift, auch wenn man dem entgegenzusteuern versuchte[1023]). Wohl auch aus diesem Grund plante der Bundesvorstand ab Oktober 1967 ein neues RCDS-Theorie-Organ, welches unter dem Titel „Sonde" erstmalig im Oktober 1968 herauskam[1024]). Als sich die finanzielle Situation des CIVIS insbesondere wegen der wenig erfolgreichen Anzeigenakquisition verschlechterte, waren auf Seiten des

---

[1019]) Siehe Anm. 364; CIVIS 85/Januar 1962, S. 204 f., 5/Mai 1962, S. 3, und 4-5/April-Mai 1963, S. 21; Protokoll der RCDS-Bundesvorstandssitzung am 18.11.1961, S. 3 f. (ACDP IV-006-011/3); Protokoll der RCDS-Bundesausschußsitzung am 27./28.01.1962, S. 5 (ACDP IV-006-011/3).

[1020]) Kündigungsvereinbarung vom 15.11.1962 (ACDP IV-006-041/ 1).; CIVIS 4-5/April-Mai 1963, S. 21.

[1021]) Protokolle der RCDS-Bundesausschußsitzungen am 05.03. 1964, S. 2, und 27.05.1964, S. 1, sowie Bundesausschußrundbrief vom 10.04.1964 (alles ACDP IV-006-011/4); CIVIS-Prüfungsprotokoll vom 02.03.1965 (ACDP IV-006-041/ 1); Protokoll der Landesdelegiertenkonferenz des RCDS-LV Niedersachsen/Bremen am 02.07.1965 in Göttingen, S. 2 (ACDP IV-006-022/1); Schreiben des RCDS-Bundesvorsitzenden vom 29.10.1965 (ACDP IV-006-052/1).

[1022]) CIVIS-Rundschreiben vom Januar 1965 (ACDP IV-006-041/1); CIVIS 2/Februar 1966, S. 1, und 1/März 1983, S. 77 f.. Zu den schon früher herausgegebenen Sonderdrukken siehe Anm. 339 und 900.

[1023]) Protokoll der RCDS-Bundesausschußsitzung am 11.03.1966, S. 4 f. (ACDP IV-006-011/4); Rechenschaftsbericht des RCDS-Bundesvorsitzenden 1965/66, S. 7 f. (ACDP IV-006- 007); CIVIS-Rundschreiben vom September 1965 und 03.08. 1967 (ACDP IV-006-041/1). Siehe dagegen Anm. 386.

[1024]) Protokoll der RCDS-Bundesvorstandssitzung am 15./16.10. 1967, S. 3 (ACDP IV-006-013/1).

RCDS u. a. durch die Sonde-Gründung bedingt keine finanziellen Ressourcen mehr vorhanden, die ein stabilisierendes Eingreifen beim CIVIS erlaubt hätten. Andererseits blieb der RCDS-Bundesverband von der Übernahme der Verluste nach der Einstellung des CIVIS Ende Mai 1969 verschont[1025]). Die grundsätzliche Überlegung zur Übertragung der CIVIS-Herausgeberschaft auf einen selbständigen Trägerverein hatte sich als richtig erwiesen.
Im Gegensatz zum CIVIS sollte die Sonde von Anfang an nur ein Diskussionsforum innerhalb des Unionsspektrums darstellen. Herausgeberschaft und Redaktion der Sonde wurden älteren Verbandsmitgliedern und dem jeweils amtierenden RCDS-Bundesvorsitzenden übertragen, die Zeitschrift aber ansonsten institutionell nicht mit dem RCDS verbunden. Während diese Zeitschrift in den Unterlagen der Gründungsjahre der Sonde als das neue publizistische Organ des Verbandes präsentiert wurde, führte der heute noch amtierende Sonde-Herausgeber Schönbohm 1981 in einem Beitrag aus, daß von Anfang an nur an eine enge Zusammenarbeit zwischen der Sonde und dem RCDS-Bundesvorstand gedacht war, wie es auch im Impressum der ersten Sonde-Ausgabe stand.[1026]). Jedenfalls lockerte sich die Zusammenarbeit im weiteren Verlauf der Jahre so sehr, daß der RCDS-Bundesvorstand ab Ende 1981 die Herausgabe einer neuen, fest beim RCDS verankerten theoretischen Zeitschrift plante[1027]).
Seit der Mitte der sechziger Jahre brachte der RCDS-Bundesvorstand auch zunehmend einzelne Publikationen heraus, was wegen der knappen verfügbaren Verbandsfinanzen allerdings nur in engen Grenzen möglich war[1028]). Die Herausgabe von Einzelveröffentlichungen wurde seit dem Wiederaufbau der RCDS-Arbeit ab 1970 erheblich intensiviert, da eine vertiefte Fortbildung der eigenen Mitglieder und eine fundiertere Information der studentischen und der allgemeinen Öffentlichkeit wegen der geänderten politischen Verhältnisse an den Hochschulen als unbedingt notwendig angesehen wurden. Neben einer

---

[1025]) Siehe Anm. 497; CIVIS 1/März 1983, S. 77 f.; Brief von Harald Christian Röper vom 31.03.1967 (ACDP IV-006-041/ 1); Aktennotiz vom 14.03.1968 (ACDP IV-006-052/2). Beim RCDS kam noch seine sich allgemein zuspitzende Finanzlage hinzu (siehe Anm. 517). Die Verluste und damit auch die Titelrechte übernahm die Union-Betriebs GmbH in Bonn (Vermerke vom 29.11.1982 und 01.12.1982 sowie Protokoll der CIVIS-Redaktionssitzung vom 07.01.1983).

[1026]) Siehe Anm. 481 und 1024; Protokoll der RCDS-Bundesvorstandssitzung am 22.09.1968, S. 4 (ACDP IV-006-013/1); Aktennotiz vom 22.06.1968, S. 2 (ACDP IV-006-025/2); Rechenschaftsbericht des RCDS-Bundesvorstandes 1968/69, S. 2 f. (ACDP IV-006-010); Umschlagseite 2 der Sonde 3/1969; Bericht des RCDS-Bundesvorstandes 1975/76, S. 4 (Text siehe Beschlußmappe der 27. Bundesdelegiertenversammlung); RCDS-Bundesvorstand (1981), S. 28 ff.. In Schönbohm, Wulf (1985), S. 102, wird die Sonde allerdings lediglich als dem RCDS und der JU nahestehend und in Schönbohm, Wulf/Wissmann, Matthias (1976), S. 182, die Zusammenarbeit mit dem RCDS überhaupt nicht erwähnt, was den Realitäten in jedem Fall nicht entspricht.

[1027]) Vergleiche die Umschlagseiten 2 in Sonde 3/1969 und 1/ 1980. Siehe Anm. 693.

[1028]) Protokolle der RCDS-Bundesvorstandssitzungen am 15./16. 10.1967, S. 3, und 22.09.1968, S. 3 f. und 6 (ACDP IV- 006-013/1); Rechenschaftsbericht des RCDS-Bundesvorstandes 1968/69, S. 3 (ACDP IV-006-010); Bundesvorstandsrundbrief Nr. 1/WS 1969-70 vom 16.09.1969, S. 2 (ACDP IV-006- 053/3). Bis 1961 waren nur „Christentum und Jugendweihe" und „Kennen sie den RCDS" als Einzelveröffentlichungen des RCDS-Bundesvorstandes erschienen (RCDS-Bundesvorstand (1961), S. 4 und 43).

RCDS-Schriftenreihe gab der Bundesvorstand des RCDS eine Fülle von in erster Linie zur internen Schulung gedachten Dokumentationen und später auch noch Kurzinformationshefte heraus. Diese Bemühungen wurden zunehmend durch die RCDS-Landesverbände ergänzt, die ebenfalls Broschüren herausbrachten. Dabei stießen die Publikationen des RCDS regelmäßig auch außerhalb der Hochschulen auf großes Interesse, da der RCDS in seinem politischen Spektrum häufig als erster Verband umfassendere Informationen zu aktuellen bildungspolitischen, allgemeinpolitischen oder grundsatztheoretischen Fragen veröffentlichte[1029]).

Der Versuch des RCDS, sich durch die Herausgabe der Studentenzeitung "facts" seit 1969 wieder ein für die allgemeine Verbandsöffentlichkeitsarbeit in den Hochschulen geeignetes Organ zu schaffen, scheiterte. Die Zeitschrift mußte schon 1970 nach wenigen Nummern eingestellt werden[1030]).

Dagegen verlief die Gründung der „Demokratischen Blätter" 1972 erfolgreich. Trotz aller zeitweise vorhandenen Schwierigkeiten gelang es, eine zumindestens vierteljährliche Erscheinungsweise der an den Hochschulen kostenlos verteilten Demokratischen Blätter sicherzustellen. Zunehmend wurde darin auch über allgemeinpolitische und kulturelle Fragen berichtet. 1981 konstituierte sich sogar eine eigene Redaktion der Demokratischen Blätter mit Schreiner als erstem Chef vom Dienst. Ab 1983 begann man erfolgreich mit der verstärkten Einwerbung von Anzeigen bei einer gleichzeitigen Verbesserung der Aufmachung der Zeitschrift. 1985 wurden die Demokratischen Blätter auf Vier-Farb-Druck umgestellt[1031]).

Seit Ende 1981 plante der RCDS-Bundesvorstand die Wiedergründung seiner alten Verbandszeitschrift CIVIS als Vierteljahresschrift. Denn er vermißte in seinem Spektrum ein Forum, das für kritische Gedankenanstöße und Diskussionen gerade auch über Themen, die in der Allgemeinheit weniger beachtet wurden, offenstand. Im Anschluß an die Tradition und den inhaltlichen Ansatz seiner alten Verbandszeitschrift wollte man durch die Schaffung eines Diskussionsforums die für viele Bürger des Staates zu leeren Worthülsen gewordenen

---

[1029]) Siehe u. a. Anm. 515, 518, 530, 651, 724, 725, 788 und 789. Beispiele für Publikationen der RCDS-LV' s sind: Berke, Thomas/Eickels, Klaus van/Gutmann, Rainer/ Mengelkamp, Andreas: Lehrerarbeitslosigkeit – Probleme, Lösungen, Perspektiven (RCDS-Nordrhein-Westfalen), 1984; Jost, Stefan: Eurokommunismus zwischen Anspruch und Wirklichkeit (Schriftenreihe des RCDS-Saar), Saarbrücken 1981; Nittel, Mathias: Linke Gruppierungen an den Hochschulen – Programmatik und Bündnispolitik (Publikation des RCDS in Bayern), München 1984; RCDS Bayern – Beiträge zur studentischen Politik: Nr. 1 „RCDS: Arbeit für Studenten", 2./ München 1976, und Nr. 5 „Lehrerbildung – für eine schülerfreundliche Schule, München 1983; Stolorz, Christian: Studentengemeinden – Religion oder Revolution? (Schriftenreihe des RCDS-Hessen Nr. 1), Frankfurt/Main 1977.

[1030]) Siehe Anm. 501.

[1031]) Siehe Anm. 534 und 585 sowie zur Gründung der „Demokratischen Blätter – extra" 1984 Anm. 791; Protokoll der RCDS-Bundesausschußsitzung am 05.10.1976, S. 2 (RCDS-A 130); Protokolle der RCDS-Bundesvorstandssitzungen am 24.03.1981, S. 2, und 01.04.1981, S. 3; Demokratische Blätter 2-3/1983, S. 2; Bericht des Bundesvorstandes zur RCDS-Bundesausschußsitzung am 09./10.07.1983, S. 4. Der „politische" stellvertretende RCDS-Bundesvorsitzende war in der Regel gleichzeitig Chefredakteur der Demokratischen Blätter (siehe dazu unter anderem die Impressums der Demokratischen Blätter seit der Ausgabe 1/1981 bis Ende 1986).

Grundpositionen des Staates und die christlichdemokratischen Grundsätze mit neuem Inhalt füllen. Dabei sollte der CIVIS jedem freiheitlich-demokratisch orientierten Bürger als Meinungsforum offenstehen und durch die so ermöglichten Debatten für die bessere Alternative der christlichen Demokraten werben[1032]).

Damit sich die mit dem alten CIVIS und mit der Sonde gemachten negativen Erfahrungen nicht wiederholten, entschied man sich für die Anbindung des CIVIS an den RCDS-Freundes- und Fördererkreis[1033]), in dessem Auftrag der CIVIS von einem Herausgebergremium herausgegeben wurde, das eine kleine Redaktion mit der praktischen Redaktionsarbeit beauftragte. Durch die Mitgliedschaft des jeweils amtierenden RCDS-Bundesvorsitzenden im Herausgebergremium und einer bei Grundsatz- und Personalbeschlüssen notwendigen Einstimmigkeit, was nach längeren Diskussionen Ende 1984 in einem CIVIS-Statut festgelegt wurde, blieb einerseits die redaktionelle Freiheit im CIVIS gewahrt, andererseits aber auch sein inhaltlicher Standort beim RCDS gesichert[1034]).

Die Wiedergründung des CIVIS Anfang März 1983 stieß auf ein positives Echo. Der neue CIVIS wurde schnell zu einer beachteten Publikation auf dem bundesdeutschen Zeitschriftenmarkt. Dies bedeutete allerdings nicht, daß damit auch die Finanzierung der Zeitschrift dauerhaft gesichert war. Die hier schon früher vorhandenen Probleme ließen sich nicht sofort beseitigen[1035]).

[1032]) Siehe Anm. 726; Brief von Dr. Gerd Langguth vom 29.12. 1981 mit Anlage; Brief an Herrn Busche (FAZ) vom 18.09. 1982; Vermerk vom 01.12.1982 mit Anlagen.

[1033]) Siehe Kapitel VII.2. d).

[1034]) Siehe §§ 2, 3, 4, 5 und 8 des Statuts vom 24.11.1984; Herausgeberrundbrief vom 30.11.1984 mit Anlagen. Zur Diskussion siehe u. a.: Herausgeberrundbrief vom 06.06.1984 mit Anlagen. Das Statut wurde allerdings seit Mitte 1985 vom RCDS-Freundes- und Fördererkreis nicht mehr beachtet (siehe u. a.: Herausgeberrundschreiben vom 10.12.1985 und Protokoll der CIVIS-Herausgebersitzung am 01.07.1986 in Erlangen).

[1035]) CIVIS 1/März 1983, S. 77 f.; Anlagen zum Herausgeberrundbrief vom 06.06.1984; Herausgeberrundbriefe vom 30.11. 1984 mit Anlagen, 03.04.1985 mit Anlagen, 23.04.1985 mit Anlage und 10.07.1986 mit Anlagen. Gründungsherausgeber des CIVIS waren Weberling als geschäftsführender Herausgeber sowie Lauritzen und Michael Lingenthal, zu denen später noch Uibel und als weiteres Amtsmitglied der jeweils amtierende Vorsitzende des RCDS-Freundes- und Fördererkreis kamen (Herausgeberrundbriefe vom 17.02.1983 mit Anlage und 30.11.1984 mit Anlagen; § 3 des Statuts vom 24.11.1984). Der Gründungsredaktion gehörten Ludger Stein-Ruegenberg als Chefredakteur, Andreas Meier als stv. Chefredakteur und Karl-Heinz Resch an (Herausgeberrundbrief vom 02.11.1982; Vermerk vom 01.12.1982).

VII. Finanzierung und Nebenorganisationen des RCDS

1. Finanzierung des RCDS

Seit seiner Gründung finanziert sich der RCDS-Bundesverband im wesentlichen aus drei Quellen: den Öffentlichen Mitteln, Zuwendungen von CDU oder CSU und Zuwendungen aus dem privaten Bereich.
Die Bereitstellung von Bundesmitteln für staatspolitische Bildungsarbeit, Auslandsarbeit und anderem im ersten Bundesjugendplan 1951 war nicht nur der Start öffentlicher Förderungen in diesem Bereich allgemein, sondern auch, wie oben bereits ausgeführt[1036]), ein wesentlicher Grund für den beschleunigten Zusammenschluß der RCDS-Gruppen auf Bundesebene. Denn die Vorprüfung von Förderungsanträgen wurde zur Reduzierung des Verwaltungsaufwandes im zuständigen Ministerium einem externen Gremium, dem Vorprüfungsausschuß (ab dem 01.01.1963: Mitverantwortliche Zentralstelle), übertragen. In dieser Einrichtung waren die organisatorischen Zusammenschlüsse der auf Bundesebene organisierten studentischen Jugendverbände und politischen Studentenverbände mit Delegierten vertreten, die von den Mitgliedsorganisationen dieser Zusammenschlüsse, wie beispielsweise dem Ring freier und politischer Studentenverbände (später: Arbeitsgemeinschaft politischer Studentenverbände) für den RCDS, reihum abwechselnd entsandt wurden[1037]). Trotzdem stellten die besonders bürokratisch gehandhabten und immer wieder abgeänderten Förderungsrichtlinien des Bundesjugendministeriums ein ständiges Problem bei der Ausschöpfung dieser Mittel dar[1038]). Weitere öffentliche Mittel konnte der RCDS-Bundesverband für seine Arbeit anfangs vor allem, wie oben beschrieben, vom Bundesministerium für gesamtdeutsche Fragen (später: Bundesministerium für innerdeutsche Beziehungen) erhalten[1039]). Dazu kamen später die Projektförderungen des Bundesministeriums für Wissenschaft und Forschung (später: Bundesministerium für Bildung und Wissenschaft) und zeitweise auch Fördermittel des 1963 gegründeten Deutsch-Französischen Jugendwerkes[1040]).

[1036]) Siehe Anm. 204, 210 und 215.

[1037]) Ring-Nachrichten Nr. 3/WS 1953-54 vom 15.01.1954, S. 1 ff. (ACDP IV-006-044/2); Aktenvermerk über die Sitzung der Arbeitsgemeinschaft politischer Studentenverbände (APS) am 09.08.1962, Kurzberichte über die APS-Sitzungen am 01.06.1962 und 21.06.1962, Gesprächsnotiz vom 10.07. 1962 und Schreiben des Vorprüfungsausschusses beim VDS vom 17.11.1962 (alle ACDP IV-006-060/4); Protokolle der RCDS-Bundesvorstandssitzungen am 17.12.1960, S. 6 f., 14.-16.01.1961, S. 1, und 12.08.1961, S. 1 (ACDP IV-006- 012/1); Jahresbericht des RCDS-Bundesvorstandes 1960/61, S. 4; Rechenschaftsbericht des RCDS-Bundesvorstandes 1964/65, S. 20 (ACDP IV-006-006/2).

[1038]) Protokoll der 1. Bundesarbeitstagung des RCDS vom 25.- 27.08.1951, S. 1 (ACDP IV-006-001/4); Protokoll der 5. Bundesdelegiertenversammlung des RCDS vom 01.-04.08.1955 in Würzburg, S. 12 f. (ACDP IV-006-001/4).

[1039]) Siehe Anm. 958.

[1040]) RCDS-Bundesvorstandsrundschreiben vom 20.11.1964, S. 1 ff. (ACDP IV-006-038/3);

Im Vergleich zu den öffentlichen Mitteln erheblich geringere Zuwendungen erhielt der RCDS seit seiner Gründung auch von der CDU (1951 ganze DM 500,-- monatlich[1041])), während die Zuwendungen aus dem privaten Bereich anfangs bedeutungslos waren. Die Zuwendungen aus diesen Bereichen erfolgten entweder in Form von grundsätzlich zweckungebundenem Geld oder in Form von Sachwerten, worunter Materialspenden oder die Übernahme von Kosten der Infrastruktur des Bundesverbandes, wie zum Beispiel Mieten, Telefon und Gehälter, gefaßt wurden[1042]). Trotz ihres begrenzten Umfangs ermöglichten die aus diesen beiden Bereichen stammenden zweckungebundenen Geldmittel überhaupt erst die Arbeit des Verbandes. Nur durch sie konnte der RCDS den Eigenanteil aufbringen, welcher – in unterschiedlicher Höhe – die Voraussetzung zur Erlangung jeglicher Öffentlicher Mittel darstellte[1043]). Damit war der RCDS in den ersten Jahrzehnten seines Bestehens in seinen Aktivitäten praktisch auf Tätigkeitsfelder festgelegt, deren Finanzierung durch öffentliche Zuschüsse sichergestellt war. Für weitere Vorhaben konnten, wie beim CIVIS beschrieben[1044]), Finanzmittel auf Dauer nur unter größten Mühen besorgt werden. Denn der Zuschuß von CDU und CSU hing in seiner Höhe offensichtlich auch von der Finanzlage der Parteien ab[1045]).
So fehlten dem RCDS in den Jahren der Studentenrevolte einfach die Finanzmittel, um beispielsweise durch den Aufbau der notwendigsten Infrastruktur und Organisation vermehrter Schulungsseminare entsprechend in der neuen Lage reagieren zu können. Außerdem erwies sich die Abwicklung der Verbandsfinanzen durch einen häufig wechselnden Bundesfinanzreferenten als unzureichend, was zusammengenommen zum finanziellen „Beinahe-Kollaps" des Bundesverbandes Anfang der siebziger Jahre führte[1046]).

Schreiben an das Bundeswissenschaftsministerium vom 30.07.1970 (ACDP IV-006-013/1); Kistler, Helmut (1985), S. 201.

1041) Brief von Bundeskanzler Adenauer an den RCDS-Bundesvorstand vom 27.08.1951; Buchstab, Günther (1986), S. 65.

1042) 1. Teil des Protokolls der 2. Bundesdelegiertenversammlung des RCDS vom 28.09.-01.10.1952 in Sonthofen, S. 5 (ACDP IV-006-001/4); CIVIS-Brief an den RCDS-Bundesvorstand vom 30.01.1959 (ACDP IV-006-004/1); Brief an den Bundesgeschäftsführer der CDU vom 27.09.1963 (ACDP IV- 006-012/2).

1043) Protokoll der Landesversammlung des RCDS-LV-Nordrhein-Westfalen am 15./16.02.1964, S. 6 (ACDP IV-006-023/1); Anlage zum Protokoll der RCDS-Bundesausschußsitzung am 07.03.1965 (ACDP IV-006-011/4); Vorstellungen des RCDS-Bundesvorstandes über seine Arbeit im WS 1967/68, S. 3 (ACDP IV-006-013/2); Haushaltsplan für Oktober-Dezember 1967 (ACDP IV-006-053/2); RCDS-Bundesvorstandsrundschreiben vom 20.11.1964, S. 5 f. (ACDP IV-006-038/3).

1044) Siehe Anm. 1011 ff..

1045) Protokoll der 3. Bundesdelegiertenversammlung des RCDS vom 29.10.-01.11.1953 in Königstein/Taunus, S. 11 (ACDP IV-006-001/4); Kurzprotokoll der RCDS-Bundesausschußsitzung am 04.05.1954, S. 1 (ACDP IV-006-011/3); Protokoll der Vorsitzendenkonferenz des RCDS am 06.05.1954 in München, S. 4 (ACDP IV-006-046/1); Protokoll der 4. Bundesdelegiertenversammlung des RCDS vom 27.-30.09.1954 in Wilhelmshaven, S. 8 f. (ACDP IV-006-001/4); Protokoll der RCDS-Bundesausschußsitzung am 27./28.07.1957, S. 3 (ACDP IV-006-011/3); Protokoll der RCDS-Bundesvorstandssitzung vom 14.-16.01.1961, S. 1 (ACDP IV-006-012/1); Finanzbericht vom 17.03.1967 (ACDP IV-006-008). Siehe aber auch Anm. 498.

1046) Siehe Anm. 454, 475, 527 und 529; Finanzbericht vom 17.03.1967 (ACDP IV-006-008); RCDS-Bundesausschußrundschreiben vom 17.02.1969 (ACDP IV-006-011/5); Kassenprüfungsbericht vom 08.–11.03.1969, S. 2 (ACDP IV-006-013/1).

Erst mit der Einstellung eines hauptamtlichen Bundesgeschäftsführers, der die Buchführung und die laufende Geschäftsführung auf Dauer übernahm, und der festen Verbindung des Amtes des RCDS-Bundeschatzmeisters mit der einen Stellvertreterposition im RCDS-Bundesvorstand bekam der RCDS 1973/74 die finanzielle Lage administrativ in den Griff[1047]). Durch die erheblich ausgeweitete Spendenakquisition des Verbandes sorgte eine große Zahl neu gewonnener regelmäßiger Kleinspender aus dem privaten Bereich außerdem für ein stabileres finanzielles Fundament. Denn man war damit von den Richtlinienänderungen bei den Öffentlichen Mitteln und den Zuweisungen der CDU und CSU unabhängiger. Um dieses Fundament dauerhaft zu sichern, wurde 1975 die „Bundesvereinigung RCDS-Freundes- und Fördererkreis e. V." gegründet, die darüberhinaus die Erledigung wichtiger Sonderaktivitäten des Verbandes übernahm[1048]).

Grundsätzlich gilt bei den Verbandsfinanzen des RCDS die Regel, daß sich jede Verbandsebene selbst um die Sicherstellung ihrer Finanzierung zu kümmern hat. Ausnahmsweise unterstützte der RCDS-Bundesverband bei wichtigen Vorhaben oder in Notlagen einzelne Landesverbände und RCDS-Gruppen über einen begrenzten Zeitraum hin durch direkte Zuschüsse oder Darlehen[1049]).

Maßgeblich für die Regelung des Finanzwesens im RCDS ist die Finanz- und Kassenordnung, die von der Bundesdelegiertenversammlung als Bestandteil der RCDS-Bundesverbandssatzung beschlossen wird. Der RCDS-Bundesausschuß hat, wie oben ausgeführt, die Haushaltshoheit im Bundesverband[1050]).

[1047]) Siehe Anm. 542 und 551.

[1048]) Siehe dazu Kapitel VII.2. d).

[1049]) 1. Teil des Protokolls der 2. Bundesdelegiertenversammlung des RCDS vom 28.09.-01.10.1952 in Sonthofen, S. 5 und 8 (ACDP IV-006-001/4); Bericht über die Vorsitzendenkonferenz des RCDS vom 10.-14.04.1953 in Bonn, S. 5 (ACDP IV006-046/!); Finanzbericht für die Zeit vom 25.07.1955-07.10.1956 (ACDP IV-006-001/5); Rundschreiben 3/1956 vom 01.02.1956, S. 2 (ACDP IV-006-060/3); Protokoll der RCDS-Bundesausschußsitzung am 27./28.07.1957, S. 3 (ACDP IV-006-011/3); Finanzbericht vom 14.07.1960 (ACDP IV-006-004/1); Protokoll der Landesversammlung des RCDS-LV-Nordrhein-Westfalen am 15./16.02.1964, S. 3 und 6 (ACDP IV-006-023/1); Rechenschaftsbericht des RCDS-Bundesvorstandes 1964/65, S. 4 (ACDP IV-006-006/2); Protokoll der RCDS-Bundesausschußsitzung am 15.10.1976, S. 2 und 4 f. (RCDS-A 130).

[1050]) Spesenordnung des RCDS vom 01.04.1952 (ACDP IV-006-055/ 1); § 24 der Satzung des RCDS-Bundesverbandes in den Fassungen vom 07.03.1965 (ACDP IV-006-053/3) und vom 09.03.1982. Siehe Anm. 874.

2. Nebenorganisationen des RCDS

Schon 1953 wurde mit dem „Verein zur Förderung des christlich-demokratischen Gedankens an den deutschen Hochschulen" die erste Nebenorganisation des RCDS-Bundesverbandes gegründet. Sie sollte die Kontinuität der RCDS-Arbeit sichern helfen[1051]).
Auch in den folgenden Jahren gründete man insbesondere auf der Ebene des RCDS-Bundesverbandes, aber auch auf Gruppen- und Landesebene immer wieder vergleichbare Vereinigungen. Diesen wurden die Erledigung von Aufgaben übertragen, für die sich die Struktur des RCDS als ungeeignet erwiesen hatte oder die für den RCDS ein zu großes wirtschaftliches Risiko bedeuteten[1052]). Zur Vervollständigung des Bildes über den RCDS sind die wichtigsten Nebenorganisationen daher nachfolgend näher beschrieben.

a) CIVIS-Trägervereine

Die Konstituierung der oben bereits beschriebenen[1053]) CIVIS-Trägervereine „Verein zur Förderung der politischen Bildung der Studentenschaft e. V." und „Verein zur Förderung politischer Publizistik e. V." machte die notwendige Umstellung der Verbandszeitschrift ab 1961 überhaupt erst möglich. Als „neutrale" Organisationen waren sie für potentielle Anzeigenkunden interessanter. Dazu übernahmen sie mit der Übertragung der CIVIS-Rechte vom RCDS-Bundesvorstand auch das vollständige, mit der Umstellung und der Expansion des CIVIS verbundene wirtschaftliche Risiko.
Die Anbindung an den RCDS wurde bei beiden Vereinen insbesondere durch die Auswahl der Vereinsmitglieder garantiert[1054]).

b) Gesellschaft für internationale Studienreisen e. V.

Im Zusammenhang mit der Intensivierung der RCDS-Auslandsarbeit seit 1953 häuften sich die Auslandsreisen von RCDS-Delegationen. Damit einhergehend wuchs auch der Wunsch nach der Gründung einer gesonderten Vereinigung, um die Organisation dieser und weiterer Reisen vom Wechsel der Bundesvorstände und der Mitgliedergenerationen unabhängiger zu machen und möglicherweise weitere Finanzquellen zu erschließen[1055]).
Auf Initiative des amtierenden RCDS-Bundesvorsitzenden Struppek und des Vorsitzenden der Jungen Union (JU), Egon Klepsch, wurde im Herbst 1964 die gemeinnützige „Gesellschaft für internationale Jugend- und Studentenarbeit e. V." (GIJUSA) gegründet. Sie sollte die internationale Verständigung von Jugendlichen und Studenten durch die Einladung ausländischer Gruppen und die

---

[1051]) Siehe Anm. 253.

[1052]) RCDS-Bundesvorstandsrundschreiben vom 20.11.1964, S. 5 f. (ACDP IV-006-038/3); Organogramm des RCDS-Bundesvorstandes 1966 (ACDP IV-006-053/3); Colloquium 8/1954, S. 23.

[1053]) Siehe Kapitel VI..

[1054]) Siehe Anm. 346, 1018 und 1021; Protokoll der Mitgliederversammlung des „Vereins zur Förderung politischer Publizistik" am 27.05.1964 (ACDP IV-006-012/2).

[1055]) Siehe hierzu u. a. die Kapitel III.2. b) und V.4. sowie die Anm. 341, 347, 391. 392 und 988; Bundesvorstandsrundbrief vom 20.11.1964, S. 5 f. (ACDP IV-006-038/3).

Unterstützung von Auslandsreisen fördern. Ihre Aktivitäten wurden auch durch das Bundesfamilienministerium unterstützt[1056]).

Die Gründung der GIJUSA war jedoch mit keinem Verbandsgremium des RCDS abgestimmt worden. Insbesondere garantierte die Satzung keine institutionelle Mitwirkung des RCDS im Verein. Der RCDS-Bundesausschuß begrüßte deshalb zwar einmütig die Gründung der GIJUSA als Instrument christlich-demokratischer Auslandsarbeit und die von ihr geplante Zusammenarbeit mit dem RCDS. Er sah die GIJUSA aber als Privatorganisation an und plädierte für die Fortsetzung der Auslandskontakte in eigener Regie[1057]). Trotzdem wurden in der darauffolgenden Zeit verschiedene Auslandsreisen des RCDS durch die GIJUSA organisiert[1058]).

Am 25.10.1965 gründeten führende RCDS-Mitglieder die „Gesellschaft für internationale Studienreisen e. V." (GiS). Nur der amtierende Bundesvorstand des RCDS und Personen, die die Zustimmung des RCDS-Bundesvorstandes besaßen, konnten Vereinsmitglieder werden. Zum Vorsitzenden bestimmte man den langjährigen Bundesfinanzreferenten des RCDS, Alfred Fischer. Die GiS sollte preiswerte Studienreisen kommerziell durchführen und dadurch das Aktivitäten-Angebot für die RCDS-Gruppen verbreitern sowie zur Finanzierung des Verbandes beitragen[1059]).

Zunächst wurden Reisen in den Nahen Osten organisiert. Auf Dauer erfüllten sich jedoch die hochgesteckten Erwartungen nicht. Denn schon im August 1968 beschloß man die Auflösung der Gesellschaft[1060]).

c) Aktionsausschuß Freiheit und Frieden in Südvietnam e. V.

Die oben bereits beschriebene Gründung des „Aktionsausschusses Freiheit und Frieden in Südvietnam e. V." ist das erste Beispiel für Versuche des RCDS, in einem konkreten Einzelfall durch die Gründung einer externen Vereinigung eine größere Zahl von Bündnispartnern anzusprechen, als dies für den RCDS selber möglich gewesen wäre, und dadurch die Erreichung des angestrebten Zieles wahrscheinlicher zu machen. Angesichts der Unterstützung der Vietnam-Kampagne des SDS wäre der RCDS allein von vorneherein überfordert gewesen. Aus den bereits genannten Gründen scheiterte die Arbeit des Aktionsausschusses trotzdem schon nach kurzer Zeit[1061]).

Dennoch versuchte der RCDS mit unterschiedlichem Erfolg auch zu späteren

---

1056) Satzung der GIJUSA (ACDP IV-006-001/1); Protokoll der GIJUSA-Vorstandssitzung am 11.03.1966 (ACDP IV-006-050/1).

1057) Protokoll der RCDS-Bundesausschußsitzung am 06.11.1964, S. 3 (ACDP IV-006-011/4).

1058) Protokolle der RCDS-Bundesausschußsitzungen am 03.03. 1965, S. 2 (ACDP IV-006-011/4), und 16.11.1966 (ACDP IV-006-013/1).

1059) Bundesvorstandsrundschreiben vom 20.11.1964, S. 6 (ACDP IV-006-038/3); Satzungen der GiS in den Fassungen vom 25. 10.1965 (ACDP IV-006-001/1) und 12.03.1966 (ACDP IV-006- 053/3); Protokoll der 3. GiS-Mitgliederversammlung am 12. 03.1966 (ACDP IV-006-050/1); Protokoll der RCDS-Bundesausschußsitzung am 12.12.1965, S. 4 (ACDP IV-006-011/4).

1060) Protokoll der RCDS-Bundesausschußsitzungen am 12.12.1965, S. 4 (ACDP IV-006-011/4), und am 03.06.1967, S. 2 (ACDP IV-006-011/5); Brief von Fischer an das Amtsgericht Bonn vom 23.08.1968 (ACDP IV-006-057/2).

1061) Siehe Anm. 423, 438 und 439.

Zeitpunkten für konkrete Aktionen und Kampagnen Aktionsbündnisse mit gleichgesinnten Gruppen und Personen zu schließen, wie zum Beispiel 1979 die „Aktionsgemeinschaft gegen Regelstudienzeit“[1062]) oder 1982 das „Komitee Solidarität mit dem polnischen Volk“[1063]).

d) RCDS-Bundesvereinigung Freundes- und Fördererkreis e. V.

Seit seiner Gründung stand der RCDS-Bundesverband, wie oben beschrieben, vor dem Problem, ausreichende „freie Finanzmittel“ für seine Arbeit zur Verfügung zu haben. Um diesen Mangel endgültig abzuhelfen, arbeitete der RCDS-Bundesvorstand seit Anfang 1954 auf die Gründung einer Förderervereinigung hin, nachdem sich für den RCDS-Landesverband Berlin bereits ein Förderkreis erfolgreich konstituiert hatte[1064]). Offensichtlich gelang es wegen der Fluktuation der Vorstandsmitglieder auf den höheren Verbandsebenen nicht, dieses Vorhaben in die Tat umzusetzen.

Ein weiterer Gründungsversuch von 1959 schlug 1961 fehl. Zwar beschlossen die Delegierten der neunten Bundesdelegiertenversammlung des RCDS die verstärkte Gründung lokaler und regionaler Fördererkreise des RCDS und deren Zusammenfassung in einer Bundesvereinigung. Der Anfang 1961 vom ehemaligen RCDS-Bundesvorsitzenden Gaddum in erster Linie zur Unterstützung des CIVIS gegründete „Christlich-Demokratische Hochschulring e. V.“ wurde jedoch vom RCDS-Bundesausschuß als ungeeignet für eine Bundesfördergesellschaft angesehen. Dennoch erfolgte keine Gründung eines Bundesfördererkreises des RCDS neben den CIVIS-Trägervereinen[1065]).

Im Zusammenhang mit dem Wiederaufbau der RCDS-Arbeit seit 1970 planten die ehemaligen RCDS-Bundesvorsitzenden Kraske und Ibielski gemeinsam mit dem amtierenden Vorsitzenden Langguth erneut die Konstituierung eines RCDS-Fördererkreises auf Bundesebene. Nachdem man den ersten Plan, den immer noch existierenden „Christlich-Demokratischen Hochschulring e. V.“ zum Bundes-Fördererkreis auszubauen, fallen gelassen hatte, dauerte es noch bis zum 12.11.1975, bis mit nachhaltiger Unterstützung des ehemaligen Erlanger RCDS-Vorsitzenden Manfred Schoeps eine „RCDS-Bundesvereinigung Freundes- und Fördererkreis e. V.“ (Freundeskreis) gegründet wurde[1066]).

Langguth wurde erster Vorsitzender des Freundeskreises, Schoeps sein Stellvertreter. Zur Unterstützung der Arbeit bildete man ein Kuratorium, dem bedeutende Persönlichkeiten des öffentlichen Lebens, darunter viele ehemalige RCDS-Mitglieder, mit dem CDU-Bundesvorsitzenden Kohl als Vorsitzenden angehörten. Durch die Mitgliedschaft des amtierenden RCDS-Bundesvorsitzen-

---

1062) Siehe Anm. 616.

1063) Siehe Anm. 681.

1064) Protokoll der RCDS-Bundesausschußsitzung am 04.05.1954, S. 1 (ACDP IV-006-011/3). Zum Berliner Förderkreis, der 1967 umstrukturiert wurde: CIVIS 3/Juli 1954, S. 48; Colloquium 8/1954, S. 23; Brief an den stv. RCDS-Bundesvorsitzenden Schönbohm vom 24.01.1967 (ACDP IV-006-013/2).

1065) Protokoll der 9. Bundesdelegiertenversammlung des RCDS vom 05.-07.08.1959 in Berlin, S. 35 f.; Protokoll der RCDS-Bundesausschußsitzung am 29.04.1961, S. 8 ff. (ACDP IV-006-011/3).

1066) Briefwechsel zwischen Ibielski und Langguth vom 27. und 28.09.1970 sowie Aktenvermerk über das Gespräch bei Kraske am 08.12.1970 (alle ACDP IV-006-013/1); RCDS-Bundesverband (1981), S. 54 f.; RCDS-Magazin 4/1981, S. 4.

den im Vorstand des Freundeskreises wurde die Verbindung mit dem RCDS-Bundesverband institutionell garantiert[1067]).

Der Freundeskreis sollte die Bereitschaft vieler Bürger aus allen Schichten, den RCDS bei seiner Arbeit mit Spenden zu unterstützen, durch eine kontinuierliche Spendenakquisition und eine ständige Information der Spender über den RCDS unbeeinträchtigt vom Wechsel der Mitgliedergenerationen auf Dauer aufrechterhalten und nutzen. Darüberhinaus wollte man eine Verbindung des RCDS zu seinen ehemaligen Mitgliedern aufbauen[1068]).

Während sich die RCDS-Altmitgliederbetreuung nicht verwirklichen ließ, garantierte die Zusammenfassung der RCDS-Freunde und -Förderer im Freundeskreis der Arbeit des RCDS-Bundesverbandes und seiner Landesverbände das notwendige finanzielle „Standbein". Im übrigen war der Freundeskreis als gemeinnütziger Verein gehalten, auch ausreichende eigene Aktivitäten zu entfalten. So gibt er bis heute für seine Freunde und Förderer die Zeitschrift „RCDS-Magazin" heraus. In Zusammenarbeit mit dem RCDS führt er den Studienplatztausch durch und veröffentlicht Broschüren. Seit 1983 ist er Auftraggeber für die Herausgeber des CIVIS und startete mehrfach – an alte RCDS-Aktivitäten anknüpfend – Initiativen zur Verbesserung der Wohnraumsituation der Studenten[1069]).

e) Gründungsversuche einer RCDS-Altmitgliedervereinigung

Um die Weitergabe von Erfahrungen ausscheidender und ehemaliger RCDS-Mitglieder an die nachwachsenden Mitgliedergenerationen auf Dauer zu gewährleisten und damit die Kontinuität der Verbandsarbeit zu verbessern, wurden seit der Gründung der ersten Nebenorganisation des RCDS-Bundesverbandes 1953, die – wie oben beschrieben – in die gleiche Richtung zielte[1070]), mehrfach Anstrengungen zur Gründung einer RCDS-Altmitgliedervereinigung unternommen. Eine Anregung des RCDS-Vorsitzenden Gaddum zur Bundesdelegiertenversammlung 1957 in Göttingen, sich in dieser Richtung verstärkt Gedanken zu machen, blieb ohne ein greifbares Ergebnis. In den darauffolgenden Jahren befürwortete man eine ständige Altmitgliederarbeit des Bundesverbandes, lehnte jedoch eine Institutionalisierung derselben in Vereinsform ab. Der dennoch mit dieser Zielrichtung 1961 gegründete, breits genannte „Christlich-Demokratische Hochschulring e. V." wurde auch für diese Aufgabe als un-

---

1067) RCDS-Bundesvorstand (1981), S. 54 f..

1068) RCDS-Bundesvorstand (1981), S. 54; RCDS-Magazin 4/1981, S. 4.

1069) Siehe Anm. 808, 1034 und 1048; Protokolle der RCDS-Bundesausschußsitzungen am 13./14.06.1976, S. 5, und 02./03. 02.1980, S. 4 ff. (RCDS-A 130); RCDS-Bundesvorstand (1981), S. 55; RCDS-Magazin 4/1981, S. 4 f.. Als Beispiel für die Spendenakquisition: Brief des stv. CDU-Vorsitzenden Norbert Blüm vom 12.09.1986 an die bisherigen RCDS- Förderer. Seit 1954 existierte in Berlin ein Wohnheim des RCDS-LV. Ein zweites Wohnheim in Berlin wurde vom RCDS- Bundesvorstand als Tagungsstätte ausgebaut und später separat als wirtschaftliche Unternehmung geführt (Colloquium 6/1954, S. 23; Protokoll der 7. Bundesdelegiertenversammlung des RCDS vom 28.-30.10.1957 in Göttingen, S. 16 a (ACDP IV-006-002/1); Protokoll der RCDS-Bundesvorstandssitzung am 10./11.09.1960, S. 2 (ACDP IV-006-012/ 1); Brief des stv. RCDS-Bundesvorsitzenden Schönbohm vom 31.01.1967 (ACDP IV-006-019/2); Protokoll der RCDS-Bundesausschußsitzung am 16.03.1967 (ACDP IV-006-011/5).

1070) Siehe Anm. 1051.

geeignet angesehen. Seit 1962 setzte man sich das Ziel, zunächst auf lokaler Ebene Ringe Christlich-Demokratischer Akademiker (RCDA' s) zu gründen und diese anschließend in einem Bundes-RCDA zu vereinigen. Nach vereinzelten lokalen RCDA-Gründungen regte der Bundesvorstand auf der Bundesdelegiertenversammlung 1966 an, diese Initiative zu forcieren, um die baldige Gründung des Bundes-RCDA möglich zu machen. Auch das blieb ohne Erfolg[1071]). Die Betreuung der Altmitgliederarbeit durch den Freundeskreis schlug ebenfalls fehl. Eine weitere Initiative des Bundesvorstandes 1979 verlief im Sande. Mit der Einstellung eines für die Altmitgliederbetreuung zuständigen Referenten versuchten die RCDS-Bundesvorstände ab 1982 die Altmitgliederarbeit des RCDS dauerhafter zu gestalten. Mit der Bundesvorstandsneuwahl im Februar 1985 endete jedoch auch diese Initiative. Der neue Bundesvorstand bestimmte keinen Nachfolger für den ausscheidenden Altmitgliederreferenten[1072]).

f) RCDS Bildungs- und Sozialwerk e. V.

Auf den guten Erfahrungen aufbauend, die man mit der Arbeit des Freundeskreises gemacht hatte, gründete der Bundesvorstand des RCDS am 01.05.1982 das „RCDS Bildungs- und Sozialwerk e. V." (BSW). Denn die RCDS-Arbeit im sozialen und im Bereich der politischen Bildung sollte vom jeweiligen Stand der Bundesverbandsfinanzen unabhängiger werden. Gründungsvorsitzender wurde der amtierende RCDS-Bundesvorsitzende Weberling. Durch die satzungsmäßig verankerte Mitgliedschaft des jeweils amtierenden RCDS-Vorsitzenden im BSW-Vorstand wurden beide Organisationen fest miteinander verbunden[1073]).

Das BSW unterstützte zunächst vor allem die Behindertenarbeit des RCDS-Bundesverbandes und betreute in diesem Bereich eigenständig zusätzliche Projekte. Die Durchführung der 1986 eingerichteten Praktikantenbörse des RCDS wurde ebenfalls vom BSW in Zusammenarbeit mit dem RCDS-Bundesvorstand übernommen[1074]). Durch die zur Jahreswende 1986/87 vorbereitete Umstrukturierung der Arbeit im Bereich des RCDS-Bundesverbandes sollte das BSW weitere Kompetenzen übertragen bekommen[1075]).

[1071]) Jahresbericht des RCDS-Bundesvorstandes 1956/57, S. 13 (ACDP IV-006-002/1); CIVIS 34 /Oktober 1957, S. 105; Protokoll der RCDS-Bundesausschußsitzung am 09./10.01.1960, S. 5 (ACDP IV-006-011/3); Protokoll des RCDS-Bundesvorstandssitzung am 12.08.1961, S. 3 (ACDP IV-006-012/1); Beschreibung des RCDS durch den RCDS-Bundesvorsitzenden vom 14.11.1962, S. 4 (ACDP IV-006-001/2); Rechenschaftsbericht des RCDS-Bundesvorsitzenden 1965/66, S. 17 (ACDP IV-006-007); RCDS-Berichte aus Baden-Württemberg Ende März 1962, S. 9 (ACDP IV-006-010/2); Protokoll der Landesdelegiertenversammlung des RCDS-LV Bayern vom 25.-27. 11.1966, S. 2 (ACDP IV-006-018/1); siehe auch Anm. 367 und 1065.

[1072]) Protokoll der RCDS-Bundesausschußsitzung am 13./14.06. 1979, S. 4 (RCDS-A 130); siehe Anm. 712.

[1073]) Siehe Anm. 702; Schreiben des Amtsgerichts Erlangen vom 23.11.1982 mit Anlagen.

[1074]) Taktiler Blindenplan des BSW für die Universität Hamburg (1984 entwickelt); BSW-Mitgliederrundbrief vom 29.01.1986 mit Anlagen; siehe Anm. 855.

[1075]) Siehe Anm. 861.

VIII. Verhältnis des RCDS zur CDU/CSU und anderen Organisationen

1. Verhältnis des RCDS zur CDU/CSU

„Der RCDS ist keine Gliederung der CDU, weder nach seinem eigenen Willen noch nach dem der Partei. Das Verhältnis des RCDS zur CDU wird durch den Willen des RCDS zur Eigenständigkeit gekennzeichnet. Bei aller Übereinstimmung im Grundsätzlichen hat er niemals die Aufgabe, Entscheidungen der Partei nachzuvollziehen oder nachzuahmen. Wo der Verband über seine „Bildungsaufgabe' als Jugendverband hinaus politisch aktiv wird – und dies gilt besonders für den Bundesvorstand –, ist er sich stets bewußt, daß Fragen der Kultur-, insbesondere der Wissenschafts- und Hochschulpolitik, sein ureigenes Arbeitsgebiet sind. In den vergangenen Jahren hat sich der RCDS hier der Partei gegenüber in einem Verhältnis positiver und konstruktiver Kritik befunden. Das ist eine Tatsache, die der weiten Öffentlichkeit verborgen bleiben mußte, da es nach unserer Auffassung nicht unbedingt notwendig ist, Anlaß zu sensationellen Schlagzeilen zu liefern, wenn man politisch etwas erreichen will. Im Gegenteil! Ständige Zusammenarbeit mit den maßgeblichen Persönlichkeiten und Institutionen der Partei hat sich auf allen Ebenen als geeigneter Arbeitsstil bewährt. Das schließt nicht aus, daß man sich in geeigneter Form an die Öffentlichkeit wendet, wenn die Umstände es erfordern.
Der RCDS wird heute von der CDU/CSU als zu ihr gehörig anerkannt und als Gesprächspartner respektiert. Er sieht seine Aufgabe darin, mit der CDU zusammen für eine Politik aus christlicher Verantwortung zu wirken"[1076]).
Diese Beschreibung des Verhältnisses zwischen RCDS und CDU kurz vor der zehnten Bundesdelegiertenversammlung des RCDS 1960 umreißt auch die Grundlinie der Beziehungen zwischen beiden Organisationen für den gesamten hier beschriebenen Zeitraum.
Die Gründung des RCDS-Bundesverbandes 1951 als selbständige Organisation erklärt sich aus den zu dieser Zeit geltenden Bestimmungen in den Universitätssatzungen, die für studentische Vereinigungen eine parteipolitische Bindung verboten[1077]).
Der RCDS verstand zunächst, wie oben bei seinen Arbeitsformen bereits beschrieben wurde, die politische Bildung der Studentenschaft und hierbei insbesondere die Verdeutlichung christlich-demokratischer Grundpositionen als seine Hauptaufgabe. Möglichkeiten zum direkten parteipolitischen Engagement sah man in diesen Jahren nicht bei sich, sondern nur in der CDU und CSU oder der JU[1078]). Nach dem Abschluß des Aufbaus seiner Verbandsstruk-

---

[1076]) CIVIS 67-68/Juli 1960, S. 26. In diesem Sinne auch: CIVIS 44-45/August-September 1958, S. 69 f., und RCDS in Bayern (1978), S. 22 ff.. Siehe auch: § 1 der Satzung des RCDS-FU-Berlin vom 01.02.1963 (ACDP IV-006-019/3) und Präambel der Satzung des RCDS-Heidelberg vom Juni 1963 (ACDP IV-006-017/1).
[1077]) CIVIS 44-45/August-September 1958, S. 70.
[1078]) Siehe Kapitel IV. und Protokoll der Ausschußsitzung „Die Gruppe an der Universität" auf dem 1. Bundesseminar des RCDS am 06./07.04.1952 in Würzburg, S. 3 f (ACDP IV-006- 046/5); Bericht über die Vorsitzendenkonferenz des RCDS vom 10.-

turen Mitte der fünfziger Jahre meldete sich der RCDS in der Hochschul- und Bildungspolitik zunehmend mit eigenen Vorschlägen und Forderungen gegenüber der CDU und der CSU zu Wort. Schon seit dem Beginn der sechziger Jahre wurde ihm allerdings die Notwendigkeit einer stärkeren Grundsatzarbeit der CDU bewußt. Die bereits erwähnte Arbeit des Arbeitskreises „Politische Theorie in der 2. Phase der CDU/CSU“ ist neben zahllosen Artikeln im CIVIS sein Hauptversuch, die CDU zu verstärkten Aktivitäten im grundsatztheoretischen Bereich zu bewegen[1079]).

Erst im Zeichen der Studentenrevolte ging der RCDS dazu über, selbst eigene Vorstellungen zu grundsatztheoretischen Fragen zu formulieren. Dadurch versuchte er auch auf die inhaltlichen Positionen von CDU und CSU verändernd einzuwirken. Den Höhepunkt dieser Bemühungen, die nicht selten mit scharfer Kritik an der Haltung und den Reaktionen von CDU/CSU und JU gegenüber den Studentenprotesten einhergingen, stellt sein erstes Grundsatzprogramm von 1969 dar[1080]).

Auch nach seinem Wiederaufbau sah er sich in einem konstruktiv-kritischen Verhältnis zur CDU/CSU, die er, wie es im zweiten RCDS-Grundsatzprogramm von 1976 hieß, aufgrund der gemeinsamen Grundpositionen bei seiner politischen Arbeit als „Hauptansprechpartner“ ansah. Das schloß aber weiterhin Kritik an inhaltlichen CDU-Positionen oder an organisatorischen Entscheidungen, wie beispielsweise der Entscheidung zur Teilung der unionsnahen Begabtenförderung zwischen der Konrad-Adenauer-Stiftung und der Hanns-Seidel-Stiftung 1981, nicht aus[1081]).

Bei Personaldiskussionen innerhalb der CDU oder der CSU hielten sich grundsätzlich alle RCDS-Gliederungen als Außenstehende zurück. Wurde dieser Grundsatz ausnahmweise, wie bei der „Argus-Affäre“ 1963 oder bei der Nominierung des Kanzlerkandidaten der Union 1979/80, durchbrochen, führte dies zu heftigsten Auseinandersetzungen mit CDU/CSU oder deren Untergliederungen, die auch, wie oben ausgeführt, erhebliche Rückwirkungen auf das Klima im RCDS selbst hatten[1082]).

Als äußerste Grenzen für RCDS-Positionen gegenüber der CDU skizzierte der stellvertretende RCDS-Bundesvorsitzende Schönbohm 1967 – von der eingangs zitierten Grundlinie in etwa ausgehend – auf der einen Seite die Forderung, „den RCDS zu einer Untergliederung der JU und damit der Partei zu ma-

---

14.04.1953 in Bonn, S. 8 (ACDP IV-006-046/1); CIVIS 34/Oktober 1957, S. 105; RCDS-Bundesvorstand (1961), S. 9.

[1079]) Siehe Anm. 316, 383, 389, 418, 431, 925 und 927 sowie u. a. CIVIS 62/Februar 1960, S. 144 ff., 81/September 1961, S. 118, 7/Juli 1962, S. 8 f., 3/März 1964, S. 12 ff., 4- 5/April-Mai 1964, S. 6 f., und 2/Februar 1966, S. 6 ff..

[1080]) Siehe Anm. 500, 932 und Dokumentationsteil; Bericht des stv. Landesvorsitzenden des RCDS-LV Baden-Württemberg vom Landestag der JU Nordbaden vom 29.10.1967 (ACDP IV-006- 016/2); Politische Beschlüsse der 18. Bundesdelegiertenversammlung, Teil VI (ACDP IV-006-022/1); Resolution des RCDS-LV Nordrhein-Westfalen vom 02.12.1968 zur Lage der JU (ACDP IV-006-023/1); Politische Akademie Eichholz der Konrad-Adenauer-Stiftung für politische Bildung und Studienförderung e. V. (1970), S. 398 ff..

[1081]) Siehe Anm. 568 sowie RCDS-Pressemitteilungen Nr. 27 vom 15.07.1981, 29 vom 23.07.1981, 30 vom 24.07.1981, 31 vom 28.07.1981, 33 vom 04.08.1981 und 39 vom 02.09.1981.

[1082]) Siehe Anm. 376–380 und 622.

chen", und auf der anderen Seite die völlige Loslösung des RCDS von seiner Mutterpartei[1083]).
Diese Grenzen wurden seit der Gründung des RCDS-Bundesverbandes zwar nicht überschritten. Aber innerhalb der abgesteckten Bandbreite der RCDS-Arbeit gab es durch die Zeitumstände und die grundsätzliche Orientierung der an der Spitze des RCDS stehenden Personen bedingt erhebliche Unterschiede bei den inhaltlichen Akzenten der RCDS-Aktivitäten in diesem Bereich.
In den ersten Jahren nach der Gründung des Bundesverbandes war der Verband beispielsweise sehr stark darauf bedacht, daß sich die RCDS-Arbeit als nutzbringend für die Partei erwies. Ein Resultat dieser Haltung stellte der massive Einsatz von RCDS-Mitgliedern im Bundestagswahlkampf 1953 dar[1084]).
Dagegen sah die Mehrheit der Bundesdelegiertenversammlung 1970 die CDU nach der Struktur des Parteienstaates lediglich als die Partei an, *„die noch am ehesten für den RCDS in Frage kommt"*. Um die Positionen des RCDS-Grundsatzprogrammes durchzusetzen, wollte man im gesellschaftspolitischen Bereich besonders eng mit dem Arbeitnehmerflügel der CDU zusammenarbeiten[1085]).
1980/81 schaltete sich der RCDS wieder mehr in die Diskussion von Grundsatzfragen nach der Wahlniederlage von CDU und CSU in der Bundestagswahl 1980 durch die Formulierung eigener Vorschläge und Strategien ein, auch wenn sie innerhalb des eigenen Verbandes zum Teil umstritten waren[1086]).
Die Anpassung der Werbelinie des RCDS an die des CDU-Wahlkampfes Ende 1986 scheint ein Indiz dafür zu sein, daß sich der Verband in jüngster Zeit insgesamt wieder stärker der CDU annähert[1087]).
Allgemein verfügt der RCDS im Vergleich zu den großen Vereinigungen der CDU über keine nennenswerten Mitgliederzahlen, die seinen Argumenten und Positionen innerhalb der Partei Nachdruck verleihen würden. Doch sollte man die Wirkungsmöglichkeiten der RCDS-Mitglieder in den verschiedensten Parteigremien mit im RCDS bereits ausgereiften Programm- oder Modellvorschlägen nicht unterschätzen.
So konnte der Verband beispielsweise die Grundsatzprogrammdiskussion der CDU mit seinem 1976 beschlossenen zweiten Grundsatzprogramm durch seinen ehemaligen Bundesvorsitzenden Langguth, der der CDU-Grundsatzkommission angehörte, nicht unwesentlich beeinflussen[1088]).

[1083]) Manuskript der Rede des stv. RCDS-Bundesvorsitzenden Schönbohm vor der 17. Bundesdelegiertenversammlung, S. 4 (ACDP IV-006-008).

[1084]) Siehe Anm. 231, 246 und 248; CIVIS 44-45/August-September 1958, S. 70; siehe auch für 1964: RCDS-Berichte aus Baden-Württemberg Nr. 2 vom Januar 1964, S. 1 f. (ACDP IV- 006-016/3).

[1085]) Siehe Anm. 500 und 502; Beschluß Nr. 58 im Protokoll der 20. Bundesdelegiertenversammlung des RCDS vom 02.-08.03. 1970 in Würzburg (ACDP IV-006-011/2); Grotz, Claus-Peter (1983), S. 126. Lemke, Michael, ZfG 1985, S. 820, kommt offensichtlich wegen mangelhafter Quellenstudien zu dem Ergebnis, daß der RCDS so agierte, weil er Gefahren für die Unionsparteien sah, und nicht weil er seine Positionen in der CDU durchsetzen wollte. Seine Umschreibung der RCDS-Position in diesen Jahren als „prinzipielle Konformität" (Lemke, a. a. O., S. 822), ist angesichts der vorliegenden Fakten unhaltbar.

[1086]) Siehe Anm. 633, 631 und 650.

[1087]) Anlagen zum RCDS-Gruppenrundbrief vom 11.11.1986 und Anm. 852 und 861.

[1088]) Rechenschaftsbericht des RCDS-Bundesvorstandes 1964/65, S. 16 (ACDP IV-006-

Dagegen wird die Möglichkeit zur Einflußnahme auf Entscheidungen der CDU/CSU über ehemalige RCDS-Aktivisten in den oberen Führungsebenen der Partei weit überschätzt. Auch wenn eine Anzahl von Spitzenfunktionären der CDU/CSU dem RCDS und seinen Aktivitäten wegen ihrer früheren RCDS-Mitgliedschaft positiv gegenüberstehen, unterstützen sie deswegen nicht gleichzeitig dessen Forderungen und Vorschläge[1089]).
Trotz der „Geburtshilfe" bei der Entstehung des RCDS-Bundesverbandes respektierten CDU/CSU und JU von Anfang an dessen organisatorische Unabhängigkeit. Auf der Basis gemeinsamer inhaltlicher Grundüberzeugungen hielt man die Aufteilung der Arbeitsfelder zwischen der JU und dem als sogenannte „Sonderorganisation"[1090]) geführten RCDS für sinnvoll, wozu es in den fünfziger Jahren regelrechte Absprachen zwischen den Bundesvorständen von JU und RCDS gab[1091]). Der organisatorische Status des RCDS dürfte der wesentliche Grund für die „stiefmütterliche" Behandlung des Verbandes in den bisher erschienen Veröffentlichungen zur Geschichte von CDU und CSU sein, da die Autoren den RCDS vermutlich nicht als „richtigen Teil" der Partei ansahen.
Eine Unterstützung der RCDS-Arbeit durch Finanz- und Sachmittel der CDU/CSU war daher eine Selbstverständlichkeit und geschah grundsätzlich ohne irgendwelche Auflagen inhaltlicher oder personalpolitischer Art[1092]). Die gegenseitige Kooptation führender Verbandsmitglieder in die Führungsgremien des

---

006/2 II); Bericht des RCDS-Bundesvorstandes 1975/76, S. 4 (Text siehe Beschlußmappe der 27. Bundesdelegiertenversammlung); Schönbohm, Wulf (1985), S. 143 m. Anm. 167. Der RCDS-Bundesvorstand konnte auch in der JU-Grundsatzkommission mitarbeiten (Protokoll der 22. Bundesdelegiertenversammlung des RCDS vom 02.-05.03.1972 in Paderborn, S. 3).

[1089]) Siehe z. B.: CIVIS 44-45/August-September 1958, S. 70; Brief des Vorsitzenden des RCDS-LV Nordrhein-Westfalen an den Landesvorsitzenden der JU Rheinland Schönbohm vom 09.02.1972 (ACDP IV-006-024/1). Nicht zu übersehen ist in diesem Zusammenhang auch, daß ehemalige RCDS-Mitglieder in Veröffentlichungen ihre frühere Tätigkeit im RCDS nicht erwähnen oder in Arbeiten zur Geschichte der CDU Programme und Initiativen des RCDS verkürzt oder falsch beschreiben (z. B. Schönbohm, Wulf/Wissmann, Matthias (1976), S. 191 (Autorenvorstellung von Wulf Schönbohm und Ursula Männle), Schönbohm, Wulf (1979), S. 283 f. (Autorenvorstellungen von Detlef Stronk und Wulf Schönbohm), und Kürschners Volkshandbuch Deutscher Bundestag (1987), S. 86, 94, 111 und 134 f. (Viten von Heiner Geißler, Hansjörg Häfele, Philipp Jenninger, Heinrich Lummer und Ursula Männle), sowie Anm. 500, 928, 931, 933 und 1026).

[1090]) Politische Akademie Eichholz der Konrad-Adenauer-Stiftung für politische Bildung und Studienförderung e. V. (1967), S. 288; Kohl, Helmut (1981), S. 184; Pütz, Helmuth (1985), S. 50; Schönbohm, Wulf (1985), S. 219.

[1091]) Siehe Anm. 205, 222, 225 und 226; Aktennotiz über die Besprechung des RCDS-Bundesvorstandes mit dem JU-Bundesvorsitzenden Stoltenberg am 24.11.1956 (ACDP IV-006-053/4). Aus dieser Arbeitsteilung folgte wahrscheinlich der von Anfang an niedrige Prozentsatz von studentischen JU-Mitgliedern, die gleichzeitig im RCDS aktiv waren, da man sich für den Hochschulbereich nicht direkt zuständig fühlte (Kirsch, Wolfgang (1971), S. 6; Rechenschaftsberichte der RCDS-Bundesvorstände 1964/65, S. 16 (ACDP IV-006-006/2 II), und 1965/66, S. 18 (ACDP IV-006-007; Be schluß G 1 der 28. Bundesdelegiertenversammlung des RCDS 1977 (Text siehe Beschlußmappe der 27. Bundesdelegiertenversammlung)).

[1092]) Siehe Anm. 1042; Brief von Dr. Alois Rummel vom 22.09. 1986; Politische Akademie Eichholz der Konrad-Adenauer-Stiftung für politische Bildung und Studienförderung e. V. (1969), S. 224; RCDS in Bayern (1978), S. 23.

RCDS und der JU und CDU/CSU garantierte den Informationsfluß und Meinungsaustausch zwischen dem RCDS und der Partei bzw. ihrer Jugendorganisation – sicherlich auch eine gewisse Einbindung des Verbandes. So wurde beispielsweise ein Mitglied des RCDS-Bundesvorstandes von 1951 bis 1953 und wieder seit 1956 in den Deutschlandrat der JU kooptiert. Der RCDS war seit 1960 im kulturpolitischen Ausschuß der CDU und seit 1971 auch im Bundesvorstand der CDU vertreten[1093]).

Diese organisatorischen Maßnahmen garantierten natürlich nicht die Beachtung der Anregungen des RCDS durch die Partei. Im Gegenteil hatten CDU und CSU immer wieder Schwierigkeiten – sogar in der Extremsituation der Studentenrevolte –, die besonderen Arbeitsmöglichkeiten des RCDS an den Hochschulen und deren gesamtgesellschaftliche Auswirkungen rechtzeitig zu erkennen und den Verband deshalb ausreichend zu fördern[1094]).

Eine gewisse materielle Abhängigkeit des RCDS von der CDU/CSU ist vor diesem Hintergrund nicht zu verkennen. Sie konnte allerdings durch die erfolgreiche Arbeit des RCDS-Freundeskreises etwas gemildert werden[1095]).

Versuche aus Kreisen der CDU/CSU, die RCDS-Personalpolitik zu beeinflussen, sind trotzdem die Ausnahme geblieben. Soweit sie überhaupt festgestellt werden konnten, scheinen sie aus dem RCDS selbst zu kommen, um die Durchsetzung eigener politischer Interessen zu unterstützen. In der Affäre um die Zeitschrift „Politikos" 1961, dem einzigen gesichert vorliegenden Fall, führte dies allerdings nicht zum Erfolg[1096]).

Stimmen in CDU bzw. CSU, die insbesondere im Zusammenhang mit scharfen inhaltlichen oder personalpolitischen Auseinandersetzungen zwischen RCDS und CDU/CSU die Trennung vom Verband oder die Gründung einer Konkurrenzorganisation befürworteten, blieben ebenfalls die Ausnahme. Gründungen von „Alternativorganisationen" wie der Hochschulunion in Würzburg, den JU-Hochschulgruppen in Berlin oder auch des RfS blieben bereits im Ansatz stekken bzw. konnten sich nicht durchsetzen[1097]). Denn beim RCDS, der CDU/CSU

[1093]) Siehe Anm. 326 und 532; Protokolle der 3. Bundesdelegiertenversammlung des RCDS vom 29.10.-01.11.1953 in Königstein/Taunus, S. 13 (ACDP IV-006-001/4), und der 6. Bundesdelegiertenversammlung des RCDS vom 23.-26.10.1956 in Essen, S. 8 (ACDP IV-006-001/5); Jahresberichte der RCDS-Bundesvorstände 1956/57, S. 13 (ACDP IV-006-002/1), und 1959/60, S. 6; Aktennotiz vom 18.01.1961 (ACDP IV-006-060/1); RCDS-Bulletin Nr. 17 vom 26.04.1961; Protokoll der RCDS-Bundesausschußsitzung am 18./19.11.1961, S. 5 (ACDP IV-006-011/3); Bericht des RCDS-LV Schleswig-Holstein/Hamburg vom 08.05.1963, S. 1 (ACDP IV-006-028/3); Rechenschaftsberichte der RCDS-Bundesvorstände 1964/65, S. 23 (ACDP IV-006-006/2 II), und 1965/66, S. 17 (ACDP IV-006-007); Protokoll der RCDS-Bundesausschußsitzung am 17.05.1978, S. 9 (RCDS-A 130).

[1094]) Siehe Anm. 454 und u. a. Manuskript der Rede des stv. RCDS-Bundesvorsitzenden Schönbohm vor der 17. Bundesdelegiertenversammlung, S. 3 (ACDP IV-006-008), und Protokoll der Landesdelegiertenversammlung des RCDS-LV Baden-Württemberg vom 10.-12.06.1966 in Heidelberg, Antrag Nr. 3 (ACDP IV-006-016/2).

[1095]) Siehe Kapitel VII.2. d); RCDS-Berichte aus Baden-Württemberg Nr. 3 vom Juni 1962, S. 14 ff. (ACDP IV-006-016/2); RCDS in Bayern (1978), S. 23.

[1096]) Jahresbericht des RCDS-Bundesvorstandes 1959/60, S. 6; Protokoll der RCDS-Bundesausschußsitzung am 29.04.1961, S. 3 ff. (ACDP IV-006-011/3); Politikos Nr. 2/1961, S. 48; profil 7-8/Juli-September 1961, S. 18.

[1097]) Siehe Anm. 669; RCDS-Uni-Würzburg (1981), „Dem Spaltpilz widerstehen!"; RCDS-Bundesvorstand (1981), S. 51.

und der JU behielt bis heute die Einsicht die Oberhand, *„daß weder der RCDS auf die Zusammenarbeit mit der Partei, noch – so überheblich es klingen mag – die CSU auf den unbequemen Partner RCDS dauerhaft verzichten können"*, wie es der bayerische RCDS-Landesvorsitzende Müchler für seinen Bereich Ende 1969 in einem Brief an den CSU-Vorsitzenden Strauß formulierte[1098]).

2. Verhältnis des RCDS zu anderen Organisationen

Aus den Erfahrungen der nur gemeinsam zu bewältigenden Schwierigkeiten bei der Wiedereröffnung der Universitäten nach dem Kriege und durch die Eindrücke des gemeinsamen Abwehrkampfes gegen die Gleichschaltung der mitteldeutschen Universitäten pflegten die demokratischen und freien Studentenverbände der Bundesrepublik verhältnismäßig gute Kontakte zueinander. Gemeinsame Basis war das Engagement für Freiheit und Menschenrechte und das Bemühen um eine umfassende politische Bildung der Studentenschaft. Durch die Gründung des „Rings politischer und freier Studentenverbände und Gemeinschaften" (Ring) bekamen diese Beziehungen sogar einen institutionellen Rahmen. Gemeinsames Gespräch, gemeinsame Aktionen, „große Koalitionen" aller Hochschulgruppen in den Studentenschaftsorganen und die gegenseitige Entsendung von Gästen zu den Bundestreffen der Verbände waren an der Tagesordnung[1099]). Der RCDS beteiligte sich außerordentlich intensiv an der Arbeit des Ringes[1100]).
Die Ursachen der, wie oben bereits dargestellten, verhältnismäßig überraschenden Auflösung des Ringes Mitte Juli 1955 deuteten allerdings schon den Beginn der inhaltlichen Auseinanderentwicklung der großen Studentenverbände an[1101]).
Für den SDS war eine Verständigung mit den im CDK zusammengeschlossenen Korporationsverbänden wegen deren Haltung zu Beginn des Dritten Reiches unannehmbar. Es ging für ihn dabei um die Frage des demokratischen Grundkonsenses im Ring. Dagegen sah der RCDS die Notwendigkeit, mit den die freiheitliche Demokratie bejahenden Kräften im CDK zusammenzuarbeiten, um zu verhindern, daß eine große studentische Gruppierung in einer ablehnenden Haltung gegenüber dem demokratischen Wiederaufbau in der Bundesrepublik verharrte. Die vom RCDS prinzipiell bejahte Frage eines deutschen Wehrbeitrages trennte die Verbände zusätzlich[1102]).
Die weitere Entwicklung zeigte, daß die Auffassung des RCDS richtig gewesen war. Denn die demokratischen Kräfte innerhalb des CDK setzten sich endgültig

---

[1098]) RCDS in Bayern (1978), S. 24. In ähnlicher Form äußern sich in Geburtstagsgrußworten Franz Josef Strauß (RCDS in Bayern (1978), S. 6 f.), Heiner Geißler und Edmund Stoiber (beide RCDS-Bundesvorstand (1981), S. 50 ff.).

[1099]) Siehe Anm. 210, 261 und 305; Brief von Otto H. Heß vom 14.07.1986; Brief von Dr. Alois Rummel vom 22.09.1986; Colloquium 4/1951, S. 20, und 2/1953, S. 19; Marx, Hermann (1959), S. 8 f.; RCDS-Bundesvorstand (1981), S. 50 f.. Zum gemeinsamen Anliegen der politischen Bildung siehe Kapitel IV..

[1100]) Protokoll der 3. Bundesdelegiertenversammlung des RCDS vom 29.10.-01.11.1953 in Königstein/Taunus, S. 12 f. (ACDP IV-006-001/4); Ring-Nachrichten vom 21.07.1954, S. 1 (ACDP IV-006-044/4).

[1101]) Siehe Anm. 272.

[1102]) Siehe Anm. 266, 273 und 274.

durch. Während sich die anderen Studentenverbände in dieser Frage der Haltung des RCDS annäherten, blieb der SDS bei seiner Ablehnung des CDK[1103]). Das Gespräch und die Kontakte zwischen den politischen Studentenverbänden waren trotzdem nicht abgebrochen. So kritisierte der RCDS, was Fichter und Lönnendonker nicht erwähnen, nachdrücklich die Sperrung der Bundesjugendplanmittel für den SDS 1956. Bewußt initiierte er eine lange Grundsatzdiskussion mit dem SDS über streitige Fragen. Partiell gemeinsame Anliegen aller politischen Studentenverbände führten 1959 sogar zu ihrem erneuten Zusammenschluß als „Arbeitsgemeinschaft Politischer Studentenverbände" (APS)[1104]).

Die breite Übereinstimmung aus den Anfangsjahren des Rings ließ sich jedoch nicht mehr herstellen. Die APS-Verbände entwickelten sich im Gegenteil inhaltlich immer weiter auseinander. Der RCDS verweigerte sich deshalb den Bestrebungen, den Zusammenschluß der Verbände durch eine Wiedergründung des Rings organisatorisch zu festigen. Nach seiner Ansicht reichte die APS für das gemeinsame Anliegen der Bewirtschaftung der Bundesjugendplanmittel völlig aus[1105]).

Trotz aller Differenzen blieb zwischen den Verbänden ein Mindestmaß an Kontakten weiter erhalten. In Einzelfällen agierte man auch noch gemeinsam, wie bei der oben beschriebenen „Aktion 1. Juli"[1106]).

Die Eskalation der Studentenrevolte zerstörte den Rest an Gemeinsamkeiten zwischen den großen politischen Studentenverbänden vollständig. Trotzdem war es weiterhin ein ständiges Anliegen des RCDS, auch unter Zurückstellung eigener Interessen eine Zusammenarbeit aller demokratischen Kräfte an den Hochschulen zu ermöglichen[1107]). Trotz aller Bemühungen des RCDS hielten die Juso-HSG' en und der LHV ihre starre Festlegung auf Volksfront- bzw. Neo-Volksfrontbündnisse bis heute bei. Kontakte existieren daher nur zwischen dem RCDS und anderen gemäßigten Hochschulgruppen wie dem SLH[1108]).

[1103]) Siehe Anm. 274; Brief von Ernst Wilhelm Wreden vom 20.10. 1986 (Vertreter des CDK auf der 5. Bundesdelegiertenversammlung des RCDS (Protokoll, a. a. O. (ACDP IV-006-001/4), S. 3); siehe auch Protokoll der 6. Bundesdelegiertenversammlung des RCDS vom 23.-26.10.1956 in Essen (ACDP IV- 006-001/5), S. 7).

[1104]) Siehe Anm. 309, 310, 311, 322 und 323. RCDS-Bundesvorstandsrundschreiben vom 01.02.1956, S. 1 f., sowie Fichter, Tilman/Lönnendonker, Siegward (1979), S. 157 (Anm. 59).

[1105]) Jahresbericht des RCDS-Bundesvorstandes 1959/60, S. 6 f.. Zur Funktion der APS siehe Anm. 1037.

[1106]) Siehe Anm. 420; Brief des LSD-Bundesvorsitzenden Rahlfs an den RCDS vom 21.08.1960 (ACDP IV-006-004/1); Brief des SHB-Bundesvorsitzenden Maruhn an den RCDS vom 22.02.1961; Erklärung des VDS-Vorstandes zum 17. Juni 1964 (ACDP IV-006-061/2); Brief des SDS-Bundesvorsitzenden Schauer an den RCDS vom 22.07.1966 (ACDP IV-006-060/5).

[1107]) Siehe Anm. 493, 513, 516 und 568.

[1108]) Siehe hierzu Anm. 943 mit weiteren Nachweisen und zum SLH und anderen gemäßigten Studentenverbänden Anm. 621, 665, 704, 741 und 792. Zu gemeinsamen Aktionen über die politischen Hochschulverbände hinaus siehe u. a. Anm. 681, 709, 787, 790 und 850.

IX. Zusammenfassung und Ausblick

Trotz der Beschränkung auf die Arbeit des Bundesverbandes ist eine umfassende Gesamtdarstellung der Geschichte des RCDS möglich gewesen.
Die aus der Gründungsgeschichte resultierende heutige Organisationsstruktur des RCDS kennt nur den Bundesverband, der sich aus den RCDS-Hochschulgruppen zusammensetzt, die seit 1953 auch noch zu Landesverbänden zusammengeschlossen sind. Wegen der unbeständigen Existenz der RCDS-Gruppen und -Landesverbände läßt sich aber nur bei der Arbeit des Bundesverbandes eine kontinuierliche Linie bis heute ziehen. Darüberhinaus kann die Arbeit und das Auftreten der örtlichen RCDS-Gliederungen zum größten Teil nur aus ihrer speziellen Situation vor Ort beurteilt werden, die mit der anderer Gruppen nicht vergleichbar ist und die auf die Arbeit des Gesamtverbandes nur einen sehr geringen Einfluß hat.
Ebenso wird zu Recht von einer lückenlosen Existenz des RCDS seit der Gründung der ersten CDU-Hochschulgruppe 1945 in Jena gesprochen. Denn im Zusammenhang mit der Gründung der Freien Universität in Berlin wechselten die Studentenräte und aktiven Mitglieder der CDU-Hochschulgruppe an der Humboldt-Universität geschlossen nach West-Berlin. Dadurch hörte die CDU-Hochschulgruppe an der Humboldt-Universität im Gegensatz zu den anderen mitteldeutschen CDU-Hochschulgruppen nicht auf zu existieren, sondern arbeitete ohne Unterbrechung im Westteil der Stadt weiter. Außerdem integrierten auch die RCDS-Gruppen an westdeutschen Universitäten geflohene oder aus der Haft entlassene Mitglieder mitteldeutscher CDU-Hochschulgruppen und führten bewußt deren Erbe fort.
Die Ereignisse der Studentenrevolte verschoben die Schwerpunkte der RCDS-Arbeit völlig. Bis zur Studentenrevolte bemühte sich der RCDS ebenso wie alle anderen demokratischen Studentenverbände hauptsächlich um die politische Bildung der Studentenschaft. Seit der Studentenrevolte war er gezwungen, sich einerseits ständig mit den Gegnern der freiheitlich-demokratischen Grundordnung in den Universitäten auseinanderzusetzen. Auf der anderen Seite mußte er sich gleichzeitig für die Behebung sozialer Probleme der Studenten vor Ort engagieren und für eine konstruktive Vertretung studentischer Interessen in Politik und Gesellschaft arbeiten, da die mehrheitlich von extremen linken Gruppen gestellten ASt' en und die von diesen Gruppen dominierte VDS diese Bereiche völlig vernachlässigten. Bei seiner Arbeit lehnte der RCDS die Gewalt als Mittel der Politik strikt ab und baute auf die Überzeugung Andersdenkender durch Argumente.
Seit seinem Bestehen stellten die Grundsatzarbeit, die Hochschul- und Bildungspolitik, die Gesamtdeutsche Arbeit und die Auslands- und Menschenrechtsarbeit die Hauptfelder der politischen Arbeit des RCDS dar.
Bei der Grundsatzarbeit des RCDS sind drei Grundpositionen feststellbar, die diesen Bereich ständig bestimmt haben. Der Verband setzte sich stets unter Zurückstellung parteipolitischer Zielsetzungen für eine Engagement aller Studenten für den freiheitlich-demokratischen Staat ein. Dazu engagierte er sich mit Nachdruck gegen rechts- und gegen linksextreme Tendenzen in den Hochschulen. Er attackierte dabei insbesondere die Volksfrontbündnisse wegen der Gefahren, die daraus für den demokratischen Grundkonsens der Gesellschaft entstanden.

In der Hochschul- und Bildungspolitik bevorzugte der RCDS stets die evolutionäre Fortentwicklung der in ihrer Grundstruktur bejahten Hochschulen gegenüber ihrer völligen Zerschlagung. Er plädierte für das Abitur als regulärer Hochschulzugangsberechtigung, die Durchsetzung und Erhaltung der Freiheit des Studiums durch eine Studienreform und eine sozial gerechte Ausbildungsförderung. Ferner bejahte der Verband die Verfasste Studentenschaft als geeignete Organisationsform der Studenten einer Hochschule, lehnte aber wegen ihres Charakters als Zwangskörperschaft die Inanspruchnahme eines allgemeinpolitischen Mandates durch die Organe der Studentenschaft ab.
Dagegen ließ sich in der Auslandsarbeit des RCDS keine durchgängige Linie feststellen, wenn man von der stets angestrebten Verwirklichung freiheitlicher Grundsätze in der Welt einmal absieht. Ein kontinuierliches Element stellt hier allerdings seit 1961 die Mitgliedschaft des Verbandes im europäischen Dachverband EDS dar, gefolgt von seinem ständigen Einsatz für die Verwirklichung von Menschenrechten in der Welt seit 1977.
Ein Publikationswesen des RCDS existiert, von der Herausgabe des CIVIS und der Sonde abgesehen, in nennenswerter Form erst seit den siebziger Jahren.
Seit seiner Gründung wird der RCDS aus drei Quellen finanziert: den öffentlichen Mitteln, den Zuschüssen der CDU und sonstigen Spenden. Um seine Abhängigkeit von den öffentlichen Mitteln und den Zuweisungen der CDU zu verringern und das wirtschaftliche Risiko größerer Projekte für den Verband im Rahmen zu halten, versuchte der RCDS, neue Ressourcen durch die Gründung von Nebenorganisationen zu erschließen. Erst die organisatorischen Maßnahmen zu Beginn der siebziger Jahre und die Gründung der RCDS-Bundesvereinigung Freundes- und Fördererkreis e. V. 1975 stabilisierten jedoch die finanzielle Lage des Verbandes auf Dauer und garantierten damit nicht zuletzt auch seine Unabhängigkeit.
Seit seiner Gründung ist der RCDS-Bundesverband mit CDU und CSU zwar durch die Übereinstimmung in den Grundpositionen verbunden, organisatorisch aber von ihr getrennt. Mit fundierten inhaltlichen Stellungnahmen hat der RCDS trotzdem einen nicht zu unterschätzenden Einfluß auf die Meinungsbildung in den Unionsparteien. CDU und CSU haben die Stellung des RCDS als „Sonderorganisation" bis heute nicht in Frage gestellt. Wegen seiner Einordnung als „Sonderorganisation" dürfte der Verband aber in den Arbeiten zur Parteigeschichte von CDU und CSU vernachlässigt worden sein, da er offensichtlich nicht als Bestandteil der CDU/CSU angesehen wurde.
Ein Mindestmaß an Gemeinsamkeiten verband den RCDS bis zur Studentenrevolte mit allen demokratischen Verbänden. In den darauffolgenden Jahren bemühte sich der Verband ebenfalls um gemeinsame Aktivitäten der demokratischen Verbände, konnte aber Jungsozialisten und LHV nicht zu einem Verzicht auf ihre Volksfrontbündnisse mit kommunistischen Organisationen bewegen.
Daß der RCDS bisher in Arbeiten über die Studentenbewegung – wenn überhaupt – nur am Rande erwähnt wurde, dürfte letztlich nicht überraschend sein. Bemühungen um eine evolutionäre Fortentwicklung der Gesellschaft sind offensichtlich bis heute im Gegensatz zu revolutionären Ideen und Handlungen nur von nachgeordnetem Interesse[1109]). Möglicherweise wäre bei einer näheren Befasssung mit der Arbeit des RCDS auch die „Legendenbildung" um die Stu-

[1109]) Siehe z. B. Adam, Heribert (1965), S. 110, Allerbeck, Klaus R. (1973), S. 26, sowie Jarausch, Konrad H. (1984), S. 222 f..

dentenrevolte und ihre Wurzeln erheblich erschwert worden oder hätten weit verbreitete Klischees über den RCDS korrigiert werden müssen[1110]).

Die Beschreibung der Geschichte des RCDS hat aber deutlich gemacht, daß der Verband mit seinem evolutionären Grundansatz einen bedeutenden Einfluß auf die Entwicklung der bundesdeutschen Hochschulen und darüberhinaus hatte, der vielleicht zu weniger spektakulären, aber im Gegensatz zur Arbeit seiner Konkurrenzverbände in weiten Bereichen zu beständigeren Ergebnisse geführt haben dürfte.

Betrachtet man die 41 Jahre RCDS-Arbeit zusammenfassend, so fallen ein ständig vorhandenes stabilisierendes Element und ein ständig vorhandenes Dauerproblem auf.

Im Gegensatz zu seinen Konkurrenten im hochschulpolitischen Bereich blieb der RCDS nicht nur von Auseinandersetzungen inhaltlich unterschiedlich ausgerichteter Flügel weitgehend verschont, sondern weist seit seiner Gründung auch eine verhältnismäßig hohe Geschlossenheit in allen inhaltlichen Fragen auf. Ausnahmen sind lediglich die Gründungs- und die Wiederaufbauphase zu Anfang der fünfziger und der siebziger Jahre. Aber auch in diesen Jahren stellten die Auseinandersetzungen weniger einen Streit um unterschiedliche Inhalte, sondern mehr das Ergebnis persönlicher Animositäten dar.

Diese Geschlossenheit wird bei der Entlastung der RCDS-Bundesvorstände deutlich, die trotz mancher Kritik wenigstens mit großer Mehrheit, d. h. mindestens zwei Drittel der Ja-Stimmen, erfolgte. Auch konnten amtierende Bundesvorstandsmitglieder, sofern sie erneut kandidierten, fast immer mit einer sicheren Wiederwahl rechnen.

Zu schärferen Personaldebatten kam es nur bei Erst-Kanidaturen. Doch auch hierbei bedeutete die Entscheidung für die Delegierten weniger eine Wahl zwischen zwei inhaltlichen Grundorientierungen, als die zwischen zwei unterschiedlichen Akzentsetzungen im Arbeitsstil und der Gewichtung der Arbeitsfelder, die allerdings für eine erfolgreiche RCDS-Arbeit, wie im Kapitel IV. ausgeführt, nicht unwichtig waren.

Das Dauerproblem des RCDS stellte die Sicherung der Kontinuität seiner Arbeit dar. Der schnelle Wechsel der Mitgliedergenerationen wirkte einerseits zwar innovativ, machte aber andererseits die immer wieder neue Diskussion der eigenen Grundsätze und Strategien erforderlich. Wie oben dargestellt, wurde dies nicht selten nur unzureichend geleistet. Seit 1973 garantiert allerdings die neu strukturierte Bundesgeschäftsstelle des RCDS eine gewisse Stabilität wenigstens im organisatorischen Bereich ebenso wie seit 1975 der Freundeskreis im Bereich der Verbandsfinanzen und seit 1981 das Bildungs- und Sozialwerk auf dem Sozialsektor.

Trotz dieser Einschränkungen muß man feststellen, daß sich die Organisationsstruktur des RCDS vor dem Hintergrund der besonderen Situation in den Hochschulen bewährt hat. Sie blieb trotz des Wechsels der Mitgliedergenerationen arbeitsfähig, weil das Auf und Ab in der Aktivität von RCDS-Gruppen, -Landesverbänden und auch des Bundesvorstandes nie völlig zeitgleich war und deshalb die Gesamtstruktur des Verbandes nicht beeinträchtigen konnte.

[1110]) Siehe z. B.: Verband Deutscher Studentenschaften (o. J.), S. 1, oder Jarausch, Konrad H. (1984), S. 219 und 247 f., sowie für die „Legenden" jüngster Zeit Horx, Matthias/Weinberger, Marie-Louise/Schirnhofer, Paul, ZEITmagazin Nr. 33 vom 12. August 1988, S. 8 ff..

Vor dem Hintergrund der bisherigen Arbeit des RCDS, seinen Erfolgen und Mißerfolgen, kommt es für eine erfolgreiche Weiterentwicklung des RCDS in der Zukunft entscheidend darauf an, ob der RCDS in der Lage ist, die Mehrheit der Studenten durch eine grundwertorientierte Arbeit von seinen inhaltlichen Positionen zu überzeugen. Trotz der bestehenden Mehrheitsverhältnisse und des Desinteresses in weiten Teilen der Studentenschaft am politischen Engagement allgemein dürfte ein verstärktes Engagement des RCDS auf der Ebene der Fachschaften den besten Ansatzpunkt dafür bieten. Eine Voraussetzung wäre hierfür jedoch die Reaktivierung der meisten Bundesfachtagungen des RCDS.

Gleichzeitig müßte er die Kontinuität seiner Arbeit sicherstellen. Notwendige Maßnahmen wären dafür die Gewährleistung einer dauerhaften Bildungsarbeit des Verbandes und einer stabilen innerverbandlichen Kommunikation. Auch würde die seit langem immer wieder erwogene Gründung einer RCDS-Altmitgliedervereinigung auf Bundesebene hierbei eine positive Wirkung ausüben.

Literaturverzeichnis

I. Hilfsmittel

Buch, Günther: Namen und Daten wichtiger Personen in der DDR, 4./Berlin-Bonn 1987.

Kraushaar, Wolfgang: Student und Politik. Eine ausgewählte und kommentierte Bibliographie unter besonderer Berücksichtigung sozialpsychologischer Aspekte, Hamburg 1979.

Kürschners Volkshandbuch Deutscher Bundestag. 9. Wahlperiode 1980, 35./Rheinbreitbach 1982.

Kürschners Volkshandbuch Deutscher Bundestag. 10. Wahlperiode 1983, 36./Rheinbreitbach 1983.

Kürschners Volkshandbuch Deutscher Bundestag. 11. Wahlperiode 1987, 51./Rheinbreitbach 1987.

Volkshandbuch des Abgeordnetenhauses. 9. Wahlperiode 1981–1985, Berlin 1981.

II. Archivalien

Archiv der RCDS-Bundesgeschäftsstelle (= RCDS-A)

Archiv für Christlich-Demokratische Politik (= ACDP)

Privatarchiv Dr. Georg Dambowy (= PAD)

Privatarchiv Dr. Peter Scholz (= PAS)

Alles nicht gekennzeichnete Material stammt aus dem Sammlungen des Verfassers.

III. Veröffentlichte Quellen

Buchstab, Günther (Bearb.): Adenauer: „Es mußte alles neu gemacht werden." Die Protokolle des CDU-Bundesvorstandes 1950–1953, Stuttgart 1986.

IV. Monographien und Aufsätze

Adam, Heribert: Studentenschaft und Hochschule. Möglichkeiten und Grenzen studentischer Politik, Frankfurt am Main 1965.

Allerbeck, Klaus R.: Soziologie radikaler Studentenbewegungen. Eine vergleichende Untersuchung in der Bundesrepublik und den Vereinigten Staaten, München-Wien 1973.

Allgemeiner Studentenausschuß der Medizinischen Hochschule Hannover (Hrsg.): Das VDS-Urteil aus Münster, Hannover 1982.

Ammer, Thomas: Universität zwischen Demokratie und Diktatur. Ein Beitrag zur Nachkriegsgeschichte der Universität Rostock, Köln 1969.

Baier, Horst (Hrsg.): Studenten in Opposition. Beiträge zur Soziologie der deutschen Hochschule, Bielefeld 1968.

Bartsch, Hellmuth: Die Studentenschaften in der Bundesrepublik Deutschland. Organisation, Aufgaben und Rechtsform der studentischen Selbstverwaltung in der Bundesrepublik, 2./Bonn 1971.

Becker, Winfried: CDU und CSU 1945–1950. Vorläufer, Gründung und regionale Entwicklung bis zum Entstehen der CDU-Bundespartei (Studien zur politischen Bildung Band 13), Mainz 1987.

Berger, Gottfried: In tyrannos. Die Sowjetisierung der Hochschulen. Dargestellt am Beispiel der Universität Leipzig (PZ Archiv – Aktuelle Sonderdrucke Heft 4), Köln 1951.

Berghorn, Gregor/Kölsch, Rainer (Red.): Zur Studienzeitverkürzung. Die Situation aus der Sicht der Studenten (Forum des Hochschulverbandes Heft 42), Bonn 1987.

Bernhardt, Walter (Bearb.): Ein Christ in der Politik. Hermann Ehlers zum Gedenken 1904–1954, Neumünster 1985.

Berthold, Sabine/Hirschfeld, Ronald (Red.): Politische Sozialisation an Hochschulen (Schriftenreihe der Bundeszentrale für politische Bildung Band 233), Bonn 1985.

Bloch, Peter: Zwischen Hoffnung und Resignation. Als CDU-Politiker in Brandenburg 1945–1950, Köln 1986.

Buchhaas, Dorothee: Die Volkspartei. Programmatische Entwicklung der CDU 1950–1973, Düsseldorf 1981.

Buchstab, Günter/Gotto, Klaus (Hrsg.): Die Gründung der Union. Traditionen, Entstehung und Repräsentanten, München-Wien 1981.

Bundesgeschäftsstelle der Christlich-Demokratischen-Union Deutschlands (Hrsg.): Zwischen Freiheit und Ordnung. Zur Kulturpolitik der CDU/CSU, Bonn 1964.

dies. (Hrsg.): Bildung in der modernen Welt. 3. Kulturpolitischer Kongreß der CDU/CSU am 9. und 10. November 1964 in Hamburg, Bonn 1965.

Debatin, Jörg: Die internationale Arbeit des Rings Christlich-Demokratischer Studenten (RCDS) in der European Democrat Students Union (EDS) Stand: Sommer 1985, Bonn 1985.

Deutsches Studentenwerk e. V. (Hrsg.): Ausbildungsförderungssysteme. Bericht über die Tagung des Deutschen Studentenwerkes am 15. und 16. Juni 1982 in Bonn, Bonn 1982.

Dormann, Franz (Hrsg.): Bildung – Schlüssel zur Zukunft, München 1984.

Dumann, Manfred: 25 Jahre Junge Union Deutschlands, Bonn 1972.

Eichhorst, Hanns Christhard: Mit dem Bundesstudentenparlament mehr Demokratie wagen, Bonn 1980.

Eisel, Stefan: Die Streichung der Zwangsexmatrikulation aus dem HRG, Bonn 1980.

Fichter, Tilman/Lönnendonker, Siegward: Kleine Geschichte des SDS. Der Sozialistische Deutsche Studentenbund von 1946 bis zur Selbstauflösung, 2./ Berlin 1979.

ders.: SDS und SPD. Parteilichkeit jenseits der Partei, Opladen 1988.

Finn, Gerhard: Die politischen Häftlinge der Sowjetzone 1945–1959, Pfaffenhofen 1960.

Franz, Michael: RFS: Gefahr von rechts, Köln 1981.

Freundes- und Förderkreis des RCDS-Frankfurt am Main (Hrsg.): 30 Jahre RCDS Frankfurt 1952–1982, Frankfurt 1982.

Fricke, Karl Wilhelm: Selbstbehauptung und Widerstand in der Sowjetischen Besatzungszone Deutschlands (Bonner Berichte aus Mittel- und Ostdeutschland), 2./ Bonn-Berlin 1966.

ders.: Opposition und Widerstand in der DDR, Köln 1984.

Fritsch, Rüdiger von: Marxistische Gruppe (MG) (Materialien zur politischen Auseinandersetzung – SLH-Arbeitshefte Nr. 10), Bonn 1979.
Fuchs, Jürgen: Die Fraktionen der Jungsozialisten (RCDS-Schriftenreihe Nr. 32), Erlangen 1979.
Fuchs, Werner: Expressive und instrumentale Aktion. Formen und Wirksamkeit studentischer Politik, Düsseldorf 1971.
Glotz, Peter/Malanowski, Wolfgang: Student heute. Angepaßt? Ausgestiegen?, Reinbek bei Hamburg 1982.
Gradl, Johann Baptist: Anfang unter dem Sowjetstern. Die CDU 1945–1948 in der sowjetischen Besatzungszone Deutschlands, Köln 1981.
Grotz, Claus-Peter: Die Junge Union, Kehl-Straßburg 1983.
Hallaschka, Andreas: Rotgrün ist der heiße Tip der DKP, aus: Rheinischer Merkur/Christ und Welt Nr. 29 vom 11.07.1986, Seite 4.
Heck, Bruno: Auf festem Grund. Aufsätze und Reden (hrsg. von Ludolf Herrmann), Stuttgart 1977.
ders. (Hrsg.): Hans Filbinger – Der „Fall“ und die Fakten, Mainz 1980.
Herbst, Hans R.: Körperbehinderte Schüler, Studenten und Hochschulabsolventen (RCDS-Schriftenreihe Nr. 41), Erlangen 1984 (2. überarbeitete Auflage 1986).
Horx, Matthias/Weinberger, Marie-Louise/Schirnhofer, Paul: Die 68er der CDU, aus: ZEITmagazin Nr. 33 vom 12. August 1988, S. 8 ff..
Huber, Joseph: Wer soll das alles ändern. Die Alternativen der Alternativbewegung, 2./Berlin 1981.
Industriegewerkschaft Metall für die Bundesrepublik Deutschland (Hrsg.): Notstandsgesetze. Notstand der Demokratie, Frankfurt am Main o. J. (ca. Ende 1966).
Infratest-Wirtschaftsforschung-GmbH: Politischer Protest in der Bundesrepublik Deutschland, Stuttgart 1980.
Institut für Begabtenförderung der Konrad-Adenauer-Stiftung (Hrsg.): Die studentische Protestbewegung. Analysen und Konzepte, Mainz 1971.
International Christian Democratic and Conservative Student Union (Hrsg.): One Europe, Uppsala 1964.
Jäckh, Ernst/Suhr, Otto: Geschichte der Deutschen Hochschule für Politik, Berlin 1952.
Jarausch, Konrad H.: Deutsche Studenten 1800–1970, Frankfurt am Main 1984.
Junge Union Deutschlands (Hrsg.): Die Junge Union Deutschlands, Hamburg 1954.
Kirsch, Wolfgang (Red.): RCDS – entschieden demokratisch. Geschichte, Programm und Politik (RCDS-Schriftenreihe Nr. 8), Bonn 1971.
Kistler, Helmut: Die Bundesrepublik Deutschland. Vorgeschichte und Geschichte 1945–1983 (Schriftenreihe der Bundeszentrale für politische Bildung Band 229), Bonn 1985.
Klein, Manfred: Jugend zwischen den Diktaturen 1945–1956, Mainz 1968.
Kleßmann, Christoph: Die doppelte Staatsgründung (Schriftenreihe der Bundeszentrale für politische Bildung Band 193), Bonn 1982.
Kluge, Hans Georg/Pflüger, Friedbert: Geschichte des RCDS, in: RCDS-Bundesverband (Hrsg.) – 25 Jahre RCDS, Bonn 1976.
Kohl, Helmut: Die CDU. Porträt einer Volkspartei, Schwieberdingen 1981.
Konrad-Adenauer-Stiftung für politische Bildung und Studienförderung e. V. (Hrsg.): Christliche Demokraten der ersten Stunde, Bonn 1966.

Krause, Christian/Lehnert, Detlef/Scherer, Klaus-Jürgen: Zwischen Revolution und Resignation? Alternativkultur, politische Grundströmungen und Hochschulaktivitäten in der Studentenschaft, Bonn 1980.

Kuhn, Helmut: Jugend im Aufbruch. Zur revolutionären Bewegung unserer Zeit, München 1970.

Kurzrock, Ruprecht (Hrsg.): Jugend in der offenen Gesellschaft (Forschung und Information Band 32), Berlin 1982.

Langguth, Gerd: Jugend ist anders. Porträt einer jungen Generation, Freiburg im Breisgau 1983 a.

ders.: Protestbewegung. Entwicklung, Niedergang, Renaissance. Die Neue Linke seit 1968, Köln 1983 b.

Lemke, Michael: Jugendorganisationen und Kaderpolitik der CDU/ CSU, aus: Zeitschrift für Geschichtswissenschaft (= ZfG), 33. Jahrgang 1985, Seite 809 ff..

Marx, Hermann: Liberale Studenten im Widerstand, Bonn 1959.

Mayer, Ulrich: Zwischen Anpassung und Alternativkultur oder das politische Bewußtsein und Handeln der Studenten, Bonn 1981.

Morsey, Rudolf: Die Bundesrepublik Deutschland. Entstehung und Entwicklung bis 1969 (Oldenbourg – Grundriß der Geschichte Band 19), München 1987.

Müller, Marianne und Egon Erwin: "... stürmt die Festung Wissenschaft!". Die Sowjetisierung der mitteldeutschen Universitäten seit 1945, Berlin 1953.

Noelle-Neumann, Elisabeth/Ring, Erp: Das Extremismus-Potential unter jungen Leuten in der Bundesrepublik Deutschland 1984, Bonn 1984.

Olzog, Günter/Liese, Hans-J.: Die politischen Parteien in der Bundesrepublik Deutschland, 11./München-Wien 1979.

Otto, Detlev E.: Studenten im geteilten Deutschland. Ein Bericht über die Beziehungen zwischen den Studentenschaften in Ost- und Westdeutschland 1945 bis 1958 (Schriften des Verbandes Deutscher Studentenschaften 1), Bonn 1959.

Pietzcker, Jost: Kein „allgemeinpolitisches Mandat" von Berufskammern – BVerwGE 64, 298, aus: Juristische Schulung 1985, S. 27 ff..

Politische Akademie Eichholz der Konrad-Adenauer-Stiftung für politische Bildung und Studienförderung e. V. (Hrsg.): Politische Bewegungen in Deutschland. Entstehung. Aufbau. Ziele (Handbücher der Politischen Akademie Eichholz Band 1), 2./Eichholz 1967

dies. (Hrsg.): Dokumente zur Christlichen Demokratie. Deutschland. Österreich. Schweiz (Handbücher der Politischen Akademie Eichholz Band 2), Eichholz 1969.

dies. (Hrsg.): Verbände und Herrschaft. Pluralismus in der Gesellschaft (Handbücher der Politischen Akademie Eichholz Band 3), Bonn 1970.

Preuß, Ulrich K.: Das politische Mandat der Studentenschaft, Frankfurt am Main 1969.

RCDS-Bundesvorstand (Hrsg.): Kennen Sie den RCDS. 1951–1961, Bonn 1961.

ders.: 25 Jahre RCDS, Bonn 1976.

ders.: 30 Jahre RCDS, Bonn 1981.

RCDS in Bayern (Hrsg.): In Freiheit studieren. 30 Jahre RCDS in Bayern, München 1978.

RCDS-Uni Würzburg (Hrsg.): Studentische Verantwortung. 30 Jahre Ring

Christlich Demokratischer Studenten an der Julius Maximilians Universität Würzburg, Würzburg 1981.
Ridder, Helmut/Ladeur, Karl-Heinz: Das sogenannte Politische Mandat von Universität und Studentenschaft. Rechtsgutachten, 2./Köln 1976.
Rieser, Daniel: Die Studentenbewegung an der Ruhr-Universität Bochum vom Wintersemester 1965/66 bis zum Sommersemester 1971, Dissertation Bochum 1973.
Rüther, Günther (Hrsg.): Geschichte der christlich-demokratischen und christlich-sozialen Bewegungen in Deutschland (2 Teile), (Schriftenreihe der Bundeszentrale für politische Bildung Band 216), Bonn 1984.
Schallwig, Ulrich: Die Studentenbewegung der 60er Jahre in den USA und der BRD. Zur sozialwissenschaftlichen Perzeption jugendlichen Protestverhaltens, Duisburg 1983.
Schlicht, Uwe: Vom Burschenschafter bis zum Sponti. Studentische Opposition gestern und heute, Berlin 1980.
Schneider, Ullrich: Berlin, der Kalte Krieg und die Gründung der Freien Universität 1945–1949, aus: Büsch, Otto (Hrsg.) – Jahrbuch für die Geschichte Mittel- und Ostdeutschlands, Band 34, Berlin 1985, Seite 37 ff..
Schönbohm, Wulf/Wissmann, Matthias (Hrsg.): Für eine humane Gesellschaft. Beiträge zum Programmdenken der jungen Generation, Frankfurt/Main-Berlin-Wien 1976.
ders. (Hrsg.): Verfassungsfeinde als Beamte? Die Kontroverse umd die streitbare Demokratie, München-Wien 1979.
ders.: Die CDU wird moderne Volkspartei. Selbstverständnis, Mitglieder, Organisation und Apparat 1950–1980, Stuttgart 1985.
Schoeps, Hans Julius/Dannenmann, Christopher (Hrsg.): Die rebellischen Studenten. Elite der Demokratie oder Vorhut eines linken Faschismus?, 2./München-Esslingen 1968.
Schreiber, Herbert/Lang, Michael (Red.): 1. Ulmer Freiheitswoche – ein Werkbericht, Ulm 1981.
Schröder, Ulrich: Vom SHB/SPD zum SHB/DKP. Die Politik des Sozialistischen Hochschulbundes (SHB) (RCDS-Schriftenreihe Nr. 20), Bonn 1974.
Schwarz, Heinz (Hrsg.): Junge Union Deutschlands. Handbuch 1957, Hamburg 1957.
Sprogies, Wolfgang: MSB Spartakus (Materialien zur politischen Auseinandersetzung – SLH-Arbeitshefte Nr. 7), Bonn 1979.
Stubbe-da Luz, Helmut: Von der Gründung eines Studentenverbandes, aus: CIVIS 1/1984, Seite 91 ff..
Verband Deutscher Studentenschaften (Hrsg.): Dokumentation des Terrors, 5./ Berlin 1962.
ders.: Zum politischen Mandat der Verfassten Studentenschaft (Hochschulpolitische Materialien 20), Bonn o. J. (ca. 1973).
Weber, Hermann: Geschichte der DDR, München 1985.
Weberling, Johannes/Feser, Andreas (Hrsg.): Dem Frieden dienen! Beiträge zu einer aktuellen Diskussion (RCDS-Schriftenreihe Nr. 37), Erlangen 1982.
ders. (Hrsg.): Deutschland – Wunsch? Verpflichtung? Wirklichkeit? (RCDS-Schriftenreihe Nr. 38), Erlangen 1983.
ders.: Die Basisgruppen. Harmlose Alternative oder Gefährdung unserer Demokratie? (RCDS-Schriftenreihe Nr. 39), Erlangen 1984.
Weinacht, Paul-Ludwig (Hrsg.): Die CDU in Baden-Württemberg und ihre Ge-

schichte (Schriften zur politischen Landeskunde Baden-Württembergs, Band 2), Stuttgart 1978.
Weiss, Hildegard: Ideologieentwicklung in der deutschen Studentenbewegung, München-Wien 1985.
Wieck, Hans Georg: Die Entstehung der CDU und die Wiederbegründung des Zentrums im Jahre 1945, Düsseldorf 1953.
Wildenmann, Rudolf/Bürklin, Wilhelm P.: Studenten „79 (Forum des Hochschulverbandes Heft 21), Bonn 1980.
Wolf, Werner (Hrsg.): CDU Hessen 1945–1985, Köln 1986.

IV. Periodika

Argus. Die aktuelle deutsche Studentenzeitung (bis Ende 1960: ohne Untertitel; bis Ende 1964: Aktuelle deutsche Studentenzeitung), München 1958–1966.
Campus-Reportagen. Studentenzeitung für Hamburger Hochschulen, Hamburg 1979 ff..
CIVIS. Vierteljahresschrift für freie Bürger in einem freiheitlichen Staat (bis Heft 76/April 1961: Zeitung für christlich-demokratische Politik; bis Heft 77/Mai 1961: eine deutsche Studentenzeitung; bis Heft 87/März 1962: eine deutsche akademische Zeitung; bis Heft 8/1966: Magazin für Kultur und Politik; bis Heft 5/1969: Das illustrierte Monatsmagazin), Bonn 1954–1969, Erlangen-Bonn 1983 ff..
Colloquium. Eine deutsche Studentenzeitschrift (bis Heft 2/ 1949: Zeitschrift für junge Akademiker; Heft 3/1949: Unabhängige Zeitschrift von Studenten der Freien Universität; bis Heft 7/1950: Zeitschrift der Studentenschaft der freien Universität Berlin; bis Heft 6/1955: Zeitschrift der freien Studenten Berlins), Berlin 1947–1971.
Das Parlament, Bonn 1988.
Demokratische Blätter. Zeitschrift für Wissenschaft, Politik und Kultur des RCDS-Bundesvorstandes, Erlangen-Bonn 1973 ff..
FH-Report. Bundesweite Zeitschrift des RCDS für Fachhochschulstudenten, Erlangen-Bonn 1977 ff..
Forum. Informationsdienst des RCDS-Landesverbandes Bayern, München 1967–1968.
Hochschul-Dienst. Informationen aus dem wissenschaftlichen Leben, Bonn 1958.
hochschul-echo berlin, Berlin 1960–1961.
kon-texte. Bundesweite Zeitschrift der BFT Geisteswissenschaften des RCDS, Erlangen-Bonn 1979 ff..
Politikos. Diskussionsbeiträge zum europäischen Streitgespräch, München 1961.
profil. Studenten-Magazin für Kultur, Politik und Technik, München 1961.
Rational. Zeitschrift des RCDS-Göttingen, Erlangen 1982–1983.
RCDS-Magazin. Zeitschrift der Bundesvereinigung Freundes- und Fördererkreis e. V. des Ringes Christlich-Demokratischer Studenten (RCDS), Erlangen 1977 ff..
SLH-Magazin. Zeitung des Sozialliberalen Hochschulverbandes Bonn 1983–1984.

Sonde. Neue Christlich-Demokratische Politik, Bonn-Hennef 1968 ff..
Spontan. Eine Zeitung für Studenten, Frankfurt am Main 1962.
Votum. Zeitschrift für Hochschule und Politik, Köln-Bergisch-Gladbach 1977 ff..

Anhang

1. Liste der Bundesdelegiertenversammlungen und Bundesvorstände des Rings Christlich-Demokratischer Studenten (RCDS) *)

	Marburg/Lahn	1947	Hermann Mau **)
	Bonn	1951	Fritz Flick, V ***) Ilse Gräfin von Rittberg, S ***) Helmut Ziegler ***)
1.	Bonn	1951	Fritz Flick, V Ernst Benda, S Ilse Gräfin von Rittberg (Rücktritt im April 1952), Hans Scheffel, Franz Gerstner, Manfred Hättich, Ernst Platner, Adolf Kohler (Rücktritt im Januar 1952); Ursel Flick (nach dem Rücktritt von Adolf Kohler)
2.	Sonthofen	1952	Wolfgang Brüggemann, V Eberhard Amelung, S Eberhard Roesch, Helmut Kumpf, Hans Rühmland, Albert Englberger, Johannes Dyba, Wolfgang Vogt
3.	Königstein/Taunus	1953	Konrad Kraske, V Eberhard Amelung, S Dietrich Funcke, S
4.	Wilhelmshaven	1954	Konrad Kraske, V Gottfried Pöhnlein, S Eberhard Amelung, S
5.	Würzburg	1955	Konrad Kraske, V Hans-Joachim Moldenhauer, S Willfried Gaddum, S

---

*) Von links nach rechts: laufende Zählung, Ort, Jahr, Bundesvorstände (V = Vorsitzender, S = Stellvertreter, ohne Bezeichnung = weitere gewählte Vorstandsmitglieder; ab 1974 bekleidet der an erster Stelle nach dem Bundesvorsitzenden genannte Stellvertreter gleichzeitig das Amt des Bundesschatzmeisters des RCDS; siehe dazu Anm. 547).

**) Vorsitzender des Vorbereitenden Ausschusses für gesamtdeutsche Treffen der Christlich-Demokratischen Hochschulgruppen.

***) Vorläufiger Bundesvorstand.

6. Essen	1956	Willfried Gaddum, V Martin Stiewe, S Hermann von Loewenich, S
7. Göttingen	1957	Willfried Gaddum, V Eckhard Pfannkuche, S Robert Fischer, S
8. Berlin	1958	Walter Konrad, V Dieter Ibielski, S Dietrich Nemitz, S
9. München	1959	Dieter Ibielski, V Dietrich Nemitz, S Bernd Jacobi, S
10. Kiel	1960	Dieter Ibielski, V Frank Müller-Römer, S Martin Ratmann, S
11. Goslar	1961	Martin Ratmann, V Hans-Jürgen Vogt, S Wolfgang Kaps, S (Rücktritt im November 1961); Heinz Schwörer, S (nach dem Rücktritt von Wolfgang Kaps; Rücktritt im Juli 1962)
12. Berlin	1962	Hans-Jürgen Vogt, V Reinhold Stanitzek, S Dieter Bolten, S
13. Kehl	1963	Kurt Struppek, V Gernot Kostorz, S Hermann-Josef Rüttgers, S
14. Königstein/Taunus	1964	Kurt Struppek, V Hanns Ortmanns, S Günther Schwarzmann, S (Rücktritt im Juli 1964); Gert Hammer, S (nach dem Rücktritt von Günther Schwarzmann)
15. Bremen	1965	Gert Hammer, V Wolfgang Weltlin, S Horst Teltschik, S
16. Mainz	1966	Gert Hammer, V Wolfgang Weltlin, S Wulf Schönbohm, S ****)
17. Heidelberg	1967	Wulf Schönbohm, V Erich Röper, S Joachim Lemppenau, S

****) Konrad Kraske wurde hier zum bisher einzigen Ehrenvorsitzenden des RCDS gewählt.

18. Königswinter	1968	Uwe-Rainer Simon, V Hartmut Schauerte, S Detlef Stronk, S
19. Soest	1969	Uwe-Rainer Simon, V Detlef Stronk, S Adolf-Dieter Friedrichs, S
Marbach	1969	keine Wahlen
20. Würzburg	1970	Gerd Langguth, V Klaus Hankeln, S (Rücktritt im Juli 1970); Wolfgang Kirsch, S Wolfgang Reeder, S (ab November 1970 für Klaus Hankeln)
21. Oldenburg	1971	Gerd Langguth, V Lothar-Theodor Lemper, S Knut Schwarting, S (Rücktritt im August 1971)
22. Paderborn	1972	Gerd Langguth, V Peter Hintze, S Marie-Theresia von Schewick, S
23. Heidelberg	1973	Gerd Langguth, V Peter Hintze, S Josef Keller, S
24. Mainz	1973	keine Wahlen
25. Münster	1974	Ulrich Schröder, V Werner Kaldeich, S Dorothee Buchhaas, S
26. Marburg/Lahn	1975	Hans Reckers, V Werner Kaldeich, S Friedbert Pflüger, S
27. Bonn	1976	Hans Reckers, V Christian Lauritzen, S Friedbert Pflüger, S
28. Tübingen	1977	Friedbert Pflüger, V Christian Lauritzen, S Günther Heckelmann, S
29. Göttingen	1978	Günther Heckelmann, V Joachim Schervier, S Stefan Eisel, S
30. Mainz	1979	Stefan Eisel, V Heinz Neubauer, S Stefan Dingerkus, S
31. Frankfurt/Main	1980	Stefan Dingerkus, V Andreas Thomsen, S Volkhard Schreiner, S

32.	Aachen	1981	Johannes Weberling, V Ludwig Hennicke, S Christopher Braun, S
33.	Düsseldorf	1981	keine Wahlen
34.	München	1982	Johannes Weberling, V Jürgen Clausius, S Michael Moeskes, S (Rücktritt im Dezember 1982)
35.	Bonn	1983	Franz Dormann, V Jürgen Clausius, S Franz Kriegisch, S
36.	Würzburg	1984	Franz Dormann, V Uwe Uibel, S Christoph Erbel, S
37.	Bonn	1984	keine Wahlen
38.	Osnabrück	1985	Christoph Brand, V Jürgen Erbach, S Jörg Debatin, S
39.	Bonn	1986	Christoph Brand, V Jürgen Erbach, S Amrei Schulte-Kellinghaus, S
40.	Bonn	1987	Jürgen Hardt, V Andreas Gogolka, S Peter Darmstadt, S
41.	Königswinter	1988	Jürgen Hardt, V Thorsten Haupts, S Harm Adam, S

2. Dokumente

Gelöbnis der Studentenschaft anläßlich der Eröffnungsfeier der Berliner Universität im Februar 1946 durch Georg Wrazidlo:

„Jahre großen Leidens und schwere Schuld unseres Volkes", so sagte er, „liegen hinter uns; jetzt endlich können wir uns erheben in rechter Freiheit, auch in wissenschaftlicher Arbeit, zu Nutzen und Segen für unser Volk und für die Menschheit.

Dir, deutsches Volk, geloben wir, daß unsere Arbeit und unser Wissen nur noch deinem Wohle und dem der Menschheit dienen soll. All unsere Kraft für ein ernstes Studium und ein neues demokratisches Deutschland!"

(aus: PAD)

Erklärung von Georg Wrazidlo und 30 Mitgliedern der Studentischen Arbeitsgemeinschaft an der Universität Berlin zum 01. Mai 1946:

„Öffentliche Erklärung *5. Mai 1946*

Der 1. Mai ist der Feiertag der werktätigen Bevölkerung und verdient als solcher den Gruß auch der akademischen Jugend. Wir unterstreichen es, wenn an diesem Tage unsere Alma mater festlich geschmückt wird. Dabei macht es die Achtung vor den alliierten Nationen zur Selbstverständlichkeit, daß die Staatsfahnen der Besatzungsmächte gezeigt werden. Aber wir unterzeichneten Studenten und Studentinnen aller Fakultäten erheben öffentlich und in aller Form Protest dagegen, daß an der Universität Fahnen und Symbole politischer Parteien gezeigt werden. Die Universität dient der Wissenschaft und Bildung und ist keine Parteiinstitution. Wir bitten, in Zukunft von der Anbringung derartiger Symbole Abstand zu nehmen.

Die unterzeichneten Studenten und Studentinnen sind ohne Ausnahme anerkannte Opfer des Faschismus bzw. nachweislich aktive Antifaschisten.

Dieses Schreiben wird Seiner Magnifizenz, dem Herrn Rektor der Universität Berlin, Professor Stroux, und gleichzeitig der Öffentlichkeit übergeben."

(aus: Müller, Marianne und Egon Erwin (1953), S. 92 f.)

Beispiel für den Druck der thüringischen Landesregierung auf den Studentenrat der Universität Jena 1947:

Begl. Abschrift

Land Thüringen (15) Weimar, den 25. Juli 1947
Ministerium für Volksbildung Postschliessfach 41
Fernruf 3141

VI C I S/Gr/47

Herrn stud. rer. nat.
Bernhard Reichenbach
J e n a
Studentenrat - Mensa

Sehr geehrter Herr Reichenbach!

Im Verlaufe unserer gestrigen Besprechung musste ich feststellen, dass Sie noch immer nicht gelernt haben, die guten Erfahrungen der Blockpolitik im Studentenrat zu verankern. Bei der bevorstehenden Wahl des geschäftsführenden Vorstandes wollen Sie wieder Stimmzettel gegen Stimmzettel, Kandidaten gegen Kandidaten setzen. Es tut mir leid, dass ich eine solche Feststellung machen muss.

Umso mehr bitte ich Sie, nun endlich zu einer besseren Methode zu kommen, und zwar zu der Methode, wie sie in allen Parlamenten und Ausschüssen üblich ist. Man einigt sich in Vorbesprechungen über die Verteilung der Kräfte und führt dann eine Abstimmung herbei, die überall Einstimmigkeit erzielt. Ich hoffe doch, dass Sie mir schon in den nächsten Tagen die Mitteilung machen werden, dass alles so weit ist. Im selben Moment werden Sie die noch fehlenden Zustimmungen zu der Neuwahl Ihres engeren Vorstandes erhalten.

gez. Senff
Leider der Hochschulabteilung.

(Auf der Rückseite des Orginales befindet sich ein notarieller Beglaubigungsvermerk)

(aus: PAS)

Wortlaut des Antrages von Ernst Benda in der Sondersitzung des Studentenrates der Universität Berlin am 21. April 1948 zur Colloquium-Affäre:

Der Studentenrat hat mit stärkstem Befremden von der Tatsache Kenntnis genommen, daß drei Angehörige der Universität auf Anweisung der Deutschen Verwaltung für Volksbildung exmatrikuliert worden sind, ohne daß die Richtigkeit der gegen sie erhobenen Beschuldigungen in einem ordentlichen Disziplinarverfahren erwiesen worden ist, wie es die vom Präsidenten der Deutschen Verwaltung für Volksbildung erlassene Disziplinarstrafordnung vorschreibt, und ohne daß die drei Studenten selbst in anderer Weise Gelegenheit hatten, zu diesen Beschuldigungen Stellung zu nehmen. Der Studentenrat kann sich mit dieser Maßnahme in keiner Weise einverstanden erklären. Sie widerspricht seinen Ansichten über die Grundsätze einer unbedingten und vorurteilsfreien Gerechtigkeit. Er ist zugleich der Meinung, daß dieser Schritt in der Öffentlichkeit den Eindruck erwecken muß, daß von nun an Studierende der Berliner Universität, die sich nach Ansicht der Verwaltungsbehörden Verfehlungen zuschulden kommen lassen, dafür in einer Weise zur Rechenschaft gezogen werden, die den Boden der bisher für die Universität geltenden Rechte verläßt. Der Studentenrat glaubt, dieser Gefahr einer Schädigung des Ansehens der Universität entgegentreten zu müssen. Darüber hinaus setzt er sich in vollem Bewußtsein seiner Verantwortlichkeit gegenüber der Studentenschaft für eine gerechte Behandlung der drei Studenten ein, die während der Zeit nach der Wiedereröffnung der Universität in aktiver Weise in der studentischen Selbstverwaltung tätig gewesen sind und nach Ansicht des Studentenrates wertvolle Arbeit im Interesse ihrer Kommilitonen geleistet haben. Der Studentenrat gibt seiner Erwartung Ausdruck, daß die Deutsche Verwaltung für Volksbildung ihre Maßnahmen in der Angelegenheit der Studenten Hess, Schwarz und Stolz nochmals überprüft.

Berlin, den 21. 4. 1948.

(aus: Colloquium, Sondernummer April 1948, S. 14)

FDJ-Hochschulgruppe
Universität Rostock

Rostock, den 14. Juli 1950

Protokoll
der 12. Sekretariatssitzung der FDJ-Hochschulgruppe
am 13.7.50

Beginn: 20.00 Uhr

Anwesend: Jf. * Fensch, Klemm, Arnold, Laube, Greune, Gerstenberger, Klotzsche, Stöhr, Klepsch
Unentschuldigt: Jf. Bude
Hinzugezogen: Jf. Dieckmann

Die Sitzung wurde durch den 1. Vorsitzenden eröffnet und nachstehende Tagesordnung einstimmig angenommen:

1. Vorbereitung zur Delegiertenkonferenz
2. Bericht der Sekretäre
3. Verschiedenes
4. 1. Lesung der Geschäftsordnung

Jf. Fensch kritisierte vorweg das Nichterscheinen der Sekretäre und Vorsitzenden zur Referentenbesprechung und Sekretariatsschulung.
Der Vorschlag des Jf. Klemm, die nichterschienenen Sekretäre und Fakultätsvorsitzenden schriftlich ins Sekretariat zu bitten, wurde angenommen.

Zu Punkt 1. der Tagesordnung	Beschlüsse
Jf. Klemm verlas die Vorschläge des neuzuwählenden Hochschulvorstandes (siehe Kaderakten)	Bis zur nächsten Sitzung hat Jf. Klepsch die Fragebogen der Vorstandsmitglieder vorzulegen.
Die Tagesordnung wurde dann diskutiert.	Jf. Laube erhält bis 21. 7. um 12.00 Uhr die Vorstandslisten zum Drucken
Eröffnung	Jf. Klemm ist für die Eröffnung verantwortlich
Begrüßung (SED, Studentenrat, Friedenskomitee, 2 Betriebe, Kreisvorstand)	Jf. Klepsch für die Einladungen an die Betriebe Dieselmotoren und Neptun
Wahl der Kommission	
Rechenschaftsbericht	Jf. Greune und Braun verantwortlich
Diskussion	
Kassenbericht, Bericht der Finanzkontrollkommission	Jf. Bensch verantwortlich
Diskussion	
Wahl des neuen Vorstands	
Annahme einer Entschließung	Jf. Bensch verantwortlich
Schlußwort	
	Veranstaltungsleiter Fensch
Anschließend wurde eine Wahl-Redaktion und Mandatskommission aufgestellt	Wahlkommission: Friederici, Meinl, Kajewski, Reck, Jutta Schmidt

* Jugendfreund

Jf. Laube legte einen Entwurf der zu drukkenden Delegierteneinladungen vor, / die übrigen Drucksachen wurden ebenfalls nochmals durchgesprochen

Die endgültige Liste des neuen Vorstandes legt Jf. Klepsch morgen, 14. 7., vor.

Verpflegungsangelegenheit wird durch Jf. Fensch geregelt.

Jf. Fensch verlas die Entschließung, anschließend wurde darüber diskutiert.
Zu Punkt 2. der Tagesordnung
Die Sekretäre gaben in kurzen Berichten ihre Vorbereitungen zum ISB-Kongreß * bekannt.
Die Bildung des Friedenskomitees ist abgeschlossen, Werbelokale sind eingerichtet und besetzt, die Jf. beschränken sich nicht nur auf das Werbelokal, sondern agitieren auch innerhalb des Bezirks.

Zu Punkt 3. der Tagesordnung
Die Angelegenheit Zückert wird am 17. 7. in der Grundeinheit zur Sprache gebracht.
Es soll wegen Rückerstattung der Bekleidung eine Eingabe gemacht werden.
Jf. Greune las eine Ausarbeitung, die die Erstattung der Reisekosten, Tage- und Übernachtungsgelder betraf, vor.
Dies acad.: Jf. Stöhr und Klepsch stellen eine Handballmannschaft zusammen, es ist beabsichtigt, gegen den Studentenrat zu spielen.
Die HSG ** bat um Beurteilung der HSG-Mitglieder, die für Prag vorgesehen sind.
Die Sitzung wurde dadurch unterbrochen, daß der Jf. Fensch den Jf. Klepsch aufforderte, nach draußen zu gehen, da ein Jf. ihn sprechen wollte. Jf. Klepsch verließ das Zimmer nicht und bat um das Wort. Er bat Jf. Fensch, ihm zu sagen, wer der Jf. da draußen ist, was er wollte usw. Er begründete sein Mißtrauen damit und erklärte folgendes: Der Jf. Bude wurde am Mittag ebenfalls aufgefordert, zum Verwaltungs-

Redaktionskommission:
Chotzen, Gerstenberger, Heldorn, Reckling, Jesper
Mandatskommission:
Klepsch, Roßmann, Laube, Kersten, Ölsner
Rechenschafts-, Kassen- und Finanzkontrollbericht sind bis zum 27. 7. vorzulegen.
Wahlordnung wird von Jf. Klemm vom Kreisvorstand eingeholt.
Die Entschließung wurde angenommen.

Zwischenbericht ist bis 20. abzugeben.
Der verfaßte offene Brief wird Montag in Druck gegeben, Korrekturabzug ist vorzulegen, verantwortlich Jf. Stöhr.
Fakultätsvorsitzende haben eine Liste anzulegen, inwieweit die Professoren und Dozenten die FDJ-Arbeit unterstützen.

* ISB = Internationaler Studentenbund (IUS)
** HSG = Hochschulsportgemeinschaft

direktor zu kommen, und sei seit dieser Zeit verschwunden. Ich vermute, daß man mit mir das Gleiche beabsichtigt. Nach kurzen Beruhigungsworten durch Jf. Klemm und Fensch nahm die Sitzung ihren weiteren Verlauf.
Jf. Arnold bat um Aufschlüsselung von einmaligen Ferienzuschüssen.
Die Sitzung wurde abermals unterbrochen, der Jf. Klepsch wurde durch Jf. Reißner und anschließend durch Jf. Dodi Köster herausgebeten. Jf. Klepsch bat um keine weiteren Störungen, er bat die Jf., hereinzukommen.
Danach erschien der Jf. Rost und bat um ein Telefongespräch, er müßte den Verwaltungsdirektor unbedingt noch sprechen. Jf. Klemm verließ ganz kurze Zeit die Sitzung und übergab Fensch. Jf. Klepsch stellte den Antrag, falls er und der Jf. Bude nicht bis morgen mittag sich im Sekretariat gezeigt hätten, sich nach ihnen zu erkundigen.

Beschluß:

Das Sekretariat verpflichtet sich, Erkundigungen über den Verbleib des Jf. Bude und Jf. Klepsch einzuholen. Der Beschluß wurde einstimmig angenommen.

Jf. Klepsch bat einige Jf., ihn nach Hause zu begleiten.
Jf. Fensch las einen Entwurf für einen Tauschvertrag vor (betr. Rollschränke). Die Angelegenheit soll durch Jf. Braun geregelt werden.
Zu Punkt 4. der Tagesordnung
Die Lesung der Geschäftsordnung wurde nicht vorgenommen, Jf. Klemm wird wegen einer Geschäftsordnung, Kassenordnung beim Kreisvorstand vorstellig werden.

Eine Kommission wurde gebildet, der angehören Jf. Klemm, Arnold, Klepsch

Schluß der Sitzung um 22.45 Uhr

gez. (Sechs Unterschriften)

(FDJ-Stempel der Hochschulgruppe der Universität Rostock)

Aus: »Unrecht als System«, Teil I, herausgegeben vom Bundesministerium für gesamtdeutsche Fragen, Bonn 1952, S. 39/40

„ERKLÄRUNG DER DK DES VDS, HAMBURG, FEBRUAR 1951":

Die Delegiertenkonferenz des Verbandes Deutscher Studentenschaften erklärt, daß sie sich geschlossen hinter die von Bundesregierung und Opposition getragene Erklärung des Bundeskanzlers zum gesamtdeutschen Problem stellt. In Übereinstimmung mit den Seeshaupter Beschlüssen und der Erklärung des Bundeskanzlers lehnen die Studentenschaften der Bundesrepublik und Westberlins jede Fühlungnahme und Zusammenarbeit mit studentischen Institutionen und Organisationen der sowjetischen Besatzungszone sowie mit Delegierten dieser Stellen ab, bevor nicht folgende Voraussetzungen auf dem Gebiet des Hochschullebens erfüllt sind:

1. *Freiheit der Forschung und Lehre.*
2. *Abänderung der augenblicklich gültigen Zulassungsbedingungen an den Universitäten und Hochschulen der sowjetischen Besatzungszone zugunsten einer Regelung, die den fachlich und charakterlich besten Bewerbern ein Hochschulstudium ermöglicht.*
3. *Abschaffung von politischen Pflichtvorlesungen und politischen Zwangsexamina.*
4. *Freie und geheime Studentenratswahlen.*
5. *Koalitionsfreiheit, Freiheit der Meinungsäußerung und das Recht auf uneingeschränkte politische Betätigung.*
6. *Freilassung sämtlicher aus politischen Gründen verurteilten, verhafteten oder verschleppten Professoren, Assistenten und Studenten."*

(aus: Müller, Marianne und Egon Erwin (1953), S. 207 f.)

Aufruf des Ringes Politischer und Freier Studentenverbände und -Gemeinschaften 1951:

An die freiheitlichen Studenten der Sowjetzone!

Kommilitonen!

In Bonn gründeten am 25. 2. 1951 die Vertreter vieler demokratischer Studentenverbände, darunter der „Bund Demokratischer Studentenvereinigungen" (BDSV), der „Bund Christlich-Demokratischer Studenten" (BCDS), der „Internationale Studentenbund — Studentenbewegung für übernationale Föderation" (ISSF), der „Liberale Studentenbund Deutschlands" (LSD) und der „Sozialistische Deutsche Studentenbund" (SDS) den „Ring Politischer und Freier Studentenverbände und Gemeinschaften Deutschlands".

Wir wenden uns zu Beginn unserer Arbeit an die freiheitlichen Kommilitonen der Sowjetzone und versichern, daß wir alle Kraft daransetzen werden, daß die Opfer der deutschen Studentenschaft, die gekennzeichnet sind durch die Namen der Geschwister Scholl, Arno Esch, Peter Püschel und der vielen, die für Freiheit und Menschenrechte leiden, nicht umsonst gewesen sind.

Für unsere Arbeit hat uns Dr. Rudolf Pechel, der Widerstandskämpfer der Nazizeit, das Leitwort gegeben: „Freiheit im Angriff!" Aus diesem Gedanken heraus wollen wir in der westdeutschen Öffentlichkeit und Studentenschaft dafür eintreten, daß der schwere Kampf, den Ihr für die Freiheit führt, nie vergessen wird, und allen bewußt bleibt, daß Ihr diesen Kampf auch für uns führt.

Wir grüßen Euch bis zu dem Tage, da wir mit Euch in Freiheit vereinigt sein werden.

Bonn, den 25. 2. 1951

gez. John van Nes Ziegler

(aus: Colloquium 4/Mai 1951, S. 20)

Geleitwort zur ersten CIVIS-Ausgabe im Mai 1954:

ZUM GELEIT

Der Ring Christlich-Demokratischer Studenten ist längst zu einem festen Bestandteil im politischen Leben an unseren Universitäten und Hochschulen geworden. Ich begrüße es deshalb, daß er in diesem Sommersemester zum ersten Male mit einer eigenen Zeitschrift an die Öffentlichkeit tritt. Die Zeitschrift wird nicht nur zu einer engeren Verbindung zwischen den einzelnen Hochschulgruppen des Verbandes beitragen, sondern sie wird dem RCDS zugleich die Möglichkeit geben, seine Ideen über den Kreis seiner Mitglieder hinaus an die studentische Jugend heranzutragen und alle, die sich dem akademischen Leben verbunden fühlen, mit seiner Arbeit vertraut zu machen.

Der Name, den der RCDS für seine Zeitschrift gewählt hat, enthält eine große Verpflichtung. Mit dem Begriff des „Civis" ist die beste Tradition der alten römischen Republik unlösbar verbunden. Denn civis war ja nicht jeder, nur weil er durch seine Geburt einem bestimmten Staatsverband angehörte; in der vollen Bedeutung des Wortes war civis nur der, der sich von Jugend auf und Zeit seines Lebens für die res publica verantwortlich wußte. Solchen Bürgersinn, der die römische Republik in ihrer besten Zeit getragen hat, heute und für die Zukunft zu entwickeln, ist die größte Aufgabe, die unserer Jugend gestellt ist. Denn in ihren Händen wird eines Tages das Schicksal der deutschen Demokratie liegen.

Gerade die studentische Jugend soll sich stets daran erinnern, daß sie nicht nur das akademische Bürgerrecht besitzt, sondern daß sie sich neben den Verpflichtungen, die sie ihrer Universität gegenüber hat, auf die größere Verpflichtung vorbereiten und besinnen muß, die ihr dem Staat und dem ganzen Volk gegenüber aufgetragen ist. Deswegen begrüße ich von ganzem Herzen jeden Ansatz zur politischen Arbeit innerhalb der Studentenschaft. Die akademische Jugend wird den Aufgaben, die ihr gestellt sind, nur dann gerecht werden können, wenn sie sich vor jeder Isolierung bewahrt und mit aller Aufgeschlossenheit am politischen Leben teilnimmt.

Möge diese Zeitschrift dazu stets einen wirksamen Beitrag leisten und die gesamte Arbeit des RCDS dazu helfen, unsere akademische Jugend für ihre große Verantwortung bereit zu machen.

Dr. Konrad Adenauer, deutscher Bundeskanzler

(aus: CIVIS 1/Mai 1954, S. 1)

Ring
Christlich-Demokratischer
Studenten

Würzburg, den 4. August 1955

Entschließung

Der Ring Christlich-Demokratischer Studenten hat sich auf seiner Delegiertenversammlung in Würzburg vom 1. - 4. 8. 1955 eingehend mit der hochschulpolitischen Lage befaßt, die nach der Auflösung des Ringes politischer und freier Studentenverbände entstanden ist. Der RCDS weist die entstellenden Presseinformationen, die von anderen Verbänden herausgegeben wurden, auf das schärfste zurück.

Der RCDS hat seine hochschulpolitische Haltung nicht geändert. Er begrüßt die Einladung der anderen politischen Verbände, die Zusammenarbeit fortzusetzen. Diese Einladung macht deutlich, daß auch die anderen Verbände weiterhin das oberste Ziel der gemeinsamen Arbeit in der Aktivierung des politischen Interesses innerhalb der Studentenschaft sehen. Sie kann ohne die Mitwirkung des RCDS, des größten politischen Studentenverbandes in der Bundesrepublik, nicht erfolgversprechend sein.

Der RCDS steht zu den Grundsätzen einer deutschen Wehrverfassung, die in der gemeinsamen Denkschrift der politischen Hochschulverbände vom 10. Januar 1954 niedergelegt sind und in deren Präambel es heißt:

> "Die Tradition neuer Streitkräfte muß es sein, das Vermächtnis jener zu hüten, die um der Freiheit willen dem vergangenen Regime unter Einsatz ihres Lebens Widerstand leisteten.
> Die Ehre dieser Streitkräfte muß es sein, das Vertrauen jener zu gewinnen, die aus rassischen oder politischen Gründen vom Nationalsozialismus verfolgt wurden."

Der RCDS hält die summarische Ablehnung des Korporationsstudententums für falsch. Er hält es vielmehr für seine Aufgabe, die gesamte deutsche Studentenschaft zur Mitarbeit am demokratischen Staat aufzurufen, um der Gefahr zu wehren, daß einzelne Gruppen in einer bedenklichen Opposition zum Staat verharren. Bei seinen Gesprächen mit studentischen Verbänden fordert der RCDS selbstverständlich die uneingeschränkte Bejahung der parlamentarischen Demokratie.

Die Freiheit der Mitgliedsgruppen des RCDS, ihren Standort zum sozialen Phänomen der Korporationen zu bestimmen, wird durch die Beschlüsse dieser Delegiertenversammlung nicht berührt.

(aus: Protokoll der 5. Bundesdelegiertenversammlung des RCDS vom 01.08.-04.08.1955 in Würzburg; ACDP IV-006-001/4)

RCDS-Grundsatzprogramm
"39 Thesen zur Reform und zu den Zukunftsaufgaben deutscher Politik"
von 1969:

I. Grundlagen der Politik

1. Die Politik muß die Spannung zwischen den Bedürfnissen des Individuums und der Gesellschaft lösen. Aufgabe der Politik ist es, eine politische Ordnung zu schaffen, die Freiheit des einzelnen und Fortschritt der Gesellschaft ermöglicht.

2. Der Politiker darf dabei nicht nur auf Tageserfordernisse pragmatisch reagieren, sondern muß sein Handeln nach langfristigen Zielvorstellungen ausrichten. Dabei muß seine politische Zielvorstellung der allgemeinen und kontinuierlichen Tendenz zur Humanisierung des Menschen und der Gesellschaft entsprechen und eine „angemessene" Sozialordnung anstreben. Diese soll die menschliche Individual- wie Sozialnatur berücksichtigen, um die Chancen jedes einzelnen auf Selbstverwirklichung in der Gesellschaft zu vergrößern.

3. Jede Ideologie dagegen stellt die radikalste Herausforderung und Bedrohung der Politik und der Freiheit dar, weil sie die Vielfalt der existierenden sozialen und politischen Gruppierungen und Ansichten unter ein starres Dogma zwingen will und die Unvollkommenheit und Verschiedenheit des Menschen dabei übersieht. Da es jedoch keine objektiv richtige, „wahre" Politik gibt und verschiedene Lösungen möglich sein müssen, ist die Konkurrenz verschiedener politischer Gruppierungen notwendig.

4. Die diesem Verständnis von Politik angemessene Ordnungsvorstellung ist die pluralistische Demokratie.
Das der pluralistischen Demokratie zugrundeliegende Prinzip von Konkurrenz, Diskussion und Kompromiß gewährt letztlich die meisten Chancen für den einzelnen und verhindert, daß wesentliche Interessen beteiligter Gruppen übergangen werden. Damit ermöglicht es, daß gesellschaftliche Konflikte friedlich ausgetragen werden.

5. Voraussetzung dafür ist der Konsensus über die Grundregeln des politischen Prozesses, die sich ausdrücken in der Anerkennung der Mehrheitsentscheidung, des Minderheitenschutzes, des Öffentlichkeitsprinzips, der verfassungsmäßigen Grundregeln. In einer funktionierenden pluralistischen Demokratie bedeutet Gewaltanwendung dagegen Resignation.

6. Soll politische Demokratie verwirklicht werden, müssen soziale Voraussetzungen für die reale Ausübung formaler Rechte gegeben sein.
Demokratische Politik muß die Gleichheit politischer Teilhabechancen garantieren, indem sie
— jedem Bürger eine Existenzgrundlage sichert, die Teilnahme am politischen Prozeß ermöglicht;
— das Bildungswesen so gestaltet, daß jedem Befähigten die Grundlagen politischer Teilhabe vermittelt werden können;
— den Mißbrauch gesellschaftlicher Macht ausschaltet.

7. Auch Demokratie ist keine herrschaftsfreie Ordnung, sondern Mittel zur Kontrolle politischer Herrschaft. Die Regierenden müssen auf die Regierten angewiesen sein. Sie bieten ihre Politik dem Volk an und kämpfen um dessen Zustimmung. Sie erhalten ihre Positionen nur nach einem Wettbewerbsverfahren. Die Wähler müssen die Möglichkeit haben, ihre Unterstützung den jetzigen Inhabern von Regierungspositionen zu entziehen und dem Rivalen zukommen zu lassen.

8. Wesentliche Komponente der Demokratie ist die öffentliche Meinung. Die Öffentlichkeit, besonders die verschiedenen Informationsmedien, nimmt eine wichtige Kontrollfunktion wahr. In einer rechtsstaatlichen Demokratie müssen alle Meinungen die gleiche Chance haben, öffentlich zu werden. Über Qualität und Bedeutung einer Meinung entscheidet nur die öffentliche Diskussion. In diese Diskussion hat der Politiker seine Vorstellungen einzubringen und sich um die Zustimmung zu bemühen.

9. Besonders die komplexe Industriegesellschaft bedarf der Leistungs- und Ordnungsfunktion der Politik. Die Politiker müssen deshalb als aktive Gestalter die rapide Entwicklung von Wissenschaft und Technik für die Gesellschaft nutzbar machen.

10. Politik konkretisiert sich nicht nur in Gruppierungen und Konzeptionen, sondern auch in Persönlichkeiten als ihren Trägern. — Deshalb kommt der Auswahl von Politikern eine besondere Bedeutung zu.

II. Reform des parlamentarischen Regierungssystems

11. Demokratische Herrschaft kann sich konkret in vielfältigen Staats- und Regierungsformen ausprägen. Fast alle können zwei Haupttypen zugeordnet werden: dem präsidentiellen und dem parlamentarischen Regierungssystem.

Das parlamentarische Regierungssystem ist durch eine enge Verflechtung zwischen Parlament und Regierung gekennzeichnet. Parlamentarische Regierungsweise liegt nur dann vor, wenn daher das Parlament wirksame Kontrollrechte und Einflußmöglichkeiten auf die personelle Zusammensetzung der Regierung besitzt.

12. Das Parlament sollte das Forum aller für die Gesellschaft relevanten Gegenwarts- und Zukunftsfragen sein. Zugleich wird damit das Interesse der Öffentlichkeit am Parlament verstärkt und eine bessere und ausführlichere Parlamentsberichterstattung angeregt.

13. Um die Transparenz des politischen Entscheidungsprozesses zu vergrößern, sollte eine Wahlrechtsreform die klare Entscheidung des Wählers zwischen Regierung und Opposition fördern, das bedeutet die Schaffung des relativen Mehrheitswahlrechts.

14. Die Abgeordneten sollten in starkem Maß den Kontakt mit der Bevölkerung suchen, um mit den Problemen der Öffentlichkeit unmittelbar konfrontiert zu werden, diese Erfahrung in die Arbeit des Parlaments einfließen zu lassen und ihre Entscheidungen ständig vor den Wählern zu verantworten.

15. Nötig ist ferner eine neue innere Organisation des Parlaments: es sollten wenige große und ständige, jedoch zahlreiche kleinere ad hoc-Ausschüsse eingerichtet werden. Die Abgeordneten sollten einem bestimmten Ministerium zugeteilt und zu den Beratungen der Bürokratie herangezogen werden. — Der wissenschaftliche Dienst des Parlaments müßte ausgebaut, gemischte Kommissionen von Parlamentariern, Wissenschaftlern, Experten und der Bürokratie für eine langfristige Politikplanung eingesetzt werden.

16. Ferner ist es notwendig, daß die Diskussion über die Gesetzesentwürfe mit den Parlamentariern schon im Stadium des Referentenentwurfs stattfindet. Die Protokolle über die Verhandlungen mit den verschiedenen Interessengruppen sollte jedem Gesetzentwurf beigefügt werden. Öffentliche Hearings und weitgehend öffentliche Ausschussitzungen sollten die Transparenz der parlamentarischen Arbeit erhöhen.

17. Als Gegenpol zur Regierung müssen der Opposition die gleichen Informationsquellen und gleiche Arbeitsbedingungen wie der Regierung und der Bürokratie zur Verfügung stehen.

18. Dadurch muß die parlamentarische Opposition in den Stand gesetzt werden, ihre Funktion der Kritik, Kontrolle und Alternativenbildung wahrzunehmen.

19. Zur größeren Übersichtlichkeit politischer Entscheidungsgänge und des Verwaltungsbereiches sollte eine am britischen Vorbild orientierte Kabinettsreform durchgeführt werden. Die Regierung sollte sich dabei in konzentrischen Kreisen aufbauen, wobei der innere Kreis höchstens 10 Minister umfaßt. Die äußeren sollten mit dem inneren Kreis durch Kabinettsausschüsse verbunden sein, denen ein Mitglied des inneren Kabinetts vorsitzt.

III. Verstärktes politisches Engagement des Bürgers

20. Weil nur der informierte Bürger die Politik der Parteien kritisch beurteilen kann, sollte bereits die Schule ein Verständnis für die realen Zusammenhänge der Politik vermitteln. Politische Bildungsarbeit muß das Potential kritischer Bürger so vergrößern, daß die Politiker zu gründlicherem Durchdenken und besserer Begründung ihrer Maßnahmen gezwungen werden.

21. Die Mitarbeit in Verbänden und Selbstverwaltungs- bzw. Mitbestimmungsgremien im vorparlamentarischen Raum sollte durch die politische Bildung vorbereitet und unterstützt werden, da sie zu einer guten Ausgangsposition für eine Mitwirkung auch im gesamtpolitischen Bereich, vor allem in Parteien, führt.

22. Politisches Engagement sollte vor allem auch in vordenkenden Gruppen, politischen Studentenverbänden wie dem RCDS, politischen Clubs, politischen Arbeitskreisen, im Rahmen wissenschaftlicher Politikberatung und vor allem in politischen Parteien wirksam werden.

23. Daneben dienen außerparlamentarische Reformbewegungen (single purpose movement) dazu, die Öffentlichkeit auf Versäumnisse der Politik aufmerksam zu machen, Anhänger zu gewinnen und Druck auf die politischen Institutionen auszuüben. Sie helfen, Immobilität und Stagnation durch Aktivität von unten zu überwinden.

IV. Reform der Parteien

24. Parteien in der parlamentarischen Demokratie müssen drei Faktoren erfüllen:

— Personalauslese

— Interessenintegration

— Ausdrucksfunktion.

25. Die Forderung nach größerer Transparenz der politischen Entscheidungen und erweiterter Beteiligungschance des einzelnen richtet sich besonders an die innere Struktur der Partei. Innerparteiliche Demokratie erfordert deshalb folgende Grundsätze:

— Die Mitglieder müssen an den politischen Grundentscheidungen teilhaben

— Die Auseinandersetzung um politische Ziele und Führungspositionen der Partei müssen offen geführt werden

— Klare Entscheidungsgänge müssen so geführt werden, daß Spitzengremien der Partei zunächst aus Wahlen unterer Gliederungen der Partei hervorgehen müssen.

26. Eine Urabstimmung der Mitglieder sollte über die grundlegenden Programme, Satzungs- und Organisationsfragen, sowie die Spitzenpolitiker der Partei stattfinden.

27. Nichtmitglieder sind durch Programmdiskussionen, Bürgeraktionen und im Rahmen von Nominierungs- und Wahlkampagnen stärker an die Partei heranzuführen.

V. Zukunftsaufgaben

28. Jede in einem Staat organisierte Gesellschaft braucht zu ihrer sozialen Integration und politischen Orientierung „reale Utopien", d. h. kreative, die politische Anteilnahme fördernde Visionen. Nicht reaktives, sondern zukunftsbezogenes Handeln der Politiker und Parteien, sowie eine unablässige Überprüfung der Programme und Planungen sind nötig, damit unsere Politik den Aufgaben der modernen Industriegesellschaft gewachsen ist.

29. Aktuelle Objekte für Problemanalyse, politische Prognose und Planung in unserer dynamischen Gesellschaft müssen sein:

— Die Parlaments-, Verwaltungs- und Justizreform, damit die Entscheidungsgänge für den Bürger überschaubarer werden,

— die Schaffung eines soziale √o warnsystems, damit die langfristigen Folgen der technischen Entwicklung in bezug auf den Menschen geprüft und humanisiert werden können,

— die Verbesserung der Infrastruktur im Rahmen einer weitsichtigen Raumordnung, der Städtesanierung, des Verkehrswesens, der Krankenversorgung usw.,

— Friedensforschung zur Kreation von Modellen der Verständigung zwischen Ost und West, vor allem in der Deutschlandfrage, für Europa als Mitgarant des Weltfriedens, Helfer der Entwicklungsländer und Schrittmacher der technologischen Entwicklung oder der Stellung der NATO im Rahmen einer neuen politischen Zielplanung.

VI. Zukunftsorientierte Außenpolitik

30. Eine auf die Zukunft ausgerichtete Außenpolitik muß sich einer Strategie des globalen Friedens verschreiben. Sie ist gezwungen, in allen außenpolitischen Fragen die gewohnten Dogmen zu überwinden, zugunsten des Versuches, neue Modelle in der internationalen Politik zu verwirklichen.

31. Die Strategie des globalen Friedens muß daher für die Bundesrepublik in ihrer Außenpolitik bedeuten:

— Entwicklung einer Politik der internationalen Solidarität zur friedlichen Schaffung einer gerechten politischen und sozialen Ordnung in der ganzen Welt und damit Überwindung des Nord-Süd-Gegensatzes

— Unterstützung einer Politik der umfassenden Entspannung zwischen Ost und West

— Mitwirkung an der Lösung der europäischen Probleme durch die Schaffung eines gesamteuropäischen Bundesstaates

— Überwindung des Deutschlandsproblems durch Weiterentwicklung des demokratischen und gesellschaftlichen Systems in der BRD zu einem Modell für ganz Deutschland und durch das Angebot konkreter Entspannungsmaßnahmen im Verhältnis von BRD und DDR.

32. Der Beitrag der BRD zu einer Politik internationaler Solidarität muß aus folgenden Maßnahmen bestehen:

— Die Bundesrepublik muß ihre materielle Hilfe für die Entwicklungsländer nicht nur fortsetzen, sondern auch erheblich steigern. — Dies wird man vor der Bevölkerung der BRD aber nur dann rechtfertigen können, wenn man die Effektivität der Entwicklungshilfe vergrößert und durch laufende Aufklärung der Bevölkerung die Notwendigkeit dieser Maßnahmen stärker in das öffentliche Bewußtsein rückt.

— Parallel dazu sollten diejenigen Einrichtungen in der BRD stärker gefördert werden, die im Zusammenwirken mit geeigneten Partnern in den Entwicklungsländern die dortige Gesellschaftsstrukturen zu modernisieren suchen

— Außerdem müßten an den Universitäten Institute eingerichtet werden, die sich speziell mit den Problemen der Dritten Welt befassen. Eine gründliche wissenschaftliche Vorarbeit ist Voraussetzung für eine Entwicklungshilfe, die nicht nur Stückwerk sein will, sondern langfristige Lösungen herbeiführen soll.

— Darüberhinaus muß die auswärtige Kulturpolitik der BRD wesentlich verbessert werden Die positiven Möglichkeiten und Erfolge des wirtschaftlichen und gesellschaftspolitischen Systems der BRD müssen in den Entwicklungsländern augenfällig demonstriert werden, ohne dabei in den Fehler zu verfallen, unser System ohne Rücksicht auf die spezifischen Gegebenheiten dieser Länder ihnen aufnötigen zu wollen.

— Langfristig muß die deutsche Außenpolitik eine internationale Koordination der Entwicklungshilfe anstreben. Die Weltorganisation UNO könnte zu einem solchen Koordinierungsorgan ausgebaut werden. Die BRD sollte aktiv dafür mitarbeiten, daß die UNO in ihren Mitteln und in ihrer Aufgabenstellung diesem Anspruch gerecht werden kann. Außerdem sollte die Bundesregierung initiierend tätig werden bei der Schaffung einer Entwicklungsorganisation der westlichen Staaten, insbesondere unter Einschluß der bestehenden europäischen wirtschaftlichen Zusammenschlüsse EWG und EFTA.

33. Es ist eine Illusion zu glauben, eine Politik internationaler Solidarität könne ohne Abbau der machtpolitischen und ideologischen Barrieren zwischen den Staaten des kommunistischen Sowjetblocks und denen der westlichen Allianz geschaffen werden. Um dies zu erreichen, sollten zunächst die wichtigsten gemeinsamen Interessen im Bereich der Technologie, der Entwicklungshilfe und in Sicherheitsfragen durch Schaffung von formellen Verbindungsstellen zwischen der NATO und dem Warschauer Pakt oder zwischen dem COMECON und der OECD, sowie eines ständigen Konsultationsorgans definiert werden. Als erster Schritt dazu muß die NATO ein politisches Instrument für eine internationale Entspannung werden.

34. Das Interesse der europäischen Staaten, als Mitgestalter zukünftiger Weltpolitik aufzutreten, nicht zuletzt auch, um ihre eigenen Wege selbst wählen zu können und um sich aus der einseitigen Abhängigkeit von den beiden Supermächten USA und UdSSR zu lösen, muß auf die Schaffung eines integrierten Gesamteuropas ausgerichtet sein.

35. Der spezifische Beitrag der BRD muß in dem fortgesetzten Versuch bestehen, in Verhandlungen mit Polen und der CSSR die ungelösten Konflikte zu einem für beide Seiten befriedigenden Abschluß zu bringen. Ein Preis zur Überwindung der heutigen Situation müßte zum Beispiel in der Anerkennung der Westgrenzen Polens liegen, wobei aber die Minderheitenrechte der nichtpolnischen Bevölkerung vertraglich gewährleistet sein müßten, in Verhandlungen das Münchner Abkommen von Anfang an für ungültig zu erklären, sowie in der Bereitschaft der BRD zu permanenten Rüstungsbeschränkungen und wirtschaftlichen Gegenleistungen.

36. Zur Lösung des Deutschlandproblems muß die BRD zu erkennen geben, daß sie bereit ist, zugunsten internationaler Lösungen auf eine Wiedervereinigung Deutschlands im klassisch-national-staatlichen Sinne unter der Bedingung zu verzichten, daß die derzeit bestehenden deutschen Staaten in einere dauerhaften gesamteuropäischen Staatenorganisation aufgehen.

37. Als nächstes Ziel in der Deutschlandpolitik ist die Schaffung freiheitlicher Verhältnisse in der DDR anzustreben. Hierzu dient eine Politik des „Beim-Wort-Nehmens" der konkreten Angebote für gleichberechtigte Gespräche.

38. Hand in Hand mit konkreten Verhandlungsangeboten sollte die Auseinandersetzung zwischen den beiden verschiedenartigen Gesellschaftssystemen in Deutschland durch Schaffung einer überzeugenden Alternative in der BRD geführt werden. Darüberhinaus sollte die BRD die aktive Auseinandersetzung im internationalen Bereich mit der DDR geradezu suchen. Das bedeutet u. a. die völlige Aufgabe der Hallstein-Doktrin.

39. Die Neubestimmung des eigenen außenpolitischen Selbstverständnisses unter der Prämisse der Strategie des globalen Friedens gäbe der BRD die Chance, in entscheidenden Bereichen der internationalen Politik schöpferisch und aus eigener Initiative heraus tätig zu werden, und das nicht nur aus einem wohlverstandenen Eigeninteresse heraus, sondern die BRD könnte gleichzeitig einen effektiven Beitrag zur Lösung internationaler Probleme leisten: Sie könnte der Motor einer europäischen Einigung sein und darüberhinaus Vorreiter einer Politik der internationalen Solidarität werden.

(aus: Kirsch, Wolfgang (1971), S. 47 ff.)

Auszug aus dem RCDS-Grundsatzprogramm
"Plädoyer für eine offene und solidarische Gesellschaft"
von 1976:

Präambel: Der RCDS

1. Im Ring christlich-demokratischer Studenten (RCDS) haben sich demokratische Studenten zusammengeschlossen, um studentische Interessen in Hochschule und Gesellschaft wirksam zu vertreten und politische Konzeptionen zur Gestaltung einer offenen und solidarischen Gesellschaft zu entwickeln.

Aufgaben des RCDS

2. Studentische Interessen werden vom RCDS nicht isoliert gesehen, sondern jeweils in ihren gesellschaftlichen Bezügen. Es genügt nicht, studentische Interessen lediglich zu artikulieren, vielmehr müssen Möglichkeiten der Verwirklichung aufgezeigt werden.

Studentische Interessen in ihren gesellschaftlichen Bezügen

3 Als politischer Studentenverband formuliert der RCDS seine Grundsätze unabhängig von den Zwängen der aktuellen Tagespolitik. Der RCDS bemüht sich, seine Grundwerte zu einem Leitbild der Gesellschaft zu konkretisieren, das den Bezugsrahmen für konkrete politische Entscheidungen abgibt. Gemeinsamkeiten in Grundwerten und Zielvorstellungen sind Voraussetzungen für die Handlungsfähigkeit eines Verbandes. Jenseits von orientierungslosem Pragmatismus und dogmatischer Ideologie vertritt der RCDS eine weltbezogene Politik.

Notwendigkeit von Grundwerten

4. Der RCDS legt seine Politik eigenständig fest. Zur Verwirklichung seiner Vorstellungen sucht er Kontakte zu allen demokratischen Parteien und Organisationen im politischen Bereich. Aufgrund der Übereinstimmungen in den wesentlichen politischen Grundwerten ist der Hauptansprechpartner unter den Parteien die CDU bzw. die CSU.

Selbständiger Studentenverband

5. Der RCDS ist offen für alle Studenten, die für parlamentarische Demokratie, soziale Marktwirtschaft und Wissenschaftspluralismus eintreten.

Offen für alle demokratischen Studenten

I. Grundwerte der RCDS-Politik

Menschenbild

6. Der Programmatik des RCDS liegt ein Menschenbild zugrunde, das von der unveräußerlichen Würde, der Gleichwertigkeit, Verschiedenartigkeit und Unvollkommenheit des Menschen ausgeht. Der Mensch ist gleichermaßen Individual- und Sozialwesen. Er strebt nach Selbstverwirklichung und trägt Verantwortung für sich und seine Mitmenschen.

Ableitung des Menschenbildes, Bedeutung des „C"

7. Eine wesentliche Quelle für dieses Menschenbild ist die christliche Ethik. Es ist jedoch möglich, aus unterschiedlichen Weltanschauungen heraus mit der politischen Konzeption des RCDS übereinzustimmen. Das „C" darf nicht in dem Sinne mißverstanden werden, daß Christentum als Weltanschauung allgemein-verbindlich für die Gesellschaft festgelegt werden soll. Die Politik des RCDS basiert auf christlicher Verantwortung, ein Allgemeinvertretungsanspruch auf spezifisch christliche Politik wird jedoch abgelehnt.

Würde des Menschen

8. Die Menschen sind gleichwertig. Die durch Umwelteinfluß und Vererbung geschaffenen Unterschiede bedingen keine verschiedene Wertigkeit der Menschen. Es muß rechtlich und tatsächlich gesichert sein, daß die Würde des Menschen nicht angetastet wird und die Bedingungen für menschenwürdiges Leben vorhanden sind, nicht nur im eigenen Lande.

Unvollkommenheit des Menschen

9. Aus der Unvollkommenheit und Irrtumsmöglichkeit des Menschen folgt, daß menschliche Erkenntnisse nicht als sicher und endgültig betrachtet werden können. Deshalb sind alle politischen und wissenschaftlichen Absolutheitsansprüche abzulehnen. Die prinzipielle Unvollendbarkeit der Welt entbindet nicht von dem Bemühen, eine vollkommenere Welt zu erreichen. Politisches Handeln muß deshalb auf ständige Verbesserungen angelegt sein. Dies setzt Offenheit für Veränderungen und die Aufnahmefähigkeit für Erfahrungen voraus.

Der Mensch als Individual- und Sozialwesen

10. Individualität und Sozialität bedingen einander. Der Mensch strebt nach individueller Selbstverwirklichung, ist aber auch auf die Gemeinschaft angewiesen. Er findet jedoch seine Identität nicht allein in der Gesellschaft. Der RCDS lehnt übersteigerten Individualismus ebenso ab wie sozialistischen Kollektivismus.

Grundwerte in einer offenen und solidarischen Gesellschaft

11. Diesem Menschenbild kann am ehesten in einer offenen und solidarischen Gesellschaft Rechnung getragen werden. Diese orientiert sich an den Grundwerten Freiheit, Gleichheit, Gerechtigkeit und Solidarität. Diese Werte stehen in einem Spannungsverhältnis zueinander, dessen Bestimmung eine besondere Bedeutung für die inhaltliche Ausfüllung der Wertsetzungen zukommt. Der Vielfalt der Motivationen, Interessen und Meinungen kann man nicht durch die einseitige Überordnung eines dieser Werte gerecht werden.

Freiheit

12. Selbstverwirklichung setzt Freiheit voraus. Es muß gesichert sein, daß die Menschen auf der Basis eines Minimalkonsenses nach ihren unterschiedlichen Anlagen, Neigungen, Interessen, Fähigkeiten, Wertvorstellungen und Meinungen leben können. Nur so kann der Verschiedenheit der Menschen entsprochen werden. Alternative Wahlmöglichkeiten müssen in allen Lebensbereichen vorhanden sein. Der RCDS erstrebt den mündigen Bürger, d. h. ein möglichst hohes Maß an Selbständigkeit und Selbstverantwortung für den Menschen. Freiheit und Verantwortung, die Wahrnehmung von Rechten und Pflichten bedingen einander. Die Industriegesellschaft ermöglicht einerseits die Verwirklichung von Freiheit, grenzt andererseits jedoch Freiheitsmöglichkeiten ein. Dieser grundlegende soziale Tatbestand ist nicht aufhebbar. Nur in seinen speziellen gesellschaftlichen Konkretisierungen kann die Frage gelöst werden, in welchem Umfang Freiheitsräume Einzelner eingeschränkt werden müssen und dürfen, um sie einer größeren Zahl von Menschen zu gewährleisten. Freiheit erfordert, daß sich der Einzelne auch in seiner Leistung verwirklichen kann.

Leistung ist Prozeß und Ergebnis einer geistigen und materiellen Aktivität. Ein humanes Leistungsprinzip ist das sozial gerechteste Zugangs- und Verteilungsprinzip.

13. Freiheit und Gleichheit stehen in einer komplementären Beziehung, da die Nutzung von Freiheitsrechten Gleichheit der äußeren Chance voraussetzt. Gleiche Chancen bedeuten wegen der Verschiedenheit der Menschen nicht die Gleichheit der Resultate. Gleiche Chancen dürfen sich nicht nur auf die Herstellung von Startgerechtigkeit beschränken, sondern müssen ständiges Angebot in allen Lebensbereichen sein. Das Anstreben egalitärer Gleichheit dagegen führt zur Einschränkung der Freiheit. **Gleichheit**

14. Der Grundwert der Solidarität folgt aus der Sozialnatur des Menschen. Solidarität verpflichtet zum Eintreten für andere, besonders für die Benachteiligten. Sie verwirklicht sich in sozial gerechten Gesellschaftsstrukturen und in der persönlichen Hinwendung von Mensch zu Mensch. Solidarität darf sich nicht im Materiellen erschöpfen, sondern zielt auch auf Anerkennung und Geborgenheit für alle. Sie ist da besonders wirksam, wo sie Hilfe zur Selbsthilfe leistet. **Solidarität**

15. Die Verpflichtung, Freiheit und Gleichheit auch für andere zu verwirklichen, gründet in der Idee der Gerechtigkeit. **Gerechtigkeit**

Sie können nur in einer Gesellschaft verwirklicht werden, die offen ist für soziale Veränderungen und die Verschiedenheit der Menschen.

16. Voraussetzung für eine offene und solidarische Gesellschaft ist die Verankerung wesentlicher demokratischer Tugenden im gesellschaftlichen Bewußtsein der Bürger. **Demokratische Tugenden**

Diese demokratischen Tugenden sind Toleranz, die Bereitschaft zur Austragung von Konflikten und deren gewaltlose Lösung durch Kompromiß.

17. Toleranz beruht auf der Anerkennung der Würde des anderen und der Erkenntnis der eigenen Irrtumsfähigkeit. Sie äußert sich in der Bereitschaft, andere Meinungen, Handlungsweisen und Lebensgestaltungen zu respektieren. Toleranz, die Sicherung von Freiheitsräumen und des gesellschaftlichen Grundkonsenses bedingen sich wechselseitig. **Toleranz**

18. Aus der Anerkennung der Individualität und Verschiedenheit der Menschen folgt die Legitimität von Wettbewerb und Konflikt. Erst der Wettbewerb zwischen Ideen und Personen macht politischen und sozialen Fortschritt möglich. Konflikte in einer freiheitlichen Gesellschaft sind Ausdruck der Vielfältigkeit der menschlichen Existenz. Sie müssen auf der Grundlage eines Grundkonsens durch allgemein anerkannte Konfliktregelungsmechanismen ausgetragen werden. Toleranz und Kompromißbereitschaft begründen die Möglichkeit, mit den Konflikten einer Gesellschaft zu leben und sie human zu lösen, ohne eine endgültige Harmonisierung von Interessengegensätzen anzustreben. **Legitimität von Konflikten**

....

Beschluß der 36.o. Bundesdelegiertenversammlung des RCDS vom 9.-11. März 1984 in Würzburg

Antrag Nr. : D 1 neu

Leitlinien für eine aktivere Deutschlandpolitik

I. Einleitung

Nicht erst seit dem Regierungsbeginn der christlich-liberalen Koalition wird wieder über Deutschland gesprochen.
Denn ein in jeder Nation der Welt mehr oder weniger vorhandenes Nationalbewußtsein ist bei uns keine Selbstverständlichkeit. Gerade weil man nicht bereit ist, sich mit der eigenen Geschichte ausreichend auseinanderzusetzen und zu lernen, daß über kurz oder lang Extreme jeglicher Art ins Unglück führen.

Auch eine Flucht, ein Festmachen der eigenen Identität an einem Vereinten Europa bedeutet keinen Ausweg, solange unsere Nation geteilt ist.
Initiativen, die Bewegung in die Deutschlandpolitik bringen, dürfen nicht von den drei westlichen Siegermächten oder den EG-Staaten erwartet werden. Diese können nur von uns selber kommen.
Deutschlandpolitik hört im weitgefaßten Sinne aber auch bei den Beziehungen zwischen der Bundesrepublik Deutschland und der DDR nicht auf. Zu ihr gehört genauso selbstverständlich der Einsatz für Menschenrechte und Grundfreiheiten für deutsche Volksgruppen in der Welt und eine intensivere Kulturpolitik auch in Zusammenarbeit mit anderen Staaten der deutschen Sprach- und Kulturgemeinschaft. Aber auch die neue "Koalition der Mitte" hat bisher kein Konzept, welches die aktuelle Situation Deutschlands und der deutschen Kultur nachhaltig verbessern könnte.
Um hier Bewegung zu erreichen, formuliert die Bundesdelegiertenversammlung des RCDS ausgehend vom Status quo Leitlinien für eine aktivere Deutschlandpolitik.

II. Ausgangslage

Die rechtliche Position Deutschlands heute ist eindeutig. Das Deutsche Reich in seinen Grenzen von 1937 besteht fort. Die Bundesregierung ist nicht befugt, das Fortbestehen des Völkerrechtssubjektes Deutsches Reich in internationalen Verträgen zu verändern oder gar aufzukündigen. Unsere Verfassung verbietet ihr, Rechtstitel aufzugeben, die eine Wiedervereinigung Deutschlands erleichtern könnten.

Dies Völkerrechtssubjekt Deutsches Reich in seinen Grenzen von 1937 ist die Ausgangsbasis für einen zu verhandelnden Friedensvertrag mit Gesamtdeutschlnad. Auf diesen abzuschließenden Friedensvertrag beziehen sich die Rechte, die sich die vier Siegermächte des Zweiten Weltkrieges in Bezug auf Deutschland als Ganzes vorbehalten haben und die die Souveränität der Bundesrepublik Deutschland und der DDR insoweit einschränken.
Bezüglich der ehemaligen deutschen Ostgebiete jenseits von Oder und Neiße erkannte die Bundesregierung in den Ostverträgen unter Hinweis auf diesen rechtlichen Vorbehalt den Status quo an.
Politisch wird diese Gesamtposition in der Bundesrepublik bisher leider nur von Vertretern der Vertriebenenverbände wiederholt unterstützt. Auch die neue Bundesregierung hält sich hier sehr zurück. In den öffentlichen Medien oder in öffentlichen Anstalten, Schulen und Hochschulen wird sie zur Zeit fast vollständig verschwiegen.
Weder die Vertriebenenverbände noch die Bundesregierung nützen diese Rechtspositionen dazu, um wenigstens die Situation der in diesen Gebieten noch lebenden Deutschen zu verbessern, solange sich an der politischen Großwetterlage nichts ändert. Einzig und allein die Aussiedlung wird als Abhilfe propagiert, obwohl der Verlust der Heimat für diese Menschen auch heute noch einen für uns Westdeutsche nur schwer nachvollziehbaren Verlust bedeutet.
In den bundesdeutschen Medien wird dies praktisch nicht angesprochen. Auch die Bundesregierung thematisiert dies nicht in internationalen Gremien, obwohl mit den Menschenrechtspakten der Vereinten Nationen und der Schlußakte der KSZE-Konferenz von Helsinki eine derartige Position der Bundesregierung hervorragend völkerrechtlich untermauert wäre.
Noch nicht einmal befreundete Länder wurden um Unterstützung in der deutschen Frage und dieser Menschenrechtssituation angegangen.
Eine geeignete Präsentation der deutschen Kultur auch in Zusammenarbeit mit anderen deutschsprachigen Staaten findet nicht statt. Die deutsche Kulturarbeit im Ausland beschränkt sich weiterhin auf eine Darstellung der liberalen Zustände in unserem Lande mit einer bevorzugten Vorstellung von Minderheitenpositionen in Deutschland und auf eine häufig schlafmützige bürokratisch betriebene Unterstützung von deutschen Kulturgruppen, -gesellschaften und -bereichen im Ausland.
Die deutsche Sprache ist als Ergebnis überall in Politik, Wissenschaft und Kultur auf breitem Rückzug. Deutsch nur als zweite Hilfssprache in den Vereinten Nationen charakterisiert dies am besten.

III. Leitlinien einer zukünftigen Deutschlandpolitik

1. Gesamtdeutsche Fragen

Vor dem Hintergrund der verstärkten Diskussion über die eigene Identität in verschiedensten Gruppen der Bevölkerung scheint die Entwicklung eines "Herkunftsbewußtseins", das Ablegen von Rechenschaft über unsere eigene Identität am vordringlichsten.
Dies bedeutet weder eine Absage an "westliche" Werte, wie sie der aufkommende National-Neutralismus teilweise verkörpert, noch die Wiederbelebung eines Hurra-Patriotismus vergangener Zeiten. Gerade für junge Deutsche besteht eingedenkt der deutschen Vergangenheit kein Anlaß, die nationale Frage schamhaft zu verschweigen. Denn eine gleichberechtigte Integration in die Familie europäischer Nationen setzt die Kenntnis und Empfindung eigener Wurzeln voraus.
Der RCDS bekennt sich nachdrücklich zum Gewaltverzicht in Europa. Das schließt jedoch friedliche, in Übereinstimmung mit dem freien Willen der Menschen zustandegekommene, Grenzänderungen wie z.B. zwischen Deutschland und Belgien nach dem Zweiten Weltkrieg nicht aus.
Deutschland ist mehr als die Bundesrepublik. Das Selbstbestimmungsrecht gilt für alle Deutschen.
In der heutigen Lage ist es zunächst einmal notwendig, die Grundlagen im eigenen Bewußtsein dafür zu legen, daß die Idee der deutschen Kulturnation nicht aufhört zu existieren, unbeschadet der Hoffnung auf langfristig auch territoriale Wiedervereinigung. Um dies zu erreichen, schlägt der RCDS folgende konkreten Maßnahmen vor:

- Bei aller notwendigen politischen Rücksichtnahme darf der Begriff der deutschen Nation im schulischen Geschichtsunterricht nicht tabu sein. Ein Geschichtsunterricht, der die Geschichte der Deutschen in Osteuropa ausklammert, macht sich der groben Geschichtsklitterung schuldig. Deutschland in den Grenzen von 1937 ist als Völkerrechtssubjekt nicht untergegangen. Dies und der Vorbehalt einer entsprechenden Regelung dieser Fragen in einem noch abzuschließenden Friedensvertrag mit einem wiedervereinigten Deutschland bleibt eine Realität, an der Schulbücher und -unterricht nicht vorbeizugehen haben.

- Im Rahmen eines abzuschließenden "Europäischen Abkommens über den Schutz von Minderheiten" muß es konkret darum gehen, kulturelle Minderheitenrechte für die Deutschen in den ehemals deutschen Ostgebieten einzufordern.

Dies schließt das Recht auf die eigene Sprache, eigene Schulen, Vereine und Verbände ein. Die Auswanderung in den freien Teil Deutschlands darf nicht die einzige Möglichkeit eines menschenwürdigen Daseins bleiben. Das Recht auf Heimat ist ein menschliches Grundanliegen.

- Die Bundesregierung soll aktiver als bisher darauf dringen, daß die osteuropäischen Staaten die in Korb III der KSZE-Schlußakte vereinbarten humanitären Kriterien verwirklichen. Ein Prüfstein wird die schnellere Familienzusammenführung sein. Die Schicksale der Neuankömmlinge in bundesdeutschen Grenzdurchgangslagern sollten uns dabei ständig mahnen.

- Der RCDS fordert Vereine,und Verbände, Schulen, Universitäten und Gebietskörperschaften dazu auf, sich um Kontakte mit Deutschen und deutschen Einrichtungen im europäischen und außereuropäischen Ausland zu bemühen. Partner- und Patenschaften und nicht zuletzt persönliche Kontakte sind mögliche Aktionsformen.

- Ein Anliegen deutscher Selbstdarstellung im Ausland muß es sein, die kulturelle Vielfalt einer geteilten Kulturnation mit allen ihren Facetten offensiv zu vertreten. Die Arbeit der Goethe-Institute und der bundesdeutschen Auslandsvertretungen darf vor der Darstellung deutscher Geschichte und deutscher Rechtspositionen nicht haltmachen. Wenn man von diesen Ländern in unseren zentralen Anliegen unterstützt werden will, müssen die vorhandenen Möglichkeiten zur Selbstdarstellung besser genutzt werden.

  Besondere Bedeutung kommt dabei der Förderung der deutschen Sprache zu: Viele Schlachten der Ideologie werden auf semantischem Felde geschlagen. In Zukunft muß darauf geachtet werden, daß in Zeitungen und Zeitschriften im In- und Ausland, die von der Bundesrepublik gefördert werden, zumindest eine Zusammenfassung der Beiträge in deutscher Sprache enthalten ist. Denn im wissenschaftlichen Bereich muß ein weiterer Rückgang der Verbreitung der deutschen Sprache vermieden werden, ähnlich wie die Bemühungen von Regierungen anderer Staaten bezüglich ihrer Nationalsprachen. In Zusammenarbeit mit den anderen deutschsprachigen Staaten sollte darauf gedrungen werden, daß Deutsch ordentliche Amtssprache in allen wesentlichen internationalen Organisationen wird, und dies nicht nur wegen unserer erheblichen Finanzbeiträge.

- Von der Ausstrahlung deutschsprachiger Fernseh- und Rundfunksendungen über eigene oder ausländische Sender sollte unbedingt in verstärktem Maß Gebrauch gemacht werden.

- Besondere Möglichkeiten des Kontaktes auf gesamtdeutscher Ebene bieten sich für die Kirchen. Gegenseitige Besuche, Materialspenden für Gemeinden in der DDR und deutsche Gemeinden im Ausland sind Möglichkeiten, die genutzt werden sollten.

2. Innerdeutsches Verhältnis

In der gegenwärtigen politischen und strategischen Weltlage ist der Spielraum für eigene politische Ansätze der beiden deutschen Staaten begrenzt. Die Bundesrepublik Deutschland kann als freiheitlich-demokratischer Staat diesen Spielraum erheblich besser nutzen. Sie sollte alle Möglichkeiten ausschöpfen, die das Verhältnis zwischen den beiden deutschen Staaten verbessern und die Beziehungen der Menschen untereinander erleichtern. Ohne auf die notwendige ideologische Auseinandersetzung zu verzichten, kann sie mit dem Wiedervereinigungsgebot, dem Gebot der Friedenswahrung, der Entspannung und der Kooperation als mögliche Eckpunkte auf die Politik der Starrheit, der Feindbilder und der Abgrenzung verzichten.
Grundlegend ist der Aufbau und die Stärkung einer gesamtdeutschen Solidarität und eines demokratischen Patriotismus jenseits von nationalem Chauvinismus.

Der beste Weg, dies zu erreichen, und dem Ziel "... auf einen Zustand des Friedens in Europa hinzuwirken, in dem das deutsche Volk in freier Selbstbestimmung seine Einheit wiedererlangt" (Brief zur deutschen Einheit) ein Stück näher zu kommen, besteht im Aufbau eines dichten Netzes persönlicher und institutioneller Kontakte auf verschiedenen Ebenen. Die Bundesregierung ist aufgefordert, die dafür notwendigen Voraussetzungen zu schafffen, auszubauen oder bestehende Hindernisse zu beseitigen.

Der RCDS schlägt dazu folgende Maßnahmen vor:

- Verstärkte Bemühungen zum Abschluß eines Kulturabkommens, damit u.a. Kontakte zwischen Universitäten,z.B. gegenseitige Gastprofessuren, überhaupt möglich werden.
- Verstärkte finanzielle und inhaltliche Forderungen von Klassen- und Jugendfahrten in die DDR.
- Verstärkung der Sportkontakte insbesondere auf der unteren Verbandsebene.
- Bildung von Patenschaften zwischen Städten und Gemeinden in der Bundesrepublik und der DDR.

- Intensivierung der Kirchenkontakte von gemeinsamen Veranstaltungen bis zu gemeinsamen Kirchentagen.
- Einrichtung von gemeinsamen Forschungsprojekten z.B. in der Umweltsicherung (saurer Regen, Werra- und Elbeverschmutzung).

Unbeschadet dieser Maßnahmen, die zu einem Abbau von Vorurteilen auf beiden Seiten beitragen könnten, muß die Bundesregierung ihre deutliche Ablehnung der permanenten Menschenrechtsverletzungen in der DDR deutlich machen.

3. Zur Situation Berlins

Die Rolle Berlins als geteilte Stadt sollten wir uns immer vor Augen halten. Durch die Unterzeichnung des Schlußprotokolls zum Viermächteabkommen am 3.Juni 1972 verpflichtete sich die UdSSR, den zivilen Transitverkehr zwischen West-Berlin und der Bundesrepublik Deutschland auf Straßen, Schienen und Wasserwegen zu erleichtern und nicht zu behindern. Nach diesem Abkommen soll die Kommunikation in der geteilten Stadt verbessert werden.
Unbestreitbar ist zwar, daß Erleichterungen für die zwischenmenschlichen Kontakte geschaffen wurden, doch mußte die Bundesregierung harte Rückschläge hinnehmen. Entgegen den Vereinbarungen wurden Kontrollen und Durchsuchungen an den Grenzübergängen durchgeführt, Busse wurden zurückgewiesen und eine Demütigung ist die gelegentlich auf eine mißtrauische und unwürdige Art und Weise verlaufende Grenzkontrolle der DDR.
Hier muß die Bundesregierung verstärkten Druck auf die Regierung der DDR ausüben und deutlich machen, daß dieses Vorgehen nicht akzeptiert werden kann.

Gerade der Politik des öffentlichen Personenverkehrs kommt im Zusammenhang mit der Verstärkung der Verbindungen zwischen der Bundesrepublik und Berlin eine besondere Gewichtung zu. Eine Einbindung von Berlin in das Intercity-Netz der Bundesbahn ist längst überfällig.
Die Möglichkeiten des gegenseitigen Besuchs von West-Berlinern in Berlin (Ost) und der DDR müssen verbessert werden.
Gerade für Berlin ist eine Senkung von Zwangsumtauschsätzen unbedingt notwendig.